Der Florist 3

DER FLORIST 3

Elisabeth Birk / Theo Melber

Wirtschaftslehre
Rechnungswesen
Marketing

5., verbesserte Auflage
157 Schwarzweißabbildungen

VERLAG EUGEN ULMER

Der Florist

Lehr- und Fachbuch in drei Bänden

Band 1 Gestaltungslehre und floristisches Gestalten
Band 2 Pflanze, Material, Beruf
Band 3 Wirtschaftslehre, Rechnungswesen, Marketing

Lehrerband zum Band 3
Didaktik/Methodik/Lösungen/Unterrichtsmedien

Autoren des Florist 3:
StR Elisabeth Birk, Göppingen
Prof. Dr. rer. oec. Theo Melber, Stuttgart

In diesem Fachbuch werden **Gattungsbegriffe** wie z. B. „Schüler",
„Florist", „Käufer", „Verkäufer" oder
„Lieferer" verwendet. Der Genus, das grammatische
Geschlecht, hat nichts mit dem biologischen Geschlecht zu
tun. So werden unklare Schreibweise und
komplizierter Satzbau vermieden.

Das Werk und seine Teile sind urheberrechtlich geschützt.
Jede Verwertung in anderen als den gesetzlich zugelassenen
Fällen bedarf deshalb der vorherigen schriftlichen Ein-
willigung des Verlages.

ISBN 3-8001-1176-4

© 2000 Eugen Ulmer GmbG & Co.
Wollgrasweg 41, 70599 Stuttgart (Hohenheim)
email: info@ulmer.de
Internet: www.ulmer.de
Printed in Germany
Lektorat: Werner Baumeister
Herstellung: Jürgen Sprenzel
Umschlaggestaltung: Alfred Krugmann, Freiburg a. Neckar
Gesamtherstellung: Pustet, Regensburg

Vorwort

Die hier vorliegende verbesserte 5. Auflage des FLORIST 3 wurde aufgrund zahlreicher Anregungen aus dem Kollegenkreis und den Ausbildungsbetrieben, wofür die Verfasser herzlich danken, aktualisiert. Außerdem wurden die Arbeiten für den Lehrerband zum Florist 3 abgeschlossen; Teil A + B ist inzwischen erschienen; Teil C wird voraussichtlich im Spätherbst 2000 erscheinen.

Das Buch ist in drei Teile gegliedert:

Teil A umfaßt die Wirtschafts- und Betriebslehre sowie den kaufmännischen Schriftverkehr. Über die Grundfragen des Wirtschaftens, die Wirtschafts- und Rechtsordnung, die eher praktischen Bereiche wie Kaufvertrag, Warenbeschaffung, Zahlungs- und Kreditverkehr bis zur Firmengründung und die damit zusammenhängende Besteuerung erfährt der Auszubildende mehr, als der Lehrplan zunächst von ihm verlangt. Die zahlreichen Beispiele und Textvorlagen des Abschnitts Schriftverkehr sollen dem Lernenden die Scheu vor Geschäftsbriefen nehmen und das Ausdrucksvermögen verbessern helfen.

Mit dem Teil B Rechnungswesen wird dem Wunsch einiger Bundesländer entsprochen, sich dem Fachrechnen für Floristen mehr zu widmen. Mit dem vorliegenden Band ist der Auszubildende in der Lage, berufsbezogene Rechenaufgaben selbst zu bearbeiten und zu lösen. Der systematische Aufbau, die Beispielaufgaben und die vielen Übungsaufgaben ermöglichen es dem Schüler, die bisher erworbenen Grundkenntnisse aufzufrischen und berufsspezifisch anzuwenden und der Lehrer kann fächerübergreifend Aufgaben auswählen.

Der umfangreiche Abschnitt Buchführung und Kostenrechnung soll dem Auszubildenden und auch dem jungen Floristen die Möglichkeit geben, sich in diesen wichtigen Gebieten des Rechnungswesens vertiefte Kenntnisse anzueignen. Diese nehmen im Rahmen der Ausbildung an Fach- und Meisterschulen einen hohen Stellenwert ein.

Im Teil C Verkauf und Werbung (Absatzmarketing) wird deutlich, daß Blumen- und Pflanzenproduktion und eine gute handwerkliche Arbeit allein nicht mehr genügen, um sich am Markt behaupten zu können. Der Wettbewerb hat sich – insbesondere durch die Aktivitäten branchenfremder Anbieter – weiter verstärkt, und auch die Ansprüche der Verbraucher steigen stetig. So gewinnen Marketing und aktives Verkaufsbemühen für den Floristbetrieb eine immer größere Bedeutung. An dieser Entwicklung kommt auch der Mitarbeiter nicht vorbei.

Die Verfasser hoffen, einen wesentlichen Beitrag leisten zu können, damit die Stoffgebiete Wirtschaftslehre, Rechnungswesen und Marketing größeres Gewicht im Unterricht gewinnen.

Jedem Abschnitt sind die anzustrebenden Lernziele vorangestellt. Sie sind unterschiedlichen Verhaltensbereichen entnommen und berücksichtigen Lernzielstufen verschiedenen Schwierigkeitsgrads. Dadurch erhalten kognitive, affektive und psychomotorische Zielaspekte einen entsprechenden Stellenwert im Unterricht.

In den Text sind zahlreiche Beispiele aus dem Berufsalltag des Floristen eingearbeitet. Sie dienen, wie die vielen Illustrationen, dazu, die theoretischen Inhalte des Buches zu veranschaulichen und eine Brücke zwischen Schule und Betrieb zu schlagen. Die Stoffinhalte der einzelnen Abschnitte sind in Merksätzen zusammengefaßt; Aufgaben erleichtern die Lernzielkontrolle und dienen einer handlungsorientierten Themenbearbeitung.

Dank gilt dem Verlag und allen mit der Herstellung des Buches befaßten Mitarbeitern für das engagierte Bemühen, ein Unterrichtswerk zu schaffen, das den Anforderungen an ein zeitgemäßes Lehrbuch entspricht.

Möge diesem Buch eine weite Verbreitung beschieden sein, zum Wohle aller jungen Menschen, die sich der Ausbildung zum Beruf des Floristen zugewandt haben, aber auch all denen, die den Wunsch haben, sich beruflich weiterzubilden.

Im Frühjahr 2000   Die Verfasser

Inhaltsverzeichnis

Teil A   Wirtschafts- und Betriebslehre / Schriftverkehr

I   Wirtschafts- und Betriebslehre

1	Grundfragen des Wirtschaftens	12
1.1	Von den menschlichen Bedürfnissen . . .	12
1.2	Güter als Mittel der Bedürfnisbefriedigung	14
1.3	Prinzipien des Wirtschaftens	14
2	Wirtschaftsordnung und Wettbewerbsordnung	16
2.1	Wirtschaftliche Ordnungsprinzipien . . .	16
2.2	Die soziale Marktwirtschaft	17
2.3	Die Wettbewerbsordnung	20
3	Grundlagen der Rechtsordnung	27
3.1	Rechtsgebiete und Rechtsquellen	27
3.2	Personen, Sachen, Rechte	28
3.3	Willenserklärungen und Rechtsgeschäfte	29
4	Der Kaufvertrag	31
5	Störungen bei der Erfüllung von Kaufverträgen	35
5.1	Der Lieferungsverzug	36
5.2	Lieferung mangelhafter Güter	36
5.3	Der Zahlungsverzug	37
5.4	Das Mahnverfahren	37
5.5	Der Annahmeverzug	39
6	Die Warenbeschaffung	41
6.1	Bestimmungsgründe für die Warenbeschaffung	41
6.2	Die Bezugsquellen	42
6.3	Anfrage, Angebot, Bestellung	44
6.4	Der Wareneingang	46
6.5	Erfüllungsort und Gerichtsstand	46
7	Der Zahlungsverkehr	48
7.1	Die Barzahlung	48
7.2	Die halbbare Zahlung	49
7.3	Die bargeldlose Zahlung	49
7.4	Rechnungskontrolle und Überwachung des Zahlungsverkehrs	50
8	Der Kreditverkehr	51
8.1	Wesen des Kredits	52
8.2	Fristigkeit von Krediten	52
8.3	Verwendung von Krediten	53
8.4	Die Kreditgeber	54
8.5	Arten der Kreditsicherung	54
9	Die Betriebsgründung	55
9.1	Gewerbefreiheit und Gewerbeaufsicht	55
9.2	Die Kaufmannseigenschaft	56
9.3	Die Firma	57
9.4	Personelle und sachliche Voraussetzungen	57
9.5	Kapitalbedarf	58
9.6	Anmeldung der Unternehmung	58
10	Rechtsformen von Einzelhandelsbetrieben	59
10.1	Vertretung und Vollmacht	59
10.2	Die Einzelunternehmung	60
10.3	Personengesellschaften	60
10.4	Kapitalgesellschaften	62
11	Die Besteuerung der Unternehmung . .	63
11.1	Grundlagen des Steuerrechts	64
11.2	Einteilung der Steuern	64
11.3	Die Steuererklärung	66
12	Einzelne Steuerarten	68
12.1	Die Gewerbesteuer	68
12.2	Die Umsatzsteuer	69
12.3	Die Einkommensteuer	70
13	Versicherungen des Betriebs	73
13.1	Zweck der Versicherung	73
13.2	Der Versicherungsvertrag	74
13.3	Umfang des Versicherungsschutzes . . .	74
13.4	Personenversicherungen	75
13.5	Sachversicherungen	75
13.6	Vermögensversicherungen	76
14	Grundlagen der elektronischen Datenverarbeitung (EDV)	77
14.1	Funktionsweise von EDV-Anlagen . . .	77
14.2	Informationen und Informationsaustausch	78
14.3	Hardware und Software	80

II Schriftverkehr

15	Formvorschriften nach DIN	83
15.1	Formate	83
15.2	Einteilung des Briefbogens	84
15.3	Kuvertieren	87
15.4	Rechtschreibung und Stilübungen . . .	88
16	Schriftgutablage	89
16.1	Aufbewahrungsfristen	89
16.2	Richtlinien zur Schriftgutablage	90
16.3	Ablagesysteme (Registratur)	90
17	Aktennotiz und Telefonnotiz	93
17.1	Aktennotiz	93
17.2	Telefonnotiz	95
18	Die Bewerbung	97
18.1	Überlegungen vor der Bewerbung . .	99
18.2	Form und Inhalt des Bewerbungsschreibens	99
18.3	Bewerbung auf Chiffre-Anzeige	101
19	Die Kündigung	103
19.1	Arten der Kündigung	103
19.2	Kündigungsfristen	103
19.3	Der Kündigungsschutz	103
19.4	Form, Wirksamkeit und Inhalt der ordentlichen Kündigung	103
19.5	Das Kündigungsschreiben	104
20	Die Bestellung	106
20.1	Arten der Bestellung	106
21	Die Reklamation	111
21.1	Mängelarten und Rügefrist	111
21.2	Gewährleistungsansprüche	111
21.3	Form und Inhalt des Reklamationsschreibens	112
22	Lieferschein, Rechnung, Quittung	114
22.1	Der Lieferschein	114
22.2	Die Rechnungsstellung	115
22.3	Die Quittung	118
23	Die Mahnung	120
23.1	Das außergerichtliche Mahnverfahren .	120
23.2	Form und Inhalt eines Mahnbriefs . . .	120
23.3	Das gerichtliche Mahnverfahren	120
24	Schriftverkehr mit Post, Bahn, sonstigen Frachtführern und Spediteuren . .	122
24.1	Schriftverkehr mit der Post	122
24.2	Schriftverkehr mit der Bahn	125
24.3	Schriftverkehr mit Spediteuren	126
25	Schriftverkehr mit Behörden	129
25.1	Entschuldigungsschreiben für die Berufsschule	129
25.2	Bitte um vorzeitige Zulassung zur Prüfung	129
25.3	Die Anzeige eines Arbeitsunfalls	129
25.4	Bitte um Fristverlängerung bei der Steuerbehörde	131
25.5	Stundungsgesuch an das Finanzamt . .	131
25.6	Einspruch gegen den Steuerbescheid . .	131
25.7	Anmeldung eines Betriebs	131

Teil B Rechnungswesen

I Fachrechnen

1	Grundlagen	136
1.1	Meßeinheiten	136
1.2	Maßverhältnisse	136
1.3	Der Taschenrechner	136
2	Das Rechnen mit gemeinen Brüchen . .	139
2.1	Arten von Brüchen	139
2.2	Formänderung von Brüchen	139
2.3	Addieren und Subtrahieren von Brüchen	140
2.3	Multiplizieren von Brüchen	141
2.5	Dividieren von Brüchen	142
2.6	Textaufgaben zum Bruchrechnen . . .	142
3	Dreisatz und Vielsatz	142
3.1	Dreisatz mit direktem Verhältnis	143
3.2	Dreisatz mit indirektem Verhältnis . . .	143
3.3	Zusammengesetzter Dreisatz	144
4	Das Rechnen mit ausländischen Währungen	147
4.1	Begriffserklärungen	147
4.2	Umrechnen ausländischer Währungen in DM	147
4.3	Umrechnen von DM in ausländische Währungen	148
5	Durchschnittsrechnen	149
5.1	Einfacher Durchschnitt	149
5.2	Gewogener Durchschnitt	150
6	Mischungsrechnen	151
6.1	Mischung von zwei Sorten	151
6.2	Mischung von drei Sorten	152
7	Verteilungsrechnen	153

8	Prozentrechnen und Promillerechnen	155
8.1	Bezeichnung der Größen – Formeln – bequeme Teiler	155
8.2	Berechnen des Prozentwerts	156
8.3	Berechnen des Prozentsatzes	156
8.4	Berechnen des Grundwerts	157
8.5	Prozentrechnen vom vermehrten und verminderten Grundwert	157
9	Prozentrechnen mit Rabatt, Skonto, Umsatzsteuer	160
9.1	Begriffserklärungen	160
9.2	Rechenschema: Vorwärtsrechnung	161
9.3	Rechenschema: Rückwärtsrechnung	162
10	Zinsrechnen	163
10.1	Zinsfaktoren und Zinsformeln	164
10.2	Berechnen der Zinsen	164
10.3	Berechnen des Kapitals	165
10.4	Berechnen des Zinssatzes	166
10.5	Berechnen der Zeit	166
11	Effektive Verzinsung	168
11.1	Bankdarlehen	168
11.2	Ratenkauf	170
12	Diskontrechnen	172
12.1	Der Wechsel	172
12.2	Ausstellung und Form des Wechsels	173
12.3	Diskontieren eines Wechsels	174
13	Der Satz des Pythagoras	176
14	Pflanzenverbände	177
14.1	Der Quadratverband	177
14.2	Der Dreiecksverband	178
15	Flächenberechnungen	179
15.1	Bemaßung	179
15.2	Berechnung der Fläche und des Umfangs	179
16	Körperberechnungen	185
16.1	Bemaßung	185
16.2	Volumenberechnung	185
16.3	Mantel- und Oberflächenberechnung	188

II Buchführung und Kostenrechnung

17	Aufgabe der Buchführung/Inventar und Bilanz	193
17.1	Aufgaben der Buchführung	193
17.2	Rechtsvorschriften	194
17.3	Inventur/Inventar	195
18	Die Ergebnisrechnungen	197
18.1	Die Bilanz	197
18.2	Die Gewinn- und Verlustrechnung	199
19	Das System der doppelten Buchführung	201
19.1	Die Kontenführung	201
19.2	Die Bestandskonten	202
19.3	Die Ergebniskonten	203
20	Kontenrahmen und Kontenplan	206
21	Die Warenkonten	209
22	Die Umsatzsteuer	212
23	Sonstige Buchungen im Warenverkehr	215
24	Buchung von Personalkosten	217
25	Buchung von Steuern	220
26	Bewertung und Abschreibung	221
26.1	Bewertungsgrundsätze	221
26.2	Die Abschreibung	223
27	Die Organisation der Buchführung	226
27.1	Der Beleg und die Belegorganisation	226
27.2	Die Bücher der Buchführung	226
27.3	Buchführungssysteme	228
27.4	Die Mindestbuchführung	229
28	Buchführung und Kostenrechnung	230
28.1	Aufgaben der Kostenrechnung	230
28.2	Kostenüberwachung und Kostenvergleich	231
28.3	Berechnung des Betriebsergebnisses	231
28.4	Aufwand, Ausgaben, Kosten	232
29	Die Kalkulation	233
29.1	Aufbau der Kalkulation	233
29.2	Die Gesamtkalkulation	234
29.3	Die gegliederte Gesamtkalkulation	235
29.4	Die Verrechnung der Gemeinkosten	236
29.5	Die Kalkulation mit Betriebsstundensätzen	238
30	Betriebswirtschaftliche Kennziffern	241
30.1	Kennziffern für den Leistungsfaktor Kapital	241
30.2	Kennziffern für den Leistungsfaktor Ware	243
30.3	Kennziffern für den Leistungsfaktor Personal	244
30.4	Kennziffern für den Leistungsfaktor Raum	244
31	Die Statistik im Floristbetrieb	246

Teil C Verkauf und Werbung (Absatzmarketing)

I Verkauf

1	Der Florist als Verkäufer	252
1.1	Der Verkäuferberuf	252
1.2	Erscheinungsbild und Verhalten des Verkäufers	255
1.3	Anforderungen an den Verkäufer	257
1.4	Die Sprache des Verkäufers	260
2	Der Kunde des Floristen	263
2.1	Kundensignale	264
2.2	Kundenarten	266
2.3	Typische Verhaltensweisen von Kunden	269
2.4	Besondere Kundengruppen	273
3	Kaufmotive	275
3.1	Warum Kunden kaufen	275
3.2	Verstandesmäßige Kaufmotive	279
3.3	Gefühlsmäßige Kaufmotive	284
4	Das Verkaufsgespräch	290
5	Ursachen und Behandlung von Kundeneinwänden	301
5.1	Scheineinwände und echte Einwände	302
5.2	Strategien zur Widerlegung von Kundeneinwänden	302
5.3	Gegenstände von Kundeneinwänden	304
6	Besondere Verkaufsfälle	309
6.1	Hauptumsatzzeit (Stoßgeschäft)	309
6.2	Umtausch und Beschwerde	313
6.3	Diebstahl im Geschäft	315
7	Besondere Verkaufsmaßnahmen	318
7.1	Sortimentsgestaltung und Sortimentspolitik	319
7.2	Umsatzhäufung	321
7.3	Der Zusatzverkauf	323
7.4	Der Ersatzverkauf	324
8	Besonderer Kundendienst	325
8.1	Sonderveranstaltungen	325
8.2	Warenzustellung	328
8.3	Schriftliche und telefonische Bestellungen	328
8.4	Sonstiger Kundendienst	329
9	Die Blumenspendenvermittlung	330

II Werbung

10	Aufgaben und Arten der Werbung	334
11	Wirkungsweise der Werbung	340
12	Gegenstände der Werbung	344
13	Die Werbemittel des Floristen	347
13.1	Das Schaufenster	347
13.2	Die Zeitungsanzeige	353
13.3	Werbebriefe und Handzettel	356
13.4	Sonstige Werbemittel und Werbehilfen	361

Sachregister 369
Abbildungsnachweis 376

Teil A

Wirtschafts- und Betriebslehre
Schriftverkehr

I Wirtschafts- und Betriebslehre

1 Grundfragen des Wirtschaftens

Lernziele

▷ Erklären können, welche Bedeutung die Bedürfnisse des Menschen für sein Handeln haben;
▷ die unterschiedlichen Arten von Bedürfnissen bezeichnen können;
▷ erklären können, welche Bedürfnisse zur Nachfrage auf dem Markt werden;
▷ eine größere Zahl von Bedürfnissen nach ihrer Dringlichkeit ordnen können;
▷ den Begriff „Wirtschaftsgut" anhand von Beispielen erläutern können;
▷ eine größere Anzahl von Gütern folgenden Güterarten zuordnen können: Gebrauchsgüter, Verbrauchsgüter, sachliche Produktivgüter, Dienstleistungen;
▷ die Begriffe „Nutzenmaximierung" und „Gewinnmaximierung" anhand von Beispielen erläutern können;
▷ die drei Produktionsfaktoren beschreiben können;
▷ anhand von Beispielen das Maximalprinzip und das Minimalprinzip erklären können.

1.1 Von den menschlichen Bedürfnissen

Jedes menschliche Handeln hat irgendwelche Beweggründe (Motive). So kaufen sich z. B. die Menschen Nahrungsmittel, um ihren Hunger zu stillen, Blumen, um Freude zu erleben oder damit andere zu erfreuen und modische Kleidung, um damit zu imponieren. All diesen Handlungen liegen unterschiedliche Motive zugrunde. Gemeinsam haben sie, daß sie durch ein Gefühl des Mangels ausgelöst werden. Dieses Gefühl des Mangels wird **Bedürfnis** genannt. Einen Großteil seiner Zeit verbringt der Mensch damit, sich die Mittel zur Befriedigung seiner Bedürfnisse zu verschaffen.

Bedürfnisse sind zum Teil angeboren, also biologisch bestimmt. Viele Bedürfnisse erwirbt der Mensch jedoch erst im Laufe seines Lebens in der Gesellschaft mit anderen Menschen. So sind z. B. die Bedürfnisse nach Nahrung, Liebe oder Sicherheit dem Menschen angeboren, weil ihre Befriedigung die Selbsterhaltung des Menschengeschlechts sichert. Die Bedürfnisse, die Schule zu besuchen, Bücher zu lesen, Auto zu fahren oder Blumen zu kaufen werden jedoch von außen an den Menschen herangetragen. Solche im Laufe des Lebens erworbenen Bedürfnisse sind wesentlich durch die Kultur einer Gesellschaft geprägt.

Menschliche Bedürfnisse, deren Befriedigung zum Überleben unerläßlich sind, heißen **Existenzbedürfnisse**. Es sind dies die Bedürfnisse nach Nahrung, Kleidung und Behausung. Das **Existenzminimum** ist demnach die Menge an Gütern, welche gerade noch für den Erhalt des Lebens ausreicht.

Der Fortschritt der menschlichen Gesellschaft, die Entwicklung von Technik, Wissenschaft und Kunst haben jedoch zur Folge, daß die Ansprüche an das Leben steigen. Die Menschen erwerben also Bedürfnisse, die es ihnen ermöglichen, an der sie umgebenden Kultur teilzuhaben. Wir nennen sie **Kulturbedürfnisse**. Ähnlich wie es ein Existenzminimum gibt, kennen wir auch den Begriff des **Kulturminimums**. Es ist dies die Menge an geistigen und materiellen Gütern, die gerade ausreicht, den Fortbestand der Kultur zu sichern.

Beileibe nicht alle Bedürfnisse, die wir befriedigen, sind den Existenz- oder Kulturbedürfnissen zuzuordnen. Das Überschreiten dieser Existenzschwelle macht für viele Menschen das Leben erst lebenswert. Bedürfnisse, die jenseits dieser Existenzschwelle angesiedelt sind, heißen **Luxusbedürfnisse**. Die Grenze zwischen Existenz- und Luxusbedürfnissen ist fließend, weil sie vom durchschnittlichen Wohlstand einer Gesellschaft, der sozialen Stellung und den Aufgaben des einzelnen innerhalb der Gesellschaft bestimmt wird.

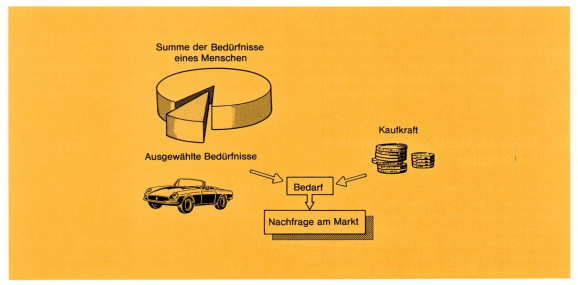

Abb. 1. Von den Bedürfnissen zur Nachfrage.

Die ganz persönlichen Bedrüfnisse des Menschen nennt man **Individualbedürfnisse** (Individuum ≙ Einzelwesen). Darüberhinaus hat der Mensch jedoch auch Bedürfnisse, die er nur in der Gemeinschaft und durch die Gemeinschaft befriedigen kann. Diese Bedürfnisse heißen **Kollektivbedürfnisse**. Dazu zählen z. B. das Bedürfnis, im Krankheitsfall ein Krankenhaus aufsuchen zu können, das Bedürfnis nach Sicherheit auf der Straße oder das Bedürfnis nach Rechtssicherheit durch ein funktionierendes Gerichtswesen. Die Befriedigung der Kollektivbedürfnisse geschieht durch den Staat, der dafür von seinen Bürgern entsprechende Steuern und Abgaben erhebt.

Zur Befriedigung seiner Bedürfnisse benötigt der Mensch mancherlei **Güter** und **Dienstleistungen** wie Nahrungsmittel, Kleider oder die Hilfe von Handwerkern und Ärzten. Diese Güter und Dienstleistungen muß sich der Mensch jedoch zuerst schaffen, da sie, gemessen an der Zahl der menschlichen Wünsche, nur in begrenzter Menge zur Verfügung stehen. Deshalb kann auch nur ein Teil der menschlichen Bedürfnisse befriedigt werden. Dies zwingt den Menschen, seine Bedürfnisse gegeneinander abzuwägen und Prioritäten (Bevorzugungen) zu setzen. Bedürfnisse werden nach dem Grad ihrer **Dringlichkeit** befriedigt. Jeder Mensch stellt für sich also eine individuelle Bedürfnisskala oder Bedürfnispyramide auf.

Bedürfnisse, zu deren Befriedigung die Mittel (Kaufkraft) vorhanden sind, nennt man **Bedarf**. Bedürfnisse wirken sich also erst dann als Nachfrage aus, wenn die Mittel und der Wille zu ihrer Befriedigung gegeben sind (Abb. 1).

Neben der Dringlichkeit der Bedürfnisse richtet sich der Bedarf nach der Höhe des **Einkommens**. Personen mit hohem Einkommen haben einen anderen Bedarf als Personen mit geringem Einkommen (obgleich die Bedürfnisse übereinstimmend sein können), weil letzteren die Mittel (Kaufkraft) zur Befriedigung bestimmter Bedürfnisse fehlen. Der Bedarf wird jedoch ausschließlich von vernunftmäßigen Gründen bestimmt. Nach Abzug der lebensnotwendigen Ausgaben verbleiben vielen Menschen noch bestimmte Einkommensteile zur freien Verfügung. Wir nennen diesen Einkommensteil **freies Einkom-**

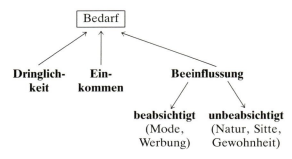

men. Es wächst mit steigendem Realeinkommen. Oft wird das freie Einkommen nicht so planmäßig und wohlüberlegt verwendet wie das gebundene Einkommen. Hier setzt z. B. die Werbung an, um dieses freie Geld in die von ihr gewünschten Kanäle zu leiten. Doch auch Modetrends, Verbrauchsgewohnheiten, Sitten, Natur und Witterung beeinflussen den Bedarf.

1.2 Güter als Mittel der Bedürfnisbefriedigung

Die Güter zur Bedürfnisbefriedigung werden in der Regel von der Natur nicht konsumreif zur Verfügung gestellt; sie müssen also erst durch Einsatz von Arbeit, Kapital und Rohstoffen erzeugt werden. Unter dem Begriff **Gut** versteht man alles, was geeignet ist, Bedürfnisse zu befriedigen, wie zum Beispiel **Sachgüter** (körperliche Gegenstände) wie Lebensmittel, Blumen, Kleider oder Maschinen. Aber auch **Dienstleistungen** verschiedenster Art sind zur Befriedigung von Bedürfnissen erforderlich. Man denke nur an die Tätigkeit des Floristen, des Handwerkers, des Arztes, des Lehrers oder eines Bankinstituts.

Güter, die uns die Natur (gemessen an unseren Bedürfnissen) in unbegrenzter Menge zur Verfügung stellt, nennt man **freie Güter**. Solche Güter haben keinen Preis, obwohl sie für uns lebensnotwendig sein können, wie z. B. Luft, Sonnenlicht oder Meerwasser. Die meisten Güter sind jedoch gemessen am Umfang der menschlichen Bedürfnisse knapp. Sie heißen **Wirtschaftsgüter,** weil mit ihnen hausgehalten werden muß. Wirtschaftsgüter werden gemäß ihrem Verwendungszweck in **Konsumgüter** und **Produktivgüter** unterteilt. Konsumgüter dienen entweder als **Gebrauchsgüter** einer längerdauernden Nutzung oder als **Verbrauchsgüter** dem alsbaldigen Verbrauch. So zählen zur Gruppe der Gebrauchsgüter Einrichtungsgegenstände, Kleider, Bücher u. ä., zur Gruppe der Verbrauchsgüter z. B. Lebensmittel, Genußmittel, Blumen, Körperpflegeartikel sowie Reinigungsmittel. Mit Konsumgütern werden folglich menschliche Bedürfnisse unmittelbar befriedigt.

Produktivgüter dienen dagegen nur zur mittelbaren Bedürfnisbefriedigung, da sie zur Herstellung anderer Güter eingesetzt werden. Dazu zählen Maschinen, Werkzeuge, Rohstoffe, Geschäftsgebäude und Arbeits- und Dienstleistungen. Produktivgüter werden auch Investitions- oder Kapitalgüter genannt, weil Investitionen längerfristigen Kapitaleinsatz erfordern. Investitionsgüter sind die Grundlage einer leistungsfähigen Volkswirtschaft.

Sachgüter, die regelmäßig zum Zwecke des Handels und des Verkaufs hergestellt werden, heißen **Waren**. Waren – gebräuchlich ist auch der Begriff **Handelswaren** – können demnach sowohl Verbrauchsgüter, Gebrauchsgüter als auch Produktivgüter sein.

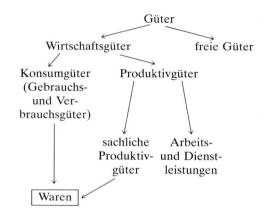

1.3 Prinzipien des Wirtschaftens

Wirtschaften heißt **haushalten mit knappen Gütern**. Da es Aufgabe der Wirtschaft ist, die Menschen planmäßig mit knappen Gütern zu versorgen, bezeichnen wir die Bereiche unserer Gesellschaft als **Wirtschaft,** welche diese Aufgaben erfüllen. Es sind dies die Einrichtungen (Institutionen), die Wirtschaftsgüter herstellen (Produktion), die Güter verteilen (Distribution) und die sie gebrauchen oder verbrauchen (Konsum). Gewirtschaftet wird sowohl in den privaten und öffentlichen Haushalten (Staat) als auch in den privaten und öffentlichen Betrieben.

In den privaten und öffentlichen Haushalten wird nach Lage des verfügbaren Einkommens über die Beschaffung und Verwendung der gewünschten Güter entschieden. Maßgebend für die Auswahl dieser Güter ist die **Dringlichkeit** des Bedarfs und der **Nutzen,** welchen diese Güter stiften (Nutzenmaximierung). In den privaten und öffentlichen Unternehmungen werden die Güter hergestellt (Produktionsbetriebe) und bereitgestellt bzw. verteilt (Dienstleistungsbetriebe), die am Markt nachgefragt werden. Dabei müssen die Unternehmer entscheiden, wie sie die ihnen zur Verfügung stehenden Produktionsfaktoren so einsetzen bzw. kombinieren, daß sie einen möglichst großen Gewinn erzielen (Gewinnmaximierung). Erst durch sinnvolle Kombination dieser Produktionsfaktoren entsteht ein konsumreifes Gut. Die Produktionsfaktoren werden wie folgt gegliedert:

- **Arbeit** dazu zählen sowohl manuelle Arbeit (z. B. Binden eines Blumenstraußes) als auch leitende (dispositive) Arbeit (z. B. Führen eines Floristbetriebs)
- **Kapital** das sind die von Menschen geschaffenen Produktionsmittel (wie z. B. Geschäftsgebäude, Werkzeuge, Maschinen und Einrichtungsgegenstände des Geschäfts)
- **Natur** hierunter fallen natürliche Hilfsquellen, wie Rohstoffe, Bodenschätze, Grund und Boden einer Gärtnerei oder Pflanzen und Blumen.

Weil die benötigten Güter in der Regel knapp sind, müssen die dafür zur Verfügung stehenden Mittel so eingesetzt werden, daß das Ergebnis des Wirtschaftens möglichst günstig ausfällt. Diesen Grundsatz bezeichnet man als **Vernunftprinzip**. Er gilt für menschliches Handeln allgemein. Wirtschaftliches Handeln – im Haushalt wie im Unternehmen – ist daher immer am Vernunftprinzip ausgerichtet. Auf den Bereich des Wirtschaftens bezogen wird dieses Prinzip auch **ökonomisches Prinzip** genannt. Hierbei unterscheidet man zwischen dem Maximalprinzip und dem Minimalprinzip. Beim Wirtschaften nach dem **Maximalprinzip** wird man vor die Aufgabe gestellt, mit gegebenen Mitteln einen möglichst großen Erfolg zu erzielen. Beim **Minimalprinzip** soll ein vorgegebenes Ziel mit einem möglichst geringen Mitteleinsatz erreicht werden.

Beispiele
Maximalprinzip: Aus Schnittblumen und Bindematerial im Einkaufswert von 200,– DM sollen möglichst viele Frühlingssträuße gebunden werden.
Minimalprinzip: Für eine Werbeaktion sollen 120 Blumensträußchen mit möglichst geringem Mitteleinsatz gefertigt werden.

Merksätze

▷ Bedürfnisse entstehen aus dem Gefühl eines Mangels heraus. Sie werden nach der Dringlichkeit befriedigt.
▷ Bedürfnisse, zu deren Befriedigung die Kaufkraft vorhanden ist, bezeichnet man als Bedarf.
▷ Als Güter bezeichnet man alle Mittel, die dazu geeignet sind, menschliche Bedürfnisse zu befriedigen.
▷ Güter, die gemessen an der Nachfrage knapp sind, heißen Wirtschaftsgüter.
▷ Wirtschaften heißt: Haushalten mit knappen Gütern.
▷ Die drei Produktionsfaktoren sind: Arbeit, Kapital und Natur.
▷ Der Mensch handelt wirtschaftlich, wenn er das Vernunftprinzip anwendet.
▷ Ökonomisch kann der Mensch entweder nach dem Maximalprinzip oder nach dem Minimalprinzip handeln.
▷ Haushalte wirtschaften nach dem Prinzip der Nutzenmaximierung, Unternehmen nach dem Prinzip der Gewinnmaximierung.

Aufgaben

1. Stellen Sie in einer Liste die Güter zusammen, welche Ihrer Meinung nach zur Sicherung des Existenzminimums notwendig sind.
2. Besorgen Sie sich die Jahresberichte von karitativen Organisationen (z. B. „Brot für die Welt" oder „Misereor") und stellen Sie anhand dieser Berichte fest, wofür die gesammelten Gelder ausgegeben wurden.
3. Ordnen Sie folgende Güter den einzelnen Bedürfnisarten zu: Blumenstrauß, Modeschmuck, Arbeitskleidung, Brot, Auto, Kaviar, Brillantarmband, Abendkleid, Kochbuch, Volkshochschulkurs, Urlaubsreise, Brautstrauß, Stereoanlage, Zigaretten, Schreibmaschine und Hausschuhe.
4. Erheben Sie in einem statistischen Jahrbuch, wie das Einkommen eines Vierpersonen-Arbeitnehmerhaushalts verwendet wird.
5. Sammeln Sie Werbeanzeigen aus Illustrierten, die Ihrer Meinung nach besonders wirkungsvoll den Bedarf beeinflussen.
6. Erklären Sie, warum ein PKW im einen Fall ein Gebrauchsgut und im andern Fall ein Produktivgut sein kann.

7. Erklären Sie an Beispielen, wie im Laufe der wirtschaftlichen Entwicklung Gebrauchsgüter zu Verbrauchsgütern wurden.
8. Welche Berechtigung hat die Bezeichnung „Wegwerfgesellschaft" für unser derzeitiges Wirtschaftssystem?
9. Stellen Sie fest, ob die Waren Ihres Ausbildungsbetriebs überwiegend der Gruppe der Verbrauchsgüter oder der Gruppe der Gebrauchsgüter zuzuordnen sind.
10. Ordnen Sie Ihre Bedürfnisse nach der Dringlichkeit in Form einer Skala oder einer Pyramide.
11. Zeigen Sie anhand von Beispielen, wie im Laufe der Zeit aus freien Gütern Wirtschaftsgüter geworden sind.
12. Zählen Sie die Produktivgüter auf, welche in Ihrem Ausbildungsbetrieb eingesetzt werden.
13. Ein Schüler versucht den für eine anstehende Klassenarbeit notwendigen Unterrichtsstoff in möglichst kurzer Zeit zu lernen. Nach welchem ökonomischen Prinzip handelt er?
14. Welche Wirtschaftsbereiche handeln (a) nach dem Prinzip der Nutzenmaximierung und welche (b) nach dem Prinzip der Gewinnmaximierung?
15. Erklären Sie, wie die drei Produktionsfaktoren in Ihrem Ausbildungsbetrieb zusammenwirken.
16. Ordnen Sie Ihren Ausbildungsbetrieb überwiegend dem Bereich der Produktion oder der Dienstleistung zu?

2 Wirtschaftsordnung und Wettbewerbsordnung

Lernziele

▷ Den Begriff „Wettbewerbswirtschaft" erklären können;
▷ wissen, welche Funktion der Preis in der Marktwirtschaft hat;
▷ erläutern können, warum die freie Konsumwahl und freie Produktionswahl Voraussetzungen für das Funktionieren der Marktwirtschaft sind;
▷ erklären können, warum das Wirtschaftssystem in Deutschland „soziale Marktwirtschaft" heißt;
▷ wissen, warum der Wettbewerb im System der Marktwirtschaft durch Gesetze geordnet werden muß;
▷ die wichtigsten Wettbewerbsgesetze nennen können;
▷ § 1 des UWG aufsagen und erläutern können;
▷ die wichtigsten Wettbewerbshandlungen aufzählen und erläutern können, die aufgrund des UWG verboten sind;
▷ die erlaubten Sonderveranstaltungen des Floristbetriebs aufzählen und erläutern können;
▷ erklären können, welchen Sinn das Zugabeverbot im Einzelhandel hat;
▷ anhand praktischer Beispiele erklären können, wie Waren und Dienstleistungen aufgrund des Preisangabegesetzes im Floristbetrieb auszuzeichnen sind;
▷ die wichtigsten Bestimmungen des Rabattgesetzes aufzählen können;
▷ die Ausnahmeregelungen des Ladenschlußgesetzes für den Floristbetrieb nennen können.

2.1 Wirtschaftliche Ordnungsprinzipien

Als Wirtschaftsordnung bezeichnet man die politische und rechtliche Form, in der die wirtschaftlichen Aktivitäten innerhalb einer Volkswirtschaft ablaufen. Die häufigsten Ordnungssysteme, welche heute in der Welt vorherrschen, sind der
– Liberalismus
– Neoliberalismus
– Sozialismus
– Kommunismus

Die meisten Staaten der westlichen Welt haben ihre Wirtschaft nach den Prinzipien des Neoliberalismus geordnet. Es handelt sich hierbei um eine Sonderform der marktwirtschaftlichen Ordnung. Gelegentlich wird dafür auch der Begriff „gelenkte Marktwirtschaft" gebraucht. In Deutschland wird dieses Ordnungssystem „soziale Marktwirtschaft" genannt.
Grundlage dieses Systems ist der freie Wettbewerb zwischen Anbietern und Nachfragern. Dieser Wettbewerb ist der Motor der Wirtschaft, garantiert dem Verbraucher angemessene Preise und zwingt Hersteller und Händler immer wieder von neuem, ihre Leistungen zu überprüfen und sich den Bedingungen des Marktes anzupassen (Abb. 2).
Der englische Nationalökonom ADAM SMITH (1723–1790) hat in einem wissenschaftlichen Werk mit dem Titel „Eine Untersuchung über Natur und Ursachen des Volkswohlstands" dargelegt, wie ein Wirtschaftssystem auf der Grundlage eines freien Marktes funktioniert. Für ihn ist die menschliche Arbeit die Quelle

Abb. 2. Marktwirtschaftliche Preisbildung.

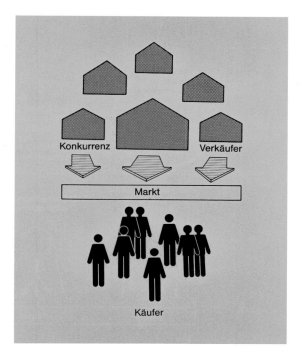

allen Wohlstandes eines Volkes. Diese Arbeit muß jedoch entsprechend organisiert und mit den übrigen Produktionsfaktoren (Kapital/Grund und Boden/Rohstoffe) sinnvoll kombiniert werden, damit die Gütererzeugung möglichst effektiv ist. Im Mittelpunkt seines Systems steht die freie Preisbildung auf einem freien Markt; dadurch wird der Ausgleich zwischen Angebot und Nachfrage gewährleistet (Abb. 3). Dazu ist es notwendig, daß auf dem Markt freie Konkurrenz herrscht. Sie sorgt mit ihrer ausgleichenden Wirkung über den Markt- und Preismechanismus dafür, daß jeder Marktteilnehmer (Anbieter und Nachfrager) das erhält, was ihm gemäß seiner Leistung für diesen Markt zusteht (Abb. 4). Wir nennen dieses Wirtschaftssystem „liberal", weil hier die Einflußnahme des Staates auf das Wirtschaftsgeschehen stark zurückgedrängt ist und sich nur auf Ausnahmefälle beschränkt. Für Smith gilt, daß sich die Wirtschaft selbst steuert und dauernde wirtschaftliche Aktivitäten des Staates nur dazu führen, daß die durch das freie Spiel der Kräfte erzielte allgemeine Harmonie der Interessen gestört und die Wirtschaft in ihrem Funktionieren beeinträchtigt wird (Abb. 5).

Wesentliche Elemente dieses Ordnungssystems sind die **freie Konsumwahl** und **die Produktionsfreiheit**. Die Produktionsfreiheit bedingt auch das Privateigentum an den Produktionsmitteln.

2.2 Die soziale Marktwirtschaft

Die soziale Marktwirtschaft – der Begriff stammt von dem deutschen Nationalökonomen Müller-Armack (1947) – hat es sich zum Ziel gesetzt, für einen sozialen Ausgleich zu sorgen, weil der freie Wettbewerb die wirtschaftlich Schwachen, wie zum Beispiel kleinere Unternehmer, Arbeitsunfähige, Rentner

Abb. 3. Angebot und Nachfrage regeln den Preis.

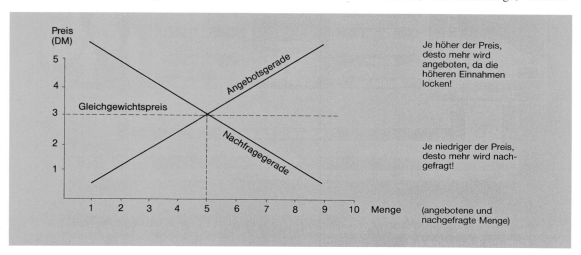

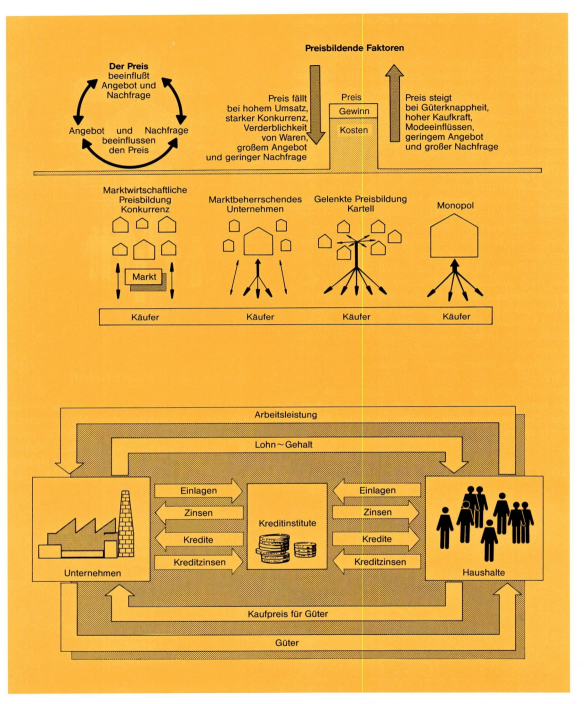

Abb. 4. Die Preisbildung. Entstehung des Warenpreises.
Abb. 5. Einfaches Kreislaufmodell.
Abb. 6. Realtypus soziale Marktwirtschaft. ▷
Abb. 7. Das „Magische Viereck".

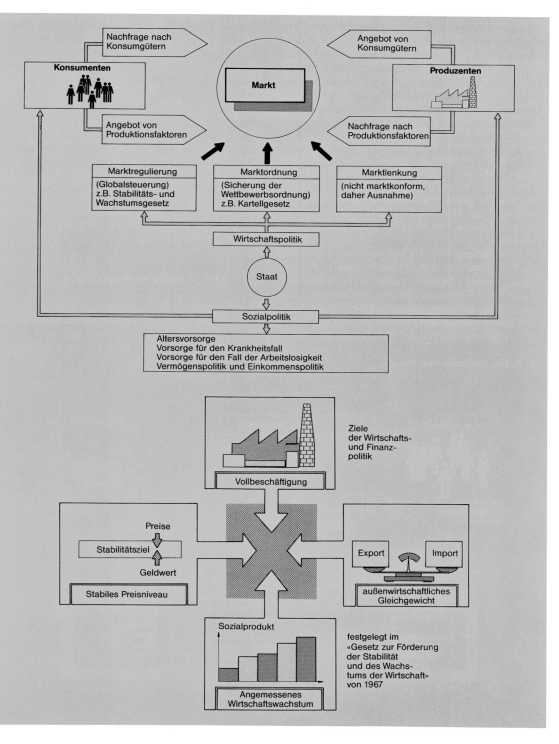

und solche, die in aussterbenden oder wirtschaftlich benachteiligten Gewerben tätig sind, in ihren Chancen einschränkt. Dem Staat fällt hier die Aufgabe zu, entsprechende Rahmenbedingungen zu schaffen, zum Beispiel durch Sozialgesetze (Sozialversicherung), Einkommensausgleich, Vermögensbildung, Aufrechterhaltung des Wettbewerbs und Sicherung der Gewerbefreiheit (Abb. 6). Gesetzliche Grundpfeiler unserer Wirtschaftsordnung sind

○ das **Grundgesetz:** Es garantiert wichtige marktwirtschaftliche Grundprinzipien, wie zum Beispiel freie Wahl des Arbeitsplatzes, Konsumfreiheit, Gewerbefreiheit und Privateigentum;

○ das **Gesetz gegen Wettbewerbsbeschränkung:** Es verbietet die Absprache zwischen Anbietern, die darauf abzielen, den Markt zu manipulieren (Kartellverbot);

○ das **Stabilitätsgesetz:** Es legt die Ziele staatlicher Wirtschaftspolitik fest, nämlich: stabiles Preisniveau, hoher Beschäftigungsstand, außenwirtschaftliches Gleichgewicht und angemessenes und stetiges Wirtschaftswachstum (Abb. 7);

○ das **Bundesbankgesetz:** Es besagt, daß das Geld- und Währungssystem der Bundesrepublik unabhängig von der Regierung durch die Bundesbank geordnet wird. Die Bundesbank hat den gesetzlichen Auftrag, die Währung stabil zu halten.

Diese Wirtschaftsordnung hat sich als überaus erfolgreich erwiesen und nach den langen Jahren der Wirtschaftslenkung (im Dritten Reich, während des Zweiten Weltkriegs und während der kommunistischen Diktatur in den deutschen Ländern auf dem Territorium der ehemaligen DDR) ungeheure Produktivkräfte freigesetzt, die zu einem fast unglaublichen wirtschaftlichen Aufschwung in der Bundesrepublik, verbunden mit Wohlstand für breite Bevölkerungsschichten, geführt haben (Wirtschaftswunder). So konnten in den alten Bundesländern die Durchschnittseinkommen der privaten Haushalte seit 1950 real verdreifacht werden.

2.3 Die Wettbewerbsordnung

Der Wettbewerb am Markt ist hart und unerbittlich, daher liegt es in der Natur der Sache, daß Marktbewerber immer wieder versuchen, sich dem Wettbewerbsdruck des Marktes zu entziehen. Grundsätzlich

Abb. 8. Die Wettbewerbsordnung.

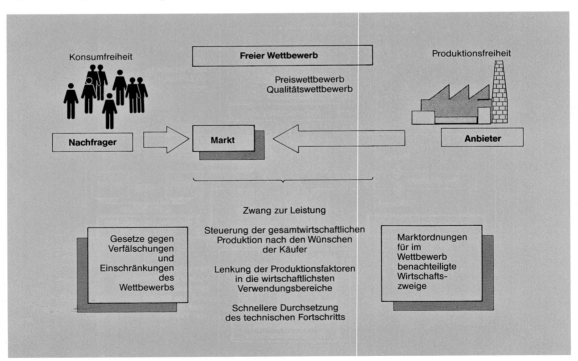

bieten sich zur Erreichung dieses Ziels drei Möglichkeiten an:
1. Absprachen zwischen den Anbietern.
2. Verdrängung von Konkurrenten durch unlautere Geschäftspraktiken.
3. Irreführung und Täuschung der Nachfrager.

Der Staat ist daher gehalten, durch gesetzgeberische Maßnahmen dafür zu sorgen, daß der freie Wettbewerb aufrechterhalten wird. Außerdem muß sich der Wettbewerb in Bahnen bewegen, die nicht gegen die guten Sitten verstoßen.

2.3.1 Der unlautere Wettbewerb

Gesetzliche Grundlage ist das Gesetz gegen den unlauteren Wettbewerb (UWG). Ziel dieses Gesetzes ist, einen reibungslosen Ablauf der Wirtschaft zu garantieren und Auswüchse des Wettbewerbs zu verhindern. Insbesondere sollen mit diesem Gesetz der sittenwidrige und der unerlaubte Wettbewerb eingedämmt werden. Jedoch werden nicht nur die Mitbewerber vor unlauteren Konkurrenzmaßnahmen geschützt, sondern auch die sonst am Markt Beteiligten und die Allgemeinheit. Die große Generalklausel dieses Gesetzes (§ 1 UWG) lautet wie folgt: „Wer im geschäftlichen Verkehr zu Zwecken des Wettbewerbs Handlungen vornimmt, die gegen die guten Sitten verstoßen, kann auf Unterlassung und Schadensersatz in Anspruch genommen werden."
Folgende Handlungen fallen unter den Grundsatz der Sittenwidrigkeit und sind aus diesem Grund nicht erlaubt:

○ **Irreführende Angaben**

Wer im geschäftlichen Verkehr zu Zwecken des Wettbewerbs über geschäftliche Verhältnisse, insbesondere über die Beschaffenheit, den Ursprung, die Herstellungsart oder die Preisbemessung, über die Art des Warenbezugs, über den Anlaß des Verkaufs oder über die Menge der eigenen Warenvorräte irreführende Angaben macht, kann auf Unterlassung in Anspruch genommen werden. Irreführende Werbung ist somit alles, was den Nachfrager zu falschen Schlüssen verleiten könnte. Auch zum Kauf guter Ware darf der Kunde nicht durch irreführende Angaben verleitet werden. Werden die irreführenden Angaben wissentlich gemacht, liegt außerdem ein strafbarer Tatbestand vor.

○ **Vergleichende Werbung**

Vergleichende Werbung ist verboten. Wir verstehen darunter Werbemaßnahmen, die den Zweck haben, Waren oder Dienstleistungen von Mitbewerbern zugunsten der eigenen herabzusetzen. Man darf also nicht behaupten, daß die eigenen Waren besser sind als die der Konkurrenz. Durch Grundsatzentscheidungen des Bundesgerichtshofes sind von diesem generellen Verbot gewisse Ausnahmen zugelassen, nämlich Vergleiche auf Verlangen des Kunden und der Abwehrvergleich. Ein Abwehrvergleich liegt vor, wenn Waren- oder Leistungsvergleiche angestellt werden, um damit unwahre Behauptungen der Konkurrenz abzuwehren. Jedoch müssen auch in diesem Fall die Angaben der Wahrheit entsprechen und sich nach Maß und Art in den Grenzen des Erforderlichen bewegen, also die Grenzen der sachlichen Erörterung nicht überschreiten.

○ **Verschenken von Waren**

Das Verschenken von Waren im Rahmen des Geschäftsbetriebs ist verboten, es sei denn das Verschenken geringwertiger Kleinigkeiten. Näheres dazu ist in der Zugabeverordnung geregelt. Mit der Zugabeverordnung soll die Gefahr einer Täuschung des Käufers über die wirtschaftlichen Vorteile einer Ware, die ihm angeboten wird, ausgeschlossen werden. Die Gewährung von Zugaben ist grundsätzlich verboten. Nicht als Zugaben gelten Werbegeschenke von geringem Wert, die dauerhaft und deutlich sichtbar mit dem Namen der werbetreibenden Firma gekennzeichnet sind. Dies gilt nicht für geringwertige Kleinigkeiten, die beim Einkauf an Kunden verschenkt werden, wie Bonbons für Kinder oder einzelne Blumen etwa. Auch die Gewährung handelsüblichen Zubehörs und handelsüblicher Nebenleistungen (unentgeltliche Hauszustellung von Waren, Behandlungshinweise, Pflegeanleitungen für Topfpflanzen) gelten nicht als Zugaben. Ebenfalls fallen Kundenzeitschriften nicht unter das Zugabeverbot, wenn sie mit einem Aufdruck auf der Titelseite als Werbemittel erkennbar gemacht und ihre Herstellungskosten nur geringwertig sind. Sicher sind manche Geschenke, die gewisse Geschäftsleute um die Weihnachtszeit an ihre Kunden verteilen, nach Art und Umfang eindeutig als Verstoß gegen die Zugabeverordnung anzusehen. Aber: Wo kein Kläger ist, ist auch kein Richter.

○ **Ruinöser Wettbewerb**

Hierunter fallen im wesentlichen Maßnahmen, die dazu dienen, Mitbewerber zu behindern und zu benachteiligen. Wettbewerb, der also nicht durch Leistung, sondern durch gezielten Preiskampf (Dumping), Boykott oder Diskriminierung ausgetragen wird, ist unstatthaft, weil dadurch der Mitbewerber vom Markt verdrängt und auf lange Sicht der Wettbewerb eingeengt würde.

○ **Unerlaubte Ankündigung von Sonderveranstaltungen**

Räumungs- oder Ausverkäufe (§ 7 UWG) sind nur zulässig bei Aufgabe des Geschäftsbetriebs, einer Zweigniederlassung oder einer Warengattung. Sie müssen der zuständigen Industrie- und Handelskammer oder der Handwerkskammer angezeigt werden. Bei der öffentlichen Bekanntmachung muß der Grund angegeben werden, der zu der Sonderveranstaltung den Anlaß gibt. Das Vor- und Nachschieben von Waren ist verboten. Wir verstehen darunter, daß speziell für den Ausverkauf Waren im voraus oder während diesem zusätzlich beschafft werden.

○ **Feilhalten von Waren ohne vorgeschriebene Angaben**

Das Feilhalten von Waren ohne Angaben der handelsüblichen oder gesetzlich vorgeschriebenen Gütebezeichnungen (beispielsweise Handelsklassen, Güteklassen, Herkunftsland, Art der Haltbarmachung mit Fremdstoffen) und Verkaufseinheiten (Stück, Gewicht) ist verboten. Solche Bezeichnungsvorschriften finden wir in zahlreichen Gesetzen wie dem Eichgesetz, dem Lebensmittelgesetz, der Preisangabenverordnung, dem Preisangabengesetz und anderswo.

○ **Bestechung von Angestellten**

Wer Angestellte fremder Geschäfte zum Zwecke des Wettbewerbs besticht, kann mit Freiheitsstrafen bis zu einem Jahr belegt werden. Diesen wettbewerblichen Tatbestand bezeichnen wir auch als „schmieren".

○ **Anschwärzen der Konkurrenz**

Geschäftsschädigende Behauptungen und Verleumdungen über Mitbewerber zu Zwecken des Wettbewerbs sind verboten. Darunter fallen unwahre Behauptungen über Personen, Waren, Dienstleistungen und Kreditwürdigkeit von Konkurrenzbetrieben.

○ **Mißbrauch mit fremden Namen**

Das Führen von Namen, Firmenbezeichnungen oder Warenbezeichnungen, welche geeignet sind, Verwechslungen mit Konkurrenten hervorzurufen, ist zu unterlassen. Für gesetzlich geschützte Warenzeichen und Geschmacksmuster gelten besondere Bestimmungen.

○ **Verrat von Geschäftsgeheimnissen**

Wer Geschäftsgeheimnisse während der Dauer eines Dienstverhältnisses zum Zweck des Wettbewerbs, aus Eigennutz oder in der Absicht, dem Geschäftsinhaber Schaden zuzufügen, verrät, kann mit Freiheitsstrafen bis zu drei Jahren bestraft werden. Diese Bestimmung gilt auch für Auszubildende.

Neben den Mitbewerbern können auch Verbände, die satzungsgemäß der Verbraucheraufklärung und Verbraucherberatung dienen, auf Unterlassung unlauterer Wettbewerbshandlungen und auf Schadenersatz klagen. Dies sind insbesondere die Arbeitsgemeinschaft der Verbraucher (AGV) und der Verein zum Schutze des Verbrauchers gegen den unlauteren Wettbewerb e.V. („Verbraucherschutzverein"). Sind unlautere Wettbewerbshandlungen im UWG mit Strafe bedroht, erhebt der Staatsanwalt bei Anzeige die Anklage.

Weitere wichtige Wettbewerbsvorschriften finden wir in folgenden Gesetzen bzw. Verordnungen:
– § 7 UWG: Regelung von Sonderveranstaltungen
– § 8 UWG: Veranstaltung von Räumungsverkäufen
– Zugabenverordnung und Gesetz über Zugabewesen
– Preisangabengsetz und Preisangabenverordnung
– Gesetz über Preisnachlässe (Rabattgesetz)
– Gesetz über Ladenschluß.

2.3.2 Sonderveranstaltungen

Sonderveranstaltungen dürfen im Einzelhandel weder werblich angekündigt noch durchgeführt werden, weil damit die Gefahr für den Verbraucher verbunden ist, außergewöhnlich stark beeinflußt und unter Umständen irregeführt zu werden. Dieses Sonderveranstaltungsverbot gilt auch für Großhändler und Hersteller, wenn es sich um den Verkauf an Letztverbraucher handelt. Unter das Sonderveranstaltungsverbot fallen somit alle Verkaufsveranstaltungen des Einzelhandels, wenn sie entweder außerhalb des regelmäßigen Geschäftsverkehrs stattfinden, der Beschleunigung des Warenabsatzes dienen oder dem Verbraucher den Eindruck einer einmaligen, unwiederholbaren Gelegenheit zum günstigen Einkauf vermitteln. Das generelle Verbot von Sonderveranstaltungen soll auch verhindern, daß der seriöse Mitbewerber in seiner Geschäftstätigkeit beeinträchtigt wird.

Vom Sonderveranstaltungsverbot ausgenommen sind **Räumungsverkäufe, Saisonschlußverkäufe** für die Dauer von 12 Werktagen im Januar und Juli, beginnend jeweils am letzten Montag des Monats, für Textilien, Schuhwaren, Lederwaren oder Sportartikel (Sommer- und Winterschlußverkauf), **Jubiläumsverkäufe** und **Sonderangebote**.

Unzulässig sind demnach beispielsweise folgende Werbeankündigungen:

„Tolle Sparpreise"; „Heute besonders günstige Preise"; „Sommerblumensonderverkauf"; „Frühjahrssonderpreise für die Balkonsaison"; „Muttertagspreise". Außerdem ist es verboten, mit der Angabe mengenmäßiger Beschränkung des Angebots zu werben, wie z. B. „Solange Vorrat reicht"; „Abgabe nur in haushaltsüblichen Mengen"; „Superangebot, jetzt nur ... DM" (§ 6d UWG).

Nicht unter das Sonderveranstaltungsverbot fallen **Sonderangebote**. Es muß sich hierbei allerdings um das Angebot einzelner, nach Güte und Preis gekennzeichneter Waren handeln, das zeitlich unbefristet ist und sich in den regelmäßigen Geschäftsbetrieb einfügt. Für Sonderangebote, die im hier genannten Bedingungsrahmen gemacht werden, kann der Einzelhändler das ganze Jahr über werben. Diesen Bedingungen entspricht z. B. folgende Werbeaussage: „Sonderangebot zum Saisonbeginn: Bunter Sommerblumenstrauß nur 9,80 DM." Unzulässig sind demnach folgende Werbeaussagen: „Balkonblumen-Sonderverkauf bis Ende dieser Woche"; „Valentinstag-Sonderpreise"; „Aktionspreise".

○ Jubiläumsverkäufe

Jubiläumsverkäufe sind im § 7 UWG als Sonderveranstaltungen ausdrücklich zugelassen. Sie dürfen alle 25 Jahre seit Firmengründung abgehalten werden. Dabei ist es unerheblich, ob die Firma zwischenzeitlich den Besitzer oder Eigentümer gewechselt hat, wenn die Firma als solche weiterbesteht. Der Jubiläumsverkauf muß in dem Monat beginnen, in welchen der Jubiläumstag fällt. Er darf höchstens 12 Werktage dauern. Jubiläumsverkäufe sind bei der zuständigen Industrie- und Handelskammer anzumelden.

○ Räumungsverkäufe

Räumungsverkäufe sind ebenfalls vom Sonderveranstaltungsverbot ausgenommen (§ 8 UWG). Es wird hier zwischen folgenden Arten unterschieden:
– Räumungsverkäufe wegen Aufgabe des gesamten Geschäftsbetriebs;
– Räumungsverkäufe wegen Feuer-, Wasser- oder Sturmschaden oder anderer vom Veranstalter nicht zu vertretenden vergleichbaren Ereignissen;
– Räumungsverkäufe wegen Umbaus.

Eine gesetzliche Regelung der Räumungsverkäufe ist notwendig, weil der Verbraucher bei Sonderverkäufen gewöhnlich einen Kaufvorteil für sich vermuten. Dieses Verbraucherverhalten veranlaßt gewissenlose Geschäftsleute, fingierte Räumungsverkäufe abzuhalten. Besonders beliebt ist dies bei einer bestimmten Gattung von Teppichhändlern. Daher darf ein **Räumungsverkauf wegen Geschäftsaufgabe** innerhalb von drei Jahren nur einmal veranstaltet werden. Voraussetzung dafür ist jedoch, daß der gesamte Geschäftsbetrieb aufgegeben, das heißt, die Firma aufgelöst wird. Die Dauer des Räumungsverkaufs wegen Geschäftsaufgabe ist auf höchstens 24 Werktage beschränkt. Er ist der zuständigen IHK zwei Wochen vor der ersten öffentlichen Ankündigung schriftlich mitzuteilen unter Angabe von Ort, Zeit, Warenverzeichnis und Daten über die Firma und deren Inhaber.

Der Veranstalter darf vor Ablauf von zwei Jahren am selben Geschäftsort oder einer Nachbargemeinde keinen Handel mit den Warengattungen neu aufnehmen, die von dem Räumungsverkauf betroffen waren.

Ein **Räumungsverkauf wegen Feuer-, Wasser- oder Sturmschaden** setzt voraus, daß das Schadensereignis für das Unternehmen unabwendbar war. Durch das Schadensereignis muß ein Zwang zum beschleunigten Warenabsatz entstanden sein, wie z. B. drohender Warenverderb, Gewinnung von flüssigen Finanzmitteln oder Räumung des Lagers zwecks Schadensbeseitigung an Gebäuden und Einrichtungen. Diese Art von Räumungsverkauf ist auf höchstens zwölf Werktage beschränkt. Er muß der IHK spätestens eine Woche vor der ersten öffentlichen Ankündigung schriftlich angezeigt werden und folgende Auskünfte enthalten: Beginn, Dauer und Ort des Räumungsverkaufs und Verzeichnis der beschädigten Waren, welche in den Räumungsverkauf einbezogen werden. Außerdem muß der Grund für den Räumungsverkauf angegeben und durch entsprechende Belege glaubhaft gemacht werden (Schadensbestätigung der Versicherung).

Ein **Räumungsverkauf wegen Umbaus** kann nur durchgeführt werden, wenn die Umbauarbeiten nach baurechtlichen Vorschriften genehmigungspflichtig sind. Der Räumungsverkauf wegen Umbaus darf höchstens zwölf Werktage betragen und muß der IHK spätestens zwei Wochen vor der ersten öffentlichen Ankündigung gemeldet werden. Dieser Meldung sind verschiedene Angaben beizufügen, wie z. B. Baugenehmigung, Bauplan, Zeitplan, Dauer und Ort des Räumungsverkaufs und Warenverzeichnis. Werden durch die genehmigten Umbaumaßnahmen nicht alle Geschäftsräume betroffen, so ist der Räumungsverkauf auf den Teil der Geschäftsräume zu beschränken, für den eine Räumungszwangslage besteht. In diesem Fall muß in der Werbung darauf hingewiesen werden, daß es sich um einen Teil-Räumungsverkauf handelt.

Kommissionsware darf nicht in den Räumungsverkauf einbezogen werden. Ebenfalls ist ein Vor- oder Nachschieben von Waren verboten. Darunter versteht man Ware, die nur zum Zwecke des Räumungsverkaufs beschafft wurde. Die IHK oder ihre Beauftragten haben das Recht, während des Räumungsverkaufs Kontrollen in den Geschäftsräumen durchzuführen. Bei der Werbung muß der Grund des Räumungsverkaufs angegeben werden (z. B. „wegen Geschäftsaufgabe", „wegen Umbaus").

2.3.3 Zugabenverbot

Die Zugabeverordnung soll die Gefahr einer Täuschung des Käufers über die wirtschaftlichen Vorteile einer Ware, die ihm angeboten wird, weitgehend ausschließen. Zugaben sind Waren oder Leistungen, die im geschäftlichen Verkehr unentgeltlich und zusätzlich neben den eigentlichen Waren oder Leistungen gewährt werden. Zugaben sind aus Gründen des lauteren Wettbewerbs grundsätzlich verboten. Nicht als Zugaben gelten Werbegeschenke von geringem Wert, die deutlich und dauerhaft mit der werbetreibenden Firma gekennzeichnet sind (z. B. Warenproben von Pflanzendüngern, kleinere Blumenkalender zum Jahreswechsel), geringwertige Kleinigkeiten (z. B. Bonbons oder eine Einzelblume für das die Mutter beim Einkaufen begleitende Kind), handelsübliches Zubehör und handelsübliche Nebenleistungen (z. B. unentgeltliche Zustellung eines Grabschmucks, Manschette zur Topfpflanze), Kundenzeitschriften, Auskünfte und Ratschläge (auch gedruckt, z. B. Pflegeanleitung oder Kulturanleitung für Pflanzen).

2.3.4 Regelungen über Preisangaben

Das Preisangabengesetz und die Preisangabenverordnung sollen bewirken, daß die Preise für den Verbraucher überschaubar und klar sind. Daher müssen Waren und Dienstleistungsangebote an den Letztverbraucher grundsätzlich mit den Endverkaufspreisen einschließlich Umsatzsteuer und sonstiger Preisbestandteile, wie z. B. Nebenkosten, ausgewiesen werden. Die Angaben müssen den Grundsätzen der Preisklarheit und der Preiswahrheit entsprechen. Sie müssen dem Angebot oder der Werbung eindeutig zugeordnet und deutlich lesbar oder sonst gut wahrnehmbar sein. Bei der Aufgliederung der Preise sind die Endpreise besonders hervorzuheben. Gesetzlich vorgeschrieben sind die Angabe der Gütebezeichnung (Warenbezeichnung), des Endverkaufspreises und der Verkaufseinheit (z. B. je Stück oder je Gebinde/Strauß).
Waren, die in Schaufenstern, Schaukästen, Blumenautomaten, innerhalb oder außerhalb des Verkaufsraums, auf Verkaufsständern oder in sonstiger Weise sichtbar ausgestellt werden und Waren, die vom Verbraucher unmittelbar entnommen werden können (Selbstbedienung), sind durch Preisschilder oder Beschriftung an der Ware selbst auszuzeichnen. Im Verkaufsraum kann die Auszeichnung abweichend von dieser Vorschrift auch an den Warenregalen angebracht oder durch gut sichtbare Preisverzeichnisse ersetzt werden. Wer, wie in Blumengeschäften oder Friedhofsgärtnereien, neben dem Warenverkauf noch Dienstleistungen gegen Bezahlung verrichtet, muß im Laden oder Schaufenster ein mit Preisen versehenes Leistungsverzeichnis anbringen. Diese gesetzlichen Vorschriften gelten nicht für Blumen und Pflanzen, die direkt vom Freiland oder dem Gewächshaus aus verkauft werden. Zusätzlich schreibt § 6e UWG vor, daß bei Preisänderungen in der Werbung nicht die alten und die neuen Preise gegenübergestellt werden dürfen (z. B. „bisher 28,– DM, jetzt 23,– DM"). Das Verbot der **Preisgegenüberstellung** gilt nicht für Preisauszeichnungen, die nicht **blickfangmäßig herausgestellt** werden.
Zuwiderhandlungen gegen diese gesetzlichen Vorschriften werden strafrechtlich verfolgt. Die Preisauszeichnung wird von der zuständigen Gemeindebehörde (Wirtschaftskontrolldienst) überwacht und bei Ordnungswidrigkeit angezeigt.

2.3.5 Rabattgewährung

Die Rabattgewährung ist im Gesetz über Preisnachlässe geregelt. Durch das Rabattgesetz soll erreicht werden, daß der Wettbewerb nicht auf der Basis von Rabatten ausgetragen wird. Gleichzeitig soll damit die Preisangabe für den Verbraucher transparent (durchschaubar) werden. Preisnachlässe im Sinne des Rabattgesetzes sind Nachlässe, die der Einzelhändler dem Letztverbraucher zu Zwecken des Wettbewerbs gewährt oder Sonderpreise, die wegen der Zugehörigkeit zu bestimmten Verbraucherkreisen, Berufen, Vereinen oder Gesellschaften eingeräumt werden.
Barzahlungsnachlässe (Rabatt/Skonto) dürfen höchstens 3% des Waren- oder Leistungspreises betragen. Sie dürfen nur gewährt werden, wenn die Bezahlung unmittelbar erfolgt (auch mit Scheck oder Überweisung). Werden größere Mengen zusammen veräußert, darf ein Mengenrabatt gewährt werden, sofern dieser nach Art und Umfang der verkauften Menge als handelsüblich anzusehen ist. Der **Mengenrabatt** kann entweder als Draufgabe oder Dreingabe von

Waren oder als Preisnachlaß gewährt werden. Die Gewährung von **Sondernachlässen** ist gestattet an Wiederverkäufer, Großverbraucher und Mitarbeiter des eigenen Unternehmens (Personalrabatt).

Treffen bei einem Rechtsgeschäft mehrere Preisnachlaßarten zusammen, so darf der Nachlaß nur für zwei Arten zusammen gewährt werden. Zuwiderhandlungen gegen das Rabattgesetz werden mit Geldstrafen und im Wiederholungsfalle mit Freiheitsstrafen geahndet. Außerdem können Mitbewerber des gleichen Geschäftszweigs denjenigen, der gegen das Rabattgesetz verstößt, auf Unterlassung verklagen.

2.3.6 Regelung des Ladenschlusses

Das Ladenschlußgesetz regelt die Verkaufszeiten im Einzelhandel. Es soll vor allem verhindern, daß der Wettbewerb auf dem Rücken und zu Lasten der dort Beschäftigten ausgetragen wird. In Frankreich und Italien z. B. sind die Ladenöffnungszeiten nicht gesetzlich geregelt. Das neue Ladenschlußgesetz von 1996 sieht einige Ausnahmen von den Ladenschlußzeiten vor, um besonders den örtlichen und sachlichen Gegebenheiten und gewissen Geschäftszweigen gerecht zu werden.

Die angegebenen Ladenöffnungszeiten dürfen unter-, jedoch nicht überschritten werden.

Blumengeschäfte auf Friedhöfen sowie im Umkreis bis 300 m von Friedhöfen dürfen an Samstagen bis 17 Uhr geöffnet werden. Vorstehende Öffnungszeiten gelten für alle Blumengeschäfte, Endverkaufsbetriebe und Verkaufseinrichtungen von Blumen und Pflanzen. Für Gemeinden, die als Kur-, Erholungs- oder Ausflugsort staatlich anerkannt sind, kann es abweichende Ausnahmen nach § 10 des Ladenschlußgesetzes geben.

Nach der Änderung des Gesetzes über den Ladenschluß liegen die neuen möglichen Öffnungszeiten ab 1. Nov. '96 montags bis freitags von 6 bis 20 Uhr; samstags von 6 bis 16 Uhr. An den vier aufeinanderfolgenden Samstagen vor Weihnachten können die Geschäfte von 6 bis 18 Uhr geöffnet werden. Die Regelung an Sonn- und Feiertagen von 2 bzw. 6 Stun-

Abb. 9. Erlaubte Verkaufszeiten in Blumengeschäften, gültig bis Januar 2001

Bitte beachten Sie die regulären Ladenöffnungszeiten				
→ montags bis freitags von 6.00 bis 20.00 Uhr → samstags von 6.00 bis 16.00 Uhr (auf Friedhöfen bis 17.00 Uhr) → sonntags für 2 Stunden*				
Montag	14.	Februar	6–20 Uhr	Valentinstag
Freitag	21.	April	2 Stunden*	Karfreitag
Samstag	22.		6–16 Uhr	Karsamstag
Sonntag	23.		2 Stunden*	Ostersonntag
Montag	24.		Verkaufsverbot	Ostermontag
Montag	1.	Mai	2 Stunden*	Tag der Arbeit
Sonntag	14.		2 Stunden*	Muttertag
Donnerstag	1.	Juni	2 Stunden*	Christi Himmelfahrt
Sonntag	11.		2 Stunden*	Pfingstsonntag
Montag	12.		Verkaufsverbot	Pfingstmontag
Donnerstag	22.		2 Stunden*	Fronleichnam
Dienstag	15.	August	2 Stunden*	Mariä Himmelfahrt
Dienstag	3.	Oktober	2 Stunden*	Tag der Deutschen Einheit
Mittwoch	1.	November	6 Stunden*	Allerheiligen
Sonntag	19.		6 Stunden*	Volkstrauertag
Mittwoch	22.		6–20 Uhr	Buß- und Bettag
Sonntag	26.		6 Stunden*	Totensonntag
Samstag	2.	Dezember	6–18 Uhr	Samstag vor dem 1. Advent
Sonntag	3.		6 Stunden*	1. Advent
Samstag	9.		6–18 Uhr	Samstag vor dem 2. Advent
Sonntag	10.		2 Stunden*	2. Advent
Samstag	16.		6–18 Uhr	Samstag vor dem 3. Advent
Sonntag	17.		2 Stunden*	3. Advent
Samstag	23.		6–18 Uhr	Samstag vor dem 4. Advent
Sonntag	24.		wird noch verhandelt	4. Advent / Heilig Abend
Montag	25.		2 Stunden*	1. Weihnachtstag
Dienstag	26.		Verkaufsverbot	2. Weihnachtstag
Sonntag	31.		2 Stunden*	Silvester
Montag	1.	Januar 2001	2 Stunden*	Neujahr
Donnerstag	6.		2 Stunden*	Hl. Drei Könige

* Beginn und Ende der Öffnungszeiten werden örtlich geregelt. Die angegebenen Öffnungszeiten dürfen unter-, jedoch nicht überschritten werden.

Blumengeschäfte auf Bahnhöfen, Flug- und Fährhäfen dürfen gemäß §§ 8 und 9 Ladenschlussgesetz an allen Tagen während des ganzen Tages geöffnet sein, am 24. Dezember jedoch nur bis 17.00 Uhr.

den bleibt bestehen. Jedoch werden die Öffnungszeiten örtlich festgelegt und **müssen** beim Ordnungsamt erfragt werden.

Die Landesregierungen können Ausnahmen von den gesetzlichen Regelungen im vorgeschriebenen Rahmen zulassen. So können sie bestimmen, daß in Orten mit besonders starkem Fremdenverkehr, in Kur-, Ausflugs- und Erholungsorten frische Früchte und Blumen an höchstens vierzig Sonn- und Feiertagen bis zur Dauer von acht Stunden verkauft werden dürfen. Außerdem können die Landesregierungen bestimmen, daß aus Anlaß von Märkten, Messen oder ähnlichen Veranstaltungen die Einzelhandelsgeschäfte an jährlich höchstens vier Sonn- und Feiertagen geöffnet sein dürfen.

Blumengeschäfte und sonstige Verkaufsstellen, in denen in erheblichem Umfang Blumen feilgehalten werden, dürfen abweichend von den Regelungen des Ladenschlußgesetzes an Sonn- und Feiertagen regelmäßig für die Dauer von zwei Stunden geöffnet werden. Diese Ausnahmeregelung gilt nicht am 2. Weihnachtsfeiertag, Osterfeiertag und Pfingstfeiertag. Am 1. November (Allerheiligen), am Volkstrauertag, am Totensonntag und am 1. Adventssonntag dürfen Blumengeschäfte für die Dauer von sechs Stunden geöffnet werden.

Merksätze

▷ Als Wirtschaftsordnung bezeichnet man die Rahmenbedingungen, innerhalb derer sich die wirtschaftlichen Aktivitäten entfalten. Dieser Rahmen ist durch Gesetze bestimmt.

▷ In Deutschland heißt dieses Ordnungssystem „soziale Marktwirtschaft". Es ist ein marktwirtschaftliches System, das sich neben der hohen wirtschaftlichen Leistungskraft den sozialen Ausgleich zwischen den Sozialpartnern zum Ziel gesetzt hat.

▷ Wichtige Gesetze zur Sicherung des marktwirtschaftlichen Ordnungssystems sind das Grundgesetz, das Gesetz gegen Wettbewerbsbeschränkungen, das Stabilitätsgesetz und das Bundesbankgesetz.

▷ Die Marktwirtschaft birgt in sich die Gefahr, daß sich einzelne Marktpartner durch unlautere Machenschaften dem Wettbewerb entziehen, Mitbewerber mit unlauteren Maßnahmen vom Markt verdrängen oder Nachfrager täuschen.

▷ Das wichtigste Gesetz zur Ordnung des Wettbewerbs ist das UWG.

▷ Besonders schwerwiegende Wettbewerbsverstöße werden mit Geld- oder Freiheitsstrafen geahndet.

▷ Als unlauter werden Wettbewerbshandlungen bezeichnet, die gegen die guten Sitten verstoßen.

▷ Sonderveranstaltungen im Einzelhandel sind grundsätzlich verboten; Ausnahmen sind Räumungs- und Ausverkäufe bei Geschäftsaufgabe, Jubiläums-, Sommer- und Winterschlußverkäufe.

▷ Die Ladenschlußzeiten für den Einzelhandel sind im Ladenschlußgesetz geregelt.

▷ Für Blumenfachgeschäfte sieht das Ladenschlußgesetz eine Reihe von Ausnahmen vor.

▷ Gemäß den Bestimmungen des Preisauszeichnungsgesetzes müssen alle Waren im Schaufenster und im Laden mit den Endverkaufspreisen versehen sein.

▷ Auch Angebote von Dienstleistungen gegen Bezahlung müssen an gut sichtbarer Stelle im Verkaufsraum durch Preisverzeichnisse bekanntgemacht werden.

▷ Barzahlungsrabatte dürfen im Einzelhandel nach den Bestimmungen des Rabattgesetzes drei Prozent nicht übersteigen.

▷ Die Zugabeverordnung verbietet dem Einzelhändler, Kunden kostenlose Leistungen oder Waren beim Einkauf zu gewähren. Nicht unter das Zugabeverbot fallen Werbegeschenke von nur geringem Wert.

Aufgaben

1. Beschreiben Sie, wie sich der Wettbewerb zwischen Ihrem Ausbildungsbetrieb und seinen Konkurrenzbetrieben abspielt.
2. Wie reagieren Ihre Kunden, wenn Sie die Preise für Ihre Waren und Dienstleistungen kräftig erhöhen?
3. Wie reagieren die Kunden Ihres Geschäfts auf Sonderangebote?
4. Erklären Sie anhand zweier Beispiele, wie sich der Preis für Blumen auf dem Wochenmarkt bildet. Beachten Sie dabei auch den Preisverlauf während eines Markttages.
5. Nennen und erläutern Sie wichtige Gesetze und Maßnahmen des Staates, die dem sozialen Ausgleich dienen.

6. Warum sind in der Planwirtschaft (Zentralverwaltungswirtschaft) keine Wettbewerbsgesetze nötig?
7. Welche Wirtschaftsziele sind im Stabilitätsgesetz genannt?
8. Wie könnte sich eine Marktwirtschaft entwickeln, wenn es keine Wettbewerbsgesetze gäbe?
9. Schreiben Sie auswendig den § 1 des UWG auf und erläutern sie dessen Inhalt.
10. Zählen Sie auf, welche Wettbewerbshandlungen nach dem UWG zu unterlassen sind.
11. Welche Sonderveranstaltungen sind im Einzelhandel zulässig? Erklären Sie diese zulässigen Sonderveranstaltungen an Beispielen aus Ihrer Branche.
12. Erklären Sie, welchen Sinn das Zugabeverbot im Einzelhandel hat.
13. Zeigen Sie an Beispielen aus Ihrem Ausbildungsbetrieb auf, welche Gratisleistungen nicht unter das Zugabeverbot fallen.
14. Entwerfen Sie für verschiedene Waren und Dienstleistungen Ihres Geschäfts Preisschilder und Etiketten, die den Bestimmungen des Preisauszeichnungsgesetzes entsprechen. Achten Sie dabei auch auf eine gute Werbewirkung.
15. Erklären Sie anhand von Beispielen, welchen Sinn die gesetzliche Regelung der Rabattgewährung im Einzelhandel hat.
16. Warum wird das Ladenschlußgesetz gelegentlich als verbraucherfeindlich bezeichnet?
17. Zählen Sie die Ausnahmeregelungen für die Ladenöffnungszeiten im Floristbetrieb aufgrund des Ladenschlußgesetzes auf und begründen Sie, warum das Gesetz Ausnahmen vorsieht.

3 Grundlagen der Rechtsordnung

Lernziele

▷ Anhand von Beispielen erklären können, welche Aufgaben das (a) öffentliche Recht und welche das (b) Zivilrecht haben;
▷ einige wichtige Gesetze nennen können, die zum öffentlichen Recht gehören;
▷ die beiden wichtigsten Gesetze aus dem Bereich des Zivilrechts nennen können;
▷ erklären können, welche Rechtsfolgen mit der Personeneigenschaft verknüpft sind;
▷ die verschiedenen Stufen der Geschäftsfähigkeit nennen und anhand von Beispielen erläutern können;
▷ den Begriff „Willenserklärung" im rechtlichen Sinne beschreiben können;
▷ die drei im BGB genannten Gründe nennen können, die zur Anfechtung von Willenserklärungen berechtigen;
▷ die verschiedenen Arten von Rechtsgeschäften nennen und anhand von Beispielen beschreiben können.

3.1 Rechtsgebiete und Rechtsquellen

In jeder Gemeinschaft von Menschen bilden sich zwangsläufig Regeln für das Zusammenleben aus, die die Beziehungen der Mitglieder dieser Gemeinschaft ordnen und die Rechte der Glieder dieser Gesellschaft festlegen. Damit soll der einzelne gegenüber der Gemeinschaft, aber auch die Gemeinschaft vor dem einzelnen geschützt werden. Man bezeichnet dies als **Rechtsordnung**. Die Rechtsordnung ist in zahlreichen Einzelgesetzen verankert. Auch durch Urteile der obersten Gerichte (z. B. Bundesgerichtshof) wird Recht gesetzt.

Gesetze, welche die Rechtsbeziehungen zwischen den einzelnen Personen regeln, ordnen wir dem **Zivilrecht** (Privatrecht) zu; regeln Gesetze jedoch die Rechtsbeziehungen zwischen dem einzelnen und der Gemeinschaft (Staat), werden sie dem **öffentlichen Recht** zugeordnet.

An der Spitze der Rechtsordnung steht als oberstes Gesetz die Verfassung (Grundgesetz für die Bundesrepublik Deutschland). Alle übrigen Gesetze müssen sich dieser Verfassung beugen. Wichtigster Bestandteil unserer Verfassung sind die Grundrechte (Artikel 1 bis 19). Solche Grundrechte sind zum Beispiel die Menschenwürde, die Gleichheit vor dem Gesetz, die Meinungsfreiheit, die Berufsfreiheit und das Kriegsdienstverweigerungsrecht.

Grundlage des Zivilrechts ist das **Bürgerliche Gesetzbuch** (BGB). Es gehört eigentlich in die Hand jedes Bürgers. Wohlfeile Taschenbuchausgaben gibt es in jeder Buchhandlung. Wichtige Inhalte des BGB sind zum Beispiel die Regelung der Rechts- und Geschäftsfähigkeit, das Vertragsrecht, die Regelung von Eigentum und Besitz (Sachenrecht), das Familien- und das Erbrecht.

Die Rechtsbeziehungen zwischen Kaufleuten und Privatpersonen und unter Kaufleuten sind im **Handelsgesetzbuch** (HGB) geregelt. Wichtige Inhalte dieses Gesetzes sind zum Beispiel die Kaufmannseigenschaft, die Firma, die Vertretung und Vollmacht, die Handelsgesellschaften und die Handelsgeschäfte. Jeder Kaufmann – auch der Florist ist Kaufmann im Sinne des HGB – sollte lernen, mit diesem Gesetz umzugehen.

Wichtige Gebiete des **öffentlichen Rechts** sind zum Beispiel das Strafrecht (StGB, Strafgesetzbuch), das Gewerberecht (GO, Gewerbeordnung), das Steuerrecht (unter anderem Einkommensteuerrecht, Umsatzsteuerrecht) und das Arbeits- und Sozialrecht. Manche Gesetze enthalten sowohl zivilrechtliche als auch öffentlich-rechtliche Bestimmungen. Ein Beispiel dafür ist das „Gesetz gegen den unlauteren Wettbewerb (UWG)".

Werden zivilrechtliche Gesetzesvorschriften verletzt, kann der Geschädigte auf Unterlassung, Herstellung eines gesetzmäßigen Zustandes und/oder auf Schadensersatz klagen. Im Streitfall entscheidet darüber ein Zivilrichter. Bei Verstoß gegen öffentlich-rechtliche Bestimmungen tritt entweder auf Antrag oder kraft Gesetz der Vertreter der Öffentlichkeit in der Person des Staatsanwalts in Aktion und erhebt Anklage gegen den Gesetzesbrecher. Wird ein Gesetzesverstoß durch den Strafrichter festgestellt, erhält der Angeklagte eine Geld- und/oder Freiheitsstrafe. Öffentlich-rechtliche Gesetze sind daher mit einer Strafandrohung ausgestattet. Häufig wird der Strafprozeß durch einen Zivilprozeß begleitet, in welchem der eventuell Geschädigte seine Schadensersatzansprüche geltend macht.

3.2 Personen, Sachen, Rechte

Gegenstände des Rechtsverkehrs sind Sachen und Rechte. **Sachen** sind alle körperlichen Gegenstände außer lebenden Personen. Tiere sind gemäß § 90a BGB keine Sachen. Sie werden durch besondere Gesetze geschützt. Auf sie sind die für Sachen geltenden Vorschriften entsprechend anzuwenden. **Bewegliche Sachen** nennt man Mobilien (z. B. Möbel, Waren), **unbewegliche Sachen** heißen Immobilien (z. B. Grundstücke, Gebäude). **Rechte** sind gesetzliche Ansprüche auf Sachen. Träger solcher Ansprüche können nur Personen sein. Sachen haben also keine Rechte; sie sind nur Gegenstand von Ansprüchen (Rechten). Solche Rechte sind z. B. das Eigentumsrecht, Patente und Verbindlichkeiten gegen Lieferer.

Die **Rechtsfähigkeit** ist also an die Personeneigenschaft gebunden. Sie ist im § 1 des BGB geregelt.

Jede **natürliche Person** ist ohne Rücksicht auf ihr Alter und ihre körperliche und geistige Verfassung von Geburt an rechtsfähig, das heißt, sie kann Rechte für sich in Anspruch nehmen oder nehmen lassen. Damit übernimmt die Person jedoch auch Pflichten. Rechte dieser Art sind zum Beispiel das Namensrecht (§ 12 BGB) und die Grund- und Freiheitsrechte gemäß der Verfassung.

Außer den natürlichen Personen gibt es **juristische Personen;** dies sind z. B. Vereine, Stiftungen und Körperschaften, denen der Staat die Rechte einer Person verleihen kann. Diese juristische Konstruktion ist deshalb nötig, weil nur Personen rechtsfähig sein können und damit zum Beispiel das Klagerecht vor Gericht haben oder auch verklagt werden können.

Geschäftsfähigkeit (§ 104ff. BGB): Die Fähigkeit, rechtsverbindliche oder rechtsbegründende **Willenserklärungen** abzugeben, ist an bestimmte Lebensalter bzw. Geisteszustände gebunden. Solche Willenserklärungen sind zum Beispiel die Kündigung (einseitige Willenserklärung) oder der Vertrag (zweiseitige Willenserklärung). Personen, die das 7. Lebensjahr noch nicht vollendet haben, sind geschäftsunfähig. Dies gilt auch für Personen, die dauerhaft schwer geistesgestört (geistesschwach) oder wegen Geisteskrankheit entmündigt sind. Willenserklärungen von Geschäftsunfähigen sind nichtig, das heißt ohne rechtliche Wirkung.

Personen, die das 7. Lebensjahr vollendet haben, sind bis zur Vollendung des 18. Lebensjahrs **beschränkt geschäftsfähig**. Sie sind Minderjährige und können nur eingeschränkt Willenserklärungen mit rechtlicher Wirkung abgeben. Dies muß der Florist besonders bei Kaufverträgen mit solchen Personen beachten. Grundsätzlich können Minderjährige nur

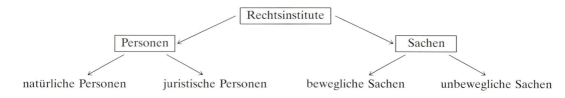

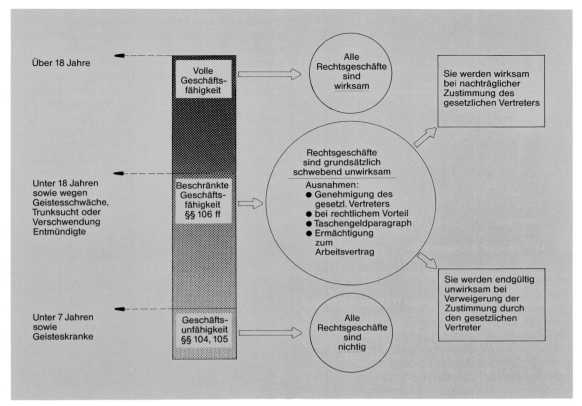

Abb. 10. Die Stufen der Geschäftsfähigkeit.

Verträge abschließen, durch die sie einen rechtlichen Vorteil erlangen. Daher sind zum Beispiel Kaufverträge mit Ratenzahlung bei ihnen schwebend unwirksam. Ein mit einem Minderjährigen abgeschlossener Kaufvertrag ist allerdings dann wirksam, wenn diesem das Geld von seinem gesetzlichen Vertreter zur **freien Verfügung** überlassen wurde (Taschengeld, § 110 BGB). Der Verkäufer sollte also bei Kaufverträgen mit Minderjährigen vorsichtig sein, wenn diese besonders teure Einkäufe machen wollen.

3.3 Willenserklärungen und Rechtsgeschäfte

Willenserklärungen können grundsätzlich formlos abgegeben werden (mündlich, schriftlich, öffentlich beurkundet oder öffentlich beglaubigt). Nur in Ausnahmefällen sieht das Gesetz eine bestimmte Form vor (zum Beispiel bei Grundstückskäufen, bei Erbverträgen oder Schenkungsverträgen). Wird die vom Gesetzgeber geforderte Form bei der Abgabe einer Willenserklärung nicht eingehalten, hat dies **Nichtigkeit** (Nichtigkeit wegen Formmangels) zu Folge. Desgleichen sind auch Rechtsgeschäfte nichtig, die gegen die guten Sitten oder ein gesetzliches Verbot verstoßen.

Willenserklärungen können unter bestimmten Umständen angefochten werden. Solche Umstände liegen vor, wenn der Erklärende über den Inhalt der Willenserklärung im Irrtum war (§ 119 BGB), eine Erklärung dieses Inhalts überhaupt nicht abgeben wollte, die Willenserklärung falsch übermittelt wurde (zum Beispiel durch einen Boten) (§ 120 BGB), der Erklärende getäuscht oder zu einer Willenserklärung widerrechtlich gezwungen wurde (§ 123 BGB). Wird der Anfechtungsgrund anerkannt (zum Beispiel in einem Rechtsstreit), hat dies Nichtigkeit des Rechtsgeschäfts zur Folge. Die Anfechtung wird durch Erklärung gegenüber dem Erklärungsempfänger erhoben und muß unverzüglich erfolgen, nachdem der zur

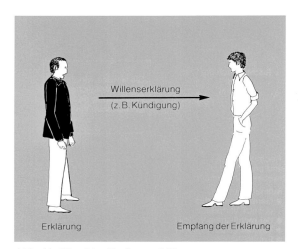

Abb. 11. Einseitige Rechtsgeschäfte.

Anfechtung Berechtigte von dem Anfechtungsgrund erfahren hat.

Es gibt **einseitige** und **zweiseitige Willenserklärungen** und demzufolge auch einseitige und zweiseitige Rechtsgeschäfte. Zweiseitige Rechtsgeschäfte liegen vor, wenn zwei Personen zu dessen Zustandekommen ihren Willen erklären müssen (Abb. 11).

So ist der Kaufvertrag ein zweiseitiges Rechtsgeschäft, weil sowohl der Kunde als auch der Verkäufer ihren Willen erklären müssen, einen Vertrag abschließen zu wollen (Abb. 13).

Verträge kommen zustande durch **zwei übereinstimmende Willenserklärungen,** die auf die Erreichung desselben Zwecks ausgerichtet sind. Die Willenserklärung desjenigen, der einem anderen die Schließung eines Vertrages vorschlägt, heißt **Antrag;** die Willenserklärung des anderen, der mit der Vertragsschließung einverstanden ist, heißt **Annahme**.

Verträge sind die Grundlage der Rechtsordnung in unserer Gesellschaft. Ihre Erfüllung kann aufgrund von Gesetzen mit gerichtlicher Hilfe erzwungen werden. Obgleich der Kaufvertrag die wichtigste Vertragsart für den Floristen ist, sollen hier noch einige andere Verträge genannt werden, die auch im Geschäftsleben eine wichtige Rolle spielen: Mietvertrag, Arbeitsvertrag (Dienstvertrag), Berufsausbildungsvertrag, Werkvertrag, Werklieferungsvertrag, Darlehensvertrag, Pachtvertrag, Bürgschaftsvertrag, Ehevertrag.

Merksätze

▷ Die gesetzlichen Regeln, welche das Zusammenleben der Menschen in Staat und Gesellschaft bestimmen, nennt man Rechtsordnung.
▷ Das oberste Gesetz im Rahmen der Rechtsordnung ist die Verfassung (Grundgesetz).
▷ Im Zivilrecht werden die Rechtsbeziehungen der Privatpersonen untereinander geregelt, im öffentlichen Recht die Rechtsbeziehungen des Einzelnen zur Gemeinschaft.
▷ Nur Personen können Träger von Rechten (und Pflichten) sein.

Abb. 12. Einseitige und mehrseitige Rechtsgeschäfte.

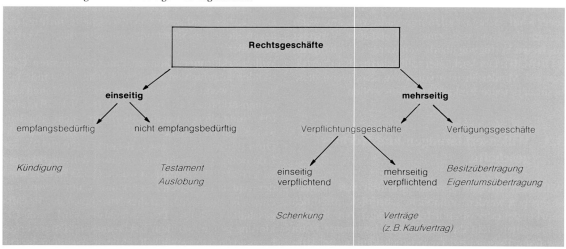

▷ Die Fähigkeit, rechtsverbindliche und rechtsbegründende Willenserklärungen abzugeben, bezeichnet man als Geschäftsfähigkeit.
▷ Im Gesetz werden drei Stufen der Geschäftsfähigkeit unterschieden: Die Geschäftsunfähigkeit, die beschränkte Geschäftsfähigkeit und die volle Geschäftsfähigkeit.
▷ Rechtsgeschäfte werden durch Willenserklärungen herbeigeführt. Willenserklärungen können angefochten werden, wenn folgende Gründe vorliegen: Irrtum, falsche Übermittlung, arglistige Täuschung oder widerrechtliche Drohung.
▷ Ein Vertrag ist ein zweiseitiges Rechtsgeschäft. Er kommt zustande durch zwei übereinstimmende Willenserklärungen.

Aufgaben

1. Bei einem Verkehrsunfall wird von einem Autofahrer ein Fußgänger auf einem Zebrastreifen angefahren und verletzt. Beschreiben Sie anhand dieses Vorfalles die Rechtsfolgen für die Beteiligten und erläutern Sie daran die Begriffe „Zivilrecht" und „öffentliches Recht".
2. Stellen Sie fest, wie die fünf Bücher des BGB überschrieben sind.
3. Nennen Sie mindestens fünf Gesetze, die dem öffentlichen Recht zugehören.
4. Wie sind die fünf Bücher des HGB überschrieben? Nennen Sie die Überschriften.
5. Worin bestehen die Unterschiede zwischen natürlichen und juristischen Personen, und was haben sie gemeinsam?
6. Entscheiden Sie folgende Rechtsfälle aus dem Alltag:
   a) Ein sechsjähriges Kind kauft sich von seinem Taschengeld ein Asterix-Buch;
   b) ein noch nicht siebenjähriges Kind kauft im Auftrag der Mutter ein;
   c) ein zehnjähriges Mädchen kauft von seinem Taschengeld für seine Mutter einen Geburtstagsstrauß;
   d) ein siebzehnjähriger Junge kauft sich von seinen Ersparnissen eine Stereoanlage im Wert von 1800,– DM.
   e) ein sechzehnjähriges Mädchen kauft sich von ihrem Taschengeld in Monatsraten von 23,– DM ein Kofferradio im Wert von 200,– DM.
7. Erläutern Sie anhand von konkreten Beispielen, aus welchen Gründen Willenserklärungen angefochten werden können.
8. Welche Rechtswirkung hat es, wenn eine Willenserklärung erfolgreich angefochten wurde?
9. In welchen Fällen sind Willenserklärungen nichtig?
10. Erläutern Sie an Beispielen, wie Verträge zustandekommen, und nennen Sie mindestens sechs unterschiedliche Verträge.

4 Der Kaufvertrag

Lernziele

▷ Erklären können, wie Kaufverträge zustande kommen;
▷ wissen, warum bei Verträgen zwischen Antrag und Annahme unterschieden werden muß;
▷ den Unterschied zwischen Kaufvertrag und Werklieferungsvertrag erklären können;
▷ Beispiele für den (a) einseitigen und den (b) zweiseitigen Handelskauf nennen und erklären können;
▷ die Pflichten von Verkäufer und Käufer beim Kaufvertrag nennen und anhand von Beispielen erläutern können;
▷ die Begriffe „Besitz" und „Eigentum" erklären und gegeneinander abgrenzen können;
▷ erklären können, welche Bedeutung der Eigentumsvorbehalt im Geschäftsleben hat;
▷ wissen, daß Warenschulden Holschulden und Geldschulden Bringschulden sind.

Beim Begriff „Kaufvertrag" denken wir unmittelbar an ein mehr oder weniger umfangreiches Schriftstück, das mit Unterschriften der Vertragspartner versehen ist. Auch fällt uns dazu das „Kleingedruckte" ein, das zahlreiche Bestimmungen enthält, die sogenannten Lieferungs- und Zahlungsbedingungen. Die große Zahl der Kaufverträge läuft jedoch weit weniger formal ab: Es sind dies die zahlreichen Ein- und Verkäufe, die tagtäglich ablaufen.
Für den Kaufvertrag ist im Gesetz keine besondere Form vorgeschrieben (außer bei Immobilien, z. B. Grundstücke und bei Abzahlungsgeschäften). Üblicherweise werden im Einzelhandel Kaufverträge mit den Kunden nur mündlich geschlossen. Anders verhält es sich bei Kaufverträgen des Floristen mit

Abb. 13. Zustandekommen von Verträgen.

seinen Lieferern. Obgleich auch hier das Prinzip der Formfreiheit gilt, werden solche Verträge aus Gründen der **Rechtssicherheit** meistens schriftlich abgeschlossen. Im Falle von Rechtsstreitigkeiten wird somit die Beweislast erleichtert. Auch telefonische Bestellungen des Floristen bei seinen Lieferern und größere Kundenaufträge, die telefonisch erteilt werden, sollten anschließend schriftlich bestätigt werden (Auftragsbestätigung).

Beim Kaufvertrag kann der Antrag zum Abschluß eines Vertrags sowohl vom Käufer als auch vom Verkäufer gemacht werden. Dies gilt auch sinngemäß für die Erklärung der Annahme. So bedeutet die **Schaufensterauslage** des Floristen eine Aufforderung an den Kunden, einen Antrag im Geschäft zu machen, daß man von den ausgestellten Artikeln etwas kaufen möchte. Der Florist erklärt daraufhin sein Einverständnis und nimmt den Antrag des Kunden an: Der Kaufvertrag ist damit abgeschlossen. Die Warenauslage im Schaufenster oder auch vor dem Laden ist also kein Antrag im rechtlichen Sinne, weil das Angebot an die Allgemeinheit und nicht an eine bestimmte Person gerichtet ist. Wenn ein Kunde den Laden betritt und eine bestimmte Ware zu einem ganz bestimmten Preis verlangt (Kunde: „Ich möchte 15 Stück von den gelben Rosen zu je 1,60 DM"), so ist dies rechtlich gesehen ein Antrag, und zwar vom Kunden an den Floristen, in der Absicht, einen Kaufvertrag abschließen zu wollen.

Andererseits macht der Florist im Laden mit seiner individuellen Warenvorlage während des Verkaufsgespräches einen Antrag im rechtlichen Sinne an den Kunden. Der Kunde erklärt die Annahme des Antrags, wenn er sich zum Kauf der angebotenen Ware entschließt.

Die genaue Unterscheidung zwischen Antrag und Annahme ist wichtig, weil derjenige, welcher den Antrag macht, an diesen gebunden ist. Derjenige, welchem der Antrag gemacht wird, kann jedoch über Annahme und Ablehnung des Antrags frei entscheiden. Der einem Anwesenden gemachte Antrag muß sofort angenommen oder abgelehnt werden, es sei denn, die Partner vereinbaren in gegenseitigem Einvernehmen eine längere Erklärungsfrist. Dies gilt auch für telefonisch gemachte Anträge. Schriftlich oder telefonisch erklärte Anträge nennt man **Bestellung**.

Neben dem Kaufvertrag ist im Blumeneinzelhandel auch der **Werklieferungsvertrag** (§ 651 BGB) bedeutsam. Für Werklieferungsverträge gelten im wesentlichen die Bestimmungen über den Kaufvertrag. Ein Werklieferungsvertrag liegt vor, wenn der Florist aus von ihm zu beschaffenden Stoffen ein Werk schafft. Es sind dies die üblichen Waren, die der Florist herstellt und die Dienstleistungen, welche er erbringt. Gegenstand des Werklieferungsvertrags kann sowohl die Herstellung als auch die Veränderung einer Sache sein (zum Beispiel Trauerkranz, Brautstrauß) als auch ein anderer durch Arbeit oder Dienstleistung herbeizuführender Erfolg (zum Beispiel Anlegen eines Blumenfensters, Saalschmuck).

Normalerweise ist der Kaufvertrag, den der Florist mit seinem Kunden schließt, ein **einseitiger Handelskauf,** weil nur der Florist Kaufmannseigenschaft im Sinne des Gesetzes hat. Schließt der Florist jedoch

einen Kaufvertrag mit einem Kunden ab, der für diesen ebenfalls ein Handelsgeschäft bedeutet, liegt ein **zweiseitiger Handelskauf** vor. Beispiele für zweiseitige Handelskäufe sind:
- der Florist liefert Blumen an einen Wiederverkäufer;
- der Florist liefert Blumen an ein Hotel zur Tischdekoration;

Die Trennung zwischen ein- und zweiseitigem Handelskauf ist wichtig, weil hier unterschiedliche Rechte und Pflichten für die Vertragspartner entstehen (Gewährleistungspflicht, Rügepflicht).

Beim Kaufvertrag ist zwischen dem **Verpflichtungsgeschäft** und dem **Erfüllungsgeschäft** zu unterscheiden. Das Verpflichtungsgeschäft beinhaltet die Pflichten, die die Vertragspartner mit Abschluß des Kaufvertrags übernehmen. Die Erfüllung dieser Pflichten im Anschluß an den Vertragsabschluß bezeichnet man als Erfüllungsgeschäft.

○ Das **Verpflichtungsgeschäft** (Pflichten aus dem Kaufvertrag): Mit Abschluß des Kaufvertrags verpflichtet sich der Florist, dem Kunden die Ware ordnungsgemäß und vereinbarungsgemäß zu liefern und ihm den **Besitz** daran zu verschaffen. **Besitz im rechtlichen Sinne ist die tatsächliche Herrschaft einer Person über eine Sache.** Stellt ein Florist für eine Festveranstaltung Dekorationspflanzen oder Gefäße leihweise zur Verfügung, so ist der Veranstalter für die Dauer der Überlassung dieser Sachen deren Besitzer, Eigentümer aber bleibt der Florist.

Üblicherweise verpflichtet sich der Florist mit Abschluß des Kaufvertrags, dem Käufer das **Eigentum** an der Ware zu verschaffen. **Eigentum ist die rechtliche Herrschaft an einer Sache.** Der Eigentümer einer Sache kann nach Belieben über dieselbe verfügen, d. h. er kann sie z. B. weiterveräußern oder verschenken. Dieses Recht steht dem Besitzer nicht zu. Er muß die in seinem Besitz befindlichen Sachen auf Verlangen des Eigentümers zurückgeben. Der Eigentümer hat also einen gesetzlich verankerten **Herausgabeanspruch** gegen den Besitzer.

Der Käufer verpflichtet sich mit dem Abschluß des Kaufvertrags, die gekaufte Ware **abzunehmen** und

Abb. 14. Der Kaufvertrag.

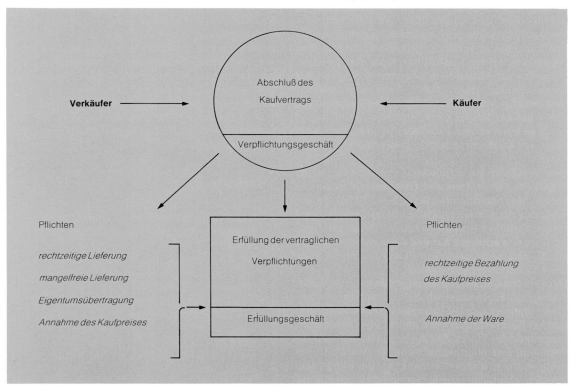

den vereinbarten Kaufpreis fristgerecht zu **bezahlen**.

○ Das **Erfüllungsgeschäft:** Im Einzelhandel werden die Pflichten von Verkäufer und Käufer in aller Regel sofort erfüllt. Der Kunde zahlt den vereinbarten Kaufpreis und erhält vom Floristen die gekaufte Ware im Laden ausgehändigt (Handkauf). Verpflichtungs- und Erfüllungsgeschäft fallen also zeitlich zusammen. Bei schriftlichen oder telefonischen Bestellungen, bei der Blumenspendenvermittlung und bei Werklieferungsverträgen fallen Erfüllungs- und Verpflichtungsgeschäft jedoch zeitlich auseinander. Dies hat unter Umständen weitreichende Folgen, wenn Florist oder Kunde den Kaufvertrag oder Werklieferungsvertrag nicht pflichtgemäß erfüllen.

Beim **Handkauf**, das heißt beim Verkauf im Laden, wird die Ware dem Kunden sofort ausgehändigt. Wird bei einer Bestellung kein Liefertermin vereinbart, so hat der Verkäufer im Zweifelsfall die Ware sofort zu liefern. **Leistungsort** (Erfüllungsort) ist der Geschäftssitz des Floristen, es sei denn, daß ein anderer Leistungsort vereinbart wurde (zum Beispiel Hauszustellung, Friedhofszustellung). Mit der Übergabe der Ware an den Kunden geht die **Gefahr des zufälligen Untergangs** oder der **Verschlechterung** derselben auf den Käufer über. Wird die verkaufte Ware auf Verlangen des Kunden an einen anderen als den Leistungsort versandt, geht die Gefahr in dem Augenblick auf den Käufer über, wenn der Florist die Ware der zur Versendung bestimmten Person oder Unternehmung (Post, Bahn, Fuhrunternehmung) ausgehändigt hat. **Warenschulden sind Holschulden,** daher hat der Käufer die Kosten der Zustellung an einen anderen als den Erfüllungsort zu tragen, es sei denn, im Kaufvertrag wurde etwas anderes vereinbart.

Der Verkäufer ist verpflichtet, die Leistung so zu bewirken, wie es **Treu und Glauben** mit Rücksicht auf die Verkehrssitte erfordern (§ 242 BGB). Ist die Ware nur der Gattung nach bestimmt (zum Beispiel rote, langstielige Rosen), so hat der Florist im Zweifel Ware von **mittlerer Art und Güte** zu liefern (§ 243 BGB). Die geeignetste Sorte kann er also im Falle einer Bestellung selbst wählen.

Bei Einräumung eines **Zahlungsziels** kann im Kaufvertrag ein **Eigentumsvorbehalt** vereinbart werden. Dies empfiehlt sich bei besonders großen Aufträgen und bei Kaufverträgen mit Kunden, über deren Zahlungsmoral der Florist Zweifel hegt. Hierbei wird das Eigentum erst übertragen, wenn die Ware voll bezahlt ist. Bis zu diesem Zeitpunkt hat der Florist dem Kunden gegenüber einen Herausgabeanspruch auf die Ware, da sie ja noch sein Eigentum ist. Im Floristbetrieb wird allerdings diese Sicherungsmöglichkeit wegen der Kurzlebigkeit von Blumen nur beim Hartwarensortiment oder bei wertvollen Topf- oder Kübelpflanzen eine Rolle spielen.

In der Regel bezahlt der Kunde die Ware sofort im Laden. Er entrichtet den Kaufpreis entweder bar, mit Scheck oder neuerdings mittels Kreditkarte (Eurocard, Diners Club International). Gelegentlich werden den Kunden auch Zahlungsziele eingeräumt oder Rechnungsbeträge gestundet. Bei zweiseitigen Handelskäufen sind Zahlungsziele, das heißt Kreditgeschäfte, jedoch üblich; Barzahlung ist sogar die Ausnahme.

Ist keine Frist für die Bezahlung vereinbart, kann die Bezahlung im Zweifel sofort verlangt werden (§ 271 BGB). **Geldschulden sind Bring- oder Schickschulden;** daher hat der Käufer die Kosten für die Geldübermittlung zu tragen; denn der **Zahlungsort** ist ebenfalls gesetzlich festgelegt: Es ist der Geschäftsort des Schuldners. Tritt der Florist zum Beispiel als Käufer auf, wenn er Blumen beim Großhändler einkauft, so ist der Geschäftssitz des Großhändlers der Zahlungsort.

Grundsätzlich gelten die gesetzlichen Bestimmungen des BGB und des HGB nur dann, wenn zwischen den Vertragspartnern beim Abschluß des Kaufvertrags nichts anderes vereinbart wurde. Dies ist der Grundsatz der **Vertragsfreiheit,** ein wichtiger Bestandteil unserer liberalen Rechtsordnung. Allerdings wird die Vertragsfreiheit dort eingeschränkt, wo die Vertragsinhalte gegen gesetzliche Gebote und Verbote verstoßen. Beispiele dafür sind das „Gesetz über die Allgemeinen Geschäftsbedingungen" oder das „Teilzahlungsgesetz".

Merksätze

▷ Der Kaufvertrag ist das wichtigste Rechtsgeschäft im Floristbetrieb. Er kommt durch zwei übereinstimmende Willenserklärungen zustande.

▷ Für Kaufverträge ist nur in den vom Gesetzgeber genannten Ausnahmefällen eine bestimmte Form vorgeschrieben.

▷ Aus Gründen der Beweissicherung empfiehlt es sich, Werklieferungsverträge schriftlich abzuschließen.

▷ Bei Kauf- und Werklieferungsverträgen ist zwischen dem Verpflichtungs- und Erfüllungsgeschäft zu unterscheiden.

▷ Eigentum bedeutet, die rechtliche Herrschaft an einer Sache zu haben; Besitz bezeichnet nur die tatsächliche Herrschaft über eine Sache.
▷ Als Erfüllungsort bezeichnet man den Ort, an dem Verkäufer und Käufer ihre Pflichten aus dem Kaufvertrag erfüllen müssen.
▷ Warenschulden sind Holschulden, Geldschulden sind Bringschulden.
▷ Der bei Vertragsabschluß zwischen den Vertragsparteien vereinbarte Eigentumsvorbehalt schützt den Verkäufer vor eventuellen Verlusten.

Aufgaben

1. In welcher Form werden Kaufverträge im Floristbetrieb mit den Kunden abgeschlossen?
2. Erlären Sie, warum die Warenauslage im Schaufenster kein Antrag im rechtlichen Sinne ist.
3. Wann muß ein Antrag unter Anwesenden angenommen werden, damit ein Kaufvertrag zustande kommt?
4. Konstruieren Sie jeweils ein Beispiel für einen Kaufvertrag und einen Werklieferungsvertrag im Floristbetrieb.
5. Um welche Art von Handelskauf handelt es sich bei folgenden Kaufverträgen?
   a) Ein Florist bezieht Waren von einem Blumengroßhändler;
   b) ein Kunde bestellt für seine Geburtstagsfeier einen Blumenschmuck;
   c) ein Florist liefert für einen Empfang im städtischen Rathaus eine Saaldekoration;
   d) ein Geschäftsmann bezieht für eine private Gartenparty Blumenschmuck.
6. Eine Auszubildende entleiht von ihrem Ausbilder ein Fachbuch. Wer ist Eigentümer und wer Besitzer des Buches?
7. Welches Recht hat der Eigentümer gegenüber dem Besitzer?
8. Stellen Sie die Pflichten von Verkäufer und Käufer beim Kaufvertrag dar.
9. Wann muß der Florist die bestellte Ware liefern, wenn kein Lieferzeitpunkt vereinbart wurde?
10. Warum muß der Käufer im Zweifel die Kosten der Warenzustellung tragen, wenn darüber nichts vereinbart wurde?
11. Wie ist der Zahlungsort im BGB geregelt?
12. Was muß bei der Vereinbarung des Eigentumsvorbehalts beachtet werden und welchen rechtlichen Vorteil gewährt er dem Verkäufer?

5 Störungen bei der Erfüllung von Kaufverträgen

Lernziele

▷ Wissen, daß Verträge zu erfüllen sind;
▷ zwischen Verpflichtungsgeschäft und Erfüllungsgeschäft bei Verträgen unterscheiden können;
▷ die möglichen Störungen bei der Erfüllung von Kaufverträgen nennen können;
▷ wissen, daß bei Eintritt des Verzugs eine erweiterte Haftung entsteht;
▷ die Folgen für den Verkäufer beim Lieferungsverzug nennen und erklären können;
▷ wissen, welche Ansprüche der Käufer hat, wenn der Verkäufer mangelhafte Waren oder Dienstleistungen liefert;
▷ den Begriff „Zahlungsverzug" erklären können und wissen, wie der Käufer in Verzug gesetzt werden kann;
▷ den Zinssatz für Verzugszinsen beim einseitigen und zweiseitigen Handelskauf nennen können;
▷ den Ablauf des gerichtlichen Mahnverfahrens erläutern können;
▷ die verschiedenen Verjährungsfristen beim Kaufvertrag nennen können;

Besonders beim zeitlichen Auseinanderfallen von Verpflichtungs- und Erfüllungsgeschäft sind Störungen bei der Erfüllung von Kaufverträgen möglich. Kommen die Vertragspartner ihren im Kaufvertrag übernommenen Pflichten nicht ordnungsgemäß nach, können die Ansprüche von dem dadurch geschädigten Partner notfalls auch mit gerichtlicher Hilfe durchgesetzt werden, denn **Verträge sind zu erfüllen**. Diesen wichtigen Rechtsgrundsatz haben wir aus dem alten römischen Recht schon sehr früh in unser deutsches Recht übernommen. Solche Verletzungen des Kaufvertrags können sein:
– nicht rechtzeitige oder keine Lieferung der vereinbarten Sache;
– mangelhafte Lieferung oder Falschlieferung;
– keine Übertragung des Eigentums;
– Verweigerung, den Kaufpreis anzunehmen;
– nicht rechtzeitige Bezahlung oder keine Bezahlung des vereinbarten Kaufpreises;
– Verweigerung, die Sache anzunehmen.

Ansprüche gegen denjenigen Partner beim Kaufvertrag, der die vereinbarten Pflichten nicht einhält oder den Vertrag nicht ordnungsgemäß erfüllt, können erst dann geltend gemacht werden, wenn dieser Partner in **Verzug** ist. Der Verzug ist ein rechtlicher Tatbestand, der die Haftung der vertragsverletzenden Partei erweitert. Je nach der Partei, die den Vertrag verletzt, spricht man von **Gläubigerverzug** oder **Schuldnerverzug**. Der Vertragsverletzende kommt – je nach Ausgestaltung des Vertrags – entweder durch Fristablauf oder durch Mahnung in Verzug.

5.1 Der Lieferungsverzug

Wird die gekaufte Ware vom Floristen nicht rechtzeitig geliefert oder die vereinbarte Dienstleistung nicht rechtzeitig erbracht, zum Beispiel bei einem Werklieferungsvertrag, liegt eine Störung bei der Erfüllung des Vertrages vor. In diesem Fall muß der Käufer (Kunde) den Verkäufer mahnen und ihm mit dieser Mahnung eine angemessene Nachfrist (nach dem Kalender) zur Erfüllung des Vertrages setzen. Mit Ablauf dieser Frist tritt der Verzug ein, wenn der Florist bis dahin nicht geliefert oder geleistet hat. Ist für die Lieferung oder Leistung vertraglich ein Termin nach dem Kalender vereinbart (zum Beispiel 15. März 1997), tritt der Verzug mit erfolglosem Ablauf dieser Frist ohne besondere Mahnung ein. Gleiches gilt auch, wenn die Lieferung zu einem späteren als dem vereinbarten Termin wertlos ist (zum Beispiel Saaldekoration nach dem Fest, Brautstrauß nach der Hochzeit).

Im Falle des Verzugs hat der Florist den entstandenen **Schaden** zu tragen. Der Käufer kann jedoch auch vom Vertrag **zurücktreten** oder auf **nachträglicher Lieferung** oder Leistung bestehen, wenn dies für ihn günstiger ist. Darin kommt die erweiterte Haftung des Schuldners zum Ausdruck. Ein Schaden kann für den Kunden darin bestehen, daß er sich die bestellte Sache kurzfristig zu einem höheren Preis anderweitig beschaffen muß.

5.2 Lieferung mangelhafter Güter

Der Florist muß zur Erfüllung seiner vertraglichen Verpflichtungen mangelfreie Ware liefern oder mangelfreie Dienstleistungen verrichten. Ist die Lieferung mit Mängeln behaftet, die den Wert oder die Tauglichkeit der gelieferten Sache mindern, haftet der Florist dafür. Er haftet auch dafür, daß die Sache zum Zeitpunkt des Gefahrenübergangs die zugesicherten Eigenschaften hat, zum Beispiel die Schnittblumen so frisch sind, wie dies dem Kunden versichert wurde. Gefahrenübergang heißt, daß Verantwortung für die Ware oder Leistung auf den Kunden übergeht. Dieser Gefahrenübergang ist üblicherweise der Zeitpunkt der Übergabe der Ware an den Kunden oder die Abnahme der Leistung durch ihn. Hat der Florist einen derartigen Mangel bei der Erfüllung des Kaufvertrags zu vertreten, kann der Kunde Rückgängigmachung des Kaufs **(Wandelung)** oder Herabsetzung des vereinbarten Kaufpreises **(Minderung)** verlangen. Fehlt der verkauften Sache zur Zeit des Kaufs eine zugesicherte Eigenschaft (zum Beispiel wasserdichte Keramik), so kann der Käufer statt Wandelung oder Minderung auch **Schadensersatz** wegen Nichterfüllung verlangen.

Bei **Gattungswaren** (also nicht bei Einzelstücken wie Brautsträußen) kann der Kunde auch den **Umtausch** der mangelhaften Ware oder Leistung verlangen. Die Mängel müssen vom Käufer spätestens innerhalb eines halben Jahres nach dem Kauf (Gefahrenübergang) gerügt werden. Wird diese Frist versäumt, verliert der Käufer seine Ansprüche. Sie gilt jedoch nur beim einseitigen Handelskauf, also wenn nur ein Vertragspartner Kaufmann im Sinne des HGB ist.

Beim **zweiseitigen Handelskauf,** also wenn beide Vertragspartner Kaufleute im Sinne des HGB sind (Beispiel: Lieferung einer Saaldekoration anläßlich eines Firmenjubiläums), muß der Empfänger der Lieferung oder Leistung diese unverzüglich nach Erhalt gewissenhaft prüfen und auf mögliche **Mängel sorgfältig untersuchen** und festgestellte Mängel unverzüglich rügen; **unverzüglich** heißt: **ohne schuldhaftes Zögern**. Beim zweiseitigen Handelskauf unterliegt der Käufer also einer besonderen Sorgfaltspflicht. Versäumt er die unverzügliche Anzeige des Mangels, verliert er dadurch seine Ansprüche auf **Gewährleistung** durch den Verkäufer. Mängel, die sich trotz sorgfältiger Prüfung erst später herausstellen **(versteckte Mängel),** müssen beim zweiseitigen Handelskauf unverzüglich nach Entdeckung gerügt werden. Wird ein versteckter Mangel erst ein halbes Jahr nach dem Kauf (Gefahrenübergang) offenkundig, sind die Ansprüche erloschen.

Wahlweise Ansprüche des Käufers bei Lieferung mangelhafter Ware oder Leistung sind:
– Wandelung
– Minderung
– Umtausch
– Schadensersatz bei Nichterfüllung

5.3 Der Zahlungsverzug

Leistet der Kunde die vertraglich vereinbarte Zahlung nicht rechtzeitig, liegt ebenfalls eine Verletzung bei der Erfüllung der im Kaufvertrag vereinbarten Pflichten vor. Der Verkäufer muß nun den Käufer in Verzug setzen, damit er seinen Verzugsschaden geltend machen und im Zweifel auch gerichtlich durchsetzen kann. Der Verzugsschaden besteht in dem durch die Nichtzahlung entgangenen Zinsertrag für das geschuldete Geld oder auch in einem Mehraufwand für Kreditzinsen.

Der Verzug des säumigen Zahlers tritt dadurch ein, daß eine vom Verkäufer dem Käufer gesetzte **Nachfrist** zur Bezahlung der fälligen Schuld erfolglos verstrichen ist. Dieser Vorgang wird im Geschäftsleben als **Mahnung** bezeichnet. Der Verzug tritt hierbei jedoch nur ein, wenn diese Mahnung einen festen Zahlungstermin nach dem Kalender enthält (zum Beispiel zum 24. März 19..). Ohne besondere Mahnung tritt der Zahlungsverzug jedoch ein, wenn im Kaufvertrag ein **Zahlungstermin** auf einen bestimmten Kalendertag vereinbart wurde.

Mit Eintritt des Verzugs hat der Verkäufer dem Käufer gegenüber einen Anspruch auf Verzugszinsen und Erstattung der Kosten des Mahnverfahrens. Dies ist im BGB geregelt.

> **§ 288 (Verzugszinsen)**
> (1) Eine Geldschuld ist während des Verzugs mit vier vom Hundert für das Jahr zu verzinsen. Kann der Gläubiger aus einem anderen Rechtsgrunde höhere Zinsen verlangen, so sind diese fortzuentrichten.
> (2) Die Geltendmachung eines weiteren Schadens ist nicht ausgeschlossen.

Diese Regelung gilt für den einseitigen Handelskauf, wenn also nur ein Vertragspartner (in diesem Fall der Verkäufer) Kaufmann im Sinne des Gesetzes ist. Beim zweiseitigen Handelskauf betragen die gesetzlichen Verzugszinsen 5% (§ 352 HGB). Kann der Verkäufer nachweisen, daß er einen Bankkredit aufgenommen hat, ist er berechtigt, dem in Verzug geratenen Käufer die höheren Bankzinsen zu berechnen. Selbstverständlich können gemäß dem **Grundsatz der Vertragsfreiheit** auch von vornherein im Kaufvertrag höhere Verzugszinsen vereinbart werden. Bei Kreditverträgen (zum Beispiel Hypothekenkredit) ist dies sogar der Regelfall.

5.4 Das Mahnverfahren

Grundsätzlich wird zwischen dem **gerichtlichen** und dem **außergerichtlichen Mahnverfahren** unterschieden (vgl. Abschnitt 23). Bei der Mahnung säumiger Zahler wird der Florist normalerweise behutsam vorgehen, um seine Kunden nicht zu verprellen. Oftmals ist der Grund für verspätete Zahlung nur Unachtsamkeit oder Vergeßlichkeit des Kunden. Erst wenn freundlich gehaltene Zahlungserinnerungen (zum Beispiel Zusendung einer zweiten Rechnung) nichts fruchten, wird der Florist ein stärkeres Geschütz auffahren. So kann er dem Kunden eine Postnachnahme ins Haus schicken. Löst der Kunde diese nicht ein, kann der Florist seinen Anspruch mit Hilfe des Gerichts geltend machen.

Das gerichtliche Mahnverfahren kann durch Antrag auf Erlaß eines **Mahnbescheids** oder durch **Klageerhebung** eingeleitet werden. Dafür besorgt sich der Florist einen entsprechenden Vordruck (beim Schreibwarenhändler erhältlich), füllt ihn aus und reicht ihn beim Amtsgericht an seinem Firmenort ein, da der Erfüllungsort für die Bezahlung der Geschäftsort des Verkäufers ist. Mit diesem Mahnbescheid, der dem Schuldner durch das Gericht zugestellt wird, erhält dieser die Aufforderung, seine Schuld innerhalb von drei Tagen beim Schuldner zu begleichen. Für Kunden, die auswärts wohnen, beträgt diese Frist eine Woche. Reagiert der Schuldner innerhalb der gesetzlichen Zahlungsfrist nicht, wird der Mahnbescheid **rechtskräftig;** der Florist kann die **Zwangsvollstreckung** (Pfändung) beantragen.

Erhebt der Schuldner innerhalb der im Mahnbescheid genannten Frist **Widerspruch** beim Amtsgericht, muß das Gericht eine mündliche Verhandlung mit den Vertragsparteien ansetzen und das Ergebnis dieser Verhandlung in einem **Urteil** feststellen. Dieses Urteil kann der Florist vollstrecken lassen (Gerichtsvollzieher). Von der Möglichkeit der Klage macht der Florist Gebrauch, wenn anzunehmen ist, daß der Schuldner gegen einen Mahnbescheid Widerspruch einlegen wird. Aufgrund der Klage setzt dann das Gericht einen Verhandlungstermin fest. Das Gerichtsverfahren schließt mit einem **Urteil** oder **Vergleich** ab.

Ansprüche auf Zahlung unterliegen der Verjährung, das heißt, daß nach Ablauf einer im Gesetz (BGB/HGB) festgesetzten Zeit die Zahlungen verweigert werden können. Beim zweiseitigen Handelskauf beträgt die **Verjährungsfrist** vier, beim einseitigen Handelskauf zwei Jahre. Die Verjährungsfrist beginnt immer am 31. 12. des Jahres, in dem die Schuld

Blumen Ulrich
Marktstraße 26
07806 Neustadt
Tel. 03 64 81/5 66 77

Frau
Elfriede Euler
Badstraße 27

07806 Neustadt

Ihr Zeichen	Unser Zeichen	Durchwahl	Neustadt, den
	ul - ri		15. April 19..

Sehr verehrte Frau Euler,

rechtzeitig zum Frühjahrsbeginn ist in meinem Geschäft eine größere Sendung Pflanzkübel und Balkonkästen eingetroffen. Damit steht der Eröffnung der Balkonsaison nichts mehr im Wege. Der beiliegende Prospekt soll Sie über dieses einmalige Angebot unterrichten.

Bitte treffen Sie bald Ihre Wahl; denn jetzt ist die Auswahl noch besonders groß.

Ganz nebenbei: Sicher ist es Ihrer Aufmerksamkeit entgangen, daß Sie die Rechnung vom 13. März 19.. über DM 68,75 noch nicht beglichen haben. Ich wäre Ihnen für eine baldige Überweisung dieses Betrags sehr dankbar.

Mit freundlichem Gruß

Peter Ulrich

Peter Ulrich
(Firma Blumen-Ulrich)

Bankverbindung: Volksbank Neustadt · Konto Nr. 588304

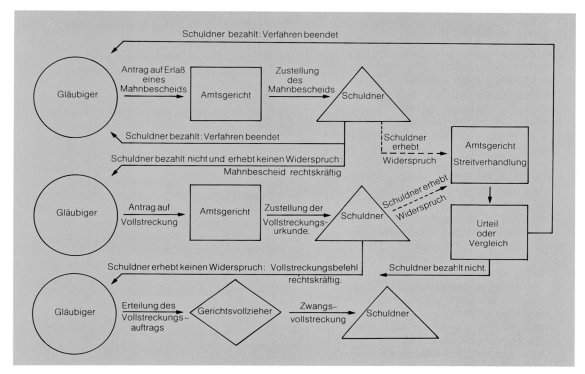

Abb. 16. Das gerichtliche Mahnverfahren.

entstanden ist. Daher muß der Florist bestrebt sein, seine Forderungen rechtzeitig einzutreiben. Der Ablauf der Verjährungsfrist kann jedoch **unterbrochen** werden. Wichtige Unterbrechungsgründe sind: Beantragung eines **Mahnbescheids, Klageerhebung** oder **Schuldanerkenntnis** durch den Schuldner (zum Beispiel Bitte um Zahlungsaufschub). Mit Eintritt der Unterbrechung beginnt die Verjährungsfrist von neuem zu laufen.

5.5 Der Annahmeverzug

Mit Abschluß des Kaufvertrags verpflichtet sich der Kunde, die Ware oder Dienstleistung vereinbarungsgemäß oder fristgerecht anzunehmen. Nimmt er die rechtzeitig angebotene oder bereitgestellte Ware oder Dienstleistung nicht an, kommt er in Annahmeverzug. Ein Fall von Annahmeverzug liegt zum Beispiel vor, wenn eine Kundin einen Brautstrauß bestellt und nicht abholt (auch das soll vorkommen!). Während des Annahmeverzugs hat der Florist nur Vorsatz und grobe Fahrlässigkeit zu vertreten, wenn die Ware zum Beispiel innerhalb der Dauer ihrer natürlichen Haltbarkeit eine Wertminderung erfährt oder untergeht (verdirbt). Im Falle des Annahmeverzugs kann der Florist entweder auf Abnahme der Ware oder Dienstleistung oder auf Erstattung der entstandenen Kosten (entgangener Gewinn, Bereitstellungskosten für Arbeitskräfte, Zustellungskosten) **klagen** oder die Ware anderweitig verkaufen (**Selbsthilfeverkauf**). Dies kann er im Zweifel auch zu einem niedrigeren als dem ursprünglichen Preis tun. Den Mindererlös muß dann der sich im Annahmeverzug befindliche Kunde ersetzen. Den Selbsthilfeverkauf ohne vorherige Benachrichtigung des Kunden kann der Florist jedoch nur vornehmen, wenn es sich um leicht verderbliche Ware handelt.

◁ **Abb. 15. Mahnschreiben.**

Merksätze

▷ Verträge sind zu erfüllen, weil sonst schwerwiegende Folgen für die vertragsverletzende Partei eintreten können.
▷ Die den Kaufvertrag verletzende Partei muß in Verzug gesetzt werden, bevor die Ansprüche geltend gemacht werden können.
▷ Durch Eintritt des Verzugs unterliegt die vertragsverletzende Partei einer erweiterten Haftung.
▷ Beim Lieferungsverzug kann der Käufer Schadensersatz verlangen oder auf der Nachlieferung bestehen.
▷ Bei mangelhafter Leistung des Verkäufers kann der Käufer vom Kaufvertrag zurücktreten oder eine Herabsetzung des Kaufpreises verlangen. Bei Gattungswaren kann er auf Umtausch der Ware bestehen. Außerdem steht ihm Schadensersatz zu.
▷ Bezahlt der Käufer nicht rechtzeitig, muß er vom Verkäufer in Verzug gesetzt werden. Erst dann hat er Anspruch auf Verzugszinsen.
▷ Beim einseitigen Handelskauf betragen die Verzugszinsen 4%, beim zweiseitigen Handelskauf 5%. Im Zweifel können auch die höheren Bankzinsen geltend gemacht werden.
▷ Das gerichtliche Mahnverfahren wird durch Klage beim Gericht oder durch Antrag auf Erlaß eines Mahnbescheids eingeleitet.
▷ Zahlungsansprüche unterliegen der Verjährung. Nach Ablauf der Verjährungsfrist können sie nicht mehr durchgesetzt werden.
▷ Die Verjährungsfrist kann durch folgende Ereignisse unterbrochen werden: Beantragung eines Mahnbescheids, Klageerhebung oder Anerkennung der Schuld durch den Käufer.
▷ Nimmt der Käufer die ihm ordnungsgemäß und fristgerecht gelieferte Ware oder Dienstleistung nicht an, so gerät er in Annahmeverzug.

Aufgaben

1. Welche Folgen hat der Verzug bezüglich der Haftung für diejenige Vertragspartei, welche die vertraglichen Verpflichtungen nicht einhält?
2. Wann tritt der Lieferungsverzug ein, wenn für die Warenlieferung ein bestimmter Liefertag nach dem Kalender vereinbart wurde?
3. Wie wird der Lieferer bei einem Kaufvertrag in Verzug gesetzt, in dem es heißt: „Lieferung innerhalb einer Woche nach Auftragserteilung"?
4. Ein Privatkunde kauft in einem Floristbetrieb eine wertvolle Bodenvase und stellt zu Hause daran erhebliche Glasurfehler fest. Innerhalb welcher Frist muß er den Mangel rügen?
5. Welche Ansprüche hat der Käufer gegenüber dem Verkäufer, wenn ihm mangelhafte Ware geliefert wird?
6. Wie wird ein Kunde, der eine offenstehende Rechnung bisher noch nicht bezahlt hat, in Zahlungsverzug gesetzt?
7. Wie hoch sind die gesetzlichen Verzugszinsen beim (a) einseitigen und (b) beim zweiseitigen Handelskauf?
8. Erklären Sie die Rechtsbegriffe „Wandelung" und „Minderung".
9. Bei welcher Institution und an welchem Ort muß der Mahnbescheid gegen einen säumigen Zahler eingereicht werden?
10. Wann verjährt eine Forderung, die aufgrund einer Warenlieferung an einen Privatkunden am 24. Januar 1996 entstanden ist?

6 Die Warenbeschaffung

Lernziele

▷ Die Faktoren nennen können, welche die Beschaffungsentscheidung des Floristen bestimmen;
▷ die wichtigsten Bezugsquellen des Floristbetriebs nennen und in ihrer unterschiedlichen Bedeutung erklären können;
▷ die verschiedenen Informationsquellen des Floristen für die Warenbeschaffung aufzählen und beschreiben können;
▷ erläutern und begründen können, warum der Floristbetrieb starken Absatzschwankungen ausgesetzt ist;
▷ aufzählen können, welche Angaben ein Angebot enthalten muß;
▷ erklären können, welchen Einfluß Rabatt, Skonto und Bonus auf den Rechnungspreis haben;
▷ die verschiedenen Lieferungsbedingungen nennen und erklären können;
▷ erklären können, welchen Einfluß die Zahlungsbedingungen des Lieferanten auf die Liquidität des Floristbetriebs haben;
▷ darstellen können, warum Bestellungen überwacht werden müssen;
▷ wissen, daß eingehende Waren unverzüglich geprüft werden müssen;
▷ erläutern können, welchen Einfluß der Erfüllungsort auf die Warenlieferung und die Bezahlung hat;
▷ erklären können, welchen Vorteil der vereinbarte Gerichtsstand hat.

Ein alter Erfahrungssatz im Einzelhandel lautet: „Im Einkauf liegt der Gewinn." Wer zu teuer einkauft, mindert schon im voraus seine Gewinnspanne. Es muß also gut überlegt werden, welche Waren zu welchen Bedingungen bezogen werden sollen. Diese betriebswirtschaftlichen Entscheidungen gehören zum Bereich **Beschaffungsmarketing**.

6.1 Bestimmungsgründe für die Warenbeschaffung

Beim Wareneinkauf muß sich der Florist am Bedarf und den Wünschen seiner Kunden orientieren, wenn er sich vor dem Verlust von Geld, Waren und Kunden schützen will. Daher sind vor dem Wareneinkauf folgende Überlegungen anzustellen:

Was wünscht der Kunde zu kaufen? **Bedarfsrichtung**
Wieviel möchte der Kunde kaufen? **Bedarfsumfang**
Wann wünscht der Kunde zu kaufen? **Bedarfszeitpunkt**
Woher bezieht der Florist seine Waren? **Bezugsquellen**
Wann muß der Florist einkaufen? **Beschaffungszeitpunkt**

Die **Bedarfsrichtung**, d. h. die Art der zu beschaffenden Waren, wird vor allem von den Kunden bestimmt. Sie nehmen damit wesentlichen Einfluß auf die Sortimentgestaltung im Floristbetrieb. Der Florist muß daher seine Kunden sehr sorgfältig beobachten, um Hinweise auf ihre Wünsche zu gewinnen. Die Kundenwünsche ihrerseits werden beeinflußt durch die persönlichen Eigenschaften der Kunden, wie z. B. Alter und Geschlecht, aber auch durch die Kaufkraft, den Standort des Betriebs, die Jahreszeit, durch Fest- und Feiertage und durch Trends.

Der **Bedarfsumfang** bestimmt die Menge der zu beschaffenden Waren (Mengendisposition). Sind die gewünschten Waren nicht in der vom Kunden gewünschten Menge im Geschäft vorhanden, so bedeutet dies Umsatzverlust und vielleicht sogar Kundenverlust, weil Kunden, deren Kaufwünsche nicht befriedigt werden können, u. U. verärgert sind. Andererseits dürfen nicht zu viele Waren und zu große Warenmengen beschafft werden, weil sonst zu hohe Lagerkosten entstehen und besonders bei Schnittblumen Warenverluste durch Verderb eintreten. Besonders der Floristbetrieb ist einem stark schwankenden Bedarfsumfang ausgesetzt, der vor allem durch die Saison, das Wetter, Fest- und Feiertage und die unterschiedlich hohe Nachfrage an den einzelnen Wochentagen bestimmt wird. Aber auch die Größe des Geschäfts und die Geschäftslage haben Einfluß auf den Bedarfsumfang. Zur einigermaßen genauen Vorausbestimmung des Bedarfsumfangs ist große Erfahrung nötig. Hilfreich ist dabei die **Umsatzstatistik,** in der die Umsätze an den einzelnen Wochentagen, getrennt nach Warengruppen, festgehalten werden. Die Umsatzstatistik kann heute im Floristbetrieb schon über eine Datenkasse ohne besonderen zusätzlichen Aufwand erstellt werden. Sie zeigt oft eine überraschende Regelmäßigkeit an den einzelnen Tagen (vgl. S. 312). So bringen der Freitag und Samstag besonders hohe Tagesumsätze, am Monatsanfang werden mehr und teurere Waren gekauft als am Monatsende (Gehaltszahlungstermin). Besonders groß sind die Umsatzsprünge an bestimmten Fest- und Feiertagen, wie z. B. Muttertag, Ostern, Valentinstag und Totensonntag, an welchen traditionell Blumen geschenkt werden.

Der **Bedarfszeitpunkt** bezeichnet die Zeit, zu der die Ware vom Kunden benötigt wird und er sie folglich auch kaufen möchte. Bestimmt wird der Bedarfszeitpunkt von den Kaufgewohnheiten der Kunden. Im Gegensatz zu anderen, nicht verderblichen Waren, werden Blumen erst dann gekauft, wenn sie benötigt werden, also nicht im voraus. Hinweise auf den Bedarfszeitpunkt liefert dem Floristen die Umsatzstatistik. Man kann aus ihr ersehen, wann die verschiedenen Waren gefragt werden und daher bereitgestellt werden müssen. Auch die Beobachtung der Konkurrenz gibt dem Floristen Hinweise auf das Einkaufsverhalten der Verbraucher.

Der **Beschaffungszeitpunkt,** also der Zeitpunkt des Wareneinkaufs durch den Floristen, wird vor allem durch den Bedarfszeitpunkt des Kunden bestimmt. Dies trifft besonders für Schnittblumen zu, weil hier aus natürlichen Gründen Beschaffungszeitpunkt und Verkaufszeitpunkt eng zusammenliegen müssen; denn der Kunde möchte ja möglichst frische Ware kaufen. Sicher wird der Beschaffungszeitpunkt auch von den Beschaffungsmöglichkeiten (Lieferzeit und Verfügbarkeit) und den Lagerbedingungen (Kühlraum, Größe und Art des Lagers) beeinflußt; entscheidend sind jedoch die Einkaufsgewohnheiten der Kunden.

6.2 Die Bezugsquellen

Die Beobachtung der Kundenwünsche zeigt dem Floristen, welche Warenarten und Warenmengen er benötigt. Er erhält daraus jedoch keine Hinweise, woher er seine Waren beziehen muß. Für jede Warenart gibt es meist verschiedene Bezugsquellen, aus denen er die jeweils für ihn günstigsten auswählt. Die große Konkurrenz unter den Anbietern führt dazu, daß immer wieder andere Waren auf den Markt kommen, so daß sich der Florist nach neuen Bezugsquellen umsehen muß. So kommen z. B. durch Neuzüchtungen laufend andere Blumen und Pflanzen auf den Markt und auch das Angebot im Hartwarensortiment verändert sich ständig unter dem Einfluß der Mode. Dennoch gibt es eine Reihe von Gründen, die es ratsam erscheinen lassen, sich auf bestimmte Hauptlieferanten festzulegen.

Dazu zählen insbesondere:
– günstige Einkaufspreise bei Großabnahme
– günstige Lieferungs- und Zahlungsbedingungen
– pünktliche Belieferung
– Rationalisierung des Einkaufs
– regelmäßige Belieferung durch feststehenden Tourenplan
– besonders hohe Qualität

An Bezugsquellen stehen dem Florist zur Verfügung:

Bezugsquellen	Beispiele
Erzeugerbetriebe	Großgärtnereien, Blumengärtner, Kerzenfabriken, Trockenblumenfabriken
Großmärkte	private und kommunale Blumengroßmärkte in allen größeren Städten
Verkaufsmessen	Zierpflanzen-Verkaufsmessen, IPM Essen
Abholmärkte	Blumen- und Pflanzengroßhändler
Produktionsgenossenschaften	Gärtnereigenossenschaften, besonders in den neuen Bundesländern
Vertriebsgenossenschaften	Zusammenschluß von Erzeugerbetrieben zum gemeinschaftlichen Vertrieb von Blumen und Pflanzen
Importbetriebe	Holland-Import
Gärtnerbörsen	Versteigerung ganzer Partien
Großhandelsbetriebe	Spezialbetriebe für Floristikbedarf
Fahrverkäufer	freie Händler (fliegende Händler) suchen mit Verkaufswagen unaufgefordert Floristbetriebe auf
Einkaufsgenossenschaften	

Abb. 17. Hauptumsatzzeit für Blumen und Pflanzen. ▷
Quelle: Birk/Melber

Hauptumsatzzeit für Blumen und Pflanzen

Topfpflanzen

Bezeichnung	1	2	3	4	5	6	7	8	9	10	11	12
Aechmea	•	•	•	•	•	•	•	•	•	•	•	•
Alpenveilchen (Cyclamen)	•								•	•	•	•
Anthurium	•	•	•	•	•	•	•	•	•			
Aphelandra				•	•	•	•	•	•			
Asparagus				•	•	•	•	•	•	•		
Azaleen	•	•	•	•								
Becherprimel	•	•	•	•	•					•	•	•
Bonsai-Formen				•	•	•	•	•	•			
Bougainvillea				•	•	•	•	•				
Calceolaria	•	•	•	•	•							
Chrysanthemen						•	•	•	•	•		
Cinerarien		•	•	•								
Cissus-Arten	•	•	•	•	•	•	•	•	•	•		
Crocus	•	•										•
Crossandra				•	•	•	•	•	•			
Croton	•	•	•	•	•	•	•	•	•	•	•	•
Dieffenbachien	•	•	•	•	•	•	•	•	•	•	•	•
Drachenbaum	•	•	•	•	•	•	•	•	•	•	•	•
Efeu (Hedera)	•	•	•	•	•	•	•	•	•	•	•	•
Elatiorbegonie	•	•	•	•	•	•	•	•	•	•	•	•
Epiphyllum				•	•							
Ericen										•	•	
Farne	•	•	•	•	•	•	•	•	•	•	•	•
Ficus-Arten	•	•	•	•	•	•	•	•	•	•	•	•
Guzmanien				•	•	•	•	•	•			
Hibicus				•	•	•	•	•	•			
Hortensien				•	•							
Hyazinthen	•	•	•								•	•
Kakteen	•	•	•	•	•	•	•	•	•	•	•	•
Kalanchoe	•	•	•	•	•	•	•	•	•	•	•	•
Monstera	•	•	•	•	•	•	•	•	•	•	•	•
Orchideen	•	•	•	•	•	•	•	•	•	•	•	•
Palmen	•	•	•	•	•	•	•	•	•	•	•	•
Passiflora				•	•	•	•	•	•			
Philodendron	•	•	•	•	•	•	•	•	•	•	•	•
Ranunkeln		•	•	•								
Rosen	•	•	•	•	•	•	•	•	•	•	•	•
Scindapsus	•	•	•	•	•	•	•	•	•	•	•	•
Usambaraveilchen	•	•	•	•	•	•	•	•	•	•	•	•
Veronika									•	•		
Vriesea-Arten	•	•	•	•	•	•	•	•	•	•	•	•
Weihnachtskaktus										•	•	•
Weihnachtsstern											•	•
Zypergras	•	•	•	•	•	•	•	•	•	•	•	•

Schnittblumen

Bezeichnung	1	2	3	4	5	6	7	8	9	10	11	12
Alpenveilchen (Cyclamen)	•	•							•	•	•	•
Alstroemeria	•	•	•	•	•	•	•	•	•	•	•	•
Amaryllis	•	•								•	•	•
Anemonen	•	•	•	•								•
Anthurium							•	•	•	•	•	•
Astern								•	•	•		
Bartnelken								•	•	•		
Christrosen												•
Chrysanthemen									•	•	•	•
Cymbidien	•	•	•	•	•	•	•	•	•	•	•	•
Dendrobien	•	•	•	•	•	•	•	•	•	•	•	•
Euphorbia fulgens	•										•	•
Eustoma						•	•	•	•			
Flieder		•	•	•	•							
Forsythien		•	•									
Freesien		•	•	•	•							
Gerbera	•	•	•	•	•	•	•	•	•	•	•	•
Gladiolen						•	•	•	•			
Gloriosa					•	•	•	•	•	•	•	•
Iris				•	•							
Lilien	•	•	•	•	•	•	•	•	•	•	•	•
Limonium						•	•	•				
Narzissen/ Osterglocken	•	•	•	•								•
Nelken	•	•	•	•	•	•	•	•	•	•	•	•
Pfingstrosen (Päonien)					•	•						
Rittersporn					•	•	•					
Rosen	•	•	•	•	•	•	•	•	•	•	•	•
Schleierkraut					•	•	•	•	•			
Staticien									•	•		
Tulpen	•	•	•	•	•							
Weidenkätzchen	•	•	•									
Zinnien										•	•	•

Balkon- und Beetpflanzen

Bezeichnung	1	2	3	4	5	6	7	8	9	10	11	12
Ageratum					•	•						
Bacopa					•	•						
Begonien					•	•						
Bellis			•	•	•							
Dahlien					•							
Fuchsien					•	•						
Gebirgshänge-nelken					•	•						
Heliotrop					•	•						
Impatiens					•	•						
Lobelien					•	•						
Pelargonien					•	•						
Petunien					•							
Primula acaulus	•	•	•									
Scaevola (Fächerblume)					•	•						
Silberblatt				•	•							
Strauchmargerite					•	•						
Surfinia					•	•						
Tagetes					•	•						
Vergißmeinnicht				•	•							
Viola Hybride			•	•						•		
Ziertabak					•							

Es werden die im Blumengeschäft üblichen Bezeichnungen verwendet.

Weil sich die Kundenwünsche und das Angebot auf dem Markt stetig verändern, muß der Florist sich laufend neue Informationen beschaffen. Dazu stehen ihm folgende Hilfsmittel zur Verfügung:

Messen und Ausstellungen (z. B. Gartenbaumesse Frankfurt, Gafa Köln, Plantec Frankfurt, Süddeutsche Einkaufstage Stuttgart)

Vertreter und Reisende (Hersteller und Händler)

Informationen von Kollegen (z. B. über den Floristverband)

Werbung der Erzeuger und Händler (Prospekte, Preislisten, Bestellisten, Kataloge, Anzeigen)

Fachzeitschriften (z. B. „Blumeneinzelhandel", „florist", „Der junge Florist" und „Gestalten und Verkaufen")

Branchenadreßbücher („Die gelben Seiten"; Deutscher Adreßbuchverlag, Adressen-CD ROM)

Lieferantenkarteien (Datei im PC).

6.3 Anfrage, Angebot, Bestellung

6.3.1 Die Anfrage

Die **Anfrage** soll klären, zu welchen Preisen und Bedingungen die Ware von einem Lieferanten bezogen werden kann (vgl. Abschnitt 20). Die Anfrage kann allgemein gehalten sein oder sich auf eine ganz bestimmte Ware beziehen. Sie ist formfrei, d. h. sie kann schriftlich, mündlich, telefonisch oder durch Telefax erfolgen. Der Florist ist an seine Anfrage nicht gebunden. Er kann also gleichzeitig mehrere Anfragen an unterschiedliche Lieferanten richten. Der Empfänger kann die Anfrage ablehnen, ein Angebot machen oder auch überhaupt nicht reagieren. Mit seinen Anfragen will sich der Florist eine Marktübersicht verschaffen.

6.3.2 Das Angebot

Das **Angebot** ist eine Willenserklärung an eine ganz bestimmte Person, also den Floristen, Waren zu den angegebenen Bedingungen zu liefern. Der Anbietende ist an sein Angebot eine bestimmte Zeit gebunden und muß, wenn die Bestellung innerhalb dieser Zeit erfolgt, zu den von ihm genannten Bedingungen liefern (vgl. S. 45). Fernmündliche oder mündlich gemachte Angebote müssen jedoch sofort angenommen oder abgelehnt werden, sonst verlieren sie ihre Gültigkeit. Die Bindung an das Angebot kann von vornherein durch eine Freizeichnungsklausel eingeschränkt werden.

Beispiel
„So lange Vorrat reicht"; „Angebot freibleibend".
Das Angebot enthält Angaben über die Art, Beschaffenheit und Güte, Menge, den Preis, die Lieferungs- und Zahlungsbedingungen, den Gerichtsstand und den Erfüllungsort.

○ **Art, Beschaffenheit und Güte**
Die Warenart wird mit den handelsüblichen Bezeichnungen (z. B. lateinischen oder deutschen Pflanzennamen, aber auch besondere Handelsnamen gekennzeichnet. Bei bestimmten Waren können Muster, Proben oder Abbildungen beigefügt werden. Manche Waren sind auch standardisiert oder durch Handels- und Güteklassen genau beschrieben. Auch Frischedatum oder Frischegarantie sagen etwas über die Güte der Ware aus. Enthält das Angebot keine Qualitätsangaben, so muß der Anbieter Ware von mittlerer Art und Güte liefern.

○ **Menge der Ware**
Die Mengenangaben im Angebot können entweder nach den gesetzlichen Maßeinheiten (Stückzahl, kg, m) oder nach handelsüblichen Einheiten erfolgen (Dutzend, Gros, Bund, Sack). Manche Lieferanten geben bestimmte Ware nur in sogenannten Originalmengen, d. h. in geschlossenen Posten ab. Auch kann die Warenabgabe an bestimmte Mindestmengen gebunden sein.

○ **Preis der Ware**
Beim Einkaufspreis der Waren müssen Verpackungskosten, Gewichtsabzüge und Preisabzüge berücksichtigt werden. Waren, die nach Gewicht eingekauft werden, können entweder zum **Bruttogewicht** oder zum **Nettogewicht** berechnet werden. Das Gewicht der Verpackung heißt **Tara**. Bei der Berechnung „Brutto für Netto" wird der Preis vom Rohgewicht berechnet, das Verpackungsgewicht also wie das Warengewicht behandelt. Warenschulden sind „Holschulden". Daher müssen die Verpackungskosten, falls nichts anderes vereinbart wurde, vom Käufer getragen werden.

Vom Rechnungsbetrag können – je nach Vereinbarung – prozentuale Abzüge gemacht werden. Zu nennen sind hier der Rabatt und der Skonto (vgl. Teil B, Abschnitt 9.1). **Rabatt** ist ein Preisnachlaß des Lieferanten, der ohne Berücksichtigung des Zahlungszeitpunkts gewährt wird. Solche Anlässe sind z. B. Abnahme großer Mengen (Mengenrabatt), langjährige Geschäftsverbindungen (Treuerabatt) oder Geschäftsjubiläen (Sonderrabatt). Der Rabatt des Lieferanten kann auch als Naturalrabatt gewährt werden. Hierbei werden dem Floristen zu der bestellten Warenmenge unberechnet Waren drein- oder

draufgegeben. Auch der **Bonus** ist ein Mengenrabatt, der nachträglich gewährt wird, z. B. am Jahresende. Die Höhe des Bonus ist vom Erreichen eines bestimmten Umsatzziels abhängig. **Skonto** ist ein Preisabzug des Floristen, der eingeräumt wird, wenn die Bezahlung der Rechnung innerhalb einer vorgegebenen Zeit erfolgt (Skontierungsfrist). Damit wird ein Anreiz geschaffen, Rechnungen vorzeitig zu bezahlen und flüssige Mittel zu gewinnen.
Beispiel
„Ziel sechs Wochen, bei Zahlung innerhalb von einer Woche 3% Skonto"

○ **Lieferungsbedingungen**

Die Ware kann entweder vom Floristen selbst oder seinem Beauftragten abgeholt werden (z. B. im Blumenabholmarkt oder auf dem Großmarkt) oder vom Lieferanten oder einem Transportunternehmer dem Floristen überbracht werden. Dabei können folgende Transportkosten anfallen: Fracht, Rollgeld oder sonstige Zustellgebühren. Aus dem Angebot muß ersichtlich sein, wer diese Kosten trägt.
Beispiele
„Lieferung frei Haus"
„Lieferung frei Empfangsstation"
„Lieferung ab Versandstation"
„Lieferung ab Lager"
Ist über die Transportkosten im Angebot keine Angabe gemacht, trägt diese der Florist, weil Warenschulden Holschulden sind. Im allgemeinen sind diese Dinge jedoch in den „Allgemeinen Lieferungs- und Zahlungsbedingungen" des Lieferanten enthalten.

○ **Lieferzeit**

Die Lieferzeit ist die Zeitspanne zwischen Bestellung und Warenlieferung. Ist im Angebot keine Lieferzeit angegeben, so kann beim Zustandekommen eines Kaufvertrags der Florist auf sofortiger Lieferung bestehen. Es können folgende Lieferzeiten vereinbart werden:
„Lieferung sofort" (Sofortkauf)
„Lieferung bis Monatsende/innerhalb zwei Wochen" (Terminkauf)
„Lieferung bis 18. Mai fix" (Fixkauf)
„Lieferung bei Abruf"

○ **Zahlungsbedingungen**

Die Zahlungsbedingungen können sehr verschieden sein; sie sollten deshalb ebenfalls im Angebot enthalten sein. Üblicherweise werden sie jedoch vom Lieferanten dem Angebot in Form der „Allgemeinen Lieferungs- und Zahlungsbedingungen" (dem „Kleingedruckten") beigefügt. Die Zahlungsbedingungen können wie folgt lauten:

„Lieferung gegen Vorauskasse"
„Zahlbar bei Lieferung"
„Zahlbar innerhalb ... Tagen nach Lieferung"
Ist über den Zeitpunkt der Bezahlung nichts vereinbart, so muß der Florist im Zweifel sofort bezahlen.

○ **Prüfung des Angebots**

Eingegangene Angebote müssen vom Floristen geprüft werden, damit er das jeweils günstigste auswählen kann. Außer den Preisen spielen für die Entscheidung die Lieferungs- und Zahlungsbedingungen eine Rolle. Natürlich hat der Preisvergleich nur einen Sinn bei vergleichbaren Waren. Außer dem Bezugspreis muß jedoch auch die Lieferzeit, die Leistungsfähigkeit und Zuverlässigkeit des Anbieters bei der Auswahl des Angebots berücksichtigt werden.

6.3.3 Die Bestellung

Mit der Bestellung gibt der Florist eine Willenserklärung gegenüber dem Anbieter ab, eine bestimmte Ware zu den vorgegebenen Bedingungen zu kaufen (vgl. Abschnitt 20). Damit kommt ein Kaufvertrag zustande, und der Florist ist an seine Bestellung gebunden. Die Bindung wird jedoch erst wirksam, wenn die Bestellung beim Anbieter eingegangen ist, weil sie eine empfangsbedürftige Willenserklärung ist. Bis zu diesem Zeitpunkt kann also die Bestellung vom Floristen noch widerrufen werden. So kann z. B. der Florist eine bereits abgeschickte Bestellung durch einen Telefonanruf, ein Telegramm oder ein Telefax stoppen.

Die Bestellung muß sich ohne Änderung auf das vorliegende Angebot beziehen. Eine besondere Form ist für die Bestellung nicht vorgeschrieben. Mündliche oder telefonische Bestellungen sollten jedoch zur Vermeidung von Irrtümern schriftlich wiederholt werden. Die Bestellung wird erleichtert durch vorgedruckte Bestellscheine, die alle wesentlichen Daten und auch die Lieferungs- und Zahlungsbedingungen enthalten. Wird bei Reisenden oder Handelsvertretern bestellt oder direkt gekauft, erhält der Florist in aller Regel einen Bestelldurchschlag oder direkt mit der Warenaushändigung eine Rechnung.

Die Bestellung ist ein wichtiger Teil der Beschaffungsdisposition. Daher muß sorgfältig überwacht werden, ob die bestellten Waren auch termingemäß eintreffen. Dies ist bei Saisonwaren besonders wichtig und auch bei Waren, die der Florist seinen Kunden zu einem fest vereinbarten Termin liefern muß. Zur Bestellungsüberwachung dient das Bestellbuch

45

oder die Bestellkartei. So gelingt es den Lieferanten rechtzeitig in Verzug zu setzen und eventuelle Schadensersatzansprüche zu sichern.

6.4 Der Wareneingang

Der Florist ist verpflichtet, die ordnungsgemäß gelieferte Ware anzunehmen, weil er sonst in Annahmeverzug kommen kann. Er hat die Ware unverzüglich zu prüfen, um nicht etwaige Rechtsansprüche bei nicht einwandfreier Lieferung zu verlieren (Mängelrüge, vgl. Abschnitt 21). Die Warenprüfung erstreckt sich auf Art, Menge und Beschaffenheit. Zur Prüfung werden die Begleit- oder Versandpapiere herangezogen. Bei Beanstandungen kann die Annahme der Sendung verweigert werden. Es ist hierbei hilfreich, sich vom Überbringer der Ware den Mangel schriftlich bestätigen zu lassen (Tatbestandsmeldung). Dies dient im Streitfall zur Beweissicherung. Ist die gelieferte Ware nicht einwandfrei, wird sie nicht einsortiert oder weiterverarbeitet, sondern zur Verfügung des Absenders bereitgehalten.

Die Prüfung der Versandpapiere und der Rechnung erstreckt sich auf die sachliche und rechnerische Richtigkeit. Dann wird die Eingangsrechnung mit einem Eingangsstempel versehen und gebucht. In Betrieben, die eine „Mindestbuchführung" haben, wird der Wareneingang nur im Wareneingangsbuch festgehalten.

Dann werden die Waren be- und verarbeitet, die Verkaufspreise berechnet (Kalkulation) und die Ware gemäß den Bestimmungen des Preisauszeichnungsgesetzes ausgezeichnet.

Der weltweite, grenzüberschreitende Handel von geschützten Tieren und Pflanzen ist seit 1973 durch das Washingtoner Artenschutzübereinkommen (WA) geregelt (engl.: **C**onvention **I**nternational **T**rade in **E**ndangered **S**pecies of Wild Flora and Fauna; abgekürzt CITES). Dazu gehören u. a. Orchideen. Eine Entnahme der aufgelisteten Tiere und Pflanzen aus der Natur ist nicht gestattet. Diese artenschutzrechtlichen Regelungen werden z. Zt. neu bearbeitet. Die Neufassung soll im Jahre 1997 fertiggestellt sein.

6.5 Erfüllungsort und Gerichtsstand

Der Erfüllungsort ist der Ort, an dem der Schuldner Geld- oder Warenschulden (Geldschuldner oder Warenschuldner) zu leisten hat. Es wird hierbei zwischen dem **gesetzlichen Erfüllungsort** und dem **vertraglichen Erfüllungsort** unterschieden. Für die Warenlieferung ist der Wohnort bzw. Geschäftsort des Verkäufers der gesetzliche Erfüllungsort. Für die Zahlung des Kaufpreises ist der Wohnsitz oder Geschäftsort des Verkäufers (Lieferanten) der gesetzliche Erfüllungsort. Beim Warenbezug des Floristen hat der Lieferer seinen Vertrag erfüllt, wenn er die Ware an seinem Geschäftsort bereitstellt. Der Florist muß jedoch den geschuldeten Geldbetrag auf seine Kosten und Gefahr an den Lieferer übersenden. Diese Regelung gilt, falls nichts anderes vereinbart wurde. Üblicherweise wird jedoch zwischen den Partnern eines Kaufvertrags ein Erfüllungsort vereinbart (vertraglicher Erfüllungsort). Eine derartige Vereinbarung kommt zustande, wenn sie ins Angebot, die Bestellung oder die Auftragsbestätigung aufgenommen wurde und unwidersprochen bleibt.

Beispiel
„Erfüllungsort für beide Teile ist Gera."
Die Aufnahme einer **Erfüllungsortklausel** in eine Rechnung genügt jedoch nicht als bindende Vereinbarung.

Die Bestimmung oder Vereinbarung des Erfüllungsorts ist maßgebend dafür, ob ein Schuldner von seinen vertraglichen Pflichten durch Leistung frei wird. Aus dem Erfüllungsort leitet sich der Gerichtsstand ab. Der Gefahrenübergang und die Übernahme der Kosten (z. B. Verpackungs- und Transportkosten) hängt vom Erfüllungsort ab (vgl. S. 34).

Der **Gerichtsstand** ist der Ort des Gerichts, das im Falle von Streitigkeiten zuständig ist. Dies ist normalerweise der Wohnsitz des Beklagten **(allgemeiner Gerichtsstand)**. Bei Streitigkeiten aus Vertragsverletzungen ist jedoch der **Gerichtsstand des Erfüllungsorts** maßgebend. Der Kläger hat das Recht, zwischen diesen beiden Gerichtsständen zu wählen, falls nicht ein ausschließlicher Gerichtsstand vereinbart wurde. Diese Vereinbarung kann bereits bei Abschluß eines Kaufvertrags oder auch nachher erfolgen. Eine derartige Vereinbarung ist bedeutsam, weil ein Prozeß im eigenen Gerichtsbezirk durch die Einsparung von Zeit und Reisekosten billiger ist.

Merksätze

▷ Die Warenbeschaffung wird durch folgende Faktoren beeinflußt: Bedarfsrichtung, Bedarfsumfang, Bedarfszeitpunkt und Beschaffungszeitpunkt.

▷ Die Auswahl der Bezugsquellen ist ein wichtiger Teil des Beschaffungsmarketings.

▷ Günstige Beschaffungspreise steigern die Ertragskraft eines Floristbetriebs.

- Es ist für den Floristen vorteilhaft, sich auf bestimmte Hauptlieferanten festzulegen.
- Der Florist muß sich fortlaufend über die Änderungen auf dem Beschaffungsmarkt informieren.
- Anfragen dienen dazu, dem Floristen die Entscheidung über günstige Bezugsquellen zu ermöglichen.
- Angebote sind für den Anbieter bindend, es sei denn, die Bindung wurde von vornherein eingeschränkt.
- Die Entscheidung für ein bestimmtes Angebot wird nicht nur vom Angebotspreis, sondern auch von den Lieferungs- und Zahlungsbedingungen beeinflußt.
- Mit der Bestellung gibt der Florist dem Lieferanten zu erkennen, daß er die Bedingungen des Angebots anerkennt.
- Bestellungen müssen überwacht werden, damit Terminüberschreitungen bei der Warenlieferung rechtzeitig gerügt werden können.
- Die eingehende Ware muß unverzüglich geprüft werden, damit eventuelle Regreßansprüche nicht verlorengehen.
- Der Erfüllungsort ist der Ort, an welchem die geschuldete Leistung erbracht werden muß.
- Der Gerichtsstand ist der Ort des Gerichts, das bei Streitigkeiten zuständig ist.
- Bei Streitigkeiten aus einer Vertragsverletzung ist der Gerichtsstand des Erfüllungsorts maßgebend.

Aufgaben

1. Erläutern Sie am Sortiment Ihres Ausbildungsbetriebs den Begriff „Bedarfsrichtung".
2. Welchen Einfluß hat der Bedarfsumfang auf die Warenbeschaffung?
3. Welche Faktoren beeinflussen den Beschaffungszeitpunkt von Waren?
4. Versuchen Sie aus eigenen Erfahrungen Aussagen über die Umsatzschwankungen in Ihrem Ausbildungsbetrieb zu machen, und zwar differenziert nach Tageszeit, Wochentagen, Monaten, und geben Sie eine Begründung für diese Schwankungen.
5. Welche Bezugsquellen nutzt Ihr Ausbildungsbetrieb? Stellen Sie diese in einer Tabelle zusammen. Beachten Sie jedoch, daß Geschäftsgeheimnisse nicht verraten werden dürfen.
6. Welche Vorteile hat es für den Floristen, wenn er sich auf bestimmte Hauptlieferanten festlegt?
7. Zählen Sie die wichtigsten Informationsquellen des Floristen für die Warenbeschaffung auf.
8. Welches sind die wichtigsten Messen und Ausstellungen für Floristbetriebe?
9. Sammeln Sie aus Fachzeitschriften und Tageszeitungen Messe- und Ausstellungsberichte sowie Informationen über Ihre Branche, und werten Sie diese aus.
10. Zählen Sie tabellarisch auf, welche Angaben ein Angebot eines Lieferanten enthalten muß.
11. Was versteht man unter einer „Freizeichnungsklausel"?
12. Erklären Sie die Begriffe (a) Rabatt, (b) Skonto und (c) Bonus.
13. Erläutern Sie folgende Lieferungsbedingungen: (a) Lieferung frei Haus, (b) Lieferung frei Empfangsstation, (c) Lieferung ab Versandstation, (d) Lieferung ab Werk.
14. Welchen Einfluß können die Zahlungsbedingungen des Lieferanten auf die Liquidität des Floristbetriebs haben?
15. Auf welche Inhalte müssen eingehende Angebote geprüft werden?
16. Auf welche Weise können Bestellungen bezüglich der Einhaltung von Lieferterminen überwacht werden?
17. Worauf bezieht sich die Prüfung beim Wareneingang?
18. Warum muß die eingehende Ware unverzüglich geprüft werden?
19. Erklären Sie den Begriff „Gerichtsstand".
20. Wo ist der gesetzliche Erfüllungsort bei Geldschulden?

7 Der Zahlungsverkehr

Lernziele

▷ Die Kassierregeln kennen und beim Kassiervorgang anwenden können;
▷ die üblichen Zahlungsarten nennen und beschreiben können;
▷ die gebräuchlichen Zahlungsvordrucke richtig ausfüllen können;
▷ die unterschiedlichen Scheckarten nennen und erklären können;
▷ den Zahlungsverkehr mit Kreditkarten abwickeln können;
▷ wissen, daß eingehende und ausgehende Rechnungen sorgfältig überprüft werden müssen;
▷ erklären können, warum der Zahlungsausgang beim Zieleinkauf und der Zahlungseingang beim Zielverkauf gewissenhaft überwacht werden muß.

7.1 Die Barzahlung

Im Zahlungsverkehr zwischen dem Floristen und seinen Kunden spielt die Barzahlung die Hauptrolle. Manche Kunden bezahlen auch mit Scheck, mittels einer Kreditkarte (Eurocard) oder überweisen den fälligen Rechnungsbetrag. Beim Zahlungsverkehr des Floristen mit seinen Lieferanten spielt die Barzahlung beim Einkauf von Frischwaren auf Großmärkten oder Verkaufslieferwagen noch eine große Rolle. Sonstige Einkäufe werden überwiegend bargeldlos abgewickelt (Überweisung oder Verrechnungsscheck).

Die **Barzahlung** geschieht durch Hingabe eines Geldbetrages. Der Kunde erhält als Zahlungsbeleg üblicherweise einen Kassenzettel (Kassenbon). Bei Kreditverkäufen wird dem Kunden im Falle der Barzahlung oder auch Scheckzahlung ein Quittungsvermerk auf der vorgelegten Rechnung angebracht.

In Orten mit viel Fremdenverkehr (Urlaubszentren, Großstädte) kommt es auch gelegentlich vor, daß Kunden mit ausländischem Geld bezahlen wollen. Dies sollte in Zeiten zunehmender Internationalisierung kein Hinderungsgrund für das Zustandekommen eines Verkaufs sein, solange es sich um Geld aus europäischen Staaten oder um US-Dollar handelt. Der Florist sollte jedoch dafür immer eine aktuelle Kurstabelle griffbereit haben (vgl. Teil B/I, Abschn. 4).

Kassierregeln

○ Prüfen Sie vor Geschäftsbeginn, ob die Kasse funktionsfähig ist (Bonstreifen, Farbband) und Sie genügend Wechselgeld haben.
○ Der zu zahlende Kaufpreis wird dem Kunden an der Kasse genannt und gleichzeitig registriert.
○ Hat der Kunde den zu bezahlenden Betrag passend, so muß dieser stets nachgezählt werden, bevor er in die Kasse gelegt wird.
○ Bezahlt der Kunde mit einem Geldschein, wird dieser bis zur Beendigung des Kassiervorgangs grundsätzlich auf der Kassenplatte (Zahlplatte) festgeklemmt, damit über den Wert des Geldscheins kein Zweifel aufkommt.
○ Kassenzettel (Bon) werden dem Kunden stets ausgehändigt und nur auf ausdrücklichen Wunsch der Ware beigepackt.
○ Nie darf dem Kunden ein von ihm reklamiertes höheres Rückgeld herausgegeben werden, wenn der Verkäufer von der Berechtigung dieses Wunsches nicht überzeugt ist. Im Zweifel muß der Kunde gebeten werden, nochmals vorbeizukommen, wenn der Fall beim Kassenschluß aufgeklärt ist. Man kann sich auch vom Kunden die Telefonnummer geben lassen und ihn dann benachrichtigen. Dies gilt selbstverständlich nicht bei Bagatellbeträgen.
○ Das Geld in der Kassenschublade ist gut sortiert zu halten. Geldscheine sind immer mit der Vorderseite nach oben (Bild) einzulegen. So werden Irrtümer eingeschränkt.
○ Sie müssen immer einen Kassiervorgang vollständig abgeschlossen haben (Schließen der Kassenschublade), bevor Sie beim nächsten Kunden kassieren.
○ Versuchen Sie nicht einen Fehler beim Registrieren mit der Registrierung des nächsten Kassiervorganges auszugleichen. Dies führt leicht zu Mißverständnissen. Legen Sie statt dessen einen Zettel mit einem entsprechenden Vermerk in die Kassenschublade oder informieren Sie davon Ihren Chef (falls dies ohne Störung des Geschäftsablaufs möglich ist).
○ Versuchen Sie nicht, vom Kunden den Preis einer Ware zu erfragen. Diese Gefahr besteht bei nicht sorgfältiger Warenauszeichnung und bei SB-Ware.
○ Notieren Sie sehr sorgfältig, wenn Kunden „anschreiben" lassen. Sie sollten sich darauf nur

- bei Stammkunden einlassen. Notfalls können Sie den dafür in die Kasse zu legenden Beleg vom Kunden abzeichnen lassen.
- ○ Entfernen Sie sich nicht, wenn die Kassenschublade geöffnet ist. Manchmal genügt Dieben schon ein „Guck-in-die-Luft" des Kassierers, um zum Ziel zu kommen.

Über Nacht soll die Kassenschublade geöffnet sein, um den Dieben zu beweisen, daß die Kasse leer ist.

Auch die **Postanweisung** bietet eine Möglichkeit zur Barzahlung; allerdings wird hierbei die Post als „Bote" zwischengeschaltet. Man füllt hierzu ein entsprechendes Formular der Post aus und bezahlt bei der Postfiliale den zu übermittelnden Betrag bar ein. Die Post übermittelt diesen Betrag, und der Empfänger erhält ihn vom Postboten (Geldbriefträger) ausgehändigt. Der Höchstbetrag dieser Zahlungsart ist 3000,– DM. Je nach Höhe des Geldbetrags wird dafür eine Gebühr zwischen 20,– DM und 50,– DM erhoben. Gelegentlich machen auswärtige Kunden von dieser Zahlungsart Gebrauch.

7.2 Die halbbare Zahlung

Es gibt auch Zahlungsarten, bei denen ein Teil des Zahlungsgeschäfts bar und der andere Teil bargeldlos erfolgt. Wir nennen dies **halbbare Zahlung**. Hier sind zu nennen: der Zahlschein, der Barscheck und die Postnachnahme.

Mit dem **Zahlschein** kann bei einer Bank der zu übermittelnde Geldbetrag bar einbezahlt werden. Voraussetzung ist allerdings, daß der Zahlungsempfänger ein Bankkonto hat. Dort wird der einbezahlte Betrag gutgeschrieben. Beim **Barscheck** verhält es sich umgekehrt. Hier gibt der zur Zahlung Verpflichtete einen Barscheck hin, den der Zahlungsempfänger bei der bezogenen Bank bar ausbezahlt bekommt. Die Bank belastet das Konto des Scheckausstellers mit dem entsprechenden Betrag. Jeder Inhaber eines Barschecks kann diesen bei der bezogenen Bank einlösen.

Will man bei einem Schuldner einen Geldbetrag bar erheben, kann dies mittels **Postnachnahme** erfolgen. Der Gläubiger füllt ein Formular der Post aus und läßt es durch den Briefträger dem Schuldner vorlegen. Der Briefträger erhebt den Geldbetrag beim Schuldner. Dieser Betrag wird dem Gläubiger auf seinem Postbankkonto gutgeschrieben oder bar ausbezahlt. Nachnahmesendungen sind im Handel nicht selten. Man macht besonders davon Gebrauch bei auswärtigen Kunden, die im Geschäft nicht bekannt sind. In diesem Fall wird die Ware dem Kunden nur ausgehändigt, wenn die Postnachnahme eingelöst, das heißt dem Postboten der zu erhebende Geldbetrag bezahlt wird.

7.3 Die bargeldlose Zahlung

Verrechnungsscheck, Kreditkarte und Überweisung sind die wichtigsten Mittel des **bargeldlosen Zahlungsverkehrs**. Hier wird kein Bargeld bewegt. Ein Forderungsausgleich zwischen Gläubiger und Schuldner erfolgt nur durch entsprechende Buchungen auf den Bankkonten der Beteiligten. Die meisten Geldgeschäfte des Floristen werden bargeldlos abgewickelt. Dies gilt auch für Beitrags-, Steuer- und Gebührenzahlungen. Auch Lohn- und Gehaltszahlungen werden üblicherweise bargeldlos abgewickelt. Verrechnungsschecks werden von der Bank nicht bar ausbezahlt. Der Scheckbetrag wird nur auf dem Konto des Einreichers gutgeschrieben.

Beim Scheckverkehr ist folgendes zu beachten: Gewöhnliche Bankschecks sollten nur von Kunden in Zahlung genommen werden, die als zahlungsfähig im Geschäft bekannt sind.

In der Regel sollten nur Euroschecks angenommen werden und nur in Verbindung mit einem Einkauf und nur in Höhe des Kaufpreises; die Haftsumme der Bank ist jedoch auf 400 DM begrenzt.

Bei Euroschecks muß geprüft werden, ob die Scheckkarte für das laufende Kalenderjahr gilt, Kontonummer und Unterschrift auf Scheckkarte und Scheck übereinstimmen und die Scheckkartennummer richtig auf die Rückseite des Schecks übertragen wurde. Ausländische Euroschecks müssen in DM-Beträgen ausgestellt sein.

Der Scheck sollte im Beisein des Verkäufers ausgestellt werden, um Fälschungen auszuschließen.

Barschecks sind, bevor sie in die Kasse gelegt werden, durch Aufschrift oder Stempel zu Verrechnungsschecks zu machen („nur zur Verrechnung").

Kreditkarten sind heute ein verbreitetes Zahlungsmittel. Zur Abwicklung solcher Zahlungsgeschäfte ist es notwendig, daß der Florist der entsprechenden Kreditkartenorganisation angehört, und nur dann kann er Zahlungsgeschäfte mit dieser erledigen. Für ihre Dienstleistung verlangt die Kreditkartenorganisation vom Floristen eine umsatzabhängige Gebühr.

Bei Vorlage einer Kreditkarte wird vom Floristen ein entsprechender Vordruck mittels Data-Recorder ausgefüllt. Dabei werden folgende Daten übertragen: Nummer und Verfalltag der Kreditkarte, Name des Karteninhabers, Anschrift des Karteninhabers, Anschrift des Vertragsunternehmens (Florist), Rechnungsbetrag und Rechnungsdatum. Dieses Formular muß der Kunde unterschreiben. Der Florist übersendet seiner Kreditkartenorganisation die gesammelten Belege zur Abrechnung. Das Kreditrisiko trägt die Kreditkartenorganisation.

Die **Banküberweisung** wird gewählt, wenn beide Vertragspartner ein Bankkonto haben. Sie ist eine wichtige Zahlungsart beim Geschäftsverkehr mit den Lieferanten. Bei Zielverkäufen an Kunden ist die Überweisung die übliche Zahlungsart. In die entsprechenden Vordrucke trägt der Überweisende Name und Anschrift des Zahlungsempfängers, Bank, Kontonummer, Bankleitzahl, Rechnungsbetrag und seinen Namen samt Anschrift ein. Die Kontonummer des Überweisers sowie Bank und Bankleitzahl der ausführenden Bank sind schon in das Überweisungsformular von der Bank eingedruckt. Das Überweisungsformular muß vom Auftraggeber unterschrieben werden. Das Original des Vordrucks bleibt bei der ausführenden Bank; die Durchschrift bleibt beim Auftraggeber für seine Bankunterlagen. Der Überweisungsempfänger bekommt über seinen Kontoauszug der Empfängerbank von der erfolgten Geldüberweisung Kenntnis. Die durch Überweisung von seinem Konto abgebuchte oder auf seinem Konto eingegangenen Beträge kann der Florist den ihm von seiner Bank regelmäßig zugesandten **Kontoauszügen** entnehmen. Sie dienen ihm auch als Buchungsbelege.

Weitere Möglichkeiten des bargeldlosen Zahlungsverkehrs wurden durch das **Telebanking** (Homebanking) geschaffen. Beim Telebanking hat der Bankkunde über einen Online-Anschluß direkten Zugriff auf sein Bankkonto, d. h. er kann Geldbewegungen auf seinem Konto über seinen PC abwickeln (z. B. Überweisungsaufträge) und auch die Kontenbewegungen abfragen (z. B. Kontenstand). Dafür braucht der Bankkunde ein Modem für die Datenfernübertragung. Der Online-Anschluß muß bei einem Verteilernetzvertreiber (z. B. Telekom) beantragt werden. Außerdem muß bei der kontoführenden Bank die Freischaltung des Kontos erfolgen, d. h. das Konto onlinefähig gemacht werden.

Auch eine **Direktabbuchung** des Rechnungsbetrags vom Kundenkonto mittels Scheckkarte ist im Geschäft möglich (Kunde muß seine Geheimnummer eingeben).

7.4 Rechnungskontrolle und Überwachung des Zahlungsverkehrs

Eingangsrechnungen von Lieferanten, aber auch von Handwerkern und Behörden, müssen sorgfältig geprüft werden, damit keine Verluste durch ungerechtfertigte Zahlungen entstehen. Die Überprüfung bezieht sich auf die sachliche und rechnerische Richtigkeit der Rechnungspapiere. Dabei erstreckt sich die **sachliche Überprüfung** auf die Übereinstimmung der Rechnungen mit den Bestellungen hinsichtlich Art, Menge, Preis und Lieferungs- und Zahlungsbedingungen. Die **rechnerische Überprüfung** erstreckt sich auf die richtige Berechnung des Gesamtpreises, der Fracht des Rollgelds und der vereinbarten Nachlässe. Zur Kontrolle erhält die Rechnung einen Rechnungs-Eingangsstempel. Erst nach Erledigung dieser Formalitäten ist die Rechnung buchungs- und zahlungsreif. Die Buchung eingehender Rechnungen im Wareneingangsbuch oder Kontokorrentbuch (vgl. S. 227) dient neben der Erfüllung gesetzlicher Vorschriften auch der Übersicht über noch zu leistende Zahlungen, d. h. der Überwachung des Zahlungsausgangs. Das Wareneingangsbuch wird vor allem von Kleinbetrieben geführt, deren Buchführung sich auf die „Mindestbuchführung" beschränkt.

Doch auch **Ausgangsrechnungen** sind, bevor sie den Kunden zugestellt werden, nochmals zu überprüfen, damit dem Kunden nicht zu viel oder zu wenig berechnet wird. Die Überprüfung erstreckt sich hierbei auf die vollständige Berechnung der gelieferten Waren und Dienstleistungen, den vereinbarten Preis und die rechnerische Richtigkeit. Ausgangsrechnungen sind darüberhinaus mit einer Rechnungsnummer zu versehen, die auch für die Kontrolle des Zahlungseingangs nützlich ist.

Der **Zahlungsausgang** muß überwacht werden, damit die Zahlungen rechtzeitig geleistet werden können. Dies ist wichtig, damit die Skontierungsfristen nicht überschritten werden oder gar Verzugszinsen fällig werden. Außerdem sind die Lieferanten verärgert, wenn die vereinbarten Zahlungsfristen nicht eingehalten werden (Zahlungsmoral). Die Überwachung erfolgt anhand des Kontokorrentbuchs oder des Kontokorrentkontos des einzelnen Kunden. Die eingegangenen Rechnungen können auch bis zur Bezahlung in einem Terminordner gesammelt werden, in welchen sie nach Zahlungsterminen eingelegt werden.

Ausgangsrechnungen müssen überwacht werden, damit ausstehende Beträge rechtzeitig eingehen, bzw.

rechtzeitig angemahnt werden können. Außenstände vermindern die flüssigen Mittel des Unternehmens und verursachen Zinsverlust, weil der Unternehmer dann im Zweifel teure Kontokorrentkredite in Anspruch nehmen muß. Die Kontrolle der Zahlungseingänge kann anhand des Kontokorrentbuchs oder des Kundenbuchs vorgenommen werden.

Außerdem dient auch der Bankauszug zur Kontrolle von Zahlungseingängen. Hier kann auch festgestellt werden, ob die eingereichten Kundenschecks eingelöst und die entsprechenden Beträge bei Verkäufen gegen Kreditkarten gutgeschrieben wurden. Bei Geschäftskunden und Monatskunden (Lieferung gegen monatliche Abrechnung) kann der Zahlungseingang durch Markierung der Kontokarten in der Buchhaltung (Kartenreiter) oder durch entsprechende Ausdrucke bei Abwicklung der Buchhaltung über die EDV überwacht werden.

Merksätze

▷ Die Geschäfte des Floristen mit seinen Kunden werden überwiegend bar abgewickelt.
▷ Mit fremdem Geld muß besonders sorgfältig umgegangen werden.
▷ Als Barscheck sollte von unbekannten Kunden nur Euroschecks unter Vorlage der Scheckkarte entgegengenommen werden.
▷ Mit Barschecks ist so sorgfältig umzugehen wie mit Bargeld, da sie von jedermann eingelöst werden können.
▷ Bei Euroschecks übernimmt die Bank nur eine Einlösungsgarantie bis zu 400,– DM.
▷ Euroschecks sollten, bevor sie in die Kasse gelegt werden, mit einem Stempel „Nur zur Verrechnung" versehen werden.
▷ Verkäufe gegen Kreditkarte können vom Floristen nur vorgenommen werden, wenn er der entsprechenden Kreditkartenorganisation angehört.
▷ Kontoauszüge der Bank sind sorgfältig zu überprüfen, da sie Auskunft über Zahlungsein- und -ausgänge geben.
▷ Eingehende Rechnungen sind auf ihre rechnerische und inhaltliche Richtigkeit zu überprüfen, damit keine ungerechtfertigten Zahlungen geleistet werden oder sonstige geldwerte Nachteile entstehen.
▷ Zahlungseingänge und Zahlungsausgänge sind genau zu überwachen, damit keine zusätzlichen Aufwendungen anfallen.

Aufgaben

1. Wann darf ein vom Kunden gegebener Geldbetrag (Geldschein) in die Kasse gelegt werden?
2. Warum muß nach jedem Kassiervorgang die Kassenschublade geschlossen werden?
3. Warum soll über Nacht die Kassenschublade geöffnet sein?
4. Um welche ausländischen Währungen handelt es sich bei folgenden Bezeichnungen: £, $, hfl, ffr, sfr, Lire, öS, dkr?
5. Beschreiben Sie, wie der Zahlungsvorgang bei der Postanweisung abläuft.
6. Warum darf man einen vollständig ausgefüllten Barscheck nicht verlieren?
7. Wie wird aus einem Barscheck ein Verrechnungsscheck gemacht?
8. Wodurch unterscheiden sich Barscheck und Verrechnungsscheck hinsichtlich der Auszahlung des Scheckbetrags?
9. Bis zu welchem Höchstbetrag übernimmt die Bank bei Euroschecks das Kreditrisiko?
10. a) Welche Voraussetzungen müssen erfüllt sein, damit Kunden in Ihrem Geschäft mit Kreditkarte bezahlen können? b) Nennen und beschreiben Sie die Möglichkeiten der bargeldlosen Zahlung von Kunden im Geschäft.
11. Nennen Sie mindestens fünf Ihnen bekannte Kreditkartenorganisationen.
12. Beschreiben Sie, auf welche Inhalte und Formalitäten eingehende Rechnungen überprüft werden müssen.
13. Warum müssen ausgehende Rechnungen vor der Versendung oder Aushändigung sorgfältig geprüft werden?

8 Der Kreditverkehr

Lernziele

▷ Erklären können, warum Kredite in der Wirtschaft notwendig sind;
▷ Kredite hinsichtlich ihrer Laufzeit unterscheiden können;
▷ die Gefahr aufzeigen können, welche mit der Aufnahme von Konsumkrediten unter Umständen verbunden ist;
▷ die verschiedenen Kreditmöglichkeiten des Floristen aufzählen und erklären können;
▷ die verschiedenen Möglichkeiten der Kreditsicherung nennen und erklären können.

8.1 Wesen des Kredits

Das Wort „Kredit" stammt aus dem Lateinischen. *Credere* heißt glauben. Dem Kredit liegt also ein Schuldverhältnis zugrunde. Es entsteht durch Überlassung eines Geldbetrags oder einer geldwerten Sache (zum Beispiel Ware) mit der Verpflichtung, diese geschuldete Sache nach Fristablauf zurückzugeben oder das vereinbarte Entgelt zu entrichten. Die am Kreditgeschäft Beteiligten nennen wir **Kreditgeber** (Gläubiger) und **Kreditnehmer** (Schuldner oder Kreditor). Für die Kreditgewährung erhält der Kreditgeber üblicherweise Zinsen, deren Höhe im **Kreditvertrag** vereinbart wird. Formvorschriften für Kreditverträge gibt es nicht, außer bei Teilzahlungsgeschäften (Ratenzahlungsverträgen) mit Kunden im Einzelhandel. Hier ist die Schriftform zwingend vorgeschrieben. Im Geschäftsverkehr werden die Kreditbedingungen für die alltäglichen Geschäfte üblicherweise durch die **Lieferungs- und Zahlungsbedingungen** festgelegt. Sie werden beim Abschluß eines Kaufvertrags Vertragsbestandteil. Dies gilt sinngemäß auch für den Geschäftsverkehr des Floristen mit seiner Bank. Mit der Eröffnung eines Geschäftskontos bei der Bank muß der Kontoinhaber die allgemeinen Geschäftsbedingungen dieser Bank schriftlich anerkennen. Sie enthalten auch grundsätzliche Bestimmungen zum Kreditverkehr.

Der Kredit spielt in einer Wirtschaft, die durch Arbeitsteilung geprägt ist, eine wichtige Rolle. Mit ihm wird die Zeitspanne zwischen der Entstehung des Bedarfs, das heißt der Befriedigung des Bedürfnisses, und dem Vorhandensein des dazu notwendigen Geldbetrags überbrückt. So können zum Beispiel Investitionen von Betrieben oder Anschaffungen von privaten Haushalten vorzeitig getätigt werden. Das dafür notwendige Geld kann also nachträglich gespart werden. Kein Geschäftsmann könnte ohne Kredite auskommen; fast kein Mensch könnte ein Haus ohne Inanspruchnahme von Krediten bauen, und der internationale Güterverkehr würde ohne Kredite – besonders mit Entwicklungsländern – schnell zum Erliegen kommen.

Besonders deutlich wird die Bedeutung des Kredits im Geschäftsleben, wenn man die Kapitalausstattung der Betriebe betrachtet. So liegt die **Eigenkapitalquote** bei Einzelhandelsbetrieben durchschnittlich bei 20%. Das bedeutet, daß 80% des benötigten Kapitals **Fremdkapital** ist, das auf dem Kreditweg beschafft werden muß, zum Beispiel durch die Aufnahme eines Darlehens bei einer Bank, durch die Inanspruchnahme eines Zahlungsziels bei einem Lieferanten oder aber durch die Annahme eines Wechsels.

Es gibt viele Arten von Krediten. Sie können unterschieden werden nach
– Fristigkeit (Laufzeit)
– Verwendung
– Kreditgeber
– Art der Kreditsicherung.

8.2 Fristigkeit von Krediten

Nach der **Laufzeit** unterscheiden wir kurzfristige, mittelfristige und langfristige Kredite. **Kurzfristige Kredite** dienen zur Überbrückung eines vorübergehenden Geldbedarfs, der zum Beispiel entstehen kann, wenn der Florist vor Festtagen größere Warenmengen beschaffen muß oder zum Monatsende Lohn- und Gehaltszahlungen oder Steuervorauszahlungen fällig werden. Mögliche Kreditarten sind hier der **Lieferantenkredit,** das heißt die Inanspruchnahme eines Zahlungsziels oder der Kontokorrentkredit bei der Bank, mit der der Florist seine Geschäfte abwickelt. Der Kontokorrentkredit ist ein Kredit in laufender Rechnung. Üblicherweise räumt die Bank dem Kaufmann eine bestimmte **Kreditlinie** ein, einen Höchstbetrag, bis zu dem über das Guthaben hinaus verfügt werden kann. Kurzfristige Kredite bewegen sich im Zeitraum von Tagen bis zu mehreren Wochen.

Mittelfristige Kredite bewegen sich in einem Zeitraum von mehreren Monaten bis zu wenigen Jahren. Sie werden benötigt, um einen längeren Geldbedarf zu überbrücken. Dieser kann auftreten in der umsatzarmen Zeit, weil die Geschäftskosten auch in dieser Zeit anfallen, oder in der Hochsaison, wenn viele Waren beschafft und gelagert werden müssen. Im privaten Bereich spielen mittelfristige Kredite beim Kauf langlebiger Gebrauchsgüter als **Anschaffungsdarlehen** oder **Teilzahlungskredite** eine große Rolle. So werden Wohnungseinrichtungen, Autos oder teure Elektrogeräte nicht selten auf Raten gekauft. Eine besondere Art zur Beschaffung mittelfristiger Kredite ist der **Wechsel.** Dem Wechselkredit geht in der Regel ein Warengeschäft voraus. Es kann so ablaufen: Ein Florist erhält von einem Spezialbetrieb eine größere Anzahl wertvoller Bonsai-Pflanzen, die er nicht sofort bezahlen kann. Der Lieferant stellt einen Wechsel auf ihn aus, den der Florist durch Unterschrift annimmt, das heißt akzeptiert. Mit dieser Unterschrift (Akzept) verpflichtet sich der Florist, die Wechselsumme zu einem festgelegten Zeitpunkt einschließlich der angefallenen Wechselzinsen (Diskont) an denjenigen, der ihm den Wechsel vorlegt, zu bezahlen.

Die Laufzeit eines Wechsels ist üblicherweise 3 Monate. Der Aussteller des Wechsels, in unserem Falle der Lieferant, kann diesen weitergeben oder an eine Bank verkaufen, um sich seinerseits Geld zu beschaffen (vgl. Teil B, Abschnitt 12).

Langfristige Kredite haben eine Laufzeit von mehreren Jahren. Sie dienen zur Finanzierung von Investitionen, wie sie bei der Gründung, Erweiterung oder Modernisierung eines Betriebs anfallen. Auch Umschuldungen können mit langfristigen Krediten vorgenommen werden. Dies wird zum Beispiel nötig, wenn ein Gesellschafter ausbezahlt werden muß oder im Falle einer Erbauseinandersetzung Erben abgefunden werden müssen. Doch auch im privaten Wohnungsbau spielt der langfristige Kredit eine große Rolle. Auch der Staat finanziert einen gewissen Teil seiner Investitionen mit langfristigen Krediten, die er sich zum Beispiel durch die Ausgabe von Anleihepapieren (Bundesanleihen, Kommunalanleihen) auf dem Geldmarkt beschafft. Jedermann kann solche Wertpapiere kaufen und so sein Geld zinsgünstig anlegen.

8.3 Verwendung von Krediten

Nach der **Verwendung** der Kreditmittel unterscheiden wir **Investitionskredite** (Produktivkredit) und **Konsumkredite** (Verbraucherkredite). Investitionskredite werden meistens so geplant, daß die Rückzahlung des Kredits mit Mitteln erfolgt, die durch das beschaffte Investitionsgut erwirtschaftet werden. Der zur Rückzahlung des Kredits zu ersparende Betrag ist also in die Amortisation (allmähliche Tilgung) einzurechnen. Sie geht als Kostenfaktor in die Kalkulation ein. Bei Konsumkrediten ist die Rückzahlung meist etwas problematischer, weil mit dem Verbrauch der auf dem Kreditweg beschafften Ware sowohl die Ware als auch das Geld weg sind. Die Rückzahlung muß also aus nachträglich gemachten Ersparnissen erfolgen. Typische Investitionskredite im Geschäftsleben sind zum Beispiel Kredite zur Finanzierung von Bauvorhaben oder zur Beschaffung von Betriebseinrichtungen. Bei der Neugründung von Betrieben gibt es dafür aus öffentlichen Mitteln entsprechende Existenzgründungsdarlehen.

Abb. 18. Die Kreditarten.

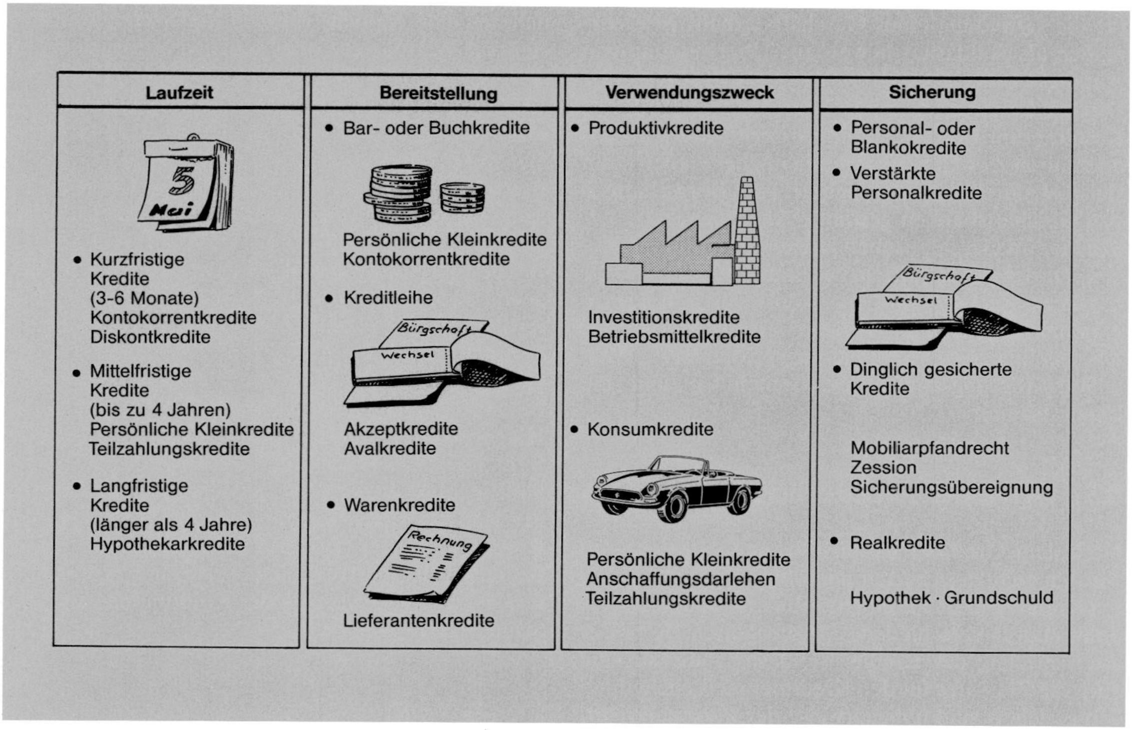

Laufzeit	Bereitstellung	Verwendungszweck	Sicherung
• Kurzfristige Kredite (3–6 Monate) Kontokorrentkredite Diskontkredite	• Bar- oder Buchkredite	• Produktivkredite	• Personal- oder Blankokredite
	Persönliche Kleinkredite Kontokorrentkredite	Investitionskredite Betriebsmittelkredite	• Verstärkte Personalkredite
• Mittelfristige Kredite (bis zu 4 Jahren) Persönliche Kleinkredite Teilzahlungskredite	• Kreditleihe		• Dinglich gesicherte Kredite
	Akzeptkredite Avalkredite	• Konsumkredite	Mobiliarpfandrecht Zession Sicherungsübereignung
• Langfristige Kredite (länger als 4 Jahre) Hypothekarkredite	• Warenkredite	Persönliche Kleinkredite Anschaffungsdarlehen Teilzahlungskredite	• Realkredite
	Lieferantenkredite		Hypothek · Grundschuld

8.4 Die Kreditgeber

Hinsichtlich des **Kreditgebers** unterscheiden wir zwischen Lieferanten-, Bank-, Privat- und öffentlichen Krediten. **Lieferantenkredite** entstehen durch die Inanspruchnahme von Zahlungszielen, wie sie üblicherweise aufgrund der „Lieferungs- und Zahlungsbedingungen" zwischen dem Floristen und seinem Lieferanten vereinbart werden. Solche Zahlungsbedingungen können zum Beispiel wie folgt lauten: „Zahlung innerhalb von 10 Tagen abzüglich 2% Skonto; innerhalb 30 Tagen rein netto."

Bankkredite werden zu den verschiedenen Bedingungen, je nach Laufzeit und Art der Kreditsicherung, von den Geschäftsbanken an den Geschäftsmann gewährt.

Zu nennen sind hier der Kontokorrentkredit, das Darlehen und der Wechselkredit. Zinssatz, Sicherungsbedingungen und Rückzahlungsmodus werden in einem Kreditvertrag vereinbart. Der Zinssatz (oder Diskontsatz) richtet sich nach den allgemeinen Geschäftsbedingungen am Geldmarkt.

Privatkredite sind solche, die man sich von Privatpersonen oder privaten „Geldverleihern" besorgt. So ist es durchaus üblich, daß ein Geschäftsmann aus dem Familien- oder Freundeskreis Kredite zum Beispiel für die Gründung eines Geschäfts erhält, gewissermaßen als Solidaritätsbeweis zur Überwindung von Anfangsschwierigkeiten.

Öffentliche Kredite werden direkt aus öffentlichen Kassen (zum Beispiel öffentlich-rechtliche Banken) oder durch Zwischenschalten staatlicher Stellen (zum Beispiel durch die Übernahme von Bürgschaften) von Geschäftsbanken gewährt. An erster Stelle stehen hier im Geschäftsleben Existenzgründungsdarlehen, Darlehen aus Mitteln zur Stadterneuerung oder Ortskernsanierung und aus sonstigen Sonderprogrammen. Auskünfte darüber erteilen die Wirtschaftsministerien, Regierungspräsidien, Wirtschaftsförderungsämter der Gemeinden und die Landratsämter.

8.5 Arten der Kreditsicherung

Nach dem Grad der **Kreditsicherung** unterscheiden wir den nicht gesicherten und den dinglich gesicherten Kredit. Zur Sicherung der Rückzahlung von Krediten gibt es verschiedene Möglichkeiten. Je besser die Sicherung des Kredits ist, desto günstiger sind auch die Zinssätze für den Kreditnehmer. Nicht dinglich gesichert sind üblicherweise der **Personalkredit**, der **Überziehungskredit** und der **Kontokorrentkredit**. Diese Kredite werden zuverlässigen und den Banken als zahlungsfähig bekannten Kunden eingeräumt. Die Kredithöhe richtet sich also nach der Bonität (Güte) des Kontoinhabers. So können zum Beispiel Privatkunden üblicherweise ihr Bankkonto ohne besondere Formalitäten bis zur Höhe von 2 Monatsgehältern (netto) überziehen. Auch der **Wechselkredit** gehört zu den ungesicherten Krediten. Das Wechselrecht ist jedoch so streng, daß es sich ein Wechselnehmer nicht leisten kann, einen Wechsel platzen zu lassen (ihn zum Verfalltag nicht einzulösen), weil dies allen Banken bekanntgemacht würde. Damit hätte dieser Wechselnehmer keine Chance mehr, in Zukunft Wechselgeschäfte zu machen.

Dinglich gesicherte Kredite sind der **Hypothekarkredit**, die **Grundschuld** und der **Pfandkredit** (Lombardkredit). Bei der Hypothek oder Grundschuld wird der Kredit durch die Eintragung eines Pfandrechts an einer Immobilie im Grundbuch gesichert. Der Inhaber eines Grundpfandrechts kann im Notfall dann die Zwangsvollstreckung gegen den Grundeigentümer betreiben. Hypothek und Grundschuld dienen zur Sicherung langfristiger Kredite.

Beim **Pfandkredit** (Lombardkredit) gibt der Kreditnehmer eine Mobilie (bewegliche Sache, wie zum Beispiel Wertpapiere oder sonstige Wertsachen) als Sicherheit hin und läßt sich diese beleihen. Nach Rückzahlung des Kredits erhält der Kreditnehmer sein Pfand wieder zurück. Sonst kann der Pfandnehmer das Pfand verwerten.

Besondere Arten der Kreditsicherung sind die Sicherungsübereignung, der Eigentumsvorbehalt und die Bürgschaft.

Bei der **Sicherungsübereignung** wird für den Kreditgeber an einer beweglichen Sache ein Eigentumsrecht eingeräumt (zum Beispiel an der Geschäftsausstattung).

Der **Eigentumsvorbehalt** spielt als Kreditsicherung besonders bei Warengeschäften auf Ziel eine Rolle. Hier wird im Kaufvertrag vereinbart, daß die gelieferte Sache zwar in den Besitz des Käufers übergeht, das Eigentum an der Sache jedoch erst mit vollständiger Bezahlung des Kaufpreises. Dies ist üblich bei Ratenkäufen (zum Beispiel bei Autos).

Bei der **Bürgschaft** verpflichtet sich ein Bürge schriftlich, im Falle des Verzugs des Kreditnehmers dessen Schuld zu begleichen.

Merksätze

▷ Jedem Kredit liegt ein Schuldverhältnis zugrunde.
▷ Mit dem Kredit wird die Zeitspanne zwischen Entstehung des Bedarfs und dem Vorhandensein der dazu notwendigen Geldmittel überbrückt.
▷ Kredite sind ein unabdingbares Mittel zur Aufrechterhaltung des Wirtschaftskreislaufs.
▷ Nach der Laufzeit werden unterschieden: a) kurzfristige, b) mittelfristige und c) langfristige Kredite.
▷ Hinsichtlich der Verwendung wird zwischen Investitionskrediten (Produktivkredit) und Konsumkrediten (Verbraucherkredit) unterschieden.
▷ Investitionskredite werden in der Regel aus den durch die Investition erzielten Erträgen getilt.
▷ Hinsichtlich des Kreditgebers wird unterschieden zwischen a) Lieferantenkrediten, b) Bankkrediten, c) Privatkrediten und d) öffentlichen Krediten.
▷ Kredite können entweder ohne Sicherheit oder gegen dingliche Sicherung des Anspruchs gewährt werden.
▷ Ein wichtiger Kredit für den Floristen ist der Kontokorrentkredit. Er wird üblicherweise ohne dingliche Sicherung gewährt.
▷ Wichtige Sicherungsarten für Kredite sind a) die Hypothek, b) die Grundschuld, c) der Lombardkredit, d) die Sicherungsübereignung und e) der Eigentumsvorbehalt.

Aufgaben

1. Aus welchen Gründen und für welche Zwecke werden von Betrieben im Einzelhandel Kredite aufgenommen?
2. Ein Florist möchte seinen Betrieb durch einen Anbau erweitern. Welche Art von Kredit ist hierzu besonders geeignet? Beachten Sie bei Ihrer Antwort auch die Möglichkeiten der Kreditsicherung.
3. Welche Arten von Krediten werden hinsichtlich ihrer Laufzeit unterschieden?
4. Für welche Art von Kreditvertrag ist die schriftliche Form vorgeschrieben?
5. Welche Rolle spielen die Zahlungsbedingungen der Lieferanten bei der Kreditnahme?
6. Welche Verpflichtung geht der Wechselnehmer mit seiner Unterschrift auf dem Wechsel ein?
7. Erklären Sie die wesentlichen Unterschiede zwischen einem Investitionskredit und einem Konsumkredit.
8. Was ist ein Kontokorrentkredit?
9. Wie geschieht die Kreditsicherung beim Hypothekarkredit?
10. Wie wird ein Kredit beim Pfandleiher gesichert?
11. Worin besteht der Unterschied zwischen dem „Eigentumsvorbehalt" und der „Sicherungsübereignung"?

9 Die Betriebsgründung

Lernziele

▷ Die Bedeutung der Gewerbefreiheit für die Wirtschaftsentwicklung erklären können;
▷ wissen, welche Wirkung die Eintragung eines Unternehmens ins Handelsregister hat;
▷ wissen, wo das zuständige Handelsregister des Ausbildungsorts geführt wird;
▷ den Begriff „Firma" erklären können und wissen, welche Rechte damit für den Firmeninhaber verbunden sind;
▷ die persönlichen Voraussetzungen nennen können, die zu einer Geschäftsgründung gegeben sein müssen;
▷ die Marktdaten nennen können, welche vor Eröffnung eines Floristbetriebs beschafft werden müssen (Marktanalyse);
▷ erklären können, wie sich der Kapitalbedarf eines Floristbetriebs zusammensetzt;
▷ wissen, bei welchen Institutionen die Betriebsgründung gemeldet werden muß.

9.1 Gewerbefreiheit und Gewerbeaufsicht

Die Marktwirtschaft erfährt wichtige Impulse daraus, daß immer wieder neue Betriebe in den Wettbewerb eintreten und nicht mehr rentable das Feld räumen. So wird dafür gesorgt, daß der Wettbewerb „floriert" und sich die Wirtschaft fortentwickelt. Diese Dynamik in unserer Wirtschaftsordnung wird vor allem durch das wichtige demokratische Grundrecht der **Gewerbefreiheit** garantiert. Die Gewerbefreiheit soll

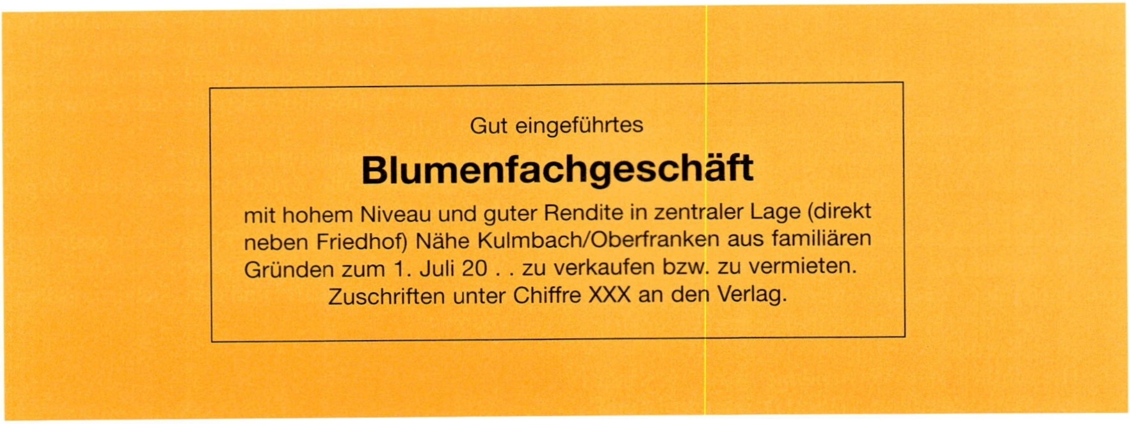

> Gut eingeführtes
> **Blumenfachgeschäft**
> mit hohem Niveau und guter Rendite in zentraler Lage (direkt neben Friedhof) Nähe Kulmbach/Oberfranken aus familiären Gründen zum 1. Juli 20.. zu verkaufen bzw. zu vermieten.
> Zuschriften unter Chiffre XXX an den Verlag.

Abb. 19. Anzeige.

es ermöglichen, daß jedermann einen Gewerbebetrieb eröffnen kann. Sie wurde in der französischen Revolution vor 200 Jahren erstritten und in der französischen Verfassung verankert. Dadurch konnten viele Privilegien der herrschenden Klasse abgebaut werden. Das französische Vorbild wurde nach und nach in alle Verfassungen demokratisch organisierter Staaten aufgenommen. Die Gewerbefreiheit ist in Deutschland durch Artikel 12 des Grundgesetzes und den § 1 der Gewerbeordnung garantiert.

Grundsätzlich kann also jedermann ein Einzelhandelsgeschäft eröffnen. Zur Eröffnung bedarf es allerdings der Erlaubnis der zuständigen Verwaltungsbehörde (Gewerbeaufsichtsamt). Die Genehmigung darf nur versagt werden, wenn es dem Antragsteller an der erforderlichen Zuverlässigkeit mangelt. Diese „Zuverlässigkeit" ist nicht gegeben bei einschlägigen gerichtlichen Vorstrafen. Nur für den Handel mit Arzneien, ärztlichen Hilfsmitteln und Giften verlangt der Gesetzgeber zum Schutze der Allgemeinheit den Nachweis der Sachkunde. So erlangen die Apotheker erst durch eine Staatsprüfung die Approbation; Drogisten oder andere Gewerbetreibende, die mit Giften handeln wollen (z. B. auch mit bestimmten Pflanzenschutzmitteln), müssen vor dem Amtsarzt eine „Giftprüfung" ablegen. Dieser „Sachkundenachweis" ist für alle Floristen zum Vertrieb von Pflanzenschutzmitteln obligatorisch und mit dem Abschluß der Gesellenprüfung erbracht.

9.2 Die Kaufmannseigenschaft

Mit der Eröffnung eines eigenen Betriebs wird der Florist zum Unternehmer. Als **Unternehmen** bezeichnen wir die rechtliche und wirtschaftliche Einheit, die im Wirtschaftsleben eigenständig tätig wird. Als **Betrieb** bezeichnen wir die technisch-organisatorische Seite des Unternehmens, also das Geschäft des Floristen. Als **Firma** bezeichnen wir den Namen, unter dem ein Handelsgeschäft betrieben wird.

Die rechtliche Seite der **Handelsfirma** ist im dritten Abschnitt des HGB (§§ 17–37) geregelt. Kaufmann (Istkaufmann) im Sinne des Handelsgesetzbuches ist derjenige, der einen Handelsbetrieb betreibt. Als Handelsgewerbe wird jeder Gewerbebetrieb bezeichnet, der nach Art und Umfang einen in kaufmännischer Weise eingerichteten Geschäftsbetrieb bedingt. Jedoch können auch Gewerbeunternehmen, die diese Bedingungen nicht erfüllen, ins Handelsregister eingetragen werden (Kannkaufmann).

Auch Handelsgesellschaften erfüllen diese Kaufmannseigenschaften im Sinne des HGB (Formkaufmann). Die Kaufmannseigenschaft (Firma, Ort, Handelsniederlassung) muß ins Handelsregister eingetragen werden. Das **Handelsregister** ist ein Verzeichnis der Vollkaufleute eines Amtsgerichtsbezirks. Es wird vom Registergericht beim zuständigen Amtsgericht geführt und soll die Öffentlichkeit über bestimmte Sachverhalte wie Haftung, Kapital, Geschäftszweck und Gesellschaftsverhältnis unterrichten. Das Handelsregister ist öffentlich; jedermann kann Einsicht nehmen. Alle Eintragungen werden im Bundesanzeiger und in einer Zeitung im Amtsgerichtsbezirk veröffentlicht.

Der Florist ist Kaufmann im Sinne des HGB, weil er ein Handelsgewerbe betreibt. Dieses Handelsgewerbe besteht in der Anschaffung, Be- und Verarbeitung von Waren und deren Weiterveräußerung. Der Florist muß also seine Firma ins Handelsregister eintragen lassen.

9.3 Die Firma (Handelsfirma)

Die Firma ist der Geschäftsname des Kaufmanns. Sie erlaubt es dem Firmeninhaber, unter diesem Namen Unterschriften abzugeben, Geschäfte abzuschließen und auch zu klagen oder verklagt zu werden. Für die Wahl der Firma gelten die Grundsätze der Firmenwahrheit und Firmenklarheit, der Firmenausschließlichkeit und der Firmenbeständigkeit.

Nach dem Grundsatz der **Firmenwahrheit** und **Firmenklarheit** muß die Firma mindestens aus einem ausgeschriebenen Vor- und Zunamen bestehen. Es sind Zusätze gestattet, die jedoch Außenstehende nicht über Umfang und Art des Geschäfts täuschen dürfen. Beispiele für die Firmierung:
- Florian Frisch
- Florian Frisch, Floristmeister
- Florian Frisch, Blumenboutique
- Blumen-Frisch, Inhaber Florian Frisch

Der Grundsatz der **Firmenausschließlichkeit** gebietet, daß die Firma eines neugegründeten Geschäfts sich von den bereits an einem Geschäftsort bestehenden deutlich unterscheiden muß, um Verwechslungen auszuschließen. Solche Unterscheidungsmerkmale sind zum Beispiel andere Vornamen oder andere Zusätze. Nach dem Grundsatz der **Firmenbeständigkeit** darf beim Wechsel des Firmeninhabers der bisherige Geschäftsname fortgeführt werden, wenn der bisherige Firmeninhaber oder dessen Erben dazu ausdrücklich ihr Einverständnis geben. Dies ist dann üblich, wenn die bisherige Firma gut bei den Kunden eingeführt ist und hohes Ansehen genießt (Firmenwert/Goodwill). Der neue Inhaber kann das Nachfolgeverhältnis durch einen entsprechenden Zusatz kenntlich machen. Beispiel: Blumen-Frisch, Inhaberin Simone Sommer.

9.4 Personelle und sachliche Voraussetzungen

Vor Eröffnung eines eigenen Geschäfts müssen verschiedene **persönliche Voraussetzungen** erfüllt sein. Die wichtigste ist, daß der zukünftige Unternehmer voll geschäftsfähig ist. Die Geschäftsfähigkeit tritt mit dem Erreichen des 18. Lebensjahres automatisch ein, es sei denn, man ist wegen Geisteskrankheit oder Geistesschwäche entmündigt. Außerdem sollte der Jungunternehmer über ausreichendes Fachwissen und einschlägige Berufserfahrung verfügen. Das Fachwissen erwirbt der Florist durch eine entsprechende Berufsausbildung mit abschließender Prüfung vor einer Industrie- und Handelskammer. Zwar ist die Floristmeisterprüfung nicht Voraussetzung zur Eröffnung eines eigenen Floristgeschäfts, auch eine besondere Berufspraxis wird nicht verlangt (Gewerbefreiheit), doch eine solide Berufsausbildung ist der halbe Weg zum Erfolg.

Die Floristmeisterprüfung kann nach bestandener Gesellenprüfung und drei Jahren Berufspraxis im Beruf Florist abgelegt werden. An der Staatlichen Fachschule für Blumenkunst Weihenstephan kann unter bestimmten Bedingungen die Berufsbezeichnung „Staatlich geprüfter Florist" erworben werden. Auch die IHK, der Fachverband Deutscher Floristen e.V., das Deutsche Institut für Floristik e.V. in Pillnitz, die Bildungsstätte des Deutschen Gartenbaus in Grünberg, die Fachschulen für Gartenbau und Floristik und berufsständische Organisationen führen fachlich ausgerichtete Weiterbildungskurse und Existenzgründungsseminare durch. Zur Ausbildung von Lehrlingen (Auszubildende) müssen über die persönliche und fachliche Eignung hinaus entsprechende berufs- und arbeitspädagogische Kenntnisse durch eine Prüfung vor der IHK (oder HK) nachgewiesen werden. Dies ist in der Ausbilder-Eignungsverordnung so festgelegt.

Darüber hinaus muß der zukünftige Unternehmer die einschlägigen Rechtsvorschriften kennen, die beim Betreiben eines Floristgeschäfts beachtet werden müssen. Zu nennen sind hier die gewerbepolizeilichen Vorschriften (zum Beispiel über Feuerschutz und Lärm), die Vorschriften der Arbeitsstättenverordnung (zum Beispiel zum Unfallschutz und Gesundheitsschutz von Mitarbeitern) und die Unfallverhütungsvorschriften der Berufsgenossenschaft Einzelhandel (zum Beispiel über Arbeitsgeräte, Schutzeinrichtungen, Beleuchtungseinrichtungen und Ausgestaltung der Verkaufs- und Binderäume).

Auch verschiedene **sachliche Voraussetzungen** müssen erfüllt sein (geprüft werden), bevor ein neuer Betrieb gegründet werden soll. So muß eine Marktanalyse gemacht werden, die Aufschluß darüber geben soll, ob in dem ins Auge gefaßten Absatzgebiet ein tragfähiger Mindestumsatz erzielt werden kann, der die anfallenden Kosten des Geschäfts deckt und einen ausreichenden Gewinn abwirft. Die Absatzmöglichkeiten hängen unter anderem von folgenden Faktoren ab: Bevölkerungszahl und Bevölkerungsdichte im Absatzgebiet, Durchschnittseinkommen der potentiellen Kunden, soziale Struktur, Konkurrenzdichte, Standortbedingungen wie Verkehrsanbindung, Passantenstrom, Parkmöglichkeiten, Nachbarschaft. Entsprechendes Zahlenmaterial erhält man durch die Industrie- und Handelskammer, die statistischen Ämter der Gemeinden, Berufsverbände und freie Marktforschungsinstitute.

9.5 Kapitalbedarf

Vor der Betriebsgründung ist der **Kapitalbedarf** zu ermitteln. Hierbei muß zwischen langfristig und kurzfristig gebundenem Kapital unterschieden werden. Eine bewährte Finanzierungsregel lautet, daß langfristig gebundenes Kapital durch Eigenmittel (Eigenkapital) und kurzfristig gebundenes Kapital (Umlaufvermögen) durch Fremdmittel finanziert werden soll (Goldene Bilanzregel). Da im Einzelhandelsbetrieb und besonders im Floristbetrieb wegen der Besonderheit der zu verkaufenden Waren (nur kurze Lagerfähigkeit) die Umsatzgeschwindigkeit hoch ist, kann von einem verhältnismäßig geringen Kapitalbedarf für das Umlaufvermögen ausgegangen werden. Auch die Geschäftsausstattung erfordert keine übermäßig hohen Investitionen, wenn man von den Investitionen für einen Kühlraum einmal absieht. Eine einfache Kapitalbedarfsrechnung sieht wie folgt aus:

Kapitalbedarfsrechnung

1. Betriebsnotwendiges Anlagevermögen	80 000,– DM
2. Betriebsnotwendiges Umlaufvermögen	100 000,– DM
3. Betriebsnotwendiges Vermögen	180 000,– DM
4. abzügliches zinsfreies Fremdkapital: Warenschulden 20 000,– unverzinsliches Darlehen 10 000,–	30 000,– DM
5. Betriebsnotwendiges Kapital	150 000,– DM

9.6 Anmeldung der Unternehmung

Die Gründung eines Unternehmens ist anmeldepflichtig. Die Gewerbeordnung (GO) schreibt vor, daß jeder neue Gewerbebetrieb der zuständigen **Gewerbebehörde** (Stadt- oder Kreisverwaltung) anzuzeigen ist. Hierzu sind besondere Antragsvordrucke auszufüllen. Daraufhin erhält der Antragsteller einen Gewerbeschein. Die Gewerbebehörde meldet dies an die Finanzverwaltung weiter.

Dies ist in der Abgabenordnung (AO) festlegt. Außerdem muß der Betrieb beim **Amtsgericht** zur Eintragung ins **Handelsregister** angemeldet werden (nur Kaufleute). Die Sozialversicherungsgesetze verlangen die Anmeldung des Betriebs bei der zuständigen **Berufsgenossenschaft** (Einzelhandel) und die Anmeldung der eventuell beschäftigten Arbeitnehmer beim entsprechenden **Rentenversicherungsträger** (LVA oder BVA), bei der gesetzlichen **Krankenversicherung** und der **Arbeitslosenversicherung** (BFA). Der Floristbetrieb muß auch bei der zuständigen **Industrie- und Handelskammer** angemeldet werden (Zwangsmitgliedschaft; Gesetz zur vorläufigen Regelung des Rechts der Industrie- und Handelskammern). Die Mitgliedschaft im Fachverband Deutscher Floristen e. V. oder im Einzelhandelsverband ist dagegen freiwillig. Der Florist ist als Kaufmann zur Buchführung verpflichtet.

Merksätze

▷ Die Garantie der „Gewerbefreiheit" dient dazu, die Gründung von Gewerbebetrieben zu erleichtern.

▷ Die Gewerbeaufsichtsämter wachen darüber, daß in den Betrieben die gewerbepolizeilichen Vorschriften eingehalten werden. Sie erteilen auch die Genehmigung zur Eröffnung eines Betriebs.

▷ Als Firma bezeichnet man den Namen, unter dem ein Handelsgewerbe betrieben wird.

▷ Durch die Eintragung des Handelsgewerbes in das Handelsregister wird der Unternehmer zum Kaufmann im rechtlichen Sinne.

▷ Der Florist ist Kaufmann im Sinne des HGB, weil er ein Handelsgewerbe betreibt.

▷ Die Firma genießt Namensschutz.

▷ Die Gewerbefreiheit ermöglicht es auch Nichtfloristen, einen Floristbetrieb zu gründen.

▷ Ein besonderer Sachkundenachweis ist für den Inhaber eines Floristbetriebs nur bezüglich des Handels mit giftigen Pflanzenschutzmitteln nötig.

▷ Zur Ausbildung von Lehrlingen muß ein Sachkundenachweis vor der IHK erbracht werden.

▷ Die Marktanalyse hat die Aufgabe, die Absatzchancen und Absatzbedingungen eines Betriebs zu ermitteln.

▷ Durch die Kapitalbedarfsrechnung wird das betriebsnotwendige Kapital eines Unternehmens ermittelt.
▷ Die Gründung eines Unternehmens ist anmeldepflichtig.

Aufgaben

1. Warum ist die Gewerbefreiheit ein wichtiges demokratisches Grundrecht?
2. Erklären Sie anhand Ihres Ausbildungsbetriebs folgende Begriffe: a) Unternehmung, b) Betrieb, c) Firma.
3. Wie wird man Kaufmann im Sinne des HGB?
4. Warum ist der Florist Kaufmann im Sinne des HGB?
5. Wo wird das Handelsregister für die Betriebe Ihres Ausbildungsorts geführt?
6. Welche Aufgaben hat das Handelsregister?
7. Warum ist die Firmierung „F. Frisch, Blumenfachgeschäft" nicht ausreichend?
8. Muß jeder Floristbetrieb Mitglied der IHK sein? Begründen Sie Ihre Ansicht.
9. Erklären Sie die Begriffe „Firmenwahrheit", Firmenausschließlichkeit" und „Firmenbeständigkeit".
10. Wie beurteilen Sie das Grundrecht der „Gewerbefreiheit" hinsichtlich der Tatsache, daß jeder Geschäftsfähige, dessen Zuverlässigkeit nicht bestritten wird, einen Floristbetrieb eröffnen kann?
11. Erklären Sie anhand eines Zahlenbeispiels, wie das betriebsnotwendige Kapital eines Floristbetriebs berechnet wird.
12. Wie lautet die „Goldene Bilanzregel"?
13. Welche Berufsgenossenschaft ist für Floristbetriebe zuständig und wo ist der Sitz der Hauptverwaltung?
14. Durch welche Behörde muß die Eröffnung eines Floristbetriebs genehmigt werden?
15. Bei welchen Institutionen muß ein neu zu gründender Floristbetrieb angemeldet werden?
16. Zählen Sie auf, welche Marktdaten vor einer Entscheidung über die Gründung eines Floristbetriebs erhoben werden müssen.

10 Rechtsformen von Einzelhandelsbetrieben

Lernziele

▷ Wissen, welche Bedeutung die Rechtsform des Betriebs für den Unternehmer hat;
▷ den Unterschied zwischen Prokura und Handlungsvollmacht erklären können;
▷ erklären können, wie die Haftung des Einzelunternehmers eingeschränkt werden kann;
▷ wissen, in welchem Umfang der Einzelunternehmer für die Verbindlichkeiten seines Unternehmens haftet;
▷ die Rechte und Pflichten des „Stillen Gesellschafters" nennen können;
▷ erklären können, wie eine Gesellschaft Bürgerlichen Rechts entsteht;
▷ wissen, wie die Gesellschafter der OHG haften;
▷ den Unterschied zwischen OHG und KG hinsichtlich der Haftung der Gesellschafter erklären können;
▷ die Gewinnverteilung bei der OHG und der KG gemäß den Bestimmungen des HGB erklären und anhand von Beispielen berechnen können.

Die Entscheidung über die Rechtsform eines zu gründenden Floristbetriebs ist deshalb sehr bedeutsam, weil dadurch auch die Fragen der Kapitalbeschaffung und der Risikoverteilung berührt werden. Die verschiedenen Rechtsformen von Unternehmen sind im BGB, HGB, GmbH-Gesetz, im Aktiengesetz (AG) und im Genossenschaftsgesetz geregelt. Grundsätzlich wird bei der Rechtsform von Unternehmen zwischen der **Einzelunternehmung** und den **Gesellschaftsunternehmen** unterschieden.

10.1 Vertretung und Vollmacht

Die weitaus häufigste Unternehmungsform bei Floristbetrieben ist die **Einzelunternehmung.** Der Unternehmer ist hierbei der Gründer und alleinige Eigentümer des Geschäfts. Der Einzelunternehmer vertritt seine Unternehmung nach außen (Außenverhältnis) und nach innen (Innenverhältnis) allein. Er schließt alle Rechtsgeschäfte seines Unternehmens ab (zum Beispiel Kaufverträge, Mietverträge, Dienstverträge), kann dafür jedoch auch Mitarbeitern seines Betriebs Vollmachten übertragen (Prokura, Handlungsvollmacht).

Die **Prokura** kann jedoch nur ein Vollkaufmann, ein Gesellschaftsunternehmen oder eine Genossenschaft erteilen. Sie muß vom Unternehmer, der sie erteilt hat, zur Eintragung ins Handelsregister angemeldet werden, da sie für den Prokuristen mit weitreichenden Vollmachten verbunden ist. Der Prokurist darf alle gerichtlichen und außergerichtlichen Geschäfte und Rechtshandlungen tätigen, die der Geschäftsbetrieb mit sich bringt. Für die Veräußerung und Belastung von Grundstücken ist jedoch vom Geschäftsinhaber eine besondere Befugnis zu erteilen. Der Prokurist muß mit einem Zusatz zeichnen, aus dem die Prokura ersichtlich ist (zum Beispiel ppa. E. Reichle).

Die **Handlungsvollmacht** ist nicht ganz so weitreichend wie die Prokura. Sie muß nicht ins Handelsregister eingetragen werden und berechtigt nicht zur Eingehung von Wechselverbindlichkeiten, zur Aufnahme von Darlehen und zur Prozeßführung. Auch der Handlungsbevollmächtigte muß mit einem das Vollmachtsverhältnis ausdrückenden Zusatz zeichnen (zum Beispiel i. V. Sommer; i. A. Richling). Angestellte im Einzelhandel gelten als ermächtigt zu Verkäufen und Empfangnahmen, die in einem derartigen Laden oder Warenlager gewöhnlich geschehen (§ 56 HGB).

10.2 Die Einzelunternehmung

Die Höhe des vom Einzelunternehmer aufzubringenden Kapitals ist nicht gesetzlich vorgeschrieben. Der Einzelunternehmer bringt das Kapital selbst auf – notfalls durch entsprechende Kredite – und haftet daher auch für die Verbindlichkeiten seines Unternehmens unbeschränkt, das heißt mit seinem Geschäfts- und Privatvermögen. Eine Haftungsbeschränkung kann jedoch dadurch erreicht werden, daß der Einzelunternehmer Teile seines Privatvermögens auf seine Ehefrau oder eine andere Person überträgt. Diese Vermögenswerte sind dann dem Zugriff eventueller Gläubiger entzogen. Allerdings kann die Eigentumsübertragung nur dann gegenüber den Gläubigern geltend gemacht werden, wenn sie mindestens ein Jahr vor Entstehung der Verbindlichkeit erfolgte.

Im Falle der **Gütertrennung** ist diese gegenüber einem Dritten nur wirksam, wenn sie im Güterrechtsregister des zuständigen Amtsgerichts eingetragen ist oder dem Dritten bekannt war. Auch hier gilt die Jahresfrist. Die Gütertrennung wird durch Ehevertrag herbeigeführt. Er muß bei gleichzeitiger Anwesenheit beider Ehepartner vor Gericht oder vor einem Notar geschlossen werden.

Gewinn und Verlust des Betriebs stehen dem Einzelunternehmer alleine zu. Auch die Auflösung des Betriebs entscheidet der Einzelunternehmer allein. Ungefähr 85% aller Unternehmen in der Bundesrepublik Deutschland sind Einzelunternehmungen. Daraus ersieht man die große Bedeutung dieser Unternehmungsform. Wesentliche Vorteile sind die schnelle Entscheidungsmöglichkeit des Unternehmers und die rasche Anpassungsmöglichkeit an geänderte Marktbedingungen. Dazu gesellt sich – auch wegen der unbegrenzten Haftung – das große Eigeninteresse des Unternehmers am Florieren seines Betriebs. Allerdings erfordert dies auch hohen Einsatz des Unternehmers. Nachteilig ist jedoch die geringe Kapitalkraft dieser Unternehmungsform, die besonders durch die Gütertrennung weiter eingeschränkt wird; denn sie muß im Falle der Kreditaufnahme der Bank mitgeteilt werden.

Rechtlich nahe verwandt mit der Einzelunternehmung ist die **Stille Gesellschaft.** Es handelt sich hierbei um ein unechtes Gesellschaftsverhältnis. Daher wird die Stille Gesellschaft auch nicht ins Handelsregister eingetragen; sie ist auch aus der Firma nicht erkennbar. Bei der Stillen Gesellschaft handelt es sich um eine Einlage eines Außenstehenden (Stiller Gesellschafter, §§ 230ff. HGB), die in das Vermögen des Betriebsinhabers übergeht. Dies unterscheidet den Stillen Gesellschafter vom Darlehensgeber (zum Beispiel beim Bankdarlehen). Der Stille Gesellschafter nimmt am Gewinn entsprechend seiner Einlage oder einer besonderen Regelung im Rahmen eines Gesellschaftsvertrags teil. An einem eventuellen Verlust nimmt der Stille Gesellschafter nur bis zur Höhe seiner Einlage teil. Die Verlustbeteiligung kann jedoch auch vertraglich ausgeschlossen werden. Zur Kontrolle des dem Stillen Gesellschafter schriftlich zur Einsichtnahme auszuhändigenden Jahresabschlusses kann er Einsicht in die Geschäftsbücher verlangen.

10.3 Personengesellschaften

Die **Gesellschaft Bürgerlichen Rechts** (Ges. BGB) ist im Bürgerlichen Gesetzbuch geregelt (§§ 705 bis 740). Sie wird auch Gelegenheitsgesellschaft genannt. Dazu schließen sich vorübergehend Personen zusammen, um eine oder mehrere Handelsgeschäfte auf gemeinsame Rechnung durchzuführen. Eine Eintragung ins Handelsregister erfolgt nicht. Nach Beendigung der gemeinsamen Geschäfte wird die Gesellschaft aufgelöst. Geschäftsführung, Gesellschaftszweck, Höhe der Einlagen, Gewinn- und Verlustverteilung werden in einem Gesellschaftsvertrag festgelegt. Beispiele für die Errichtung von Gesellschaften Bürgerlichen Rechts sind: Gemeinsamer Ankauf und gemeinsame Verwertung eines Warenlagers aus einer Konkursmasse, gemeinsame Planung und Erschließung eines neuen Gewerbegebiets, gemeinsame Planung eines Einkaufszentrums. Eine Ges. BGB entsteht jedoch auch schon dann, wenn mehrere Personen eine Tippgemeinschaft bilden.

Bei der Offenen Handelsgesellschaft (OHG) und der Kommanditgesellschaft (KG) handelt es sich um echte Gesellschaften. Sie werden den Personengesellschaften zugerechnet, weil hier – ähnlich wie bei der Einzelfirma – die Tatkraft der Gesellschafter, welche sich zum gemeinsamen Betrieb eines Handelsgewerbes zusammengeschlossen haben, ausschlaggebend für den Geschäftserfolg ist. Besonders bei mittelständischen Betrieben des Einzelhandels, wie wir sie auch bei Floristbetrieben üblicherweise antreffen, wird für Familienbetriebe gerne die Rechtsform der OHG oder der KG gewählt. Mit den Familienmitgliedern hat man zuverlässige Vertrauenspersonen im Geschäft. Auch ist im Todesfall des Unternehmers der Bestand des Unternehmens eher gesichert. Wichtig dabei ist auch, daß durch die Wahl der Gesellschaftsform für ein Unternehmen auch Ersparnisse bei der Einkommenssteuer, der Vermögensteuer und Erbschaftsteuer eintreten. Aus all den hier genannten Gründen sind die Personengesellschaften neben der Einzelfirma die am häufigsten anzutreffende Rechtsform im Einzelhandel. OHG und KG bieten dem Einzelhändler die Möglichkeit, seine Kapitalbasis zu verbreitern und sein unternehmerisches Risiko breiter zu streuen oder gar zu beschränken. Die Gründung von Personengesellschaften ist unkompliziert und nur mit geringen Gründungskosten verbunden. Ein Mindestkapital ist nicht vorgeschrieben, so daß eine Gründung schon mit verhältnismäßig kleinen Kapitaleinlagen möglich ist. OHG und KG müssen im Handelsregister eingetragen werden.

Die **Offene Handelsgesellschaft** (§§ 105 bis 160 HGB) muß mindestens zwei Gesellschafter haben, die ihr Handelsgewerbe unter gemeinsamer Firma betreiben. Alle Gesellschafter haften dabei mit ihrem gesamten Vermögen (Einlage und Privatvermögen). Grundlage der OHG ist der Gesellschaftsvertrag. Alle Gesellschafter müssen zur Eintragung der Gesellschaft ins Handelsregister beim Registergericht erscheinen und werden eingetragen. Aus der Firma muß ein Gesellschaftsverhältnis ersichtlich sein (zum Beispiel Florian Sommer u. Co.: Frisch und Sommer). Die Höhe der Einlage der Gesellschafter wird im Gesellschaftsvertrag geregelt. Alle Gesellschafter haften den Gläubigern gegenüber **unbeschränkt, unmittelbar und solidarisch.** Das heißt, daß jeder Gesellschafter auch mit seinem gesamten Privatvermögen haftet, von jedem Gläubiger in Anspruch genommen werden kann und alle für alle haften.

Wenn im Gesellschaftsvertrag nichts anderes vereinbart ist, sind alle Gesellschafter zur Geschäftsführung befugt und verpflichtet. Es empfiehlt sich jedoch – zur Vermeidung von Mißverständnissen –, die Rechte und Pflichten der einzelnen Gesellschafter in einem Gesellschaftsvertrag genau zu regeln. Jeder Gesellschafter kann jährlich bis zu 4% seiner Einlage zur Bestreitung der privaten Lebensführung entnehmen. Außerdem hat er das Recht, in die Geschäftsbücher Einsicht zu nehmen.

Der Jahresgewinn wird wie folgt verteilt: Zunächst erhält jeder Gesellschafter 4% auf seine Einlage; der Restgewinn wird nach Köpfen verteilt. Der nicht entnommene Gewinn wird den Kapitalkonten der Gesellschafter gutgeschrieben. Ein Verlust wird gleichmäßig auf alle Gesellschafter („nach Köpfen") umgelegt.

Die **Kommanditgesellschaft** (§§ 161 bis 177 HGB) ist eine Gesellschaft, bei der mindestens ein Gesellschafter unbeschränkt haftet (Vollhafter: Komplementär) und mindestens ein anderer nur mit seiner Kapitaleinlage (Teilhafter: Kommanditist). Der Vorteil der KG liegt darin, daß ein Unternehmen seine Kapitalbasis durch Aufnahme eines Gesellschafters erweitern kann, ohne etwas an der Verfügungsmacht über das Unternehmen einzubüßen. Häufig ist die Aufnahme eines Kommanditisten als Gesellschafter vorteilhafter als die Inanspruchnahme eines Bankkredits.

Alle Voll- und Teilhafter werden mit dem Betrag ihrer Einlage ins Handelsregister eingetragen. Bei der Veröffentlichung der Eintragungen werden jedoch Name und Betrag der Einlage der Teilhafter nicht bekanntgegeben. Zur Klarstellung der Haftungsverhältnisse dürfen bei Neugründung einer KG nur die Namen von Vollhaftern in die Firmenbezeichnung aufgenommen werden. Auch hier muß aus der Firma ein Gesellschaftsverhältnis ersichtlich sein.

Der Vollhafter der KG hat die gleichen Rechte und Pflichten wie der Gesellschafter der OHG. Der Teilhafter haftet jedoch nach der Eintragung ins Handelsregister nur in Höhe seiner Kapitaleinlage. Für den Teilhafter gibt es keine Pflicht zur Mitarbeit im Unternehmen. Auch kann er sich anderweitig betätigen und beteiligen (kein Wettbewerbsverbot). Teilhafter sind, falls im Gesellschaftsvertrag nichts anderes vereinbart wurde, von der Geschäftführung der Gesellschaft ausgeschlossen. Der Jahresgewinn wird nach dem Gesetz (§§ 121 und 167 bis 169 HGB) wie folgt verteilt: Zunächst erhält jeder Gesellschafter vom Jahresgewinn 4% seiner Kapitaleinlage. Der Restgewinn wird unter Voll- und Teilhaftern in einem angemessenen Verhältnis verteilt. Es soll hierbei auf den Umfang der Haftung und die persönliche Arbeitsleistung Rücksicht genommen werden. Am Verlust nimmt der Teilhafter nur bis zum Betrage seines Kapitalanteils teil. Die Teilhafter sind berechtigt, am Jahresschluß die Geschäftsbücher einzusehen.

10.4 Kapitalgesellschaften

Die am häufigsten anzutreffenden Kapitalgesellschaften sind die Gesellschaft mit beschränkter Haftung (GmbH) und die Aktiengesellschaft (AG). Sie spielen zwar nur bei den Großbetrieben des Einzelhandels eine Rolle, wie z. B. bei Kauf- und Warenhäusern und bei Großvermarktern von Pflanzen und Blumen. Dennoch sollen sie hier kurz abgehandelt werden.

Bei der **GmbH** übernimmt jeder Gesellschafter einen Anteil am Stammkapital, das bei der Gründung mindestens 50 000,– DM betragen muß. Die Mindesteinlage eines Gesellschafters muß 500,– DM betragen. Alle Gesellschafter haften beschränkt, also nur in Höhe ihrer Einlage. Die Organe der GmbH sind die **Gesellschafterversammlung** und die **Geschäftsführung.** Bei größeren GmbH's ist außerdem ein Aufsichtsrat zu bilden. Die GmbH ist vor allem bei mittelständischen Gewerbebetrieben verbreitet.

Die **AG** ist der Prototyp der Kapitalgesellschaft, weil diese Rechtsform die Bildung größerer Kapitalien ermöglicht. Die Gesellschafter der AG heißen **Aktionäre.** Sie stellen der AG durch den Kauf von Aktien ihr Kapital zur Verfügung und nehmen üblicherweise auf die Geschäftsführung keinen Einfluß. Sie sind in erster Linie am Gewinn interessiert, den die AG erwirtschaftet. Dieser fließt ihnen anteilmäßig in Form der **Dividende** zu. Großunternehmen werden in Deutschland bevorzugt in der Rechtsform der AG betrieben. Das Grundkapital der AG muß mindestens 100 000,– DM betragen. Es wird in Aktien aufgeteilt, die mindestens auf 50,– DM lauten müssen. Die Haftung ist auf das Grundkapital beschränkt. Die Organe der AG sind die **Hauptversammlung** (Gesellschafterversammlung), der **Aufsichtsrat** und

Abb. 20. Unternehmensformen.

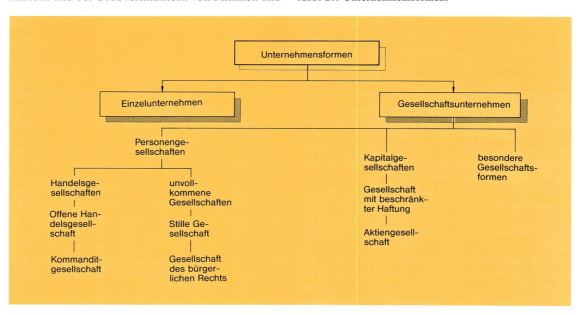

der **Vorstand** (Geschäftsführung). Aktiengesellschaften müssen ihre Jahresabschlußrechnung (Bilanz und Gewinn- und Verlustrechnung) veröffentlichen (Publizitätspflicht).

Merksätze

▷ Der Einzelunternehmer vertritt seine Unternehmung allein nach außen und gegen seine Mitarbeiter. Er kann jedoch Mitarbeiter mit bestimmten Vollmachten beauftragen.

▷ Handlungsvollmacht und Prokura sind besonders weitreichende Vollmachten. Üblich im kleineren Handelsbetrieb ist die Bevollmächtigung von Mitarbeitern für bestimmte Aufgaben (Artvollmacht).

▷ Der Einzelunternehmer haftet für die Verbindlichkeiten seines Betriebs mit seinem gesamten Vermögen (auch dem Privatvermögen).

▷ Zur Erweiterung seiner Kapitalbasis kann der Einzelunternehmer einen oder mehrere stille Gesellschafter aufnehmen.

▷ Die Gesellschaft Bürgerlichen Rechts ist eine Gelegenheitsgesellschaft. Sie wird meist nur vorübergehend zur Erreichung eines gemeinsamen Ziels gegründet.

▷ Die OHG ist eine Gesellschaft, bei der alle Gesellschafter für die Verbindlichkeiten des Betriebs unbeschränkt, unmittelbar und solidarisch haften. Sie muß ins Handelsregister eingetragen werden.

▷ Die KG besteht aus Vollhaftern (Komplementären) und aus Teilhaftern (Kommanditisten). Alle Gesellschafter werden mit der Höhe ihrer Einlagen ins Handelsregister eingetragen.

▷ Die GmbH ist eine Kapitalgesellschaft, bei der die Haftung der Gesellschafter auf ihren Anteil am Stammkapital beschränkt ist.

▷ Die AG ist eine Kapitalgesellschaft, deren Grundkapital in Aktien aufgeteilt ist, das von den Aktionären gehalten wird. Die Aktionäre erhalten für ihre Aktien einen entsprechenden Gewinnanteil (Dividende).

Aufgaben

1. Warum werden Floristbetriebe in unterschiedlichen Rechtsformen geführt?
2. Um welche Rechtsform handelt es sich im folgenden: a) Theo Müller, Blumenmarkt; b) Rudolf Heuber & Sohn, Blumen & Pflanzen; c) Gabriele Scheunchen, KG; d) Florabell GmbH?
3. Um welche Vertretungsbefugnis handelt es sich bei folgenden Unterschriften: a) ppa. Faber; b) i. V. Reichle?
4. Welche Bedeutung hat die Gütertrennung für den Einzelunternehmer?
5. Erklären Sie, welche Voraussetzungen geschaffen sein müssen, daß die Gütertrennung wirksam ist.
6. In welchem wesentlichen Punkt unterschiedet sich die Rechtsstellung des Stillen Gesellschafters von der eines Darlehensgebers?
7. Welche Rechtsform (Gesellschaftsform) liegt bei einer Tippgemeinschaft vor?
8. Wie hoch muß das Mindestkapital bei der Gründung einer KG sein?
9. Wie haften die Gesellschafter einer OHG?
10. In welchem Umfang haften die a) Kommanditisten und die b) Komplementäre bei der KG?
11. Der Jahresgewinn einer OHG in Höhe von 35 400,– DM soll unter die Gesellschafter nach den Vorschriften des HGB verteilt werden. Nehmen Sie die Gewinnverteilung vor. Gesellschaftsanteile: Adam 80 000,– DM; Beham 60 000,– DM; Ceram 10 000,– DM.
12. Stellen Sie anhand des Kurszettels einer Tageszeitung fest, wie hoch die Dividendenzahlungen Ihnen bekannter Aktiengesellschaften sind.

11 Die Besteuerung der Unternehmung

Lernziele

▷ Einsehen, daß der Staat zur Erfüllung der ihm übertragenen Gemeinschaftsaufgaben von seinen Bürgern Steuern und Abgaben erheben muß;

▷ wissen, daß ein erheblicher Teil des Steueraufkommens wieder in Form von Subventionen und sonstigen Einkommensübertragungen an die Bürger zurückfließt;

▷ die Gebietskörperschaften nennen können, welche sich in das Steueraufkommen teilen;

▷ zwischen direkten und indirekten Steuern unterscheiden können;

▷ anhand von Beispielen die verschiedenen Steuerarten in folgende Rubriken einteilen können: a) Verbrauchsteuern, b) Besitzsteuern, c) Verkehrsteuern;

▷ zwischen Steuererklärung und Steuerbescheid unterscheiden können;
▷ wissen, daß die Betriebe in unregelmäßigen Abständen von der Finanzbehörde daraufhin überprüft werden, ob die Buchführung vollständig und ordnungsmäßig ist;
▷ erklären können, wie gegen Steuerbescheide Rechtsmittel eingelegt werden;
▷ wissen, daß bei Überschreitung der Zahlungsfrist bei Steuerschulden der Verzug automatisch eintritt.

11.1 Grundlagen des Steuerrechts

Jedermann stöhnt über die Steuerlast, die uns der Staat aufbürdet, und mancher sucht sich durch legale – aber auch illegale – Mittel, dieser Last zu entziehen. So verlegen manche Personen oder Unternehmen ihren Wohnsitz oder Firmensitz in sogenannte Steueroasen, also dorthin, wo die Steuersätze niedriger sind. Auch die sogenannte Kapitalflucht hat zum Zweck, Einkünfte aus Kapitalvermögen (Zinseinkünfte) der Besteuerung durch die Finanzbehörden zu entziehen.

Jeder Staat braucht aber Steuern, um die vielfältigen Aufgaben, die ihm aufgrund der Verfassung übertragen sind, erfüllen zu können. Außerdem versuchen die jeweiligen Regierungen durch die Erhebung von Steuern ihre politischen Ziele zu verwirklichen. Der Zorn der Steuerzahler richtet sich nicht grundsätzlich gegen die Tatsache, daß Steuern bezahlt werden müssen, sondern gegen deren Höhe. Immerhin beträgt die **Staatsquote** heute über 50%, nahezu die Hälfte des Volkseinkommens wird also vom Staat in irgendeiner Form ausgegeben. Dieses Geld muß er jedoch zuerst seinen Bürgern in Form von direkten und indirekten Steuern abnehmen. So ist es wohl notwendig, daß sich die Parlamente von Zeit zu Zeit Gedanken darüber machen, wie hoch die steuerliche Belastung ihrer Bürger überhaupt sein darf.

Steuern sind – im Gegensatz zu **Gebühren** – Zwangsabgaben, die der Bund, die Länder und Gemeinden von natürlichen Personen und Unternehmen erheben, ohne daß damit ein Recht auf bestimmte Gegenleistungen erworben wird. **Gebühren** werden für bestimmte Leistungen der öffentlichen Hand als Entgelt erhoben (Baugenehmigungen, Zulassung eines Kfz, Abwassergebühr). Die Steuereinnahmen des Staates werden auch zum sozialen Ausgleich eingesetzt, indem sozial Schwache vom Staat unterstützt werden. Zu diesem Zweck ist zum Beispiel der Einkommensteuertarif so gestaffelt, daß der Bezieher höherer Einkommen prozentual höher besteuert wird als der Einkommensschwache (Steuerprogression). Außerdem sind die Steuern ein Mittel der Konjunkturpolitik des Staates. So kann der Staat in konjunkturell schwachen Zeiten durch Steuererleichterungen, öffentliche Aufträge oder Subventionen Kaufkraftimpulse schaffen und damit den Konjunkturaufschwung einleiten. Immer muß man jedoch im Auge haben, daß Steuern die Einkommen von Unternehmen und Arbeitnehmern mindern.

In der Bundesrepublik Deutschland werden etwa 50 verschiedene Steuern erhoben. Diese Zahl weist auf den Ausgabenhunger und den Erfindungsreichtum der öffentlichen Hand hin. Darunter gibt es Steuern, welche sehr ergiebig sind, und solche, deren Erhebung mehr kostet, als sie erbringen. Die ertragstärksten Steuern sind die Lohnsteuer, die Umsatzsteuer, die Körperschaftsteuer, die Gewerbesteuer, die Einkommensteuer und die Mineralölsteuer. Sie zusammen machen etwa 50% des gesamten Steueraufkommens aus. In das Steueraufkommen teilen sich die Gebietskörperschaften als da sind: der Bund, die Länder und die Gemeinden. Dementsprechend unterscheidet man zwischen **Bundessteuern, Ländersteuern** und **Gemeindesteuern.** Manche Steuern werden auch gemeinsam vom Bund und den Ländern erhoben und nach einem bestimmten Schlüssel aufgeteilt (zum Beispiel Umsatzsteuer, Lohn- und Einkommensteuer). Darüber hinaus werden im Rahmen des Finanzausgleichs die Steueraufkommen zwischen dem Bund, den Ländern und Gemeinden umgeschichtet.

11.2 Einteilung der Steuern

Die Vielzahl der Steuern kann nach verschiedenen Gesichtspunkten gegliedert werden. So unterscheiden wir gemäß der Auswirkung auf den Steuerschuldner zwischen direkten und indirekten Steuern. Bei den **direkten** Steuern wird die Steuer unmittelbar von demjenigen bezahlt, der die Steuerlast zu tragen hat. So bezahlen der Unternehmer oder der Arbeitnehmer aufgrund der persönlichen Einkommens- oder Vermögensverhältnisse die veranlagten Steuerbeträge selbst und unmittelbar (Einkommen- und Vermögensteuer). Ausschlaggebend für die Steuerhöhe ist hier die steuerliche Leistungsfähigkeit des Steuerschuldners. Bei den **indirekten** Steuern sind Steuerschuldner und Steuerträger nicht identisch. Typische Beispiele für indirekte Steuern sind die **Verbrauch-**

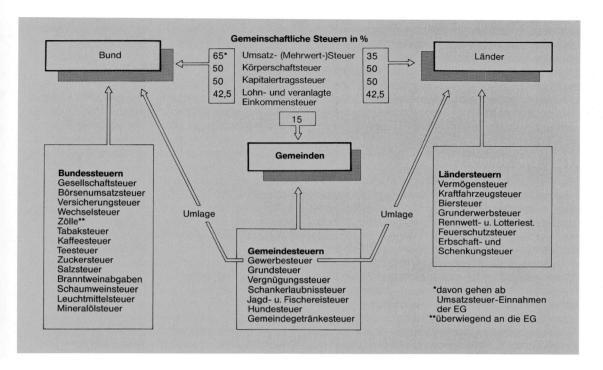

Abb. 21. Verteilung des Steueraufkommens.

steuern. Hier wird auf den Verbrauch bestimmter Güter eine Steuer erhoben, und zwar ohne Rücksicht auf die steuerliche Leistungsfähigkeit des Käufers, der die Steuerlast zu tragen hat. Wichtige Verbrauchsteuern sind zum Beispiel die Umsatzsteuer, die Mineralölsteuer, die Tabaksteuer, die Branntweinsteuer und die Zölle. Diese Steuern werden zwar beim Unternehmer erhoben, jedoch von diesem dem Endverbraucher aufgebürdet (Steuerüberwälzung). Nach dem Gegenstand der Besteuerung können folgende Steuern unterschieden werden: **Besitzsteuern** (zum Beispiel Gewerbesteuer, Einkommensteuer, Vermögensteuer), **Verkehrsteuern** (zum Beispiel Grunderwerbsteuer, Wechselsteuer, Kfz-Steuer), **Verbrauchsteuern** (s. o.) und **Zölle** (Einfuhr- und Ausfuhrzölle). Bei der Unternehmensbesteuerung unterscheiden wir zwischen ertragsunabhängigen und ertragsabhängigen Steuern. **Ertragsabhängige** Steuern werden vom Gewinn eines Unternehmens erhoben. Hierzu gehört die Einkommen- und Körperschaftsteuer, aber auch teilweise die Gewerbesteuer (Gewerbeertrag): Hier gilt der Grundsatz: Je höher der Ertrag, desto höher auch die Steuer. **Er-**

tragsunabhängige Steuern müssen unabhängig vom Gewinn eines Unternehmens bezahlt werden. Diese Steuern sind bei schlechter Geschäfts- oder Konjunkturlage für den Unternehmer besonders drückend und können die Substanz eines Unternehmens empfindlich schwächen. Erfolgsunabhängige Steuern verschärfen eine schlechte Wirtschaftslage und vernichten Kapital und damit Arbeitsplätze (z. B. Grundsteuer).

Wegen der Vielzahl der Steuern und der unterschiedlichen Interessen der Gebietskörperschaften und politischen Gruppierungen ist das Steuerrecht zu einer überaus komplizierten Materie geworden, in welcher sich der Unternehmer, aber auch der Arbeitnehmer, ohne sachkundige Hilfe eines Steuerberaters oder einer Lohnsteuerberatungsstelle nicht mehr zurechtfindet. Gerade deshalb ist es jedoch wichtig, daß sich jeder im Wirtschaftsleben Tätige wenigstens einen groben Überblick über das Steuerrecht verschafft. Auch der Florist und seine Mitarbeiter kommen daran nicht vorbei. Diese Grundkenntnisse sind auch deshalb notwendig, damit sich der Steuerzahler mit seinem Berater sachkundig verständigen kann.

Das Steuerrecht enthält zahlreiche Ausnahme- und Sonderbestimmungen, die zum Teil in Durchführungsverordnungen der Finanzverwaltung und in Grundsatzentscheidungen der Finanzgerichte enthalten sind. Und nur derjenige kommt in den Genuß solcher Steuervergünstigungen, welcher diese Bestimmungen kennt und geltend machen kann oder geltend machen läßt.

11.3 Die Steuererklärung

Grundlegende Regelungen zum Steuerrecht sind in der **Abgabenordnung** (AO) festgelegt. Sie ist gewissermaßen die Grundordnung des Steuerrechts. In ihr sind grundlegende Fragen wie Steuerpflicht, Fristen, Zuständigkeiten der Steuerbehörden, Verfahrensvorschriften, Wohn- und Geschäftsort des Steuerpflichtigen, steuerpflichtiger Personenkreis und Grundlagen der Rechnungslegung enthalten. Die einzelnen Steuern wie Einkommensteuer, Umsatzsteuer, Vermögensteuer, Kfz-Steuer oder Gewerbesteuer sind in besonderen Gesetzen geregelt. Zu allen Steuergesetzen gibt es einschlägige Durchführungsverordnungen und Verwaltungsrichtlinien (zum Beispiel Einkommensteuerrichtlinien). Die großen Geschäftsbanken und Sparkassen halten für ihre Kunden im Rahmen ihrer Informationsdienste entsprechende schriftliche Ratgeber über die einzelnen Steuern bereit, die in aller Regel kostenlos oder gegen eine bescheidene Gebühr abgegeben werden.

Grundsätzlich ist der Steuerpflichtige gehalten, der zuständigen Finanzbehörde (Finanzamt; Steueramt der Gemeinde) die für die Besteuerung notwendigen Zahlen – im Zweifel unaufgefordert – mitzuteilen. Dazu hat sich der Steuerpflichtige der amtlichen Vordrucke zu bedienen, die er bei der Steuerbehörde oder Gemeindeverwaltung erhält. Aufgrund dieser **Steuererklärung** oder Steuervoranmeldung erstellt die Finanzverwaltung einen **Steuerbescheid,** aus dem die Höhe der zu entrichtenden Steuer oder Steuervorauszahlung hervorgeht und deren Fälligkeitstag.

Die Finanzbehörde überprüft die eingereichten Erklärungen nicht nur formal und inhaltlich auf Vollständigkeit und Richtigkeit, sondern sie führt auch in unregelmäßigen Abständen zur Kontrolle eine **Betriebsprüfung** durch. Zu diesem Zwecke kommen Betriebsprüfer der Finanzverwaltung in die Betriebe und kontrollieren, ob auch sämtliche Geschäftsfälle ordnungsgemäß und vollständig aufgezeichnet, das heißt gebucht wurden. Die Betriebsprüfer bedienen sich dazu entsprechender Richtzahlen, die branchentypisch sind, um festzustellen, ob die in den Betrieben ermittelten Gewinne und Kosten diesen Richtzahlen ungefähr entsprechen. Außerdem werden bei den Steuerakten des Steuerpflichtigen laufend **Kontrollmitteilungen** gesammelt, die bei der Betriebsprüfung verwertet werden. Solche Kontrollmitteilungen sind Ausgangsbelege des kontrollierten Betriebs (zum Beispiel Ausgangsrechnungen und Zahlungsbelege), die anläßlich der Betriebsprüfung in den Betrieben, die diese Rechnungen oder Zahlungen empfangen haben, vom Betriebsprüfer notiert werden.

In Großbetrieben finden Betriebsprüfungen mindestens alle drei Jahre statt, in kleineren Betrieben ungefähr alle vier Jahre. Während der Betriebsprüfung muß dem Betriebsprüfer ein geeigneter Arbeitsplatz im Betrieb zur Verfügung gestellt werden. Er muß ungehinderten Zugang zu allen die Buchführung betreffenden Unterlagen haben. Am Ende der Betriebsprüfung findet ein Abschlußgespräch zwischen dem Betriebsprüfer und dem Geschäftsinhaber beziehungsweise dessen Beauftragten statt. Dann erhält der Steuerpflichtige einen schriftlichen Bescheid der Finanzbehörde über das Ergebnis der Betriebsprüfung. Gegen diesen Bescheid kann der Steuerpflichtige innerhalb von vier Wochen nach Zustellung Rechtsmittel einlegen und den Rechtsweg beschreiten (Finanzgerichtsbarkeit: Finanzgericht, Bundesfinanzhof).

Diese Möglichkeit, Rechtsmittel einzulegen, gilt übrigens für alle Steuerbescheide, die der Steuerpflichtige erhält. Allerdings wird durch die Einlegung eines Rechtsmittels die Frist zur Entrichtung der Steuer nicht hinausgeschoben (gehemmt). Die zu viel entrichtete Steuer wird nach Abschluß des Verfahrens zurückerstattet. Dies ist sicher manchem vom Lohnsteuerjahresausgleich her bekannt. Da die Steuerzahlungstermine nach dem Kalender festgelegt sind, tritt der Verzug automatisch nach Ablauf der Frist ein, wenn der Steuerpflichtige bis zu diesem Termin nicht bezahlt hat. Damit werden aber auch automatisch Verzugszinsen und eine Säumnisgebühr fällig. Die Höhe der Verzugszinsen ist in der Abgabenordnung geregelt. Im Zweifel ist es dann für den Steuerpflichtigen günstiger, wenn er bei der Finanzverwaltung um Steuerstundung oder Ratenzahlung nachsucht.

Werden bei der Betriebsprüfung schwerwiegende Mängel in der Buchhaltung festgestellt, kann diese verworfen werden. Sie gilt dann als nicht glaubhaft und der Steuerpflichtige wird dann von der Finanzverwaltung steuerlich eingeschätzt. Die dadurch ermittelte Steuerschuld ist regelmäßig wesentlich höher als sie bei ordnungsgemäßer Ermittlung durch eine einwandfreie Rechnungslegung gewesen wäre. Außerdem wird gegen den Steuerpflichtigen ein Steuerstrafverfahren eingeleitet, das mit einer entsprechenden Geldstrafe oder auch Haftstrafe wegen Steuerhinterziehung endet.

Die Abgabe der Steuererklärungen oder Steuervoranmeldungen ist an gewisse Fristen gebunden, die in den Steuergesetzen und der AO festgelegt sind. Können diese Erklärungsfristen nicht eingehalten werden, muß der Steuerpflichtige unter Angabe einer Begründung bei der zuständigen Finanzbehörde schriftlich um Fristverlängerung nachsuchen. Diesem Antrag gibt die Finanzbehörde üblicherweise statt. Besonders bei der Einkommensteuererklärung sind solche Fristverlängerungen in erheblichem Umfange die Regel. Dies liegt meist an der Arbeitsüberlastung der Steuerberater.

Merksätze

▷ Steuern sind Zwangsabgaben, die der Staat für die Erfüllung der ihm übertragenen Gemeinschaftsaufgaben erhebt, ohne daß der Bürger daraus einen Anspruch auf genau bestimmbare Gegenleistungen erwirbt.

▷ Gebühren werden vom Staat für bestimmte Leistungen erhoben, die der einzelne Bürger oder Betrieb in Anspruch nimmt.

▷ Die Steuerhoheit steht dem Bund, den Ländern und den Gemeinden zu. Demnach wird zwischen Bundessteuern, Ländersteuern und Gemeindesteuern unterschieden.

▷ Direkte Steuern bezahlt derjenige unmittelbar, welcher die Steuerlast zu tragen hat.

▷ Indirekte Steuern werden vom Steuerzahler auf den Steuerträger überwälzt.

▷ Nach dem Gegenstand der Besteuerung wird zwischen Verbrauchsteuern, Besitzsteuern und Verkehrsteuern unterschieden.

▷ Ertragsunabhängige Steuern sind sehr problematisch, weil sie die Vermögenslage des Steuerzahlers verschlechtern.

▷ Die Abgabe von Steuererklärungen ist an bestimmte Fristen gebunden und muß unaufgefordert erfolgen.

▷ Bis zum Erlaß des Steuerbescheids müssen entsprechende Steuervorauszahlungen geleistet werden.

▷ Alle Betriebe werden von der Steuerbehörde (Betriebsprüfungsstelle) in unregelmäßigen Abständen ohne lange Voranmeldung daraufhin überprüft, ob die eingereichten Steuererklärungen ordnungsgemäß und vollständig erstellt wurden.

▷ Gegen Steuerbescheide können Rechtsmittel eingelegt werden. Dadurch wird die Rechtskraft des Bescheids aufgeschoben, jedoch nicht die Pflicht zur Steuerzahlung.

▷ Der Verzug bei Steuerschulden tritt automatisch ein, da die Steuertermine nach dem Kalender festgelegt sind.

Aufgaben

1. Erklären Sie anhand konkreter Beispiele aus Ihrem Erfahrungsbereich, warum der Staat Steuern erheben muß.
2. Zählen Sie auf, welche Steuern sie persönlich direkt oder indirekt bezahlen müssen.
3. Erklären Sie den Begriff „Kapitalflucht".
4. Was verstehen Sie unter „Staatsquote" und wie hoch ist diese in Deutschland?
5. Erklären Sie anhand von Beispielen den Unterschied zwischen Steuern und Gebühren.
6. Beschreiben Sie anhand von Beispielen, wie ein Teil der Steuern auf dem Wege der Einkommensübertragung an die Bürger zurückfließt.
7. Nennen Sie jeweils zwei Beispiele für a) Bundessteuern, b) Ländersteuern und c) Gemeindesteuern.
8. Worin besteht der wesentliche Unterschied zwischen direkten und indirekten Steuern. Erklären Sie dies anhand bestimmter Steuerarten.
9. Nennen Sie jeweils zwei Beispiele für a) Verbrauchsteuern, b) Besitzsteuern und c) Verkehrsteuern.
10. Warum werden durch ertragsunabhängige Steuern in wirtschaftlich schlechten Zeiten zusätzlich Arbeitsplätze vernichtet?
11. Wieviel unterschiedliche Steuern werden in Deutschland ungefähr erhoben?
12. Wie heißt das „Grundgesetz" des Steuerrechts?
13. Erklären Sie den Begriff „Steuerprogression" und führen Sie aus, was diese mit dem Grundsatz der „Steuergerechtigkeit" zu tun hat.
14. Worin besteht der Unterschied zwischen „Steuererklärung" und „Steuerbescheid".
15. In welchem zeitlichen Abstand finden in Kleinbetrieben Betriebsprüfungen statt?

16. Was versteht man unter „Verwerfung der Buchhaltung"?
17. Beschreiben Sie, wie gegen einen Einkommensteuerbescheid Rechtsmittel eingelegt werden.
18. Warum tritt bei Steuerschulden der Verzug automatisch ein?

12 Einzelne Steuerarten

Lernziele

▷ Die wichtigsten Steuern nennen können, die der Florist bezahlen muß;
▷ erklären können, warum die Gewerbesteuer in den verschiedenen Gemeinden unterschiedlich hoch ist;
▷ die Termine für die Gewerbesteuervorauszahlung nennen können;
▷ wissen, welcher Wertmaßstab für die Grundsteuer zugrunde gelegt wird;
▷ die steuerpflichtigen Umsätze des Floristen nennen können;
▷ erklären können, warum für die Umsatzsteuer auch der Begriff „Mehrwertsteuer" verwendet wird;
▷ die Zahllast für die Umsatzsteuer berechnen können;
▷ die sieben Einkunftsarten aufzählen und beschreiben können;
▷ die Begriffe a) Werbungskosten, b) Betriebsausgaben und c) Sonderausgaben anhand von Beispielen erklären können;
▷ anhand von Beispielen erklären können, wie sich das steuerpflichtige Einkommen zusammensetzt;
▷ die Termine für die Einkommensteuervorauszahlung kennen.

Die für den Floristen bedeutsamsten Steuern sind
– die Gewerbesteuer
– die Umsatzsteuer
– die Einkommensteuer.

12.1 Die Gewerbesteuer

Die **Gewerbesteuer** ist eine Gemeindesteuer. Sie wird vom Steueramt der Gemeinde erhoben, in welcher der Gewerbebetrieb seinen Geschäftssitz hat. Gewerbesteuerpflichtig sind alle im Inland ansässigen Gewerbebetriebe. Steuerschuldner ist der Unternehmer, auf dessen Rechnung das Gewerbe betrieben wird. Gesetzliche Grundlage ist das Gewerbesteuergesetz (GewStG).

Besteuerungsgrundlage ist der **Gewerbeertrag** (Gewinn aus dem Gewerbebetrieb). Grundlage ist der Steuermeßbetrag. Auf diesen Steuermeßbetrag wendet die Gemeinde ihren speziellen **Hebesatz** an, um die Steuerschuld zu berechnen. Der Hebesatz ist ein Prozentsatz, mit dem der Steuermeßbetrag multipliziert wird. Der Hebesatz ist nicht einheitlich geregelt, sondern wird von den Gemeindeparlamenten (Gemeinderat) festgelegt. So kann zum Beispiel der Hebesatz einer Großstadt von dem einer kleinen Nachbargemeinde erheblich abweichen.

Aufgrund der **Gewerbesteuererklärung,** welche der Gewerbetreibende bei seinem Finanzamt einreichen muß, errechnet die Finanzverwaltung den einheitlichen Steuermeßbetrag und teilt diesen in einem **Steuermeßbescheid** der Gemeinde und dem Steuerpflichtigen mit. Diese schickt daraufhin dem Steuerpflichtigen einen **Gewerbesteuerbescheid** zu (Veranlagung). In diesem Gewerbesteuerbescheid setzt die Gemeinde auch die Vorauszahlungen fest, die jeweils zum 15. 2., 15. 5., 15. 8. und 15. 11. an die Gemeindekasse (Stadtkasse) zu leisten sind.

Ähnlich wie die Gewerbesteuer wird auch die **Grundsteuer** von der Gemeinde erhoben. Besteuert werden unter anderem das Grundvermögen, Wohn- und Betriebsgrundstücke. Besteuerungsgrundlage ist der **Einheitswert** des Grundstücks, der von der Finanzverwaltung auf der Grundlage des Bewertungsgesetzes festgestellt wird. Der Einheitswert eines Grundstücks (und Gebäudes) liegt in aller Regel erheblich unter dem Verkehrswert (Verkaufswert). Steuerschuldner ist der Grundstückseigentümer. Die Grundsteuer ruht – ähnlich wie eine Grundschuld oder Hypothek – als öffentliche Last auf dem Grundstück.

12.2 Die Umsatzsteuer

Die **Umsatzsteuer** ist eine Bundessteuer, deren Steueraufkommen jedoch nach einem bestimmten Schlüssel zwischen dem Bund und den Ländern aufgeteilt wird. Der Verteilungsschlüssel ist immer wieder Anlaß für politischen Zank zwischen der Bundesregierung und den Längerregierungen. Gesetzliche Grundlage ist das Umsatzsteuergesetz (UStG). Der Besteuerung unterliegen die Lieferungen und Leistungen (zum Beispiel Dienstleistungen), die ein Unternehmen im Rahmen seines Geschäftsbetriebs gegen Entgelt ausführt, außerdem der Eigenverbrauch und der Import (Einfuhrumsatzsteuer). Besteuert wird nach vereinnahmten oder vereinbarten Entgelten.

Die Umsatzsteuer umfaßt jede Stufe des Warenwegs vom Erzeuger bis zum Endverbraucher. Dabei wird in jeder Stufe nur der Wertzuwachs (Mehrwert) versteuert. Dies geschieht in der Weise, daß der Unternehmer jeweils die in der vorhergehenden Stufe entrichtete Umsatzsteuerung als **Vorsteuer** von seiner Steuerschuld abzieht. Damit wird erreicht, daß die Umsatzsteuer wettbewerbsneutral ist, das heißt alle Waren und Dienstleistungen in gleicher Höhe belastet werden. Für den Unternehmer ist die Umsatzsteuer nur ein durchlaufender Posten, also kalkulationsneutral, weil sie letztlich der Endverbraucher zu tragen hat. Nur bei ihm ist sie ein echter Preisbestandteil. Man nennt diesen Vorgang **Steuerüberwälzung**.

Beispiel:

Wareneinkaufswert	600,–
+ 15% Umsatzsteuer	90,–
Rechnungspreis (Einkauf)	690,–
+ Geschäftskosten und Gewinn	300,–
Verkaufspreis (netto)	900,–
+ 15% Umsatzsteuer	135,–
Verkaufspreis (brutto)	1035,–

Berechnung der Zahllast:

Umsatzsteuerschuld (15% aus 900,–)	135,–
abzgl. bezahlte Vorsteuer (15% aus 600,–)	90,–
Zahllast (von uns abzuführende USt.)	45,–

Grundsätzlich sind alle Umsätze nach **vereinbarten** Entgelten zu besteuern (Sollbesteuerung). Bei einem Jahresumsatz unter 250 000 DM kann das Finanzamt auf Antrag eine Besteuerung nach vereinnahmten Entgelten genehmigen (Istbesteuerung). Beim zweiseitigen Handelskauf muß auf Verlangen des Rechnungsempfängers die Umsatzsteuer getrennt ausgewiesen werden. Im Floristbetrieb ist jedoch der einseitige Handelskauf die Regel. Hier muß die Umsatzsteuer nicht getrennt auf der Rechnung erscheinen. Alle im Ladenbereich und im Schaufenster angebotenen Waren und Dienstleistungen müssen jedoch einschließlich Umsatzsteuer ausgezeichnet werden (Preisauszeichnungsgesetz).

Der Unternehmer kann die ihm von anderen Unternehmern für Lieferungen und Leistungen berechnete Umsatzsteuer als Vorsteuer von seiner berechneten Umsatzsteuer abziehen. Der verbleibende Rest wird als **Zahllast** bezeichnet.

Der Umsatzsteuersatz beträgt seit 1. 1. 1993 15%. Für manche Waren und Dienstleistungen gilt ein ermäßigter Steuersatz von 7%. Dazu zählen unter anderem: fast alle Lebensmittel, Druckerzeugnisse, Leistungen von Theatern, Orchestern und Museen, Kaffee, Tee und Gewürze, Erzeugnisse der Tier- und Pflanzenzucht und die Personenbeförderung im Nahverkehr.

Zehn Tage nach Ablauf eines Monats muß der Unternehmer eine **Umsatzsteuervoranmeldung** beim Finanzamt einreichen und die unter Berücksichtigung der Vorsteuer auf die Umsätze entfallende Umsatzsteuer im voraus entrichten. Nach Ablauf des Geschäftsjahres hat der Unternehmer in einer **Umsatzsteuererklärung** sämtliche Umsätze des Veranlagungszeitraums zu melden. Daraus berechnet die Finanzverwaltung unter Anrechnung der monatlichen Vorauszahlungen die Jahresumsatzsteuer und teilt dies dem Steuerschuldner in einem Steuerbescheid mit. Nachzahlungen müssen innerhalb von vier Wochen nach dem Bescheid entrichtet werden, Überzahlungen werden auf Antrag zurückerstattet oder im neuen Jahr verrechnet.

12.3 Die Einkommensteuer

Die **Einkommensteuer** hat ihre gesetzlichen Grundlagen im Einkommensteuergesetz (EStG) und den dazugehörenden Verwaltungsrichtlinien (Durchführungsverordnung, Einkommensteuerrichtlinien). Die Einkommensteuer ist eine Bundessteuer, deren Aufkommen zwischen dem Bund (43%) den Ländern (43%) und den Gemeinden (14%) geteilt wird. Steuerpflichtig sind alle natürlichen und juristischen Personen, die ihren gewöhnlichen Aufenthalt im Inland haben. Die unbeschränkte Steuerpflicht beginnt mit der Geburt und endet mit dem Tod. Sie erstreckt sich auf sämtliche inländischen und ausländischen Einkünfte. Ausländer sind nur mit ihren inländischen Einkünften einkommensteuerpflichtig.

Das steuerpflichtige Einkommen wird in sieben **Einkunftsarten** unterteilt:
1. Einkünfte aus Land- und Forstwirtschaft.
2. Einkünfte aus Gewerbebetrieb (zum Beispiel selbständige Floristen)
3. Einkünfte aus selbständiger Arbeit (zum Beispiel Steuerberater).
4. Einkünfte aus nichtselbständiger Arbeit (zum Beispiel Angestellte).
5. Einkünfte aus Kapitalvermögen (zum Beispiel Zinsen auf Sparguthaben).
6. Einkünfte aus Vermietung und Verpachtung.
7. Sonstige Einkünfte (zum Beispiel Renten).

Alle übrigen Einkünfte sind grundsätzlich einkommensteuerfrei. Diese steuerfreien Einnahmen sind in § 3 ESt geregelt. Darunter fallen unter anderem: Kindergeld, Unterhaltssicherung von Wehrpflichtigen, Wohngeld, Jubiläumsgeschenke, Arbeitslosengeld, Investitionszulagen, Beihilfen und Stipendien aus öffentlichen Mitteln und Lotto- und Totogewinne.

Von den Einnahmen werden je nach Einkunftsart folgende Beträge abgezogen: Werbungskosten und Betriebsausgaben, Sonderausgaben, besondere Freibeträge und Aufwendungen wegen außergewöhnlicher Belastung.

Werbungskosten sind Aufwendungen zur Erwerbung, Sicherung und Erhaltung des Arbeitslohns. Sie müssen gegenüber der Finanzverwaltung nachgewiesen werden und sind dann in voller Höhe abzugsfähig. Werden keine Werbungskosten nachgewiesen, sind in jedem Fall entsprechende Pauschalbeträge abzuziehen. Im Falle der Lohnsteuer sind diese bereits in die Lohnsteuertabelle eingearbeitet. Typische Werbungskosten für Einkünfte aus nichtselbständiger Arbeit sind Fahrtkosten zwischen Wohn- und Arbeitsstätte, Mehraufwendungen für doppelte Haushaltsführung, Beiträge zu Berufsverbänden, Aufwendungen für Arbeitsmittel, Mehraufwendungen für Verpflegung bei mehr als 12stündiger Abwesenheit von der Wohnung. Werbungskosten für Einkünfte aus Vermietung und Verpachtung sind zum Beispiel Hypothekenzinsen, Hausversicherungen, Grundsteuer, Reparaturkosten, Abschreibung.

Betriebsausgaben sind Aufwendungen, die durch den Betrieb entstehen. Sie sind abzugsfähig bei den Einkünften aus Land- und Fortwirtschaft, aus selbständiger Arbeit (zum Beispiel Anwalt, Arzt, Privatlehrer) und aus einem Gewebebetrieb.

Sonderausgaben sind Aufwendungen, die weder Betriebsausgaben noch Werbungskosten sind. Dazu zählen unter anderem Vorsorgeaufwendungen (zum Beispiel Beiträge zur Sozialversicherung, Unfall- und Haftpflichtversicherung und zur Lebensversicherung) und Bausparkassenbeiträge. Vorsorgeaufwendungen sind nicht unbegrenzt abzugsfähig. Werden keine Vorsorgeaufwendungen geltend gemacht, kommen bestimmte Pauschalbeträge in Abzug. Sonstige Sonderausgaben sind zum Beispiel bestimmte Unterhaltsleistungen, bezahlte Kirchensteuer, Steuerberatungskosten, Spenden (auch Parteispenden!), Aufwendungen für Umschulung.

Aus sozialen Gründen werden den Steuerpflichtigen bestimmte **Freibeträge** gewährt, die vor Berechnung der Steuerschuld in Abzug kommen. Dies sind unter anderem der Weihnachtsfreibetrag, Altersfreibetrag, Sparerfreibetrag, Freibetrag für Land- und Forstwirte, Freibetrag für freie Berufe und der Kinderfreibetrag.

Unter bestimmten Umständen kann der Steuerpflichtige Aufwendungen aus **außergewöhnlicher Belastung** steuermindernd geltend machen. Eine außergewöhnliche Belastung liegt nur vor, wenn in den persönlichen Lebensverhältnissen des Steuerpflichtigen ein Ereignis eintritt, das für ihn eine Last ist. Typische Fälle für außergewöhnliche Belastung sind zum Beispiel andauernde Krankheit, Körperbeschädigung, Tod eines Angehörigen. Auch für die Beschäftigung einer Haushalthilfe können bestimmte Aufwendungen steuermindernd geltend gemacht werden.

Aus den verschiedenen Einkunftsarten des Steuerpflichtigen wird nun das **steuerpflichtige Einkommen** ermittelt. Mit Hilfe der Einkommensteuertabelle wird die für das zu versteuernde Einkommen zu entrichtende Einkommensteuer ermittelt. Dies geschieht aufgrund der vom Steuerpflichtigen oder seinem Beauftragten zu erstellenden **Einkommensteuer-**

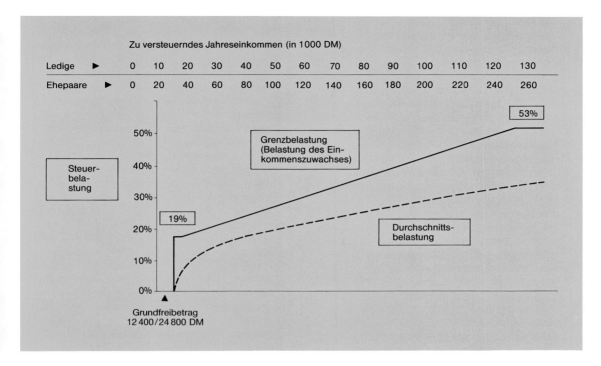

Abb. 22. Der Einkommenssteuertarif 1997.

erklärung. Sie ist beim zuständigen Finanzamt fristgerecht einzureichen und wird dort überprüft. Die zu entrichtende Einkommensteuer – sie ist eine Jahressteuer – wird dem Steuerpflichtigen in einem **Steuerbescheid** mitgeteilt. Der Steuerpflichtige hat jedoch schon während des laufenden Jahres vierteljährlich Vorauszahlungen zu leisten, die von der Finanzverwaltung festgelegt werden. Sie sind jeweils zum 10. 3., 10. 6., 10. 9. und 10. 12 zu entrichten.

Die Lohnsteuer ist nur eine besondere Form der Steuererhebung für Einkünfte aus nichtselbständiger Arbeit (Lohn und Gehalt). Sie wird dem Arbeitnehmer im Lohnabzugsverfahren vom Unternehmer einbehalten. Lohnsteuerpflichtige müssen keine Einkommensteuererklärung abgeben, wenn ihr Einkommen im Kalenderjahr 27 000,– DM (bei ledigen) und 54 000,– DM (bei verheirateten) nicht übersteigt. Sie machen dann ihre erhöhten Werbungskosten und Sonderausgaben und eine eventuelle außergewöhnliche Belastung im Rahmen des **Lohnsteuerjahresausgleichs** geltend. Für die Höhe der Lohnsteuer ist die Wahl der richtigen Steuerklasse (I bis VI) besonders wichtig. Ehegatten, die beide Arbeitslohn beziehen, können sich gemeinsam besteuern lassen; dies ist für sie günstiger, weil für sie dann die sogenannte **Splittingtabelle** zur Berechnung der Lohnsteuer angewandt wird.

Merksätze

▷ Die wichtigsten Steuern des Floristen sind: die Gewerbesteuer, die Umsatzsteuer und die Einkommensteuer.

▷ Der Hebesatz für die Gewerbesteuer wird von den Gemeinden festgelegt. Daher ist die Gewerbesteuer nicht in allen Gemeinden gleich hoch.

▷ Für alle Steuern müssen aufgrund der Steuerzahlungen des zurückliegenden Jahres entsprechende Vorleistungen (Vorauszahlungen) während des laufenden Geschäftsjahres erbracht werden.

▷ Besteuerungsgrundlage für die Grundsteuer sind die Einheitswerte bebauter und unbebauter Grundstücke.

▷ Umsatzsteuerpflichtig sind alle Lieferungen und Leistungen, die gegen Entgelt im Rahmen eines Geschäftsbetriebes erfolgen. Außerdem

unterliegt auch der Eigenverbrauch des Betriebs und seines Inhabers der Umsatzsteuer.
▷ Bei der Umsatzsteuer wird immer nur der jeweilige Mehrwert versteuert.
▷ Die Umsatzsteuer wird von einer Stufe zur anderen bis zum Endverbraucher überwälzt.
▷ Mit „Zahllast" bezeichnet man die Umsatzsteuerschuld des Unternehmens gegenüber der Finanzbehörde.
▷ Die Einkommensteuer zählt zu den direkten Steuern. Die Steuerschuld wird aus dem steuerpflichtigen Einkommen aufgrund einer Steuertabelle ermittelt.
▷ Die Einkommensteuer unterliegt einer Steuerprogression.
▷ Vor Berechnung der Steuerschuld werden von den Einnahmen die Betriebsausgaben (Werbungskosten), Sonderausgaben und u. U. bestimmte Freibeträge abgezogen.
▷ Die Lohnsteuer ist eine besondere Form der Steuererhebung für Einkünfte aus nichtselbständiger Arbeit.
▷ Steuererklärungen müssen unaufgefordert eingereicht werden, weil die Steuerschuld meldepflichtig ist.

Aufgaben

1. Zählen Sie die drei wichtigsten Steuern auf, welche der Florist regelmäßig bezahlen muß.
2. Wie hoch ist der Hebesatz für die Gewerbesteuer in Ihrem Ausbildungsort?
3. Nennen Sie die Steuervorauszahlungstermine für die a) Gewerbesteuer, b) die Einkommensteuer und c) die Umsatzsteuer.
4. Welcher Wert dient als Besteuerungsgrundlage für die Grundsteuer?
5. Welche Gebietskörperschaft erhebt die Gewerbesteuer und die Grundsteuer?
6. Welche Umsätze des Floristen unterliegen der Umsatzsteuer?
7. Wie hoch ist der Steuersatz für die Umsätze des Floristen?
8. Warum ist die Umsatzsteuer kalkulationsneutral?
9. Ein Florist hatte einen Monatsumsatz von netto 18 000,– DM. Darauf entfällt eine Umsatzsteuerschuld von 15%; er hat dafür 1500,– DM Vorsteuer bezahlt. Wie hoch ist die Zahllast gegenüber dem Finanzamt?
10. Nennen Sie drei Warengruppen, die mit dem ermäßigten Steuersatz besteuert werden.
11. Zählen Sie die sieben Einkunftsarten auf, welche das Einkommensteuergesetz unterscheidet.
12. Nennen Sie jeweils zwei Beispiele für Werbungskosten, Betriebsausgaben und Sonderausgaben.
13. Wodurch unterscheiden sich die Werbungskosten von den Sonderausgaben?
14. Warum machen viele steuerpflichtige Arbeitnehmer einen Lohnsteuerjahresausgleich?

13 Versicherungen des Betriebs

Lernziele

▷ Erklären können, warum Versicherungen abgeschlossen werden;
▷ erläutern können, warum gewisse Versicherungen freiwillig abgeschlossen werden können und andere zwangsweise abgeschlossen werden müssen;
▷ wissen, von welchen Faktoren die Höhe der Versicherungsprämie abhängt;
▷ den Begriff „Individualversicherung" erklären können;
▷ aufzählen können, welche Pflichten der Versicherungsnehmer mit dem Abschluß eines Versicherungsvertrags übernimmt;
▷ erklären können, welche Folgen die Unterversicherung für den Versicherungsnehmer hat;
▷ aufzählen können, welche Risiken durch die Personenversicherungen abgedeckt werden können;
▷ die wichtigsten Zweige der Sachversicherungen nennen können;
▷ anhand von Beispielen erklären können, welche Bedeutung die Vermögensversicherungen für den Floristbetrieb haben.

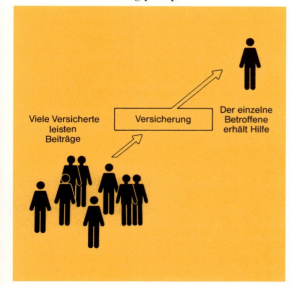

Abb. 23. Das Versicherungsprinzip.

13.1 Zweck der Versicherung

Das Leben wird von vielen Risiken begleitet. Dies trifft natürlich auch für das Leben des Unternehmers und seines Unternehmens zu. Als **Risiko** bezeichnet man alle Ereignisse in der Zukunft, die, falls sie eintreten, mit einem Schaden für den einzelnen oder die Gemeinschaft verbunden sind. Es ist daher sinnvoll, sich gegen solche eventuellen Gefahren zu versichern. Dies geschieht in der Weise, daß sich Menschen, die ähnlichen Risiken ausgesetzt sind, zu Gefahrengemeinschaften zusammenschließen, um diese Gefahren gemeinsam durchzustehen und den Schaden bei Eintritt eines Schadensfalls gleichmäßig auf alle Schultern zu verteilen (Abb. 23). Zu diesem Zweck werden durch die Erhebung von Beiträgen Geldbeträge angesammelt, die dann zur Deckung, das heißt zum Ausgleich des Schadens eingesetzt werden. Der einzelne erhält also von der Gefahrengemeinschaft seinen Schaden ersetzt. Der Preis für den Versicherungsschutz ist also der Beitrag, den der einzelne an die Gemeinschaft zu entrichten hat. Man nennt ihn **Prämie.** Diese wichtige Aufgabe der Versicherung gegen Risiken der verschiedensten Art wird von privaten, staatlichen und öffentlich-rechtlichen Gesellschaften wahrgenommen. Manche dieser Versicherungen müssen wegen ihrer großen Bedeutung für die Allgemeinheit zwangsweise abgeschlossen werden (Zwangsmitgliedschaft), andere sind dagegen freiwillig. Zwangsversichert sind zum Beispiel weite Bevölkerungskreise in den einzelnen Sparten der **Sozialversicherung** (dazu zählen die gesetzliche Krankenversicherung, Rentenversicherung, Arbeitslosenversicherung und gesetzliche Unfallversicherung). Aber auch jeder Autohalter muß zwangsweise eine Kfz-Haftpflichtversicherung abschließen, weil sonst sein Auto nicht zugelassen wird.

Andere Versicherungen sind jedoch freiwillig, und es bleibt jedem selbst überlassen, welche Risiken er durch eine entsprechende Versicherung abdecken will. So kann man seine Schaufensterscheiben gegen Bruch, seinen Laden gegen Einbruchdiebstahl, seinen Betrieb gegen Vermögensschäden durch Betriebsunterbrechung oder das Kreditrisiko gegen Forderungsausfälle versichern. Grundsätzlich unterscheidet man zwischen **Sozialversicherungen** und **Individualversicherungen.** In diesem Abschnitt sollen nur die Individualversicherungen dargestellt werden (vgl. „Der Florist 2").

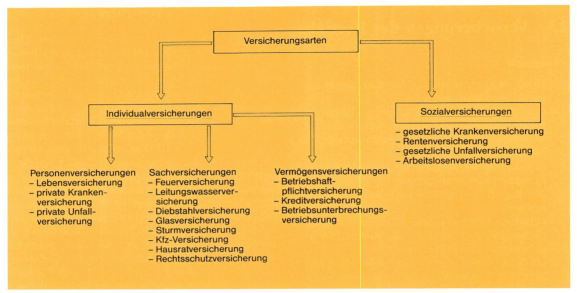

Abb. 24. Die Versicherungsarten.

13.2 Der Versicherungsvertrag

Individualversicherungen kommen nicht durch Gesetz, sondern durch Verträge zwischen dem **Versicherer** (Versicherungsgesellschaft) und dem **Versicherungsnehmer** (Privatperson, Unternehmer, Firma) zustande. In diesem Versicherungsvertrag werden der Gegenstand des zu versichernden Risikos, der Umfang der Haftung des Versicherers, die Laufzeit des Vertrags, Höhe des Versicherungsbeitrags, Zahlungsmodus für die Versicherungsprämie und die Pflichten des Versicherungsnehmers festgelegt. Gesetzliche Grundlage für Versicherungsverträge sind das Versicherungsvertragsgesetz (VVG), das BGB und das HGB. Wichtige Rechtsgrundlagen darüber hinaus sind die Allgemeinen Versicherungsbedingungen des Versicherers. Über den Vertrag erhält der Versicherte einen Versicherungsschein. Wir nennen ihn auch **Versicherungspolice**. Die Versicherungspolice muß sorgfältig aufbewahrt werden, da sie im Schadensfall der Nachweis für Ansprüche gegenüber dem Versicherer ist. Jede Versicherungspolice ist mit einer Versicherungsnummer versehen, die beim Schriftverkehr mit dem Versicherer immer angegeben werden muß.

Der Versicherungsnehmer übernimmt gegenüber dem Versicherer mit Abschluß eines Versicherungsvertrags folgende Pflichten:

– Pünktliche Bezahlung der Prämien;
– Angabe der Gefahren beim Vertragsabschluß, die für die Schadensübernahme ein erhebliches Risiko darstellen (zum Beispiel chronische Erkrankung beim Abschluß einer Lebensversicherung);
– Anzeige einer Gefahrenerhöhung (zum Beispiel Einbau eines Flüssiggastanks zur Beheizung eines Verkaufsgewächshauses);
– unverzügliche Meldung eines Schadensfalls;
– Pflicht, zur möglichen Abwendung eines Schadens die entsprechenden Maßnahmen zu ergreifen (Benachrichtigung der Feuerwehr bei einem Wasserrohrbruch);
– Pflicht zur Auskunftserteilung und Beweissicherung im Versicherungsfall.

Vertragsverletzungen, wie sie hier aufgelistet wurden, können zum Verlust des Versicherungsanspruchs führen.

13.3 Umfang des Versicherungsschutzes

Der Versicherungsnehmer muß bei Vertragsabschluß darauf achten, daß die vereinbarte Versicherungssumme dem tatsächlichen Wert der versicherten Sache entspricht (Vollversicherung). Ist die Versicherungssumme höher als der Versicherungswert, liegt eine **Überversicherung** vor. Ersetzt wird im

Schadensfall jedoch höchstens der Versicherungswert, da im Versicherungsvertragsgesetz ein Bereicherungsverbot verankert ist. Bei Überversicherung zahlt der Versicherungsnehmer zu viel Prämie, ohne Anspruch auf entsprechende Gegenleistung. Umgekehrt spricht man von **Unterversicherung,** wenn die Versicherungssumme niedriger als der Wert der versicherten Sache ist. Im Schadensfall wird die versicherte Sache nur im Verhältnis der Versicherungssumme zum Wert der Sache ersetzt. Die zu versichernden Sachen können entweder zum **Zeitwert** oder zum **Neuwert** versichert werden. Bei der Zeitwertversicherung wird im Schadensfall nur der Verkehrswert (tatsächlicher Wert), welchen die Sache beim Eintritt des Versicherungsfalls hatte, ersetzt. Die Wertminderung, welche die versicherte Sache zum Beispiel durch Abnutzung oder technische oder wirtschaftliche Veralterung erfahren hat, wird also vom ursprünglichen Neuwert abgezogen. Bei der Neuwertversicherung wird im Schadensfall der Wiederherstellungspreis oder der Wiederbeschaffungspreis einer gleichwertigen neuen Sache ersetzt. Auch hier ist jedoch wichtig, daß eine Vollversicherung besteht. Bei allgemeinen Preissteigerungen oder sonstigen Wertveränderungen und bei Zugängen von Vermögenswerten (zum Beispiel Neuanschaffungen) ist darauf zu achten, daß die Versicherungssumme rechtzeitig an den tatsächlichen Versicherungswert angepaßt wird (Höherversicherung/Anpassungsklausel).

Ein Beispiel von Unterversicherung:
Ein Florist hat seine Ladeneinrichtung zum Neuwert von 120 000 DM versichert; der tatsächliche Neuwert der Ladeneinrichtung beträgt jedoch 180 000 DM. Bei einem Feuer im Geschäft, hervorgerufen durch einen Kurzschluß im elektrischen System, werden Einrichtungsgegenstände im Neuwert von 30 000 DM zerstört. Der Versicherungsschaden wird wie folgt reguliert:
Versicherungswert ≙ 100%
Versicherungssumme ≙ ?%
Deckungsgrad $\frac{100 \cdot 120}{180}$ ≙ 66⅔
Es liegt also eine Unterversicherung von 33⅓% vor. Vom Versicherungsschaden in Höhe von 30 000 DM wird folglich nur ⅔ ersetzt; dies sind 20 000 DM.

Individualversicherungen (Vertragsversicherungen) können in drei Gruppen unterteilt werden, nämlich
– Personenversicherungen
– Sachversicherungen
– Vermögensversicherungen

Eine Besonderheit in diesem System ist die Kraftfahrzeugversicherung.

13.4 Personenversicherungen

Die **Personenversicherungen** decken die Risiken ab, welche das Leben und die Gesundheit betreffen. Zwar sind für die meisten Menschen diese Risiken grundsätzlich durch die Sozialversicherungen abgedeckt. Wem dieser Versicherungsschutz jedoch nicht ausreicht, der kann eine private Versicherung gegen das Risiko der mit Krankheiten entstehenden Kosten, gegen das Unfallrisiko für nicht beruflich bedingte Unfälle (auch von Familienangehörigen) oder das Risiko eines überraschenden Todes und der dadurch entstehenden Probleme abschließen (private Lebensversicherung).
Die Versicherungsprämien für diese Versicherungen können als beschränkt abzugsfähige Sonderausgaben bei der Berechnung des steuerpflichtigen Einkommens geltend gemacht werden.

13.5 Sachversicherungen

Die **Sachversicherungen** dienen dazu, Sachschäden auszugleichen. Die wichtigsten Sachversicherungen sind die Feuerversicherung, die Gebäudebrandversicherung, die Leitungswasserversicherung sowie die Einbruchdiebstahlversicherung, die Glasversicherung und die Sturm- und Hagelschadenversicherung. Die Prämien der Sachversicherungen sind Betriebsausgaben und steuerlich voll abzugsfähig.
Die **Feuerversicherung** ersetzt Schäden, die durch Brand, Blitzschlag, Explosion oder durch Folgen von Brandschäden (Löschwasserschäden, Aufräumungskosten, Mietverlust) entstanden sind. Brandschäden an Gebäuden werden durch eine private Gebäudebrandversicherung abgedeckt. Die Versicherungsprämie richtet sich nach dem Wert der versicherten Sache und nach dem Versicherungsrisiko (Gefahr).
Die **Leitungswasserversicherung** wird in die Inhaltsversicherung (Geschäftseinrichtung und Waren) und die Gebäudeversicherung unterteilt. Durch die Inhaltsversicherungen werden Wasserschäden an Einrichtungsgegenständen und Warenvorräten abgedeckt. Die Gebäudeversicherung deckt Wasserschäden an Gebäuden und Schäden am Wasserleitungssystem innerhalb des Hauses ab.

Die **Einbruchdiebstahlversicherung** leistet Ersatz für die beim Einbruch, bei Raub oder räuberischer Erpressung gestohlenen Sachen oder für dadurch verursachte Beschädigungen (so an Türen, Schlössern, Geldschränken, Ladenkassen). Nicht abgedeckt sind Schäden durch einfachen Diebstahl, Kriegsschäden oder solche, die vorsätzlich herbeigeführt wurden.

Die **Glasversicherung** ersetzt Schäden an Schaufenstern, Schaukästen, Firmenschildern, Leuchtröhren und Glasdächern. Bis auf wenige Ausnahmen spielt hierbei die Schadensursache eine untergeordnete Rolle. Die durch Glasbruch evtl. bedingte Notverglasung ist eingeschlossen.

Die **Sturmversicherung,** die auch Schäden durch Hagelschlag einschließt, deckt Schäden an der Außenseite des Gebäudes ab; dazu zählen auch Antennenanlagen, Markisen, Leuchtröhrenanlagen, Schilder und Transparente, Überdachungen, Schutz- und Trennwände. Eingeschlossen sind Hagelschäden an geparkten Kraftfahrzeugen und Wohnwagen.

13.6 Vermögensversicherungen

Die **Vermögensversicherungen** sollen den Floristen vor Vermögensverlusten schützen, die durch Haftpflicht, Betriebsunterbrechung und Vertrauensschäden eintreten können. Dazu zählen die Betriebshaftpflichtversicherung, die Kreditversicherung, die Betriebsunterbrechungsversicherung und die Vertrauensschadenversicherung.

Die **Betriebshaftpflichtversicherung** tritt ein, wenn durch Ereignisse Schäden an Personen und Sachen entstehen, für die der Betriebsinhaber aufgrund gesetzlicher Haftpflichtbestimmungen (z. B. § 823 BGB) auf Schadensersatz in Anspruch genommen werden kann. Solche Schäden können zum Beispiel entstehen, wenn ein Kunde im Laden stürzt, weil der Fußboden naß aufgewischt wurde. Eingeschlossen ist die Übernahme des Rechtsschutzes durch den Versicherer, um unberechtigte Schadenersatzansprüche abzuwehren.

Die **Kreditversicherung** übernimmt Verluste, die durch Zahlungsunfähigkeit eines Kunden entstehen. Allerdings ist hier immer eine Selbstbeteiligungsklausel im Versicherungsvertrag enthalten, d. h., daß der Versicherungsnehmer einen Teil des Verlustes selbst zu tragen hat.

Die **Betriebsunterbrechungsversicherung** soll dem Unternehmer die Schäden ersetzen, die entstehen, wenn ein Betrieb vorübergehend aufgrund äußerer Ereignisse seine Geschäftstätigkeit nicht ausüben kann. Solche Schäden sind insbesondere: Umsatzrückgang, Weiterlaufen der Geschäftskosten (zum Beispiel Gehälter, Miete) und entgangener Gewinn. Für den Floristbetrieb kommen hierbei in Frage: die Feuerbetriebsunterbrechungsversicherung und die Klein-Betriebsunterbrechungsversicherung. Ursachen für die Betriebsunterbrechung können Brand, Explosion, Blitzschlag oder Aufprall eines bemannten Flugkörpers sein. Die Haftzeit ist auf 12 Monate begrenzt. Kleinere Floristbetriebe mit einer Gesamtversicherungssumme für Einrichtung, Waren und Vorräte und Vorsorge unter 200 000,– DM können eine Klein-Betriebsunterbrechungsversicherung abschließen. Diese beinhaltet auch Unterbrechungsschäden infolge Einbruchdiebstahl, Leitungswasser und Sturm. Sie muß jedoch mit einer entsprechenden Sachversicherung gekoppelt sein (Verbundversicherung). Durch die **Vertrauensschadenversicherung** werden Vermögensschäden abgedeckt, die dem Versicherungsnehmer von seinen Mitarbeitern (Vertrauenspersonen) vorsätzlich und unerlaubt zugefügt werden. Dazu zählen: Unterschlagung, Untreue, Diebstahl, Fälschung, Betrug und andere unerlaubte Handlungen. Es können auch fahrlässig verursachte Schäden in die Versicherung einbezogen werden. Hier ist dann allerdings eine Liste der Namen dieser Personen in den Versicherungsschein aufzunehmen. Sonst genügt die sogenannte Pauschalversicherung, bei der vereinbart wird, daß sämtliche Mitarbeiter des Geschäfts als Vertrauenspersonen gelten.

Merksätze

▷ Die verschiedenen Versicherungen lassen sich in zwei große Gruppen zusammenfassen: die Sozialversicherungen und die Individualversicherungen.

▷ Versicherungen haben den Zweck, Einzelpersonen und Personengemeinschaften vor finanziellen Schäden zu bewahren, die beim Eintreten bestimmter Ereignisse entstehen können.

▷ Zum Zwecke der Risikoverteilung werden Gefahrengemeinschaften geschaffen. Diese Aufgabe wird von öffentlichen und privaten Versicherungsgesellschaften übernommen.

▷ Individualversicherungen kommen durch Versicherungsverträge zwischen den Versicherern und den Versicherungsnehmern zustande.

▷ Hält der Versicherungsnehmer die vertraglichen Verpflichtungen nicht ein, kann der Versicherer den Versicherungsanspruch ablehnen.

▷ Die Versicherungssumme muß dem tatsächlichen Wert der versicherten Sache entsprechen (Vollversicherung).
▷ Im Falle der Unterversicherung leistet die Versicherung beim Eintritt eines Schadensfalls nur entsprechend dem Anteil des Versicherungswerts zum tatsächlichen Wert.
▷ Die Individualversicherungen können in folgende Gruppen zusammengefaßt werden: a) Personenversicherungen, b) Sachversicherungen und c) Vermögensversicherungen.

Aufgaben

1. Welchen Risiken sind der Florist und sein Betrieb ausgesetzt?
2. Wodurch unterscheiden sich die Individualversicherungen von den Sozialversicherungen?
3. Was ist eine Versicherungsprämie?
4. Von welchen Faktoren wird die Höhe der Versicherungsprämie beeinflußt?
5. Warum muß die Versicherungspolice vom Versicherten sorgfältig aufbewahrt werden?
6. Nennen Sie drei mögliche Gründe, die dem Versicherer das Recht geben, den Anspruch des Versicherungsnehmers abzulehnen.
7. Welche Folgen kann es haben, wenn der Versicherte die vertraglich vereinbarten Versicherungsbedingungen nicht einhält?
8. Ein Florist hat seine Schaufensterscheiben im Neuwert von 4800,– DM zu 2000,– DM versichert. Bei einem Schadensfall wird eine Schaufensterscheibe zerstört. Die Reparatur kostet 1200,– DM. Welchen Betrag erhält der Florist von der Versicherungsgesellschaft erstattet?
9. Wodurch unterscheidet sich beim Eintritt eines Schadensfalls die Versicherung zum Neuwert von der zum Zeitwert?
10. Welche Versicherungsarten zählen zu den Sachversicherungen?
11. Welche Schäden werden von der Feuerversicherung im Brandfalle ersetzt?
12. Ein Florist möchte seine Außenbeleuchtung gegen eventuelle Schäden versichern. Welche Art von Versicherung muß er hierfür wählen?
13. Nennen Sie drei Versicherungsarten, die a) zu den Personenversicherungen und b) zu den Vermögensversicherungen zählen.
14. Nennen Sie drei Schadensarten, die durch eine Betriebsunterbrechungsversicherung abgedeckt werden können.

14 Grundlagen der elektronischen Datenverarbeitung (EDV)

Lernziele

▷ Wissen, welche Aufgaben im Floristbetrieb mit Hilfe der EDV gelöst werden können;
▷ aufzählen können, welche Arten von Zeichen für die Eingabe von Daten in das Computersystem verwendet werden;
▷ die wichtigsten Informationen aufzählen können, welche im Floristbetrieb verarbeitet werden müssen;
▷ die Begriffe „Mengeninformation", „Ordnungsinformation" und „Anweisungsinformation" erklären können;
▷ den Begriff „Kommunikation" erklären können;
▷ anhand von Beispielen erklären können, wie der Mensch mit Maschinen kommuniziert;
▷ erklären können, warum Informationen vor der Verarbeitung durch den Computer kodiert werden müssen;
▷ die drei Einheiten einer EDV-Anlage nennen und ihre Aufgaben erklären können;
▷ erklären können, welche Aufgabe das Programm im Datenverarbeitungsprozeß hat;
▷ den Zusammenhang zwischen Programmiersprache und Betriebssystem erläutern können;
▷ die Begriffe „Hardware" und „Software" anhand von Beispielen erläutern können.

14.1 Funktionsweise von EDV-Anlagen

EDV heißt elektronische Datenverarbeitung, also die Sammlung, Ordnung, Speicherung, Verarbeitung und Auswertung von Informationen, die tagtäglich im Einzelhandelsbetrieb anfallen.

Informationen sind Angaben zu Sachen, Sachverhalten und Personen. Der Informationsinhalt (Dateninhalt) wird hierzu wiedergegeben durch eine Folge von Zeichen, wie z. B.

Ziffern und Zahlen ≙ numerische Zeichen
Buchstaben und Worte ≙ alphabetische Zeichen
Verbindung von Ziffern, Buchstaben und Sonderzeichen ≙ alphanumerische Zeichen

Dazu einige Beispiele:
- **Numerische Zeichen:** Kundennummern, Rechnungsnummern, Rechnungsbeträge;
- **Alphabetische Zeichen:** Anschriften von Kunden und Lieferanten, Kontenbezeichnungen, Brieftexte;
- **Alphanumerische Zeichen:** Kombinierte Mengen- und Warenangaben (z. B. 10 Bd. Beetrosen).

Das **Zeichen** ist also die kleinste Einheit bei der Darstellung von Daten. Ein EDV-System hat eine begrenzte Anzahl darstellbarer Zeichen. Man bezeichnet dies als Zeichenvorrat. Er beträgt im Normalfall 64 und teilt sich auf in 10 Ziffern, 26 Buchstaben und 28 Sonderzeichen. Diese Zeichen finden sich auch auf dem Eingabegerät, das mittels einer Tastatur, ähnlich der einer Schreibmaschine, die direkte Eingabe von Daten in das EDV-System ermöglicht.

Diese Art der Datenverarbeitung erfolgt mit Hilfe von Elektronenströmen, die entsprechende Schaltelemente (Mikroelemente, monolithische Schaltkreise) betätigen, d. h. durch elektrische Impulse Schaltvorgänge auslösen. Ursprünglich waren solche Schaltelemente Elektronenröhren, später dann Transistoren und integrierte Schaltkreise (IC), heute sind es Mikrochips.

Das Gerät, in welchem die Datenverarbeitung erfolgt, heißt Computer. Dieses Wort stammt aus dem Englischen und bedeutet „to compute", also berechnen. Dabei ist die Bezeichnung Computer heute, im Zeitalter der Textverarbeitung, nicht mehr ganz zutreffend. Schließlich kennt die Maschine heute auch Buchstaben und Sonderzeichen. Besser ist daher die Bezeichnung Datenverarbeitungsanlage.

14.2 Informationen und Informationsaustausch

Täglich treffen beim Floristen zahlreiche **Informationen** in mündlicher, fernmündlicher, schriftlicher oder sonstiger Form ein, die bearbeitet und verarbeitet werden müssen. Solche eingehenden Informationen sind z. B. Eingangsrechnungen, Bestellungen von Kunden, Mitteilungen von Behörden und Verbänden, Lieferscheine, Reklamationen von Kunden oder Zahlungseingänge.

Andererseits gibt der Florist auch zahlreiche Informationen nach außen. Beispiele dafür sind Bestellungen bei Lieferanten, Ausgangsrechnungen, Zahlungsausgänge oder Mahnungen an säumige Kunden.

Dazu kommen noch die zahlreichen Informationen, die innerbetrieblich anfallen. Sicher sind diese Informationen auch vor Beginn des Computerzeitalters in den Betrieben angefallen und verarbeitet worden. Dies war allerdings mit viel höherem Zeitaufwand verbunden. Außerdem war die Verarbeitung dieser Daten weniger vollständig und weniger effektiv. Eine moderne Datenverarbeitungsanlage ermöglicht einen genauen und schnellen Einblick und Überblick in das Betriebsgeschehen und ermöglicht rasche unternehmerische Entscheidungen. Außerdem können dadurch viele Verwaltungsarbeiten rationalisiert werden.

Die Informationen (Daten) können unterschieden werden nach dem Inhalt in Mengeninformationen, Ordnungsinformationen und Anweisungsinformationen.

Mengeninformationen sind Daten, die sich aus Ziffern zusammensetzen. Man nennt sie auch Rechendaten, weil hier Zahlen miteinander verknüpft oder in Beziehung gesetzt werden. Einfacher ausgedrückt: Mit diesen Zahlen werden Rechenoperationen ausgeführt.

Ordnungsinformationen geben Auskunft über die Stelle einer Person, einer Sache oder eines Sachverhalts innerhalb eines Ordnungssystems. Ordnungsinformationen sind z. B. Kundennamen, Lieferanten, Kontonummern und Kontobezeichnungen, Artikelnummern oder Artikelbezeichnungen.

Anweisungsinformationen sind Anweisungen oder Befehle, wie z. B.: *Zahlen Sie bis zum 15. 1. 19..; machen Sie den Auftrag für die Kundin Müller fertig.* Auch die Steuerbefehle an eine Datenverarbeitungsanlage sind Anweisungsinformationen; Beispiele: „Drucke Liste!", „Berechne Rechnungsbetrag!"

Den Austausch von Informationen bezeichnet man als **Kommunikation.** Kommunikation bedeutet zunächst Verständigung. Ein Kommunikationssystem ist folglich ein Verständigungssystem. Die einzelnen Komponenten dieses Systems sind: Sender, Empfänger, Übertragungskanal (Informationskanal) und Sprache (Zeichen). Diese „Sprache" kann aus unterschiedlichen Zeichen bestehen, wie z. B. Tönen, Wörtern, Gesten und Mienen (Körpersprache), Schriftzeichen, Lichtimpulsen, Stromimpulsen, Betätigung von Tasten und Hebeln. Zum Verstehen dieser Zeichen durch Sender und Empfänger ist es notwendig, daß der Inhalt dieser Zeichen bzw. Begriffe in ihrer Bedeutung festliegt. Sonst kommt es zu „Mißverständnissen". Die Bedeutungslehre von Zeichen heißt Semantik. Ein Programmierer muß daher beim Erlernen einer Programmiersprache die Se-

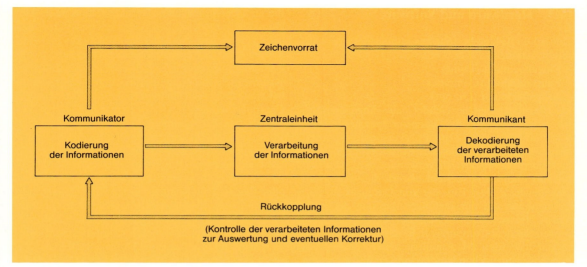

Abb. 25. Der Kommunikationsprozeß.

mantik der einzelnen Zeichen und Befehlsworte kennen. Sender und Empfänger müssen also zum Verstehen die gleiche „Sprache sprechen". Außerdem müssen die Zeichen dem Übertragungskanal angepaßt werden. Man nennt diesen Vorgang **kodieren.** Dies soll am untenstehenden Schaubild verdeutlicht werden.

Unter Kodierung wird die Anpassung der zur Informationsermittlung verwendeten Zeichen an den Zeichenempfänger und an den Übertragungskanal verstanden. Der übliche Zeichenvorrat wurde bereits genannt. Außer diesen Zeichen werden im Kommunikationsprozeß noch andere verwendet. Ein Beispiel dafür ist das Morsealphabet. Es besteht nur aus zwei Zeichen, nämlich · und –; mit diesen beiden Zeichen lassen sich z. B. alle Zahlen und Buchstaben darstellen. Eine Datenverarbeitungsanlage arbeitet ebenfalls nur mit zwei Zeichen, nämlich 0 und 1. Wir nennen ein solches Zeichensystem **Binärsystem.** 0 bedeutet, daß ein Schaltkreis im Computer unterbrochen, 1 bedeutet, daß er geschlossen ist (0 ≙ aus; 1 ≙ an). Eine solche Binärziffer bezeichnet man als **Bit** (Abkürzung von binary digit). Bit ist die kleinste Einheit einer Speicherstelle für Zeichen im Computer; dabei bilden 8 Bits ein **Byte.** Bei der Übertragung von Daten wird die Leistungsfähigkeit eines Computers in Bit je Sekunde angegeben. Dieser Wert gibt also Auskunft über die Geschwindigkeit, mit welcher Daten verarbeitet werden können. Die Speicherkapazität, d. h. die Anzahl von Speicherstellen eines Hauptspeichers (Zentraleinheit) oder eines externen Speichers (z. B. Diskette), wird in Kilobyte oder Megabyte angegeben. So bedeutet 1 Kilobyte 1024 Speicherstellen mit je 8 Bit oder 1 Megabyte ≙ 1 048 576 Bytes zu je 8 Bit.

Sender	Empfänger	Kommunikation durch
Person	Person	Sprache, Schrift, Mimik und Gestik
Person	Maschine	Tasten, Schalter, Hebel
Maschine	Person	Ton, Licht
Maschine	Maschine	Strom- oder Lichtimpulse (z. B. Lichtschranken)

14.3 Hardware und Software

Eine EDV-Anlage besteht aus mindestens drei Einheiten, nämlich
- **Eingabeeinheit** (Input)
- **Zentraleinheit** (Computer)
- **Ausgabeeinheit** (Output)

Als **Eingabeeinheit** bezeichnet man Eingabegeräte, die an den Computer die Daten zur Speicherung und Verarbeitung geben. Beim PC (Personalcomputer), wie er vor allem in Klein- und Mittelbetrieben, aber auch im privaten Bereich verwendet wird, sind die **Tastatur** und das **Diskettenlaufwerk** die wichtigsten Eingabegeräte. Die Eingabe von Daten ist im Zusammenhang mit der Datenverarbeitung der erste Schritt. Bevor Daten verarbeitet werden können, müssen Sie dem Computer, d. h. der Zentraleinheit, mitgeteilt werden. Man muß sie also in das System eingeben. Eingegeben werden müssen in das System auch die Programme. Ein **Programm** ist eine Menge von Befehlen, die zur Lösung einer Aufgabe mit dem Computer dienen. Das Programm ist also die Arbeitsanweisung für den Computer. So gibt es z. B. Textverarbeitungsprogramme, Programme für die Kalkulation, Programme zur Erstellung von Grafiken (z. B. Umsatzstatistik, Kostenkurven, Schaubilder) oder Buchführungsprogramme. Im privaten Bereich sind auch Programme für Computerspiele sehr verbreitet.

Die einzelnen Befehle legen fest, was zu tun ist, woher die Daten kommen und wo die Ergebnisse zu speichern bzw. auszugeben sind. Damit das Programm eingeben werden kann, muß es sich auf maschinenlesbaren Datenträgern befinden. Wichtige Datenträger für die EDV sind zum Beispiel die Diskette, das Magnetband, die Magnetplatte oder der Lochstreifen. Die **Diskette** ist eine runde, flexible Kunststoffscheibe, die auf beiden Seiten mit einer magnetisierbaren Schicht versehen ist. Die Speicherung der Daten geschieht auf ihr durch elektrische Impulse. Üblicherweise werden Programme auf Disketten gespeichert gekauft. Die Disketten werden auch zur Speicherung der Daten verwendet, die im Hauptspeicher des Computers keinen Platz haben. Damit wird die Diskette zu einem **externen Speicher**, also einem Speicher, der außerhalb der Zentraleinheit liegt.

Programme müssen vom Programmierer in eine **Programmiersprache** übersetzt werden, die computertauglich ist und vom Computer verstanden wird. Da es verschiedene **Betriebssysteme** bei Computern gibt, muß eine Programmiersprache gewählt werden, die zum entsprechenden Betriebssystem paßt. Man kann dies in etwa mit den verschiedenen Videosystemen vergleichen. So kann ein Videofilm im VHS-System nicht mit einem Videorecorder des Systems 2000 abgespielt werden. Weil diese beiden Betriebssysteme nicht zusammenpassen, d. h. nicht **kompatibel** sind, läuft hier nichts. So ähnlich ist es auch im Computerbereich.

Mittels der Programmiersprache wird es möglich, Informationen (Daten) zu kodieren und Computerprogramme zu schreiben. Diese Programmiersprachen müssen vom Programmierer systematisch gelernt werden. Programmiersprachen sind z. B. Basic oder Pascal. Der Benutzer einer EDV-Anlage muß jedoch diese Programmiersprachen nicht können, denn er benutzt vorgefertigte Programme. Die Eingabe eines Programms in den Computer bezeichnet man als „Laden", das Eingeben von Daten als „Lesen".

Es gibt bei Computern unterschiedliche Betriebssysteme. Das **Betriebssystem** ist eine Zusammenfassung von Befehlen für alle Programme, die vom Hersteller einer Datenverarbeitungsanlage zur Verfügung gestellt werden. Es sagt dem Computer also, auf welche Weise er seine Daten verarbeiten, sammeln, sortieren und verwalten soll. Ein sehr gebräuchliches Betriebssystem ist **MS-DOS**. Es bedeutet **D**isk-**O**perating-**S**ystem. Diese Bezeichnung deutet darauf hin, daß hier mit Hilfe von Disketten gearbeitet wird.

Für den Benutzer eines PC ist es sehr wichtig, daß er die Tastatur seines Eingabegeräts genau kennt. Er muß also wissen, wie die einzelnen Tasten jeweils belegt sind. Daher ist das Bedienerhandbuch außerordentlich wichtig. Hier kann die Tastaturbelegung nachgeschlagen werden. Spezielle Funktionstasten sind z. B. die Tasten für die Eingabe von Befehlen, das Abbrechen von Befehlen, die Korrektur von Tippfehlern, das Anhalten der Bildschirmanzeige, der Ausdruck des Bildschirminhalts oder die Beendigung der Operation.

Die **Zentraleinheit** steht im Mittelpunkt der EDV-Anlage. Sie besteht aus drei Komponenten, nämlich dem **Hauptspeicher** für die Speicherung der eingegebenen Programme und Daten, dem **Steuerwerk** für die Abwicklung der Programmbefehle und dem **Rechenwerk** für die eigentliche Verarbeitung der Daten. Zentraleinheiten unterscheiden sich in Größe, Speicherkapazität, Arbeitsgeschwindigkeit, Zeichen- und Befehlsvorrat. Der Personalcomputer (PC) ist eine besonders kompakte Zentraleinheit, die gerade zum Einsatz im Einzelhandel sehr geeignet ist. Das Eingabegerät (Tastatur, Computerkasse) wird durch ein Kabel mit der Zentraleinheit verbunden. Die eigentliche Datenverarbeitung in der Zentraleinheit bleibt dem Benutzer des PC verborgen. Er muß sie auch nicht verstehen, um mit einer EDV-Anlage umgehen zu können. Als Anwender muß er nur wissen, wie die Daten, Programme und Befehle in den PC eingegeben werden und welche Befehle er eingeben muß.

Die Ausgabeeinheit hat die Aufgabe, die im Computer verarbeiteten Daten aufzunehmen, damit sie aufbewahrt, weiter verarbeitet oder sichtbar gemacht werden können. Dazu sind entsprechende Ausgabegeräte notwendig, wie z. B. Magnetplatten, Disketten, Magnetbänder, Bildschirme und Drucker. Der **Bildschirm** dient jedoch nicht nur als Ausgabeeinheit zur Sichtbarmachung verarbeiteter Daten (Datensichtgerät). Anhand des Bildschirms kann der Anwender und Bediener der EDV-Anlage auch die Eingabe der Daten sichtbar machen und überwachen.

Der **Drucker** ermöglicht, die verarbeiteten Daten in eine für Menschen lesbare Form zu übertragen. Die Druckausgabe hat den Vorteil, daß man die gedruckten Unterlagen versenden und archivieren kann. Solche Drucker fertigen Listen, Tabellen, Geschäftsbriefe, Rechnungen, Grafiken u. a. an. Drucker gibt es in sehr unterschiedlicher Art, Druckqualität, Arbeitsweise und Preislage. So gibt es z. B. Kugelkopfdrucker, Typenraddrucker, Matrixdrucker, Nadeldrucker, Thermodrucker, Laserdrucker und Tintenstrahldrucker.

Zwei wichtige Begriffe sollte man sich noch merken, nämlich Hardware und Software. Mit **Hardware** bezeichnet man das Maschinensystem einer EDV-Anlage, also den Computer, die Ein- und Ausgabegeräte und die externen Speicher. Auch die Übertragungsleitungen (Kanäle) zählen zur Hardware. Mit **Software** bezeichnet man die Programme, das Betriebssystem und die Verarbeitungsprogramme.

Ein PC mit entsprechenden Programmen kann wertvolle Hilfe leisten bei der Textverarbeitung, wie z. B. beim Schreiben von Schemabriefen (Mahnungen, Werbeschreiben), bei der Fakturierung (Rechnungsstellung), beim Bestellwesen, bei der Warenbestandsrechnung, bei der Erfassung der Warenverkäufe (Datenkasse), der Erstellung des Kassenberichts, bei der Buchführung, bei der Kalkulation, bei der Lohn- und Gehaltsabrechnung oder beim Erstellen von Bankbelegen.

Abb. 26. Aufbau einer EDV-Anlage.

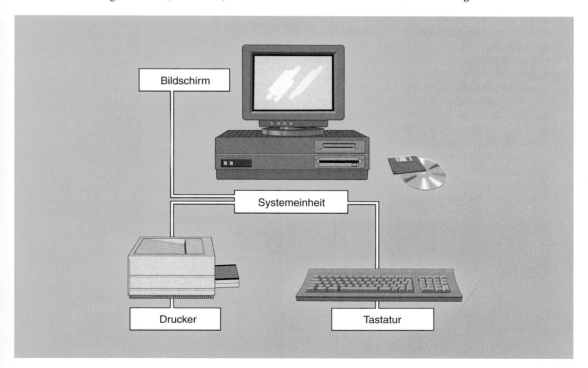

Merksätze

▷ Die elektronische Datenverarbeitung (EDV) ist durch die Sammlung, Ordnung, Speicherung, Verarbeitung und Auswertung betriebswirtschaftlicher Daten ein wichtiges Hilfsmittel für den Floristen, das ihm die Verwaltungsarbeit erleichtert und ihm wichtige Informationen für unternehmerische Entscheidungen liefert.

▷ Als Computer bezeichnet man Geräte, die durch Rechenoperationen die eingegebenen Daten (Informationen) verarbeiten und auswerten.

▷ Die Informationen müssen vor der Verarbeitung im Computer in Zeichen übertragen werden, welche der Computer entziffern kann.

▷ Den Austausch von Informationen bezeichnet man als Kommunikation.

▷ Die Anpassung von Informationen an den Zeichenempfänger (Computer) bezeichnet man als Kodierung.

▷ Eine EDV-Anlage besteht mindestens aus drei Einheiten: Der Eingabeeinheit (z. B. Tastatur), der Zentraleinheit (Computer) und der Ausgabeeinheit (z. B. Bildschirm, Drucker).

▷ Der Computer löst die ihm gestellten Aufgaben mit der Hilfe von Programmen. Ein Computerprogramm besteht aus einer Aneinanderreihung von Befehlen.

▷ Die Programme müssen in einer Programmiersprache abgefaßt sein, die vom entsprechenden Computer verstanden wird. Das Eingeben eines Programms in den Computer bezeichnet man als Laden, das Eingeben von Daten als Lesen.

▷ Das Maschinensystem einer EDV-Anlage bezeichnet man als Hardware.

▷ Die Computerprogramme und das Betriebssystem von EDV-Anlagen bezeichnet man als Software.

Aufgaben

1. Beschreiben und erklären Sie, welche Aufgaben im Floristbetrieb mit Hilfe der EDV erledigt werden können.
2. Um welche Arten von Zeichen handelt es sich bei folgenden Beispielen: a) 5883064, b) Kassenkonto, c) 20 Flaschen Blumendünger?
3. Erstellen Sie eine Liste der im Floristbetrieb anfallenden Informationen und ordnen Sie diese nach folgenden Merkmalen: a) von außen (extern) kommende Informationen, b) betriebsinterne Informationen, c) nach außen gehende Informationen.
4. Nennen Sie für folgende Informationen jeweils zwei Beispiele: a) Mengeninformationen, b) Ordnungsinformationen, c) Anweisungsinformationen.
5. Zeigen Sie anhand von Beispielen auf, welche Kommunikationsmittel Menschen untereinander verwenden.
6. Erklären Sie an Beispielen, wie Menschen mit technischen Geräten (auch mit Computern) kommunizieren.
7. Stellen Sie den Kommunikationsprozeß in einem Schaubild dar.
8. Warum müssen die Informationen vor der Verarbeitung in der EDV-Anlage kodiert werden?
9. Welche Funktionen übernehmen die folgenden Einheiten im Rahmen der EDV: a) Eingabeeinheit, b) Zentraleinheit, c) Ausgabeeinheit?
10. Welche Aufgabe hat das Computerprogramm im Rahmen der EDV?
11. Besorgen Sie sich in einem Computerladen Unterlagen über EDV-Programme (Computerprogramme für den geschäftlichen und den privaten Bereich), und stellen Sie fest, wie umfangreich das Angebot ist.
12. Erklären Sie, warum Computerspiele nur auf der Basis von Programmen möglich sind.
13. Nennen und beschreiben Sie die wichtigsten Datenträger für die EDV.
14. Beschreiben Sie, warum die Programmiersprache auf das Betriebssystem des Computers abgestimmt sein muß.
15. Warum muß vor der Benutzung der EDV-Anlage der Computer mit dem entsprechenden Programm geladen werden?
16. Erklären Sie anhand von Beispielen die Begriffe „Hardware" und „Software".

II Schriftverkehr

15 Formvorschriften nach DIN

Lernziele

▷ Die äußere Form des Geschäftsbriefs nach DIN-Vorschriften kennen;
▷ fähig sein, einen Brief sauber und übersichtlich erstellen zu können;
▷ erkennen, welche Bedeutung die DIN 5008 für den kaufmännischen Schriftverkehr hat.

Beim Verfassen von Geschäftsbriefen spielt nicht nur der gute sprachliche Ausdruck eine Rolle, sondern auch eine **saubere äußere Form** des Briefs. Diese äußere Form unterliegt ganz bestimmten Norm-Vorschriften nach DIN 5008 „Regeln für Maschinenschreiben". Diese Regeln tragen zu einem rationalen Arbeitsablauf des Schriftverkehrs bei und ermöglichen eine optimale betriebliche Organisation. Die Normvorschriften legen also die formale Seite eines Geschäftsbriefs fest, nicht jedoch dessen Inhalt.

15.1 Formate

○ Papierformate

Für einen nicht vorgedruckten Brief benutzt man Papier im Format DIN A4 (29,7 cm × 21,0 cm). Für kürzere Mitteilungen ist das DIN A5-Format möglich, das ist die Hälfte eines DIN A4-Bogens (Halbbriefblatt, hoch oder quer). Das Postkartenformat (DIN A6) entspricht der Hälfte eines DIN A5-Bogens. Es wird nur in Ausnahmen für wirklich ganz kurze Mitteilungen verwendet.

○ Vordrucke

Vordrucke erleichtern die Büroarbeit. Der Vorteil ist, daß immer gleiche Angaben an der selben Stelle zu finden sind. Die Vordrucke sind genormt:
DIN 476 Papier-Endformate (12.76)
DIN 676 Geschäftsbrief; Vordrucke A4 (12.76)
DIN 678 Briefhüllen; Formate (04.87)
DIN 680 Fensterbriefhüllen (04.87)

DIN 4991 Vordrucke für Industrie, Handel und Verwaltung; Rahmenmuster für Handelspapiere; Anfrage, Angebot, Bestellung, Bestellungsannahme, Lieferschein/Lieferanzeige und Rechnung (3.85)
DIN 4992 Vordrucke im Lieferantenverkehr; Bestellung (Auftrag), (09.69)
DIN 4994 Vordrucke im Lieferantenverkehr; Lieferschein/Lieferanzeige (09.69)
DIN 5008 Regeln für Maschinenschreiben (11.86)

○ Briefhüllen

Für Geschäftsbriefe werden Briefhüllen (Briefumschläge, Kuverts) DIN 678 und Fensterbriefhüllen DIN 680 verwendet. Am häufigsten wird das C6 (114 mm × 162 mm; ca. Postkartenformat) und das DL-Format (110 mm × 220 mm; DIN lang) gebraucht.

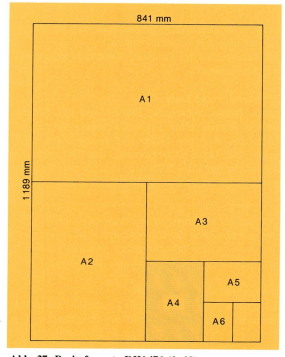

Abb. 27. Papierformate DIN 476 (1:10).

15.2 Einteilung des Briefbogens

Die nun folgenden Angaben beziehen sich auf die DIN A4-Größe. Für kleinere Formate gelten diese Angaben sinngemäß. Vergleichen Sie dazu auch den Musterbrief auf Seite 85.
Die Punkte am linken Rand bedeuten Leerzeilen, d. h. pro Punkt eine Schreibmaschinenschaltung im einfachen Zeilenabstand.
Der Briefbogen wird auf Grad 0 eingelegt; jede Zeile beginnt grundsätzlich bei Grad 10 (ca. 2,5 cm Abstand vom linken Rand) und endet etwa bei Grad 70.
Zum Beschriften der **Briefvordrucke** von Firmen wird ebenso die DIN 5008 zugrundegelegt. Die Betreffzeile beginnt zwei Leerzeilen unter der vorgedruckten und ausgefüllten Bezugszeichenzeile.
Für die **Texterstellung mit einem Personalcomputer** gelten die gleichen Vorschriften. PC-Briefe sind kostengünstiger und rationeller, weil
– das Herstellen eines Textes und der Ausdruck in unmittelbarem Zusammenhang stehen;
– immer wiederkehrende Textinhalte als Bausteine gespeichert und wieder aufgerufen werden können (z. B. Rahmenmuster für Mahnbriefe, Angebote oder nur einzelne Begriffe wie: *Sehr geehrter Herr ⁀Name⁀*);
– der Text gleichzeitig gespeichert und die Daten somit abgelegt werden können.
Das äußere Bild des PC-Briefs entspricht sinngemäß dem Musterbrief.

○ Absender und Datum

Firma, Name, Anschrift, Telefon und ggf. Telefax werden jeweils ohne Leerzeile untereinander geschrieben. Auf der Höhe der ersten Zeile steht rechts, bei Grad 50 beginnend, der Ort mit dem Datum. In der DIN 5008 wird eine zweistellige Datumsangabe empfohlen (z. B. 01. 07. 1996).

> Wegen des anstehenden Jahrtausendwechsels sollten aus Gründen der Datensicherheit ab sofort nur noch vierstellige Jahresangaben gemacht werden.

○ Anschrift des Empfängers

An der Fluchtlinie links, sechs Leerzeilen unter dem Absender, folgt die Anschrift des Empfängers. Die erste Zeile enthält die Firma (z. B. Blumen-Centrale, Werbeagentur), darunter folgt der Name des Inhabers, dann die Straße mit der Hausnummer bzw. das Postfach mit Nummer. Die nächste Zeile bleibt stets frei; erst dann folgt die Postleitzahl mit dem Ortsnamen. Geht ein Brief ins Ausland, setzt man unter den Bestimmungsort das Bestimmungsland in Großbuchstaben oder benutzt das Unterscheidungskennzeichen für den grenzüberschreitenden Kfz-Verkehr vor der Postleitzahl (siehe Tabelle und auch Musteranschriften):

Land	Kz	Land	Kz
Belgien	B	Liechtenstein	FL
Deutschland	D	Norwegen	N
Dänemark	DK	Österreich	A
Finnland	FIN	Schweden	S
Frankreich	F	Schweiz	CH
Italien	I	Slowenien	SI
Jugoslawien (Serbien u. Montenegro)	YU	Ungarn	H

(Quelle: Merkblatt der Deutschen Post AG)

Insgesamt können neun Zeilen für die Anschrift verwendet werden. Wird eine bestimmte Versendungsart gewünscht (z. B. Einschreiben), steht diese über der eigentlichen Anschrift mit einer Leerzeile Zwischenraum (siehe Musteranschriften).

```
1                           1  Einschreiben
2                           2
3  Blumen-Centrale           3  Frau
4  Stefan Grün               4  Barbara Martin
5  Bahnhofstraße 28          5  bei A. Strauch
6                            6  Schiltacher Straße 5
7  42103 Wuppertal           7
8                            8  77709 Wolfach
9                            9

1  Eilzustellung             1
2                            2
3  Herrn Rechtsanwalt        3  IHK Region Stuttgart
4  Dr. Richart Engert        4  Bezirkskammer Göppingen
5  Otto-Hahn-Ring 9          5  z. H. Frau Pesch
6                            6  Franklinstraße 4
7  81739 München             7
8                            8  73033 Göppingen
9                            9

1  Briefdrucksache           1
2                            2
3  Blumenhaus                3  Fleur Printania
4  Hans Schlegel             4  Monsieur C. Dubois
5  Inselstraße 16            5  86, avenue Camille-Pelletan
6                            6  13003 MARSEILLE
7  04103 Leipzig             7
8                            8  FRANKREICH
9                            9
```

```
                    .
                    .
                    .
   Blumen-Centrale                        Wuppertal, 16.01.19..
   Stefan Grün
   Bahnhofstraße 28
   42103 Wuppertal
   Telefon (02 02) 17 76 44
   Telefax (02 02) 17 76 22
                    .
                    .
                    .
                    .
                    .
   Werbeagentur
   Rolf Beck
   Richard-Strauß-Allee 3

   42289 Wuppertal
                    .
                    .
                    .
   Entwürfe für Werbeplakate     E i l t
   Ihr Schreiben vom 10.01.19..
                    .
                    .
   Sehr geehrter Herr Beck,

   mit Ihren ideenreichen Plakatentwürfen bin ich im allgemeinen
   einverstanden.
                    .
   Ich habe mich für das Plakat Nr. 3 entschieden und möchte nur,
   daß Sie den Text der Verkaufszeiten am Eröffnungstag meines
   Betriebes etwas größer und auffälliger drucken. Die gewünschte
   Größe habe ich im Probedruck eingezeichnet.

   Außerdem sollten die Blumen farblich noch frühlingshafter und
   stimmungsvoller wirken; die Farben erscheinen mir etwas blaß.
   Die Farbverteilung gefällt mir jedoch sehr gut.

   Sollten Sie diesen Änderungen zustimmen können, bitte ich um
   einen weiteren Probedruck bis spätestens Ende nächster Woche.
                    .
   Mit freundlichen Grüßen
                    .
   Blumen-Centrale
                    .
                    .
         Grün
         Grün
                    .
   Anlage
   Werbeplakat Probedruck Nr. 3
```

Abb. 28. Musterbrief.

○ **Betreffzeile und Bezugszeile**
Vier Leerzeilen nach der Anschrift folgt die Betreffzeile, direkt darunter die Bezugszeile.
Der **Betreff** ist eigentlich eine kurze Inhaltsangabe des Schreibens und trägt zur schnelleren Weiterleitung des Briefs an die zuständige Stelle bzw. Person bei. So erreicht z. B. ein Brief mit dem Betreff Reklamation nicht erst die Personalabteilung eines Betriebs. Da der Brief nicht ganz gelesen werden muß, spart die Angabe des Betreffs also auch Zeit.
Hinter dem Betreff-Inhalt kann in gesperrter Schrift ein **Behandlungsvermerk** gesetzt werden.
Beispiel
Bitte um ein Angebot über Dekoration d r i n g e n d.
Das Wörtchen *Betreff* wird jedoch nicht geschrieben (siehe auch Musterbrief).
Der **Bezug** erleichtert den Schriftwechsel, muß aber nicht unbedingt angegeben werden. Falls dem Geschäftsbrief ein Telefongespräch oder eine Zeitungsannonce vorausging, kann sich der Schreiber darauf beziehen und schafft einen schnelleren Bezug zur Sache. So kann sich zum Beispiel eine Bestellung auf ein Angebot beziehen, eine Bewerbung auf eine Zeitungsanzeige oder auf ein bereits geführtes Telefongespräch oder eine Reklamation auf eine bereits erfolgte Warenlieferung.
Am Ende der Betreff- bzw. Bezug-Angabe wird **kein** Satzzeichen gesetzt.

○ **Anrede**
Eine Anrede ist empfehlenswert, vor allem dann, wenn der Briefpartner mit Namen bekannt ist. Dadurch wirkt der Geschäftsbrief persönlich. Der Anrede gehen zwei Leerzeilen voraus.

Beispiele für Anreden
Sehr verehrte Frau Pesch!
Sehr geehrter Herr Grün,
Sehr geehrter Herr Doktor Engert,
Wenn kein Name bekannt ist, schreibt man immer:
Sehr geehrte Damen und Herren,

Statt eines Ausrufezeichens nach der Anrede ist auch ein Komma möglich; man muß dann den folgenden Satz klein beginnen (Ausnahme: Substantiv am Satzanfang); der Brief wirkt so etwas flüssiger.

○ **Brieftext**
Der Hauptteil des Briefs, der eigentliche **Inhalt**, sollte gedanklich geordnet, übersichtlich und unmißverständlich dargestellt werden. Er gliedert sich meist in mehrere Abschnitte. Ein Abschnitt enthält jeweils einen Sinnzusammenhang. Zwischen den wesentlichen Abschnitten mit neuen Gedanken bleibt nach DIN-Vorschrift eine Leerzeile Abstand. Einzelne wichtige Wörter können durch Unterstreichen, Fettdruck, Sperrschrift, Zentrieren (Mitte schreiben) hervorgehoben und betont werden. Es ist auch möglich, Textstellen eingerückt (bei Grad 20) zu schreiben und dadurch hervorzuheben (s. Abschnitt „Bestellung", Musterbrief auf Seite 108).
Inhaltliche Schwerpunkte des Hauptteils werden in den entsprechenden Abschnitten („Bewerbung", „Kündigung", „Bestellung", „Reklamation") erläutert.
Schreiben Sie so, daß
– der Ausdruck nicht künstlich konstruiert klingt (kein Amtsdeutsch);
– unnötige und nichtssagende Phrasen vermieden werden;
– Ihr Brief eine freundliche, ansprechende und persönliche Note erhält;
– der Empfänger den Brief gerne liest und nicht verärgert wird;
– der Empfänger zu bestimmten Handlungen veranlaßt wird, denn er soll schließlich kaufen, bezahlen, einen Auftrag erteilen oder andere Geschäftshandlungen vollziehen.
(Siehe auch Abschnitt 15.4 „Rechtschreibung und Stilübungen".)

○ **Briefschluß**
Der Briefschluß sollte einfach gehalten sein, die **Grußformel** soll weder übertrieben noch unterwürfig wirken.

Beispiele
Mit freundlichem Gruß
Mit freundlichen Grüßen
Mit bester Empfehlung
Wir grüßen Sie

Die Grußformel „Hochachtungsvoll" wird noch selten gebraucht, z. B. beim Briefverkehr mit Behörden und Amtspersonen. Aber auch dort ist es heute durchaus möglich, eine oben genannte Grußformel zu verwenden.
Die Grußformel beginnt links an der Fluchtlinie und ist durch eine Leerzeile vom Brieftext getrennt.
Für die **Unterschrift** werden nach der Grußformel drei Leerzeilen freigelassen, nach Bedarf auch mehr. Dann folgt in Maschinenschrift der Name und der Titel des Unterzeichners. Die maschinenschriftliche Namenswiederholung ist üblich, aber nicht bindend vorgeschrieben.

○ **Anlagen**
Manchmal werden mit dem Geschäftsbrief weitere Schriftstücke versandt; man nennt sie „Anlagen". Diese Anlagen werden nach der Unterschrift bzw. maschinenschriftlichen Namenswiederholung mit mindestens einer Leerzeile Abstand, links an der Fluchtlinie beginnend, aufgeführt. Das Wort Anlagen wird nicht unterstrichen und bekommt auch keinen Doppelpunkt.
Enthält der Brief mehrere Anlagen, werden diese einzeln aufgeführt und untereinander geschrieben (z. B. Lebenslauf, Zeugniskopie, Führungszeugnis, Lichtbild).
Ist der Brieftext so umfangreich, daß die Anlagen an der üblichen Stelle nicht aufgeführt werden können, setzt man sie auf Höhe der Grußformel auf Grad 50; denn hier gibt es normalerweise noch Platz genug. Die Anlagen dürfen auf keinen Fall auf einem zusätzlichen Blatt stehen, weil sie sonst übersehen werden könnten; denn der Brief endet auf der ersten Seite mit der Grußformel und Unterschrift.
Es ist auch erlaubt, bei Platzmangel die Anlagen nur summarisch aufzuführen (4 Anlagen).
Allgemein gilt, daß der Briefschluß niemals auf einem besonderen Blatt stehen darf. Man sollte auch dann einen neuen Bogen beginnen, wenn nur noch wenige Zeilen im Hauptteil zu schreiben sind, sonst wirkt der Briefschluß auf dem ersten Blatt zusammengequetscht. Dies würde die äußere Form sehr stören.

○ **Seitennumerierung**
Die Seiten werden ab dem zweiten Briefblatt fortlaufend numeriert (z. B. -3-). Der Mittestrich beginnt auf der fünften Zeile bei Grad 40, 48 oder auch 60.

15.3 Kuvertieren

○ **Falten**
Für Geschäftsbriefe verwendet man die im Abschnitt „Briefhüllen" aufgeführten Kuverts. Dementsprechend wird der Brief gefaltet. Briefvordrucke haben am linken Rand zwei kleine Striche, die Faltmarken. Sie erleichtern das Falten für Fensterbriefumschläge DIN lang. Ein nicht vorgedruckter Briefbogen wird genauso gefaltet (Schrift nach außen; gedrittelt). Der Absender, die Anschrift des Empfängers und die Betreffzeile befinden sich im ersten Drittel; das zweite Drittel wird zurück nach oben gefaltet und das letzte Drittel mit der Unterschrift nach innen (s. Abb. 29).
Bei einem so gefalteten Brief „schaut die Anschrift wirklich aus dem Fenster" des Briefumschlags.
Für eine Briefhülle ohne Fenster im Postkartenformat faltet man den Brief einmal längs mit der Schrift nach außen, dann einmal quer, so daß Absender und Anschrift oben sind.

○ **Beschriftung der Briefhülle**
Der zur Verfügung stehende Briefumschlag (ohne Fenster) wird optisch geviertelt (s. Abb. 30) und die Anschrift des Empfängers nach dem Vorbild der Abb. 30 in das rechte untere Viertel geschrieben, der Absender in das linke obere Viertel.
Beim Briefumschlag mit Fenster (Fensterkuvert) steht der Absender auf der Rückseite.

Abb. 29. a) Falten eines Briefbogens für DIN DL, b) Falten eines Briefbogens für DIN A6 ohne Fenster.

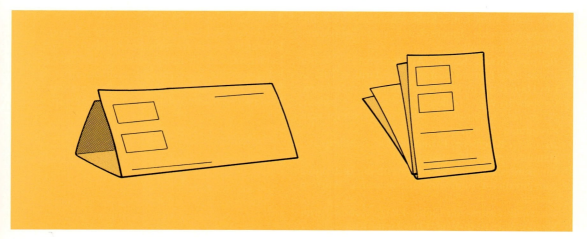

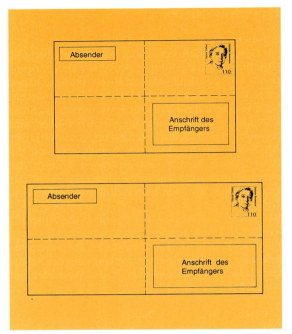

Abb. 30. Standard-Briefumschläge. a) DIN C6 ohne Fenster, b) DIN DL ohne Fenster.

15.4 Rechtschreibung und Stilübungen

○ **Straßennamen**

Straßennamen werden häufig falsch geschrieben. Man sollte deshalb die wichtigsten Rechtschreibregeln beachten:

▷ Das erste Wort eines Straßennamens sowie die dazugehörenden Eigenschafts- und Zahlwörter schreibt man groß.
Beispiele: Breite Straße, Am Kalten Eck, In der Kürze, Am Langen Morgen, Am Dritten Tor.

▷ Ein Hauptwort in Verbindung mit einem Straßen-Grundwort wie ... allee, ... brücke, ... graben, ... markt, ... straße, ... weg usw. schreibt man zusammen.
Beispiele: Kirchweg, Brunnengasse, Schillerplatz, Bahnhofstraße, Pappelallee.

▷ Ein Bindestrich wird gesetzt, wenn die Beziehung zum Straßen-Grundwort aus mehreren Wörtern besteht.
Beispiele: Justus-von-Liebig-Platz, Runde-Turm-Straße, Max-Eyth-Weg, Otto-Hahn-Ring.

▷ Ungebeugte Eigenschaftswörter in Verbindung mit einem Straßen-Grundwort werden zusammen geschrieben.
Beispiele: Hochstraße, Altmarkt, Enggraben.

▷ Gebeugte Eigenschaftswörter, Ort- und Ländernamen schreibt man vom Straßen-Grundwort getrennt.
Beispiele: Hohe Straße, Alter Markt, Enger Graben, Stuttgarter Straße, Württemberger Platz, Lübecker Tor, Südlicher Ring.

○ **Anredefürwörter**

Anredefürwörter (Personalpronomen) werden in Briefen groß geschrieben.
Beispiele: Sie, Ihnen, Ihre.

○ **Ich- oder Wir-Form?**

In der **Ich-Form** schreibt man als Einzelperson oder Einzelunternehmer, in der **Wir-Form** als Gesellschaft (z. B. KG, OHG). Häufig neigt man dazu, die Ich-Form (vor allem als Satzanfang) zu umgehen; dies führt jedoch oft zu einem gezwungenen Satzbau und einer konstruierten Ausdrucksweise. „*Man darf den Brief nicht mit ‚Ich' beginnen*" ist eine alte, verstaubte Regel und gilt heute nicht mehr.
Und noch ein Wort zum

○ **Amtsdeutsch**

Typische, aber auch vermeidbare Begriffe aus dem Amtsdeutsch sind mittels, bezüglich, betreffs, laut, nebst, einleitend, zuvorkommend usw.
Altmodische Redensarten können durch flüssige Sätze ersetzt oder ganz weggelassen werden.
Beispiele
Unter Bezugnahme auf unser unlängst geführtes Telefongespräch. Einleitend nehmen wir Bezug auf Ihr Schreiben vom 07. 09. 19..
Wir bitten Sie, dies zur Kenntnis zu nehmen.
Ich verbleibe mit freundlichen Grüßen
Leider müssen wir Ihnen mitteilen, daß Ihre freundlichst bestellte Ware zur Zeit nicht lieferbar ist.
Postwendend erhalten Sie Nachricht von uns.
Ich erwarte baldmöglichst Ihre Rückantwort.

Merksätze

▷ Die äußere Form des Geschäftsbriefs richtet sich nach der DIN 5008.
▷ Ein Geschäftsbrief ist eine Visitenkarte des Betriebs und muß daher sauber und übersichtlich gestaltet und gut formuliert sein.

▷ Durch die Einhaltung der DIN-Vorschriften wird die Abwicklung des kaufmännischen Schriftverkehrs und die Büroarbeit erleichtert.

Aufgaben

1. Schreiben Sie einen formgerechten Geschäftsbrief (DIN 5008) nach folgender Textvorlage:
   Absender: Blumen-Boutique Kathrin Bingert, Kirchstraße 16, 82049 Pullach.
   Anschrift: Blumenfachgeschäft Joachim Schweizer, Seeweg 3, 30827 Garbsen.
   Der Inhalt betrifft eine Bitte um Auskunft über Frau Bettina Borgholm. Sehr geehrter Herr Schweizer!
   Frau Bettina Borgholm, geboren am 05.02.1960, wohnhaft in Schlegelstraße 4, 81369 München, hat sich bei mir als Leiterin meiner Blumen-Boutique beworben. Sie gab mir Ihre Adresse an, falls ich Auskunft über sie einholen möchte. Wie Frau Borgholm bereits berichtete, leitete sie drei Jahre lang eine Filiale selbständig und betreute auch das Auszubildenden. Ich bitte Sie um eine ausführliche Auskunft über Frau Borgholm, vor allem über ihre Führungseigenschaften und ihre Geschäftstüchtigkeit. Selbstverständlich werde ich Ihre Angaben vertraulich behandeln. Mit freundlichen Grüßen Kathrin Bingert.
2. Finden Sie zu jeder Rechtschreibregel Straßennamen aus Ihrer Umgebung.
3. Übertragen Sie die negativen Beispiele aus dem Abschnitt „Amtsdeutsch" in eine flüssige Umgangssprache.

16 Schriftgutablage

Lernziele

▷ Erkennen, daß Schriftgut als Ergebnis der Büroarbeit wichtige Daten liefert und aufbewahrt werden muß;
▷ die gesetzlichen Vorschriften des HGB und der AO als Grundlage für die Ablage und Aufbewahrung kennen;
▷ anfallende Schriftstücke in ihre Wertigkeitsstufen einordnen können, um unnötige Ablagen zu vermeiden;
▷ moderne Ablagemöglichkeiten kennen, um rationell arbeiten zu können;
▷ geeignete Ablagemöglichkeiten für die eigenen betrieblichen Bedürfnisse finden.

16.1 Aufbewahrungsfristen

Im § 257 HGB und in den §§ 146 und 147 AO ist festgelegt, daß kaufmännisches Schriftgut geordnet und über eine bestimmte Zeit aufbewahrt werden muß, um einen lückenlosen Überblick der Handelsgeschäfte und Betriebsführung zu sichern.
Die Aufbewahrungsfrist beginnt mit dem Schluß des Kalenderjahres, in dem der Abschluß des Handelsgeschäfts erfolgte.
Beispiel
Wurde eine Rechnung am 5. Januar dieses Jahres beglichen, beginnt die Aufbewahrungsfrist erst nach dem 31.12. dieses Jahres.

Aufbewahrungsfristen		
Unterlagen	Aufbewahrungsfrist	Aufbewahrung als Wiedergabe auf Datenträgern
Handelsbücher	10 Jahre	möglich
Inventare	10 Jahre	möglich
Eröffnungsbilanzen	10 Jahre	nicht erlaubt
Jahresabschlüsse	10 Jahre	nicht erlaubt
Lageberichte	10 Jahre	möglich
empfangene Handelsbriefe und Wiedergaben (Kopien) abgesandter Handelsbriefe	6 Jahre	möglich
Buchungsbelege	6 Jahre	möglich

16.2 Richtlinien zur Schriftgutablage

Meistens wird zuviel aufbewahrt. Die vier Wertigkeitsstufen erleichtern die Entscheidung und befreien von unnötigen Ablagen.

Schriftgut mit der Wertigkeit **„Tageswert"** gehört nach der Kenntnisnahme und Informationsübermittlung in den Papierkorb. Im Blumenfachgeschäft könnte das eine Notiz über die telefonische Bestellung eines Blumenstraußes sein, der am Abend abgeholt wurde. Wurfsendungen, Einladungen, außer- und innerbetriebliche Informationen oder Werbeschreiben gehören ebenfalls dazu.

Schriftgut mit der Wertigkeit **„Prüfwert"** wird in gewissen Zeitabständen immer wieder geprüft, ob es weiterhin aufbewahrt werden muß. Es verliert mit der Zeit seine Bedeutung. Bewerbungsschreiben werden aufbewahrt, bis die Stelle fest besetzt ist. Kündigungen, Angebote ohne Auftragserfolg, Mahnungen, Preislisten oder Statistiken sind mit der Zeit wertlos.

Diese Schriftstücke gehören in eine Zwischenablage, die möglichst oft aussortiert wird.

Zum Schriftgut mit der Wertigkeit **„Gesetzeswert"** gehören alle Unterlagen, die im HGB genannt sind und bestimmten Aufbewahrungsfristen (6 oder 10 Jahre) unterliegen (s. S. 89). Das sind Belege zum Nachweis eines lückenlosen Handelsvorgangs und alle steuerrechtlichen Unterlagen.

Schriftgut mit der Wertigkeit **„Dauerwert"** ist langfristig von großer Bedeutung (über die Frist von 10 Jahren hinaus) und muß dauernd aufbewahrt werden. Das sind Unterlagen über die Unternehmensgründung, Inhaber- und Rechtsverhältnisse, Entwicklung des Betriebs, auch Verträge und Testamente.

16.3 Ablagesysteme (Registratur)

Aufzubewahrendes Schriftgut wird abgelegt, wenn es der Geschäftsinhaber oder eine dafür verantwortliche Person in der rechten oberen Ecke abgezeichnet hat. Dies dient als Nachweis, daß kein Schriftstück ohne Kenntnisnahme in die Ablage gelangt.

Zweckmäßigerweise richtet sich die Ablageordnung (Aktenordnung) nach **Sachgebieten,** die den besonderen Gegebenheiten des Betriebs entsprechen.

Beispiele
Dokumente, Urkunden, Verträge, Schriftverkehr (z. B. mit Behörden, Kunden, Lieferanten, Banken), Angebote, Preislisten, Steuern, Versicherungen, Personalpapiere, Buchungsbelege (z. B. Eingangs- und Ausgangsrechnungen, Kassenbelege, Lohnlisten).

○ **Ordner-Registratur**
Diese stehende Registratur ist am weitesten verbreitet und für einen kleineren Betrieb gut geeignet. In den Ordnern sind Schriftstücke nach bestimmten Merkmalen geordnet.

Ordnungssystem:

Ordnungsmerkmale	Ablagegut
Buchstaben (z. B. alphabetische Ordnung nach Namen, Orten)	Schriftverkehr mit Kunden
Zeit (z. B. Rechnungsdatum, Liefertag, Briefdatum)	Mahnungen, Bestellungen, Kassenbelege, Eingangsrechnungen
Nummern (z. B. Rechnungsnummern, Auftragsnummern)	Ausgangsrechnungen, Aufträge
Sachgebiete	Einkauf, Inventar, Bankbelege

Oft werden mehrere Merkmale bei der Ordnung kombiniert (z. B. Sachgebiet und Buchstaben).

Für einen Dauerkunden, der immer wiederkehrende Aufträge mit dem Blumenfachgeschäft abwickelt, kann ein besonderer Ordner angelegt werden. Dieser Ordner wird mit einem Register unterteilt, z. B. nach Angebot, Bestellung, Rechnung.

Schriftstücke mit Dauerwert legt man in Klarsichtmappen und heftet diese ab, damit z. B. Dokumente nicht durch Lochung beschädigt werden.

Merkmale
– Ausgezeichnete Übersicht;
– eine große Anzahl Akten ist übersehbar;
– klare Ordnung;
– niedrige Materialkosten;
– großer Raumbedarf, da auch leere Ordner den Platz beanspruchen;
– zeitaufwendige Ablage durch Lochen und Einsortieren.

Abb. 31. Ordnungsmittel. a) Ordner, b) Hängemappe, c) Pendelregister, d) liegende Registratur, e) Personalcomputer, f) Disketten und CD ROM.

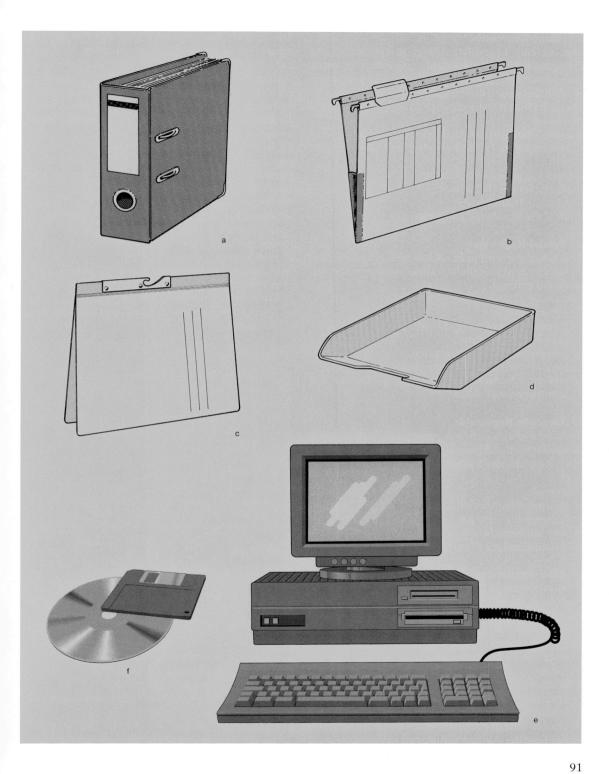

○ **Hänge-Registratur**
Dies ist eine Lose-Blatt-Ablage in Hängemappen. (Hängehefter, Hängetaschen), eingehängt in einen Auszugrahmen. Die „Reiter" der Hängemappen müssen sauber und klar beschriftet werden, damit eine übersichtliche Ablage möglich ist.
Merkmale
– Gute Übersicht innerhalb eines Auszugs;
– kostengünstig (schnell abgelegt und schneller Zugriff);
– gute Ergänzungsmöglichkeit;
– ideale Schreibtischablage;
– geringer Raumbedarf;
– als Zwischenablage gut geeignet.

○ **Pendel-Registratur**
Das Schriftgut wird in Pendelmappen (Pendelhefter, Pendeltaschen) eingeheftet. Diese werden in Spezialschienen gehängt.
Merkmale
– Schnell abgelegt;
– gute Ergänzungsmöglichkeit;
– gute Raumausnutzung;
– geeignet für viele Einzelakten;
– als Zwischenablage gut geeignet;
– mäßige Übersichtlichkeit wegen schlechter Beschriftungsmöglichkeit.

○ **Liegende Registratur**
In einem Fächerschrank wird das Schriftgut in Schnellheftern, Aktendeckeln oder Zettelkästen nach Kunden oder Sachgebieten geordnet und abgelegt.
Merkmale
– Sehr niedrige Einrichtungskosten;
– geeignet für viele Einzelakten;
– sehr unübersichtlich;
– zeitaufwendiges Einsortieren und Suchen.

○ **EDV-Registratur**
Eine moderne, zeitgemäße Schriftgutablage ist das Speichern der Inhalte auf Datenträgern. Von der EDV-Registratur ausgenommen sind die im § 257 HGB genannten Unterlagen (s. Tabelle Seite 89). Die Wiedergabe und die Daten müssen
– einer ordnungsgemäßen Buchführung entsprechen;
– bildlich und inhaltlich mit den anderen Unterlagen übereinstimmen;
– jederzeit in angemessener Frist lesbar gemacht werden können;
– während der Aufbewahrungszeit verfügbar sein.

Durch zahlreiche leistungsfähige EDV-Service-Unternehmen wird auch den Kleinbetrieben der Zugang zur elektronischen Datenverarbeitung erleichtert. Außerdem bietet die Industrie Standardprogramme z. B. für Finanzbuchhaltung, Betriebs- und Lohnabrechnung an, so daß auch ein Kleinbetrieb seinen Bedürfnissen entsprechend Programme mit seinem eigenen Computer einsetzen kann.
Es ist deshalb zweckmäßig, daß sich der Unternehmer bei seinem Steuerberater oder Fachverband informiert. Der „Fachverband Deutscher Floristen" bietet auch auf diesem Gebiet Kurse an.
Merkmale
– Schnelle und beste Information und Auswertung;
– sehr schneller Zugriff;
– sehr geringer Raumbedarf;
– gute Sicherungsmöglichkeiten;
– technische Einrichtung und technisches Wissen notwendig;
– Entlastung von Büroarbeit;
– Anschaffungskosten für Hard- und Software ziemlich hoch.

Merksätze

▷ Kaufmännisches Schriftgut muß aufbewahrt werden, damit Geschäftsfälle lückenlos nachvollziehbar sind.
▷ Grundlage für die Aufbewahrung sind die Vorschriften der §§ 257 HGB und 146f. AO.
▷ Schriftgut wird in die Wertigkeitsstufen „Tageswert", „Prüfwert", „Gesetzeswert" und „Dauerwert" eingeteilt.
▷ Die EDV-Registratur ist heute neben herkömmlichen Registraturmöglichkeiten (z. B. Ordner, Hängeregistratur) üblich.

Aufgaben

1. Nennen Sie je 2 Schriftgutarten, die
   a) nicht aufbewahrt,
   b) sechs Jahre aufbewahrt,
   c) zehn Jahre aufbewahrt,
   d) dauernd aufbewahrt werden müssen.
2. Nach welchen Wertigkeitsstufen kann Schriftgut eingeteilt und abgelegt werden? Nennen Sie für jede Wertigkeitsstufe ein Beispiel.
3. Welche Ablagearten kennen Sie?
4. Nennen Sie Vor- und Nachteile von wenigstens drei Ablagearten.
5. Welche gesetzlichen Vorschriften sind Grundlage für die Ablage und Aufbewahrung von Schriftgut?

17 Aktennotiz und Telefonnotiz

Lernziele

▷ Erkennen, daß für betriebsinterne Zwecke schriftliche Informationen den mündlichen vorzuziehen sind;
▷ erkennen, daß schriftliche Notizen präzise formuliert sein müssen;
▷ fähig sein, eine Akten- oder Telefonnotiz vollständig, klar und übersichtlich abzufassen und dabei Wesentliches vom Unwesentlichen unterscheiden zu können.

Aktennotizen (Aktenvermerke) und Telefonnotizen dienen nur innerbetrieblichen Zwecken; die äußere Form ist daher nicht an Vorschriften gebunden. Sie entstehen aus dem Gedächtnis oder anhand von Stichwörtern gleich nach Gesprächsende. Mündliche Informationen werden häufig vergessen, unbewußt verfälscht oder unvollständig weitergeleitet.

Die Notiz soll schnell, genau und eindeutig informieren; der Ausdruck knapp, präzise und objektiv (wertfrei) sein. Ein logischer, gut gegliederter Aufbau garantiert Übersichtlichkeit und auch Verständlichkeit. Folgende Stichwörter können für eine Akten- oder Telefonnotiz hilfreich sein:
– Ort (wo)
– Zeit (wann)
– Personen (wer)
– Vorgang (was)
– Folgerungen (wie und warum)
Empfohlen wird ein DIN A4- oder ein DIN A5-Blatt. Vordrucke für Akten- oder Telefonnotizen erleichtern die Arbeit und sparen Zeit.

17.1 Aktennotiz

Eine Aktennotiz wird angefertigt, um Besprechungsergebnisse oder andere wichtige betriebliche Ereignisse (Geschehnisse) schriftlich festzuhalten. Sie dient als Dokumentation eines Geschäftfalls oder als Information für Mitarbeiter.

Abb. 32. Aktennotiz.

Beispiel 1
Vorgang: Die Blumen-Centrale Grün will auf EDV-Buchhaltung umstellen. Dazu fand am 12. 07. 19.. eine Besprechung statt. Anwesende waren Herr Grün und seine Frau, die Floristmeisterin Frau Sieber, die Sekretärin Frau Moll und der Steuerberater Herr Riest. Die Umstellung soll zum 01. 01. 19.. abgeschlossen sein. Die notwendige Hardware und Software wurde bereits angeschafft. Das Gespräch beinhaltete hauptsächlich eine Beratung seitens des Steuerberaters. Die Sekretärin schrieb gleich danach eine Aktennotiz (Abb. 32).

Beispiel 2
Vorgang: Floristmeisterin Frau Sieber soll ab 01. 03. 19.. eine Filiale selbständig leiten. Zunächst wurde sie im Stammbetrieb auf diese Position eingearbeitet und übernahm alle anfallenden Arbeiten. Nach vier Monaten Einarbeitungszeit fand am 10. 02. 19.. eine Besprechung zwischen ihr und dem Inhaber, Herrn Grün, statt. Herr Grün schrieb darüber eine Aktennotiz: Abb. 33.

Abb. 33. Aktennotiz auf Vordruck.

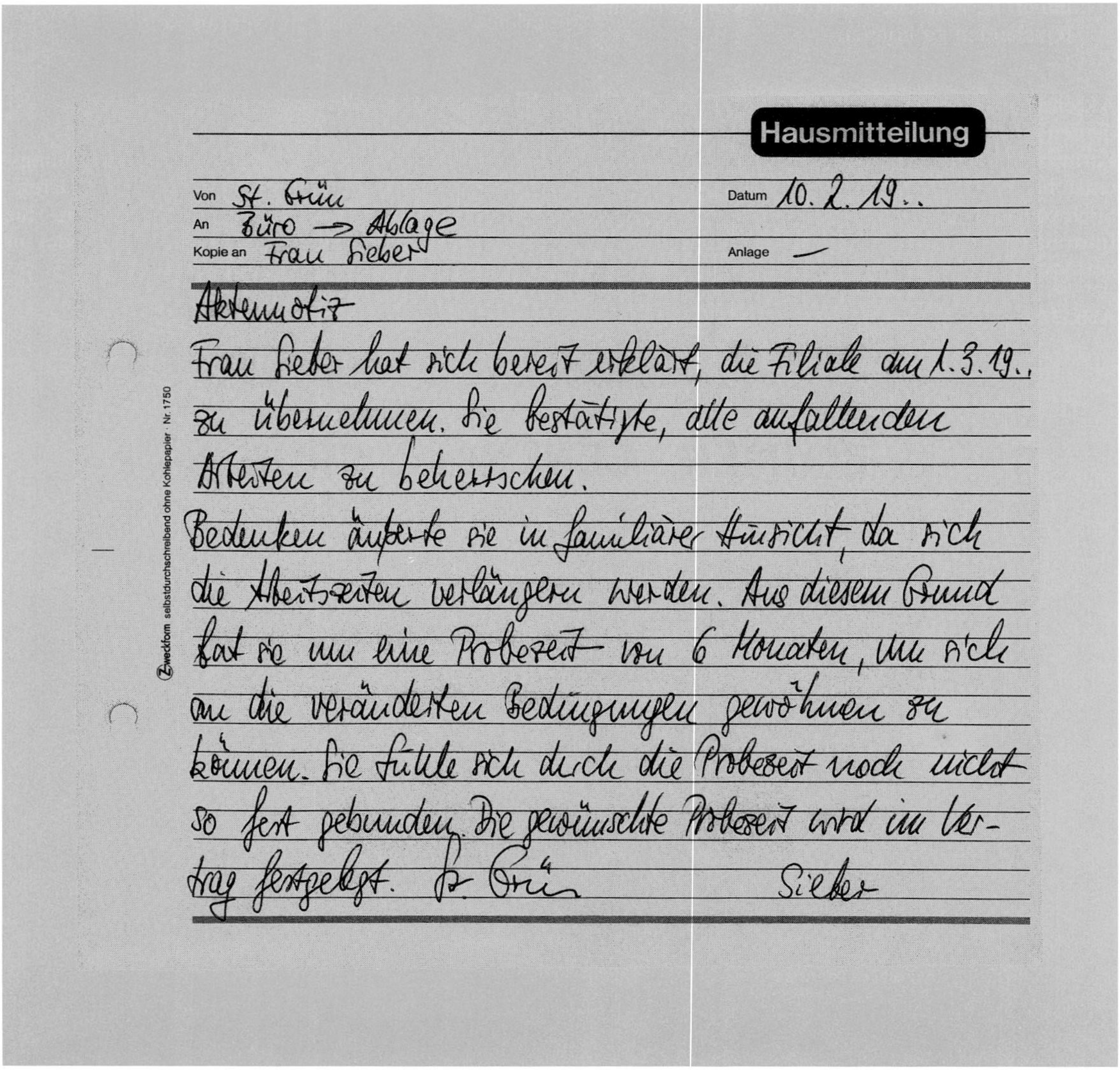

Hausmitteilung

Von St. Grün — Datum 10. 2. 19..
An Büro → Ablage
Kopie an Frau Sieber — Anlage —

Aktennotiz

Frau Sieber hat sich bereit erklärt, die Filiale am 1. 3. 19.. zu übernehmen. Sie bestätigte, alle anfallenden Arbeiten zu beherrschen.
Bedenken äußerte sie in familiärer Hinsicht, da sich die Arbeitszeiten verlängern werden. Aus diesem Grund bat sie um eine Probezeit von 6 Monaten, um sich an die veränderten Bedingungen gewöhnen zu können. Sie fühlte sich durch die Probezeit noch nicht so fest gebunden. Die gewünschte Probezeit wird im Vertrag festgelegt. St. Grün Sieber

Zweckform selbstdurchschreibend ohne Kohlepapier · Nr. 1750

17.2 Telefonnotiz

Ein Telefongespräch ist billiger und schneller als ein Brief, spart Zeit und überbrückt weite Entfernungen. Nachteilig ist, daß keine beweisfähigen Unterlagen vorliegen. Jedes Telefongespräch ist wichtig, vor allem, wenn es um geschäftliche Fragen geht. Wie schnell vergißt man inhaltliche Teile des Gesprächs, wenn gleich danach ein anspruchsvoller Kunde im Blumenverkauf die ganze Konzentration fordert. Ein Telefonblock und Schreibzeug sollte daher immer bereit liegen.

Notizen (meist in Stichworten) sind unentbehrlich, wenn

- das Gespräch für einen Mitarbeiter bestimmt war;
- ein Kollege als Folge des Gesprächs etwas unternehmen muß (z. B. Angebot erteilen);
- wichtige Vorgänge aktenkundig nachweisbar sein müssen (telefonische Reklamation);
- Termine vereinbart und vorgemerkt werden müssen (z. B. Tag der Hochzeit, Lieferung des Brautstraußes);
- Kundenunterlagen geändert werden müssen (z. B. Auflösung eines Grabpflege-Auftrags).

17.2.1 Telefonnotiz während und nach dem Gespräch

Telefonnotizvordrucke enthalten bereits wichtige Informationen wie Datum, Uhrzeit, Telefonpartner, Empfänger, Textzeilen für die Mitteilung und Erledigungsvermerke, so daß während des Telefonats Stichworte eingetragen werden können und nichts vergessen wird.

Eine korrekte Notiz spart Zeit und Rückfragen.

Telefonnotizen sollten daher gleich nach dem Gespräch verdeutlicht und ergänzt werden.

Beispiel

Vorgang: Am 16. 02. 19. . ruft Herr Braun der Firma Kögel aus Düsseldorf an und will Herrn Grün, Inhaber der Blumen-Centrale, persönlich sprechen. Da Herr Grün für zwei Tage verreist ist, bittet Braun um Rückruf am 19. 02. 19. . zwischen 10.00 Uhr und 12.00 Uhr. Er möchte mit Grün eine Dekoration für einen Betriebsball am 15. 03. 19. . besprechen.

Floristin Veronika schreibt eine Telefonnotiz: Abb. 34a.

Herr Grün kennt durch diese Notiz wichtige Grundlagen, kann sich bereits Gedanken über Vorschläge machen und wird Herrn Braun sicher selbst anrufen.

17.2.2 Telefonnotiz vor dem Gespräch

Ein umfangreiches Telefongespräch sollte gut vorbereitet sein. Wesentliche Gesprächspunkte werden auf einen Gesprächsvorbereitungs- oder Telefonnotizzettel geschrieben. Dadurch bleibt ein Gespräch kurz und ist sachlich gegliedert, anfängliches Stottern wird vermieden, das Thema kann schnell und gezielt angesprochen werden. So kommt es nicht erst zu langen Privatgesprächen mit hohen Telefonkosten. Vorgefertigte Gesprächsnotizen werden durch Aussagen des Telefonpartners erweitert; der Zettel dient gleichzeitig als Telefon- bzw. Aktennotiz.

Beispiel

Nach seiner Rückkehr bereitet Herr Grün eine Telefongesprächsnotiz zum Vorgang im Abschnitt 17.2.1 vor. Er verwendet dafür einen Werbevordruck eines Lieferanten: Abb. 34b.

17.2.3 Buchstabiertafel

Für schwierige Wörter, z. B. ausländische Namen bei Fleurop-Aufträgen, sollte eine Buchstabiertafel (In-

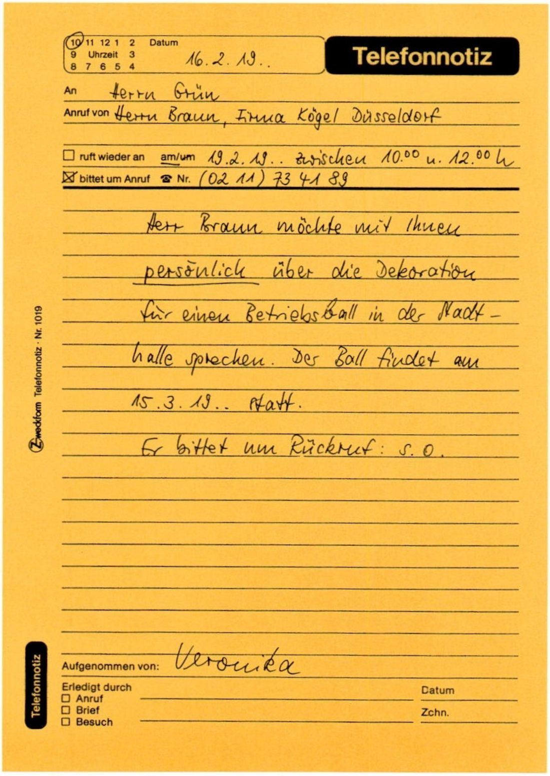
Uhrzeit Datum 16.2.19..
Telefonnotiz
An Herrn Grün
Anruf von Herrn Braun, Firma Kögel Düsseldorf
☐ ruft wieder an am/um 19.2.19.. zwischen 10.00 u. 12.00 h
☒ bittet um Anruf ☎ Nr. (02 11) 73 41 89
Herr Braun möchte mit Ihnen persönlich über die Dekoration für einen Betriebsball in der Stadthalle sprechen. Der Ball findet am 15.3.19.. statt.
Er bittet um Rückruf: s.o.
Aufgenommen von: Veronika
Erledigt durch
☐ Anruf
☐ Brief
☐ Besuch
Datum
Zchn.
Zweckform Telefonnotiz · Nr. 1019
Telefonnotiz

Abb. 34a. Telefonnotiz.

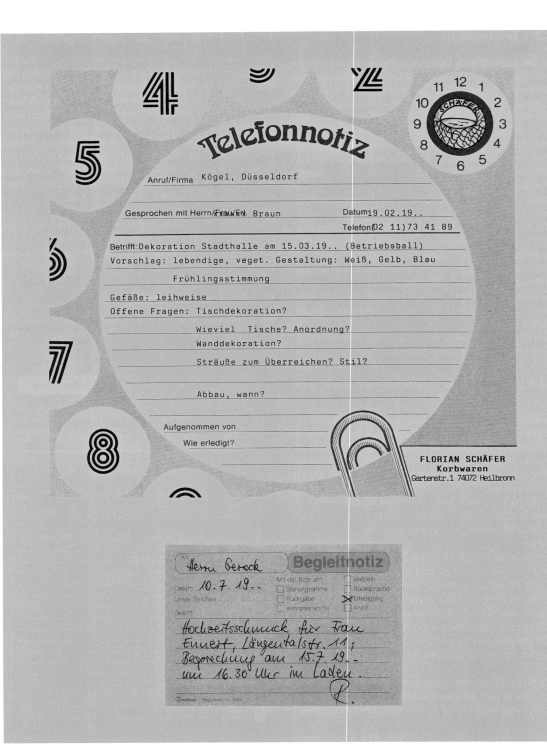

Telefonnotiz

Anruf/Firma: Kögel, Düsseldorf

Gesprochen mit Herrn/~~Frau/Frl.~~ Braun Datum 19.02.19..
Telefon (02 11) 73 41 89

Betrifft: Dekoration Stadthalle am 15.03.19.. (Betriebsball)
Vorschlag: lebendige, veget. Gestaltung: Weiß, Gelb, Blau
Frühlingsstimmung

Gefäße: leihweise
Offene Fragen: Tischdekoration?
Wieviel Tische? Anordnung?
Wanddekoration?
Sträuße zum Überreichen? Stil?

Abbau, wann?

Aufgenommen von
Wie erledigt?

FLORIAN SCHÄFER
Korbwaren
Gartenstr.1 74072 Heilbronn

Begleitnotiz

An: Herrn Berock
Datum: 10.7.19..
Unser Zeichen:
Betrifft:

Mit der Bitte um:
☐ Stellungnahme ☐ Verbleib
☐ Rückgabe   ☐ Rücksprache
☐ Kenntnisnahme ☒ Erledigung
                 ☐ Anruf

Hochzeitsschmuck für Frau Ennert, Längentalstr. 11; Besprechung am 15.7.19.. um 16.30 Uhr im Laden.
R.

und Ausland) neben dem Telefon an der Wand befestigt sein.

Kündigen Sie jedoch dem Gesprächspartner an, daß Sie z. B. den schwierigen Nachnamen buchstabieren möchten. Es könnte sonst sein, daß auf der Grußkarte, die einem Fleurop-Strauß mitgeliefert werden soll, statt „Viktor Maledir" Viktor, Martha, Anton, Ludwig, Emil, Dora, Ida, Richard steht. Der Kunde wird sich dann zu Recht beschweren.

Inland

A	= Anton		O	= Otto
Ä	= Ärger		Ö	= Ökonom
B	= Berta		P	= Paula
C	= Cäsar		Q	= Quelle
Ch	= Charlotte		R	= Richard
D	= Dora		S	= Samuel
E	= Emil		Sch	= Schule
F	= Friedrich		ß	= Eszett
G	= Gustav		T	= Theodor
H	= Heinrich		U	= Ulrich
I	= Ida		Ü	= Übermut
J	= Julius		V	= Viktor
K	= Kaufmann		W	= Wilhelm
L	= Ludwig		X	= Xanthippe
M	= Martha		Y	= Ypsilon
N	= Nordpol		Z	= Zacharias

Ausland

A	= Amsterdam		N	= New York
B	= Baltimore		O	= Oslo
C	= Casablanca		P	= Paris
D	= Dänemark		Q	= Quebec
E	= Edison		R	= Roma
F	= Florida		S	= Santiago
G	= Galipoli		T	= Tripoli
H	= Havana		U	= Upsala
I	= Italia		V	= Valencia
J	= Jerusalem		W	= Washington
K	= Kilogramm		X	= Xanthippe
L	= Liverpool		Y	= Yokohama
M	= Madagaskar		Z	= Zürich

Abb. 34 b. Telefonnotiz.

Abb. 35. Selbstklebende Notizzettel sind sehr praktisch für kurze Mitteilungen, weil sie überall befestigt werden können.

Merksätze

▷ Schriftliche Akten- und Telefonnotizen sind mündlichen Mitteilungen vorzuziehen.
▷ Präzise formulierte Notizen vermeiden Rückfragen oder falsche Reaktionen.
▷ In Akten- und Telefonnotizen muß für innerbetriebliche Belange das Wesentliche vollständig, klar und übersichtlich abgefaßt sein.
▷ Akten- und Telefonnotizen sind an keine Form gebunden; Vordrucke erleichtern jedoch die Arbeit.

Aufgaben

1. Weshalb sind schriftliche Notizen den mündlichen Informationen vorzuziehen?
2. Welche inhaltlichen Stichpunkte gehören in eine Akten- bzw. Telefonnotiz?
3. Welchen Sinn hat eine Aktennotiz bzw. eine Telefonnotiz?
4. Was gehört an einen Telefonplatz?

18 Die Bewerbung

Lernziele

▷ Erkennen, daß Bewerbungsschreiben für die berufliche Zukunft entscheidend sein können;
▷ entscheiden können, welche inhaltlichen Angaben für eine erfolgreiche Bewerbung ausschlaggebend sind;
▷ ein formgerechtes, gut gegliedertes Bewerbungsschreiben aufsetzen können.

Von einem Bewerbungsschreiben kann die berufliche Zukunft abhängen. Es kann mitentscheidend sein, ob ein Bewerber in die engere Wahl kommt und zu einem Vorstellungsgespräch aufgefordert wird.
Im Wort „Bewerbung" steckt der Begriff „Werbung". Das bedeutet, daß ein Bewerber um seine eigene Person wirbt, sich anbietet. Es liegt nahe, daß man im Bewerbungsschreiben seine Person und Fähigkeiten in den Vordergrund rückt. Übertreibungen sind allerdings nicht angebracht; denn bereits beim Vorstellungsgespräch werden Mängel aufgedeckt.
Bewerben kann man sich aufgrund
– einer Stellenanzeige in der Tageszeitung oder einer Fachzeitung,

SIE SIND EINE
Flexible, kreative, fröhliche

FLORISTIN

...dann kommen Sie uns wie gerufen!

Kleine Wohnung kann gestellt werden
Wir freuen uns auf Ihre Bewerbung.

 IHR BLUMENHAUS peter rennenberg

Konstantinstr. 53
53179 Bonn
Tel. 0228/333116
Fax 331456

ERFOLG MIT STEIGENBERGER

Zum nächst möglichen Zeitpunkt möchten wir in unserem
Hotel die Position der

Floristin

neu besetzen.

Wir suchen eine junge Fachkraft, die gerne selbständig tätig sein möchte
und mit Geschick und Phantasie die gesamte Blumen- und
Pflanzendekoration in unseren Restaurants, dem Gästebereich und den
Hoteletagen übernehmen möchte.

Gerne geben wir Ihnen eine telefonische Vorabinformation:
Telefon 069/215-852

Ihre Bewerbungsunterlagen schicken Sie bitte an:

Steigenberger FRANKFURTER HOF
Jeannette Gockel
Am Kaiserplatz • 60311 Frankfurt am Main

STEIGENBERGER FRANKFURTER HOF

Abb. 36a + 36b. Stellenanzeigen.

- einer Empfehlung vom Arbeitsamt,
- eigener Entscheidung und Auswahl eines Betriebs (z. B. Adressen aus dem Telefonbuch).

18.1 Überlegungen vor der Bewerbung

Wer sich um eine Stelle bewirbt, sollte sich zuerst folgende Punkte überlegen:
- Welche Anforderungen werden an den zukünftigen Stelleninhaber gestellt?
- Können alle Anforderungen beruflicher und menschlicher Art vom Bewerber erfüllt werden?
- Entspricht das, was geboten wird, den Vorstellungen des Bewerbers?
- Was wird nicht erwartet und was wird nicht geboten?
- Überwiegen die Vorteile und kann sich der Bewerber mit geringen Nachteilen abfinden?

18.2 Form und Inhalt des Bewerbungsschreibens

- Ein Bewerbungsschreiben wird im DIN A4-Format nach den Formvorschriften DIN 5008 angefertigt (vgl. Abschnitt 15 und Abb. 38).
- Das Schreiben kann mit Maschine geschrieben oder handschriftlich abgefaßt sein.
- Der Text muß fehlerfrei und gut gegliedert, sachlich, klar, ansprechend und unmißverständlich sein.
- Der Inhalt kann nach einer Vorlage (Musterbrief) aufgesetzt werden, muß aber auf die Stellenanzeige und auf die persönlichen Belange abgestimmt sein.
- Das Bewerbungsschreiben wird mit vollem Vor- und Zunamen unterschrieben.
- Übliche Bewerbungsunterlagen (Anlagen) zum Bewerbungsschreiben sind:
  Zeugnis (Kopie oder Abschrift),
  Lebenslauf (tabellarisch; auf Wunsch ausführlich bzw. handschriftlich),
  Lichtbild.

○ **Betreff- und Bezugszeile des Bewerbungsschreibens**

Großbetriebe suchen u. U. in einer Stellenanzeige gleichzeitig Floristen, Floristmeister, Gärtner und Hilfskräfte. Eine genaue Betreffangabe (z. B. Bewerbung als Floristin) ist sinnvoll, rationell und unmißverständlich.

In der Bezugszeile wird z. B. das Stellenangebot oder eine vorausgegangene telefonische Absprache erwähnt.

○ **Brieftext**

Der Text wird in Abschnitte eingeteilt und kann folgendermaßen untergliedert werden:
- Grund der Bewerbung,
- Qualifikation (berufliche Kenntnisse und Fertigkeiten),
- Einstellungstermin,
- Bitte um persönliche Vorstellung.

Wird im Stellenangebot nicht ausdrücklich nach Gehaltsvorstellungen gefragt, werden diese erst beim Vorstellungsgespräch genannt.

○ **Anlagen**

Die **Zeugniskopie** oder Zeugnisabschrift sollte beglaubigt sein; man kann aber auch beim Vorstellungsgespräch das Original vorlegen.

Abb. 37. Tabellarischer Lebenslauf.

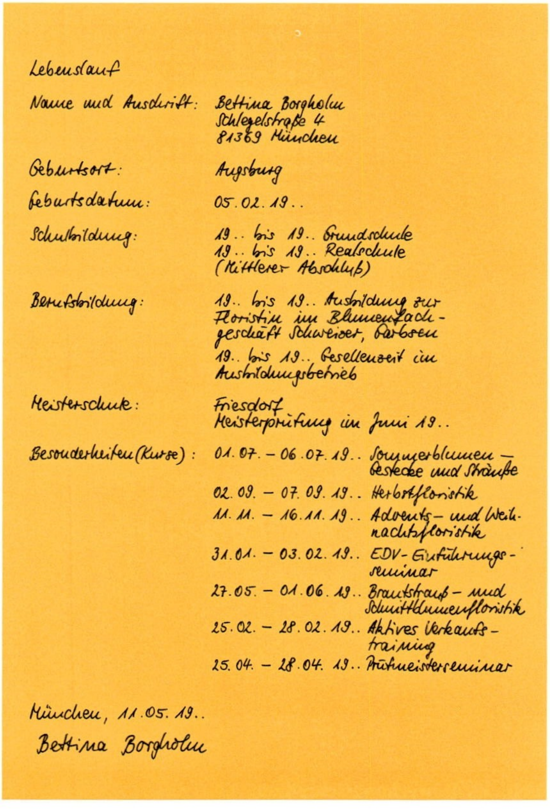

Lebenslauf

Name und Anschrift: Bettina Borgholm
Schlegelstraße 4
81369 München

Geburtsort: Augsburg

Geburtsdatum: 05.02.19..

Schulbildung: 19.. bis 19.. Grundschule
19.. bis 19.. Realschule
(Mittlerer Abschluß)

Berufsbildung: 19.. bis 19.. Ausbildung zur Floristin im Blumenfachgeschäft Schweizer, Barbaren
19.. bis 19.. Gesellenzeit im Ausbildungsbetrieb

Meisterschule: Friesdorf
Meisterprüfung im Juni 19..

Besonderheiten (Kurse): 01.07.–06.07.19.. Sommerblumengestecke und Sträuße
02.09.–07.09.19.. Herbstfloristik
11.11.–16.11.19.. Advents- und Weihnachtsfloristik
31.01.–03.02.19.. EDV-Einführungsseminar
27.05.–01.06.19.. Brautstrauß- und Schnittblumenfloristik
25.02.–28.02.19.. Aktives Verkaufstraining
25.04.–28.04.19.. Jungmeisterseminar

München, 11.05.19..
Bettina Borgholm

Bettina Borgholm   München, 11.05.19..
Schlegelstraße 4
81369 München
Telefon (0 89) 2 24 96 63

Blumen-Boutique
Kathrin Bingert
Kirchstraße 16

82049 Pullach

Bewerbung als Floristmeisterin
Ihre Anzeige im "florist" Nr.9, 1. Mai-Heft 19..

Sehr geehrte Frau Bingert,

ich möchte mich um die Stelle als Leiterin Ihrer Blumen-Boutique bewerben. Da ich seit Beendigung meiner Ausbildung im Blumenfachgeschäft Schweizer tätig bin, möchte ich mich nun beruflich verändern und weiterbilden. Außerdem habe ich durch meine Heirat meinen Wohnsitz nach München verlegt; Pullach wäre daher für mich verkehrsgünstig.

Seit Ende meiner Ausbildung im August 19.. nahm ich regelmäßig an Fachkursen teil, bildete mich besonders in der Trend-Floristik weiter und besuchte auch erfolgreich einen EDV-Lehrgang des Fachverbandes.
Vor vier Jahren belegte ich den zweiten Platz des Wettbewerbs "Silberne Rose". Im Juni 19.. bestand ich mit gutem Erfolg die Prüfung als Floristmeisterin in Friesdorf. Seither leite ich selbständig die Filiale, betreue die Auszubildenden und wirke als Prüfmeisterin bei Gesellenprüfungen mit.

Herr Joachim Schweizer ist über diese Bewerbung von mir informiert worden und ist gerne bereit, Ihnen Auskunft über mich zu erteilen. Seine Adresse lautet: Blumenfachgeschäft Joachim Schweizer, Seeweg 3 in 30827 Garbsen.

Am 01.08.19.. könnte ich die Stelle als Leiterin Ihrer Blumen-Boutique antreten.
Zu einem persönlichen Gespräch bin ich gerne bereit.

Mit freundlichen Grüßen   Anlagen
                                               Gesellenbrief
B. Borgholm   Meisterbrief
                                               7 Fortbildungszertifikate
Borgholm   Urkunde: "Silberne Rose"
                                               Lebenslauf
                                               Lichtbild

Abb. 38. Bewerbungsschreiben.

> Renommiertes Blumenfachgeschäft im Saarland (Saarlouis) sucht
>
> — **erstklassige Floristin**
> — **Florist ebenso Meister**
>
> oder ein — **Floristenpaar.**
>
> Wir bieten Ihnen: Dauerstellung, selbständige Tätigkeit, leistungsgerechte Bezahlung, geregelte Arbeitszeit (Wohnung kann gestellt werden).
> Wir erwarten: Fachliches Können und selbständiges Arbeiten.
> Zuschriften werden erbeten unter Nr. . . . an den Donau-Verlag Günzburg.

> **Floristin oder Florist**
>
> im Raum Wiesbaden für selbständiges Arbeiten in einem kleinen Team gesucht. Keine Sonntagsarbeit, bei Wohnungssuche sind wir gerne behilflich.
>
> Bewerbungen mit den üblichen Unterlagen bitte unter XXX an den Ulmer-Verlag Stuttgart.

Abb. 39. Stellenangebote.

Der **Lebenslauf** darf, wenn es nicht anders verlangt wird, tabellarisch mit Schreibmaschine geschrieben sein. Wird ausdrücklich ein handgeschriebener Lebenslauf verlangt, muß der Bewerber einen ausführlichen, handschriftlichen Lebenslauf abliefern. Manche Großbetriebe lassen durch Graphologen anhand der Schrift die Charaktereigenschaften (z. B. Gewandtheit, Sorgfalt) des Bewerbers deuten.
Das **Lichtbild** wird etwa in die Mitte eines DIN A4-Bogens geklebt (keine Fotoecken), darunter steht die vollständige Anschrift des Bewerbers.

○ **Versand der Bewerbungsunterlagen**
Wer seine Bewerbungsunterlagen vorbildlich und in ansprechender Art abgeben möchte, steckt alle Blätter in einen einfachen Klarsicht-Klemmhefter oder in eine Klarsichtmappe DIN A4 und verschickt sie in einem DIN A4-Briefumschlag.

18.3 Bewerbung auf Chiffre-Anzeige

Chiffre-Nummern werden verwendet, damit der Anzeigen-Adressat unbekannt bleibt und unter den Bewerbungen unvoreingenommen ausgewählt werden kann.
Das Bewerbungsschreiben auf eine Chiffre-Anzeige wird an den Verlag der Zeitung geschickt, in der das Stellenangebot abgedruckt war. Die Empfänger-Anschrift für obiges Beispiel sieht dann so aus:

Verlag
Eugen Ulmer
Chiffre-Nummer XXX
Postfach 700561
70574 Stuttgart

Will man die Bewerbung an einen bestimmten oder gar an den eigenen Betrieb verhindern, schickt man mit dem Brief einen Begleitzettel an die Zeitung, auf dem steht: „Wenn Blumenfachgeschäft . . ., bitte nicht weiterleiten."

Merksätze

▷ Bewerbungsschreiben tragen zum erfolgreichen Abschluß einer Bewerbung bei.
▷ Der Inhalt muß auf die Person und die zukünftige Stelle abgestimmt sein.
▷ Ein Bewerbungsschreiben muß fehlerlos, gut aufgebaut, sauber geschrieben und übersichtlich gegliedert sein.
▷ Der Aufbau des Schreibens entspricht der DIN 5008.
▷ Übliche Bewerbungsunterlagen sind Lebenslauf, Zeugniskopien, Lichtbild.

Aufgaben

1. Warum werden Stellenanzeigen oft chiffriert veröffentlicht?
2. Nach welcher Vorschrift wird ein Bewerbungsschreiben aufgesetzt?
3. Schreiben Sie eine formgerechte Bewerbung mit den üblichen Unterlagen auf eine der Stellenanzeigen Seite 98 bzw. Seite 101.
4. Übertragen Sie folgenden Text eines Bewerbungsschreibens in einen ansprechenden Stil:
   Sehr geehrter Herr Grün, ich habe heute Ihre Anzeige in der Zeitung gelesen und dabei erfahren, daß Sie einen Florist suchen, deshalb möchte ich mich bei Ihnen bewerben. In zwei Monaten werde ich meine Gesellenprüfung absolvieren und denke, daß ich eine gute Note bekommen werde. Da mich mein Ausbildungsbetrieb nicht weiter beschäftigen kann, suche ich eine neue Stelle. Ich habe auch schon einmal an einem Kurs für Brautsträuße teilgenommen. Ich könnte frühestens am 1. Oktober 19.. bei Ihnen beginnen, da ich nach der Prüfung noch ausgiebig Urlaub machen möchte. Außerdem bitte ich um ein Vorstellungsgespräch, damit ich mit Ihnen über mein zukünftiges Gehalt sprechen kann.
   Hochachtungsvoll
   Bernd Saller
5. Entwerfen Sie ein Stellengesuch für Ihre Ansprüche, das in einer Fachzeitschrift erscheinen soll.

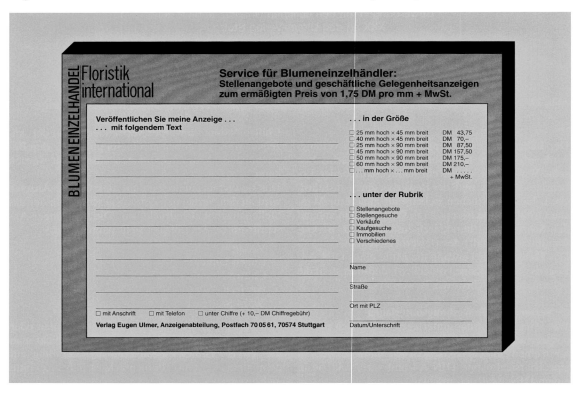

Abb. 40. Anzeigenauftrag.

19 Die Kündigung

Lernziele

▷ Die Kündigungsarten nennen können;
▷ die Kündigungsfristen kennen;
▷ wissen, daß eine schriftliche Kündigung der mündlichen immer vorzuziehen ist;
▷ wissen, in welchen Fällen während der Ausbildungszeit gekündigt werden kann;
▷ ein formgerechtes Kündigungsschreiben aufsetzen können.

Die Kündigung ist eine einseitige empfangsbedürftige Willenserklärung, mit der das Arbeitsverhältnis zwischen Arbeitgeber und Arbeitnehmer aufgelöst wird.

19.1 Arten der Kündigung

○ **Einvernehmliche Vertragsaufhebung**
Das Arbeitsverhältnis kann in beiderseitigem Einverständnis sofort oder zu einem späteren Zeitpunkt aufgelöst werden (Aufhebungsvertrag).

○ **Ordentliche Kündigung**
Das Arbeitsverhältnis wird von einer Seite (z. B. vom Arbeitnehmer ausgehend) zu einem bestimmten Zeitpunkt fristgemäß aufgelöst (Gesetzliche Kündigung § 622 BGB; vertragliche Kündigung; tarifvertragliche Kündigung).

○ **Außerordentliche Kündigung**
Eine fristlose Kündigung (§ 626 BGB) ist dann möglich, wenn ein wichtiger Grund vorliegt und die Fortsetzung des Arbeitsverhältnisses bis zum Ablauf der normalen Kündigungsfrist nicht mehr zumutbar ist. Die Kündigung aus wichtigem Grund kann nur innerhalb von zwei Wochen nach Eintreten des Grunds erfolgen.
Kündigungsgründe für den Arbeitnehmer:
z. B. Tätlichkeiten des Arbeitgebers oder seines Beauftragen, erhebliche Ehrverletzung, Verletzung der Fürsorgepflicht, Nichtzahlung von Lohn, Gehalt oder Vergütung, Vernachlässigung der Ausbildungspflicht gegenüber dem Auszubildenden, Gefahr für die Gesundheit des Arbeitnehmers.
Kündigungsgründe für den Arbeitgeber:
z. B. Diebstahl, Unterschlagung, Betrug, unentschuldigtes Fernbleiben, Arbeitsverweigerung, Tätlichkeiten gegen den Arbeitgeber oder Kollegen, grobe Beleidigungen, vorsätzliche und rechtswidrige Sachbeschädigung, Vernachlässigung des Berufsschulbesuchs trotz wiederholter Aufforderung.

19.2 Kündigungsfristen

Vergleiche hierzu Auflistung auf Seite 104.

19.3 Der Kündigungsschutz

Kündigungsschutz besteht für
– Auszubildende nach Ablauf der Probezeit;
– langjährige Mitarbeiter (verlängerte Kündigungsfristen);
– Schwerbehinderte (Zustimmung der Hauptfürsorgestelle erforderlich);
– werdende Mütter (während der Schwangerschaft und bis 2 Monate nach der Schutzfrist, bzw. während des gesamten Erziehungsurlaubs);
– Betriebsratsmitglieder (bis ein Jahr nach Ablauf dieser Tätigkeit unkündbar);
– Wehrpflichtige und Zivildienstleistende bis Beendigung des Grundwehrdienstes und während einer Wehrübung.

19.4 Form, Wirksamkeit und Inhalt der ordentlichen Kündigung

– Die Kündigung kann mündlich oder schriftlich erfolgen. Durch den Arbeitsvertrag kann die Form der Kündigung vorgeschrieben werden.
– Auszubildende müssen schriftlich kündigen (§ 15 BBiG).
– Die Kündigung ist wirksam, wenn sie in den Machtbereich des Empfängers gelangt ist (z. B. Briefkasten).
– Besteht ein Betriebsrat, muß der Arbeitgeber vor dem Ausspruch der Kündigung diesen anhören.
– Die Kündigungsfrist muß eingehalten werden. Der Tag, an dem die Kündigung dem Arbeitnehmer bzw. Arbeitgeber zugeht, wird nicht in die Kündigungsfrist eingerechnet.
– Die schriftliche Kündigung wird nach der Formvorschrift DIN 5008 abgefaßt.
– Der Brieftext gliedert sich in folgende Abschnitte: Kündigungstermin (Einhaltung der Kündigungsfrist beachten). Grund der Kündigung.

Bitte um ein Arbeitszeugnis.
Schlußsatz, z. B. verbunden mit einem Dank.

19.5 Das Kündigungsschreiben

Bevor das Arbeitsverhältnis gekündigt wird, sollte eine feste Zusage für den neuen Arbeitsplatz vorliegen.

Beispiel
Vorgang: Vier Monate nach Beendigung der Ausbildung kündigt Ina Hamers am 01. 12. 19.. fristgerecht zum 31. 12. 19.. ihr Arbeitsverhältnis mit dem Blumenhof Rosenau in Rostock. Sie nimmt im neuen Jahr eine Stelle in der Schweiz an (Abb. 41).

Kündigungsfristen für Arbeiter und Angestellte (Arbeitnehmer): § 622 BGB

Kündigt ein Arbeitnehmer, beträgt die Kündigungsfrist vier Wochen zum 15. oder zum Ende eines Kalendermonats. Während der Probezeit (höchstens 6 Monate) beträgt die Kündigungsfrist zwei Wochen.

Kündigungsfristen, die der Arbeitgeber jeweils zum Ende des Kalendermonats einhalten muß	Dauer des Arbeitsverhältnisses im gleichen Betrieb oder Unternehmen
1 Monat	2 Jahre
2 Monate	5 Jahre
3 Monate	8 Jahre
4 Monate	10 Jahre
5 Monate	12 Jahre
6 Monate	15 Jahre
7 Monate	20 Jahre

Bei der Berechnung der Beschäftigungsdauer werden Zeiten, die vor der Vollendung des 25. Lebensjahres des Arbeitnehmers liegen, nicht berücksichtigt.

Kündigungsfristen für Auszubildende (BBiG)

Innerhalb der Probezeit kann jederzeit ohne Angabe von Gründen bzw. Einhaltung von Kündigungsfristen gekündigt werden. Nach der Probezeit besteht Kündigungsschutz.

Eine Kündigung ist noch möglich:	Kündigungsfrist
– wenn ein wichtiger Grund vorliegt (§ 15 und 16 BBiG)	fristlos
– bei Berufswechsel oder Aufgabe der Berufsausbildung (§ 15 BBiG)	vier Wochen

Die Kündigung erfolgt immer schriftlich unter Angabe des Kündigungsgrunds.
Ein Ausbildungsvertrag kann auch in gegenseitigem Einvernehmen gelöst werden.

Ina Hamers   Rostock, 01.12.19..
Lortzingstraße 134 b
18119 Rostock (Warnemünde)
Tel. (03 81) 3 01 12 41

Blumenhof Rosenau
Liliane Lessing
Eschenstraße 10

18057 Rostock

Kündigung

Sehr geehrte Frau Lessing,

zum 31.12.19.. kündige ich fristgerecht mein Arbeitsverhältnis
mit Ihnen.

Ich möchte die mir gebotene Chance wahrnehmen, für ein Jahr in
der Schweiz zu arbeiten. Eine Beschäftigung im Ausland bringt
mir sicher sehr viel Fachkenntnis und eröffnet mir bestimmt
neue Wege der floristischen Gestaltung.

Für meinen Antrittsbesuch im neuen Betrieb bitte ich Sie, mir
ein Arbeitszeugnis auszustellen.

Bei dieser Gelegenheit möchte ich mich bei Ihnen bedanken für
die hervorragende Ausbildung, für das angenehme Arbeitsklima
und vor allem dafür, daß ich meine Ideen floristischer Art immer
verwirklichen konnte.

Mit freundlichen Grüßen

Ina Hamers

Abb. 41. Kündigungsschreiben.

Merksätze

▷ Man unterscheidet die ordentliche und die außerordentliche Kündigung.
▷ Das Arbeitsverhältnis eines Arbeitnehmers kann mit einer Frist von vier Wochen zum 15. oder zum Ende eines Kalendermonats gekündigt werden.
▷ Kündigt der Arbeitgeber dem Arbeitnehmer, gelten die gesetzlichen Kündigungsfristen bzw. längere Fristen bei längerer Beschäftigungsdauer.
▷ Eine Kündigung wird mit dem Empfang wirksam.
▷ Die Kündigung kann mündlich oder schriftlich erfolgen. Eine schriftliche Kündigung ist wegen der Beweisführung zweckmäßig.
▷ Während der Ausbildung kann nur gekündigt werden, wenn ein wichtiger Grund vorliegt, z. b. bei Berufswechsel bzw. Aufgabe der Berufsausbildung. Nach der Probezeit besteht Kündigungsschutz.
▷ Die schriftliche Kündigung wird nach der Formvorschrift DIN 5008 verfaßt.

Aufgaben

1. Nennen Sie die Unterschiede zwischen der ordentlichen und der außerordentlichen Kündigung.
2. In welchen Fällen darf einem Arbeitnehmer fristlos gekündigt werden?
3. Der Auszubildende kündigt nach Ablauf der Probezeit mündlich, weil ihm das Betriebsklima nicht behagt. Wie ist die Rechtslage?
4. Welche Kündigungsfristen muß ein Arbeitgeber einhalten, wenn
   a) der 30jährige Angestellte Markus Schönhuber 10 Jahre im Betrieb tätig ist?
   b) der 50jährige Arbeiter Wilhelm Müller 18 Jahre im Betrieb tätig ist?
5. Schreiben Sie eine formgerechte Kündigung nach folgenden Angaben:
   Sie haben Ihre Ausbildung zum 20. Juli d. J. beendet und sind als Florist(in) in Ihrem bisherigen Betrieb angestellt worden. Zum 1. Januar des folgenden Jahres wollen Sie wechseln und haben bereits eine feste Zusage für eine neue Arbeitsstelle. Sie waren mit der Ausbildung nicht besonders zufrieden, möchten jedoch nicht im Streit von Ihrem Ausbildungsbetrieb weggehen.

20 Die Bestellung

Lernziele

▷ Die verschiedenen Möglichkeiten einer Bestellung kennen;
▷ fähig sein, die für einen bestimmten Fall geeignete Art der Bestellung auszuwählen;
▷ erkennen, daß eine Bestellung an keine Form gebunden ist;
▷ fähig sein, eine Bestellung korrekt, übersichtlich und unmißverständlich aufstellen zu können.

Ein Angebot ist eine Aufforderung an den Kunden, die Ware anzunehmen. Diese Aufforderung kann erfolgen durch schriftliche oder mündliche Angebote, Prospekte, Schaufensterauslage, Blumenangebote im Laden oder auch Blumenautomaten. Der Kunde kann frei entscheiden, ob er das Angebot annimmt oder ablehnt. Nimmt er das Angebot an, ist das eine **Bestellung.**

Eine unveränderte Bestellung auf ein Angebot nennt man **Annahme;** sie braucht nicht bestätigt zu werden. Eine abgeänderte Bestellung ist ein **Antrag;** er muß bestätigt werden (Auftragsbestätigung), damit ein Vertrag zustandekommt.

Verzögert sich die Lieferzeit, ist es ratsam, den Kunden mit einer Auftragsbestätigung über den verzögerten Liefertermin zu informieren, um Nachfragen zu vermeiden.

Gesetzliche Grundlage für die Bestellungsannahme bzw. Auftragsbestätigung ist das BGB:
– bei abgeändertem Angebot § 150 BGB, Satz 2
– bei verspätet angenommenem Angebot § 150 BGB (2),
– bei freibleibendem Angebot § 145 BGB.

Mit der Bestellung hat der Kunde seinen Willen zum Kauf erklärt und damit einen Kaufvertrag abgeschlossen (vgl. Abschnitt 4 „Der Kaufvertrag" Seite 31 ff.).

20.1 Arten der Bestellung

Bestellungen können auf verschiedene Arten erfolgen und sind an keine Form gebunden.

20.1.1 Die mündliche Bestellung

Mündliche Bestellungen sind zweckmäßig, schnell und unkompliziert.

○ **Persönliche Anwesenheit**
Der Besteller ist persönlich anwesend und trägt seine Wünsche selbst vor.
Beispiele
Der Kunde entscheidet sich im Laden für bestimmte Blumen.
Der Kunde bestellt im Laden einen Fleurop-Strauß.
Der Florist bestellt mündlich, wenn er am Blumenauto täglich seine Wahl trifft.

○ **Telefonbestellung**
Der Besteller übermittelt eilige Wünsche durch das Telefon (vgl. Seite 95). Hierbei könnten Hörfehler und damit verbunden eine fehlerhafte Ausführung auftreten. Es sollte daher besonders deutlich gesprochen werden. Außerdem sieht der Kunde die Ware nicht und muß deshalb mit einer Ware mittlerer Art und Güte zufrieden sein (§ 243 BGB), wenn er Ware nur der Gattung nach hat (z. B. rosarote Gerbera).
Beispiele
Der Florist braucht schnell eine Sendung Blumen für das unvorhergesehen gute Muttertagsgeschäft.
Ein Kunde bestellt telefonisch einen Geburtstagsstrauß.

20.1.2 Die schriftliche Bestellung

Schriftliche Bestellungen sind sinnvoll, weil keine Verwechslungen entstehen und jederzeit noch einmal nachgeschaut werden kann. Die Abwicklung des Geschäfts verzögert sich jedoch durch den Postweg, weshalb immer häufiger per Telefax bestellt wird.
Die für den Kaufvertrag wesentlichen Punkte sollen auf einer Bestellung aufgeführt sein:
– Art der Ware
– Menge der Ware
– Preis der Ware
– Liefertermin
– Lieferungs- und Zahlungsbedingungen

○ **Bestellung als Brief**
Eine Bestellung kann als Brief auf Schreibmaschinenpapier bzw. auf Briefvordrucken getippt sein. In jedem Fall dient die Norm DIN 5008 als Vorbild. Der Bezug zum Angebot wird entweder in der Bezugszeile (s. Seite 86) oder auf Briefvordrucken unter dem Begriff „Ihr Zeichen/Ihre Nachricht" genannt.
Der Brief beginnt mit einem freundlichen Einleitungssatz unter Bezug auf das Angebot; dann werden die gewünschten Artikel genannt; sie werden eingerückt, auf Grad 20 beginnend, als Block untereinander geschrieben. Folgende Reihenfolge ist sinnvoll:
1. Artikelbezeichnung.
2. Bestellnummer
3. Stückzahl
4. Einzelpreis

Bei längeren Zeilen kann auch auf Grad 10, links an der Fluchtlinie, begonnen werden. In jedem Fall bleibt vor der Warenzusammenstellung und danach eine Leerzeile Zwischenraum.
Eine **Bitte um Auftragsbestätigung** und die Angabe des **Liefertermins** beschließen den Brieftext.
Beispiel
Vorgang: Am 26. 06. 19.. bat die Blumen-Centrale Grün, Bahnhofstraße 28 in 42103 Wuppertal um ein Angebot über Keramikwaren. Dieses wurde am 30. 06. 19.. durch die Firma Keramik-Kohr, Friedrichstraße 57 in 89264 Weißenhorn unter dem Zeichen Ko/B-Ca/146 abgeschickt. Am 03. 07. 19.. bestellt die Blumen-Centrale im Einverständnis zu den angegebenen Bedingungen zur Lieferung zum 15. 07. 19.. die im Musterbrief aufgeführten Artikel: Abb. 42.

○ **Bestellung mit Bestellvordruck**
Bestellvordrucke nach der Norm DIN 4991 (03.85) sind bereits so eingeteilt, daß nur noch die gewünschten Eintragungen gemacht werden müssen. Das spart Zeit und Kosten. Solche Vordrucke sind als Durchschreibebuch im Format A4 oder A5 im Handel erhältlich, können aber auch auf A4-Briefblättern mit Werbeeindruck hergestellt werden.
Beispiel
Bestellung von Schnittblumen

○ **Bestellung mit Warenvordruck**
Große Firmen und Großhändler verschicken mit Ihren Katalogen gleichzeitig Bestellzettel mit dem gesamten Warenangebot. Dies erleichtert und beschleunigt eine Bestellung wesentlich, da nur die Stückzahl eingetragen wird. Gleichzeitig erklärt sich der Kunde mit den „Allgemeinen Lieferungs- und Zahlungsbedingungen" einverstanden. Diese sind meistens unten oder auf der Rückseite des Bestellzettels kleingedruckt aufgeführt.
Beispiel
Bestellung von Zusatzartikeln (Abb. 44)

Blumen-Centrale Grün, Bahnhofstr. 28, 42103 Wuppertal

Firma
Keramik Kohr
Friedrichstraße 57

89264 Weißenhorn

Telefon
(0202) 17 76 44

Telefax
(0202) 17 76 22

Bankverbindung
KSK Wuppertal
(BLZ 330 500 00)
Konto-Nr. 126 246 240

Ihr Zeichen	Ihre Nachricht vom	Unser Zeichen	Datum
Ko/B-Ca/146	30.06.19..	Gr/Mo	03.07.19..

Bestellung von Keramikartikeln

Sehr geehrter Herr Kohr,

ich bedanke mich für Ihr Angebot und bitte Sie, folgende Keramikartikel zu den angegebenen Bedingungen zu liefern:

Steckschalen	Best.-Nr. 12636	40 Stück	je	3,60 DM
Kelchgefäße	Best.-Nr. 12742	20 Stück	je	6,10 DM
Schalen	Best.-Nr. 18126	20 Stück	je	2,40 DM
Jardinière	Best.-Nr. 19101	10 Stück	je	5,20 DM
Vasen	Best.-Nr. 23121	8 Stück	je	12,90 DM
Vasen	Best.-Nr. 27161	5 Stück	je	13,40 DM

Bitte schicken Sie mir eine Auftragsbestätigung zu.
Ich bitte um sorgfältige und pünktliche Lieferung bis zum
15.07.19.. frei Haus.

Mit freundlichen Grüßen

Blumen-Centrale

Grün

Abb. 42. Bestellung.

Besteller

BLUMEN - CENTRALE GRÜN

Bahnhofstr. 28 42 103 Wuppertal

Ihr Angebot vom | Zeichen

Liefertermin 22. 1. 19..

Versandart

Vermerke

Lieferer

Firma
Glück - Flora
In den Siepen

42109 Wuppertal

Wuppertal, 16. 1. 19..
Ort / Datum

Bestellung Nr. 14

Menge	Gegenstand	Einzelpreis		Gesamtpreis	
2	Ginster, gelb	12,	–		
2	Ginster, weiß	12,	–		
60	Freesien, gelb	–,	75		
30	Freesien, weiß	–,	75		
30	Freesien, rot	–,	75		
20	Freesien, blau	–,	75		
100	Tulpen, gelb	–,	65		
50	Tulpen, rot	–,	65		
20	Hyazinthen, rosa	1,	–		
20	Hyazinthen, blau	1,	–		
20	Hyazinthen, weiß	1,	–		

Zweckform Bestellung

Bearbeitungsvermerke

Stempel / Unterschrift des Bestellers

H. Grün

Abb. 43. Bestellvordruck.

○ **Bestellung mit Telefax**

Es handelt sich hierbei um eine schriftliche Bestellung, die von einem Telefaxgerät (Fernkopierer) zu einem anderen übermittelt wird. Dies hat den Vorteil, daß je nach Gerätetyp der Inhalt einer A4-Seite innerhalb einer halben Minute bis drei Minuten korrekt übertragen werden kann. Es gibt keine Verwechslungen mehr. Außerdem können auch Skizzen (z. B. Anordnung der Dekorationselemente für eine Saaldekoration) übermittelt werden. Eine Privatperson, die noch kein Telefaxgerät besitzt, kann von der Postfiliale aus den Betrieb im In- oder Ausland „anfaxen". Immer mehr Betriebe gehen auf diese Korrespondenzart über, da die Geräte rund um die Uhr empfangsbereit sind, auch wenn der Empfänger nicht anwesend ist. Außerdem können Nachrichten auch nach 18.00 Uhr oder an Wochenenden zum Billigtarif – wie beim Telefon – übermittelt werden. Die Gestaltung eines Telefax-Bestellauftrags in DIN A4 kann als Notiz formlos erfolgen oder als Bestellvordruck oder Brief durchgegeben werden.

○ **Bestellung über Online – Anbieter**

Ein universelles digitales Fernmeldenetz (ISDN = „**i**ntegrated **s**ervices **d**igital **n**etwork") ermöglicht Bestellungen (und andere Vorgänge) im privaten und geschäftlichen Bereich über den PC. Alle Online-Anbieter (z. B. Telekom) schaffen gleichzeitig den Zugang zum Internet, dem internationalen Datennetz. Über diesen Daten-Highway wurde weltweites Kommunizieren mit Internet-Partnern realisiert (vgl. Abschn. 7.3).

Abb. 44. Bestellung mit Warenvordruck durch Fax.

Merksätze

▷ Bestellungen können mündlich oder schriftlich erfolgen.
▷ Die telefonische Bestellung, Bestellung mit Vordrucken, Telefax oder Btx beschleunigen die Abwicklung.
▷ Bestellungen sind an keine äußere Form gebunden.
▷ Korrekte, übersichtliche, vollständige und eindeutig formulierte Bestellungen vermeiden Rückfragen und sparen Zeit.
▷ Eine Auftragsbestätigung ist sinnvoll, aber nicht zwingend.

Aufgaben

1. Es gibt verschiedene Arten von Bestellungen.
   a) Welche kennen Sie?
   b) Beschreiben Sie die einzelnen Arten.
   c) Welche Art der Bestellung ist für das Blumenfachgeschäft besonders vorteilhaft?
2. Welche Hauptpunkte müssen in einer Bestellung enthalten sein?
3. Warum ist es zweckmäßig, sich eine Auftragsbestätigung schicken zu lassen?
4. Wann ist eine Auftragsbestätigung notwendig, damit eine Bestellung rechtswirksam ist?
5. Schreiben Sie eine formgerechte Bestellung auf Schreibmaschinenpapier nach folgendem Vorgang: Die Blumen-Boutique Kathrin Bingert, Kirchstraße 16 in 82049 Pullach, erhielt am 02. 10. 19.. ein Angebot über Seidenblumen von der Firma Tex-Flowers GmbH, Hauptstr. 20 in 88416 Erlenmoos, mit dem Zeichen Fl/1493. Frau Bingert anerkennt die Bedingungen und bestellt für sofort frei Haus folgende Artikel:

Best.-Nr.	Artikel	Menge	Einzelpreis je Packung
1346	Clematis, weiß	2 P.	15,20 DM
1351	Satinrose, rosa	4 P.	18,50 DM
1464	Phalaenopsis, weiß	3 P.	24,— DM
1503	Pfirsichzweig, weiß	2 P.	14,80 DM
1504	Pfirsichzweig, rosa	2 P.	14,80 DM
1516	Ginster, rosa	3 P.	13,90 DM
2303	Farn, mini	2 P.	19,— DM
2304	Efeu, grün	2 P.	21,— DM
2500	Blättersortiment	4 P.	23,50 DM

21 Die Reklamation

Lernziele

▷ Wissen, daß angelieferte Ware unverzüglich geprüft werden muß, um Gewährleistungsansprüche aufrechtzuerhalten;
▷ entscheiden können, ob eine mündliche oder schriftliche Reklamation angebracht ist;
▷ fähig sein, sachlich und überzeugend zu reklamieren und trotzdem den Ton zu wahren.

21.1 Mängelarten und Rügefrist

Die Mängelarten nach der Erkennbarkeit (Tabelle Seite 112) und die gesetzlichen Rügefristen sind im § 377 HGB und § 477 BGB festgelegt. Davon abweichend kann im Kaufvertrag eine andere Rügefrist vereinbart werden (vgl. Abschnitt 5.2, Seite 36). Jeder Käufer hat also das gesetzlich festgelegte Recht, Mängel einer Ware zu rügen (reklamieren). Er ist beim zweiseitigen Handelskauf verpflichtet, die Lieferung unverzüglich nach Erhalt zu prüfen und festgestellte Mängel nach Entdeckung ohne Verzögerung zu melden. Beim einseitigen Handelskauf beträgt die Rügefrist ein halbes Jahr ab Lieferung.

21.2 Gewährleistungsansprüche

Gewährleistungsansprüche sind nur innerhalb der Rügefristen zulässig. Dabei kann sich der Käufer für **einen** gesetzlichen Gewährleistungsanspruch entscheiden:
– Wandelung = Rücktritt vom Kaufvertrag
– Minderung = Herabsetzung des Kaufpreises
– Nachbesserung = Mangelbeseitigung innerhalb gesetzter Frist (nur bei Werklieferungsverträgen)
– Ersatzlieferung = mangelfreie, gleichartige Ware als Ersatz
– Schadensersatz = entstandenen Schaden ersetzen bei Fehlen zugesicherter Eigenschaften oder arglistig verschwiegenen Mängeln
 (§§ 462, 463, 476a, 480 BGB; s. Abschnitt 5.2).
Mängelansprüche sind nicht gerechtfertigt, wenn
– die festgestellten Mängel unerheblich sind (§ 459 BGB);

Mängel, die Ware betreffend:

Mangel	Definition	Beispiel
Mangel in der Art (Gattung)	Falsche Ware wurde geliefert	Weiß glasierte Steingutschalen statt Porzellanschalen
Mangel in der Menge (Quantität)	Mehr oder weniger Ware als bestellt wurde geliefert	10 Kartons Stabkerzen und 20 Kartons Spitzkerzen statt umgekehrt
Mangel in der Güte (Qualität)	Zugesicherte Eigenschaften fehlen	Die als tropffrei verkauften Kerzen tropfen

– die Mängel beim Kauf bereits bekannt sind und die Ware trotzdem angenommen wird (§ 460 BGB);
– die mangelhafte Ware öffentlich ersteigert wurde (§ 461 BGB).

21.3 Form und Inhalt des Reklamationsschreibens

Die Reklamation ist an keine Form gebunden. Sie kann mündlich, telefonisch oder schriftlich erfolgen. Der Kunde im Blumenfachgeschäft wird seine Reklamation fast ausschließlich mündlich vorbringen. Eine schriftliche Reklamation ist unter Kaufleuten sinnvoll. Die meisten Betriebe nutzen dafür heute das Telefaxgerät, um Zeit und Kosten zu sparen. Eine kurze Mängelangabe auf dem Lieferschein, noch am Liefertag an den Lieferanten „gefaxt", beschleunigt den Vorgang.
Größere Mängel oder versteckte und arglistig verschwiegene Mängel sollten schriftlich gerügt werden (s. Musterbrief Abb. 45).

○ **Betreff- und Bezugszeile des Reklamationsschreibens**
In der Betreffzeile steht nur das Wort *Reklamation*. Die Bezugszeile weist auf die Bestellung hin, damit die Lieferung mit der Bestellung verglichen werden kann. Möglicherweise hat der Kunde selbst bei der Bestellung z. B. die Stückzahlen vertauscht, so daß eine Reklamation nicht gerechtfertigt wäre.

○ **Brieftext**
Der Text kann in folgende Abschnitte eingeteilt werden:

– Empfangsbestätigung der Ware (Einleitung)
– Genaue Beschreibung der Mängel (evtl. eingerückt)
– Gewährleistungsansprüche
– Schlußbemerkung (Schlußsatz)

Trotz dem mit einer Reklamation verbundenem Ärger bleibt der Stil freundlich und sachlich. Fehler können jedem passieren; auf rücksichtsvolle Weise lassen sich Unannehmlichkeiten meistens problemlos beseitigen.

Beispiel
Vorgang: Die auf Seite 108 bestellte Ware wurde geliefert. Herr Grün prüft die Ware sofort nach und stellt folgende Mängel fest: Die Stückzahl der Steckschalen und Kelchgefäße wurde vertauscht, zwei der zehn Jardinière haben Glasurrisse. Herr Grün läßt ein Reklamationsschreiben aufsetzen: Abb. 45.

> **Merksätze**
> ▷ Gesetzliche Grundlage für die Reklamation sind die §§ 377 HGB und 477 BGB. Beim einseitigen Handelskauf beträgt die Rügefrist ein halbes Jahr ab Lieferung; beim zweiseitigen Handelskauf müssen festgestellte Mängel innerhalb der Gewährleistungsfrist unverzüglich nach Entdeckung reklamiert werden.
> ▷ Angelieferte Waren muß unverzüglich geprüft werden.
> ▷ Mögliche Gewährleistungsansprüche sind „Wandelung", „Minderung", „Nachbesserung", „Ersatzlieferung", „Schadensersatz".

Abb. 45. Reklamation. [

BLUMEN - CENTRALE GRÜN

Blumen-Centrale Grün, Bahnhofstr. 28, 42 103 Wuppertal

Firma
Keramik Kohr
Friedrichstraße 57

89264 Weißenhorn

Telefon
(0202) 17 76 44

Telefax
(0202) 17 76 22

Bankverbindung
KSK Wuppertal
(BLZ 330 500 00)
Konto-Nr. 126 246 240

Ihr Zeichen	Ihre Nachricht vom	Unser Zeichen	Datum
Ko/B-Ca		Gr/Mo	16.07.19..

Reklamation
Meine Bestellung vom 03.07.19..

Sehr geehrter Herr Kohr,

am 15.07.19.. erhielt ich die bestellten Keramikartikel. Einige Positionen weisen jedoch Mängel auf:

Steckschalen, Bestell-Nr. 12636: 20 Stück statt 40 Stück
Kelchgefäße, Bestell-Nr. 12742: 40 Stück statt 20 Stück
Jardinière, Bestell-Nr. 19101: 2 davon haben Glasurrisse

Ich stelle folgende Gewährleistungsansprüche:

Nachlieferung der fehlenden 20 Steckschalen, Bestell-Nr. 12636.
Die überzähligen Kelchgefäße, Bestell-Nr. 12742 behalte ich, bitte aber um den üblichen Mengenrabatt von 5%.
Für 2 Stück Jardinière bitte ich um Ersatzlieferung einwandfreier Ware.

Ich rechne damit, daß Sie meine Gewährleistungsansprüche anerkennen.
Bitte liefern Sie die fehlende Ware bis spätestens 30.07.19.., da ich die Gefäße für eine termingebundene Tischdekoration benötige.

Mit freundlichen Grüßen

Blumen-Centrale

Grün

Geschäftsführer: Stefan Grün

> ▷ Reklamationen können mündlich oder schriftlich erfolgen. Im kaufmännischen Bereich sind schriftliche Reklamationen zweckmäßig.
> ▷ Die schriftliche Reklamation wird nach der DIN 5008 aufgebaut.
> ▷ Der Stil bleibt stets freundlich.

Aufgaben

1. Übertragen Sie den Inhalt folgender Sätze einer Reklamation in eine klare, eindeutige Mängelaussage:
   - Die gelieferte Kerzenfarbe gefällt mir nicht.
   - Die ganzen zehn Schachteln der Kerzen tropfen.
   - Die Keramikvasen sind nicht zu gebrauchen.
   - Die Lieferung war nicht vollständig.
   - Ein Teil der Blumen ist nicht mehr schön.
2. Beurteilen Sie, ob in folgenden Fällen reklamiert werden kann:
   a) Vier Wochen nach der Lieferung packt die Floristin Keramikvasen aus. Dabei stellt sie fest, daß drei davon kaputt sind.
   b) Vor zwei Jahren ließ sich Frau Kunz eine große Pflanzschale von der Blumen-Centrale Grün ins Wohnzimmer stellen. Jetzt stellt sie fest, daß das Gefäß offensichtlich undicht ist, weil der Teppichboden unter der Schale zu schimmeln beginnt.
   c) Die Floristin prüft sofort nach der Lieferung die Schnittblumen. Sie stellt fest, daß ein Bund Rosen fehlt.
   d) Der Florist bestellt absichtlich Steckschalen 2. Wahl und stellt sofort nach Erhalt der Lieferung an mehreren Schalen Glasurrisse fest.
3. Übertragen Sie den Brieftext in einen ansprechenden Stil und eine korrekte Form:
   Sehr geehrte Herren, heute habe ich endlich die Lieferung Brautstraußbänder erhalten. Das hat erstens zu lange gedauert, zweitens fehlt das breite Spitzenband und drittens wurden vom schmalen Seidenband fünf Stück geliefert statt nur drei. Ich bin großzügig und behalte die fünf Packungen Seidenbänder zu einem ermäßigten Preis (ich ziehe dann 10% von der Rechnung ab) und bitte Sie aber, mir sofort das Spitzenband zu schicken. Das wird nämlich zur Zeit gerne gekauft. Ich hoffe, daß die Bestellungen in Zukunft wieder ordnungsgemäß bearbeitet werden, sonst sehe ich mich gezwungen, bei einem anderen Lieferanten zu bestellen. Mit freundlichen Grüßen

22 Lieferschein, Rechnung, Quittung

Lernziele

> ▷ Die notwendigen Inhalte eines Lieferscheins, einer Rechnung und einer Quittung kennen;
> ▷ Lieferscheine, Rechnungen und Quittungen richtig ausstellen können.

22.1 Der Lieferschein

Die bestellte Ware wird durch einen Lieferschein (Lieferanzeige) im Format A4 oder A5 angekündigt. Die Vordrucke entsprechen der DIN 4994/09.69 bzw. DIN 4991/03.85.

Abb. 46. Lieferschein mit Empfangsbestätigung.

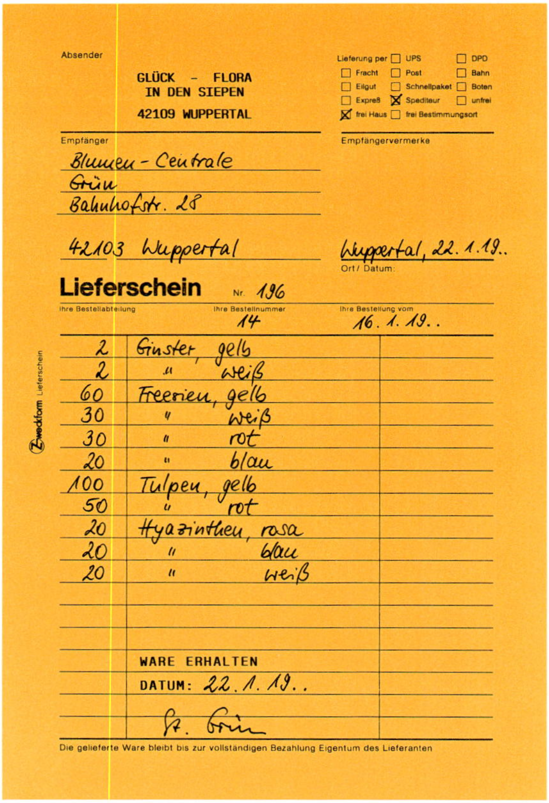

Absender
GLÜCK - FLORA
IN DEN SIEPEN
42109 WUPPERTAL

Lieferung per ☐ UPS ☐ DPD ☐ Fracht ☐ Post ☐ Bahn ☐ Eilgut ☐ Schnellpaket ☐ Boten ☐ Expreß ☒ Spediteur ☐ unfrei ☒ frei Haus ☐ frei Bestimmungsort

Empfänger
Blumen-Centrale
Grün
Bahnhofstr. 28

42103 Wuppertal

Empfängervermerke

Wuppertal, 22. 1. 19..
Ort/ Datum:

Lieferschein Nr. 196

Ihre Bestellabteilung | Ihre Bestellnummer 14 | Ihre Bestellung vom 16. 1. 19..

2	Ginster, gelb	
2	„ weiß	
60	Freesien, gelb	
30	„ weiß	
30	„ rot	
20	„ blau	
100	Tulpen, gelb	
50	„ rot	
20	Hyazinthen, rosa	
20	„ blau	
20	„ weiß	

WARE ERHALTEN
DATUM: 22. 1. 19..
Gr. Grün

Die gelieferte Ware bleibt bis zur vollständigen Bezahlung Eigentum des Lieferanten

Zweckform Lieferschein

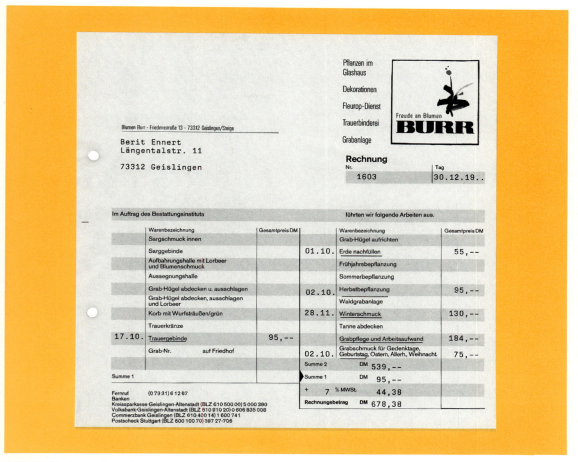

Abb. 47. Rechnungsformular.

Der Kunde erfährt durch den Lieferschein
- eine Bestätigung seiner Bestellung
- die Lieferungs- und Zahlungsbedingungen
- den Zeitpunkt des Versandes
- das Transportmittel (z. B. Bahn, LKW)
- die Versendungsart (z. B. Fracht-, Expreßgut).

Ein Lieferschein kann für den Empfänger zugleich Rechnung sein. Auf dem Formular steht dann Lieferschein/Rechnung.

Häufig erreicht den Empfänger Lieferschein und Ware gleichzeitig (z. B. vom Händler ausgelieferte Schnittblumen). Die Ware muß unverzüglich nach Erhalt geprüft, mit dem Lieferschein verglichen und der ordnungsgemäße Empfang der Ware durch Unterschrift bestätigt werden. Ein Durchschreibeblatt (Duplikat) als Empfangsbescheinigung erleichtert den Schriftverkehr.

22.2 Die Rechnungsstellung

Die Rechnung (Format A4 oder A5; Vordrucke nach DIN 4991/09.69 bzw. /03.85) wird gleichzeitig mit der Warenlieferung bzw. Abholung der Ware oder auch wenige Tage später versandt.

Durch die einheitliche Gestaltung der Vordrucke können Bestellungsannahme, Lieferschein und Rechnung mittels Durchschlägen in einem Arbeitsgang erstellt werden. Hierfür gibt es Durchschreibebücher/-blöcke im Handel.

Zweckmäßig und werbewirksam sind besonders angefertigte Rechnungsformulare mit dem Firmeneindruck als Briefkopf. Für immer wiederkehrende, gleichartige Rechnungen (z. B. für Friedhoffloristik, Grabpflege) sind Vordrucke mit den aufgezählten Arbeitsarten sinnvoll: Abb. 47.

Pflanzen im Glashaus
Dekorationen
Fleurop-Dienst
Trauerbinderei
Grabanlage

Freude an Blumen
BURR

Blumen Burr · Friedensstraße 13 · 73312 Geislingen/Steige

Marc und Berit Ennert
Längentalstraße 11

73312 Geislingen

Rechnung 1421   Tag 16.08.19..

	Einzelpreis DM	Gesamtpreis DM
Sie erhielten am 13.08.19.. Hochzeitsschmuck:		
1 Autogirlande		90,--
12 Tischgestecke	28,--	336,--
5 Kinderkörbchen mit Streublumen	10,--	50,--
3 Brautfräulein-Sträuße	19,--	57,--
3 Brautführer-Anstecker	9,--	27,--
1 Brautstrauß		120,--
1 Anstecker für den Bräutigam		12,--
Kirchen- und Altarschmuck		280,--
		972,--
Umsatzsteuer 7 %		68,04
		1 040,04

Blumen Burr · Friedensstraße 13 · 73312 Geislingen/Steige · Telefon: 0 73 31 / 6 12 67 · Telefax 0 73 31 / 6 65 79
Bankverbindungen: Postscheck Stuttgart (BLZ 600 100 70) 39 727-706 · Kreissparkasse Geislingen (BLZ 610 500 00) 5 000 380 · Volksbank Geislingen (BLZ 610 910 20) 0 606 835 008

Abb. 48. Musterrechnung.

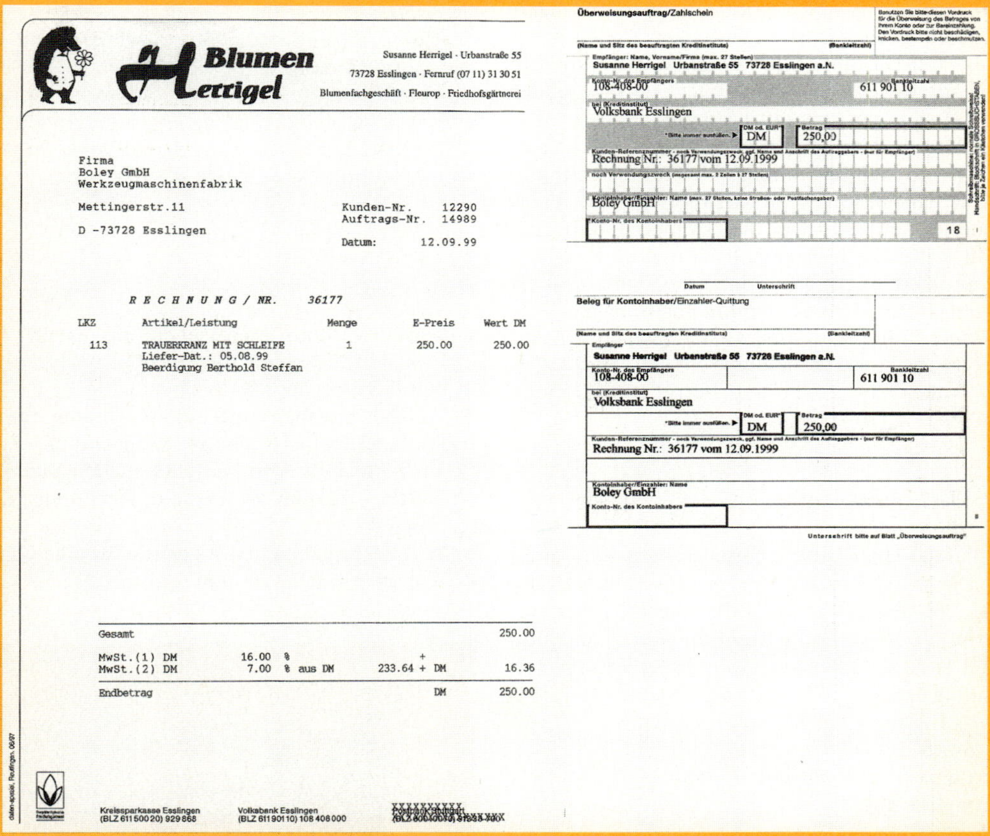

Blumen Herrigel

Susanne Herrigel · Urbanstraße 55
73728 Esslingen · Fernruf (07 11) 31 30 51
Blumenfachgeschäft · Fleurop · Friedhofsgärtnerei

Firma
Boley GmbH
Werkzeugmaschinenfabrik

Mettingerstr.11

D -73728 Esslingen

Kunden-Nr. 12290
Auftrags-Nr. 14989

Datum: 12.09.99

R E C H N U N G / NR. 36177

LKZ	Artikel/Leistung	Menge	E-Preis	Wert DM
113	TRAUERKRANZ MIT SCHLEIFE Liefer-Dat.: 05.08.99 Beerdigung Berthold Steffan	1	250.00	250.00

Gesamt				250.00
MwSt.(1) DM	16.00 %		+	
MwSt.(2) DM	7.00 % aus DM	233.64	+ DM	16.36
Endbetrag			DM	250.00

Kreissparkasse Esslingen (BLZ 611 500 20) 929 868
Volksbank Esslingen (BLZ 611 901 10) 108 408 000

Überweisungsauftrag/Zahlschein

Benutzen Sie bitte diesen Vordruck für die Überweisung des Betrages von Ihrem Konto oder zur Bareinzahlung. Den Vordruck bitte nicht beschädigen, knicken, bestempeln oder beschmutzen.

(Name und Sitz des beauftragten Kreditinstituts) (Bankleitzahl)

Empfänger: Name, Vorname/Firma (max. 27 Stellen): Susanne Herrigel Urbanstraße 55 73728 Esslingen a.N.
Konto-Nr. des Empfängers: 108-408-00 Bankleitzahl: 611 901 10
bei (Kreditinstitut): Volksbank Esslingen
Bitte immer ausfüllen. DM od. EUR: DM Betrag: 250,00
Kunden-Referenznummer - noch Verwendungszweck, ggf. Name und Anschrift des Auftraggebers - (nur für Empfänger): Rechnung Nr.: 36177 vom 12.09.1999
noch Verwendungszweck (insgesamt max. 2 Zeilen à 27 Stellen)
Kontoinhaber/Einzahler: Name (max. 27 Stellen, keine Straßen- oder Postfachangaben): Boley GmbH
Konto-Nr. des Kontoinhabers
18

Datum Unterschrift

Beleg für Kontoinhaber/Einzahler-Quittung

(Name und Sitz des beauftragten Kreditinstituts) (Bankleitzahl)

Empfänger: Susanne Herrigel Urbanstraße 55 73728 Esslingen a.N.
Konto-Nr. des Empfängers: 108-408-00 Bankleitzahl: 611 901 10
bei (Kreditinstitut): Volksbank Esslingen
Bitte immer ausfüllen. DM od. EUR: DM Betrag: 250,00
Kunden-Referenznummer - noch Verwendungszweck, ggf. Name und Anschrift des Auftraggebers - (nur für Empfänger): Rechnung Nr.: 36177 vom 12.09.1999
Kontoinhaber/Einzahler: Name: Boley GmbH
Konto-Nr. des Kontoinhabers

Unterschrift bitte auf Blatt „Überweisungsauftrag"

Abb. 49. Rechnungsstellung.

Unterlagen für das Ausstellen einer Rechnung

- Angebot (Welche Preise wurden vereinbart?)
- Bestellung (Was hat der Kunde bestellt?)
- Lieferschein (Was hat der Kunde erhalten und bestätigt?)

Angaben auf einem Rechnungsformular

- Briefkopf (Absender)
- Empfängeranschrift
- Rechnungsnummer und Datum
- Auftrags-/Bestelldatum
- Bankverbindung
- Zahlungsbedingungen
- Aufzählung der einzelnen Posten mit Einzel- und Gesamtpreis
- Endsumme
- Umsatzsteuer (Im Preis ...% enthalten oder ab 200,– DM auf Verlangen bzw. für Kaufleute extra aufgeführt.)

Beispiel

Die Kundin Berit Ennert, wohnhaft in der Längentalstraße 11 in 73312 Geislingen, bestellte Hochzeitsschmuck: 1 Autogirlande, 12 Tischgestecke, Kirchen-/Altarschmuck, 5 Kinderkörbchen mit Streublumen, 3 Brautfräulein-Sträuße, 3 Brautführer-Anstecker, 1 Brautstrauß, 1 Anstecker für den Bräutigam. Bestell-Datum: 15. 07. 19. . Die Ware wird am Hochzeitstag (13. 08. 19. .) geliefert; drei Tage später wird die Rechnung versandt (Abb. 48).

Die Rechnung kann mit dem PC erstellt werden. Alles, was ein Kunde innerhalb einer bestimmten Frist (z. B. eines Monats; bei Grabpflege z. B. eines Halbjahres) kauft, wird in den Computer eingegeben. Mit Hilfe des Kundenaufrufs und einer Codezahl werden sämtliche Positionen und Daten innerhalb kürzester Zeit als Rechnung ausgedruckt.

Bereits ausgefüllte, abreißbare Überweisungsformulare beschleunigen den Zahlungseingang. Reklamationen, welche die Rechnung betreffen, kommen kaum noch vor (Abb. 49).

22.3 Die Quittung

Der Gläubiger (z. B. das Blumenfachgeschäft) muß auf Verlangen des Schuldners (z. B. Kunde) eine Quittung ausstellen (§ 368 BGB). Sie dient als Beweismittel für die geleistete Zahlung und ist an keine Form gebunden. Außerdem dient die Quittung auch als Zahlungsbeleg für Zwecke der Buchhaltung.

Quittungsarten:

- Kassenzettel
- Quittungsvermerk auf der Rechnung
- Quittungsvordruck

Angaben auf einer Quittung: Eintragung

- **über** den bezahlten Betrag
- **von** wem bezahlt wurde
- **für** was bezahlt wurde
- **Ort, Datum, Unterschrift des Empfängers**

Merksätze

▷ Der Lieferschein gibt Auskunft über die bestellte Ware.

▷ Mit der Rechnung wird der Käufer aufgefordert, die bestellte Ware zu bezahlen.

▷ Die Quittung ist das Beweismittel für die geleistete Zahlung.

▷ Lieferscheine, Rechnungen und Quittungen sind an keine äußere Form gebunden. Vordrucke mit den notwendigen Angaben vereinfachen die Schreibarbeit.

Aufgaben

1. Warum wird ein Lieferschein ausgestellt?
2. Erstellen Sie einen Lieferschein nach den Angaben des Vorgangs links oben.
3. Welche Angaben muß eine Rechnung enthalten?
4. Stellen Sie eine Rechnung aufgrund der Angaben auf Seite 114, Abb. 46 (Lieferschein) aus.
5. Welches Format ist für ein Rechnungsformular sinnvoll?
6. Welche Angaben benötigen Sie für eine Quittung?
7. Wie wird eine Rechnung quittiert?

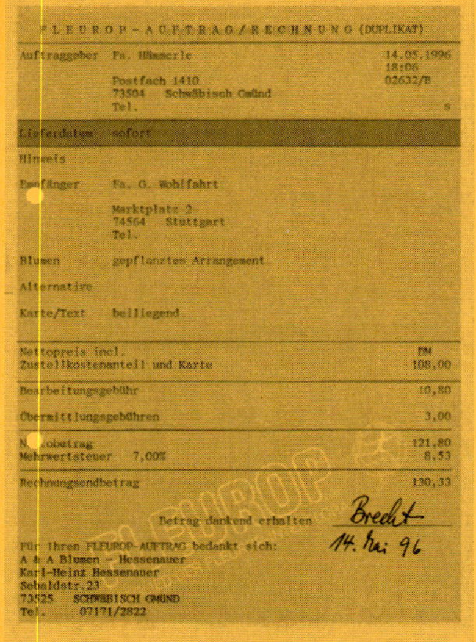

FLEUROP-AUFTRAG/RECHNUNG (DUPLIKAT)

Auftraggeber Fa. Hämmerle — 14.05.1996, 18:06, 02632/B
Postfach 1410
73504 Schwäbisch Gmünd
Tel.

Lieferdatum sofort

Hinweis

Empfänger Fa. G. Wohlfahrt
Marktplatz 2
74564 Stuttgart
Tel.

Blumen gepflanztes Arrangement

Alternative

Karte/Text beiliegend

	DM
Nettopreis incl. Zustellkostenanteil und Karte	108,00
Bearbeitungsgebühr	10,80
Übermittlungsgebühren	3,00
Nettobetrag	121,80
Mehrwertsteuer 7,00%	8,53
Rechnungsendbetrag	130,33

Betrag dankend erhalten Brecht
14. Mai 96

Für Ihren FLEUROP-AUFTRAG bedankt sich:
A & A Blumen - Hessenauer
Karl-Heinz Hessenauer
Sebaldstr.23
73525 SCHWÄBISCH GMÜND
Tel. 07171/2822

Abb. 50a. Quittierte Rechnung.

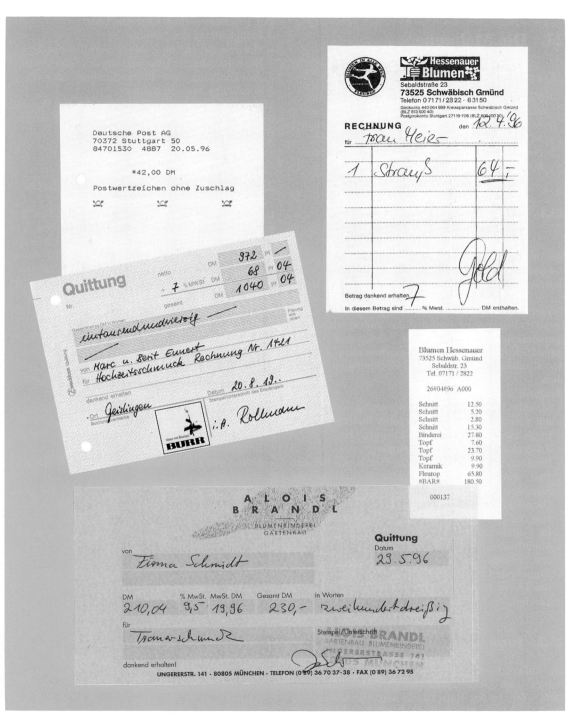

Abb. 50b. Verschiedene Quittungen.

23 Die Mahnung

Lernziele

▷ Zwischen außergerichtlichem und gerichtlichem Mahnverfahren unterscheiden können;
▷ wissen, welche Mittel beim außergerichtlichen Mahnverfahren angewendet werden können;
▷ ein verbindliches Mahnschreiben abfassen können.

23.1 Das außergerichtliche Mahnverfahren

Bei der Mahnung säumiger Zahler wird der Florist normalerweise behutsam vorgehen, um seine Kunden nicht zu sehr zu verprellen. Oftmals ist der Grund für verspätete Bezahlung nur Unachtsamkeit oder Vergeßlichkeit des Kunden.
Der Gläubiger wird zunächst das **außergerichtliche** (**persönliche**) Mahnverfahren anwenden. Eine freundlich gehaltene Zahlungserinnerung fordert den Kunden höflich auf, seine Rechnung zu begleichen.
Beispiele
– Mahnbrief als freundliche Erinnerung, verbunden mit einem Angebot über Besonderheiten des Betriebs (s. Musterbrief Abb. 15 und 51);
– Zusenden einer zweiten Rechnung;
– Besitzen beide Beteiligten ein Girokonto bei der Post, kann der Verkäufer eine Postnachnahme zusenden (vgl. Abschnitt 24.1). Den gleichen Dienst erfüllt ein ausgefüllter Überweisungsauftrag der Bank oder Sparkasse;
– In Zeitabständen kann der Verkäufer mehrere Mahnbriefe in „unterschiedlichem Ton" dem Kunden zusenden. Der erste Brief klingt höflich bestimmt, der zweite etwas schärfer und im dritten Brief wird das gerichtliche Mahnverfahren angekündigt.

23.2 Form und Inhalt eines Mahnbriefs

Die äußere Form ist nicht an eine Norm gebunden, richtet sich aber zweckmäßigerweise nach der DIN 5008. In der Betreffzeile wird die unbezahlte Rechnung bzw. Mahnung (z. B. Zweite Mahnung) erwähnt.

Der Brieftext enthält folgende Teile:
– Fälligkeitstag der Schuld
– Hinweis auf eigene Zahlungsverpflichtungen
– Bitte um schnelle Überweisung des Schuldbetrags, Ankündigung einer Postnachnahme oder des gerichtlichen Mahnverfahrens.

Mahnbriefe können vorkopiert oder im Personalcomputer gespeichert sein, so daß nur noch die aktuellen Daten eingetragen werden müssen.

23.3 Das gerichtliche Mahnverfahren

Hat ein Kunde nach zweimaliger schriftlicher Mahnung die Geldschulden noch nicht beglichen, kann der Gläubiger die Zahlung durch einen Mahnbescheid erzwingen (vgl. Abschnitt 5.4). Für das gerichtliche Mahnverfahren ist das Amtsgericht zuständig, in dessen Bezirk der Antragsteller seinen Wohnsitz hat.
– Das gerichtliche Mahnverfahren wird immer schriftlich durchgeführt.
– Das Antragsformular (zweiseitiges EDV-Formular) ist in jedem Schreibwarengeschäft erhältlich.
– Das Formular wird vom Gläubiger selbst ausgefüllt. Er kann es auch von seinem Rechtsanwalt oder beim Amtsgericht ausfüllen lassen.
– Die „*Hinweise zum Vordruck für den Antrag auf Erlaß eines Mahnbescheids*" sind auf der Rückseite des Antrags abgedruckt und erleichtern das Ausfüllen.
– Der Antrag wird beim zuständigen Amtsgericht eingereicht.
– Die Kosten werden vom Amtsgericht errechnet. Der Gläubiger erhält dann eine Kostenanforderung (Überweisungsformular) mit der Bitte um Bezahlung. Gleichzeitig wird der Eingang des Antrags bestätigt.

Merksätze

▷ das außergerichtliche Mahnverfahren wird mittels freundlich gehaltener Zahlungserinnerungen abgewickelt. Die äußere Form ist nicht bindend vorgeschrieben; die DIN 5008 ist für deren Aufbau jedoch sinnvoll.
▷ Das gerichtliche Mahnverfahren kann durch Antrag beim zuständigen Amtsgericht eingeleitet werden. Der Vordruck (Mahnbescheid) enthält die notwendigen Aufgaben.

Blumen-Centrale Grün, Bahnhofstr. 28, 42103 Wuppertal

Telefon
(0202) 17 76 44

Telefax
(0202) 17 76 22

Bankverbindung
KSK Wuppertal
(BLZ 330 500 00)
Konto-Nr. 126 246 240

Ihr Zeichen   Ihre Nachricht vom   Unser Zeichen   Datum

Rechnung Nr.   vom

Sehr geehrte

entschuldigen Sie bitte vielmals, daß ich Sie heute mit einem
großen blauen Brief erschrecke.
Es fällt mir nicht leicht, Sie als Kunden unseres Hauses an
etwas erinnern zu müssen, das sicher Ihrer Aufmerksamkeit
entgangen ist.

Sie wissen, daß Herr Grün Ihnen immer das Aktuellste und Beste
bieten möchte, Blüten und Pflanzen, die man nur bei den
führenden Erzeugern Europas, Afrikas und Asiens bekommen kann.
Diese Lieferanten sind natürlich an einem pünktlichen Geld-
eingang sehr interessiert.

Ich hoffe, daß Sie für meine Lage als Buchhalterin der Firma
Verständnis haben und bitte um Begleichung der oben genannten
Rechnung.

Kommen Sie doch einmal wieder bei uns vorbei und lassen Sie
sich von unserem vielseitigen und extravaganten Angebot überzeugen.

Mit bester Empfehlung

Blumen-Centrale Grün

Im Auftrag

Abb. 51. Zahlungserinnerung.

▷ Das Mahnverfahren wird stets schriftlich durchgeführt.
▷ Der Mahnbescheid wird vom Gläubiger selbst ausgefüllt.

Aufgaben

1. Wodurch unterscheidet sich das gerichtliche vom außergerichtlichen Mahnverfahren?
2. Welche Mittel stehen dem Floristen im Rahmen des außergerichtlichen Mahnverfahrens zur Verfügung?
3. Ein langjähriger Kunde schuldet Ihrem Betrieb seit drei Monaten einen Betrag von 172,50 DM. Er hat auf zwei Zahlungserinnerungen bisher nicht reagiert. Verfassen Sie ein diesem Sachverhalt angemessenes Mahnschreiben.
4. Gegen einen gewerblichen Kunden Ihres Betriebs, der trotz mehrmaliger Zahlungsaufforderungen einen offenstehenden Rechnungsbetrag über 234,20 DM nicht bezahlt hat, soll das gerichtliche Mahnverfahren eingeleitet werden. Der Kunde ist seit drei Monaten im Zahlungsverzug. Besorgen Sie sich einen Antragsvordruck und füllen Sie diesen aus.

24 Schriftverkehr mit Post, Bahn, sonstigen Frachtführern und Spediteuren

Lernziele

▷ Wissen, wie Warensendungen vom Absender zum Empfänger kommen;
▷ unterschiedliche Vordrucke der Post, Bahn und Spedition richtig ausfüllen können;
▷ wissen, für welche Schadensfälle bei der Paketbeförderung die Post, Bahn und Spedition haftet und wie reklamiert werden kann.

24.1 Schriftverkehr mit der Post

Viele Zahlungsvorgänge gehen den Postweg. Diese werden im Abschnitt „Zahlungsverkehr" Seite 48 näher erläutert.
Waren im Gesamtgewicht bis zu 20 kg können mit der Post befördert werden. Sie müssen gut verpackt und gegen äußere Einflüsse geschützt sein. Es kommt zwar selten vor, daß ein Florist Waren auf dem Postweg verschickt, doch sollte man auch für den einmaligen Fall wissen, wie ein **Paketschein** ausgefüllt wird. Der Durchschreibsatz besteht aus einem

Abb. 52. Paketschein.

Deutsche Post AG: Tarife Frachtpost Inland

	Paket	**Päckchen**
Zulässig	Gegenstände aller Art, briefliche Mitteilung	Gegenstände aller Art, briefliche Mitteilung
Höchstgewicht	20 kg	2 kg
Maße, Form	Quaderförmige Sendung: Länge bis 120 cm, Breite und Höhe je bis 60 cm Sperrig: Überschreitung der o. g. Maße oder wenn besondere betriebliche Behandlung nötig	Höchstmaße: In rechteckiger Form: Länge 60 cm, Breite 30 cm, Höhe 15 cm oder L+B+H = 90 cm, dabei keine Länge größer als 60 cm In Rollenform: Länge 90 cm, Durchmesser 15 cm
Aufschrift	Auf Klebezettel (Paketkarte) oder direkt auf Verpackung; Aufschriftfahnen bei Eimern, Fahrrädern, Kannen usw. Doppel der Aufschrift im Paket	Wie Paket Doppel der Aufschrift in das Päckchen Vermerk „Päckchen"
Absender	Auf Paket und Paketkarte angeben	Soll angegeben werden, bei Einschreiben erforderlich
Einlieferung	Mit Paketkarte, Einlieferung wird gebührenfrei bestätigt (Einlieferungsschein)	Einlieferung wird nicht bescheinigt
Besondere Versendungsformen	Wertangabe, Eigenhändig und Rückschein, bei Wertpaketen, Nachnahme	
Haftung	Bei Verlust und Beschädigung bis 1000,– DM, bei Wertpaket bis zur Höhe der Wertangabe (Höchstbetrag 100 000,– DM)	Keine Haftung
Gebühr	Je nach Gewicht	6,90 DM (freizumachen)

Stand: 1. Jan. 2000

Paketaufkleber (selbstklebend) und dem Einlieferungsschein. *Unfrei* wird angekreuzt, wenn der Empfänger das Porto bezahlt. *Eigenhändig* bedeutet Zustellung an den Empfänger persönlich und *Rückschein,* wenn eine Empfangsbestätigung verlangt wird. *Sperrgut* ist ein Paket, das die Höchstmaße überschreitet; *Eingeschriebene Blindensendung-Schwer* muß sich an die vorgeschriebenen Maße halten (s. Service-Informationsheft der Deutschen Post AG).
Die Durchschrift „Einlieferungsschein" enthält außerdem den Zusatz *Besonderer Wert;* dies muß dann angekreuzt und mit dem tatsächlichen Wert versehen werden, wenn der allgemeine Haftungshöchstbetrag eines Post-Pakets (s. Tabelle) erweitert werden soll. Den Einlieferungsschein erhält der Absender als Quittung (Abb. 52).
Soll die Ware als Nachnahmepaket verschickt werden, wird ein **Nachnahme-Paketschein** verwendet. Der dreiteilige Durchschreibesatz (Aufschriftzettel, Einlieferungsschein, Anlage zum Sammelüberweisungsauftrag) wird entsprechend der Hinweise (Rückseite) ausgefüllt. Mit einer Folienklebetasche (am Postschalter erhältlich) kann man den Zahlungsvordruck an der Sendung befestigen.
Man kann den Betrag (Paketgebühr, Nachnahmege-

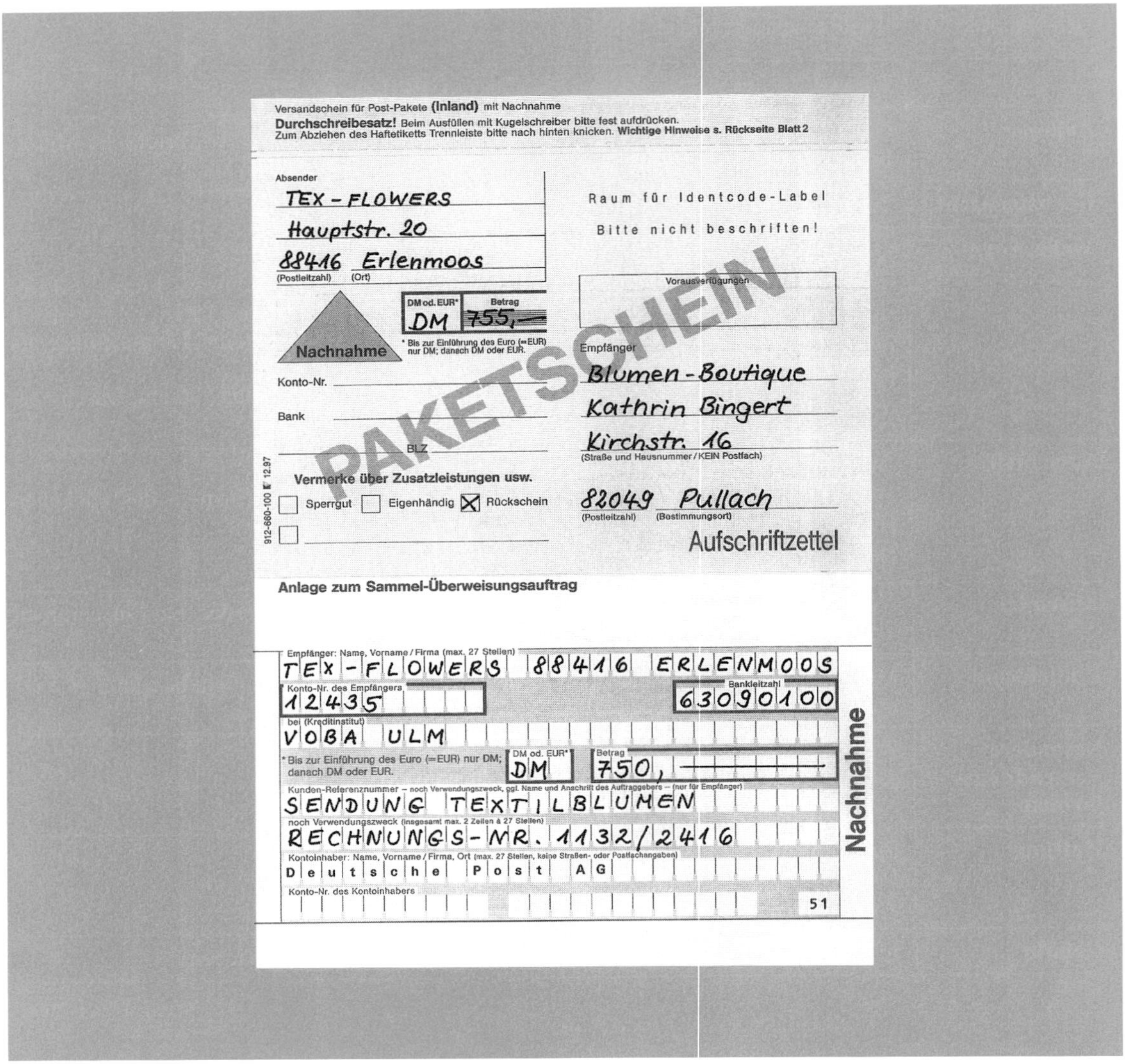

Abb. 53. Nachnahme-Paketschein.

bühr und Überweisungsgebühr) auch bei der Post eintragen lassen, wenn man die Gebührensätze nicht kennt (Abb. 53).

Eine **Nachnahmekarte** muß dann ausgefüllt werden, wenn Geldschulden über das Girokonto eingezogen werden sollen. Postgebühren werden auf den Nachnahmebetrag aufgeschlagen (Erkundigung bei der Postfiliale). Die ausgefüllte Nachnahmekarte wird am Postschalter abgegeben und codiert; der Absender erhält einen Beleg.

Ein **Telegramm** wird dann zugesandt, wenn der Geschäftspartner über andere Kommunikationsmittel (Telefon, Telefax, E-Mail) nicht zu erreichen ist. Es kann telefonisch oder mit ausgefülltem Vordruck aufgegeben werden. Da sich die Gebühr nach der Anzahl der Wörter richtet, sollte es kurz gefaßt sein (Abb. 55).

Wer einen **Telefonanschluß** haben will, besorgt sich einen Auftragsvordruck bei der Deutschen Telekom AG, auf dem er Anschrift, Art des Telefons und des Anschlusses vermerkt.

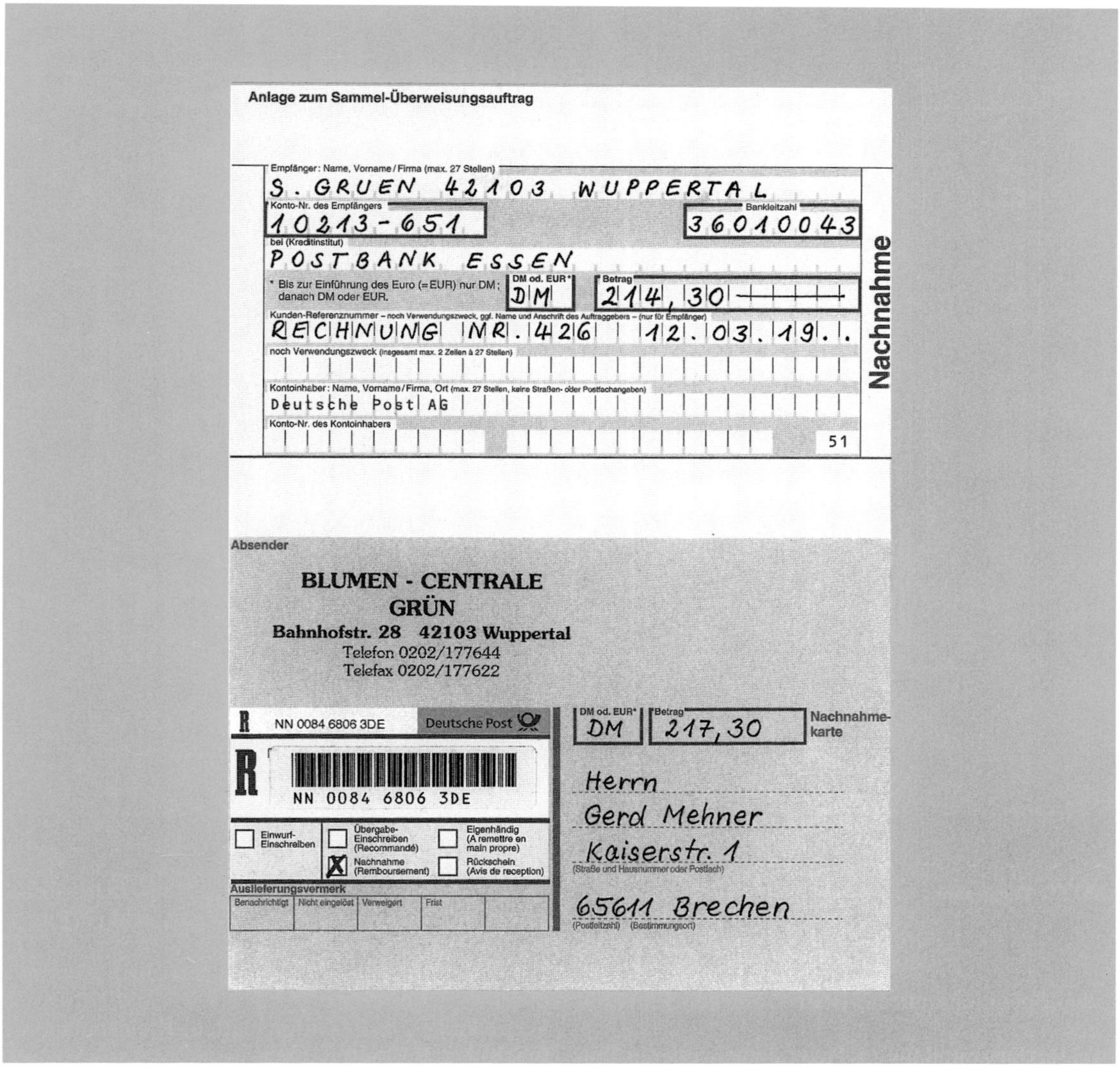
Anlage zum Sammel-Überweisungsauftrag

Empfänger: Name, Vorname / Firma (max. 27 Stellen)
S. GRUEN 42103 WUPPERTAL
Konto-Nr. des Empfängers
10213-651
Bankleitzahl
36010043
bei (Kreditinstitut)
POSTBANK ESSEN
* Bis zur Einführung des Euro (= EUR) nur DM; danach DM oder EUR.
DM od. EUR*
DM
Betrag
214,30
Kunden-Referenznummer – noch Verwendungszweck, ggf. Name und Anschrift des Auftraggebers – (nur für Empfänger)
RECHNUNG NR. 426 12.03.19..
noch Verwendungszweck (insgesamt max. 2 Zeilen à 27 Stellen)
Kontoinhaber: Name, Vorname / Firma, Ort (max. 27 Stellen, keine Straßen- oder Postfachangaben)
Deutsche Post AG
Konto-Nr. des Kontoinhabers
51
Nachnahme

Absender

BLUMEN - CENTRALE
GRÜN
Bahnhofstr. 28 42103 Wuppertal
Telefon 0202/177644
Telefax 0202/177622

R NN 0084 6806 3DE Deutsche Post
R NN 0084 6806 3DE
Einwurf-Einschreiben
Übergabe-Einschreiben (Recommandé)
Eigenhändig (A remettre en main propre)
Nachnahme (Remboursement)
Rückschein (Avis de reception)
Auslieferungsvermerk
Benachrichtigt | Nicht eingelöst | Verweigert | Frist

DM od. EUR*
DM
Betrag
217,30
Nachnahmekarte

Herrn
Gerd Mehner
Kaiserstr. 1
(Straße und Hausnummer oder Postfach)
65611 Brechen
(Postleitzahl) (Bestimmungsort)

Abb. 54. Nachnahmekarte.

24.2 Schriftverkehr mit der Bahn

Die BAHNTRANS GmbH ist ein Unternehmen der Deutschen Bahn AG und der Thyssen Haniel Logistic GmbH. Über die Schiene werden 70% des Frachtguts befördert, der Rest über die Straße. Die Allgemeinen Deutschen Spediteurbedingungen (ADSp) sind Grundlage für die Besorgung des Transports. Die Bahntrans befördert

– Stückgut (z. B. Einzelstücke, Gitterpaletten mit Pflanzen aus Holland, Klein- und Großcontainer), Beförderungsdauer 24–28 Stunden;
– Expreßgut (Kleingutsendungen); Beförderungsdauer 24 Stunden.

Wird ein Auftrag erteilt, muß ein Speditionsauftrag ausgefüllt werden. Dieser ist fünfseitig (Original und vier Durchschläge) und besteht aus

– dem Speditionsauftrag, Blatt 0, für die Bahntrans;
– dem Versandblatt, Blatt 1, für die Versandstation;
– dem Speditionsauftrag, Blatt 2, für den Versender;
– dem Empfangsblatt, Blatt 3, für die Empfangsstation;

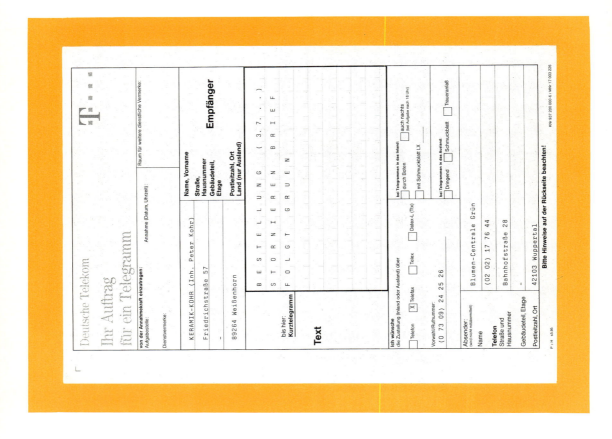

Abb. 55. Telegramm.

- dem Speditionsauftrag, Blatt 4, für den Empfänger.

Zwei Beklebezettel für das Paket sind am oberen Teil zwischen Blatt 0 und Blatt 1 angeheftet, so daß die Angaben durchgeschrieben werden können.

Ein Speditionsauftrag ist
- Beweisurkunde für die Einlieferung (für den Kunden);
- Warenbegleitpapier (von der Auftragsannahme bis zum Empfänger).

Für den Kunden ist die Abgabe und Auslieferung des Frachtguts wichtig, weshalb hier die **Grundvoraussetzungen zum Ausfüllen des Speditionsauftrags** genannt sind, um den Transport abwickeln zu können. **Absender** (10) und **Empfänger** (15) müssen mit genauer postalischer Anschrift angegeben werden. Feld (24) wird nur angekreuzt; z. B. frei Haus. In der Zeile (28) wird angekreuzt, z. B. Stückgut. Feld (31) muß sehr genau ausgefüllt werden:
Anzahl ≙ Stückzahl und Rauminhalt bzw. Gewicht (34) der Stückfracht;
Verpackung ≙ z. B. Gitterpaletten, Kleincontainer;
Inhalt ≙ z. B. Topfpflanzen.
Werden Gefahrgüter nach der **G**efahr**gut**verordnung **E**isenbahn versandt, müssen die Angaben streng nach dieser Verordnung erfolgen: genaue Bezeichnung des Gefahrguts und der Gefahrenklasse, damit bei eventuellen Unfällen sofort Gegenmaßnahmen getroffen werden können (GGVE) ankreuzen);
Soll der Empfänger die Ware erst erhalten, wenn er bezahlt hat, muß in die Zeile (39) der Nachnahmebetrag eingetragen werden.
Der Warenwert in Feld (60) ist für die Speditionsversicherung immer anzugeben, es sei denn, der Kunde verzichtet schriftlich auf einen Versicherungsschutz (Verbotskunde).

24.3 Schriftverkehr mit Spediteuren

Der Spediteur ist selbständiger Kaufmann und besorgt Güterversendungen durch Frachtführer in eigenem Namen (§ 407 HGB). Der Frachtführer führt die Beförderung der Güter aus (§ 425 HGB). Spediteur und Frachtführer sind oft dieselbe Person, weil der Spediteur das Selbsteintrittsrecht hat, d. h. die Beförderung selbst vornehmen kann.

Eine Spedition ist flexibel, kann individuelle Kundenwünsche erfüllen und vergibt Warentransporte mit dem LKW, der Bahn, dem Schiff und dem Flugzeug. So werden z. B. Schnittblumen in Kartons oder Containern aus Kenia oder von der italienischen Riviera innerhalb von zwei Tagen, aus Holland über Nacht zu uns gebracht. Der Frachtvertrag in Form eines Speditionsauftrags dient als
- Beweisurkunde für den Abschluß und den Inhalt des Beförderungsgeschäfts
- Begleitpapier für die Sendung
- Frachtrechnung.

Der Speditionsauftrag kann je nach Spedition unterschiedlich aussehen. Meistens wird ein einheitlicher, vierteiliger Vordruck (DIN A4) verwendet. Von den vier Blättern des Vordrucksatzes erhalten je eine Ausfertigung der Absender, der Spediteur und der Empfänger. Das vierte Blatt geht bei der Auslieferung der Ware als Quittung zurück (Abb. 56).

Tab. Haftung und Reklamation		
	Haftung im Paket-/Güterverkehr	Reklamation
Deutsche Post AG	Bei Verlust oder Beschädigung bis zu 1000,– DM; bei Wertpaket bis zur Höhe der Wertangabe.	Grundsätzlich ist nur der Absender ersatzberechtigt. Beispiele: 1. Beschädigtes Paket (nicht ausgeliefert, Empfänger wird benachrichtigt); 2. Beschädigte, erhaltene Ware; 3. Paket kommt nicht an. Fall 1 und 2: Beschädigte Ware muß innerhalb von 24 Stunden vorgelegt werden. Im Beisein eines Postmitarbeiters wird ein Protokoll aufgenommen. Fall 3: Bei Verzögerung kann ein Nachforschungsantrag (Formular am Schalter) eingereicht werden.
Bahntrans GmbH, andere Frachtführer und Spediteure	Geschäftsgrundlage sind die „Allgemeinen Deutschen Spediteurbedingungen" (ADSp). Diese schließen die Haftung des Spediteurs bzw. Frachtführers fast völlig aus, weil das Transportrisiko (Beschädigung/Lieferungsverzug) durch entsprechende Versicherungen auf den Kunden abgewälzt wird. Spediteure bzw. Frachtführer müssen für Schäden nur dann eintreten, wenn ein Haftungsausschluß der Speditionsversicherung vorliegt oder der Auftraggeber Verbotskunde ist. Die Vorschriften des HGB (§§ 454, 455 und 429) gelten nur, wenn die ADSp nicht Vetragsbestandteil sind.	Laut § 60 ADSp müssen offene Mängel sofort schriftlich auf der Empfangsbescheinigung reklamiert werden. Verdeckte Mängel werden spätestens am 6. Werktag nach Ablieferung schriftlich beim Spediteur gemeldet, sofern es sich um einen Schaden handelt, der zwischen Übernahme und Ablieferung der Ware entstanden ist.

Speditionsauftrag Übergabeschein **Nr.**	Bitte unbedingt angeben	FZ-Nr.:	Dossier	Datum 04.01.19..
Versender: "Jungflora" Inh. W. König Sonnenhalde 3 73095 Albershausen		Abs.-Kd.-Nr.:	Empfänger: Blumen-Centrale Stefan Grün Bahnhofstraße 28 42103 Wuppertal	Empf.-Kd.-Nr.:

Zeichen und Nummer	Anzahl	Verpackung	Güterart	kg
500/ 1-23	23	Karton	Jungpflanzen	200
500/24-26	3	Sack	Anzuchterde	330

Warenwert: 1 200,--   X frei Haus   frei Station   unfrei   Nachlieferung

Gemäß § 60 ADSp. müssen alle Schäden, auch soweit sie äußerlich nicht erkennbar sind, dem Spediteur unverzüglich schriftlich mitgeteilt werden.

Vorstehende Sendung in einwandfreiem Zustand und vollzählig erhalten

Versender-Nachnahme incl. Umsatzsteuer 7%
DM 1 200,--
in Worten tausendzweihundert
Datum

Pal. Tausch

	übergeben	erhalten
Euro.		
Ind.		
KR		
St		
Gibo		

zeh Europalogistik

Im Hag 10 - 73230 Kirchheim/Teck
Telefon (07021) 9427-0
Telefax (07021) 51735
Disposition (07021) 51776
Telex 7267426

Abb. 56. Speditionsauftrag (verkürzte Form).

Merksätze

▷ Waren bis zu 20 kg können mit der Post befördert werden.
▷ Die Bahntrans GmbH befördert z. B. Wagenladungen, Stückgut, Expreßgut.
▷ Das Recht der Spediteure und Frachtführer ist im HGB geregelt. Geschäftsgrundlage sind jedoch meistens die „Allgemeinen Spediteurbedingungen" (ADSp), die üblicherweise durch Vereinbarung Vertragsbestandteil werden. Spediteure sind in der Wahl der Beförderungsmittel frei.
▷ Ausgefüllte Vordrucke begleiten die Warensendung (Post: Paketkarte; Spedition und Frachtführer: Speditionsauftrag).
▷ Bei Warensendungen mit der Post kann nur der Absender reklamieren und Ersatzansprüche geltend machen. Reklamationen bei Frachtführern oder der Spedition muß der Empfänger schriftlich auf der Empfangsbescheinigung des Speditionsauftrags vornehmen.

Aufgaben

1. Folgende Güter werden versandt:
   a) Keramikschale mit einem Gewicht von 18 kg, rund, ⌀ 48 cm;
   b) *Ficus benjamini*, ca. 2.50 m hoch, ca. 1,40 m breit;
   c) Topfpflanzen gleicher Art, ca. 30 cm hoch, 60 Stück;
   d) Glaskelch, 800 g schwer, ca. 30 cm hoch, 15 cm breit.
1.1 Welche Verpackung wählen Sie?
1.2 Für welche Güterbeförderung entscheiden Sie sich?
2. Besorgen Sie sich eine Paketkarte, einen Telefonantrag, einen Telegrammvordruck und einen Speditionsauftrag der Bahntrans GmbH. Füllen Sie diese Vordrucke aus.

25 Schriftverkehr mit Behörden

Lernziele

▷ Unterschiedliche Schreiben an Behörden aufsetzen können;
▷ vorgegebene behördliche Vordrucke richtig ausfüllen können.

Für Schreiben an Behörden (z. B. Anfragen, Anträge oder Einsprüche) gelten die Formvorschriften der DIN 5008 (vgl. Abschnitt 15). Eine sachliche, knappe und übersichtliche Darstellung erleichtert die Bearbeitung des Falls.
Viele behördliche Anträge und Anmeldungen werden in Form von Vordrucken (Formularen) bearbeitet, weil
- sie zeitsparend sind,
- sie z. T. mit dem Computer ausgewertet werden können,
- nichts vergessen wird,
- man bestimmte Angaben immer an der gleichen Stelle findet.

25.1 Entschuldigungsschreiben für die Berufsschule

Auch ein Entschuldigungsschreiben kann dem Normbrief entsprechend aufgesetzt werden. Zur Anschrift der Schule gehört unbedingt die Person, an die das Schreiben gerichtet ist (z. B. z. H. Herrn Hessenbach). So erreicht z. B. das Entschuldigungsschreiben ohne Zeitverzug den Klassenlehrer.
Angaben für den Brieftext (Abb. 57):
- Name und Klasse des Schülers
- Grund und Dauer des Fehlens.

25.2 Bitte um vorzeitige Zulassung zur Prüfung

Das Berufsbildungsgesetz (BBiG) gewährt nach § 40 Ziffer 1 vorzeitige Zulassung zur Prüfung. Dies ist jedoch nur möglich, wenn die Beurteilung des Ausbildungsbetriebs und der Schule jeweils die Note „gut“ (2,4) ausweist. Den Abgabetermin für den Antrag gibt die Kammer vor.
Der Auszubildende setzt einen Brief an die zuständige Kammer auf mit der Bitte um vorzeitige Zulassung zur Abschlußprüfung (Abb. 58). Er bekommt den Vordruck *„Antrag auf vorzeitige Zulassung“*, den er ausfüllt und zusammen mit den Anlagen *„Anhörung der Berufsschule“* und *„Anhörung des Ausbildungsbetriebs“* termingerecht an die Kammer zurückschickt.

25.3 Die Anzeige eines Arbeitsunfalls

Für das Blumenfachgeschäft ist die Berufsgenossenschaft Einzelhandel Träger der gesetzlichen Unfallversicherung (vgl. Kapitel 19, „Der Florist 2“).
Arbeitsunfälle sind
- Unfälle während der beruflichen Tätigkeit
- Unfälle auf dem Wege nach und vom Ort der Tätigkeit
- Unfälle auf Geschäftswegen
- bestimmte Berufskrankheiten.

Ist ein Arbeitnehmer infolge eines Arbeitsunfalls mehr als drei Tage krank, muß eine **Unfallanzeige** an die Berufsgenossenschaft geschickt werden. Das Deckblatt der fünfteiligen Unfallanzeige beinhaltet wichtige Erläuterungen zum Ausfüllen des Formulars. Lesen Sie diese Erläuterungen vor dem Ausfüllen aufmerksam durch, denn korrekte Angaben beschleunigen die Bearbeitung des Arbeitsunfalls bei der Berufsgenossenschaft.

Abb. 57. Entschuldigungsschreiben (Postkarte).

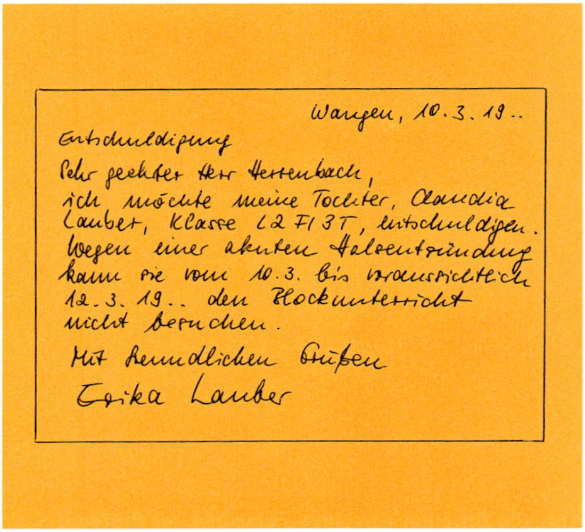
Wangen, 10.3.19..
Entschuldigung
Sehr geehrter Herr Hessenbach,
ich möchte meine Tochter, Claudia Lauber, Klasse L2 F13T, entschuldigen. Wegen einer akuten Halsentzündung kann sie vom 10.3. bis voraussichtlich 12.3.19.. den Blockunterricht nicht besuchen.
Mit freundlichen Grüßen
Erika Lauber

Manja Legner						Gera, 05.05.19..
August-Bebel-Str. 43
07551 Gera

IHK Ostthüringen
Bezirkskammer Gera
Humboldtstraße 14

07545 Gera

Vorzeitige Zulassung zur Abschlußprüfung

Sehr geehrte Frau Witt,

ich bitte um vorzeitige Zulassung zur Winter-Abschlußprüfung 19../19.. im Beruf Florist/Floristin.

Am 31. August d.J. beende ich das zweite Ausbildungsjahr. Im letzten Halbjahreszeugnis der Berufsschule hatte ich einen Notendurchschnitt von 1,6; zudem würde mein Ausbilder, Herr Thiel, einer Verkürzung der Ausbildungszeit zustimmen.

Bitte senden Sie mir die notwendigen Unterlagen möglichst umgehend zu.

Mit freundlichen Grüßen

Manja Legner

Abb. 58. Bitte um vorzeitige Zulassung zur Prüfung.

25.4 Bitte um Fristverlängerung bei der Steuerbehörde

Der im Einkommensteuergesetz festgelegte Abgabetermin für die Einkommensteuererklärung ist der 31. Mai des Folgejahres. Angemahnt wird jedoch erst nach dem 30. September. Kann dieser letzte Abgabetermin nicht eingehalten werden, beantragt man beim Finanzamt schriftlich eine Fristverlängerung (Abb. 59).
Dieser Antrag beinhaltet
– den Grund der Fristverlängerung;
– das gewünschte Datum für die Abgabe.
Als letzter Abgabetermin sollte der 31. Dezember angegeben werden; in Ausnahmefällen wird eine Fristverlängerung bis Ende Februar genehmigt. Wird eine Fristverlängerung nicht anerkannt, bekommt der Einkommensteuerpflichtige innerhalb kurzer Zeit (z. B. eine Woche) einen Ablehnungsbescheid.

25.5 Stundungsgesuch an das Finanzamt

Mit dem Stundungsgesuch will der Antragsteller (Betriebsinhaber) erreichen, den fälligen Steuerbetrag erst später zu bezahlen. Aussicht auf Erfolg des Gesuchs besteht jedoch nur in Härtefällen, wenn ein ernsthafter, nachweisbarer Grund vorhanden ist (z. B. Kreditaufnahme für die Steuerzahlung).
Beispiel für einen Härtefall
Durch Hochwasser wurden große Schäden im Keller eines Blumenfachgeschäfts verursacht; umfangreiche Reparaturarbeiten sind nötig; der Kühlraum ist außer Betrieb; viel Trockenmaterial und Zusatzartikel wurden vernichtet. Erst wenn die Versicherung den Schaden reguliert hat, kann die Steuer bezahlt werden (in ca. 5 Wochen).

25.6 Einspruch gegen den Steuerbescheid

Auf der Rückseite des Steuerbescheids wird der Steuerzahler auf die *Rechtsbehelfsbelehrung* hingewiesen:
„Sie können die mit diesem Bescheid bekanntgegebenen Entscheidungen mit dem Rechtsbehelf des Einspruchs bzw. der Beschwerde anfechten."
Der Einspruch muß
– schriftlich gemacht werden
– innerhalb einer festgesetzten Frist eingehen (siehe Steuerbescheid)
– begründet werden.

Gliederung des Brieftextes (Abb. 60):
– Hinweis auf den Einkommensteuerbescheid
– Einspruch mit Begründung
– Bitte um Berichtigung des Bescheids.

25.7 Anmeldung eines Betriebs

Wird ein Betrieb gegründet (vgl. Abschnitt 9), muß der Unternehmer nach gesetzlichen Vorschriften (§ 14 GO; § 165 AO) seinen Betrieb bei verschiedenen Behörden anmelden.
Bei der Ortsbehörde (Rathaus) bekommt der Betriebsinhaber einen zwölfteiligen Vordruck, der alle für die Betriebsgründung notwendigen Daten erfaßt. Die Erstschrift bleibt bei der Gemeindeverwaltung, das zweite Blatt (Gewerbeschein) bekommt der Betriebsinhaber und der Rest wird an das Landratsamt weitergeleitet. Das Landratsamt schickt die übrigen Blätter an die zuständigen Behörden: Statistisches Landesamt, Finanzamt, Gewerbeaufsichtsamt, Industrie- und Handelskammer, Handwerkskammer, Eichamt, Wirtschaftskontrolldienst, Landesarbeitsamt, Landesverband der gewerblichen Berufsgenossenschaften.
Da der Durchschlag für die IHK und das Finanzamt mit mehrwöchiger Verzögerung die Behörde erreicht, wäre es wünschenswert, die **IHK** und das **Finanzamt** vorzeitig zu informieren. Es handelt sich dabei um ein reines Informationsschreiben (Aufbau nach der DIN 5008); der Betrieb wird jedoch erst aufgrund der amtlichen Daten erfaßt.
Die Anmeldung bei der **Ortskrankenkasse** erfolgt innerhalb von zwei Wochen, sobald ein Arbeitnehmer eingestellt wurde. Dabei findet kein eigentlicher Schriftverkehr statt. Sämtliche Angaben (z. B. Betriebsnummer, Bezeichnung und Inhaber der Firma, Rechtsform, Art der Beitragsrechnung, Beginn der Versicherung, Zahl der Beschäftigten) können telefonisch durchgegeben werden. Die Vordrucke werden von der AOK selbst ausgefüllt. Sozialversicherungsbeiträge werden ebenfalls durch sie abgeführt.
Die Anmeldung beim **Amtsgericht** zur **Eintragung in das Handelsregister** kann selbst aufgesetzt werden, muß aber immer notariell beglaubigt sein (§ 12 BGB; § 29 BGB). Eine Eintragung ins Handelsregister ist dann verpflichtend, wenn der Betrieb als „voll kaufmännischer Geschäftsbetrieb" bezeichnet werden kann (bei einem Umsatz ab 300 000,- DM/Jahr).
Diese Anmeldung kann nach der Vorschrift DIN 5008 aufgesetzt werden. Inhalt der Anmeldung (alles ausgeschrieben):

Blumenfachgeschäft   Karlsruhe, 01.09.19..
Heidelinde Wissert
Lorenzstraße 43
76135 Karlsruhe
Telefon (07 21) 36 44 01

Finanzamt Karlsruhe
Schloßplatz

76131 Karlsruhe

Fristverlängerung
Einkommenssteuererklärung 19..
Steuer-Nummer 63046/017213

Sehr geehrte Damen und Herren,

ich bin mit meinen Jahresabschlußarbeiten bis heute noch nicht fertig geworden.

Vor sechs Wochen mußte ich spontan die Organisation, Vorbereitung und Ausführung der Jubiläumsdekoration eines Karlsruher Betriebs übernehmen, da der verantwortliche Kollege schwer erkrankte.
Aus diesem Grund kann ich die Einkommenssteuererklärung nicht termingerecht abgeben.

Ich bitte Sie daher, die Abgabefrist für meine Steuererklärung um sechs Wochen zu verlängern.

Mit freundlichen Grüßen

H. Wissert
H. Wissert

Abb. 59. Fristverlängerung für die Abgabe der Einkommensteuererklärung.

Blumenfachgeschäft   Karlsruhe, 30.04.19..
Heidelinde Wissert
Lorenzstraße 43
76135 Karlsruhe
Telefon (07 21) 36 44 01

Finanzamt Karlsruhe
Schloßplatz

76131 Karlsruhe

Einspruch gegen den Steuerbescheid vom 21.04.19..
Einkommensteuererklärung 19..
Steuer-Nummer 63046/017213

Sehr geehrte Damen und Herren,

gegen den Steuerbescheid vom 21.04.19.. mit der Steuer-Nummer 63046/017213 erhebe ich Einspruch.

Mit folgender Steuerberechnung bin ich nicht einverstanden:

1. Die außerordentliche Abschreibung auf den nicht mehr funktionsfähigen Blumenautomaten in Höhe von 4 800,- DM wurde nicht anerkannt.

2. Die Spende an Greenpeace wurde nur bis zur Hälfte (400,- DM) als Sonderausgaben anerkannt.

Ich bitte um Anerkennung der nicht berücksichtigten Beträge.

Mit freundlichen Grüßen

H. Wissert

Abb. 60. Einspruch gegen einen Steuerbescheid.

- Firma und Anschrift des Betriebs
- Tag der Gründung
- Vor- und Zuname des Inhabers (§ 18 BGB)
- Art des Geschäftszweigs (§ 18, 2 BGB)
- evtl. Erteilen einer Prokura

Merksätze

▷ Schreiben an Behörden können nach der DIN 5008 aufgebaut werden (z. B. Entschuldigungsschreiben).

▷ Behördliche Vordrucke (Formulare) sind heute üblich, weil diese häufig mit dem Computer ausgewertet werden (z. B. Unfallanzeige an die Berufsgenossenschaft).

▷ Wichtige Beispiele für behördliche Schreiben sind: Vorzeitige Zulassung zur Prüfung, Fristverlängerung bei der Steuerbehörde, Stundungsgesuch an das Finanzamt, Einspruch gegen den Steuerbescheid, Anmeldung eines Betriebs.

Aufgaben

1. Setzen Sie ein Entschuldigungsschreiben an Ihren Schulleiter auf. Bitten Sie darin um Unterrichtsbefreiung wegen Ihrer aktiven Mitwirkung an einem Landes-Turnwettkampf am Freitag, dem ...
2. Sie haben vor fünf Jahren das Abschlußzeugnis Ihrer Berufsschule erhalten, finden es aber nicht mehr. Jetzt brauchen Sie das Zeugnis für eine Bewerbung. Schreiben Sie an Ihre Berufsschule und bitten Sie um eine Zeugnisabschrift. Geben Sie auch alle wichtigen Daten an (Klasse, Klassenlehrer, evtl. Ihren Geburtsnamen, Ihre damalige Anschrift), damit Ihre Unterlagen schnell herausgesucht werden können.
3. Besorgen Sie sich ein Formular der Berufsgenossenschaft und füllen Sie dieses aus. Konstruieren Sie dafür einen Unfallvorgang.
4. Schreiben Sie ein Stundungsgesuch an das Finanzamt nach dem Beispielvorgang auf Seite 131.
5. Besorgen Sie sich bei der Ortsbehörde (Rathaus) ein Formular für eine Gewerbeanmeldung und füllen Sie dieses aus.

Teil B

Rechnungswesen

I Fachrechnen

1 Grundlagen

1.1 Meßeinheiten

Meßeinheiten nach dem Internationalen Einheitssystem (SI-Einheiten; SI = Système International d'Unités).

○ **Längenmaße** (Einheit: Meter = m)

$$1 \text{ Meter (m)} = \begin{cases} 10 \text{ Dezimeter (dm)} \\ 100 \text{ Zentimeter (cm)} \\ 1\,000 \text{ Millimeter (mm)} \end{cases}$$

1 Kilometer (km) = 1 000 Meter (m)

○ **Flächenmaße** (Einheit: Quadratmeter = m^2)

$$1 \text{ Quadratmeter } (m^2) = \begin{cases} 100 \text{ Quadratdezimeter } (dm^2) \\ 10\,000 \text{ Quadratzentimeter } (cm^2) \\ 1\,000\,000 \text{ Quadratmillimeter } (mm^2) \end{cases}$$

1 Ar (a) = 100 Quadratmeter (m^2)

1 Hektar (ha) = 100 Ar (a)

○ **Volumen** (Einheit: Kubikmeter = m^3)

$$1 \text{ Kubikmeter } (m^3) = \begin{cases} 1\,000 \text{ Kubikdezimeter } (dm^3) \\ 1\,000\,000 \text{ Kubikzentimeter } (cm^3) \\ 1\,000\,000\,000 \text{ Kubikmillimeter } (mm^3) \end{cases}$$

$$1 \text{ Liter (l)} = \begin{cases} 1 \text{ Kubikdezimeter } (dm^3) \\ 10 \text{ Deziliter (dl)} \\ 100 \text{ Zentiliter (cl)} \\ 1\,000 \text{ Milliliter (ml)} \end{cases}$$

1 Hektoliter (hl) = 100 Liter (l)

○ **Masse** (Einheit: Kilogramm = kg)

1 Kilogramm (kg) = 1 000 Gramm (g)

1 Gramm (g) = 1 000 Milligramm (mg)

1 Dezitonne (dt) = 100 Kilogramm (kg)

1 Tonne (t) = 10 Dezitonnen (dt)

1.2 Maßverhältnisse

Um z. B. Pflanzflächen oder Planskizzen übersichtlich darstellen zu können, werden sie im Vergleich zur Wirklichkeit verkleinert gezeichnet. Hierfür verwendet man ein geeignetes Maßverhältnis, das als **Maßstab** angegeben wird.
Ist eine Zeichnung z. B. im Maßstab 1:100 angefertigt, bedeutet dies, daß 1 cm in der Zeichnung (Zeichenmaß) in der Natur (tatsächliche Strecke) 100 cm lang ist.

$$\text{Zeichenmaß} = \frac{\text{tatsächliche Strecke}}{\text{Maßstab}}$$

Durch Umwandeln der Formel lassen sich die fehlenden Größen berechnen:

$$\text{tatsächliche Strecke} = \text{Zeichenmaß} \cdot \text{Maßstab}$$

$$\text{Maßstab} = \frac{\text{tatsächliche Strecke}}{\text{Zeichenmaß}}$$

Beispiele

Maßstab	tatsächliche Strecke	Zeichenmaß
1:50	600 cm	12 cm
1:250	37,5 m	0,15 m ≙ 15 cm
1:3 000 000	54 km	0,000 18 km ≙ 1,8 cm

Aufgaben dazu sind dem Abschnitt 15/Flächenberechnungen/Vermischte Aufgaben integriert.

1.3 Der Taschenrechner

Die Benutzung des Taschenrechners an beruflichen Schulen ist heute selbstverständlich. Die Ausstattung und Funktion unterscheidet sich bei einfachen Ta-

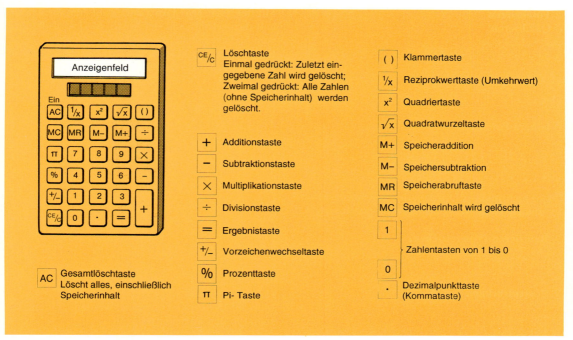

Abb. 61. Der Taschenrechner.

schenrechnern kaum, so daß der hier beschriebene Solarrechner stellvertretend für andere Fabrikate gelten kann. Solarrechner bieten den Vorteil, daß sie immer betriebsbereit sind. Außerdem sind sie preiswert in der Anschaffung und im Betrieb und zudem noch sehr umweltfreundlich.

Da den Taschenrechnern eine ausführliche Gebrauchsanleitung beiliegt, soll an dieser Stelle nur auf eine grundlegende Funktionserklärung der Tastensymbole und Rechenvorgänge eingegangen werden (Abb. 61).

Vor der Rechenoperation muß geprüft werden, ob der Taschenrechner die Regel „Punkt vor Strich" berücksichtigt:

Beispiel
Nichtbeachtung der Regel: $2{,}2 - 0{,}5 \times 3 = 5{,}1$
Beachtung der Regel: $2{,}2 - 0{,}5 \times 3 = 0{,}7$

Vor Rechenbeginn wird der Taschenrechner eingeschaltet; zwischen getrennten Rechenvorgängen drückt man die Löschtaste $\boxed{AC}$, um sicher zu sein, daß auch im Speicher keine Zahlen mehr sind. Durch Drücken der Ergebnistaste erscheint das Ergebnis auf dem Anzeigenfeld; mit der entsprechenden Funktionstaste kann weitergerechnet werden.

Anmerkungen zu den Rechenvorgängen
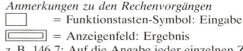
z. B. 146,7: Auf die Angabe jeder einzelnen Zahlentaste und der Kommataste (Dezimalpunkttaste) wird verzichtet.

Selbstverständlich wird vor jedem Rechenvorgang die Löschtaste $\boxed{AC}$ oder $\boxed{CE/C}$ gedrückt.

○ **Addieren**
$146{,}7 + 542{,}25$
$146.7 \boxed{+} 542.25 \boxed{=} \boxed{688.95}$

○ **Subtrahieren**
$1624{,}3 - 948{,}9$
$1624.3 \boxed{-} 948.9 \boxed{=} \boxed{675.4}$

○ **Multiplizieren**
$126 \times 12{,}2$
$126 \boxed{\times} 12.2 \boxed{=} \boxed{1537.2}$

○ **Dividieren**
$483{,}6 : 3{,}1$
$483.6 \boxed{\div} 3.1 \boxed{=} \boxed{156}$

○ **Potenzieren**
a) **Quadrieren**
13,2 × 13,2 oder 13,2²
13.2 [×] 13.2 [=] [174.24]
oder 13.2 [×] [=] [174.24]
oder 13.2 [x²] [174.24]

b) **höhere Potenzen**
7,2³
7.2 [×] 7.2 [×] 7.2 [=] [373.248]
oder 7.2 [×] [=] [=] [373.248]

Durch mehrmaliges Drücken der Ergebnistaste wird der eingegebene Wert entsprechend potenziert.

○ **Radizieren (Wurzelziehen)**
453,69
453.69 [√×] [21.3]

○ **Prozentrechnen**
① 14% von 230
② 230 + 14%
③ 230 − 14%
④ 14% von 230 mit Zwischen- und Endergebnis

① 230 [×] 14 [%] [32.2]
② 230 [+] 14 [%] [262.2]
③ 230 [−] 14 [%] [197.8]
④ 230 [×] 14 [%] [+] [=] [262.2]

○ **Reziprokwert (Kehrwert einer Zahl)**
Kehrwert von 9

9 [1/x] [0.1111111]

Kehrwert von $\frac{1}{8}$

8 [1/x] [0.125]

Kehrwert von $\frac{1}{5+9}$

5 [+] 9 [=] [1/x] [0.0714285]

○ **Rechnen mit dem Speicher und der Klammertaste**
Vor dem Rechenvorgang muß der Speicher leer sein. Man kann sich mit der Taste [MC] davon überzeugen.
Wird eine Zahl in den Speicher eingegeben, leuchtet im Anzeigenfeld das Zeichen M auf. Mit der Taste [MR] wird der gesamte Speicherinhalt abgerufen.

Mit der Taste [M+] wird eine Zahl zum Speicherinhalt dazugezählt, mit der Taste [M−] wird die Zahl vom Speicherinhalt abgezogen.
Bei Klammerrechnungen kann statt des Speichers auch die Klammertaste [()] benutzt werden.

Beispiele

(4 + 3) · (3 + 9)
4 [+] 3 [M+] 3 [+] 9 [×] [MR] [=] [84]
oder [()] 4 [+] 3 [()] [×] [()] 3 [+] 9 [()] [=] [84]
oder 4 [+] 3 [×] [()] 3 [+] 9 [()] [=] [84]

(5 · 3 + 6) · 3 + (72 − 17) : 2

Da der Divisor als ganze Zahl angegeben ist, kann die Aufgabe in der angegebenen Reihenfolge gerechnet werden.

5 [×] 3 [+] 6 [×] 3 [M+] 72 [−] 17 [÷] 2 [M+] [MR]
[90.5]

(12 + 3) : (6 − 3)
Muß der Divisor erst errechnet werden, gibt man ihn zuerst in den Speicher ein.

6 [−] 3 [M+] 12 [+] 3 [÷] [MR] [=] [5]
oder 12 [+] 3 [÷] [()] 6 [−] 3 [()] [=] [5]

2 Das Rechnen mit gemeinen Brüchen

Lernziele

▷ Die verschiedenen Brucharten kennen;
▷ Brüche in ihrer Form verändern können;
▷ erkennen, daß der Wert der Brüche durch die Formänderung gleichbleibt;
▷ Aufgaben mit gemeinen Brüchen im Rahmen der Grundrechenarten lösen können;
▷ erkennen, daß durch das Bruchrechnen das Beurteilungsvermögen für Zahlen gestärkt wird.

Brüche sind Teile eines Ganzen; man rechnet mit gebrochenen Zahlen, die auf verschiedene Weise schriftlich dargestellt werden können:
– Dezimalzahl („Kommazahl") z. B. 2,5; 3,75; 4,2
– Dezimalbruch z. B. $\frac{3}{10}$; $\frac{53}{100}$; $\frac{4186}{10000}$
  Der Nenner ist z. B. 10, 100, 1000, 10000. Dezimalbrüche werden meist als Kommazahl ausgedrückt: 0,3; 0,53; 0,4186.
– Gemeiner Bruch z. B. $\frac{1}{2}$; $\frac{3}{4}$; $3\frac{1}{5}$

Der **Bruchstrich** ist das Zeichen für die Division.
Der **Zähler** ist die Zahl auf dem Bruchstrich; er gibt die Menge (Anzahl) der Teilungen an.
Der **Nenner** ist die Zahl unter dem Bruchstrich; er benennt den Anteil des Ganzen.

Beispiel $\frac{1}{7}$ Zähler / Nenner

2.1 Arten von Brüchen

Echte Brüche: Der Nenner ist größer als der Zähler.
Beispiele: $\frac{1}{2}$; $\frac{3}{7}$; $\frac{5}{8}$

Unechte Brüche: Der Nenner ist kleiner als der Zähler. Unechte Brüche können in eine gemischte Zahl umgewandelt werden.
Beispiele: $\frac{4}{3}$; $\frac{33}{8}$; $\frac{24}{5}$

Gemischte Zahlen: Sie bestehen aus einer ganzen Zahl und einem echten Bruch.
Beispiele: $1\frac{1}{3}$; $4\frac{1}{8}$; $4\frac{4}{5}$

Scheinbrüche: Zähler und Nenner sind gleich. Diese Brüche sind dem Wert nach ganze Zahlen.
Beispiele: $\frac{3}{3}$; $\frac{5}{5}$; $\frac{17}{17}$

Stammbrüche: Der Zähler ist 1.
Beispiele: $\frac{1}{2}$; $\frac{1}{4}$; $\frac{1}{12}$

Brüche sind **gleichnamig,** wenn sie gleiche Nenner haben: $\frac{2}{11}$; $\frac{5}{11}$; $\frac{9}{11}$

Brüche sind **ungleichnamig,** wenn sie verschiedene Nenner haben: $\frac{3}{5}$; $\frac{1}{2}$; $\frac{5}{11}$

2.2 Formänderung von Brüchen

Brüche können durch **Umwandeln, Erweitern** oder **Kürzen** in ihrer Form verändert werden; der Wert des Bruchs bleibt dabei erhalten.

○ **Umwandeln**

> Unechte Brüche lassen sich in gemischte Zahlen umwandeln, indem man den Zähler durch den Nenner dividiert und den Rest als Bruch stehen läßt.

Beispiel: $\frac{12}{5}$
12 : 5 = 2 Rest 2; der Rest 2 ist noch durch 5 zu dividieren, also $\frac{2}{5}$
Ergebnis: $\frac{12}{5} = 2\frac{2}{5}$

> Gemeine Brüche lassen sich in Dezimalzahlen umwandeln, indem man den Zähler durch den Nenner dividiert.

Beispiele:

$\frac{1}{2}$; 1 : 2 = 0,5 $\frac{21}{5}$; 21 : 5 = 4,2
Ergebnis: Endlicher Dezimalbruch bzw. endliche Dezimalzahl.

$\frac{2}{3}$; 2 : 3 = 0,$\overline{6}$ $\frac{8}{9}$; 8 : 9 = 0,$\overline{8}$
Ergebnis: unendlicher (periodischer) Dezimalbruch.

$\frac{1}{6}$; 1 : 6 = 0,1$\overline{6}$ $\frac{5}{6}$; 5 : 6 = 0,8$\overline{3}$
Ergebnis: unendlicher, gemischtperiodischer Dezimalbruch.

Man versucht häufig, das Bruchrechnen zu umgehen, indem Brüche wie z. B. $\frac{1}{3}$ oder $\frac{1}{6}$ in Dezimalbrüche umgewandelt werden (0,$\overline{3}$; 0,1$\overline{6}$). Da dies nur Annäherungswerte sind, ist die Rechnung ungenau.

> Endliche Dezimalbrüche bzw. Dezimalzahlen lassen sich in gemeine Brüche umwandeln, indem sie mit Bruchstrich geschrieben und soweit wie möglich gekürzt werden.

Beispiele
$0{,}6 = \frac{6}{10}$ gekürzt $\frac{3}{5}$
$0{,}8 = \frac{8}{10}$ gekürzt $\frac{4}{5}$
$3{,}25 = 3\frac{25}{100}$ gekürzt $3\frac{1}{4}$

> Umwandeln unendlicher Dezimalbrüche bzw. Dezimalzahlen: Im Zähler steht die Ziffernfolge der periodischen Zahl, im Nenner werden so viele Neunen geschrieben, wie die periodische Zahl Ziffern aufweist.

Beispiele
$0{,}\overline{8} = \frac{8}{9}$
$0{,}\overline{87} = \frac{87}{99}$ gekürzt $\frac{29}{33}$
$8{,}\overline{3} = 8\frac{3}{9}$ gekürzt $8\frac{1}{3}$

○ **Erweitern**

> Zähler und Nenner werden mit der gleichen Zahl multipliziert.

Beispiel
$\frac{1}{3}$ wird erweitert mit 3 (Erweiterungszahl)
$\frac{1 \cdot 3}{3 \cdot 3} = \frac{3}{9}$

○ **Kürzen**

> Zähler und Nenner werden durch einen gemeinsamen Teiler dividiert.

Beispiel
$\frac{4}{8}$ wird gekürzt mit 4 (Kürzungszahl)
$\frac{4 : 4}{8 : 4} = \frac{1}{2}$

Bei diesem Beispiel könnten Zähler und Nenner auch durch 2 geteilt werden. Es gilt jedoch die Regel, daß durch den größten gemeinsamen Teiler dividiert werden soll.

Aufgaben

1. Wandeln Sie die unechten Brüche in gemischte Zahlen um:
   a) $\frac{45}{21}$; $\frac{96}{54}$; $\frac{16}{3}$; $\frac{104}{48}$; $\frac{255}{42}$;
   b) $\frac{86}{3}$; $\frac{68}{7}$; $\frac{264}{106}$; $\frac{56}{12}$; $\frac{37}{2}$

2. Wandeln Sie die gemischten Zahlen in unechte Brüche um:
   a) $7\frac{3}{7}$; $6\frac{4}{5}$; $3\frac{1}{3}$; $12\frac{2}{9}$; $5\frac{11}{17}$;
   b) $96\frac{1}{4}$; $18\frac{3}{7}$; $1\frac{19}{21}$; $4\frac{12}{17}$; $42\frac{3}{14}$

3. Wandeln Sie die gemeinen Brüche in Dezimalbrüche bzw. Dezimalzahlen um:
   a) $\frac{1}{2}$; $\frac{1}{3}$; $\frac{1}{4}$; $\frac{1}{6}$; $\frac{1}{8}$; $\frac{1}{9}$; $\frac{1}{10}$; $\frac{1}{20}$; $\frac{1}{25}$; $\frac{1}{50}$;
   b) $\frac{4}{11}$; $\frac{5}{7}$; $10\frac{4}{9}$; $16\frac{12}{19}$; $4\frac{3}{4}$

4. Wandeln Sie die Dezimalbrüche bzw. Dezimalzahlen in gemeine Brüche um:
   a) $0{,}2$; $3{,}7$; $5{,}62$; $1{,}325$; $0{,}1252$
   b) $0{,}\overline{2}$; $4{,}\overline{1}$; $7{,}\overline{87}$; $9{,}\overline{45}$; $3{,}\overline{6}$

5. Erweitern Sie folgende Brüche mit den Zahlen 2; 3; 5; 9; 15:
   a) $\frac{1}{2}$; $\frac{3}{4}$; $\frac{4}{5}$; $\frac{9}{16}$; $\frac{4}{15}$; $\frac{21}{30}$;
   b) $1\frac{2}{3}$; $5\frac{9}{11}$; $26\frac{1}{5}$; $11\frac{1}{4}$; $7\frac{7}{9}$; $15\frac{2}{7}$

6. Bestimmen Sie den fehlenden Zähler bzw. Nenner zur bereits erweiterten Zahl:
   a) $\frac{5}{6} = \frac{?}{24}$; $\frac{7}{8} = \frac{?}{64}$; $\frac{1}{2} = \frac{?}{72}$; $1\frac{2}{3} = 1\frac{?}{27}$;
   b) $\frac{17}{19} = \frac{102}{?}$; $\frac{3}{4} = \frac{48}{?}$; $\frac{2}{9} = \frac{34}{?}$; $\frac{13}{15} = \frac{65}{?}$

7. Kürzen Sie folgende Brüche durch den größtmöglichen Teiler:
   a) $\frac{14}{21}$; $\frac{12}{96}$; $\frac{49}{84}$; $\frac{108}{126}$; $\frac{48}{52}$;
   b) $\frac{9}{63}$; $\frac{110}{132}$; $\frac{81}{99}$; $\frac{18}{81}$; $\frac{30}{65}$

2.3 Addieren und Subtrahieren von Brüchen

> **Nur gleichnamige Brüche können addiert bzw. subtrahiert werden.**
> ▷ Die Zähler der gleichnamigen Brüche werden addiert bzw. subtrahiert. Der Nenner bleibt unverändert.
> ▷ Ungleichnamige Brüche werden durch Erweitern auf einen gemeinsamen Nenner (Hauptnenner = HN) gebracht. Der Hauptnenner ist die kleinste gemeinsame Zahl, in der alle Nenner enthalten sind.
> ▷ Der Nenner bzw. Hauptnenner wird unter einen gemeinsamen Bruchstrich geschrieben.
> ▷ Die Zähler stehen auf dem Bruchstrich.
> ▷ Gemischte Zahlen wandelt man zur Vereinfachung vor dem Rechenvorgang in unechte Brüche um.
> ▷ Ist die Summe ein unechter Bruch, wird er in eine gemischte Zahl umgewandelt und, falls nötig, gekürzt.

Beispiele

$\frac{1}{2} + \frac{2}{3} + \frac{3}{7}$

Hauptnenner 42

$\frac{1}{2} = \frac{21}{42}$ (HN 42:2 = 21; 21 · 1 = 21)

$\frac{2}{3} = \frac{28}{42}$ (HN 42:3 = 14; 14 · 2 = 28)

$\frac{3}{7} = \frac{18}{42}$ (HN 42:7 = 6; 6 · 3 = 18)

$\frac{21 + 28 + 18}{42} = \frac{67}{42}$ gekürzt: $1\frac{25}{42}$

$\frac{3}{4} - \frac{1}{2} - \frac{1}{6}$

Hauptnenner 12

$\frac{9 - 6 - 2}{12} = \frac{1}{12}$

$\frac{2}{3} + \frac{7}{9} - \frac{5}{6} + \frac{7}{12} - \frac{1}{9}$

Hauptnenner 36

$\frac{24 + 28 - 30 + 21 - 4}{36} = \frac{39}{36}$ gekürzt: $1\frac{1}{12}$

Teilbarkeit von Zahlen

teilbar durch	wenn	Beispiel
2	die letzte Ziffer eine gerade Zahl ist,	8 194
3	die Quersumme durch 3 teilbar ist,	6 561
4	die Zahl der letzten beiden Ziffern durch 4 teilbar ist,	4 096
5	die letzte Ziffer 0 oder 5 ist,	15 625
6	die Quersumme einer geraden Zahl durch 3 teilbar ist,	7 782
9	die Quersumme durch 9 teilbar ist,	59 058
12	die Zahl der letzten beiden Ziffern durch 4 und die Quersumme der Gesamtzahl durch 3 teilbar ist,	1 728
15	die letzte Ziffer 0 und die Quersumme durch 3 teilbar ist,	3 390
18	die letzte Ziffer eine gerade Zahl und die Quersumme der Gesamtzahl durch 9 teilbar ist,	11 736

Aufgaben

1. Addieren bzw. subtrahieren Sie die Brüche:
   a) $\frac{3}{11} + \frac{4}{11} + \frac{9}{11} + \frac{5}{11}$;
   b) $5\frac{1}{17} + 2\frac{3}{17} + \frac{12}{17} + 1\frac{9}{17}$;
   c) $\frac{14}{15} - \frac{3}{15} - \frac{6}{15} - \frac{1}{15}$;
2. Bestimmen Sie den Hauptnenner und ermitteln sie das Ergebnis:
   a) $\frac{3}{5} + \frac{5}{7} + \frac{7}{28} + \frac{1}{28} + \frac{5}{14}$;
   b) $2\frac{1}{12} + \frac{1}{4} + 5\frac{2}{15} + 1\frac{5}{18}$;
   c) $6\frac{1}{10} - 2\frac{3}{5} - \frac{11}{12} - 1\frac{1}{3}$;
   d) $2\frac{1}{3} + 5\frac{2}{5} - 1\frac{6}{7} - \frac{3}{4} + 6\frac{1}{2}$

2.4 Multiplizieren von Brüchen

Brüche werden multipliziert, indem man Zähler mit Zähler und Nenner mit Nenner multipliziert.

▷ Beim Multiplizieren können Brüche gleichnamig oder ungleichnamig sein.
▷ Vor dem Rechenvorgang sollte der Bruch, falls möglich, gekürzt werden.
▷ Ganze Zahlen werden mit Bruchstrich geschrieben.
▷ Gemischte Zahlen werden zur Vereinfachung in unechte Brüche umgewandelt.

Beispiele

$\frac{3}{7} \cdot \frac{5}{7}$ $\frac{3 \cdot 5}{7 \cdot 7} = \frac{15}{49}$

$\frac{3}{10} \cdot 4 \cdot \frac{1}{3}$ $\frac{3 \cdot 4 \cdot 1}{10 \cdot 1 \cdot 3} = \frac{12}{30}$ gekürzt: $\frac{2}{5}$

$2\frac{1}{7} \cdot 3\frac{3}{10}$ $\frac{15 \cdot 33}{7 \cdot 10} = \frac{495}{70}$ gekürzt: $7\frac{1}{14}$

Aufgaben

1. a) $\frac{1}{9} \cdot \frac{7}{9}$ d) $\frac{19}{25} \cdot \frac{2}{3}$
   b) $\frac{5}{14} \cdot \frac{9}{14}$ e) $\frac{41}{49} \cdot \frac{3}{19}$
   c) $\frac{1}{3} \cdot \frac{5}{6}$ f) $\frac{7}{34} \cdot \frac{5}{9}$
2. a) $\frac{3}{7} \cdot 5$ d) $2 \cdot \frac{19}{48}$
   b) $36 \cdot \frac{1}{3}$ e) $3 \cdot \frac{12}{15}$
   c) $\frac{16}{27} \cdot 3$ f) $\frac{13}{16} \cdot 5$
3. a) $14\frac{1}{3} \cdot 3\frac{1}{9}$ d) $12\frac{16}{21} \cdot 5\frac{1}{3} \cdot \frac{4}{7}$
   b) $7\frac{1}{7} \cdot 4\frac{3}{7}$ e) $31\frac{1}{4} \cdot 7 \cdot 2\frac{1}{3}$
   c) $5 \cdot 9\frac{2}{11}$ f) $\frac{9}{11} \cdot 3 \cdot 5\frac{1}{2}$

2.5 Dividieren von Brüchen

Brüche werden dividiert, indem man den ersten Bruch mit dem Kehrwert des zweiten Bruchs multipliziert.
Es gelten die Rechenregeln wie beim Multiplizieren von Brüchen (Seite 141).

Beispiele

$\frac{5}{7} : \frac{1}{7}$

$\frac{5 \cdot 7}{7 \cdot 1} = \frac{35}{7}$ gekürzt: 5

$\frac{9}{11} : \frac{1}{3}$

$\frac{9 \cdot 3}{11 \cdot 1} = \frac{27}{11}$ gekürzt: $2\frac{5}{11}$

$\frac{3}{9} : 4$

$\frac{3 \cdot 1}{9 \cdot 4} = \frac{3}{36}$ gekürzt $\frac{1}{12}$

$3\frac{1}{5} : 2\frac{1}{3}$

$\frac{16 \cdot 3}{5 \cdot 7} = \frac{48}{35}$ gekürzt $1\frac{13}{35}$

Aufgaben

1. a) $\frac{15}{22} : \frac{3}{22}$
   b) $\frac{3}{7} : \frac{1}{2}$
   c) $\frac{13}{18} : \frac{7}{12}$
   d) $\frac{1}{3} : \frac{1}{18}$
   e) $\frac{17}{31} : \frac{3}{4}$
   f) $\frac{25}{29} : \frac{2}{3}$

2. a) $\frac{25}{4} : 3$
   b) $\frac{18}{27} : 9$
   c) $5 : \frac{11}{16}$
   d) $54 : \frac{6}{8}$
   e) $\frac{23}{31} : 15$
   f) $37 : \frac{1}{7}$

3. a) $2\frac{1}{2} : 3\frac{1}{4}$
   b) $12\frac{5}{6} : 6\frac{5}{8}$
   c) $17\frac{1}{5} : 4\frac{1}{4}$
   d) $11\frac{1}{5} : 12\frac{1}{3}$
   e) $16\frac{8}{9} : 4\frac{8}{10}$
   f) $52\frac{5}{14} : 3\frac{2}{9}$

2.6 Textaufgaben zum Bruchrechnen

1. Es werden verschiedene Blumenvasen mit Wasser gefüllt: 2 Stück zu je $\frac{1}{2}$ Liter, 5 Stück zu je $\frac{3}{4}$ Liter, 3 Stück zu je $1\frac{1}{2}$ Liter, 2 Stück zu je $11\frac{1}{5}$ Liter und 2 Stück zu je $2\frac{3}{50}$ Liter.
   Berechnen Sie den gesamten Wasserbedarf.

2. Floristin Heidi erhält monatlich eine Ausbildungsvergütung von 540,– DM. Davon gehen für Lohnsteuer $\frac{1}{5}$, an die Eltern $\frac{1}{4}$ und für ihr Sparbuch $\frac{1}{6}$ ab.
   a) Wieviel DM betragen die einzelnen Ausgaben?
   b) Wieviel DM verbleiben ihr monatlich?

3. Ein Substrat besteht zu $\frac{1}{2}$ aus Kompost, zu $\frac{1}{6}$ aus Sand und zu $\frac{1}{4}$ aus Gartenerde. Der Rest ist Torf.
   Berechnen Sie den Torfanteil.

4. Für einen Verkaufsraum werden Bodenfliesen gekauft. Der Raum ist $12\frac{1}{2}$ m lang und $7\frac{1}{5}$ m breit.
   Wieviel kosten die Fliesen, wenn für 1 m² 59,– DM berechnet werden?

5. Eine Erbschaft wird unter vier erbberechtigten Personen so verteilt, daß A $\frac{1}{3}$, B $\frac{1}{5}$, C $\frac{1}{7}$ und D den Rest, nämlich 3060,– DM, bekommt.
   Wieviel Geld erhält jeder?

6. Vier Gartenbaubetriebe teilen sich eine Waggonladung von 180 dt Spezialerde. A bekommt $\frac{1}{6}$, B $\frac{1}{3}$, C $\frac{1}{5}$ und D den Rest.
   Wie groß ist der jeweilige Anteil in kg?

Merksätze

▷ Das Bruchrechnen ist eine gute Vorübung für andere Rechenvorgänge (z. B. Prozentrechnen), da oft sogenannte bequeme Teiler (Brüche) das Rechnen vereinfachen.
▷ Ein Bruch kann durch Umwandeln, Erweitern oder Kürzen in seiner Form verändert werden; der Wert des Bruchs bleibt erhalten.
▷ Durch das Bruchrechnen im Rahmen der Grundrechenarten wird die Beziehung zu Zahlen und der Umgang mit Zahlen (z. B. Teilbarkeit der Zahlen) verbessert.

3 Dreisatz und Vielsatz

Lernziele

▷ Den Unterschied zwischen Dreisatz (einfacher Dreisatz) und Vielsatz (zusammengesetzter Dreisatz) kennen;
▷ Dreisatzaufgaben mit direktem Verhältnis und indirektem Verhältnis unterscheiden können;
▷ den richtigen Lösungsansatz formulieren können;
▷ den Lösungsweg in drei Sätzen und auf einem gemeinsamen Bruchstrich beherrschen;
▷ Dreisatz- und Vielsatzaufgaben mit direktem und indirektem Verhältnis lösen können;
▷ Anwendungsgebiete für den Dreisatz nennen können.

Bei der **Dreisatzrechnung** führt der Rechenweg in drei Sätzen von der Mehrheit über die Einheit zur neuen gesuchten Mehrheit. Beim **zusammengesetzten Dreisatz (Vielsatz)** wird durch die Änderung von mehr als einer Größe eine Gesamtänderung erreicht.

Man unterscheidet zwei Arten von Dreisatzaufgaben:
- Dreisatz mit direktem (geradem) Verhältnis;
- Dreisatz mit indirektem (ungeradem) Verhältnis.

3.1 Dreisatz mit direktem Verhältnis

Bei Dreisatzaufgaben mit direktem Verhältnis stehen die Größen proportional (im gleichen Verhältnis) zueinander.
Beispiel:
Je **größer** die Stückzahl, desto **größer** die Kosten.
Je **kleiner** die Stückzahl, desto **kleiner** die Kosten.

Beispielaufgabe
15 Rosen kosten 19,50 DM.
Wieviel DM kosten 12 Rosen?

Lösung in drei Sätzen
Gegebene Größe (Mehrheit)
1. Satz   15 Stück = 19,50 DM
Einheit (15. Teil)
2. Satz   1 Stück = $\dfrac{19{,}50}{15}$
Gesuchte Größe (neue Mehrheit)
3. Satz   12 Stück = $\dfrac{19{,}50 \cdot 12}{15}$
                    12 Stück = **15,60 DM**

Lösung mit Bruchstrich (Lösung in abgekürzter Form): Schreibt man die drei Sätze auf einen verlängerten Bruchstrich, kann das Rechnen vereinfacht werden.
Ansatz (gegebene Größe)   15 Stück = 19,50 DM
Fragesatz   12 Stück =   x DM
Lösung   x = $\dfrac{19{,}50 \cdot 12}{15}$
                          x = **15,60 DM**

Lösungshinweise
▷ Die bekannte Größe erscheint immer im Ansatz als Bedingungssatz.
▷ Der Fragesatz steht darunter. Die gleichen Benennungen werden untereinander geschrieben; die gesuchte Größe (x) steht immer am Ende des Satzes.
▷ Durch Erfragen wird die Lösung auf dem Bruchstrich eingetragen:
„15 Rosen kosten 19,50 DM." (19,50 – die Angabe über x – steht somit auf dem Bruchstrich.)

„1 Rose kostet 15mal **weniger**." (15 **unter** den Bruchstrich.)
„12 Rosen kosten 12mal **mehr**." (12 **auf** den Bruchstrich.)

Aufgaben

1. Für eine Hochzeit werden 24 Tischgestecke zu einem Pauschalpreis von 636,– DM geliefert. Wieviel DM würden 11 (28) Tischgestecke kosten?
2. Zum Muttertag werden 2820 Werbeschreiben verteilt. Es gehen
   a) 705 Anfragen und
   b) 1128 Bestellungen ein.
   Berechnen Sie die Anzahl der Anfragen und Bestellungen auf 100 Werbeschreiben.
3. In einem Gewächshaus, das 6 m breit und 30 m lang ist, werden jährlich 50 000 Nelken geerntet. Berechnen Sie die Ernte in einem Gewächshaus, das bei gleicher Breite 50 m lang ist.

3.2 Dreisatz mit indirektem Verhältnis

Bei Dreisatzaufgaben mit indirektem Verhältnis stehen die Größen umgekehrt proportional (im umgekehrten Verhältnis) zueinander.
Beispiel:
Je **mehr** Arbeitskräfte, desto **weniger** Zeit wird benötigt.
Je **weniger** Arbeitskräfte, desto **mehr** Zeit wird benötigt.

Beispielaufgabe
4 Floristen benötigen für eine Dekoration 24 Stunden. Wieviel Zeit wird beansprucht, wenn sich 6 Floristen diese Arbeit teilen?

Lösung in drei Sätzen
1. Satz   4 Floristen = 24 Stunden
2. Satz   1 Florist   = 24 · 4
3. Satz   6 Floristen = $\dfrac{24 \cdot 4}{6}$
            = **16 Stunden**

Lösung mit Bruchstrich
Ansatz   4 Floristen   24 Stunden
Fragesatz   6 Floristen   x Stunden
Lösung   x = $\dfrac{24 \cdot 4}{6}$
            x = **16 Stunden**

Lösungshinweis
„Für die Arbeit werden 24 Stunden benötigt."
$\left(\dfrac{24}{}\right)$
„1 Florist benötigt 4mal **mehr** Zeit." $\left(\dfrac{24 \cdot 4}{}\right)$
„6 Floristen benötigen 6mal **weniger** Zeit."
$\left(\dfrac{24 \cdot 4}{6}\right)$

Aufgaben

1. Für die Ernte von Sommerflor werden 7 Leute eingesetzt. Sie benötigen insgesamt 52,5 Arbeitsstunden. Wie lange dauert die Ernte, wenn 15 Leute eingesetzt werden?
2. Für die Inventur brauchen 2 Floristen 3 Tage bei einer täglichen Arbeitszeit von 6 Stunden. Wieviel Zeit würden 3 Floristen für die Inventur benötigen?
3. Zur Vorbereitung einer großen Hochzeit werden 6 Floristinnen beauftragt. Die Arbeit soll in 3 Tagen fertig sein. Nach einem Tag erkranken 2 Floristinnen. Wie lange würden die Vorbereitungen insgesamt dauern, wenn die tägliche Arbeitszeit gleich bliebe?

3.3 Zusammengesetzter Dreisatz

Beim zusammengesetzten Dreisatz sind mehrere Größen im direkten oder indirekten Verhältnis zu berechnen. Die Lösung der Aufgabe geschieht in mehreren Teillösungen von jeweils drei Sätzen oder auf einem gemeinsamen Bruchstrich.

Beispielaufgabe 1 (direktes Verhältnis)
5 Blumengeschäfte verbrauchen an 3 Tagen für 630,– DM Beiwerk.
Wieviel DM geben 9 Blumengeschäfte an 5 Tagen durchschnittlich für Beiwerk aus?

Lösung in drei Sätzen
1. Teillösung
1. Satz 5 Geschäfte = 630,– DM (3 Tage)
2. Satz 1 Geschäft = $\dfrac{630}{5}$
3. Satz 9 Geschäfte = $\dfrac{630 \cdot 9}{5}$
       = 1134,– DM

2. Teillösung
1. Satz 3 Tage = 1134,– DM
2. Satz 1 Tag = $\dfrac{1134}{3}$
3. Satz 5 Tage = $\dfrac{1134 \cdot 5}{3}$
       = **1890,– DM**

Lösung mit Bruchstrich
Ansatz   5 Geschäfte   3 Tage   630,– DM
Fragesatz 9 Geschäfte   5 Tage   x DM
Lösung $x = \dfrac{630 \cdot 9 \cdot 5}{5 \cdot 3}$
           x = **1890,– DM**

Lösungshinweis
„5 Geschäfte verbrauchen 630,– DM."
$\left(\dfrac{630}{}\right)$
„1 Geschäft verbraucht 5mal **weniger**."
$\left(\dfrac{630}{5}\right)$
„9 Geschäfte verbrauchen 9mal **mehr**."
$\left(\dfrac{630 \cdot 9}{5}\right)$
„1 Tag verbraucht 3mal **weniger**." $\left(\dfrac{630 \cdot 9 \cdot 8}{5 \cdot 3}\right)$
„5 Tage verbrauchen 5mal **mehr**." $\left(\dfrac{630 \cdot 9 \cdot 5}{5 \cdot 3}\right)$

Beispielaufgabe 2 (indirektes Verhältnis)
Eine Dekoration soll von 6 Floristen bei einer täglichen Arbeitszeit von 8 Stunden in 3 Tagen ausgeführt werden. Wie lange arbeiten 3 Floristen bei einer Arbeitszeit von täglich 9 Stunden?

Lösung mit Bruchstrich
Ansatz   6 Floristen 8 Stunden tägl. 3 Tage
Fragesatz 3 Floristen 9 Stunden tägl. x Tage
Lösung $x = \dfrac{3 \cdot 6 \cdot 8}{3 \cdot 9}$
           x = **5,3 Tage**
           x = **5 Tage und 3 Stunden**

Lösungshinweis
– Überprüfen Sie die Angaben auf bzw. unter dem Bruchstrich, indem Sie die Lösungsschritte nennen.
– Schreiben Sie die Lösung in drei Sätzen auf.

Aufgaben

1. Eine Rolle Maschendraht zur Befestigung von Steckmasse wiegt 11 kg. Der Maschendraht hat eine Gesamtlänge von 25 m und eine Breite von 0,80 m.
   Wieviel kg wiegen 15 m bei einer Breite von 1,20 m?

2. Herr Grün bestellt Seidenpapier im Format 60 cm × 75 cm. Bei einem Papiergewicht von 20 g/m² erhält er 1080 Bogen. Da der Großhändler dieses Format nicht mehr auf Lager hat, bietet er ihm ein 30-g-Papier im Format 50 cm × 72 cm an.
   Wieviel Bogen Papier erhält Herr Grün von dieser Papiersorte, wenn er die gleiche Menge bezieht?

3. Zwei Floristinnen fertigen für eine Ausstellung in 4 Stunden 16 große Gestecke.
   Wieviel Gestecke würden 3 Floristinnen in 5 Stunden fertigen?

4. Eine zweispaltige Zeitungsanzeige kostet bei einer Größe von 60 mm 172,– DM.
   Wie teuer ist eine dreispaltige Anzeige bei einer Größe von 80 mm?

5. Um eine Lieferung von 90 Stück Keramikwaren auszupacken und verkaufsfertig in die Regale zu räumen, benötigen 3 Floristinnen insgesamt 10 Stunden.
   Wieviel Artikel können von 5 Floristinnen in nur 8 Stunden eingeräumt werden?

6. Die Dekoration einer Festhalle wird von 4 Floristen an 3 Tagen zu je 7 Stunden Arbeitszeit erledigt.
   Wie lange müssen 5 Floristen täglich arbeiten (Stunden und Minuten), um die Dekoration in 2 Tagen zu erstellen?

Vermischte Aufgaben

1. 15 Lilien kosten 16,50 DM. Wieviel kosten 4 (5, 9, 26) Stück?

2. Eine Floristin fertigt für eine Beerdigung 4 Kränze. Dafür benötigt sie 5 Stunden und 20 Minuten.
   Wie lange braucht sie für 3 (5, 7) Kränze?

3. Am Valentinstag werden in 11 Blumenfachgeschäften zusammen 1265 Edelrosen verkauft.
   Berechnen Sie die unter gleichen Bedingungen verkauften Rosen für 8 (bzw. 5) Blumenfachgeschäfte.

4. Herr Grün verschickt ein Telegramm mit 14 Worten zu 16,20 DM. Im Preis ist die feste Telegrammgebühr von 5,– DM enthalten.
   Wie teuer wäre das Telegramm, wenn Herr Grün den Text um 5 Worte kürzen würde?

5. Herr Grün bezahlte an die Berufsgenossenschaft Einzelhandel im letzten Jahr einen Beitrag von 596,80 DM als Prämie für die Unfallversicherung. Berechnungsgrundlage für die Beiträge zur Unfallversicherung sind die Lohnsumme und die Gefahrenklasse des Betriebs. Die Lohnsumme war im vergangenen Jahr 18 650,– DM.
   Wie hoch wird der Beitrag in diesem Jahr sein, wenn die Lohnsumme voraussichtlich 21 420,– DM ausmacht?

6. Florist Uwe streicht Dekorationselemente für eine Ausstellung. Die Farbdose mit 0,75 kg Inhalt reicht für ca. 8 m² Fläche.
   a) Wieviel kg Farbe benötigt Uwe für 31 m² Fläche?
   b) Wieviel Dosen Farbe muß Uwe kaufen?

7. Für bisher 215 m² Geschäftsräume hat ein Blumengeschäft monatlich 3332,50 DM Miete bezahlt.
   Wie hoch ist die Miete künftig bei gleichem Preis pro m², wenn ein Raum mit 29 m² Fläche hinzugemietet wird?

8. Bei einer Adventsausstellung schenkt die Floristin Veronika an die Besucher Glühwein aus. In einer Stunde werden durchschnittlich 16 Becher ausgegeben, das sind 22,4 Liter Glühwein in 6 Stunden.
   Wie lange reichen 31,2 Liter Glühwein, wenn stündlich 24 Becher ausgegeben werden?

9. 13 Floristen verdienen in 6 Tagen bei einer täglichen Arbeitszeit von 8 Stunden 5410,– DM netto.
   Wieviel DM verdienen 9 Floristen in 26 Tagen bei 7,5 Stunden täglicher Arbeitszeit?

10. 5 Austräger einer Werbefirma verteilen in 5,5 Stunden 4125 Werbeprospekte.
    Wieviel Prospekte können bei gleichem Einsatz verteilt werden, wenn 6 Personen 7 Stunden tätig sind?

11. Ein Schaufenster wird normalerweise täglich von 20 Lampen 3 Stunden beleuchtet. An 30 Tagen fallen dafür Kosten von 10,80 DM an.
    Wie hoch sind die Kosten, wenn in der Weihnachtszeit an 28 Tagen 7 Lampen zusätzlich brennen und die Beleuchtung nun jeweils um 16.15 Uhr eingeschaltet und erst um 22.30 Uhr ausgeschaltet wird?

12. Florist Uwe muß eine größere Anzahl Fleurop-Hefte mit dem Firmenstempel seines Geschäfts versehen. Wenn er in der Minute 24 Heftchen stempelt, braucht er für die Arbeit 3 Stunden und 20 Minuten.
    In welcher Zeit kann er die Arbeit erledigen, wenn er in der Minute 6 Heftchen mehr abstempelt?
13. Eine Berufsschulklasse fährt zur Landesgartenschau. Die Buskosten für 34 Schüler betragen 748,- DM. Wegen Erkrankung können 4 Schüler an dieser Lehrfahrt nicht teilnehmen.
    Wie hoch sind nun die Fahrtkosten für jeden einzelnen Schüler?
14. Die Blumen-Centrale Grün hat ein Angebot für 16 Dekorationsbäumchen zu je 36,- DM erhalten. Herr Grün entschließt sich jedoch für eine andere Sorte zu je 28,- DM.
    Wieviel Dekorationsbäumchen (gerundet) bekommt er jetzt für den gleichen Gesamtbetrag?
15. Ein Blumenhändler bietet 3 Dutzend Rosen zu insgesamt 41,40 DM an. Herr Grün will jedoch für den gleichen Preis billigere Rosen, das Stück zu 0,90 DM.
    Wieviel Rosen bekommt er für den ursprünglichen Betrag?
16. Floristin Veronika rechnet sich aus, daß sie im Urlaub in 14 Tagen täglich 32,40 DM ausgeben darf.
    Wieviel DM kann sie täglich verbrauchen, wenn sie ihren Urlaub um 4 Tage verlängert?
17. Im Zierpflanzenbetrieb „Jungflora" pikieren 4 Gärtner in 3 Stunden 12 000 Sämlinge.
    Wieviel Stunden und Minuten brauchen 5 Gärtner für 16 500 Sämlinge?
18. 38 Leuchtstoffröhren mit je 60 Watt Leistung beleuchten ein Verkaufsgewächshaus.
    Wieviel 40-Watt-Röhren müssen eingeschaltet werden, um die gleiche Leuchtkraft zu erzielen?
19. Für die Herstellung von 36 Tischgestecken brauchen 3 Floristen insgesamt 3 Stunden. Da zu spät mit der Arbeit begonnen wurde, hilft nach einer Stunde Arbeitszeit noch eine weitere Floristin mit.
    Wieviel Zeit wird dadurch gewonnen?
20. Sieben Blumenfachgeschäfte einer Stadt entschließen sich zu einer gemeinsamen Werbeaktion. Sie errechnen eine Gesamtausgabe von 6510,- DM.
    Wie hoch ist der Anteil eines Betriebs, wenn sich weitere 6 Läden anschließen, der errechnete Gesamtpreis aber gleichbleibt?
21. Beim Umzug in das neue Verkaufsgewächshaus waren 3 Floristen bei 8,5 Stunden täglicher Arbeitszeit insgesamt 4 Tage beschäftigt.
    Wieviel Tage hätten 2 Floristen bei 9 Stunden täglicher Arbeitszeit für den Umzug benötigt?
22. Die Inventur eines Blumenfachgeschäfts wurde im vergangenen Jahr von 4 Angestellten in 4 Tagen bei je 6 Stunden Arbeitszeit durchgeführt. In diesem Jahr soll die gleiche Arbeit in 2 Tagen zu je 8 Stunden täglich erledigt werden.
    Wieviel Angestellte sind zusätzlich einzusetzen?
23. Eine Raumdekoration soll in 2 Tagen fertig sein. Es wird vorher errechnet, daß für diese Arbeit 3 Floristinnen an jedem der beiden Tage 4 Stunden zu arbeiten haben. Kurz vorher erkrankt eine Floristin, so daß die zwei verbleibenden Floristinnen die Arbeit erledigen müssen.
    Zu dieser Dekoration kommt zusätzlich noch eine weitere Dekoration, die von einer Floristin in 4 Stunden erarbeitet werden kann und gleichzeitig erledigt werden muß.
    Wieviel Stunden muß jede der beiden Floristinnen an jedem der beiden Tage für die Dekoration arbeiten?

Merksätze

▷ Bei Dreisatzaufgaben rechnet man von der Mehrheit über die Einheit zur neuen Mehrheit.
  ○ Beim einfachen Dreisatz verändert sich eine Größe.
  ○ Beim zusammengesetzten Dreisatz wird durch die Änderung von mehreren Größen eine Gesamtänderung erreicht.
▷ Zuerst muß geprüft werden, ob es sich bei einer Aufgabe um einen einfachen Dreisatz oder Vielsatz mit direktem oder indirektem Verhältnis handelt.
▷ Lösungsansatz und Fragesatz sind für den richtigen Lösungsweg entscheidend.
▷ Die Lösung auf einem gemeinsamen Bruchstrich verkürzt den Lösungsweg.
▷ Das Dreisatzrechnen hat im floristisch-kaufmännischen Bereich eine große Bedeutung. Anwendungsgebiete sind z. B. der Verkauf, die Materialbeschaffung und die Kalkulation.

4 Das Rechnen mit ausländischen Währungen

Lernziele

▷ Die Währungseinheiten europäischer und anderer Länder nennen können;
▷ die Begriffe „Währung", „Devisen", „Sorten", „Kurs" erklären können;
▷ ausländische Währung in DM und DM in ausländische Währung umrechnen können;
▷ Anwendungsgebiete nennen können.

4.1 Begriffserklärungen

○ **Währung**
Währung ist die Geldverfassung eines Landes. In ihr ist das gesetzliche Zahlungsmittel eines Landes festgelegt (z. B. BRD: DM; USA: Dollar; Polen: Zloty).
Die Währungen fast aller Länder sind nach dem Dezimalsystem geordnet.

○ **Devisen**
Guthaben oder Forderungen in ausländischer Währung. Devisen können bei den Geldinstituten zum Devisenkurs in inländische Währung umgewandelt werden (z. B. Überweisungen, Schecks, Wertpapiere, Wechsel).

○ **Sorten**
Ausländische Banknoten und Münzen, die z. B. ein Tourist für seine Reise zum Sortenkurs eingewechselt hat. Sorten werden als Noten ausbezahlt bzw. angenommen.

○ **Kurs**
Umrechnungsverhältnis im Ankauf bzw. Verkauf von Währungen (Sortenkurs, Devisenkurs).
Ankauf: Das Geldinstitut kauft ausländische Währung an und zahlt DM aus.
Verkauf: Das Geldinstitut verkauft ausländische Währung für DM.
Der Umrechnungskurs richtet sich nach Angebot und Nachfrage an der Börse oder nach zwischenstaatlichen Vereinbarungen. Informationen über die aktuellen Kurse erhält man durch den Kurszettel, der bei Geldinstituten ausgehängt ist und regelmäßig in den Tageszeitungen erscheint.

Der Umrechnungskurs (Wechselkurs oder kurz Kurs genannt) ist der Preis in DM für 100 Einheiten Auslandswährung; für manche Länder wird der Kurs für eine Einheit angegeben (s. Tabelle Sortenkurse).

Sortenkurse (Stand 03. 1996)

Land	Währung	Kurs
Belgien	100 BEF Franc	4,87
Dänemark	100 DKK Krone	25,93
Frankreich	100 FRF Franc	29,24
Griechenland	100 GRD Drachme	0,68
Großbritannien	1 GBP Pfund Sterling	2,26
Italien	100 ITL Lira	0,10
Japan	100 JPY Yen	1,41
Luxemburg	100 LUF Franc	4,87
Niederlande	100 NLG Gulden	89,43
Norwegen	100 NOK Krone	23,05
Österreich	100 ATS Schilling	14,24
Portugal	100 PTE Escudo	0,97
Schweden	100 SEK Krone	21,70
Schweiz	100 CHF Franken	123,47
Spanien	100 ESP Peseta	1,19
Südafrika	1 ZAR Rand	0,40
Ungarn	100 HUF Forint	1,15
USA	1 USD Dollar	1,48
Europa (1.1.2000)	1 EUR DM	1,96

Anmerkung: Im Bank- und Börsenverkehr werden für ausländische Währungen die hier genannten Abkürzungen verwendet, weil sie computertauglich sind.

4.2 Umrechnen ausländischer Währungen in DM

Beim Umrechnen ausländischer Währung in DM wird der Auslandsbetrag mit $\frac{1}{100}$ des Kurswertes multipliziert. Der Teiler 100 entfällt, wenn die Auslandswährung mit einer Einheit angegeben ist (z. B. USD, GBP).

$$\frac{\text{Auslandsbetrag} \cdot \text{Kurs}}{100} = \text{DM}$$
(Kurs für 100 Einheiten)

$$\text{Auslandsbetrag} \cdot \text{Kurs} = \text{DM}$$
(Kurs für 1 Einheit)

Beispielaufgabe
Tina hat aus ihrem Schwedenurlaub noch 196,– SEK mitgebracht. Wieviel DM bekommt sie in Deutschland dafür ausbezahlt?

Lösung
$$\frac{196 \cdot 21{,}70}{100} = 42{,}532 \text{ DM } \textit{gerundet } \mathbf{42{,}53 \text{ DM}}$$

Lösungshinweis:
– Verwenden Sie die Kurstabelle auf Seite 147 für alle Aufgaben.
– Runden Sie nur das Endergebnis.
– Spesen der Geldinstitute bleiben unberücksichtigt.
– Lösen Sie die Aufgabe auch mit Dreisatz.

Aufgaben

1. Berechnen Sie den Gegenwert in DM für folgende ausländische Geldbeträge

a) BEF	192,—	2483,—	3100,80
b) GRD	259,—	300,—	3003,—
c) GBP	122,—	209,50	1105,50
d) ITL	188,—	728,60	1900,70
e) ATS	76,—	456,—	999,20
f) USD	81,—	152,—	2450,50
g) HUF	812,—	900,—	2090,—

2. Die Blumen-Centrale Grün bezieht aus Holland Tulpenzwiebeln für insgesamt 1 216,00 NLG. Wie teuer ist die Ware in DM ohne Berücksichtigung weiterer Kosten?

3. Eine Berufsschulklasse bestellt gemeinsam 34 Exemplare einer Schweizer Broschüre über Trockenmaterial. Ein Exemplar kostet 17 CHF. Die Gebühren betragen insgesamt 32,40 DM. Wieviel DM muß jeder Schüler bezahlen?

4. Fünf Blumenfachgeschäfte beziehen Trockenfrüchte aus Südafrika. Die Sendung kostet (ohne weitere Gebühren) 2 455,00 ZAR. Die Ware wird gleichmäßig verteilt. Wieviel DM muß jeder Betriebsinhaber bezahlen?

5. Vier Floristinnen bringen aus ihrem Urlaub in Südfrankreich 456,00 FRF zurück. Davon gehört Veronika $\frac{1}{3}$, Gabi $\frac{1}{6}$, Elli $\frac{1}{4}$ und Kathrin der Rest. Wieviel DM bekommt jede?

6. Das Blumenfachgeschäft Scholl befindet sich in unmittelbarer Nähe einer amerikanischen Kaserne. Es kommen daher viele Amerikaner, die in US-Dollar bezahlen. Im Monat Oktober nahm Frau Scholl 964,80 USD ein, im November 1 346,40 USD und im Dezember 2 705,40 USD. Wieviel DM bekommt sie dafür ausbezahlt?

4.3 Umrechnen von DM in ausländische Währungen

Beim Umrechnen von DM in ausländische Währung wird der DM-Betrag durch $\frac{1}{100}$ des Kurswerts dividiert. Ist die Auslandswährung für eine Einheit angegeben, wird der DM-Betrag durch den Kurswert dividiert.

$$\frac{\text{DM-Betrag} \cdot 100}{\text{Kurs}} = \text{Auslandswährung}$$
(Kurs für 100 Einheiten)

$$\frac{\text{DM-Betrag}}{\text{Kurs}} = \text{Auslandswährung}$$
(Kurs für 1 Einheit)

Beispielaufgabe
Tina wechselt für ihren nächsten Urlaub, den sie in Holland verbringen will, 1099,99 DM in Gulden um. Wieviel NLG bekommt sie?

Lösung
$$\frac{1099{,}99 \cdot 100}{89{,}43} = \mathbf{1230{,}-\text{ Gulden}}$$

Aufgaben

1. Wieviel ausländische Währungseinheiten bekommen Sie jeweils für folgende DM-Beträge:

a) DM	36,—	312,—	2402,50	(in NOK)
b) DM	116,—	190,50	1212,70	(in DKK)
c) DM	217,—	482,60	2910,85	(in CHF)
d) DM	81,—	304,70	3000,75	(in HUF)
e) DM	12,—	110,80	786,60	(in USD)
f) DM	311,—	500,80	7116,10	(in ESP)

2. Ein italienischer Mitarbeiter eines Blumenfachgeschäfts schickt vierteljährlich 600,– DM an seine Familie nach Italien. Wieviel ITL werden in seiner Heimat ausbezahlt?

3. a) Eine Jugendgruppe reist nach Spanien, wofür jeder Teilnehmer 780,– DM ausgibt. Wieviel Peseten erhält jeder Jugendliche beim Geldinstitut gewechselt? (Kurs: 1,25)

b) Jürgen bringt von dieser Reise noch 560,– Peseten zurück. Er wechselt das Geld zu Hause wieder in DM ein. Wie groß ist sein Verlust im Vergleich zum Wechselkurs vor der Reise? (Kurs: 1,12)
4. Eine Floristin aus der Schweiz arbeitet saisonweise in München. Sie hat in drei Monaten 2940,– DM verdient. Davon tauscht sie $\frac{1}{4}$ in Deutschland in ihre Heimatwährung um.
Wieviel CHF bekommt sie dafür?
5. Das Blumenfachgeschäft Scholl vermittelt einen Interflora-Strauß in die Heimat eines Amerikaners. Der Strauß kostet einschließlich Gebühren 110,– DM.
Wieviel USD muß er dafür aufwenden?
6. Für eine ausgedehnte Geschäftsreise wechselt Herr Taigl 500,– DM in NOK, 300,– DM; in DKK und 800,– DM in SEK ein.
Wieviel Auslandswährung bekommt Herr Taigl jeweils?
7. Für seinen Aufenthalt beim World Cup der Floristen in Tokio wechselte Herr Wollek 1200,– DM ein.
Wieviel JPY bekam er dafür?

Merksätze

▷ „Währung" ist das in der Geldverfassung des Landes festgelegte Zahlungsmittel.
▷ „Devisen" sind z. B. Überweisungen, Schecks, Wertpapiere oder Wechsel in ausländischer Währung.
▷ „Sorten" sind Noten und Münzen in ausländischer Währung, die man für DM eintauscht.
▷ „Kurs" (Wechselkurs) ist das Umrechnungsverhältnis für 100 Einheiten Auslandswährung (USD und GBP werden mit der Einheit angegeben).
▷ In der Praxis wird zwischen „Ankauf" und „Verkauf" von Auslandswährung unterschieden.
▷ Währungsrechnen hat seine Bedeutung beim Blumenverkauf vor allem in Grenzgebieten, bei der Annahme von Euroschecks, bei direkten Geschäftsbeziehungen zu ausländischen Firmen und ebenso im Reiseverkehr.

5 Durchschnittsrechnen

Lernziele

▷ Den Begriff „Durchschnitt" erklären können;
▷ den Unterschied zwischen einfachem und gewogenem Durchschnitt kennen;
▷ Aufgaben mit einfachem und gewogenem Durchschnitt lösen können;
▷ Beispiele zum Durchschnittsrechnen aus der betrieblichen Praxis aufzählen können.

Unter *Durchschnitt* versteht man den Mittelwert zweier oder mehrerer Zahlen bzw. Größen (z. B. Durchschnittspreis, Durchschnittsmenge, Durchschnittsgröße, Durchschnittstemperatur, Durchschnittsgeschwindigkeit).
Man unterscheidet zwei Arten von Durchschnitten:
– den einfachen Durchschnitt (einfaches Mittel);
– den gewogenen Durchschnitt (gewogenes Mittel).

5.1 Einfacher Durchschnitt

Die Einzelwerte werden addiert und die Summe durch die Anzahl der Einzelwerte dividiert.

Beispielaufgabe
Das „Blumengeschäft am Friedhof" fertigt Kränze: Im Januar 20 Stück, im Februar 25 Stück, im März 19 Stück, im April 22 Stück, im Mai 11 Stück und im Juni 12 Stück. Wieviel Kränze wurden in diesem Halbjahr durchschnittlich in einem Monat gefertigt?

Lösung
Januar	20 Kränze
Februar	25 Kränze
März	19 Kränze
April	22 Kränze
Mai	11 Kränze
Juni	12 Kränze

109 Kränze : 6 = **18,$\overline{16}$ (18$\frac{1}{6}$) Kränze**

Aufgaben

1. Die Tageseinnahmen eines Blumenfachgeschäfts betragen am Montag 2 296,20 DM, am Dienstag 2 100,90 DM, am Mittwoch 1 265,50 DM, am

Donnerstag 1 870,00 DM und am Freitag 2 547,80 DM. Am Samstag sind es 2 897,90 DM. Wie hoch sind die durchschnittlichen Tageseinnahmen?

2. In einer Woche wurden folgende Kundenzahlen festgehalten: Montag 103, Dienstag 215, Mittwoch 78, Donnerstag 121, Freitag 236 und Samstag 303.
Wieviel Kunden besuchten das Geschäft durchschnittlich an einem Tag?

3. Beim Berechnen der Tagesdurchschnittstemperatur wird die Abendtemperatur (3. Ablesung) verdoppelt und die Gesamtsumme durch 4 dividiert. An einem Oktobertag wurden folgende Temperaturwerte notiert:
   1. Ablesung: 1,0 °C
   2. Ablesung: 17,0 °C
   3. Ablesung: 6,2 °C
Wie hoch war die durchschnittliche Tagestemperatur?

5.2 Gewogener Durchschnitt

Die Einzelmenge wird mit dem dazugehörigen Einzelpreis multipliziert; dann werden die Einzelmengen sowie die Produkte addiert.
Dividiert man die Summe der Produkte durch die Gesamtmenge, erhält man den gesuchten Durchschnittspreis.

Beispielaufgabe
Herr Grün bestellt für ein Betriebsfest mehrere Sorten Wein: 6 Flaschen der Sorte A zu je 6,80 DM, 8 Flaschen der Sorte B zu je 8,15 DM, 8 Flaschen der Sorte C zu je 9,80 DM und 12 Flaschen der Sorte D zu je 12,40 DM. Welchen Durchschnittspreis bezahlt Herr Grün für eine Flasche Wein?

Lösung
Sorte A:	6 Flaschen	je 6,80 DM	
		zus.	40,80 DM
Sorte B:	8 Flaschen	je 8,15 DM	
		zus.	65,20 DM
Sorte C:	8 Flaschen	je 9,80 DM	
		zus.	78,40 DM
Sorte D:	12 Flaschen	je 12,40 DM	
		zus.	148,80 DM
	34 Flaschen		333,20 DM

1 Flasche kostet 333,20 DM : 34 =   **9,80 DM**

Aufgaben

1. Anläßlich einer Weihnachtsspendenaktion werden Sträuße verkauft: 40 Stück zu je 7,80 DM, 48 Stück zu je 12,– DM, 30 Stück zu je 18,– DM und 28 Stück zu je 22,– DM.
Wieviel kostete durchschnittlich ein Strauß?

2. Für drei Filialen muß Miete bezahlt werden. Der Mietpreis für einen Quadratmeter beträgt für Filiale 1 (54 m^2) 12,– DM, für Filiale 2 (62 m^2) 14,40 DM und für Filiale 3 (38 m^2) 18,– DM.
Berechnen Sie den durchschnittlichen Quadratmeterpreis der gesamten Mietfläche.

3. Ein Blumenhändler fährt am 1. Tag 240 km in insgesamt 7 Stunden, am 2. Tag 310 km in 7,5 Stunden und am 3. Tag 296 km in 8 Stunden Arbeitszeit.
Wieviel Kilometer fährt er an diesen drei Tagen zusammen durchschnittlich in einer Stunde (km/h)?

Vermischte Aufgaben

1. Frau Strauch kauft für ihre Balkonkästen 24 Pflanzen, und zwar von 6 Sorten jeweils 4 Stück. Der Preis für eine Pflanze von jeder Sorte beträgt 3,80 DM, 3,85 DM, 4,20 DM, 4,50 DM, 5,00 DM und 5,50 DM.
Welchen Preis bezahlt Frau Strauch durchschnittlich für eine Balkonpflanze?

2. Die Blumen-Zentrale Grün kauft verschiedene Topfpflanzen auf Paletten:
5 Paletten *Cyclamen*   je 36,— DM
4 Paletten *Selaginella*   je 24,— DM
4 Paletten *Ficus púmila*   je 27,20 DM
6 Paletten *Saintpaulia*   je 20,— DM
Wieviel kostet durchschnittlich eine Palette?

3. Ein Orchideenbetrieb bringt 480 Cymbidien auf den Großmarkt. 175 Stück verkauft er zu je 27,– DM, 125 Stück zu je 18,– DM, 70 Stück zu je 19,20 DM und den Rest für insgesamt 1430,– DM.
Wieviel kostet im Durchschnitt eine Cymbidie?

4. Auf dem Großmarkt werden für Nelken folgende Preise erzielt:
1. Woche: 5600 Stück zu 3920,– DM
2. Woche: 6400 Stück zu 4800,– DM
3. Woche: 3200 Stück zu 2720,– DM
4. Woche: 7100 Stück zu 4828,– DM
Berechnen Sie den Durchschnittspreis einer Nelke.

5. In der ersten Oktoberwoche werden folgende Tagesdurchschnittstemperaturen gemessen: 1. 10. 9,64 °C, 2. 10. 8,82 °C, 3. 10. 5,75 °C, 4. 10.

5,8 °C, 5. 10. 7,45 °C, 6. 10. 8,44 °C und 7. 10. 6,34 °C.
Wie hoch ist die durchschnittliche Tagestemperatur in dieser Woche?

6. Beim Eintopfen von Geranien schafft Veronika in 2 Stunden 450 Pflanzen, Gabi in 3 Stunden 810 Pflanzen, Elli in 3 Stunden 750 Pflanzen und Anja in 5 Stunden 1370 Pflanzen.
   a) Wieviel Geranien werden im Durchschnitt in einer Stunde eingetopft?
   b) Wieviel Geranien werden im Durchschnitt von einer Person in einer Stunde eingetopft?

7. Die verschiedenen Räume eines Betriebs weisen folgende Größen auf: Verkaufsraum 48 m², Büro $\frac{1}{4}$ und Aufenthaltsraum $\frac{1}{3}$ der Verkaufsraumgröße, Kühlraum 9 m² und Abstellraum die Hälfte der Kühlraumgröße.
   Wieviel Quadratmeter beträgt die durchschnittliche Raumgröße?

8. Beim Ausliefern von Blumen kamen in einer Woche folgende Kilometer zusammen:
   Montag: In 20 Min. 12,1 km, in 1 Std. 32 km, in 1,2 Std. 40,5 km.
   Dienstag: In 25 Min. 8 km, in 20 Min. 10 km.
   Mittwoch: In $\frac{3}{4}$ Std. 28 km.
   Donnerstag: In 10 Min. 3 km, in $\frac{3}{4}$ Std. 22,5 km.
   Freitag: In 1 Std. 35,5 km, in 50 Min. 30 km, in 15 Min. 9 km.
   Samstag: In 1 Std. 35 km, in 10 Min. 5 km.
   a) Berechnen Sie die durschnittlichen Tageskilometer dieser Woche.
   b) Berechnen Sie die gefahrene Durchschnittsgeschwindigkeit (km/h) in dieser Woche.

Merksätze

▷ Durchschnittswerte sind Mittelwerte verschiedener Größen.
▷ Beim einfachen Durchschnitt wird der Durchschnittswert aus mehreren Größen einer Art errechnet.
▷ Beim gewogenen Durchschnitt ermittelt man den Durchschnittswert aus den Produkten von jeweils verschiedenen Größen.
▷ In der Praxis wird Durchschnittsrechnen angewandt, um z.B. den Tagesdurchschnitt von Kunden oder Einnahmen einer Woche zu errechnen; andere Beispiele sind Durchschnittspreis, Durchschnittsmenge und Durchschnittstemperatur.
▷ Durchschnittswerte spielen in der Statistik eine große Rolle.

6 Mischungsrechnen

Lernziele

▷ Wissen, was „Mischen" bedeutet, und wie man Mischungsverhältnisse und Mischungspreise errechnet.
▷ Mischungsaufgaben mit 2 und 3 Sorten lösen können.

Mischen bedeutet Zusammenfügen ungleicher Teile zu einem neuen Ganzen.

6.1 Mischung von zwei Sorten

Beispielaufgabe

In der Adventszeit wird Christbaumschmuck vom Vorjahr zum Einheitspreis verkauft. Zwei Sorten blieben vom Vorjahr übrig. Sorte 1 kostet 3,20 DM, Sorte 2 kostet 1,80 DM. Von der Sorte 1 sind 120 Stück übrig.
Wieviel Stück der Sorte 2 müssen verkauft werden, um einen einheitlichen Preis von 2,20 DM verlangen zu können?

Lösung

Sorte 1	3,20 DM	− 100
MISCHUNG	**2,20 DM**	
Sorte 2	1,80 DM	+ 40

Teile   Mischung
5   2   120 Stück (s. oben)
2   5   300 Stück $\left(\frac{120 \cdot 5}{2}\right)$
───────────────────────────
7 Teile 420 Stück
1 Teil   60 Stück

Probe: 300 Stück · 1,80 DM = 540,− DM
120 Stück · 3,20 DM = 384,− DM
420 Stück   924,− DM

924,− DM : 420 Stück = **2,20 DM**

Lösungshinweis
− Schreiben Sie den Mischungspreis zwischen die beiden Sorten;
− Stellen Sie den Preisverlust und Preisgewinn (in Pfennig) zwischen Sorte und Mischung fest;
− Stellen Sie durch Kürzen der Preisdifferenz die Anteile fest;

- Durch Kreuzen der Teile entsteht das Mischungsverhältnis der Sorten;
- Machen Sie die Probe.

Aufgaben

1. Herr Grün läßt Balkonblumenerde mischen. Dazu verwendet er Torf zu 57,– DM je m³ und Komposterde zu 112,– DM je m³.
   In welchem Verhältnis muß Torf mit Erde gemischt werden, damit ein Kubikmeter Blumenerde für 87,– DM verkauft werden kann?

2. Eine Mischung Einheitserde soll für 97,– DM je m³ verkauft werden. Herr Grün bezahlt für einen Kubikmeter Torf 57,– DM und für Humus 121,– DM.
   Berechnen Sie das Mischungsverhältnis.

3. Ein Händler mischt Hornmehl zum Kilopreis von 3,– DM mit Mineraldünger zum Kilopreis von 1,70 DM Einkaufspreis.
   In welchem Verhältnis werden beide Sorten gemischt, damit für diese Mischung einschließlich eines Gewinns von 14% ein Kilopreis von 2,99 DM entsteht?

4. Als Sonderaktion wird im „Floramarkt und Gartencenter Schönbaum OHG" im Herbst Streufutter für Vögel angeboten. Es wird aus schwarzen und weißen Sonnenblumenkernen gemischt. Ein Kilo der weißen Kerne kostet 2,10 DM, ein Kilo der schwarzen Kerne 1,30 DM.
   a) In welchem Verhältnis muß gemischt werden, wenn ein Kilo 1,90 DM kosten soll?
   b) Von den schwarzen Sonnenblumenkernen sind noch 54 kg vorrätig. Wieviel Kilogramm der weißen Kerne müssen beigemischt werden, um diesen Mischungspreis halten zu können?

5. Wieviel Liter Wasser muß man 100 l 60prozentigem Alkohol zusetzen, um 40prozentigen Alkohol zu bekommen?

6. 100 l 50prozentige Brennesselbrühe soll zu einer Brühe von 10% verdünnt werden.
   Wieviel Liter Wasser muß zugesetzt werden?

7. Eine 0,5prozentige Düngerlösung soll mit einer 0,2prozentigen Düngerlösung zu einer 0,3prozentigen Lösung gemischt werden.
   a) Berechnen Sie das Mischungsverhältnis.
   b) Von der 0,5prozentigen Düngerlösung sind 150 l vorhanden. Wieviel Liter der 0,3prozentigen Düngerlösung müssen zugesetzt werden?

6.2 Mischung von drei Sorten

Beispielaufgabe

Drei Sorten Christbaumschmuck wurden zum Stückpreis von 3,20 DM, 1,70 DM und 4,70 DM verkauft. Kurz vor Weihnachten wird der Schmuck als Mischung im Klarsichtbeutel angeboten.
In welchem Verhältnis müssen die drei Sorten gemischt werden, um einen Stückpreis von 3,50 DM zu erzielen?

Lösung

Sorte 3	4,70 DM	– 120
MISCHUNG	**3,50 DM**	
Sorte 1	3,20 DM	+ 30
Sorte 2	1,70 DM	+ 180

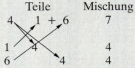

Teile   Mischung

Probe: Sorte 1: 4 Teile · 3,20 DM = 12,80 DM
Sorte 2: 4 Teile · 1,70 DM =   6,80 DM
Sorte 3: 7 Teile · 4,70 DM = 32,50 DM
         15 Teile   52,50 DM

52,50 DM : 15 Teile = **3,50 DM**

Lösungshinweis
- Ordnen Sie die Sorten und den Mischungspreis nach steigender oder fallender Größe.
- Stellen Sie die Preisdifferenz zum Mischungspreis fest;
- Kürzen Sie die Differenzbeträge (Anteile);
- Mischen Sie die überwertige Sorte (hier Sorte 3) mit den beiden unterwertigen Sorten;
- Machen Sie die Probe.

Aufgaben

1. Im „Floramarkt und Gartencenter Schönbaum OHG" wird Vogelfutter aus drei verschiedenen Sorten gemischt und als Sonderaktion verkauft. Sonnenblumenkerne zu 2,20 DM, Hirse zu 4,20 DM und Hanfsamen zu 6,20 DM je kg sollen zu einer Kilo-Mischung von 4,80 DM verpackt werden.
   a) In welchem Verhältnis werden die drei Sorten gemischt?

b) Wieviel Kilogramm Sonnenblumenkerne und Hanfsamen sind nötig, wenn von der Hirse noch 49 kg vorrätig sind?
c) Wieviel 750 g-Tüten können gefüllt werden und wieviel kostet dann eine Tüte?

2. Zur Eröffnung eines Blumenfachgeschäfts läßt der Inhaber einen Cocktail mischen. Der Barmixer verwendet dazu Wermutwein mit 15 % vol Alkohol, Wacholderschnaps mit 45 % vol Alkohol und Zitronenlikör mit 30 % vol Alkohol.
a) Berechnen Sie das Mischungsverhältnis, wenn der Cocktail einen Alkoholgehalt von 35 % vol haben soll.
b) Vom Wacholderschnaps sind 5 l vorhanden. Wieviel Liter Wermutwein und Zitronenlikör sind für den Cocktail nötig?

3. Für eine Spendenaktion binden junge Floristen runde Sträuße. Es werden Blüten von drei verschiedenen Preisgruppen verwendet: Der Stückpreis von Preisgruppe 1 beträgt 1,60 DM, von Preisgruppe 2 1,00 DM und von Preisgruppe 3 0,90 DM. Eine Blüte soll zu einem Einheitspreis von 1,20 DM verkauft werden.
a) Berechnen Sie das Mischungsverhältnis der Blüten für einen Strauß.
b) Ein Drittel des Umsatzes wird für Geschäftskosten einbehalten. Wie hoch ist die Spende, wenn 150 Sträuße verkauft werden?

4. Herr Grün macht mit seiner Frau am Valentinstag eine Werbefahrt mit der Pferdekutsche durch die Stadt. Dabei verteilt er Blumen und Bonbons. Die Bonbons läßt er vom Kaufmann mischen; dafür werden drei verschiedene Sorten verwendet: Zitronenbonbons zu 12,50 DM je kg, Himbeerbonbons zu 8,30 DM je kg und Kirschbonbons zu 6,80 DM je kg.
Berechnen Sie den Mischungsanteil der drei Sorten, wenn 1 kg der Mischung 8,80 DM kosten soll.

Merksätze

▷ „Mischen" bedeutet Zusammenfügen mehrerer Teile zu einem neuen Ganzen.
▷ Mischungsaufgaben werden mit Hilfe des Mischungskreuzes gelöst:
  ○ Beim Mischen von 2 Sorten werden die Anteile der beiden Sorten gekreuzt.
  ○ Beim Mischen von 3 Sorten wird immer die überwertige Sorte mit den beiden unterwertigen Sorten über Kreuz gemischt.

7 Verteilungsrechnen

Lernziele

▷ Wissen, in welchen Fällen das Verteilungsrechnen in der Praxis angewandt wird;
▷ den Verteilungsschlüssel bei gebrochenen Zahlen in ganzzahlige Verhältnisse umwandeln können;
▷ Verteilungsrechenaufgaben aus dem floristischen Alltag und dem allgemeinen kaufmännischen Bereich lösen können.

Beim Verteilungsrechnen wird eine Gesamtgröße in einem vorgegebenen Verhältnis in mehrere Teilmengen zerlegt. Die Anteile können auf verschiedene Arten angegeben werden:
– in ganzen Zahlen (z. B. 3 Teile)
– in gebrochenen Zahlen (z. B. 0,75 oder $\frac{3}{4}$)
– in Relativzahlen (z. B. 1:4 oder 25%)

Dezimalzahlen und Brüche sollten vor dem Rechnen in ganzzahlige Verhältnisse umgewandelt und anschließend soweit wie möglich gekürzt werden. Geht die Teilung nicht auf, wird mit soviel Dezimalstellen wie nötig weitergerechnet, um ein möglichst genaues Ergebnis zu erzielen.

Beispiel
Verteilungsschlüssel   Teile
  6,3   = 63   gekürzt   7
  4,5   = 45   gekürzt   5
  9,0   = 90   gekürzt   10
                           ―――
                            22 Teile

Beispielaufgabe

Das Preisgeld eines Wettbewerbs von 5400,– DM wird unter dem Teilnehmerteam seiner Leistung entsprechend aufgeteilt. Der Hauptakteur bekommt 4 Teile, die Helfer 1,5 und 0,5 Teile. Wieviel DM bekommt jede Person?

Lösung

	Verteilungs-schlüssel			
Hauptperson	4 ≙	8 · 450,–	=	**3600,– DM**
Helfer 1	1,5 ≙	3 · 450,–	=	**1350,– DM**
Helfer 2	0,5 ≙	1 · 450,–	=	**450,– DM**
	12 Teile	*Probe:*		5400,– DM

5400 : 12 = 450,– DM

Beispiel

Verteilungsschlüssel		Teile
$\frac{2}{5}$	$= \frac{8}{20}$	8
$\frac{1}{4}$	$= \frac{5}{20}$	5
Rest	$= \frac{7}{20}$	7
		20 Teile

Aufgaben

1. Ein Kranz mit einem Durchmesser von 80 cm wird im Verhältnis 1:1,4:1 gearbeitet (Kranzwulst: Kranzöffnung : Kranzwulst).
   a) Wie breit ist die Kranzwulst?
   b) Welchen Durchmesser hat die Kranzöffnung (auf ganze Zentimeter runden)?

2. Die Kranzwulstbreite beträgt 28,5 cm. Der Kranz wurde im Proportionsverhältnis von 1:1,5:1 gearbeitet.
   a) Welchen Durchmesser hat die Kranzöffnung (gerundet)?
   b) Wie groß ist der gesamte Kranzdurchmesser (gerundet)?

3. Eine Prämie von 1000,– DM soll zwischen den Arbeitskollegen im Verhältnis ihrer geleisteten Überstunden anläßlich einer großen Dekoration verteilt werden. Florist A hat 14 Überstunden, Florist B 16, Florist C 8, Florist D und E je 21 Überstunden.
   Wieviel DM Prämie erhält jeder Florist?

4. Sechs Floristen arbeiten an einer Dekoration. Die Lohnkosten von 4491,– DM werden im Verhältnis der Arbeitszeit aufgeteilt. Florist A arbeitet an 6 Tagen je 8 Stunden, Florist B an 6 Tagen je $8\frac{1}{3}$ Stunden, Florist C an 5 Tagen je 9 Stunden, Florist D an 4 Tagen je $9\frac{1}{4}$ Stunden, Florist E an 5 Tagen je $8\frac{1}{2}$ Stunden und Florist F an 3 Tagen je 9 Stunden.
   Wieviel DM Lohn erhält jeder Florist?

5. Vier Blumenfachgeschäfte beziehen gemeinsam für 8000,– DM Keramik, A bezahlt $\frac{1}{3}$, B $\frac{1}{4}$, C $\frac{1}{5}$ und D den Rest.
   Wieviel DM muß jedes Blumenfachgeschäft bezahlen?

6. In einem Testament wird über ein Barvermögen wie folgt verfügt: Der überlebende Ehegatte erhält $\frac{1}{4}$, zwei verheiratete Kinder erhalten je $\frac{1}{5}$, ein unverheiratetes Kind erhält $\frac{3}{10}$ des Barvermögens; ein entfernter Verwandter soll 8765,– DM erhalten.
   a) Wieviel DM erhält jeder?
   b) Wie groß ist das gesamte Barvermögen?

7. Im „Floramarkt und Gartencenter Schönbaum OHG" sind drei Gesellschafter mit einem Kapital von 480 000,– DM beteiligt. Gesellschafter Schönbaum hat 48% des Kapitals, Gesellschafter Lipp brachte 26% und Gesellschafter Spengler den Rest ein.
   Wie hoch sind die Einlagen der Gesellschafter?

8. Eine Sorte Einheitserde besteht aus 40% sterilem Untergrundlehm und 60% Weiß- und Schwarztorf.
   Wie hoch sind die Anteile in kg bei einem Gesamtgewicht von 7,8 dt Einheitserde?

9. Vier Betriebe beziehen gemeinsam 500 Säcke Einheitserde. Betrieb A bekommt 120 Säcke, Betrieb B 140, Betrieb C 80 und D den Rest. Ein Sack Erde kostet 10,80 DM. Die Frachtkosten von 420,– DM werden anteilmäßig umgelegt.
   Wieviel DM muß jeder Betrieb bezahlen?

10. Vier Freunde haben zusammen 1200 DM im Lotto gewonnen. Dieser Betrag soll entsprechend dem Einsatz unter den Gewinnern verteilt werden. Wieviel DM erhält jeder, wenn Guido 4,– DM, Florian 3,– DM, Uwe 2,– DM und Claus 1,– DM eingesetzt hat?

11. Ein Blumenfachgeschäft hat 4 Filialen. Die Jahresbetriebskosten der Filialen betragen 42 000,– DM. Verteilen Sie die Betriebskosten entsprechend folgender Umsätze:
    Filiale 1 = 260 000,– DM
    Filiale 2 = 390 000,– DM
    Filiale 3 = 180 000,– DM
    Filiale 4 = 290 000,– DM

12. An einer OHG sind A mit 245 000,– DM, B mit 310 000,– DM und C mit 180 000,– DM beteiligt. Von 121 029,– DM Reingewinn erhält jeder 4% seiner Kapitaleinlage, vom Rest je ein Drittel.
    Wie hoch sind die neuen Einlagen der Gesellschafter, wenn die Gewinnanteile den ursprünglichen Einlagen zugeschrieben werden, jedoch A 15 312,– DM, B 20 119,– DM und C 11 310,– DM einbehalten?

13. Fünf Floristbetriebe betreuen zusammen eine Blumenausstellung während der Landesgartenschau. Die Abrechnung der Lohnkosten von 39 000,– DM erfolgt anteilmäßig nach der geleisteten Arbeit. Betrieb A stellt einen Floristen 50 Tage zur Verfügung, Betrieb B 2 Floristen jeweils 9 Tage, Betrieb C 4 Floristen jeweils 9 Tage, Betrieb D 2 Floristinnen jeweils 18 Tage und Betrieb E 4 Floristinnen jeweils 5 Tage. Betrieb A bekommt für seine organisatorische Tätigkeit vorab 3000,– DM.

Wie hoch sind die Lohnanteile der einzelnen Betriebe?
14. Der Jahresgewinn eines Blumenfachgeschäfts soll unter die Teilhaber Sieger, Huber und Mahr im Verhältnis 5,2 : 4,4 : 6,2 verteilt werden. Wieviel DM erhält jeder bei einem Jahresgewinn von 79 000,– DM?
15. Nach einer Geschäftsaufgabe wird ein Teil des Vermögens, das sind 15 500,– DM, als Abfindung unter den Arbeitnehmern verteilt. A erhält 2600,– DM mehr als C und B 900,– DM weniger als C. Wieviel DM erhält jeder Arbeitnehmer ausbezahlt?
16. Vier Freunde kaufen ein Wiesengrundstück. Guido gibt doppelt so viel wie Florian, Uwe 2000,– DM mehr als Claus. Claus, der 1000,– DM weniger als Guido bezahlt, gibt für das Grundstück 500,– DM.
    a) Wieviel DM bezahlen Guido, Florian und Uwe?
    b) Wieviel kostet das ganze Grundstück?
17. Drei Floristen sind an einem Blumengeschäft beteiligt. Lohr mit 8000,– DM mehr als Maas und Gerber mit 3000,– DM weniger als Maas. Die Einlage beträgt insgesamt 200 000,– DM. Der Gewinn von 82 000,– DM wird nach Kapitalanteilen aufgeteilt.
    a) Mit wieviel DM ist jeder beteiligt?
    b) Wie hoch sind die Gewinnanteile?

Merksätze
▷ Das Verteilungsrechnen wird dann angewandt, wenn eine Gesamtmenge mit Hilfe von Verhältniszahlen in Teilmengen zerlegt wird. Beispiele sind das Verhältnis von Kranzwulst zu Kranzöffnung, die Verteilung einer Prämie unter Arbeitskollegen oder die Verteilung einer gemeinsamen Bestellung unter mehreren Betrieben.
▷ Durch Erweitern werden gebrochene Verhältniszahlen in ganzzahlige Anteile umgewandelt und anschließend soweit wie möglich gekürzt.
▷ Die einzelnen Anteile werden addiert und die Gesamtmenge durch die Summe der Anteile dividiert. Die entstandene Teilmenge wird mit den einzelnen Anteilen multipliziert.
▷ Beim Lösen der Aufgaben sollte man ein einheitliches und übersichtliches Lösungsschema beibehalten.

8 Prozentrechnen und Promillerechnen

Lernziele

▷ Den Unterschied zwischen Prozent und Promille erklären können;
▷ die drei Größen „Prozentwert", „Prozentsatz" und „Grundwert" unterscheiden können;
▷ die Dreisatzrechnung auf die Prozent- bzw. Promillerechnung übertragen können;
▷ aus der Aufgabenstellung die gesuchte Größe isolieren können;
▷ die drei Größen der Prozentrechnung kennen;
▷ den Unterschied zwischen vermehrtem und vermindertem Grundwert aufzeigen können;
▷ den Sinn der Prozentrechnung und ihre Anwendung erklären können.
▷ Beispiele für die Anwendung der Prozent- und Promillerechnung nennen können.

Die **Prozentrechnung** ist eine Vergleichsrechnung, bei der sich die Verhältniszahl auf **100** (das Ganze) bezieht. Man schreibt das Zeichen %. So bedeutet z. B. 3% drei *von Hundert* (lat. per centum).
Bezieht sich die Verhältniszahl auf **1000**, heißt die Rechenart **Promillerechnung,** das Zeichen dazu ist ‰. 3‰ bedeutet daher drei *von Tausend* (lat. per mille). Die Promillerechnung wird nach den Regeln der Prozentrechnung durchgeführt, der Lösungsweg wird deshalb nicht gesondert aufgezeigt.

8.1 Bezeichnung der Größen – Formeln – bequeme Teiler

Man unterscheidet drei Größen:
○ **Prozentwert** (Anteil des Grundwerts, z. B. 5,– DM)
○ **Prozentsatz** (Anteil des Grundwerts in %, z. B. 5%)
○ **Grundwert** (Das Ganze)

Sind von diesen Größen zwei gegeben, kann die dritte Größe errechnet werden.
Die Prozentrechnung ist eine besondere Art der Dreisatzrechnung. Man verwendet dafür die Formel

$$\text{Prozentwert} = \frac{\text{Grundwert} \cdot \text{Prozentsatz}}{100}$$

Durch Umstellen der Formel können die anderen Werte berechnet werden:

$$\text{Prozentsatz} = \frac{\text{Prozentwert} \cdot 100}{\text{Grundwert}}$$

$$\text{Grundwert} = \frac{\text{Prozentwert} \cdot 100}{\text{Prozentsatz}}$$

Manche Prozentsätze können durch gemeine Brüche (sog. bequeme Teiler) mit gleichem Wert ersetzt werden, was beim Kopfrechnen vorteilhaft ist. Prägen Sie sich die Prozentsätze und den dazugehörigen gleichwertigen Bruch ein:

1 %	$\triangleq \frac{1}{100}$	$12\frac{1}{2}$%	$\triangleq \frac{1}{8}$
2 %	$\triangleq \frac{1}{50}$	$16\frac{2}{3}$%	$\triangleq \frac{1}{6}$
$3\frac{1}{3}$%	$\triangleq \frac{1}{30}$	20 %	$\triangleq \frac{1}{5}$
5 %	$\triangleq \frac{1}{20}$	$33\frac{1}{3}$%	$\triangleq \frac{1}{3}$
$6\frac{2}{3}$%	$\triangleq \frac{1}{15}$	50 %	$\triangleq \frac{1}{2}$
$8\frac{1}{3}$%	$\triangleq \frac{1}{12}$	$66\frac{2}{3}$%	$\triangleq \frac{2}{3}$
10 %	$\triangleq \frac{1}{10}$	75 %	$\triangleq \frac{3}{4}$

8.2 Berechnen des Prozentwerts

Beispielaufgabe

Ein Wandregal, das im Vorjahr 745,– DM kostete, wurde um 9% im Preis heraufgesetzt. Wieviel DM beträgt die Preiserhöhung?

Lösung
Grundwert 745,– DM
Prozentsatz 9%
Prozentwert x DM

$$x = \frac{745 \cdot 9}{100}$$

x = **67,05 DM**

Lösungshinweis
– Schreiben Sie den Lösungsweg dieser Beispielaufgabe in drei Sätzen (Dreisatzrechnung).
– Lösen Sie diese Beispielaufgabe mit der $\boxed{\%}$-Taste des Taschenrechners.

Aufgaben

1. In einem Blumenfachgeschäft wurden im vorigen Jahr 638 540,– DM umgesetzt. Dieses Jahr beträgt die Umsatzsteigerung 5%.
Um wieviel DM hat sich der Umsatz erhöht?

2. Ein Betrieb beschäftigt vier Floristen. Ihr Monatsgehalt betrug bisher 1260,– DM, 1180,– DM, 980,– DM und 550,– DM. Vom nächsten Monat an erhalten sie 3,5% Aufbesserung.
Berechnen Sie die neuen Monatsgehälter.

3. Drei Floristen eines Blumenfachgeschäfts erhalten $12\frac{1}{2}$‰ Umsatzbeteiligung, und zwar von dem Betrag, der den Umsatz von 4000,– DM übersteigt. Die Abrechnung erfolgt vierteljährlich. Folgende Umsätze wurden dabei notiert:

	Oktober	November	Dezember
Florist A	5200,– DM	5310,– DM	6450,– DM
Florist B	4900,– DM	5480,– DM	7100,– DM
Florist C	4950,– DM	5100,– DM	5900,– DM

8.3 Berechnen des Prozentsatzes

Beispielaufgabe

Der Verkaufspreis einer Keramikschale wird um 5,70 DM erhöht. Wieviel % beträgt die Preissteigerung, wenn die Schale vorher 142,50 DM kostete?

Lösung
Prozentwert 5,70 DM
Grundwert 142,50 DM
Prozentsatz x%

$$x = \frac{5,70 \cdot 100}{142,50}$$

x = **4%**

Lösungshinweis
Schreiben Sie den Lösungsweg in drei Sätzen.

Aufgaben

1. Wieviel % seines Umsatzes beträgt die ausbezahlte Provision eines Vertreters?
   Umsatz   Provision
   a) 26 350,– DM   2 503,25 DM
   b) 17 298,– DM   2 075,76 DM
   c) 19 218,– DM   960,90 DM
   d) 8 360,– DM   501,60 DM

2. Die Blumen-Centrale Grün verkauft Keramikartikel zu ermäßigten Preisen. Die Preisgruppe I (35,90 DM) wird um 8,98 DM ermäßigt, die Preisgruppe II (28,80 DM) um 6,34 DM, die Preisgruppe III (15,90) um 1,91 DM und die Preisgruppe IV (9,80 DM) um 0,78 DM.
Berechnen Sie die prozentuale Preisermäßigung.

3. Herr Grün bezahlt für sein Lager 256,20 DM Versicherungsprämie; das Lager ist mit 85 400 DM versichert.
Berechnen Sie den Promillesatz der Versicherungsprämie.

8.4 Berechnen des Grundwerts

Beispielaufgabe

Wie hoch war der Preis einer Vase, wenn sie als Sonderartikel um 15% ermäßigt, das sind 36,60 DM, verkauft wird?

Lösung
Prozentwert 36,60 DM
Prozentsatz 15%
Grundwert x DM

$x = \dfrac{36{,}60 \cdot 100}{15}$

x = **244,– DM**

Lösungshinweis
Schreiben Sie den Lösungsweg in drei Sätzen.

Aufgaben

1. Beim Umbau der Blumen-Centrale Grün wurde der Kostenvoranschlag des Architekten durch Sonderwünsche des Bauherrn um 12,5% überschritten. Herr Grün bezahlt jetzt für die Renovierung 14 562,50 DM mehr.
   a) Wie hoch war der Kostenvoranschlag?
   b) Wie hoch sind die tatsächlichen Umbaukosten?
2. Die Firma Toner vertreibt für die Keramikwerkstatt Joas Keramikwaren auf Provisionsbasis. Die Provision beträgt 20%. In den letzten drei Monaten betrug die Provision 309,80 DM, 218,20 DM und 298,15 DM.
   Wie hoch waren die durchschnittlichen Monatsumsätze im letzten Vierteljahr?
3. Zur Herstellung eines Spritzmittels mit einer Konzentration von 0,3‰ stehen 36 ml eines Insektizids zur Verfügung.
   Wieviel Liter Spritzbrühe können daraus hergestellt werden?

8.5 Prozentrechnen vom vermehrten und verminderten Grundwert

8.5.1 Vermehrter Grundwert

Wird der Grundwert erweitert (z. B. durch Umsatzsteuer, Preissteigerung, Provision) ist er **größer als 100**. Man rechnet dann vom vermehrten Grundwert (Prozentrechnen **auf 100**)

Beispiel

Vermehrter Grundwert	= Grundwert	+ Prozentwert
z. B. 138,– DM	= 120,– DM	+ 18,– DM
115%	= 100%	+ 15%

Beispielaufgabe
Eine Pflanze kostet nach einem Preisaufschlag von 12% 123,20 DM.
Um wieviel DM wurde die Pflanze teurer, und wie hoch war der ursprüngliche Preis?

Lösung
Vermehrter Grundwert (112%) = 123,20 DM
Prozentsatz = 12%
Prozentwert = x DM

$x = \dfrac{123{,}20 \cdot 12}{112}$

x = **13,20 DM** (Preissteigerung)
123,20 DM − 13,20 DM = **110,– DM** (ursprünglicher Preis)

Aufgaben

1. Herr Grün verkauft exquisite Gefäße mit einem Aufschlag von 125%. Der Verkaufspreis dieser Gefäße beträgt insgesamt 12 600,– DM.
   Wie hoch war der Einkaufspreis?
2. Für eine Dekoration wurden auf die Materialkosten 62% für Arbeitszeit aufgeschlagen. Der Kunde bezahlte insgesamt 9720,– DM.
   Wieviel DM wurde für das Material verrechnet?
3. Die bisherige Versicherungsprämie wurde von 3,5‰ auf 4‰ erhöht und beträgt jetzt 125,50 DM.
   Wieviel DM Prämie mußte vor der Erhöhung bezahlt werden?

8.5.2 Verminderter Grundwert

Wird der Grundwert durch Nachlässe (z. B. Rabatt, Skonto) verringert, so ist er **kleiner als 100**. Man rechnet dann vom verminderten Grundwert (Prozentrechnen **im 100**).

Beispiel

Verminderter Grundwert z. B. 196,80 DM 80%	= Grundwert 246,– DM 100%	– Prozentwert – 49,20 DM – 20%

Beispielaufgabe
Bei einem Räumungsverkauf wird eine Pflanze mit 30% Nachlaß für 157,50 DM verkauft. Wieviel DM beträgt der Preisnachlaß, und wieviel kostete die Pflanze vorher?

Lösung
Verminderter Grundwert (70%) = 157,50 DM
Prozentsatz = 30%
Prozentwert = x DM

$$x = \frac{157{,}50 \cdot 30}{70}$$

x = **67,50 DM** (Preisnachlaß)
157,50 DM + 67,50 DM = **225,– DM** (Preis vor der Reduzierung)

Aufgaben

1. Eine Floristin erhält für Einkäufe des eigenen Bedarfs in ihrem Betrieb 12% Personalrabatt auf alle Waren.
   Wie hoch ist jeweils der Verkaufspreis, wenn sie folgende Preise bezahlt: Strukturstrauß 52,36 DM, Trockengesteck 77,44 DM, Keramik-Übertopf 37,66 DM, Keramik-Kübel 105,51 DM?
2. Kurz vor Weihnachten verkauft Herr Grün Restbestände von Kerzen modischer Farben mit einem Preisnachlaß von 15%.
   Wieviel kosteten die Kerzen vorher, wenn jetzt folgende Preise gelten:
   Kugelkerzen violett zu je 3,23 DM; Studiokerzen pink, zu je 2,58 DM; Stabkerzen apricot, zu je 2,04 DM und Pyramidenkerzen violett, zu je 4,42 DM.
3. Herr Grün kauft als Sonderangebot Blumenfolie. Eine Rolle kostet 69,– DM. Der Preisnachlaß beträgt 18%.
   a) Wieviel kostete eine Rolle vor der Sonderaktion?
   b) Ab 4 Rollen ermäßigt sich der Preis für eine Rolle auf 65,– DM.
   Wieviel % beträgt jetzt der Preisnachlaß?

Vermischte Aufgaben

1. Berechnen Sie folgende Versicherungsprämien: Hauptgeschäftshaus 3‰ von 148 000,– DM, Garage 4,5‰ von 35 000,– DM, Filiale I 3,5‰ von 70 000,– DM und Filiale II 3,5‰ von 89 000,– DM.
2. Herr Scholl, Inhaber eines Blumenfachgeschäfts, muß eine Hypothek in Höhe von 54 000,– DM begleichen. Er zahlt jährlich $7\frac{1}{4}$% Hypothekenzinsen.
   Wie hoch ist seine jährliche Zinsbelastung?
3. a) Rechnen Sie folgende Prozentsätze in Promillesätze um:
   5%; 7,5%, 3,1%; 0,3%; 0,02%; $\frac{1}{6}$%; $1\frac{1}{3}$%.
   b) Rechnen Sie folgende Promillesätze in Prozentsätze um:
   25‰; 30‰; 38,5‰; 4‰; 0,2‰; $\frac{1}{8}$‰; $2\frac{3}{4}$‰.
4. Ein Bund Rosen kostet 15,20 DM. Bei Abnahme von 10 Bund wird der Preis auf insgesamt 124,64 DM herabgesetzt.
   Wieviel % beträgt der Preisnachlaß?
5. Der Preis für ein Telefaxgerät hat sich von 1948,– DM auf 1 831,12 DM verringert.
   Berechnen Sie den Preisnachlaß in Prozent.
6. Berechnen Sie folgende Preiserhöhungen in
   a) Prozent: 429,— DM erhöht auf 441,87 DM
   1022,50 DM erhöht auf 1104,30 DM
   982,20 DM erhöht auf 1257,22 DM
   b) Promille: 724,— DM erhöht auf 752,96 DM
   126,— DM erhöht auf 126,63 DM
   1104,20 DM erhöht auf 1128,29 DM
7. Gezüchtete Arten von Tillandsien werden je nach Menge zu unterschiedlichen Preisen gehandelt.
   Berechnen Sie jeweils den Nachlaß in Prozent:

	Einzelpreise ab 10 Stück	ab 50 Stück	ab 100 Stück
Tillandsia argentea	1,94 DM	1,62 DM	1,20 DM
Tillandsia punktulata	3,09 DM	2,53 DM	2,20 DM
Tillandsia seleriana	7,00 DM	6,00 DM	4,75 DM

8. Die Monatsmiete für eine Filiale wurde nach einem Jahr um 5% erhöht und beträgt jetzt 8 099,70 DM.
   Berechnen Sie die Miete des Vorjahres.
9. Ein Betrieb entrichtet an das Finanzamt 73 159,50 DM Umsatzsteuer. Das sind 15% des Umsatzes.
   Wieviel DM beträgt der zu versteuernde Umsatz?
10. Der Prämiensatz für die Versicherung einer Filiale beträgt $2\frac{19}{4}$‰, das sind jährlich 166,95 DM.
    Wie hoch ist der Versicherungswert?
11. In einem Berufsschulzentrum sind 216 Floristen gemeldet, das sind 12% aller Schüler.
    Wieviel Schüler besuchen es?
12. Nach einer Gehaltserhöhung von 6% bekommt Ute 73,98 DM mehr.
    Wie hoch ist ihr neues Gehalt?
13. Am beliebtesten Hochzeitstag des Jahres 1988, dem 8. 8. 88, konnte der Umsatz für Brautmoden in der Bundesrepublik Deutschland um 880% gesteigert werden; das ergab einen Umsatz von 16,2 Millionen DM.
    Berechnen Sie den Umsatz im Vorjahr.
14. Durch einen technischen Fehler im Kühlraum der Firma Grün können die darin gelagerten Schnittblumen nur mit einem Verlust von 28% verkauft werden. Für diese Ware konnte Herr Grün noch insgesamt 2088,– DM einnehmen.
    Wie hoch wäre der ursprüngliche Verkaufspreis gewesen?
15. a) Im Jahr 1995 wurden bundesweit 1,6 Millionen Flora-Schecks eingelöst; das sind 6,4% mehr als ein Jahr zuvor.
       Berechnen Sie die Anzahl der Flora-Schecks im Vorjahr (Erg. auf Tausender runden).
    b) Im Durchschnitt gaben Fleurop-Kunden im Jahr 1995 35,69 DM für einen Blumengruß aus; im Jahr davor waren es 36,05 DM.
       Berechnen Sie den prozentualen Preisrückgang.
16. a) Jährlich werden in der Bundesrepublik Deutschland ca. 7 Mio. Kränze gefertigt. Der daraus entstehende Müllberg hat ein Volumen von ca. 350 000 m³. Bei der Kompostierung entstehen 25 000 m³ Kompost.
       Berechnen Sie den Kompostanteil in Prozent.
    b) Berechnen Sie die Stückzahlen, wenn sich die Gesamtmenge der Kränze aus 84% umweltfreundlichen Römern, 10% Styroporrömern und 6% Schaumstoffrömern zusammensetzt.

17. Spanischer Schnittblumen- u. Pflanzenexport 19. .:

Nelken	11 833 000 kg
Chrysanthemen	1 864 000 kg
Gladiolen	187 000 kg
Rosen	2 029 000 kg
Strelitzien	236 000 kg
übrige Blumen	1 824 000 kg
Gesamt	17 973 000 kg

   Berechnen Sie den jeweiligen Anteil in Prozent.
18. 90% der Nelken, die auf dem Blumengroßmarkt Pescia im vergangenen Jahr gehandelt wurden, stammten aus der Umgebung; das ist ein Anteil von 167,4 Mio. Stück. 8% der Nelken kamen aus Campanien und je 1% aus Apulien und Sizilien.
    a) Berechnen Sie die Stückzahlen.
    b) Berechnen Sie die Gesamtstückzahl der gehandelten Nelken.
19. Im Herbst dieses Jahres wurden 874 Mio. Blumenzwiebeln aus Holland in die Bundesrepublik importiert; das bedeutet einen Anstieg um 4% gegenüber dem Vorjahr. Der Anteil von Tulpenzwiebeln beträgt 49%.
    41% aller Blumenzwiebeln wurden in Supermärkten gekauft, 28% wurden in Gartencentern angeboten und 21% mit der Post verschickt.
    a) Wieviel Blumenzwiebeln wurden im Vorjahr importiert?
    b) Wie groß war der Anteil der Tulpenzwiebeln in Stück?
    c) Wieviel Blumenzwiebeln wurden in Supermärkten und Gartencentern verkauft bzw. mit der Post verschickt?
20. Die Preise für Weihnachtsstern-Hochstämmchen sind von der Größe und Qualität abhängig. Die Preisspanne liegt zwischen 20,– DM und 60,– DM.
    Berechnen Sie den Prozentanteil vom Höchstpreis für die Preise 20,– DM, 35,– DM, 46,80 DM und 51,– DM.
21. Eine Kranzbindemaschine hat zuerst um 12% und dann noch einmal um 5% aufgeschlagen. Fünf Jahre später wurde der Preis um 12,5% reduziert und die Maschine um 823,20 DM verkauft.
    Zu welchem Preis wurde die Kranzbindemaschine ursprünglich angeboten?
22. Für eine Schaufensterversicherung über den Versicherungsbetrag von 12700,– DM wird jährlich 4,5‰ Prämie bezahlt.
    Wie hoch ist die Versicherungsprämie in DM?
23. Prüfungsergebnisse der Abschlußprüfung Florist/Floristin 1995 in den Bundesländern:

Bundesland	Prüflinge	bestanden
Baden-Württemberg	288	273
Bayern	456	426
Berlin	107	78
Brandenburg	208	167
Bremen	36	35
Hamburg	41	35
Hessen	192	165
Mecklenburg-Vorpommern	127	76
Niedersachsen	287	236
Nordrhein-Westfalen	571	467
Rheinland-Pfalz	131	93
Saarland	31	30
Sachsen	309	256
Sachsen-Anhalt	164	113
Schleswig-Holstein	124	105
Thüringen	215	183

a) Berechnen Sie den Anteil der nichtbestandenen Prüfungen in Prozent.
b) Berechnen Sie den Prozentsatz der bestandenen Prüfungen aller Bundesländer zusammen im Vergleich zur Gesamtteilnehmerzahl.

24. Herr Grün kauft Pflanzen für 18 600,– DM ein. Ein Drittel der Ware verkauft er mit 25% Gewinn, die Hälfte der Ware mit 18% Gewinn; den Rest muß er mit 12% Verlust verkaufen.
Wie hoch ist der Gesamtertrag in DM?

25. Herr Grün bestellt drei verschiedene Koniferenarten für die Kranzbinderei. Sorte I kostet 6,30 DM je kg im Einkauf; es muß mit 35% des Gewichts als Abfall gerechnet werden. Sorte II kostet 7,80 DM je kg; der Abfall macht 20% des Gewichts aus. Sorte III kostet 9,20 DM je kg; man rechnet hier mit 12% des Gewichts als Abfall. Berechnen Sie den Preis für 1 kg verwertbares Material je Sorte.

26. Berechnen Sie Tara und Bruttogewicht in kg.

Nettogewicht	Tara	Nettogewicht	Tara
a) 1296,0 kg	$16\frac{2}{3}$%	c) 665,0 kg	5%
b) 1508,0 kg	$3\frac{1}{3}$%	d) 892,8 kg	28%

Anmerkung:
Tara = Gewicht der für den Versand einer Ware benötigten Verpackung (Verpackungsgewicht).
Nettogewicht = Gewicht der Ware ohne Verpackung.
Bruttogewicht = Gewicht der Ware einschließlich Verpackung.

$$\boxed{\text{Netto + Tara = Brutto (100\%)}}$$

Merksätze

▷ Für die Prozentrechnung gilt das Zeichen % (Bezugszahl 100), für die Promillerechnung ‰ (Bezugszahl 1000).
▷ Die Prozentrechnung ist eine besondere Art der Dreisatzrechnung.
▷ Durch Umstellen der Formel lassen sich die Größen „Prozentwert", „Prozentsatz" und „Grundwert" errechnen, sofern zwei der drei Größen gegeben sind. Dies gilt ebenso für die Promillerechnung.
▷ Das Rechnen mit vermehrtem und vermindertem Grundwert ist eine Prozentrechnung im und auf Hundert.
▷ Bequeme Teiler anstelle von Prozentsätzen erleichtern das Prozentrechnen im Verkauf.
▷ Das Prozentrechnen ist eine Vergleichsrechnung.
▷ Anwendungsgebiete sind z. B. Preisabschläge, Preisaufschläge, statistische Vergleiche, Prämienberechnungen.

9 Prozentrechnen mit Rabatt, Skonto, Umsatzsteuer

Lernziele

▷ Die Begriffe „Rabatt", „Skonto" und „Umsatzsteuer" erklären können;
▷ die Prozentrechnung auf diese Aufgabenbereiche anwenden können;
▷ Aufgaben nach einem Lösungsschema lösen können;
▷ Anwendungsgebiete aus dem Bereich der kaufmännischen Praxis nennen können.

9.1 Begriffserklärungen

○ **Rabatt**
Preisnachlaß (it. rabatto) beim Kauf einer Ware. Die Prozentsätze können verschieden sein; durch das Gesetz über Preisnachlässe (Rabattgesetz) wird die Rabattgewährung eingeschränkt.
Beispiele
Barzahlungsrabatt (s. auch Skonto), Mengenrabatt,

Saisonrabatt, Treuerabatt, Mängelrabatt, Wiederverkäuferrabatt, Personalrabatt, Draufgabe und Dreingabe.

○ **Skonto**
Abzug (it. sconto); Preisabzug des Käufers, wenn Rechnungsbetrag vor Fälligkeitstag beglichen wird.

Beispiel
Zahlungsbedingungen: Zahlbar rein netto innerhalb von 30 Tagen oder innerhalb von 10 Tagen mit 2% Skonto.

○ **Umsatzsteuer**
Die Umsatzsteuer (vgl. S. 69) wird nach dem Mehrwertsteuerprinzip erhoben. Demnach wird der Wertzuwachs (Mehrwert) von Gütern und Dienstleistungen bei jeder Zwischenstufe bis zum Endverbraucher versteuert.
Seit 1. 1. 1993 beträgt der Umsatzsteuersatz unverändert 15%. Der ermäßigte Steuersatz von 7% gilt für landwirtschaftliche Produkte, Gemüse, Lebensmittel, lebende Blumen und Pflanzen. Ein Blumenfachgeschäft als reines Ladengeschäft (reiner Gewerbebetrieb) besteuert Schnittblumen, Topfpflanzen und frisches Bindematerial mit 7%; für Keramik, Kerzen, Blumenerde, getrocknete, gefärbte oder imprägnierte Pflanzenteile, andere Zusatzartikel und sonstige Handelswaren und Dienstleistungen wird 15% Umsatzsteuer verrechnet. Ein Gesteck oder eine Topfpflanze mit Übertopf wird mit 7% Umsatzsteuer berechnet, wenn der Wert der Schnittblumen bzw. der Pflanze über dem Wert der Keramik liegt, und das Arrangement als Einheit verkauft wird.

> In den einzelnen Aufgaben wird anstelle von Prozentangaben nur der *volle* bzw. *ermäßigte Umsatzsteuersatz* genannt.

9.2 Rechenschema: Vorwärtsrechnung

Beim Rechnen mit Rabatt, Skonto und Umsatzsteuer spielt die Prozentrechnung eine besondere Rolle. Werden keine weiteren Angaben gemacht, wird beim Verkauf in folgender Reihenfolge gerechnet:

Listenverkaufspreis (ohne Umsatzsteuer)
− Rabatt

Zielverkaufspreis
− Skonto

Barverkaufspreis (Nettoverkaufspreis)
+ Umsatzsteuer

zu zahlender Betrag

Beispiel:
$$\begin{array}{r} 100\% \\ -\ 10\% \\ \hline 90 \longrightarrow 100\% \\ -\ 2\% \\ \hline 98\% \longrightarrow 100\% \\ +\ 15\% \\ \hline 115\% \end{array}$$

Beispielaufgabe
Herr Grün verkauft eine Zimmerpflanze mit Übertopf an einen treuen Kunden. Die Pflanze kostet einschließlich Topf 285,− DM (Listenpreis). Der Kunde erhält einen Treuerabatt von 10%. Herr Grün berechnet den halben Umsatzsteuersatz. Da der Kunde die Rechnung sofort bezahlt, kann er noch 2% Skonto nutzen.
Wieviel DM muß er für die Pflanze bezahlen?

Lösung

Listenverkaufspreis (ohne Umsatzsteuer)	285,— DM	100%
− Rabatt 10%	− 28,50 DM	− 10%
Zielverkaufspreis	256,50 DM	90% → 100%
− Skonto 2%	− 5,13 DM	− 2%
Barverkaufspreis (Nettoverkaufspreis)	251,37 DM	98% → 100%
+ Umsatzsteuer 7%	17,60 DM	7%
zu bezahlender Betrag	**268,97 DM**	**107%**

Aufgabe

Eine Sendung Keramik kostet 1352,– DM.
Da es sich um 2.-Wahl-Ware handelt, wird der Preis um 15% reduziert. Hinzu kommt die Umsatzsteuer; bei Barzahlung wird 2% Skonto gewährt.
Daneben wird eine Ware ähnlicher Qualität angeboten. Sie kostet 1180,– DM zuzüglich Umsatzsteuer. Rabatt und Skonto werden nicht gewährt. Welches Angebot ist günstiger (voller Umsatzsteuersatz)?

9.3 Rechenschema: Rückwärtsrechnung

Muß rückwärts gerechnet werden, gilt der Aufbau der Prozentangaben in umgekehrter Folge mit veränderten Vorzeichen. Es ist daher zweckmäßig, das Aufgabenschema zu erstellen und dann den Rechenweg von rückwärts aufzubauen (Prozentrechnen mit vermehrtem und vermindertem Grundwert).

Beispielaufgabe
Ein Rechnungsbetrag wurde um 3% Skonto vermindert und die Ware mit dem vollen Umsatzsteuersatz berechnet.
Wie hoch war der Preis der Ware, wenn der Kunde 582,29 DM überwiesen hat?

Lösung

Zielverkaufspreis	100% ↑		**522,— DM** ↑	
− Skonto 3%	− 3%	←	− 15,66 DM	
Barverkaufspreis	97% →	100% ↑	506,34 DM	
+ Umsatzsteuer 15%		+ 15%	75,95 DM	
zu überweisender Betrag		115%	582,29 DM	

Aufgabe

Für ein Sonderangebot gemischter Trockenblumen bezahlte der Kunde 92,50 DM. Er erhielt 8% Rabatt auf den Listenverkaufspreis und bezahlte die volle Umsatzsteuer; vom Zielverkaufspreis konnte er 2% Skonto abziehen.
Berechnen Sie den Listenverkaufspreis (o. Ust.) mit allen Zwischenergebnissen.

Vermischte Aufgaben

1. Bei einem Einkauf auf dem Großmarkt muß sich Herr Grün zwischen Angebot A und B entscheiden:
   Angebot A: 1 Bund (25 Stück) wird für 14,50 DM angeboten. Bei Abnahme ab 10 Bund bekommt er 15% Rabatt. Die Verpackungskosten für jeweils 10 Bund betragen 7,– DM. Für den Warenwert bekommt er 3% Skonto.
   Angebot B: 1 Bund (20 Stück) kostet 12,– DM. Bei Abnahme von jeweils 10 Bund bekommt Herr Grün einen Bund gratis. Er kann bei Barzahlung 3% Skonto nutzen.
   Welches Angebot ist günstiger beim Einkauf von jeweils 10 Bund?
   Die Umsatzsteuer wird hierbei nicht berücksichtigt.

2. Für ein Geschäftsfahrzeug wird auf den Listenpreis von 48 000,– DM 8% Rabatt und 3% Skonto gewährt.
   Berechnen Sie den Barzahlungspreis einschließlich Umsatzsteuer (voller Umsatzsteuersatz).

3. Auf einen Rechnungsbetrag (Listenpreis) von 450,– DM wird 12% Rabatt und 2% Skonto gewährt.
   Wieviel DM beträgt der Gesamtnachlaß; wieviel Prozent sind das vom Rechnungsbetrag?

4. Ein Lieferant gewährt 20% Rabatt und 3% Skonto.
   Wie hoch ist der Listenpreis der Ware, wenn der Skontobetrag 136,56 DM beträgt?

5. Nach Abzug von 3% Skonto wurden 1 335,69 DM überwiesen. Auf den Listenpreis wurden 15% Rabatt gewährt.
   Berechnen Sie den Listenpreis.

6. Eine Sendung verschiedener Trockenfrüchte kostet 1260,– DM. Der Einkaufsrabatt ist 14%.
   a) Wie lautet der Rechnungspreis?
   b) Berechnen Sie den Bareinkaufspreis nach Abzug von 2% Skonto.

7. Beim Kauf einer Schreibmaschine im Wert von 1380,– DM bietet die Firma „Trophäe" 2% Skonto bei Barzahlung. Da der Florist das Geld im Moment nicht zur Verfügung hat, entschließt er sich zu einer Ratenzahlung. Er macht eine Anzahlung von 180,– DM; den Rest begleicht er in 12 Monatsraten mit einem Teilzahlungszuschlag von 5%.
Um wieviel % (gerundet) liegt der Ratenpreis über dem Barzahlungspreis?

8. In der Blumenboutique Bingert soll der Büroraum mit Teppichboden neu ausgelegt werden. Frau Bingert erkundigte sich über Teppichpreise und entscheidet sich für folgendes Angebot: 1 m² Teppichboden für 75,– DM mit einem Rabatt von 10% und 2% Skonto bei Barzahlung. Durch eine außergewöhnlich hohe Auftragslage verzögert sich die Renovierung. Nach einem Dreivierteljahr ist der Preis für 1 m² um 8% gestiegen, ein Nachlaß kann nicht gewährt werden.
   a) Um wieviel Prozent wurde der Teppichboden im Vergleich zum ursprünglichen Preis teurer?
   b) Wie hoch ist die Mehrausgabe bei 18 m² Bodenfläche?

9. Ein Lieferant für Keramikwaren erhielt eine Mängelrüge und gewährt daraufhin dem Kunden 30% Nachlaß. Berechnen Sie den ursprünglichen Rechnungsbetrag, wenn 995,40 DM überwiesen wurden.

10. Für ein Frühjahrsfest werden 220 Primeln geliefert. Der Kunde erhält 5% Rabatt, das sind 29,70 DM und bezahlt die ermäßigte Umsatzsteuer.
Berechnen Sie den Rechnungsbetrag und Stückpreis der Primeln.

Merksätze

▷ „Rabatt" bedeutet Preisnachlaß.
▷ „Skonto" ist ein Preisabzug des Käufers für vorzeitige Bezahlung.
▷ Durch die „Umsatzsteuer" wird der Mehrwert von Gütern und Dienstleistungen versteuert (7% für Pflanzen, 15% für selbständige Nebenleistungen).
▷ Beim Rechnen mit Rabatt, Skonto und Umsatzsteuer wird die Prozentrechnung von, im und auf Hundert angewandt.
▷ Ein vorher aufgestelltes Lösungsschema erleichtert die Berechnung.

▷ Anwendungsgebiete dieser Rechenart sind z. B. Angebotsvergleiche unter Berücksichtigung von Rabatt, Skonto und Umsatzsteuer oder die Kalkulation.

10 Zinsrechnen

Lernziele

▷ Wissen, daß Zins der Preis für entliehenes Geld ist;
▷ wissen, daß der Zinssatz als Jahreszinssatz in % angegeben wird;
▷ gesetzliche Vorschriften des BGB und HGB über die Höhe des Zinssatzes kennen;
▷ die vier Größen „Kapital", „Zinssatz", „Zins" und „Zeit" unterscheiden und erklären können;
▷ die Zinstage für das kaufmännische Zinsrechnen berechnen können;
▷ die Prozentrechnung auf die Zinsrechnung anwenden können;
▷ die vier Größen der Zinsrechnung berechnen können;
▷ Tages-, Monats- und Jahreszinsen berechnen können;
▷ Aufgaben zur Zinsrechnung aus unterschiedlichen kaufmännischen Bereichen lösen können;
▷ erkennen, daß bei Skontonutzung verbunden mit einer kurzfristigen Kreditaufnahme u. U. Geld gespart werden kann;
▷ Anwendungsgebiete der Zinsrechnung nennen können.

Zins ist der Preis für geliehenes Geld.

Beispiele
Zinsen werden berechnet, wenn man
- von einem Bankinstitut Geld (Kapital) ausleiht;
- anderen zeitweise Geld überläßt;
- seine Rechnung zu spät bezahlt (Verzugszinsen);
- Geld auf ein Sparkonto bringt (Guthabenzinsen).

Die Höhe der Zinsen wird in % angegeben und bezieht sich normalerweise auf **ein** Jahr.
Der Zinssatz sorgt dafür, daß ein Güter-Geld-Gleichgewicht entsteht; er ist deshalb vielen Schwankungen unterworfen. Im Einzelfall wird die Höhe des Zins-

satzes zwischen Darlehensgeber und Darlehensnehmer vereinbart. Falls vertraglich keine anderen Regelungen bestimmt wurden, gelten folgende gesetzliche Vorschriften:

§ 288 BGB „*Eine Geldschuld ist während des Verzugs mit vier vom Hundert für das Jahr zu verzinsen. Kann der Gläubiger aus einem anderen Rechtsgrunde höhere Zinsen verlangen, so sind diese fortzuentrichten.*"

§ 352 HGB „*Die Höhe der gesetzlichen Zinsen, mit Einschluß der Verzugszinsen, ist bei beiderseitigen Handelsgeschäften fünf vom Hundert für das Jahr. Das gleiche gilt, wenn für eine Schuld aus einem solchen Handelsgeschäfte Zinsen ohne Bestimmung des Zinsfußes versprochen sind.*« (Maßgebend für Vertragspartner, die Kaufleute im Sinne des HGB sind)

10.1 Zinsfaktoren und Zinsformeln

Die **Zinsrechnung** ist eine angewandte Prozentrechnung, bei der zusätzlich der Zeitfaktor mit einbezogen wird.

○ Man unterscheidet vier **Faktoren**:
K = **Kapital** (Grundwert in DM)
p = **Zinssatz** (Zinsfuß, in %)
Z = **Zins** (Zinsbetrag in DM)
t = **Zeit** (Tag $\frac{1}{360}$; Monat $\frac{1}{12}$; Jahr $\frac{1}{1}$)

Sind von diesen Faktoren drei bekannt, kann der vierte Faktor errechnet werden.

Allgemeine Zinsformel
$$Z \cdot 100 \cdot 360 = K \cdot p \cdot t$$

Die Formel ohne Bruchstrich kann einfach auf die gesuchte Größe umgestellt werden: Alle Größen, die auf der einen Seite der Gleichung nicht gebraucht werden, kommen auf die andere Seite unter den Bruchstrich. Daraus ergeben sich die einzelnen Berechnungsformeln:

Berechnen der Zinsen $\quad Z = \dfrac{K \cdot p \cdot t}{100 \cdot 360}$

Berechnen des Kapitals $\quad K = \dfrac{Z \cdot 100 \cdot 360}{p \cdot t}$

Berechnen des Zinssatzes $\quad p = \dfrac{Z \cdot 100 \cdot 360}{K \cdot t}$

Berechnen der Zeit $\quad t = \dfrac{Z \cdot 100 \cdot 360}{K \cdot p}$

○ **Feststellen der Zinstage (Zeit)**
Für das kaufmännische Zinsrechnen gilt:
1 Jahr = 360 Tage
1 Monat = 30 Tage
Ist der Fälligkeitstag der 28. oder 29. Februar, werden die Tage genau bis zu diesem Zeitpunkt berechnet.
Der erste Tag des Zeitabschnitts wird nicht mitgerechnet, der letzte Tag wird dazugezählt.

Beispiel
16. 1. d. J. bis 7. 7. d. J.

Januar	14 Tage
Februar bis Juni	150 Tage
(5 · 30 Tage)	
Juli	7 Tage
insgesamt	171 Tage

Aufgabe

Berechnen Sie die Zinstage:
05. 02. d. J. bis 01. 07. d. J.
12. 06. d. J. bis 27. 04. n. J.
28. 02. d. J. bis 13. 12. d. J.
27. 01. d. J. bis 28. 02. n. J.
06. 11. d. J. bis 06. 10. n. J.
31. 05. d. J. bis Jahresende

10.2 Berechnen der Zinsen

Beispielaufgabe 1 (Zeit = Jahresangabe)
Erika nutzt ein Angebot der Sparkasse und legt 500,– DM zu 7% Verzinsung an.
a) Wieviel DM Zinsen bekommt sie nach dem ersten Jahr?
b) Wieviel DM Zinsen bekommt sie nach Ablauf von vier Jahren, wenn die jährlichen Zinsen mitverzinst werden?

Lösung
a) K = 500,– DM
p = 7%
t = 1 Jahr ($\frac{1}{1}$)
$Z = \dfrac{500 \cdot 7 \cdot 1}{100 \cdot 1}$
Z = 35,– DM

b) 2. *Jahr*
K = 535,– DM
$Z = \dfrac{535 \cdot 7 \cdot 1}{100 \cdot 1}$
Z = 37,45 DM

3. *Jahr*
K = 572,45 DM
$Z = \dfrac{572,45 \cdot 7 \cdot 1}{100 \cdot 1}$
Z = 40,07 DM

4. Jahr   *Zinsen insgesamt:*
K = 612,52 DM   35,— DM
$Z = \dfrac{612{,}52 \cdot 7 \cdot 1}{100 \cdot 1}$ 37,45 DM
                      40,07 DM
Z = 42,88 DM   42,88 DM
                      155,40 DM

Beispielaufgabe 2 (Zeit = Monatsangabe)
Ein Darlehen von 7850,– DM wird zu 6% verzinst und hat eine Laufzeit von 21 Monaten.
Wie hoch ist die Zinsbelastung in diesem Zeitraum?

Lösung
K = 7850,– DM
p = 6%
t = 21 Monate $\left(\dfrac{21}{12}\right)$
$Z = \dfrac{7850 \cdot 6 \cdot 21}{100 \cdot 12}$
Z = **824,25 DM**

Beispielaufgabe 3 (Zeit = Tagesangabe)
Ein kurzfristiger Kredit von 9000,– DM wird zu 6,5% verzinst. Das Darlehen hat eine Laufzeit vom 12. 3. d. J. bis zum 31. 12. d. J.
Wieviel DM Zinsen wurden bis zum Jahresende bezahlt?

Lösung
K = 9000,– DM
p = 6,5%
t = 12. 3. bis 31. 12. = 288 Tage $\left(\dfrac{288}{360}\right)$
$Z = \dfrac{9000 \cdot 6{,}5 \cdot 288}{100 \cdot 360}$
Z = **468,– DM**

Aufgaben

1. Berechnen Sie die Zinsen für die angegebene Zeit:

	a)	b)	c)
Kapital	34500,– DM	63400,– DM	158400,– DM
Zinssatz	6%	9%	8,5%
Zeit	42 Tage	55 Tage	21 Tage

2. Gerd besitzt zwei Sparbücher, die ein Guthaben von 1200,– DM und 2500,– DM aufweisen. Wieviel Zinsen erhält Gerd insgesamt in einem Jahr, wenn das angesparte Geld des ersten Sparbuches zu $3\tfrac{3}{4}$% und das Guthaben des zweiten Sparbuches zu 4,5% verzinst wird?

3. Eine Rechnung vom 21. 5. d. J. enthält folgende Zahlungsbedingungen: „Zahlbar innerhalb von 10 Tagen mit 2% Skonto oder innerhalb 30 Tagen rein netto. Danach werden Verzugszinsen von 5% berechnet." Der Rechnungsbetrag von 580,– DM wurde erst nach einer Aufforderung am 28. 7. d. J. beglichen.
   a) Wieviel DM müssen insgesamt bezahlt werden?
   b) Um wieviel DM übersteigt der Betrag den Barzahlungspreis?

10.3 Berechnen des Kapitals

Beispielaufgabe
Eine Firma hat drei Kredite zu einem Zinssatz von 8% aufgenommen. Für den ersten Kredit werden nach einem Jahr 9600,– DM Zinsen bezahlt, für den zweiten Kredit nach 7 Monaten 4200,– DM und für den dritten Kredit nach 45 Tagen 1856,– DM.
Wie hoch ist die gesamte Kreditsumme?

Lösung
Kredit 1
p = 8%
Z = 9600 DM
t = 1 Jahr
$K = \dfrac{9600 \cdot 100 \cdot 1}{8 \cdot 1}$
K_1 = **120 000,– DM**

Kredit 2
p = 8%
Z = 4200 DM
t = 7 Monate
$K = \dfrac{4200 \cdot 100 \cdot 12}{8 \cdot 7}$
K_2 = **90 000,– DM**

Kredit 3
p = 8%
Z = 1856 DM
t = 45 Tage
$K = \dfrac{1856 \cdot 100 \cdot 360}{8 \cdot 45}$
K_3 = **185 600,– DM**
Kreditsumme: $K_1 + K_2 + K_3$ = **395 600,– DM**

Aufgaben

1. Wie hoch ist ein Darlehen, für das bei einem Zinssatz von 9% in einem Jahr 144,– DM Zinsen bezahlt werden?
2. Berechnen Sie den Kreditbetrag, wenn vierteljährlich bei einer Verzinsung von 8,25% 1650,– DM bezahlt werden?
3. Für ein Pachtgrundstück mußte der Pächter zwischen dem 15.8. d.J. und dem 31.12. d.J. bei einem Zinssatz von $6\frac{2}{3}$% 1200,– DM bezahlen. Welcher Grundstückswert liegt der Berechnung zugrunde?

10.4 Berechnen des Zinssatzes

Beispielaufgabe
Berechnen Sie die Zinssätze folgender Darlehen:
Darlehen 1: 60000,– DM, Zinsen für 2 Jahre: 7200,– DM
Darlehen 2: 168000,– DM, Zinsen für 3 Monate: 2940,– DM
Darlehen 3: 124000,– DM, Zinsen für 70 Tage: 2170,– DM

Lösung
Darlehen 1
K = 60000 DM
Z = 7200 DM
t = 2 Jahre
$$p = \frac{7200 \cdot 100 \cdot 1}{60000 \cdot 2}$$
p = **6%**

Darlehen 2
K = 168000 DM
Z = 2940 DM
t = 3 Monate
$$p = \frac{2940 \cdot 100 \cdot 12}{168000 \cdot 3}$$
p = **7%**

Darlehen 3
K = 124000 DM
Z = 2170 DM
t = 70 Tage
$$p = \frac{2170 \cdot 100 \cdot 360}{124000 \cdot 70}$$
p = **9%**

Aufgaben

1. Ein Bauherr nimmt eine Hypothek in Höhe von 52600,– DM auf. Vierteljährlich bezahlte er 854,75 DM Zinsen.
Zu welchem Zinssatz wurde der Kredit verzinst?
2. Herr Sonder möchte seine beiden Kredite zu einem Kredit zusammenlegen. Der erste Kredit in Höhe von 20000,– DM war mit 5%, der zweite Kredit von 80000,– DM zu 6,5% verzinst worden. Wie hoch ist der neue Zinssatz?
3. Aus 14600,– DM machte ein Kaufmann eine Betriebseinlage von 8200,– DM, den Rest legte er bei einer Bank zu 5% Zinsen an. Am Jahresende erhält er aus beiden Anlagen einen Gesamtertrag von 910,40 DM.
Zu wieviel Prozent verzinste sich seine Betriebseinlage?

10.5 Berechnen der Zeit

Beispielaufgabe
Ein Darlehen von 110000,– DM wird mit 8,2% verzinst.
a) Nach welcher Zeit sind 3608,– DM Zinsen zu bezahlen?
b) An welchem Tag wurde das Darlehen beantragt, wenn bis zum 15.1. d.J. die oben genannten Zinsen angefallen sind?

Lösung
a) K = 110000,– DM
   p = 8,2%
   Z = 3608,– DM
   $$t = \frac{3608 \cdot 100 \cdot 360}{110000 \cdot 8,2}$$
   t = **144 Tage**
b) 15.1. d.J. abzüglich 144 Tage = **21.8. des Vorjahres**

Aufgaben

1. In wieviel Monaten wächst ein Guthaben von 40000,– DM bei einer Verzinsung von 6% auf 41500,– DM an?
2. Wann wurde ein Kapital von 34000,– DM ausgeliehen, wenn es am 27. März d.J. einschließlich 9% Zinsen mit 34952,– DM zurückbezahlt wurde?
3. Ein Darlehen von 19800,– DM wurde am 1.12. d.J. aufgenommen. Der Zinssatz betrug 6,5%.

Wann wurde der geliehene Betrag mit 357,50 DM Zinsen zurückbezahlt?

Vermischte Aufgaben

1. Wie hoch sind die täglichen Zinsen für einen Kredit von 14 000,– DM? Der Zinssatz beträgt 9%.
2. Ein pensionierter Floristmeister übergibt den Betrieb seinem Sohn. Er möchte so viel Kapital für sich zurücklegen, daß er von den Zinsen leben kann.
   Wieviel Kapital muß er anlegen, wenn er mit einem Bedarf von 2200,– DM monatlich kalkuliert? Der Zinssatz beträgt 5%.
3. Die Miete für Büroräume beträgt 840,– DM monatlich. Ein Fünftel soll für die Reinigung und für sonstige Kosten zurückgelegt werden.
   Wie hoch ist der Wert der Büroräume, wenn der Berechnung eine Verzinsung des Kapitals mit 6% zugrunde gelegt wird?
4. Ein Florist zahlt ein Darlehen von 7000,– DM am 16. August d. J. mit 7081,20 DM zurück. Der Zinssatz beträgt 5,8%.
   An welchem Tag wurde das Darlehen aufgenommen?
5. Bei Barzahlung von Zusatzartikeln im Wert von 10 800,– DM erhält ein Floristmeister 3% Skonto. Um bar zahlen zu können, mußte er einen Kredit von 4500,– DM zu 8% Verzinsung für 35 Tage aufnehmen.
   Lohnt es sich, einen Kredit zu beanspruchen?
6. Ein hochverzinstes Darlehen von 67 000,– DM soll durch zwei billigere Darlehen ersetzt werden. Das erste Darlehen in Höhe von 45 000,– DM wird zu 6,75%, das zweite zu einem $\frac{3}{4}$% höheren Zinssatz angeboten.
   Wie hoch war der Zinssatz des ursprünglichen Darlehens, wenn für beide neuen Darlehen halbjährlich 671,25 DM weniger Zinsen als beim ursprünglichen Darlehen zu bezahlen sind?
7. Ein Kundenkredit über 1250,– DM wird vom 15. 3. d. J. bis 1. 9. d. J. mit 7,5% verzinst. Der Kunde zahlt erst am 20. 10. d. J. Für die Verzugszeit werden zusätzlich weitere 6% Verzugszinsen berechnet.
   Wieviel DM muß der Kunde insgesamt zurückzahlen?
8. Mit wieviel Prozent werden Wertpapiere verzinst, deren Anschaffungspreis 4200,– DM betrug? Die halbjährlichen Zinsen wurden mit 178,50 DM gutgeschrieben.
9. Folgende Rechnungen stehen noch offen:

Rechnungsbetrag	fällig seit
1250,— DM	22. 8.
364,20 DM	1. 10.
3235,80 DM	30. 11.
125,— DM	22. 12.

   Wie groß ist die Gesamtschuld, wenn alle Rechnungen am 30. 12. einschließlich 6,5% Verzugszinsen bezahlt werden?
10. Die Zinsen eines Darlehens sollen nicht mehr als 50,– DM betragen. Das ergibt einen Zinssatz von 7,5% und eine Rückzahlungsfrist von 96 Tagen. Wieviel Tage früher müßte der Schuldner zurückzahlen, wenn sich der Zinssatz auf 8% erhöht?
11. Ein Sparer schließt einen Zuwachssparvertrag ab und zahlt am 1. 6. d. J. 5000,– DM ein. Der Zinssatz beträgt 9%; die jährlich gutgeschriebenen Zinsen werden mitverzinst.
    Welchen Betrag erhält der Sparer nach 4 Jahren am 30. 5. ausbezahlt?
12. Der Inhaber eines Blumenfachgeschäfts eröffnet eine Filiale. Dazu nimmt er am 19. 1. d. J. einen Bankkredit von 17 500,– DM auf. Der Zinssatz beträgt bis zum 26. 5. d. J. noch 7,5%, bis zum 4. 11. d. J. 8% und dann $6\frac{2}{3}$%.
    Wie groß ist die Restschuld einschließlich Zinsen am 31. 12. d. J., wenn am 30. 9. d. J. 5000,– DM zurückgezahlt wurden?
13. Zwei zu je 7% vergebene Darlehen bringen in drei Monaten zusammen 220,50 DM Zinsen.
    Wie groß sind die einzelnen Kredite, wenn der zweite doppelt so groß ist wie der erste?
14. Floristin Veronika zahlt einen Kredit für ein gebrauchtes Fahrzeug nach 162 Tagen zurück. Der Jahreszinssatz beträgt 14%. Einschließlich Zinsen erhält das Geldinstitut 8504,– DM. Wie hoch war der Kredit?
15. Herr Grün beabsichtigt, ein Miethaus zu kaufen. Die monatlichen Mieteinnahmen betragen 1800,– DM. Er rechnet mit jährlichen Aufwendungen von 12 000,– DM und einer Steuerersparnis von 3000,– DM.
    Wieviel Eigenkapital kann er für das Haus anlegen, wenn durch den Überschuß eine 5prozentige Kapitalverzinsung erreicht werden soll?

Merksätze

▷ Die Zinsrechnung ist eine besondere Art der Prozentrechnung, bei der die vorhandenen Größen durch den Zeitfaktor ergänzt werden.
▷ Die Faktoren der Zinsrechnung sind:
  – Kapital (Grundwert)
  – Zinssatz (Prozentsatz)
  – Zins (Prozentwert)
  – Zeit
▷ Durch Umstellen der Zinsformel kann jede der vier Faktoren berechnet werden, sofern drei gegeben sind.
▷ Beim kaufmännischen Zinsrechnen hat ein Monat 30 Tage, ein Jahr 360 Tage.
▷ Bei Tageszinsen wird mit $\frac{1}{360}$, bei Monatszinsen mit $\frac{1}{12}$, bei Jahreszinsen mit $\frac{1}{1}$ gerechnet.
▷ Anwendungsgebiete des Zinsrechnens sind z. B. die Berechnung von Guthabenzinsen bei der Geldanlage, Verzinsung von Forderungen bzw. Verbindlichkeiten aus Warenlieferungen und Warenbezug und Verzinsung von Darlehen und Hypotheken.

Abb. 62. Verzinsung von Darlehen.

11 Effektive Verzinsung

Lernziele

▷ Wissen, daß sich der effektive Zinssatz aus dem Jahreszinssatz und den Gebühren errechnet;
▷ wissen, daß der effektive Zinssatz immer über dem Jahreszinssatz liegt;
▷ die Begriffe „Auszahlung", „Gebühren", „effektive Verzinsung", „Tilgung" und „Ratenkauf" unterscheiden und erklären können;
▷ die allgemeine Zinsrechnung bei der Berechnung von Darlehen anwenden können;
▷ Aufgaben mit effektiver Verzinsung und Ratenzahlung lösen können.

11.1 Bankdarlehen

○ **Auszahlung**

Der Auszahlungskurs gibt an, wieviel Prozent des Darlehensbetrags tatsächlich ausbezahlt werden.
Beispiel
Auszahlung 97% heißt, daß 97% des Darlehensbetrags ausbezahlt werden; die restlichen 3% verbleiben als Geldbeschaffungskosten (Disagio = Preisabschlag) beim Kreditinstitut.
Wird in der Aufgabe der bereits ausgerechnete Darlehensbetrag (100%) angegeben, muß der Preisabschlag davon berechnet werden (z. B. 100%–3%).

Der ausbezahlte Betrag liegt dann unter 100% (s. dazu Beispielaufgabe 1). Muß der Darlehensbetrag erst vom Kreditantrag des Kunden berechnet werden, entspricht der Kreditantrag dem Auszahlungskurs (z. B. 97%). Der Darlehensbetrag (100%) liegt dann über dem Kreditbetrag (s. dazu Beispielaufgabe 2).

○ **Zinsen**
Die Zinsen werden vom gesamten Darlehensbetrag (100%) berechnet.

○ **Gebühren**
Zu den Darlehenskosten gehören außer den Zinsen auch die Geldbeschaffungskosten (z. B. Disagio) und die Bearbeitungsgebühr. Zusätzliche Kosten werden anteilmäßig mit der Laufzeit verrechnet und erhöhen dadurch den Zinssatz ≙ effektive Verzinsung.

○ **Effektive Verzinsung**
Bei der Berechnung der effektiven Verzinsung (wirkliche, tatsächliche Verzinsung) werden die Darlehensgebühren dem Zinssatz anteilmäßig nach Laufzeit des Darlehens zugerechnet. Die Angabe des effektiven Jahreszinses ist im **Verbraucherkreditgesetz** und im **Abzahlungsgesetz** (AbzG) vorgeschrieben. Für Kreditverträge ist die Schriftform zwingend.

○ **Tilgung**
Tilgung ist der Rückzahlungsbetrag, um den sich die Kreditsumme verringert.

Beispielaufgabe 1

Eine Darlehenssumme von 50000,– DM wird zu 6% verzinst. Die Auszahlung beträgt 98%, die Laufzeit 5 Jahre. Es wird eine einmalige Bearbeitungsgebühr von 50,– DM berechnet. Berechnen Sie den effektiven Zinssatz (ohne Tilgung).

Lösung
Verzinsung für 5 Jahre
$Z = \dfrac{50000 \cdot 6 \cdot 5}{100 \cdot 1}$ = 15000,– DM
Abzug bei Auszahlung (Disagio)
2% von 50000 DM = 1000,– DM
Bearbeitungsgebühr = 50,– DM

Darlehenskosten für 5 Jahre = 16050,– DM
Darlehenskosten für 1 Jahr
16050 DM : 5 = 3210,– DM
Effektive Verzinsung
$p = \dfrac{3210 \cdot 100 \cdot 360}{49000 \cdot 360}$
p = **6,55%**

Lösungshinweis
Runden Sie bei Finanzierungsgeschäften alle Beträge, auch Zwischenergebnisse, auf volle DM-Beträge auf oder ab.
Geben Sie das Ergebnis des effektiven Zinssatzes mit höchstens zwei Kommastellen an.

Beispielaufgabe 2
Herr Ziegler berechnet einen Kreditbedarf von 15000,– DM für die Renovierung seiner Eigentumswohnung. Der Zinssatz beträgt 8%, die Laufzeit 3 Jahre und die Auszahlung 96%. Er muß eine einmalige Bearbeitungsgebühr von 25,– DM entrichten.
Berechnen Sie den Darlehensbetrag und die effektive Verzinsung (ohne Tilgung).

Lösung
Berechnung der Darlehenssumme
96% = 15000,– DM
100% = **15625,– DM** (Dreisatz)
Verzinsung für 3 Jahre
$Z = \dfrac{15625 \cdot 8 \cdot 3}{100 \cdot 1}$ = 3750,– DM
Abzug bei Auszahlung (Disagio)
15625 DM – 15000 DM = 625,– DM
Bearbeitungsgebühr = 25,– DM

Darlehenskosten für 3 Jahre = 4400,– DM
Darlehenskosten für 1 Jahr
4400 DM : 3 = 1466,66 DM
gerundet: 1467,— DM
Effektive Verzinsung
$p = \dfrac{1467 \cdot 100 \cdot 1}{15000 \cdot 1}$
p = **9,78%**

Aufgaben

1. Ein Darlehensbetrag von 95000,– DM wird bei einem Auszahlungskurs von 94,5% zu 6,5% verzinst. Die Laufzeit beträgt 5 Jahre.
   a) Wie hoch ist die effektive Verzinsung?
   b) Wie hoch ist die monatliche Belastung?
2. Zum Kauf eines Neuwagens muß bei einem Kreditinstitut ein Betrag von 18000,– DM aufgenommen werden. Die Auszahlung beträgt jedoch nur 98,1%, der Zinssatz 7,25%. Die Laufzeit wird zunächst auf 3 Jahre festgelegt.
   a) Berechnen Sie den Darlehensbetrag.
   b) Berechnen Sie die effektive Verzinsung.

3. a) Berechnen Sie die effektive Verzinsung:

Darlehens-betrag	Auszahlung	Verzinsung	Laufzeit	Bearbeitungsgebühr
240 000 DM	96%	6,25%	10 J.	1‰ des Darlehens
20 000 DM	99%	8,2 %	4 J.	40 DM

b) Berechnen Sie den Darlehensbetrag und die effektive Verzinsung:

Kreditbedarf	Auszahlung	Verzinsung	Laufzeit	Bearbeitungsgebühr
100 000 DM	98 %	7,5 %	5 J.	2‰ des Darlehens
60 000 DM	93,5%	5,25%	7 J.	150 DM

11.2 Ratenkauf

Beim Ratenkauf (Abzahlungskauf, Teilzahlungsgeschäft), erhält der Käufer die Ware, bezahlt jedoch in Teilbeträgen (Raten). Der Verkäufer gibt dem Käufer die Ware und gleichzeitig einen Kredit. Dieser Kredit wird üblicherweise verzinst; oft zahlt der Käufer zusätzlich noch eine Bearbeitungsgebühr.
Teilzahlungsverträge werden nach den Bestimmungen des **Abzahlungsgesetzes** schriftlich abgeschlossen. Ein Teilzahlungsvertrag enthält
– den Gesamtbetrag der Rechnung;
– die Anzahl der Raten;
– die Höhe der Raten;
– den Fälligkeitstag der einzelnen Raten;
– den effektiven Jahreszins.

Beispielaufgabe
Beim Kauf einer neuen Ladeneinrichtung im Wert von 48 000,– DM bietet die Lieferfirma folgende Teilzahlungsbedingungen: Anzahlung bei Vertragsabschluß 25%, den Rest in 24 gleichen Monatsraten mit einem Teilzahlungszuschlag (Zins) von 0,8% je Monat vom Restkaufpreis. Es wird eine einmalige Bearbeitungsgebühr erhoben, die 1,5% des Kaufpreises ausmacht.
Berechnen Sie
a) die Monatsraten;
b) den Ratenpreis;
c) die effektive Verzinsung.

Zahlung in 3, in 5 oder in 7 Monatsbeträgen

Sie wählen bei jeder Bestellung neu, in wieviel Monatsbeträgen Sie bezahlen möchten.

Der Zinsaufschlag auf den Kaufpreis beträgt 0,6 % pro Monat x Laufzeit.
Die entsprechenden Mindestbestellwerte sowie den jeweiligen effektiven Jahreszins ersehen Sie aus der nachfolgenden Tabelle.

Kaufpreis DM	Teilzahlungspreise in DM bei Zahlung in Monatsbeträgen		
	3	5	7
	Mindestbestellwert DM		
	90,–	150,–	210,–
1,00	1,02	1,03	1,04
5,00	5,09	5,15	5,21
10,00	10,18	10,30	10,42
50,00	50,90	51,50	52,10
100,00	101,80	103,00	104,20
90,00	91,62		
120,00	122,16		
150,00	152,70	154,50	
180,00	183,24	185,40	
210,00	213,78	216,30	218,82
240,00	244,32	247,20	250,08
270,00	274,86	278,10	281,34
300,00	305,40	309,00	312,60
330,00	335,94	339,90	343,86
360,00	366,48	370,80	375,12
390,00	397,02	401,70	406,38
420,00	427,56	432,60	437,64
450,00	458,10	463,50	468,90
480,00	488,64	494,40	500,16
510,00	519,18	525,30	531,42
540,00	549,72	556,20	562,68
570,00	580,26	587,10	593,94
600,00	610,80	618,00	625,20
700,00	712,60	721,00	729,40
800,00	814,40	824,00	833,60
900,00	916,20	927,00	937,80
1000,00	1018,00	1030,00	1042,00
2000,00	2036,00	2060,00	2084,00
3000,00	3054,00	3090,00	3126,00
4000,00	4072,00	4120,00	4168,00
5000,00	5090,00	5150,00	5210,00
Zinsaufschlag: 0,6 % pro Monat x Laufzeit			
Effektiver Jahreszins			
	10,9 %	12,2 %	13,0 %

Abb. 63. Ratenzahlungsbedingungen.

Lösung
a) Kaufpreis   48 000 DM
   Anzahlung 25%   − 12 000 DM
   Restkaufpreis   36 000 DM
   Bearbeitungsgebühr
   1,5% aus 48 000 DM   =   720 DM
   Teilzahlungszuschlag
   für 24 Monate
   Jahreszinssatz 9,6% (0,8% · 12)
   $Z = \dfrac{36\,000 \cdot 9,6 \cdot 24}{100 \cdot 12}$ = 6 912 DM

   Kreditsumme   43 632 DM
   Monatsraten
   43 632 DM : 24 = **1818,− DM**
b) Anzahlung   12 000 DM
   24 Raten zu je 1818 DM = 43 632 DM
   Ratenpreis   **55 632 DM**
c) K = 36 000 DM
   Z = 7632 DM (55 632 DM − 48 000 DM)
   t = 24 Monate
   $p = \dfrac{7632 \cdot 100 \cdot 12}{36\,000 \cdot 24}$
   p = **10,6%**

Lösungshinweis
Die Monatsraten werden auf volle DM-Beträge abgerundet.
Verbleibt ein Restbetrag, wird dieser der 1. Rate zugeschlagen.

Aufgaben

1. Eine Stereo-Anlage mit CD-Player kostet 5200,− DM. Der Kunde bezahlt 20% des Kaufpreises an, den Rest in 10 gleichen Monatsraten. Der Teilzahlungszuschlag beträgt 0,8% je Monat vom Restkaufpreis, die Bearbeitungsgebühr 5‰ des Kaufpreises.
   Berechnen Sie
   a) die Monatsraten;
   b) den Ratenpreis;
   c) die effektive Verzinsung.
2. Die Floristin Veronika möchte neue Möbel für ihr Zimmer anschaffen. Die einzelnen Stücke, die sie sich ausgesucht hat, kosten zusammen 6500,− DM. Bei Barzahlung würde sie 3% Skonto erhalten. Da sie das Geld jedoch nicht zur Verfügung hat, bietet ihr der Möbelverkäufer einen Teilzahlungskauf zu folgenden Bedingungen an: Anzahlung 15% des Kaufpreises, Bearbeitungsgebühr 1% des Kaufpreises, den Rest zu gleichen Monatsraten von ca. 250,− DM.
   a) In wieviel Monaten sind die Möbel bezahlt?
   b) Wie hoch ist die erste Rate und welcher Betrag wird für die weiteren Raten berechnet?
   c) Um wieviel Prozent liegt der Ratenpreis über dem Barzahlungspreis?
3. Florist Uwe will das Leasing-Angebot einer Autofirma annehmen. Der Kleinwagen kostet 15 600,− DM. Die Anzahlung beträgt 32% des Kaufpreises zuzüglich 18,− DM Bearbeitungsgebühr. In 3 Jahren bezahlt Uwe monatlich 99,− DM. Möchte Uwe das Auto nach 3 Jahren kaufen, müßte er noch 8750,− DM bezahlen.
   a) Wie hoch ist die gesamte Anzahlung?
   b) Wie hoch ist die gesamte Leasingrate?
   c) Berechnen Sie den Aufpreis des Kleinwagens, wenn Uwe das Auto nach 3 Jahren kauft.
   d) Wieviel Prozent beträgt die jährliche effektive Verzinsung?
   Anmerkung: Leasing bedeutet Mieten von (langlebigen) Gebrauchsgütern.

Vermischte Aufgaben

1. Frau Schäfer nimmt einen Kredit von 7200,− DM auf, der jährlich mit 8,5% verzinst wird. Nach 41 Tagen kann sie den Kredit zurückzahlen.
   a) Berechnen Sie den Rückzahlungsbetrag, wenn zu den Zinsen noch eine Bearbeitungsgebühr von 0,8% der Kreditsumme erhoben wird.
   b) Wieviel Prozent beträgt die effektive Verzinsung?
2. Für die Umbaukosten eines Geschäftshauses werden 160 000,− DM veranschlagt. In die Finanzierung wird 42 000,− DM Eigenkapital eingebracht; die Eigenleistung beträgt 21 000,− DM. Der Rest muß mit einem Darlehen zu folgenden Bedingungen finanziert werden: Auszahlungskurs 97%, Zinssatz 7,25%, Laufzeit zunächst 4 Jahre, Tilgung 1,5%.
   a) Berechnen Sie die Darlehenssumme.
   b) Berechnen Sie die Darlehenskosten für 4 Jahre.
   c) Wieviel Prozent beträgt die effektive Verzinsung?
   d) Wie hoch ist die jährliche Belastung durch Zins und Tilgung?
   Anmerkung: Eigenleistung ist z.B. Mithilfe beim Bau oder Einbringung von Sachwerten.

3. Zur Finanzierung einer neuen Ladeneinrichtung im Wert von 48 750,– DM gibt es zwei Möglichkeiten:
   I. Anzahlung 10 000,– DM, den Rest in 8 gleichen Raten mit 1% Aufpreis je Rate.
   II. Zahlung innerhalb von 14 Tagen mit 5% Sonderrabatt. Dazu müßte ein Kredit zu 7,75% für 8 Monate aufgenommen werden.

   Welche Finanzierungsmöglichkeit ist bei diesem Beispiel billiger?

4. Ein Rechnungsbetrag von 2325,–DM, der am 15. 1. d. J. fällig war, wurde nach wiederholter Mahnung am 27. 10. d. J. bezahlt.
   a) Wie hoch ist der zu bezahlende Betrag, wenn 8,5% Verzugszinsen und 15,– DM Spesen berechnet werden?
   b) Wieviel DM hätte der Schuldner bei Barzahlung unter Berücksichtigung von 3% Skonto gespart?
   c) Wieviel Prozent beträgt die effektive Verzinsung, wenn man den Barzahlungsbetrag der Berechnung zugrundelegt?

5. Ein Darlehen über 2800,– DM mit einer Laufzeit von 8 Monaten wird mit 0,6% je Monat verzinst. Die einmalige Bearbeitungsgebühr beträgt 2% der Darlehenssumme.
   a) Welcher Betrag ist nach Ablauf von 8 Monaten zurückzuzahlen?
   b) Wieviel Prozent beträgt die effektive Verzinsung?

6. Beim Kauf eines Neuwagens wird mit 2,9% Jahreszins für Teilzahlung geworben. Das Fahrzeug kostet 29 000,– DM. Der Autohändler räumt folgende Teilzahlungsbedingungen ein: Anzahlung 30%, Bearbeitungsgebühr 2% vom Restkaufpreis, Bereitstellungsgebühr 154,– DM und Teilzahlungszuschlag (Zins) 2,9%.
   Berechnen Sie
   a) den Ratenpreis bei 36 Monatsraten;
   b) die monatlichen Raten;
   c) die effektive Verzinsung.

7. Die Gesamtkosten eines Einfamilienhauses betragen 420 000,– DM. Zur Finanzierung werden folgende Angaben gemacht:

Sparguthaben	48 000,– DM
zugeteilter Bausparvertrag	200 000,– DM
Lebensversicherung	12 000,– DM
Eigenleistung	5% der Gesamtkosten

   Der fehlende Betrag wird als Darlehen aufgenommen; die Zinsen betragen 8%, die Tilgung 1%. Zins- und Tilgung des Bauspardarlehens beträgt monatlich 6,20 DM je 1000,– DM Vertragssumme.
   Wie hoch ist die monatliche Gesamtbelastung des Bauherrn durch Zins und Tilgung nach Ablauf des ersten Jahres?

Merksätze

▷ „Auszahlung" ist der tatsächlich ausbezahlte Betrag (Darlehensbetrag abzüglich Nebenkosten wie z. B. Gebühren und Disagio).

▷ „Effektive Verzinsung" ist der vergleichbare, tatsächliche Zinssatz, der sich aus dem Jahreszinssatz und den Gebühren errechnet.

▷ „Tilgung" ist der Rückzahlungsbetrag, um den sich die Kreditsumme ermäßigt.

▷ „Ratenkauf" ist ein Teilzahlungsgeschäft, für das Gebühren und Zinsen verlangt werden.

▷ Für die effektive Verzinsung und den Ratenkauf wird die Zinsformel angewandt.

▷ Anwendungsgebiete für die effektive Verzinsung und den Ratenkauf sind z. B. Finanzierungsgeschäfts mit Fremd- und Eigenkapital und der Kauf von Gegenständen auf Raten.

12 Diskontrechnen

Lernziele

▷ Den Wechsel als Zahlungs- und Kreditmittel kennenlernen;
▷ einen Wechsel ausstellen können;
▷ Diskontrechnungen lösen können.

12.1 Der Wechsel

Der Wechsel ist ein Zahlungs- und Kreditmittel. Er dient im Floristbetrieb vor allem zur Beschaffung oder Sicherung mittelfristiger Kredite. So wird der Florist den Wechsel eines Lieferanten annehmen (akzeptieren), wenn er Warenschulden zu begleichen hat, für die ihm vorübergehend die Geldmittel fehlen, zum Beispiel dann, wenn er einen längeren Zeitraum zwischen Warenbezug und Warenverkauf zu überbrücken hat oder wegen der Saison ein größerer Kapitalbedarf für die Warenbeschaffung entsteht.

Während der Laufzeit des Wechsels werden dem Bezogenen, also demjenigen, welcher den Wechselbetrag schuldet und den Wechsel am Verfalltag einzulösen hat, Zinsen berechnet. Diese Wechselzinsen heißen **Diskont** (Vorzins), weil sie bei der Weitergabe des Wechsels von der Wechselsumme im voraus abgezogen werden.

Wird der Wechsel an eine Bank verkauft, berechnet diese den **Barwert,** indem sie den Diskont vom Einreichungstag bis zum Verfalltag des Wechsels ermittelt und von der Wechselsumme abzieht. Derjenige, welcher den Wechsel einreicht oder sonstwie weiterverkauft, bekommt also nur den Barwert zum Verkauftstag ausbezahlt. Nach Beendigung des Wechselgeschäfts berechnet der Aussteller (Lieferant) dem Bezogenen (Käufer) die entstandenen Auslagen (Diskont und sonstige Kosten).

Kreditinstitute können wiederum von Kunden hereingenommene Wechsel an die Bundesbank weiterverkaufen (rediskontieren), um Kredite für sich in Anspruch zu nehmen. Bundesbankfähige Wechsel müssen mit mindestens zwei guten (glaubwürdigen) Unterschriften versehen sein und eine Restlaufzeit von höchstens 90 Tagen aufweisen. Außerdem müssen die Kunden im Handelsregister eingetragen sein und gute Bilanzen vorweisen.

Abb. 64. Wechselkredit.

12.2 Ausstellung und Form des Wechsels

Zum Ausfüllen eines gezogenen Wechsels gelten strenge Bestimmungen, die im Wechselgesetz vorgeschrieben sind. (Die folgenden Nummern sind mit den Ziffern der Abbildung 65 zu vergleichen.)

1. Angabe von Ort und Tag der Ausstellung; der Monat wird ausgeschrieben.
2. Die Bezeichnung „Wechsel" muß in der Urkunde enthalten sein.
3. Angabe des Verfalltags. Zwischen dem Ausstellungs- und Fälligkeitstag liegen im allgemeinen 90 Tage.
4. Angabe des Namens desjenigen, an den bezahlt werden soll (Remittent). Beispiel: „die Order von Herrn . . ." oder „Herrn . . ."
   Ist bei der Ausstellung nicht bekannt, an wen der Wechsel weitergegeben wird, setzt man „meine Order" bzw. „unsere Order" ein.
5. Der Geldbetrag muß in Ziffern und Buchstaben angegeben werden und übereinstimmen. Freier Raum wird mit Strichen ausgefüllt.
6. Angabe des Namens und der genauen Anschrift desjenigen, der bezahlen soll (Käufer/Schuldner/Bezogener). Die Schreibweise des Namens muß mit der Unterschrift 9 übereinstimmen.
7. Der Zahlungsort ist der Wohnort des Bezogenen, es sei denn, daß ein anderer Ort angegeben wird.

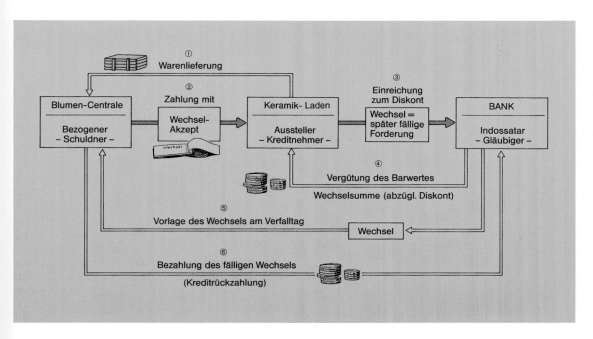

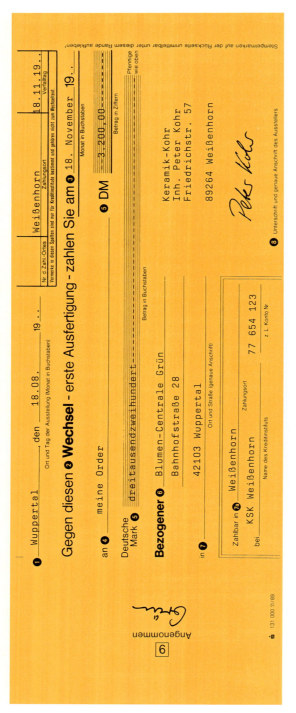

Abb. 65. Wechselvordruck.

7a: „Zahlbar in": Ort des Kreditinstituts, wenn der Wechsel bei einem Kreditinstitut zahlbar gestellt wird.

„bei": Name des Kreditinstituts (z. B. Sparkasse, Bank).

„zu Lasten Konto Nr.": Konto-Nummer des Bezogenen.

8. Unterschrift des Ausstellers (Lieferant/Verkäufer). Die Angabe der Anschrift des Unterzeichners ist zweckmäßig.
9. Der Annahmevermerk ist nicht gesetzlich vorgeschrieben. Hier bringt der Bezogene sein „Akzept" an (s. dazu auch Ziffer 6).

12.3 Diskontieren eines Wechsels

Das **Diskontrechnen** ist angewandtes Zinsrechnen. Die Größen des Zinsrechnens werden unter neuer Bezeichnung im Diskontrechnen verwendet:

Zinsrechnen		Diskontrechnen
Zins	→	Diskont
Kapital	→	Wechselbetrag
Zinssatz	→	Diskontsatz
Zeit	→	Laufzeit (Restlaufzeit des Wechsels)

Daraus entsteht folgende Formel:

Zinsrechnen	Diskontrechnen
$Z = \dfrac{K \cdot p \cdot t}{100 \cdot 360}$	Diskont = $\dfrac{\text{Wechselbetrag} \cdot \text{Diskontsatz} \cdot \text{Laufzeit}}{100 \cdot 360}$

Anmerkung
- Bei der Berechnung der Zeit gelten die gleichen Bedingungen wie bei der kaufmännischen Zinsrechnung.
- Der Bundesbankdiskont beträgt zur Zeit 2,5% (Stand Januar 1997). Er wird vom Zentralbankrat festgelegt.
- Der Diskontsatz der Kreditinstitute liegt über dem Bundesbankdiskont und wird von den Kreditinstituten unterschiedlich festgesetzt. Er liegt zur Zeit zwischen 6,3 und 8,3% (Januar 1997).
- Der Mindestdiskontbetrag wird von den Kreditin-

stituten ebenfalls unterschiedlich festgesetzt und liegt zwischen 10,– und 20,– DM je Wechsel.
- Der Diskont wird vom Wechselbetrag (Nennwert) abgezogen. (Vgl. Zinsrechnen: Der Zins wird zum Kapital hinzugerechnet.)
- Die Bank berechnet außer dem Diskont auch ihre Barauslagen (z. B. Spesen).
- Seit 1. Januar 1992 ist die Wechselsteuer abgeschafft.
- Der Barwert eines Wechsels wird folgendermaßen berechnet:

  Wechselbetrag (Nennwert)
  – Diskont (vom Nennwert errechnet)
  – sonstige Kosten (Spesen, Porto, Provision)
  = Barwert eines Wechsels

Beispielaufgabe
Ein Wechsel mit dem Fälligkeitstag 22. 6. und einem Nennwert von 2700 DM wird bei der Bank am 15. 4. zum Diskont eingereicht. Die Bank verrechnet 8% Diskont und 3,– DM Gebühren und Auslagen.
Welchen Betrag schreibt die Bank dem Einreicher des Wechsels gut?

Lösung
Berechnen der Restlaufzeit
15. 4.–22. 6. = 67 Tage
Berechnen des Diskonts
$$\text{Diskont} = \frac{2700 \cdot 8 \cdot 67}{100 \cdot 360}$$
Diskont = 40,20 DM
Berechnen des Barwerts

Nennwert	2700,00 DM
Diskont	– 40,20 DM
sonst. Kosten	– 3,00 DM
Barwert	**2656,80 DM**

Aufgaben

1. Herr Kohr gibt am 24. 8. einen Wechsel eines Kunden über 640,– DM zur Bank. Der Wechsel ist am 15. 10. fällig. Welcher Betrag wird seinem Konto gutgeschrieben, wenn die Bank 7,5% Diskont und 0,85 DM Auslagen berechnet (Mindestdiskontbetrag: 10,– DM)?
2. Herr Grün schuldet der Firma Glück-Flora 864,– DM, die am 15. 3. fällig sind. Er sendet an die Firma zu diesem Termin einen Wechsel über 550,– DM, der am 20. 4. fällig ist. Den Rest bezahlt er mit einem Verrechnungsscheck.

Über welchen Betrag muß der Verrechnungsscheck lauten, wenn der Wechsel mit 8,25% diskontiert wird und die Bank 4,– DM Auslagen berechnet (Mindestdiskontbetrag: 10,– DM)?

3. Berechnen Sie den Barwert:

	a)	b)	c)
Wechselbetrag DM	445,–	1368,–	940,–
Fälligkeitstag	25. 6.	3. 12.	27. 9.
Einreichungstag	15. 5.	26. 10.	29. 8.
Diskontsatz %	6,75	8,25	7,25

(Der Mindestdiskontbetrag wird nicht berücksichtigt.)

4. Welcher Betrag wird dem Konto der Firma Kohr gutgeschrieben, wenn ein Wechsel über 1190,50 DM zu $7\frac{3}{4}$% diskontiert wird? Der Wechsel wird am 30. 4. eingereicht; der Fälligkeitstag ist der 12. 7. (Mindestdiskontbetrag: 15,– DM).
5. Herr Grün erhält zum Teilausgleich einer Forderung in Höhe von 1936,– DM von einem Kunden zwei Wechsel.
Wechsel 1: 978,– DM, fällig am 24. 11.
Wechsel 2: 1620,– DM, fällig am 12. 12.
Er gibt die Wechsel am 12. 10. an die Bank. Die Bank berechnet 6,5% Diskont und insgesamt 4,20 DM Gebühren und Auslagen. Wie hoch ist die Restschuld des Kunden (Mindestdiskontbetrag: 10,– DM)?
6. Herr Kohr gibt am 14. 7. einen Kundenwechsel in Höhe von 2756,– DM zur Diskontierung an die Sparkasse. Der Wechsel ist am 29. 8. fällig. Der Diskontsatz beträgt 6,75%, der Mindestdiskontbetrag (einschließlich aller Gebühren) 20,– DM. Berechnen Sie den Barwert des Wechsels.
7. Die Firma Glück-Flora reicht am 15. 3. einen Kundenwechsel in Höhe von 12240 DM bei der Bank ein. Fälligkeitstag ist der 11. 4.
Berechnen Sie den Barwert des Wechsels, wenn 8,25% Diskont und 1,5‰ Provision vom Nennwert in Rechnung gestellt werden.
8. a) Berechnen Sie den Barwert des Wechsels auf Seite 174 Abb. 65.
Der Wechsel wird am 23. 9. mit 7,2% diskontiert; die Gebühren betragen 4,80 DM.
b) Berechnen Sie die Restschuld, wenn der Wechsel als Teilausgleich einer Forderung in Höhe von 5257,50 DM zur Zahlung gestellt wurde.

Merksätze

▷ Der Wechsel ist ein Instrument des Zahlungs- und Kreditverkehrs, das dem Floristen ermöglicht, sich ohne größere Umstände mittelfristige Finanzmittel zu beschaffen.
▷ Der Wechselverkehr ist im Wechselgesetz geregelt.
▷ Der Wechselverkehr unterliegt strengen Regeln, die dem Wechselinhaber im Falle der Nichteinlösung (Wechselprotest) einen unmittelbaren Zugriff auf das Vermögen des Bezogenen geben (Zwangsvollstreckung).
▷ Das Diskontrechnen leitet sich aus der Zinsrechnung ab.
▷ Der Wechselzins heißt Diskont, weil er vom Wechselbetrag im voraus abgezogen wird.
▷ Beim Wechsel wird zwischen dem Nennwert und dem Barwert unterschieden.
▷ Außer dem Diskont fallen beim Wechselkredit noch folgende Kosten an: Provision und Spesen der Bank.

13 Der Satz des Pythagoras

Lernziele

▷ Erkennen, daß der Satz des Pythagoras für die Berechnung rechtwinkliger Dreiecke wichtig ist;
▷ erkennen, daß die Quadrate über den Seiten des rechtwinkligen Dreiecks in proportionaler Beziehung zueinanderstehen;
▷ Mit dem Satz des Pythagoras jede Seite und die Fläche des Dreiecks berechnen können.

> Im rechtwinkligen Dreieck entspricht die Summe der Quadrate über den Katheten dem Quadrat über der Hypotenuse: $a^2 + b^2 = c^2$
> (Pythagoras von Samos, 6. Jhdt. v. Chr.)

Durch Umstellen der Formel kann man die einzelnen Flächen der Quadrate bzw. deren Seitenlänge berechnen:

Fläche	Seitenlänge
$c^2 = a^2 + b^2$	$c = \sqrt{a^2 + b^2}$
$a^2 = c^2 - b^2$	$a = \sqrt{c^2 - b^2}$
$b^2 = c^2 - a^2$	$b = \sqrt{c^2 - a^2}$

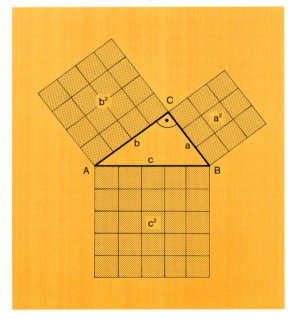

Abb. 66. Der Satz des Pythagoras.

Beispielaufgabe 1
Die Grundlinie (Hypotenuse) eines rechtwinkligen Dreiecks ist 60 cm lang, die Kathete a 36 cm.
Wie groß ist die Fläche des Quadrats über der Kathete b?

Lösung
$A_c \triangleq c^2$
$\quad \triangleq 3600 \text{ cm}^2$
$A_a = a^2$
$\quad = 1296 \text{ cm}^2$
$b^2 = c^2 - a^2$
$b^2 = 3600 - 1296$
$\quad = \mathbf{2304 \text{ cm}^2}$

Beispielaufgabe 2
Berechnen Sie die Höhe eines gleichseitigen Dreiecks. Eine Seite ist 12 cm lang.

Lösung
h entspricht der Kathete a
Im entstandenen rechtwinkligen Dreieck beträgt dann die Hypotenuse (c) 12 cm und die Kathete b die Hälfte von c, also 6 cm.
$h = \sqrt{c^2 - b^2}$
$h = \sqrt{144 - 36}$
$h = 10{,}3923$ cm
$\approx \mathbf{10{,}4\ cm}$

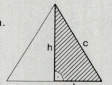

Anmerkung: Der Satz des Pythagoras findet Anwendung in Aufgaben der Abschnitte 14, 15 und 16.

Aufgaben

1. Berechnen Sie die fehlende Seitenlänge:

Hypotenuse	lange Kathete	kurze Kathete
a) 62,50 dm	56,25 dm	?
b) ?	52,80 cm	3,96 dm
c) 8,04 m	?	4,02 m

2. Berechnen Sie die Höhe folgender gleichseitiger Dreiecke:
   a) Seitenlänge 1,75 m
   b) Seitenlänge 46,30 dm
   c) Seitenlänge 19,00 cm
3. Das Quadrat über der Hypotenuse hat einen Flächeninhalt von 1024 cm². Die Kathete a ist 12 cm lang. Wie lang ist die Kathete b?

Merksätze

▷ Die Summe des Quadrats über der Kathete a und der Kathete b entspricht der Fläche des Quadrats über der Hypotenuse c.
   $a^2 + b^2 = c^2$
▷ Von den drei Seiten im rechtwinkligen Dreieck müssen zwei zur Berechnung der dritten gegeben sein.
▷ Anwendungsgebiete für den Satz des Pythagoras sind z. B. das Berechnen der Höhe im Dreieck (s. Flächenberechnung) oder des Reihenabstands im Dreiecksverband.

14 Pflanzenverbände

Lernziele

▷ Den Unterschied zwischen Quadrat- und Dreiecksverband erklären können;
▷ erfassen, daß durch den Dreiecksverband Platz gewonnen werden kann;
▷ fähig sein, in der Praxis für einen vorhandenen Platz die benötigte Topfanzahl im Quadrat- oder Dreiecksverband zu berechnen.

14.1 Der Quadratverband

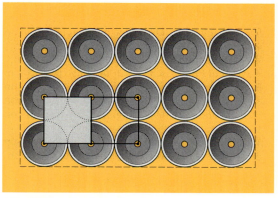

Abb. 67. Der Quadratverband.

Werden z. B. Blumentöpfe längs und quer in Reihen aufgestellt, verbinden sich die Mittelpunkte zu einem Quadrat. Der Abstand von Reihe zu Reihe entspricht dann dem Topfabstand bzw. Topfdurchmesser.

Beispielaufgabe
Wieviel Töpfe mit einem Durchmesser von 15 cm passen im Quadratverband auf einen Pflanztisch von 12 m Länge und 1,15 m Breite?

Lösung
Topfanzahl auf der Tischlänge: $\frac{1200}{15} = 80$ Töpfe
Topfanzahl auf der Tischbreite: $\frac{115}{15} = 7{,}\overline{6}$ Töpfe
Der 8. Topf paßt nicht mehr vollständig auf den Tisch, daher muß abgerundet werden ≙ 7 Töpfe.
Töpfe insgesamt: 80 T · 7 T = **560 Töpfe**

Aufgaben

1. Berechnen Sie die Topfanzahl im Quadratverband:

Tischgröße	Topfdurchmesser bzw. Topfabstand
a = 14,00 m b = 1,25 m	16 cm (12 cm)
a = 15,00 m b = 1,40 m	32 cm (8 cm)

2. In einem Baumschulbetrieb werden Rosen im Abstand von 60 cm gepflanzt. Die Anbaufläche ist 120 m lang und 30 m breit.
Wieviel Rosen können im Quadratverband gepflanzt werden?

3. Im Gewächshaus werden Nelken gezogen. Das Gitter ist im Quadratverband zu einem 12-cm-Raster aufgeteilt. Das Beet hat eine Länge von 45 m und eine Breite von 10,80 m.
Wieviel Nelken haben Platz?

4. Auf einem Pflanztisch von 10 m Länge und 1,60 m Breite stehen Usambaraveilchen im Abstand von 8 cm, nach dem Umtopfen im Abstand von 12,5 cm und nach dem Rangieren im Abstand von 18 cm.
Wieviel Töpfe können auf einem Tisch in diesen drei Wachstumsphasen im Quadratverband aufgestellt werden?

14.2 Der Dreiecksverband

Werden z. B. Blumentöpfe in den Reihen um einen halben Topf versetzt aufgestellt, verringert sich der Abstand zwischen den einzelnen Reihen. Dadurch können im Vergleich zum Quadratverband wesentlich mehr Töpfe aufgestellt werden. Verbindet man die Mittelpunkte der Töpfe, entsteht ein gleichseitiges Dreieck. Der Abstand von Reihe zu Reihe entspricht der Höhe des Dreiecks, der Topfdurchmesser bzw. Topfabstand der Länge einer Dreiecksseite.

Beispielaufgabe
Wieviel Töpfe mit einem Durchmesser von 15 cm passen im Dreiecksverband auf einen Pflanztisch von 12 m Länge und 1,15 m Breite?

Lösung
Berechnen des Reihenabstands h (Satz des Pythagoras):
$$h = \sqrt{c^2 - b^2}$$
$$h = \sqrt{225 - 56{,}25}$$
$$h = 12{,}99 \text{ cm}$$
$$\approx 13 \text{ cm}$$

Topfanzahl auf der Tischlänge: $\frac{1200}{15} = 80$ Töpfe

Topfanzahl auf der Tischbreite: $\frac{115}{13} = 8{,}8$ Töpfe
≈ 8 Töpfe bzw. Reihen

Töpfe insgesamt: $80 \cdot 8 = 640$ Töpfe
Abzug von je einem Topf in jeder 2. Reihe (4 Töpfe):
640 T − 4 T = **636 Töpfe**

Anmerkung
▷ Runden Sie den Reihenabstand (h) auf höchstens eine Stelle nach dem Komma auf.
▷ Bei einem Ergebnis unter …,5 in der ersten Topfreihe auf der Tischlänge muß für jede zweite Reihe ein Topf abgezogen werden. Liegt das Ergebnis über …,5, passen in der zweiten und jeder weiteren Reihe gleichviel Töpfe auf den Tisch wie in der ersten Reihe. (Machen Sie eine Skizze).

Aufgaben

1. Berechnen Sie die Topfanzahl im Dreiecksverband. Verwenden Sie die Maße der Aufgabe 1 links oben.
Vergleichen Sie die Anzahl der Töpfe.

2. Im Blumenfachgeschäft werden Weihnachtssterne angeboten und auf einer Fläche von 3 m Länge und 2,5 m Breite im Dreiecksverband aufgestellt.

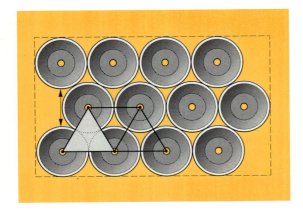

Abb. 68. Der Dreiecksverband.

Wieviel Pflanzen haben Platz, wenn der Pflanzenabstand 30 cm beträgt?

3. Im Verkaufsgewächshaus des Blumenfachgeschäfts Grün sollen auf zwei Pflanztischen von je 3 m Länge und 1,8 m Breite Chrysanthemen verschiedener Farben zum Verkauf bereitgestellt werden Herr Grün möchte auf einem Tisch $\frac{1}{3}$ gelbe, $\frac{1}{4}$ braungelbe und den Rest weiße Chrysanthemen im Abstand von 25 cm aufstellen.
Berechnen Sie die Stückzahl jeder Farbe für
a) den Quadratverband;
b) den Dreiecksverband.

4. a) Berechnen Sie die Topfanzahl der Pflanzen im Dreiecksverband bei einem Abstand von 10 cm und nach dem Umtopfen in Endtöpfe, die im Abstand von 18 cm aufgestellt werden.
Der Tisch hat eine Länge von 12 m und eine Breite von 2,5 m.
b) Um wieviel Prozent hat sich die Topfanzahl nach dem Umtopfen verringert?
c) Berechnen Sie den Einzelpreis der verkaufsfertigen Pflanze, wenn für die gesamte Topfanzahl eines Tisches 4752,– DM erzielt werden konnte?
d) Dieselbe Pflanze wird im Blumenfachgeschäft mit 60% Aufschlag verkauft.
Berechnen Sie den Verkaufspreis einer Pflanze.

Merksätze

▷ **Quadratverband:** Töpfe werden im Quadrat aufgestellt. Der Reihenabstand entspricht dem Topfabstand.
▷ **Dreiecksverband:** Töpfe werden versetzt in Dreiecksform aufgestellt. Der Reihenabstand entspricht der Höhe des Dreiecks.
▷ Die zum Verkauf angebotenen Topfpflanzen werden meist im Dreiecksverband aufgestellt, da so mehr Töpfe untergebracht werden können.
▷ Zur Berechnung der Pflanzenzahl auf Flächen beliebiger Formen kann man die Regeln zur Flächenberechnung anwenden (vgl. Abschnitt 15). Dafür wird die Pflanzfläche durch den Platzbedarf einer Pflanze geteilt.

15 Flächenberechnungen

Lernziele

▷ Die SI-Einheiten und die Bezeichnungen nach DIN 1304 kennen und anwenden;
▷ wissen, daß die Basiseinheit für Flächen der Quadratmeter (m^2) ist;
▷ Längen- und Flächenmaße in die nächste Einheit umwandeln können;
▷ Flächen- und Umfangsformeln der häufig anzutreffenden Flächen kennen;
▷ die Problematik in Aufgaben zur Flächenberechnung erkennen;
▷ Aufgaben zur Flächenberechnung lösen;
▷ Anwendungsgebiete der Flächenberechnung im Bereich der Floristik nennen können.

15.1 Bemaßung

Für die Berechnung von Flächen werden folgende Zeichen nach DIN 1304 verwendet (s. dazu auch SI-Einheiten Seite 136):

A = Fläche h = Höhe
U = Umfang l = Länge
a, b, c, d = Seitenlänge b = Breite
g = Grundlinie m = Mittellinie

Die Grundeinheit für die Länge ist der **Meter** (m), die Einheit für die Fläche der **Quadratmeter** (m^2). Der Flächeninhalt wird abgekürzt mit **A** (A ist abgeleitet vom englischen „area" = Flächeninhalt).
Längenmaße werden auch in dezimalen Einheiten eines Meters angegeben. Wird von einer Einheit in die nächste umgewandelt, muß die Zahl mit 10 vervielfacht oder durch 10 geteilt werden, d. h. das Komma verschiebt sich eine Stelle nach rechts oder links.
Auch Flächenmaße werden in dezimalen Einheiten eines Quadratmeters angegeben. Die **Umrechnungszahl** ist hierfür **100**, d. h. das Komma verschiebt sich um zwei Stellen zur nächsten Einheit.

15.2 Berechnung der Fläche und des Umfangs

15.2.1 Quadrat

Fläche = Länge · Breite
A = a · a $\triangleq$ a^2
Umfang = Summe aller Seiten
U = 4 a

Beispielaufgabe
Im Verkaufsraum stehen drei quadratische Holztische, die mit Fliesen beklebt werden sollen. Die Holztische haben eine Seitenlänge von 80 cm; 1 m² Fliesen kostet 26,80 DM.
a) Wieviel m² Fliesen werden gebraucht?
b) Wie teuer sind die Fliesen?

Lösung
a) $A = 80 \cdot 80$
   $3A = 80 \cdot 80 \cdot 3$
   $3A = 19\,200\,cm^2$
   $3A = \mathbf{1{,}92\,m^2}$
b) $1{,}92 \cdot 26{,}80 = 51{,}456$ DM
   $\approx \mathbf{51{,}46\,DM}$

Beispielaufgabe
Eine Fläche in Form eines Parallelogramms wird für eine Ausstellung mit Stiefmütterchen bepflanzt, und zwar in den Farben Gelb, Blau, Weiß zu je einem Drittel.
Maße der Pflanzfläche: a = 3,40 m, h = 1,70 m
Platzbedarf einer Pflanze: 12 × 12 cm
Wieviel Pflanzen von jeder Farbe braucht man?

Lösung
$A_1 = 340 \cdot 170$
$A_1 = 57\,800\,cm^2$
Platzbedarf einer Pflanze: $A_2 = 12 \cdot 12$
$A_2 = 144\,cm^2$
Anzahl der Pflanzen je Farbe:
$\dfrac{A_1}{A_2 \cdot 3} = 133{,}796$ Pflanzen
$\approx \mathbf{134\ Pflanzen}$

15.2.2 Rechteck

Fläche = Länge · Breite
  $A = a \cdot b$
Umfang = Summe aller Seiten
  $U = 2a + 2b$
    $= 2(a+b)$

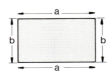

Beispielaufgabe
Eine Holzplatte mit den Maßen a = 175 cm und b = 65 cm soll so mit Folie beklebt werden, daß ringsum ein Holzrand von 2,5 cm frei bleibt. Wieviel m² Fläche nimmt die Folie ein?

Lösung
a = 175 cm − 5 cm = 170 cm
b = 65 cm − 5 cm = 60 cm

$A = 170 \cdot 60$
$A = 10\,200\,cm^2$
$A = \mathbf{1{,}02\,m^2}$

15.2.3 Parallelogramm

○ **Rhomboid** = Parallelogramm, bei dem jeweils zwei gegenüberliegende Seiten gleich lang sind.
○ **Raute** = Parallelogramm mit gleich langen Seiten.

Fläche = Länge · Höhe
  $A = a \cdot h$
Umfang = Summe aller Seiten
  $U = 2a + 2b$
    $= 2(a+b)$

15.2.4 Trapez

Fläche = $\dfrac{\text{Grund- + Decklinie}}{2} \cdot$ Höhe
  $A = \dfrac{a + c}{2} \cdot h$
Umfang = Summe aller Seiten
  $U = a + b + c + d$

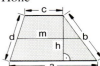

Beispielaufgabe
Die beiden trapezförmigen Wandflächen eines Dachzimmers werden neu gestrichen. Maße einer Wandfläche: a = 4,30 m, b = 2,85 m, c = 1,8 m, d = 3,1 m und h = 2,7 m.
a) Wieviel Dosen Farbe müssen gekauft werden, wenn jede Wand zweimal gestrichen wird und eine Dose für 7 m² Fläche ausreicht?
b) Mit Ausnahme der Grundlinie a werden die Umrißlinien der Wandfläche mit einem Deko-Band beklebt. Wieviel Meter Band werden gebraucht?

Lösung
a) $2A = 2 \cdot \dfrac{(4{,}3 + 1{,}8) \cdot 2{,}7}{2}$
   $2A = 16{,}47\,m^2$
   Zweimaliger Anstrich: $16{,}47 \cdot 2 = 32{,}94\,m^2$
   Anzahl der Dosen: $32{,}94 : 7 = 4{,}706$ Dosen
   $\approx \mathbf{5\ Dosen}$
b) $2U = 2(2{,}85 + 1{,}8 + 3{,}1)$
   $2U = \mathbf{15{,}5\,m\ Band}$

15.2.5 Dreieck

Fläche = Grundlinie · halbe Höhe

$$A = \frac{g \cdot h}{2}$$

(Die Grundlinie entspricht der Länge c)

Umfang = Summe aller Seiten
$$U = a + b + c$$

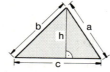

Beispielaufgabe
In einem Verkaufsraum sind zwei dreieckförmige Flächen für Dauerbepflanzungen im Boden ausgespart. Maße der Pflanzflächen: $g_1 = 2{,}60$ m, $h_1 = 90$ cm; $g_2 = 2{,}80$ m, $h_2 = 1{,}20$ m. Wieviel Quadratmeter Verkaufsfläche bleiben übrig, wenn die beiden Pflanzflächen einen Anteil von 10% der Gesamtfläche einnehmen?

Lösung

$$A_1 = \frac{2{,}60 \cdot 0{,}90}{2} \qquad A_2 = \frac{2{,}80 \cdot 1{,}20}{2}$$

$$A_1 = 1{,}17 \text{ m}^2 \qquad A_2 = 1{,}68 \text{ m}^2$$

Gesamte Pflanzfläche: $A_1 + A_2 = 2{,}85$ m² ($\triangleq 10\%$)
$100\% = 28{,}5$ m²
Verkaufsraum:
$90\% = \mathbf{25{,}65 \text{ m}^2}$

15.2.6 Kreis

Fläche = Radius im Quadrat · π

$$A = r^2 \cdot \pi$$

oder

$$A = \frac{d^2 \cdot \pi}{4}$$

Umfang = Durchmesser · π

$$U = d \cdot \pi$$

oder

$$U = 2r \cdot \pi$$

Die Zahl Pi (π) erhält man, wenn man den Kreisumfang durch den Durchmesser dividiert. Diese Verhältniszahl ist bei allen Kreisen gleich groß, nämlich 3,14159...

Beispielaufgabe
Als Blickpunkt wird am „Tag der offenen Tür" auf einem runden Tisch eine Strukturarbeit zur Schau gestellt. Sie nimmt die ganze Fläche ein. Der Tisch hat einen Durchmesser von 17 dm. Berechnen Sie die Fläche und den Umfang der Arbeit.

Lösung

$$A = \frac{1{,}70 \cdot 1{,}70 \cdot \pi}{4} \qquad U = 1{,}70 \cdot \pi$$

$A = 2{,}2698$ m² $\qquad U = 5{,}3407$ m

$A \approx \mathbf{2{,}27 \text{ m}^2} \qquad U \approx \mathbf{5{,}34 \text{ m}}$

15.2.7 Kreisring

Fläche = Große Kreisfläche − kleine Kreisfläche

$$A = A_1 - A_2$$

oder

$$A = (r_1^2 - r_2^2) \cdot \pi$$

oder

$$A = (d_1^2 - d_2^2) \cdot \frac{\pi}{4}$$

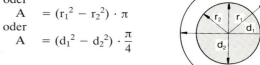

Umfang = s. Umfang Kreis

Beispielaufgabe
Wieviel Blütenköpfe werden zum Ausstecken eines Kreisrings benötigt, wenn eine Blüte eine Fläche von 25 cm² einnimmt? Maße des Kreisrings: $r_1 = 70$ cm, $r_2 = 25$ cm

Lösung
$A = (70^2 - 25^2) \cdot \pi$
$A = 13\,430{,}308$ cm²

Anzahl der Blüten: $\dfrac{A \text{ Kreisring}}{A \text{ Blüte}} = 537{,}212$ Blüten

$\approx \mathbf{537 \text{ Blüten}}$

In der Praxis wird man mit mindestens 550 Blüten rechnen.

15.2.8 Kreisausschnitt

Der Kreisausschnitt bildet mit dem Mittelpunktswinkel α eine Teilfläche des ganzen Kreises = $\dfrac{\alpha}{360°}$. Denselben Anteil hat die Kreisbogenlinie (a) am gesamten Umfang.

$$A = \frac{r^2 \cdot \pi \cdot \alpha}{360}$$

$$a = \frac{d \cdot \pi \cdot \alpha}{360}$$

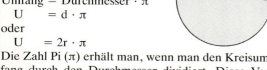

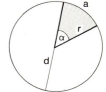

Beispielaufgabe
Fünf Kreisausschnitte aus Holz, mit einem Radius von 75 cm und einem Mittelpunktswinkel von 42°, werden fächerartig an einer Säule befestigt und übereinandergebaut.
a) Wie groß ist die gesamte Stellfläche?
b) Die Kanten der einzelnen Elemente werden mit Spitzenband beklebt.
Wieviel DM kostet das Band insgesamt bei einem Preis von 1,80 DM je Meter?

Lösung
a) $5A = 5 \cdot \dfrac{0,75 \cdot 0,75 \cdot \pi \cdot 42}{360}$
$5A = 1,0308 \, m^2$
$5A \approx \mathbf{1,03 \, m^2}$
b) $5U = 5 \cdot \left(\dfrac{1,5 \cdot \pi \cdot 42}{360} + 2 \cdot 0,75\right)$
$5U = 10,24889 \, m$
$5U \approx 10,25 \, m$
Kosten: $10,25 \cdot 1,80 = \mathbf{18,45 \, DM}$

15.2.9 Ellipse

Die Flächen- und Umfangsberechnung kann von der Kreisfläche abgeleitet werden:

$A = \dfrac{d_1 \cdot d_2 \cdot \pi}{4}$

$U = \dfrac{(d_1 + d_2) \cdot \pi}{2}$

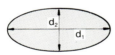

Beispielaufgabe
a) Wie groß ist die Fläche eines elliptischen Beetes, bei dem d_1 zweieinhalbmal so lang ist wie d_2, nämlich 2,25 m?
b) Wieviel Pflanzen können auf der Umrißlinie des Beetes im Abstand von 20 cm eingepflanzt werden?

Lösung
a) $d_1 = 2,25 \, m : 2,5$
$d_1 = 0,90 \, m$
$A = \dfrac{2,25 \cdot 0,90 \cdot \pi}{4}$
$A = 1,59043 \, m^2$
$A \approx \mathbf{1,59 \, m^2}$
b) $U = \dfrac{2,25 + 0,90}{2} \cdot \pi$
$U = 4,948 \, m$

Anzahl der Pflanzen:
$\dfrac{\text{Umfang}}{\text{Pflanzabstand}} = \dfrac{4,948}{0,20}$
$= 24,74 \text{ Pflanzen}$
$\approx \mathbf{25 \text{ Pflanzen}}$

15.2.10 Sechseck (Regelmäßiges Vieleck)

Beim regelmäßigen Vieleck sind alle Seiten gleich lang. Berechnungsgrundlage ist das Bestimmungsdreieck.

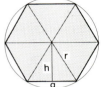

$A = 6 \cdot \dfrac{g \cdot h}{2}$

Umfang = Summe aller Grundlinien
$U = 6 \, g$

Beispielaufgabe
Ein sechseckiger Deko-Tisch wird mit Spiegelglas belegt. Das Spiegelglas wird in Dreiecke geschnitten und aufgeklebt. Ein Quadratmeter kostet 342,– DM.
Maße eines Bestimmungsdreiecks: g = 58 cm, h = 50,2 cm
Wieviel DM kostet der Spiegel?

Lösung
$6A = 6 \cdot \dfrac{58 \cdot 50,2}{2}$
$6A = 8734,8 \, cm^2$
$6A = 0,8735 \, m^2$
Kosten: $0,8735 \cdot 342,– = 298,737 \, DM$
$\approx \mathbf{298,74 \, DM}$

Vermischte Aufgaben

1. Eine quadratische Platte wird mit Lackfolie beklebt und ihre Kante mit Band verziert.
Berechnen Sie die Fläche der Lackfolie und die Länge des Bandes, wenn der Tisch eine Seitenlänge von 1,20 m hat.

2. Durch ein rechteckiges Grundstück mit einer Länge (a) von 16,8 m und einer Fläche von 210 m² soll im Abstand von 1 m an der Breitseite (b) ein Weg gebaut werden.
a) Wieviel m² Fläche nimmt der Weg ein, wenn er 1,8 m breit werden soll?
b) Wieviel Prozent der Gesamtfläche nimmt die Wegfläche ein?

3. Drei Tischplatten in der Form eines gleichseitigen Dreiecks werden mit Lackfarbe gestrichen und die Kanten mit Kunststoffband beklebt. Ein Tisch hat eine Seitenlänge von 70 cm.
   a) Berechnen Sie die Höhe eines Bestimmungsdreiecks.
   b) Wieviel m² müssen bei zweimaligem Anstrich bearbeitet werden?
   c) Wieviel Meter Kunststoffband muß gekauft werden, und wieviel kostet dies bei einem Preis von 2,75 DM je Meter?
4. Ein rechteckiger Teich ist 30 m länger als breit. Seine Uferlänge beträgt 220 m. In der Mitte des Teiches befindet sich eine bis auf den Grund reichende runde Plattform mit einem Umfang von 20,42 m.
   a) Berechnen Sie die Wasseroberfläche des Teiches.
   b) Um den Teich, direkt an das Ufer angrenzend, soll ein 3 m breiter Weg angelegt werden. Für einen Quadratmeter Weg wird 156,– DM verlangt. Wie teuer wird der Weg?
5. Ein trapezförmiges Blumenbeet wird bepflanzt. Das Beet hat folgende Maße: a = 3,90 m, c = 3,10 m, h = 2,90 m.
   a) Wieviel Pflanzen haben Platz, wenn eine Pflanze eine Fläche von 225 cm² einnimmt?
   b) Wieviel kostet die Bepflanzung bei einem Stückpreis von 2,85 DM?
6. Ein Wandregal für Keramik besteht aus 6 Regalböden mit den Maßen 1,70 m Länge und 32 cm Breite. Wie groß ist die gesamte Stellfläche?
7. Eine Kreisfläche mit einem Durchmesser von 190 cm wird mit Plattenmoos belegt. Eine Kiste Moos reicht für 0,6 m².
   Wieviel Kisten Moos müssen gekauft werden?
8. Drei Rundbogen sollen für eine Ausstellung mit Silberfolie beklebt werden. Ein Rundbogen setzt sich aus einem Quadrat mit einer Seitenlänge von 80 cm und dem dazugehörigen Halbkreis zusammen.
   a) Wie groß ist die gesamte Fläche der drei Rundbogen?
   b) Sämtliche Kanten werden mit einem Silberstreifen beklebt. Wie lang muß dieser sein?
9. Ein Margeritenfeld ist 7 m breit und hat eine Fläche von 4,76 Ar.
   a) Wie lang ist das Feld?
   b) Zeichnen Sie das Feld im Maßstab 1 : 500.
10. Zwei Schaufensterfronten müssen neu verglast werden. Ein Quadratmeter Sicherheitsglas kostet 716,– DM. Ein Schaufenster hat eine Fläche von 19,60 m² und ist 2,80 m hoch. Das zweite Schaufenster ist ebenso hoch, aber um 1,50 m weniger lang. Wieviel DM kostet die Verglasung?
11. Ein Zierpflanzenbetrieb hat eine Anbaufläche im Freiland von 7016 m² und unter Glas 1200 m². Das Verkaufsgewächshaus mit Büro ist 12 m breit und 16 m lang; das Privathaus mit dem Privatgarten nimmt eine Fläche von 4,1 Ar ein. Für die Parkplatzreihe wurde eine Fläche in Form eines Parallelogramms von 16 m Länge und einer Höhe von 4 m hergerichtet. Ein ovaler Teich inmitten der Freilandfläche hat eine Größe von $d_1 = 6,85$ m und $d_2 = 5,55$ m.
    Wie groß ist das gesamte Grundstück? (Quadratmeter, Ar und Hektar angeben.)
12. Die Ausstellungskoje einer Leistungsschau wird mit Balken umrahmt. Die Koje ist 4,40 m lang und 3,10 m breit. Ein Meter der Balken kostet 26,– DM. Wie teuer wird die Umrahmung?
13. Inmitten einer Schloßanlage befindet sich ein kreisförmiges Beet mit einem Durchmesser von 5,90 m. Es wird am Rande in einer Breite von 1,20 m bepflanzt, die innere Fläche wird als Rasen hergerichtet. Für die zu bepflanzende Fläche werden Pflanzen mit einem Platzbedarf von 14 cm · 14 cm verwendet.
    a) Wieviel Pflanzen müssen besorgt werden?
    b) An der Trennlinie zwischen Rasen und Pflanzring wird eine Mini-Buchsbaum-Hecke im Pflanzabstand von 25 cm eingepflanzt. Wieviel Pflanzen werden benötigt?
    c) Wie groß ist die Rasenfläche?
14. Für die Jahresfeier von sechs Untergruppen eines Vereins werden deren Farben mit Blütenköpfen auf ein Emblem gesteckt. Das sechseckige Emblem hat eine Kantenlänge von 90 cm.
    a) Berechnen Sie die Höhe des Bestimmungsdreiecks.
    b) Wie groß ist die gesamte Fläche des Emblems?
15. Für eine Adventsausstellung werden folgende Holzflächen mit Folie beklebt:

Anzahl	Form	Maße
3 Stück	Kreisausschnitt	$r = 90$ cm, $\alpha = 30°$
2 Stück	Quadrat	$A = 0,7225$ m²
2 Stück	Rechteck	$a = 85$ cm, $b = 1,20$ m
3 Stück	gleichseitiges Dreieck	$a = 90$ cm, $h = 77,9$ cm
4 Stück	Kreis	$d = 110$ cm

a) Wie groß ist die gesamte Fläche?
b) Wieviel kostet die Folie, wenn mit 15% Abfall

zu rechnen ist und für einen Quadratmeter Folie 9,80 DM bezahlt wird?
c) Wieviel Meter Klebeband wird für die Kanten gebraucht?
d) Wieviel kostet das Klebeband bei einem Meterpreis von 2,45 DM?

16. Für eine Floristikschau sollen die drei beteiligten Blumenfachgeschäfte eine flächengleiche Ausstellungskoje von 42,25 m² erhalten.
Berechnen Sie die Längen- und Breitenmaße bzw. den Durchmesser der zugeteilten Flächen: Abel bekommt ein Quadrat, Busch einen Kreis und Dachser ein Rechteck mit einer Länge von 12,5 m.

17. Für eine kreisförmige Fläche wird eine Girlande von 4,40 m Länge gefertigt.
Berechnen Sie Kreisdurchmesser und -fläche.

18. Ein trapezförmiges Grundstück wird gegen ein rechteckiges mit gleicher Flächengröße eingetauscht. Das Trapez hat folgende Maße: a = 140 m, c = 122 m, h = 75 m. Das neue Grundstück ist 75 m breit. Wie lang muß es sein?

19. Mit einem 2 m breiten Abstand werden um einen künstlich angelegten, ellipsenförmigen See Pappeln gepflanzt. Der See hat einen großen Durchmesser von 75 m und einen kleinen Durchmesser von 68 m. Der Pflanzabstand beträgt 6,5 m.
Wieviel Pappeln werden benötigt?

20. Die Flächen von drei quadratischen Grundstücken verhalten sich wie 2 : 3 : 5. Die Seitenlänge des ersten Grundstücks beträgt 50 m.
Berechnen Sie die Flächen der Grundstücke und deren Seitenlängen.

21. Bei der Flurbereinigung wird ein gleichseitiges dreieckiges Grundstück mit einer Seitenlänge von 120 m in ein rechteckiges Stück Land gleicher Flächengröße umgewandelt. Das Rechteck hat eine Länge von 90 m.
a) Wie breit muß das Rechteck sein?
b) Geben Sie die Flächengröße in Quadratmeter, Ar und Hektar an.

22. Die Umrißlinie eines rechteckigen Gartengrundstücks wird durch eine Einfahrt von 2,60 m Breite unterbrochen. Die Länge des Grundstücks beträgt 14,20 m, die Breite 8,90 m. Im Abstand von 35 cm werden Berberitzen eingepflanzt. Rechts und links der Toreinfahrt soll jeweils eine Berberitze als Begrenzung eingesetzt werden.
Wieviel Pflanzen werden benötigt?

23. Die Fläche einer Theaterbühne beträgt 58,50 m², die Breite 6,50 m. An der Längsseite werden zur Dekoration für eine Weihnachtsfeier *Euphórbia pulchérrima* im Abstand von 30 cm aufgestellt; der Treppenaufgang (1,20 m, Längsseite rechts) bleibt dabei frei, der Abstand von der Wand (Längsseite links) entspricht dem Topfabstand.
a) Wieviel Pflanzen müssen gekauft werden?
b) Wieviel kostet die Dekoration bei einem Stückpreis von 9,50 DM und einem Barzahlungsnachlaß von 2%?

24. Ein rechteckiges Feld wurde im Maßstab 1 : 750 skizziert. Die gezeichnete Länge beträgt 12,8 cm, die Breite 4 cm. Berechnen Sie die wirklichen Maße und die Fläche des Grundstücks.

25. a) Zeichnen Sie ein kreisförmiges Pflanzbeet mit dem Radius von 5,25 m im Maßstab 1 : 125.
b) Berechnen Sie die Kreisfläche.
c) Dieses Beet wird zu 60% des Flächeninhalts bepflanzt. Die Pflanzen benötigen einen Platzbedarf von ca. 30 cm × 30 cm. Wieviel Pflanzen werden gebraucht?

26. Berechnen Sie das Maßverhältnis (Maßstab) nach folgenden Streckenangaben:

Zeichenmaß	tatsächliche Strecke
a) 5,0 cm	250,00 m
b) 12,5 cm	93,75 m
c) 3,0 cm	90,00 km

Merksätze

▷ Die SI-Einheiten und die Formelzeichen nach DIN 1304 sind Grundlage für die Flächenberechnung.

▷ Die Basiseinheit für Flächen ist der Quadratmeter (m²).

▷ Die Umrechnungszahl von einer Einheit zur nächsten ist 100; das Komma verschiebt sich um 2 Stellen.

▷ Immer gleiche Lösungsschritte erleichtern die Rechnung:
  ○ gesuchte Größe isolieren;
  ○ Formel auf die gesuchte Größe umstellen;
  ○ Werte in die gesuchte Einheit umwandeln und in die Formel eintragen;
  ○ Endergebnis evtl. runden.

▷ Anwendungsgebiete sind die Berechnung der Beetflächen, das Streichen oder Bekleben von Dekorationsflächen, das Errechnen von Stellflächen, das Berechnen der Kosten für Ausstellungsflächen oder Mieträume.

16 Körperberechnungen

Lernziele

▷ Wissen, daß die Basiseinheit für die Körperberechnung der Kubikmeter (m^3) ist;
▷ wissen, daß die gesamte Flächenberechnung sowie die SI-Einheiten und Formelzeichen nach DIN 1304 Grundlage der Körperberechnung sind;
▷ wissen, daß die Körperberechnung in eine Volumen-, Mantel- und Oberflächenberechnung unterteilt ist;
▷ die Begriffe „Volumen", „Mantel" und „Oberfläche" unterscheiden und erklären können;
▷ die Begriffe „Säulen", „spitze Körper", und „stumpfe Körper" unterscheiden und erklären können;
▷ die allgemeinen Volumen-, Mantel- und Oberflächenformeln für Säulen, spitze und stumpfe Körper kennen und die Flächenformeln eingliedern können;
▷ die gesuchte Größe in Aufgaben zur Körperberechnung erkennen und die entsprechende Formel anwenden können;
▷ auch schwierige Aufgaben zur Körperberechnung lösen können;
▷ Anwendungsgebiete der Körperberechnung im Bereich der Floristik nennen können.

16.1 Bemaßung

Bei der Berechnung von Körpern gelten die SI-Einheiten (s. Seite 136) und die Maßbenennungen (DIN 1304) für Flächenberechnungen. Hinzu kommen folgende Größen:
V = Volumen (Rauminhalt)
A_1 = Grundfläche (bzw. große Fläche eines stumpfen Körpers)
A_2 = Deckfläche (bzw. kleine Fläche eines stumpfen Körpers)
A_m = mittlere Fläche in halber Höhe (Querschnittsfläche)
h_K = Körperhöhe
h_s = Seitenhöhe
s = Mantellinie

Die Basiseinheit für das Volumen ist der **Kubikmeter** = **m^3; 1 dm^3 entspricht 1 l.**
Volumina werden auch in dezimalen Einheiten eines Kubikmeters angegeben. Wird eine Einheit in die nächste umgewandelt, verschiebt sich das Komma um drei Stellen nach rechts oder links.

16.2 Volumenberechnung

16.2.1 Volumenberechnung von Säulen

Säulen haben an jeder Stelle der Körperhöhe die gleiche Querschnittsfläche; Grund- und Deckfläche sind daher deckungsgleich.

Rechtecksäule = Quader
(Grund- und Deckfläche: Rechteck)
Quadratische Säule
(Grund- und Deckfläche: Quadrat)

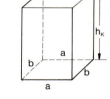

Würfel
(Alle Seiten bzw. Flächen sind gleich)

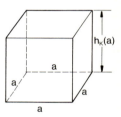

Dreiecksäule
(Grund- und Deckfläche: Dreieck/ungleichseitig oder gleichseitig)

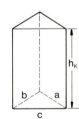

Zylinder
(Grund- und Deckfläche z. B. Kreis oder Ellipse)

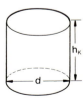

Volumen aller Säulen
$V = A \cdot h_K$

Lösungshinweis
Erstellen Sie die Berechnungsformeln für die Volumina aller aufgeführten Säulen, indem Sie A durch die Flächenformel ersetzen. (Flächenformeln siehe ab Seite 179.)

Beispielaufgabe
Ein Wasserfaß hat einen Durchmesser von 56 cm (5,6 dm) und eine Höhe von 162 cm (16,2 dm). Wieviel Liter faßt es?

Lösung
$V = r^2 \cdot \pi \cdot h_K$
$V = 2{,}8 \cdot 2{,}8 \cdot \pi \cdot 16{,}2$
$V = 399{,}007 \, dm^3$
$V = 399{,}0071$
$\approx$ ca. **400 Liter**

Aufgaben

1. Eine Blumenvase hat die Form einer Dreiecksäule. Die Grundfläche ist ein gleichseitiges Dreieck mit einer Seitenlänge von 9 cm und einer Höhe von 7,8 cm; die Vasenhöhe beträgt 28 cm.
Wieviel Liter faßt die Vase, wenn sie bis 3 cm unter dem Rand gefüllt wird?
2. Wieviel m³ Erde passen in 8 Blumenkästen mit den Maßen a = 80 cm, b = 20 cm, Füllhöhe 18 cm?
3. Drei Glasbehälter in Würfelform werden mit Blähton zu 85% gefüllt.
Maße der Würfel: a_1 = 45 cm; a_2 = 38 cm; a_3 = 32 cm.
Wieviel dm³ Blähton werden gebraucht?

16.2.2 Volumenberechnung von spitzen Körpern

Spitze Körper haben keine Deckfläche. **Pyramiden** sind spitze Körper mit eckiger Grundfläche; spitze Körper mit runder Grundfläche werden **Kegel** genannt.

Pyramide
(Grundfläche z. B. quadratisch, rechteckig, dreieckig, trapezförmig)

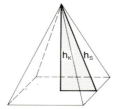

Kegel
(Grundfläche z. B. kreis- oder ellipsenförmig)

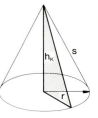

Volumen aller spitzen Körper
$$V = \frac{A \cdot h_K}{3}$$

Anmerkung: Spitze Körper haben ein Drittel des Volumens einer Säule mit gleicher Grundfläche und Höhe.

Lösungshinweis
Erstellen Sie die Berechnungsformeln für die Volumina aller aufgeführten Pyramiden und Kegel, indem sie A durch die Flächenformel ersetzen.

Beispielaufgabe
Für eine Dekoration wird ein Gefäß in Form einer umgekehrten quadratischen Pyramide bepflanzt und auf einen Metallständer gesetzt.
Wie groß ist das Volumen des Gefäßes, wenn die Seite a 45 cm und die Körperhöhe 40 cm mißt? Geben Sie das Volumen in cm³, l und m³ an.

Lösung
$V = \dfrac{a^2 \cdot h_K}{3}$
$V = \dfrac{45 \cdot 45 \cdot 40}{3}$
$V = $ **27 000 cm³ (27 l; 0,027 m³)**

Aufgaben

1. Drei umgekehrte Pyramiden mit dreieckiger Grundfläche werden als Dekorationselemente für Silvester mit Konfetti gefüllt und aufgestellt.
Wieviel dm³ Konfetti können eingefüllt werden, wenn die Grundlinie einer Dreiecksfläche 62 cm, die Höhe 34 cm und die Körperhöhe der Pyramide 45 cm beträgt?
2. Berechnen Sie das Volumen folgender Kegel:
a) r = 25 cm, h_K = 30 cm
b) d = 42 cm, h_K = 8 dm
c) d = 1,5 m, h_K = 17 dm

3. Als Raumschmuck werden 2 kurze und 3 längere schlanke, kegelförmige Gefäße mit der Spitze nach unten aufgehängt und mit verschiedenen Hängepflanzen bepflanzt. Maße der kurzen Gefäße: d = 2,2 dm, Körperhöhe 0,55 m; Maße der langen Gefäße: d = 17 cm, Körperhöhe 6,7 dm. Berechnen Sie das Volumen aller Gefäße zusammen.

16.2.3 Volumenberechnung von stumpfen Körpern

Trennt man von einer Pyramide oder einem Kegel die Spitze ab, entsteht ein **Pyramiden-** bzw. **Kegelstumpf.** Die Deckfläche eines stumpfen Körpers ist kleiner als ihre Grundfläche.

Pyramidenstumpf
(Grund- und Deckfläche z. B. quadratisch, rechteckig, dreieckig, trapezförmig)

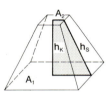

Kegelstumpf
(Grund- und Deckfläche z. B. kreis- oder ellipsenförmig)

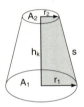

Volumen aller stumpfen Körper
$V = \dfrac{A_1 + A_2}{2} \cdot h_K$

Anmerkung: Es handelt sich bei dieser Formel um eine Näherungslösung. Sie läßt sich auf einfache Weise aus der Volumenformel einer Säule ableiten. Aus der mittleren Fläche des Kegelstumpfes (A_m) wird eine Säule gebildet. Die Formel lautet dann:
$V = A_m \cdot h_K$
A_m kann aus $\dfrac{A_1 + A_2}{2}$ errechnet werden.

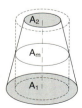

Lösungshinweis
Erstellen Sie die Berechnungsformeln für die Volumina aller aufgeführten stumpfen Körper, indem sie A_1 und A_2 durch die entsprechenden Flächenformeln ersetzen.

Beispielaufgabe
Wieviel Liter bzw. Hektoliter Erde faßt ein kegelstumpfförmiger Pflanzkübel mit den Maßen $d_1 = 55$ cm, $d_2 = 38$ cm und $h_K = 60$ cm?

Lösung
$V = \dfrac{(r_1^2 \cdot \pi) + (r_2^2 \cdot \pi)}{2} \cdot h_K$

$V = \dfrac{(2,75 \cdot 2,75 \cdot \pi) + (1,9 \cdot 1,9 \cdot \pi)}{2} \cdot 6$

$V = 105,2983$ dm³
$V \approx$ **105,3 Liter (1,053 Hektoliter)**

Aufgaben

1. Berechnen Sie das Volumen eines Pyramidenstumpfs mit trapezförmiger Grund- und Deckfläche.
   Maße: $a_1 = 40$ cm, $c_1 = 28$ cm, $h_1 = 19$ cm
   $a_2 = 28$ cm, $c_2 = 16$ cm, $h_2 = 9$ cm
   Körperhöhe = 64 cm.

2. Berechnen Sie das Fassungsvermögen eines pyramidenstumpfförmigen Kompostbehälters mit quadratischer Grund- und Deckfläche. Maße des Kompostbehälters: $a_1 = 120$ cm, $a_2 = 8$ dm, $h_K = 1,4$ m.
   Geben Sie das Ergebnis in l und hl an.

3. Zum Eintopfen wird für 5000 Töpfe Erde hergerichtet. Maße eines Topfes: $d_1 = 13$ cm, $d_2 = 8$ cm, $h_K = 11$ cm.
   Wieviel Liter Erde werden gebraucht, wenn der Jungpflanzenballen ein Volumen von 15% einnimmt?

16.2.4 Volumenberechnung der Kugel

Volumen der Kugel
$V = r^3 \cdot \pi \cdot \dfrac{4}{3}$

Beispielaufgabe
Wieviel Päckchen Frischhaltemittel sind für einen großen, rund gebundenen Strauß nötig, der in eine Kugelvase von 22 cm Durchmesser gestellt wird?
Ein Päckchen Frischhaltemittel reicht für einen Liter Wasser.

Lösung

$V = 1{,}1^3 \cdot \pi \cdot \dfrac{4}{3}$

$V = 5{,}575 \text{ dm}^3$

$V \approx 5{,}6 \text{ l}$

Da die Vase nicht ganz mit Wasser gefüllt wird, reichen **5 Päckchen** Frischhaltemittel aus.

Aufgaben

1. Schätzen Sie das Volumen eines aufblasbaren Wasserballs von 40 cm Durchmesser. Berechnen Sie dann das Volumen in Liter.
2. Zur Dekoration werden 90 Glaskugeln zu 95% mit bunter Flüssigkeit gefüllt. Es werden drei verschiedene Größen verwendet: 50 Kugeln mit einem Durchmesser von je 18 cm, 25 Kugeln von je 12 cm und 15 Kugeln von je 9 cm Durchmesser. Berechnen Sie die gesamte Flüssigkeitsmenge in Liter.
3. Ein halbkugeliges Gefäß mit einem Durchmesser von 108 cm wird mit Erde gefüllt und bepflanzt. Wie groß ist das Volumen des Pflanzgefäßes in m³?

16.3 Mantel- und Oberflächenberechnung

Der Mantel eines geometrischen Körpers ist die Fläche, die den Körper umgibt; die Oberfläche schließt den Mantel sowie die Grund- und Deckfläche mit ein.

16.3.1 Mantel- und Oberflächenberechnung von Säulen

○ **Mantel:**
Wird der Mantel einer Säule abgewickelt, entsteht immer ein Rechteck.
Aus der Flächenformel für das Rechteck wird die **Mantelfäche aller Säulen** abgeleitet:

> Mantel = Umfang · Körperhöhe
> M = U · h_K

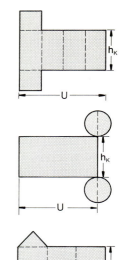

○ **Oberfläche:**
Die Oberflächenformel für alle Säulen ergibt sich, wenn die Mantelformel durch die Grund- und Deckfläche ergänzt wird.

> Oberfläche = Mantel + Grund- und Deckfläche
> O = M + 2 A

Lösungshinweis
Erstellen Sie die Berechnungsformeln für den Mantel und die Oberfläche aller aufgeführten Säulen, indem Sie U, A und M durch die entsprechenden Formeln ersetzen.

Beispielaufgabe

Für eine Abschlußprüfung werden zwei schlanke Dreiecksäulen mit Folie beklebt. Die Grundfläche bleibt jeweils frei. Maße einer Säule: Seitenlänge der Grundfläche (a) = 40 cm, Körperhöhe = 1,25 m.
Wie groß ist die zu beklebende Fläche in m²?

Lösung
Höhe des Dreiecks: $h = \sqrt{c^2 - b^2}$*
(Grundfläche)   h = 34,64 cm

$2\,O = 2 \cdot \left(3a \cdot h_K + \dfrac{g \cdot h}{2}\right)$

$2\,O = 2 \cdot \left(3 \cdot 0{,}40 \cdot 1{,}25 + \dfrac{0{,}40 \cdot 0{,}3464}{2}\right)$

$2\,O = 3{,}13856\ m^2$
$\approx \mathbf{3{,}14\ m^2}$

* Satz des Pythagoras

16.3.2 Mantel- und Oberflächenberechnung von spitzen Körpern

○ **Mantel:**
Pyramide:

> Mantel = Summe aller Dreiecksflächen

Berechnung einer Dreiecksfläche:
$\dfrac{\text{Grundlinie} \cdot \text{Höhe}}{2}$

$A = \dfrac{g \cdot h}{2}$

Kegel:

> Mantel = $\dfrac{\text{Umfang} \cdot \text{Mantellinie}}{2}$
>
> $M = \dfrac{U \cdot s}{2}$

○ **Oberfläche:**
Oberflächenformel für alle spitzen Körper:

> Oberfläche = Mantel + Grundfläche
> O = M + A

Beispielaufgabe
Berechnen Sie die Oberfläche eines Kegels mit folgenden Maßen: d = 42 cm, Mantellinie (s) = 38 cm.

Lösung
$O = \dfrac{d \cdot \pi \cdot s}{2} + r^2 \cdot \pi$

$O = \dfrac{42 \cdot \pi \cdot 38}{2} + 21 \cdot 21 \cdot \pi$

$O = 3892{,}433\ cm^2$
$\approx \mathbf{0{,}39\ m^2}$

16.3.3 Mantel- und Oberflächenberechnung von stumpfen Körpern

○ **Mantel:**
Pyramidenstumpf:

> Mantel = Summe aller Trapezflächen

Kegelstumpf:

> Mantel =
> $\dfrac{\text{großer Umfang} + \text{kleiner Umfang}}{2} \cdot$ Mantellinie
>
> $M = \dfrac{(d_1 \cdot \pi) + (d_2 \cdot \pi)}{2} \cdot s$

○ **Oberfläche:**
Oberflächenformel für alle stumpfen Körper:

> Oberfläche = Mantel + Grund- und Deckfläche
> O = M + A_1 + A_2

Beispielaufgabe
Ein quadratischer Pyramidenstumpf hat folgende Maße: a_1 = 68 cm, a_2 = 40 cm, Seitenhöhe = 50 cm.
Berechnen Sie die Oberfläche in m².

Lösung
$O = \dfrac{a_1 + a_2}{2} \cdot h_s \cdot 4 + a_1^2 + a_2^2$

$O = \dfrac{68 + 40}{2} \cdot 50 \cdot 4 + (68 \cdot 68) + (40 \cdot 40)$

$O = 17024\ cm^2$
$O = \mathbf{1{,}7024\ m^2}$

16.3.4 Oberflächenberechnung der Kugel

Für die Oberfläche der Kugel denkt man sich die Fläche des größten Querschnittskreises viermal; so lautet die Formel:

> Oberfläche = größter Querschnittskreis · 4
> O = $r^2 \cdot \pi \cdot 4$

Beispielaufgabe
Eine Kugel mit einem Radius von 28 cm wird mit Stoff bespannt.
Berechnen Sie die Oberfläche in dm².

Lösung
O = 2,8 · 2,8 · π · 4
O = 98,52034 dm²
O ≈ **98,52 dm²**

Aufgaben

1. Der Mantel und die Deckfläche eines ellipsenförmigen Dekorationspodests wird mit Folie bespannt.
Wie groß ist die zu beklebende Fläche, wenn d_1 80 cm, d_2 64 cm und die Höhe des Podests 32 cm beträgt?
2. Zu Weihnachten werden 42 Deko-Kugeln gleicher Größe mit Silberbronze gestrichen. Eine Kugel hat einen Radius von 11 cm.
Wieviel Dosen Farbe werden benötigt, wenn eine Dose für $\frac{1}{4}$ m² Fläche ausreicht? Bitte runden Sie auf ganze Dosen auf.
3. Ein quadratisches Podest in Form eines Pyramidenstumpfs wird neu gestrichen; die Grundfläche bleibt frei. Maße: a_1 = 80 cm, a_2 = 60 cm, Seitenhöhe = 75 cm.
Berechnen Sie die Oberfläche.
4. Berechnen Sie die Mantelfläche eines Kegels: Mantellinie (s) 50 cm, Durchmesser der Grundfläche 36 cm.

Vermischte Aufgaben

1. Berechnen Sie das Fassungsvermögen eines Regenwasserbeckens, das 3,5 m lang, 90 cm breit und 1,40 m hoch ist.
2. Wieviel Liter faßt ein Eimer, der 30 cm hoch ist, einen oberen Durchmesser von 28 cm und einen unteren Durchmesser von 22 cm hat?
3. Eine halbkugelige Pflanzschale mit einem Durchmesser von 42 cm wird mit Erde gefüllt.
Berechnen Sie die Erdmenge in Liter.
4. Zum Umtopfen von 10 000 Jungpflanzen werden 11er-Töpfe verwendet. Der obere Durchmesser eines Topfes beträgt 11 cm, der untere Durchmesser 7 cm und die Topfhöhe 9,5 cm. Der Jungpflanzenballen nimmt ein Volumen von 15% ein.
Wieviel m³ Erde werden gebraucht?
5. Ein kegelförmiges Dekorationselement hat eine Grundfläche von 0,785 m² (π = 3,14) und ist 82 cm hoch. Die Mantelfläche wird mit Stoff beklebt.
   a) Berechnen Sie die Mantellinie s.
   b) Berechnen Sie die Stoffmenge in dm².
6. Ein zylindrisches Wasserfaß hat ein Fassungsvermögen von 628 Liter. Es ist 80 cm hoch.
Berechnen Sie den Durchmesser des Fasses.
7. Es sollen Mantel und Deckfläche eines Würfels (a = 75 cm) mit Moos ausgesteckt werden.
Wieviel dm² sind auszustecken?
8. Wieviel Folienbeutel mit je 5 Liter Inhalt lassen sich mit der Erdmenge aus einer Tonne von 90 cm Durchmesser und 1,30 m Höhe füllen?
9. Die Oberfläche einer regelmäßgen Dreieckpyramide wird gestrichen. Maße: Seitenlänge der dreieckigen Grundfläche = 120 cm, Seitenhöhe eines Bestimmungsdreiecks für den Mantel = 145 cm.
Berechnen Sie die Oberfläche.
10. Folgende Gefäße werden zu $\frac{4}{5}$ mit Substrat gefüllt: 3 Balkonkästen, je 1 m lang, 20 cm breit und 20 cm hoch; 4 Pflanzgefäße, je 80 cm lang, 40 cm breit und 20 cm hoch. 100 Liter Substrat sind noch vorhanden.
    a) Wieviel Substrat muß zugekauft werden?
    b) Wieviel muß der Kunde für das Substrat bezahlen, wenn das vorhandene Substrat 12,– DM je 50 Liter und das zugekaufte Substrat 15,– DM je 50 Liter kostet?
11. Ein 2,00 m langer und 1,10 m breiter Pflanzkasten soll 30 cm hoch mit Erde aufgefüllt werden. Die Erde dazu befindet sich in einem quadratischen, pyramidenstumpfförmigen Gefäß (a_1 = 130 cm, a_2 = 90 cm, Körperhöhe = 50 cm).
    a) Wieviel Liter Erde werden gebraucht?
    b) Reicht die vorhandene Erdmenge aus?
12. Für eine Kundin sollen 18 Balkonkästen bepflanzt werden: Länge = 80 cm, Breite = 22 cm, Höhe = 20 cm.
    a) Wieviel Liter Erde werden gebraucht?
    b) Wieviel kostet die Erde, wenn 1 m³ Blumenerde für 82,– DM gehandelt wird und die Kundin einen Treuerabatt von 10% bekommt?
13. Eine rechteckige Kiste (a = 1,20 m, b = 0,80 m, Körperhöhe = 40 cm) ist bis 2 cm unter den Rand mit Erde gefüllt. Diese Erde soll in 12er-Töpfe (r_1 = 6 cm, r_2 = 3 cm, Körperhöhe = 12 cm) randvoll umgefüllt werden.
Wieviel 12er-Töpfe können gefüllt werden?
14. Ein offener zylindrischer Behälter wird innen und außen gestrichen. Der Durchmesser beträgt 38 cm, die Körperhöhe 45 cm (die Wanddicke wird nicht berücksichtigt).
Wieviel m² sind zu streichen?

15. Ein Beet mit 4 m Länge und 3 m Breite soll 20 cm hoch mit einer Mischung aus Sand, Torf und Erde im Verhältnis 4:5:3 bedeckt werden.
    Wieviel Liter der einzelnen Substrate sind zu beschaffen?

16. Eine Wanne in Form eines umgedrehten quadratischen Pyramidenstumpfs soll bepflanzt werden.
    a) Wieviel Liter Erde werden zum Füllen der Wanne gebraucht, wenn $a_1 = 110$ cm, $a_2 = 90$ cm und die Körperhöhe 30 cm beträgt?
    b) Paßt diese Erdmenge auch in ein zylindrisches Pflanzgefäß mit 80 cm Durchmesser und einer Körperhöhe von 7 dm?

17. Ein Wasserbecken hat die Form eines umgekehrten Kegelstumpfs: Oberer lichter Durchmesser = 2,40 m, unterer lichter Durchmesser = 1,50 m, Tiefe = 0,80 m.
    Wieviel Liter Wasser enthält das Becken, wenn es zu $\frac{3}{4}$ gefüllt ist?

18. Eine Kundin läßt folgende Gefäße bepflanzen:
    Zylinder:
        $d = 50$ cm $h_K = 30$ cm
    Gleichseitige Dreiecksäule:
        $g = 50$ cm $h = 35$ cm $h_K = 50$ cm
    Sechsecksäule:
        $a = 25$ cm $h = 21,65$ cm $h_K = 40$ cm
    Für alle Gefäße ist eine 6 cm hohe Drainageschicht vorgesehen; die Erde wird bis 3 cm unter den Rand aufgefüllt.
    Berechnen Sie die benötigte Erdmenge V.

19. Wieviel m² beträgt die Oberfläche einer zylindrischen Säule von 6 dm Durchmesser und einer Höhe von 1,65 m?

20. Der Mantel eines Kegels wird mit Jutegewebe beklebt. Der Kegel hat einen Radius von 45 cm und eine Mantellinie (s) von 83 cm.
    Berechnen Sie die zu beklebende Fläche.

21. Wieviel m³ Raum benötigen 25 Deko-Tafeln mit den Maßen 130 cm Länge, 70 cm Breite und 3 cm Tafeldicke?

22. Für eine Blumenschau werden folgende Gefäße bepflanzt:
    Quadratische Säule: $a = 2,15$ m, Füllhöhe 15 cm.
    Rechtecksäule: $a = 4,00$ m, $b = 1,80$ m, Füllhöhe 15 cm.
    Zylinder: $d = 1,00$ m, Füllhöhe 75 cm.
    Zylinder: $d = 1,60$ m, Füllhöhe 35 cm.
    Quadratische Säule und Rechtecksäule werden mit Pflanzen zu je 30 cm · 30 cm Platzbedarf bepflanzt; eine Pflanze kostet 12,75 DM. Die beiden Zylinder erhalten jeweils 3 Pflanzen zu je 24,60 DM. Ein Sack Torf (255 l) wird für 19,– DM angeboten.
    a) Wieviel Sack Torf werden gebraucht?
    b) Wieviel Pflanzen werden für die quadratische Säule und die Rechtecksäule benötigt?
    c) Berechnen Sie die Gesamtkosten des Auftrags (ohne Lohnkosten).

23. Eine Kundin möchte verschiedene Gefäße bepflanzen.
    Balkonkasten: 3 Stück; Maße: 80 cm lang, 20 cm breit und 18 cm hoch.
    Quadratische, pyramidenstumpfförmige Gefäße: 2 Stück; Maße: $a_1 = 25$ cm, $a_2 = 40$ cm, Körperhöhe 30 cm.
    Jeder Balkonkasten bekommt 5 Pflanzen, jeder Pyramidenstumpf 3 Pflanzen. Ein Pflanzballen hat ein Volumen von 750 cm³.
    Wieviel Liter Erde braucht die Kundin, um alle Gefäße mit Erde auffüllen zu können?

24. Drei kegelförmige Gefäße werden mit der Spitze nach unten aufgehängt und mit Hängepflanzen bepflanzt. Maße der Gefäße:
    Gefäß 1: $d = 28$ cm, Körperhöhe 42 cm;
    Gefäß 2: $d = 24$ cm, Körperhöhe 36 cm;
    Gefäß 3: $d = 18$ cm, Körperhöhe 30 cm.
    Berechnen Sie das gesamte Volumen der Gefäße in Liter.

25. 20 Deko-Platten werden auf allen Seiten gestrichen. Eine Platte ist 1 m lang, 75 cm breit und 2,8 cm dick. Jede Platte wird zweimal gestrichen. Eine Dose Farbe reicht für 7,5 m².
    Wieviel Dosen müssen gekauft werden?

26. Eine Kugel von 70 cm Durchmesser soll zu $\frac{1}{3}$ mit blauer und zu $\frac{2}{3}$ mit gelber Farbe gestrichen werden.
    Wieviel cm² Fläche nehmen die Farben jeweils ein?

27. In einem Bankgebäude sollen 12 Hydrogruppen aufgestellt werden. Eine Gruppe besteht aus einer quadratischen Säule ($a = 80$ cm, Körperhöhe = 40 cm), einem Rechteckquader ($a = 100$ cm, $b = 55$ cm, Körperhöhe = 50 cm) und einem Zylinder ($r = 35$ cm, Körperhöhe = 65 cm). Die Pflanzen für eine Gruppe kosten 360,– DM. Alle Gefäße werden bis 4 cm unter den Rand mit Blähton gefüllt. Ein Sack Blähton enthält 100 Liter und kostet 14,60 DM.
    a) Wieviel Sack Blähton müssen für die 12 Hydrogruppen bestellt werden?
    b) Wieviel DM kostet der Gesamtauftrag, wenn noch 420,– DM Lohnkosten anfallen?

Merksätze

▷ Die Basiseinheit für die Körperberechnung ist der Kubikmeter (m^3).
▷ Die gesamte Flächenberechnung ist Grundlage für die Körperberechnung.
▷ „Volumen" ist der Rauminhalt (z. B. Kubikmeter oder Liter).
▷ „Mantel" ist die Fläche, die einen Körper umgibt.
▷ Die „Oberfläche" beinhaltet die Mantel- sowie die Grund- und Deckfläche des Körpers.
▷ Die Flächenformel wird mit der Körperhöhe multipliziert, so entsteht die Formel für das Volumen.
▷ Mantel- und Oberflächenformeln sind abgeleitete Flächenformeln.
▷ Man unterscheidet „Säulen", „spitze Körper" und „stumpfe Körper":
  ○ Säulen: Die Grund- und Deckfläche ist gleich;
  ○ spitze Körper haben keine Deckfläche;
  ○ stumpfe Körper haben eine große Grund- und eine kleine Deckfläche gleicher Form.
▷ Immer gleiche Lösungsschritte erleichtern die Rechnung:
  ○ gesuchte Größe isolieren;
  ○ allgemeine Formel für die gesuchte Größe aufschreiben;
  ○ benötigte Flächen- bzw. Umfangsformel einsetzen;
  ○ Werte in die gesuchte Einheit umwandeln und in die Formel einsetzen;
  ○ Endergebnis evtl. runden.
▷ Anwendungsgebiete sind z. B. das Berechnen von Substratbedarf für verschiedene Pflanzgefäße und des Bedarfs an Farben, Folien und Stoffen für Dekorationselemente.

II Buchführung und Kostenrechnung

17 Aufgaben der Buchführung/Inventar und Bilanz

Lernziele

▷ Wissen, warum der Kaufmann Bücher führt;
▷ die verschiedenen Aufgaben der Buchführung aufzählen können;
▷ die Gesetze nennen können, welche den Kaufmann zur Buchführung verpflichten;
▷ die Formvorschriften kennen, die bei der Führung von Büchern einzuhalten sind;
▷ die Begriffe „Inventur" und „Inventar" erklären können;
▷ ein Inventar selbständig erstellen können; die Begriffe „Anlagevermögen" und „Umlaufvermögen" erklären können.

17.1 Aufgaben der Buchführung

Das betriebliche Rechnungswesen hat die Aufgabe, betriebswirtschaftliche Vorgänge nach Menge und Wert zu erfassen und diese Daten festzuhalten (schriftlich oder auch auf den Datenträgern der EDV). Solche betriebswirtschaftlichen Vorgänge sind zum Beispiel die Warenbeschaffung, die Warenlagerung und Weiterverarbeitung und der Warenverkauf. Viele dieser Vorgänge schlagen sich in Form von Zahlen in den Betrieben nieder, wie zum Beispiel Zahlungsaus- und -eingänge, Kosten, Warenbestände oder Bankguthaben und Bankschulden. Viele dieser Vorgänge müssen aus gesetzlich vorgeschriebenen Gründen zahlenmäßig erfaßt werden (zum Beispiel Steuerrecht); andere wiederum werden erfaßt, um der Geschäftsleitung Daten für betriebswirtschaftliche Entscheidungen an die Hand zu geben. Auch für die Kostenrechnung und Kalkulation (Preisberechnung) liefert das Rechnungswesen die notwendigen Zahlen.

Eine zentrale Rolle bei der Datenerfassung, Datenverarbeitung und Datenspeicherung fällt der **Buchhaltung** des Betriebs zu. Hier werden die anfallenden Daten nach den Vorschriften des Steuer- und des Handelsrechts aufbereitet. Grundlage der Datenerfassung sind die eingehenden **Belege,** die **Ausgangsbelege** und die im Betrieb zur Erfassung innerbetrieblicher Vorgänge zu erstellenden Belege **(innerbetriebliche Belege).** Neben diesen laufenden Geschäftsfällen muß der Unternehmer sämtliche im Betrieb vorhandenen **Vermögenswerte** zahlenmäßig festhalten (zum Beispiel Wert des Geschäftshauses oder der Geschäftsausstattung).

Die einzelnen Aufgabengebiete des Rechnungswesens soll das Schaubild verdeutlichen (Abb. 69).

Die Buchhaltung erfaßt zahlenmäßig lückenlos und in zeitlicher Reihenfolge die Geschäftsfälle eines Unternehmens und die im Betrieb vorhandenen Vermögenswerte und Schulden des Kaufmanns aufgrund von Belegen. Dies kann auf unterschiedliche Weise erfolgen:

– Eintragung in Geschäftsbücher
– Eintragung auf Karteikarten
– Speicherung auf Datenträgern der EDV.

In kleineren Unternehmungen – und um solche handelt es sich üblicherweise bei Floristbetrieben – wird die Buchführung auf entsprechende Dienstleistungsbetriebe übertragen, die darauf spezialisiert sind. An diese händigt der Betriebsinhaber seine Belege zur weiteren Verarbeitung aus. Oftmals sind solche Dienstleistungsunternehmen den für die Floristen

Abb. 69. Die Aufgabengebiete des Rechnungswesens.

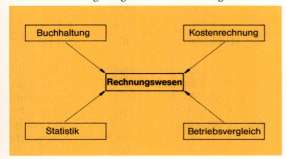

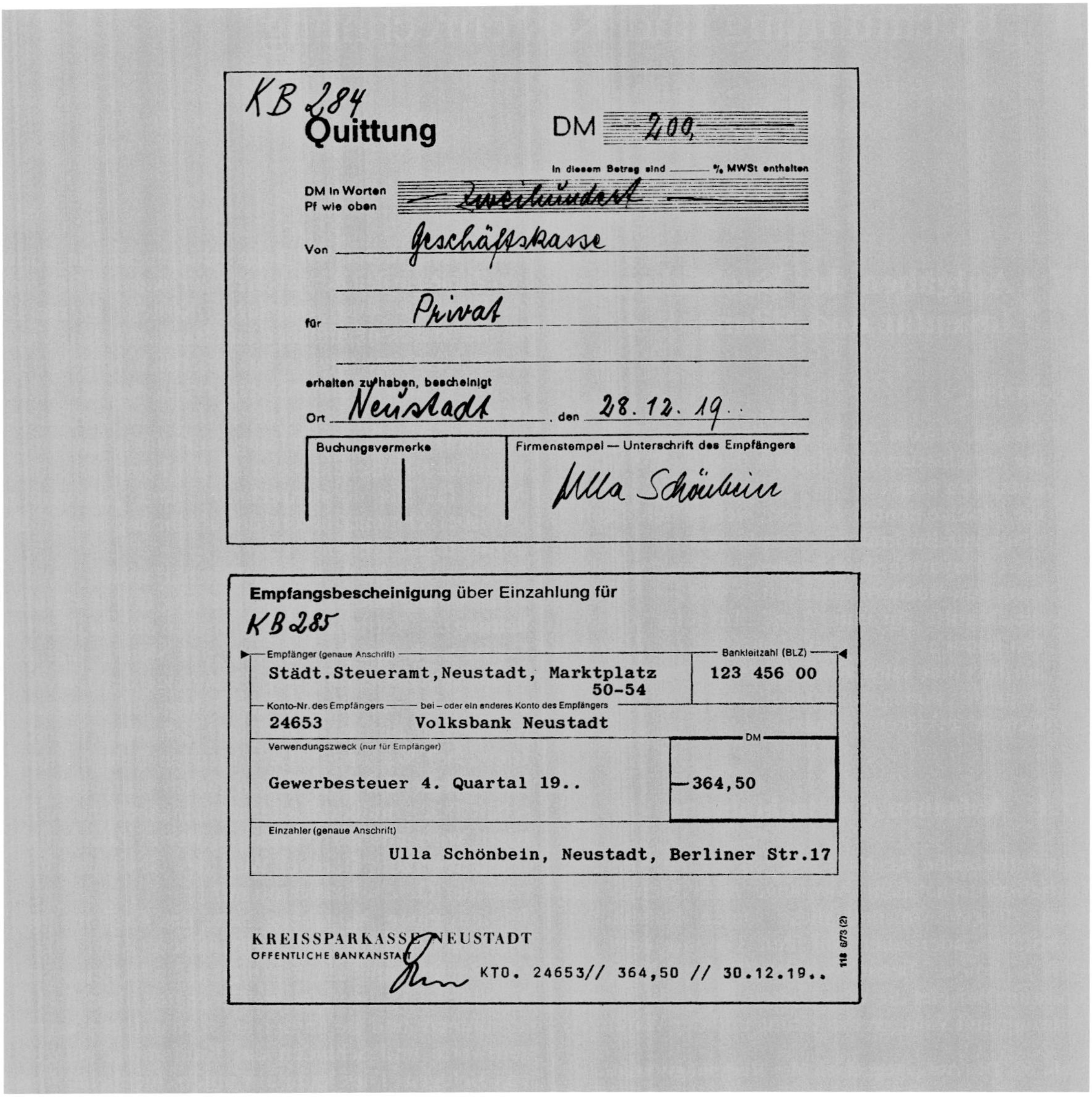
KB 284
Quittung DM 200,–
In diesem Betrag sind ____ % MWSt enthalten
DM in Worten Pf wie oben – Zweihundert –
Von Geschäftskasse
für Privat
erhalten zu haben, bescheinigt
Ort Neustadt, den 28. 12. 19..
Buchungsvermerke
Firmenstempel — Unterschrift des Empfängers
Ulla Schönbein

Empfangsbescheinigung über Einzahlung für
KB 285
Empfänger (genaue Anschrift): Städt. Steueramt, Neustadt, Marktplatz 50-54
Bankleitzahl (BLZ): 123 456 00
Konto-Nr. des Empfängers: 24653
bei – oder ein anderes Konto des Empfängers: Volksbank Neustadt
Verwendungszweck (nur für Empfänger): Gewerbesteuer 4. Quartal 19..
DM: –364,50
Einzahler (genaue Anschrift): Ulla Schönbein, Neustadt, Berliner Str.17
KREISSPARKASSE NEUSTADT
ÖFFENTLICHE BANKANSTALT
KTO. 24653// 364,50 // 30.12.19..
118 6/73 (2)

Abb. 70. Buchungsbelege.

tätigen Steuerberatungsbüros angeschlossen. Diese fertigen für den Betriebsinhaber auch die jährlich zu erstellende Bilanz nebst den dafür notwendigen Nebenrechnungen an (Gewinn- und Verlustrechnung und Inventar). Die für die Buchhaltung notwendigen Belege müssen also sorgfältig gesammelt, geordnet und aufbewahrt werden.

17.2 Rechtsvorschriften

Die gesetzliche Buchführungspflicht für den Kaufmann ergibt sich aus den Vorschriften des Handelsgesetzbuches (§§ 238–263 HGB), der Abgabenordnung (AO), dem Umsatzsteuergesetz (UStG), dem Einkommensteuergesetz (EStG), dem Körperschaftssteuergesetz (KStG) und dem Gewerbesteuergesetz (GewStG). In diesen Gesetzen finden wir auch eine

Reihe formaler Vorschriften für das Führen von Geschäftsbüchern, die Aufbewahrung von Belegen und die zu erstellenden Abschlußrechnungen. Für Unternehmen mit einem Jahresumsatz unter 500 000,– DM oder einem Betriebsvermögen unter 125 000,– DM oder einem Jahresgewinn unter 36 000,– DM gelten vereinfachte Bestimmungen für die Buchführung (vgl. Abschnitt 27.4).

Nachfolgend sollen in kurzer Form die wichtigsten gesetzlichen Bestimmungen über die Buchführung von Kaufleuten aufgezählt werden:

- Wareneingänge und Warenausgänge müssen gesondert aufgezeichnet werden;
- Kasseneinnahmen und -ausgaben sollen täglich festgehalten werden (Kassenbericht, Tageslosung);
- jeder Kaufmann hat zu Beginn und Ende jedes Geschäftsjahres ein Verzeichnis seines Vermögens und seiner Schulden anzufertigen (Inventar);
- jeder Kaufmann hat zum Schluß eines Geschäftsjahres eine Bilanz und eine Gewinn- und Verlustrechnung zu erstellen;
- Handelsbücher, Inventare, Bilanzen und Geschäftsberichte sind 10 Jahre, Handelsbriefe und deren Kopien und Buchungsbelege sind 6 Jahre aufzubewahren;
- die Bücher müssen so geführt sein, daß sie innerhalb angemessener Zeit anhand von Belegen von einem sachverständigen Dritten überprüft werden können (Buchprüfer);
- eine Buchung oder Aufzeichnung darf nicht in der Weise verändert werden, daß der ursprüngliche Inhalt nicht mehr feststellbar ist. Es darf also nicht radiert werden;
- alle Unterlagen, mit Ausnahme der Jahresabschlüsse, können auf einem Bildträger (Mikrofilm) oder auf einem anderen Datenträger aufbewahrt werden;
- für alle Buchungen müssen Belege vorhanden sein (Belegzwang);
- sämtliche Belege müssen mit Nummern versehen und aufbewahrt werden;
- die Eintragungen sind mit Tinte, Kugelschreiber oder Schreibmaschine zu machen. Ausnahmen von dieser Vorschrift sind in der EDV zugelassen.

17.3 Inventur / Inventar

Kaufleute haben gemäß § 240 HGB und § 140f. AO bei der Eröffnung des Geschäfts und für den Schluß jedes Geschäftsjahres (Bilanzstichtag) ein ausführliches Verzeichnis sämtlicher dem Betrieb dienender Gegenstände aufzustellen. Dieses Verzeichnis heißt **Inventar.** Das Inventar ist aufgrund einer **Bestandsaufnahme (Inventur)** zu erstellen. **Körperliche Gegenstände** (Waren, Geschäftseinrichtung) werden mengen- und wertmäßig erfaßt (körperliche Inventur). **Nichtkörperliche Gegenstände** (z. B. Schulden und Forderungen) werden aus den Unterlagen der Buchführung ermittelt (Buchinventur). Die Inventurunterlagen müssen von der Person, die die Bestandsaufnahme vornimmt, mit dem Zeitpunkt der Aufnahme und ihrem Namen unterzeichnet werden.

Aus den Inventurunterlagen werden die Vermögensgegenstände und Schulden des Kaufmanns ermittelt und in einem Inventar zusammengestellt und entsprechend den gesetzlichen Vorschriften bewertet. Das Inventar wird nach folgendem Schema erstellt:

A. Vermögen
B. Schulden (Fremdkapital)
C. Reinvermögen (Eigenkapital)

Beim Vermögen wird zwischen **Anlage- und Umlaufvermögen** unterschieden. Zum Anlagevermögen zählen die Vermögensteile, die langfristig angelegt sind, wie zum Beispiel Geschäftsgebäude, Laden- und Lagereinrichtung und Geschäftsfahrzeuge. Vermögensteile, die nur kurzfristig Kapital binden, weil sie verhältnismäßig rasch wieder in Bargeld umgewandelt werden müssen, zählen wir zum Umlaufvermögen. Solche Vermögensteile sind Warenvorräte, Forderungen gegen Kunden oder Bankguthaben.

Sämtliche Vermögensteile sind im Inventar nach dem Grad, in dem sie in flüssige Mittel umgewandelt werden können, zu ordnen (Liquiditätsgrad). Auch die Schulden werden im Inventar nach ihrer Fristigkeit geordnet. Dabei unterscheiden wir **langfristige** und **kurzfristige** Schulden. Langfristige Schulden sind zum Beispiel Hypotheken- und Darlehensschulden. Kurzfristige Schulden sind zum Beispiel Bankschulden (Kontokorrentkredit) und Schulden an Lieferer. Am Schluß des Inventars steht das **Reinvermögen.** Wir erhalten es, indem wir vom ermittelten Vermögen die Schulden abziehen. Das Inventar muß vom Geschäftsinhaber unterzeichnet werden.

Das Inventar der Firma Ulla Schönbein, Blumeneinzelhandel, soll die formalen und gesetzlichen Vorschriften, die für dessen Erstellung gelten, zeigen.

Inventar
der Firma Ulla Schönbein, Blumengeschäft, Neustadt, Berliner Straße 44, zum 31. Dezember 19..

A. Vermögen

I. Anlagevermögen
1. Geschäftsgebäude, Berliner Straße 44   86 000,–
2. Lieferwagen VW   5 800,–
3. Ladeneinrichtung gemäß bes. Verzeichnis   38 400,–

II. Umlaufvermögen
1. Warenvorräte
gemäß bes. Verzeichnis

Schnittblumen	820,–	
Topfpflanzen	1 640,–	
Bindebedarf	1 870,–	
Gartenbedarf	3 420,–	
Glas- und Keramikwaren	4 770,–	
Boutique-Waren	2 950,–	
Sonstiges	740,–	16 210,–

2. Forderungen an Kunden

Gesangverein Frohsinn	420,–	
Erika Abele, Neustadt	90,–	
Stadtverwaltung Neustadt	1 340,–	1 850,–

3. Bankguthaben
Kreissparkasse Neustadt   12 700,–
4. Bargeld   620,–

Gesamtvermögen   161 580,–

B. Schulden

I. Langfristige Schulden
Darlehen der Volksbank Neustadt   3 600,–

II. Kurzfristige Schulden
Lieferschulden

Blumenmarkt Türkheim	6 000,–	
Esüdro Stuttgart	1 680,–	
Müller, Geislingen	3 540,–	
A. Sulzer, Brausbach	2 620,–	13 840,–

Gesamtschulden   17 440,–

C. Reinvermögen

Gesamtvermögen	161 580,–
abzüglich Gesamtschulden	17 440,–
Eigenkapital	144 140,–

Neustadt, 4. Januar 19... *Ulla Schönbein*

Merksätze

▷ Der Kaufmann führt Bücher, um einen zahlenmäßigen Überblick von den Geschäftsvorgängen zu erhalten und der Finanzbehörde die gesetzlich vorgeschriebenen Zahlenunterlagen für die Besteuerung liefern zu können.
▷ Die Buchführung (Buchhaltung) ist ein Teilgebiet des betrieblichen Rechnungswesens.
▷ Die Buchführung hat die Aufgabe, dem Betriebsinhaber Zahlenmaterial für die Kostenrechnung, die Betriebsstatistik und den Betriebsvergleich, die Besteuerung und für unternehmerische Entscheidung zu liefern.
▷ Die gesetzliche Buchführungspflicht ergibt sich aus den Vorschriften des HGB, der AO und den verschiedenen Steuergesetzen.
▷ Am Ende und Beginn jedes Geschäftsjahres hat der Kaufmann ein Verzeichnis seines Vermögens und seiner Schulden anzufertigen. Dieses Verzeichnis heißt Inventar.

Aufgaben

1. Warum führt der Kaufmann Bücher?
2. Zählen Sie die vier Hauptaufgaben der Buchführung auf.
3. Welche drei Arten von Belegen werden in der Buchhaltung unterschieden?
4. Nennen Sie die Gründe, die einen Einzelhändler veranlassen könnten, eine Umsatzstatistik zu führen.
5. Warum ist eine geordnete Buchführung die Voraussetzung für eine genaue Ermittlung der Warenverkaufspreise?
6. Welchem Zweck dienen Betriebsvergleiche auf der Grundlage von Zahlen der Buchführung?
7. Zählen Sie die Gesetze auf, aus denen sich die Buchführungspflicht des Kaufmanns ergibt.
8. Wie lange müssen a) Bilanzen, b) Inventare und c) Belege aufbewahrt werden?
9. Welche der nachstehenden Erklärungen treffen für die Begriffe (A) Inventur und (B) Inventar zu:
a) Vermögensverzeichnis des Kaufmanns;
b) Verzeichnis des Vermögens und der Schulden des Kaufmanns;
c) Ermittlung des Vermögens und der Schulden des Kaufmanns?

10. Wer darf das Inventar unterschreiben: a) der Geschäftsführer, b) der Buchhalter, c) der Geschäftsinhaber, d) der Steuerberater?
11. Welche der Definitionen ist für den Begriff „Eigenkapital" richtig: a) Vermögen abzüglich Schulden, b) Warenlager und Geschäftseinrichtung, c) Bargeld und Bankguthaben?
12. Welche Vermögensteile des Kaufmanns gehören zum (A) Anlagevermögen und welche zum (U) Umlaufvermögen: a) Geschäftsgebäude, b) Kassenbestand, c) Warenvorräte, d) Forderungen, e) Geschäftsausstattung, f) Bankguthaben?
13. Ordnen Sie die Vermögensgegenstände der Aufgabe 12 nach dem Liquiditätsgrad durch die Zahlen 1–6 in Form einer Tabelle. Am Anfang der Tabelle soll der Vermögensgegenstand mit der geringsten Liquidität stehen.
14. Das Vermögen der Firma Blumen-Schön, Neustadt, beläuft sich zum 31. 12. auf 76 412,– DM; die kurzfristigen Schulden betragen zu diesem Zeitpunkt 24 348,–; an langfristigen Schulden besteht eine Hypothek in Höhe von 3641,–. Wie hoch ist das Eigenkapital der Firma: a) 52 064,–; b) 62 771,–; c) 48 423,–; d) 47 928,–; e) 27 989,–?
15. In welcher Reihenfolge muß das Inventar geordnet werden?

16. Stellen Sie aufgrund der zum 31. 12. 19.. ermittelten Bestände die Inventare der drei Firmen A, B und C auf (s. untenstehende Tabelle).

18 Die Ergebnisrechnungen

Lernziele

▷ Wissen, daß die Bilanz eine Bestandsrechnung über das Vermögen und die Schulden des Kaufmanns ist, die in Form eines Kontos aufgemacht wird;
▷ die Bilanzgleichung nennen und erklären können;
▷ erklären können, wie eine Bilanz gegliedert ist;
▷ eine Bilanz nach vorgegebenen Zahlen erstellen können;
▷ wissen, daß die Gewinn- und Verlustrechnung eine Ergebnisrechnung über die Aufwendungen und Erträge eines Unternehmens ist;
▷ eine Gewinn- und Verlustrechnung aufgrund vorgegebener Zahlen erstellen können.

a	b	c
Umlaufvermögen	Anlagevermögen	Reinvermögen
Anlagevermögen	Umlaufvermögen	Langfristige Schulden
Kurzfristige Schulden	Langfristige Schulden	Kurzfristige Schulden
Langfristige Schulden	Kurzfristige Schulden	Anlagevermögen
Reinvermögen	Reinvermögen	Umlaufvermögen

18.1 Die Bilanz

Grundlage für die Erstellung der Bilanz ist das Inventar. Die **Bilanz** unterscheidet sich vom Inventar dadurch, daß gleichartige Einzelposten zu Gesamtwerten zusammengefaßt werden. Dabei wird auf mengenmäßige Angaben verzichtet. Die so gewonnenen Gesamtzahlen werden in Form eines Kontos dargestellt.
Das Konto ist eine Darstellungsform, bei der Zahlenwerte einander in getrennten Spalten gegenüberge-

Vermögensteile	Firma A	Firma B	Firma C
Geschäftsausstattung			
– Laden gemäß Verzeichnis 1	18 500,–	37 650,–	124 638,–
– Lager gemäß Verzeichnis 2	6 930,–	18 460,–	14 250,–
Fuhrpark	7 820,–	5 300,–	47 210,–
Warenbestand gemäß Verzeichnis 3	37 414,–	26 412,–	28 317,–
Forderungen an verschiedene Kunden gemäß Verzeichnis 4	2 718,–	824,–	7 265,–
Bankguthaben	9 612,–	18 214,–	5 620,–
Darlehensschulden	7 500,–	5 300,–	65 600,–
Verbindlichkeiten an verschiedene Lieferer gemäß Aufstellung 5	18 649,–	12 730,–	28 240,–

stellt werden. Diese Darstellungsform wurde von italienischen Kaufleuten entwickelt (conto bedeutet „Rechnung"). Die linke Seite des Kontos heißt **Sollseite**, die rechte heißt **Habenseite**. Nur bei der Bilanz nennen wir links **Aktiva** und rechts **Passiva**.

Zum Ende des Geschäftsjahrs werden die Konten abgeschlossen, indem man die Differenz zwischen der Soll- und der Habenseite ermittelt. Diese Differenz heißt **Saldo**. Die Salden der Bestandskonten werden auf die Schlußbilanz übertragen, die Salden der Ergebniskonten auf die GuV-Rechnung.

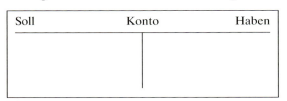

Die Bilanzierungspflicht ist in § 242 HGB geregelt. Mit der Bilanz muß der Kaufmann eine **Gewinn- und Verlustrechnung** (GuV) erstellen.

Die allgemeinen Bilanzierungsvorschriften im HGB lauten wie folgt:

§ 242. Pflicht zur Aufstellung
(1) Der Kaufmann hat zu **Beginn** seines Handelsgewerbes und für den **Schluß** eines jeden Geschäftsjahres einen das Verhältnis seines Vermögens und seiner Schulden darstellenden Abschluß (Eröffnungsbilanz/Schlußbilanz) aufzustellen. Auf die Eröffnungsbilanz sind die für den Jahresabschluß geltenden Vorschriften entsprechend anzuwenden, soweit sie sich auf die Bilanz beziehen.

(2) Er hat für den Schluß eines jeden Geschäftsjahrs eine Gegenüberstellung der Aufwendungen und Erträge des Geschäftsjahrs (Gewinn- und Verlustrechnung) aufzustellen.

(3) Die Bilanz und die Gewinn- und Verlustrechnung bilden den Jahresabschluß.

§ 243. Aufstellungsgrundsatz
(1) Der Jahresabschluß ist nach den Grundsätzen ordnungsmäßiger Buchführung aufzustellen.

(2) Er muß klar und übersichtlich sein.

(3) Der Jahresabschluß ist innerhalb der einem ordnungsmäßigen Geschäftsgang entsprechenden Zeit aufzustellen.

§ 244. Sprache, Währungseinheit
Der Jahresabschluß ist in deutscher Sprache und in Deutscher Mark aufzustellen.

§ 245. Unterzeichnung
Der Jahresabschluß ist vom Kaufmann unter Angabe des Datums zu unterzeichnen. Sind mehrere persönlich haftende Gesellschafter vorhanden, so haben sie alle zu unterzeichnen.

Die Bilanz ist also eine kurzgefaßte Gegenüberstellung des Vermögens (Aktiva) und des Kapitals (Passiva) eines Unternehmens in Kontoform. Die linke Seite der Bilanz heißt **Aktiva**, die rechte Seite heißt **Passiva**. Links auf der Bilanz wird das Vermögen aufgezeichnet, so wie es in verschiedener Form im Betrieb angelegt ist, zum Beispiel als Geschäftsausstattung, Warenvorräte oder als Bankguthaben.

Die rechte Seite der Bilanz verzeichnet das **Kapital** eines Unternehmens; sie gibt also Auskunft über die Quellen des Vermögens, das heißt über die Anspruchsberechtigten (Kapitalgeber) auf das Vermögen. Demnach unterscheiden wir zwischen **Eigenkapital** und **Fremdkapital**. Das Eigenkapital eines Unternehmens bezeichnen wir als **Reinvermögen**, das Fremdkapital als **Schulden**. Das Eigenkapital (Reinvermögen) eines Unternehmens können wir auch dadurch ermitteln, daß wir vom Vermögen die Schulden abziehen. Das Reinvermögen ist also der Ausgleichsposten in der Bilanz. Der Ausgleichsposten jedes Kontos wird als **Saldo** bezeichnet.

Demnach ergibt sich folgende **Bilanzgleichung:**

> Anlagevermögen + Umlaufvermögen = Eigenkapital + Fremdkapital

Als **Anlagevermögen** bezeichnen wir diejenigen Vermögensteile, die das Kapital langfristig binden (zum Beispiel Geschäftsgrundstücke, Geschäftsausstattung); zum **Umlaufvermögen** rechnen wir die Vermögensteile, in denen das Kapital nur kürzere Zeit gebunden ist (Warenvorräte, Forderungen gegen Kunden, Bankguthaben).

Der formale Aufbau der Bilanz ist auf der Grundlage des Bilanzrichtliniengesetzes im § 266 HGB festgelegt. Zwar gilt diese ausführliche Gliederung nur für offenlegungspflichtige Unternehmen (Aktiengesellschaft, Gesellschaft mit beschränkter Haftung). Sie soll jedoch nach dem Willen der Finanzverwaltung für alle buchführungspflichtigen Unternehmen als Richtlinie dienen. Wie im Inventar, werden auch in der Bilanz die Vermögensteile nach dem Liquiditätsgrad geordnet. In zusammengefaßter Form sieht die Bilanzgliederung wie folgt aus:

Aktiva		Bilanz zum 31. 12. 19..		Passiva
A. Anlagevermögen		**A. Eigenkapital**		144 140,-
1. Grundstücke	86 000,-	**C. Verbindlichkeiten**		
2. Fuhrpark	5 800,-	1. Darlehensschulden		3 600,-
3. Geschäftsausstattung	38 000,-	2. Lieferschulden		13 840,-
B. Umlaufvermögen				
1. Waren	16 210,-			
2. Forderungen	1 850,-			
3. Bank	12 700,-			
4. Kasse	620,-			
Summe der Aktiva	**161 580,-**	Summe der Passiva		**161 580,-**

Neustadt, 4. Januar 19..

	Aktiva	**Bilanz**	Passiva	
Vermögensformen	Anlagevermögen	Eigenkapital		Vermögensquellen
	Umlaufvermögen	Fremdkapital		

Aktivseite

A. Anlagevermögen
I. Immaterielle Vermögensgegenstände
II. Sachanlagen
    1. Grundstücke und Gebäude
    2. technische Anlagen und Maschinen
    3. Betriebs- und Geschäftsausstattung
    4. geleistete Anzahlungen
III. Finanzanlagen
    1. Beteiligungen
    2. Wertpapiere des Anlagevermögens

B. Umlaufvermögen
I. Vorräte
II. Forderungen und sonstige Vermögensgegenstände
III. Wertpapiere
IV. Schecks, Kassenbestand, Bankguthaben

C. Rechnungsabgrenzungsposten

Passivseite

A. Eigenkapital
I. Gezeichnetes Kapital
II. Kapitalrücklage
III. Gewinnrücklage
IV. Jahresüberschuß/Jahresfehlbetrag

B. Rückstellungen

C. Verbindlichkeiten
1. Anleihen
2. Bankschulden
3. erhaltene Anzahlungen
4. Lieferschulden
5. Wechselschulden
6. sonstige Verbindlichkeiten

D. Rechnungsabgrenzungsposten

18.2 Die Gewinn- und Verlustrechnung (GuV)

Die Gewinn- und Verlustrechnung (GuV) ist ebenfalls ein wichtiger Teil der Jahresabrechnung eines Unternehmens. Auch die GuV-Rechnung wird in Kontenform geführt. Sie dient dazu, die **Aufwendungen** und **Erträge** des Unternehmens zu sammeln und zahlenmäßig festzuhalten. **Aufwendungen** des Unternehmens sind zum Beispiel Personalkosten, Mietkosten, Sachkosten für Geschäftsräume (Beleuchtung, Reinigung, Heizung, Reparaturen), Werbekosten, Betriebssteuern, Sachkosten für Warenabgabe (zum Beispiel Verpackungsmaterial), allgemeine Verwaltungskosten (zum Beispiel Porto, Telefonkosten) und die Kosten des Wareneinsatzes.
Erträge sind zum Beispiel die Einnahmen des Floristen aus dem Verkauf von Waren und Dienstleistungen, Zinseinnahmen, Mieteinnahmen und Provisionseinnahmen. Für jede Art von Aufwendungen

Soll (Aufwendungen)	Gewinn und Verlust		Haben (Erträge)	
Aufwendungen für Waren	135 600,–	Umsatzerlöse		271 300,–
Personalaufwand	67 400,–	Mieterträge		5 400,–
Abschreibungen	12 200,–	Zinserträge		700,–
Zinsaufwendungen	3 700,–			
Vertriebskosten	4 300,–			
allgemeine Verwaltungskosten	6 500,–			
Betriebssteuern	14 800,–			
Jahresüberschuß	32 900,–			
	277 400,–			277 400,–

und Erträgen wird ein besonderes Konto geführt. Auf diesen Konten werden die Geschäftsfälle während des Geschäftsjahres gebucht. Am Jahresende werden diese Konten abgeschlossen. Der Saldo jedes einzelnen Kontos wird dann auf die GuV-Rechnung übertragen; das GuV-Konto ist also das Sammelkonto für die gesamten Aufwendungen und Erträge eines Unternehmens. Die Differenz (Saldo) zwischen den Aufwendungen und den Erträgen eines Unternehmens ergibt den Jahresüberschuß (Gewinn) oder den Jahresfehlbetrag (Verlust). Gewinne vermehren das Eigenkapital, Verluste mindern es.

Merksätze

▷ Die Bilanz ist eine verkürzte Darstellung des Vermögens und der Schulden des Kaufmanns in Kontenform.
▷ Grundlage für die Bilanz ist das Inventar.
▷ Die linke Seite des Bilanzkontos heißt „Aktiva", die rechte Seite „Passiva".
▷ Das Reinvermögen eines Unternehmens bezeichnet man als Eigenkapital.
▷ Die Gliederung der Bilanz ist im Bilanzrichtliniengesetz geregelt.
▷ Auf der Aktivseite der Bilanz steht das Vermögen, auf der Passivseite das Eigenkapital und die Verbindlichkeit (Schulden).
▷ Die Gewinn- und Verlustrechnung ist eine Darstellung der Aufwendungen und Erträge eines Unternehmens in Kontenform.
▷ Die Differenz zwischen den Aufwendungen und den Erträgen eines Unternehmens ergibt den Jahresüberschuß (Gewinn) oder den Jahresfehlbetrag (Verlust).
▷ Auf der Sollseite (linke Seite) der Gewinn- und Verlustrechnung stehen die Aufwendungen, auf der Habenseite (rechte Seite) die Erträge.

Aufgaben

1. Welche Rechnung ergibt die Grundlage für die Bilanz?
2. Erklären Sie anhand eines Beispiels den Begriff „Konto".
3. Warum sind die beiden Seiten der Bilanz in der Summe gleich?
4. Welche Bilanzposten stehen auf der Aktivseite und welche auf der Passivseite?
5. Wie wird das Eigenkapital eines Unternehmens berechnet?
6. Stellen Sie die Bilanzgleichung auf und erklären Sie diese.
7. Nach welchem Grundsatz sind die Vermögensteile in der Bilanz geordnet?
8. Wie hoch ist das Fremdkapital eines Unternehmens bei einem Eigenkapital von 24 540.–, einem Anlagevermögen von 8426,– und einem Umlaufvermögen von 29 378,–? Geben Sie an, welche der Antworten richtig ist: a) 5162,–; b) 12 264,–; c) 13 264,–; d) 16 114,–; e) 10 870,–.
9. Zum Schluß des Geschäftsjahres wurden im Blumenfachgeschäft Mösinger, Neustadt, folgende Bestände in ungeordneter Reihenfolge ermittelt, aus denen eine Bilanz anzufertigen ist: Warenvorräte 8755,–; Bankguthaben 12 346,–; Bargeld 648,–; Geschäftsausstattung 65 630,–; Darlehensschulden 6712,–; Forderungen aus Warenlieferungen 537,–; Verbindlichkeiten aus Warenbezug 18 624,–.
10. Erstellen Sie aufgrund folgender Angaben eine GuV-Rechnung in Kontenform: Materialaufwand 78 000,–; Personalkosten 46 000,–; Vertriebskosten 2670,–; Umsatzerlöse 187 000,–; Mietaufwendungen 17 300,–; Bürokosten 8400,–; Betriebssteuern 8600,–; Zinserträge 600,–; Jahresüberschuß?

19 Das System der doppelten Buchführung

Lernziele

▷ Wissen, daß die Bilanz eine Bestandsrechnung und die Gewinn- und Verlustrechnung eine Ergebnisrechnung ist;
▷ den Aufbau eines Kontos erklären können;
▷ erklären können, warum jeder Geschäftsfall mindestens zwei Buchungen auslöst;
▷ wissen, daß beim Buchungssatz zuerst die Sollbuchung und dann die Habenbuchung genannt wird;
▷ den Unterschied zwischen Bestandskonten und Ergebniskonten erklären können;
▷ einfache Geschäftsfälle auf Bestands- und Ergebniskonten buchen können;
▷ die Bilanz in Konten auflösen können;
▷ wissen, wie Bestandskonten abzuschließen sind;
▷ Ergebniskonten abschließen und eine GuV-Rechnung erstellen können.

19.1 Die Kontenführung

Das gebräuchliche Buchführungssystem ist das der **doppelten Buchführung.** Es geht auf den Franziskanermönch Luca Pacioli zurück, der dieses System in einem 1494 herausgegebenen Lehrbuch der Mathematik dargestellt hat. Klöster waren im Mittelalter bedeutende Wirtschaftsunternehmungen und außerdem auch Stätten der Wissenschaft. Daher war dort eine buchhalterische Erfassung der Einnahmen und Ausgaben und auch der anfallenden Kosten unerläßlich. Auch mußte den Ordensoberen schriftlich Rechenschaft über die Klosterwirtschaft abgelegt werden. In Deutschland erschien im Jahre 1518 das erste Lehrbuch der doppelten Buchführung vom Verfasser Grammateus. Bekannt ist aber auch, daß bereits 1340 bei den Finanzbeamten der Republik Genua ein geschlossenes System von Konten mit der Gegenüberstellung von Soll und Haben existierte.
Grundlage der doppelten Buchführung ist die Bilanz, weil sie durch eine Gegenüberstellung von Vermögenswerten und Vermögensquellen, also in Form einer Doppelrechnung auf einem Konto erfolgt. Aus dieser Bilanz werden nun direkt oder indirekt alle Einzelkonten abgeleitet. Da die Bilanz immer ausgeglichen sein muß, also beide Bilanzseiten gleich groß sein müssen, zieht folglich eine Wertveränderung auf einer Seite eines Kontos eines dementsprechende Wertveränderung auf der entgegengesetzten Seite eines anderen Kontos nach sich. Im System der doppelten Buchführung verändert also ein Geschäftsfall immer (mindestens) zwei Konten: **Jede Sollbuchung verursacht eine Habenbuchung und jede Habenbuchung eine Sollbuchung.**

Beispiele

Geschäftsfall 1
Wir kaufen Ware für 400,– DM gegen Barzahlung ein.
Buchung:
Der Warenbestand nimmt um 400,– DM zu (Sollbuchung),
der Kassenstand nimmt um 400,– DM ab (Habenbuchung).
Darstellung in Kontenform:

```
S            Waren            H
400,–       |
S            Kasse            H
            | 400,–
```

Geschäftsfall 2
Wir bezahlen eine Lieferantenrechnung durch Banküberweisung 1200,– DM.
Buchung:
Die Verbindlichkeiten nehmen um 1200,– DM ab (Sollbuchung),
das Bankguthaben nimmt um 1200,– DM ab (Habenbuchung).
Darstellung in Kontenform:

```
S       Verbindlichkeiten     H
1200,–      |
S            Bank             H
            | 1200,–
```

Geschäftsfall 3
Wir überweisen für Ladenmiete 600,– DM.
Buchung:
Der Aufwand für Miete nimmt um 600,– DM zu (Sollbuchung).
Das Bankguthaben nimmt um 600,– DM ab (Habenbuchung).

Darstellung in Kontenform:

S	Miete	H
600,–		

S	Bank	H
		600,–

Grundsätzlich wird zuerst die Sollbuchung und dann die Habenbuchung vorgenommen. Wie ein Geschäftsfall zu buchen ist, wird im Buchungssatz oder Kontenruf zum Ausdruck gebracht.

Merke: Man bildet den Buchungssatz, indem man zuerst das Konto angibt, bei dem im Soll gebucht wird, und dann das Gegenkonto mit der Habenbuchung. Beide Konten werden durch das Wörtchen „an" verbunden.

Die Buchungssätze für die drei oben besprochenen Geschäftsfälle lauten demnach wie folgt:
Geschäftsfall 1: Waren an Kasse
Geschäftsfall 2: Verbindlichkeiten an Bank
Geschäftsfall 3: Miete an Bank

Umgekehrt muß aber der Kaufmann aus den Eintragungen auf den Konten auch erkennen, welcher Geschäftsfall einer Buchung zugrunde liegt.

Beispiel
Buchungssatz: Werbekosten an Kasse
Geschäftsfall:
Aus diesem Buchungssatz können wir erkennen, daß das Konto Werbekosten (Ergebniskonto) mit einem bestimmten Betrag belastet wurde (Sollbuchung), weil Werbeausgaben entstanden sind. Diese Ausgaben wurden bar bezahlt. Der Kassenbestand hat also um diesen Betrag abgenommen (Habenbuchung).

19.2 Die Bestandskonten

Da die Bilanz nur zu bestimmten Stichtagen erstellt wird – in der Regel zum Schluß eines Geschäftsjahrs –, stellt sie gewissermaßen eine Momentaufnahme dar. Bereits der erste Geschäftsfall im neuen Geschäftsjahr hat jedoch eine Veränderung von Bilanzposten zur Folge. Diese Veränderungen können jedoch nicht auf dem Bilanzkonto vorgenommen werden, da sie üblicherweise sehr zahlreich sind.

Um jedoch alle Veränderungen der Bilanzposten aufzeichnen zu können, wird aus Gründen der Zweckmäßigkeit und Übersichtlichkeit zu Beginn eines Geschäftsjahrs für jeden Bilanzposten eine gesonderte Rechnung in Kontoform geführt. Auf diesen Konten werden im Lauf des Geschäftsjahrs alle entsprechenden Geschäftsfälle gebucht. Ist das Geschäftsjahr zu Ende, wird jedes einzelne dieser Konten abgeschlossen und der Saldo (Differenzbetrag der beiden Kontoseiten) in die Schlußbilanz übernommen.

Beispiel (siehe unten).

Da die Bilanz eine Bestandsrechnung ist, werden die Konten, die für die einzelnen Bilanzposten gebildet werden, als **Bestandskonten** bezeichnet. Bestandskonten werden in zwei Gruppen unterteilt, und zwar in solche, die zur Verrechnung der Vermögensteile dienen (aktive Bestandskonten), und solche, die zur Verrechnung der Schulden und des Eigenkapitals dienen (passive Bestandskonten). Alle Bestandskonten werden in der Weise eröffnet (begonnen), daß der entsprechende Bestand aus der Bilanz übernommen wird. Er ist der Anfangsbestand des Kontos. Der Anfangsbestand wird immer auf die Seite im Konto eingesetzt, auf welcher er in der Bilanz steht. Zugänge auf den Bestandskonten stehen auf der Seite, die den Anfangsbestand enthält. Abgänge auf dem Konto stehen demnach auf der Kontoseite, die nicht den Anfangsbestand trägt. Der Schlußbestand (Differenz zwischen den beiden Kontoseiten) steht folglich auch auf der nicht den Anfangsbestand enthaltenden Seite.

S	Kasse		H
1. 1. Anfangsbestand	800,–	12. 1. Telefon	120,–
2. 1. Warenverkäufe	1000,–	20. 1. Zahlung an W. Schneider	1200,–
10. 1. Zahlung von F. Kurz	700,–	31. 1. Gehälter	600,–
15. 1. Bankabhebung	500,–	31. 1. Miete	400,–
		31. 1. Schlußbestand	680,–
	3000,–		3000,–

Aktive Bestandskonten
Beispiele
Kasse, Bank, Waren, Forderungen

Soll (+) Aktives Bestandskonto	Haben (−)
Anfangsbestand	Bestandsverminderungen
Bestandsvermehrungen	Schlußbestand

Passive Bestandskonten
Beispiele
Verbindlichkeiten, Eigenkapital, Darlehen

Soll (−) Passives Bestandskonto	Haben (+)
Bestandsverminderungen	Anfangsbestand
Schlußbestand	Bestandsvermehrungen

Eine Besonderheit, die wir uns im Zusammenhang mit den Bestandskonten noch merken müssen: Unter den Passiva, also den Bilanzposten, die auf der rechten Bilanzseite stehen, ist auch das Eigenkapital des Unternehmers eingetragen. Auf dem entsprechenden Konto, dem Eigenkapitalkonto – oder kurz „Kapitalkonto" –, werden die eigenen Mittel des Unternehmers verrechnet. Somit gibt das Eigenkapitalkonto stets Aufschluß über den jeweiligen Stand des Reinvermögens. Das Eigenkapital steht auf der Passivseite der Bilanz, weil es eine Art Schuld des Unternehmens an den Unternehmer (als Privatmann) darstellt. Somit ist also das Eigenkapitalkonto den passiven Bestandskonten zuzurechnen.

19.3 Die Ergebniskonten

Der Werteverbrauch einer Rechnungsperiode heißt **Aufwand**. Er mindert das Kapital des Einzelhändlers. Solcher Aufwand sind beispielsweise Personalkosten (Gehälter und Löhne), Miete, Sachkosten für Geschäftsräume (Kosten für Beleuchtung, Reinigung, Heizung, Schönheitsreparaturen der Geschäftsräume), Werbekosten, Betriebssteuern, Sachkosten für Warenabgabe (beispielsweise Verpackungsmaterial), sonstige Geschäftsausgaben (Brief- und Rechnungsformulare, Porto, Telefonkosten).

Der in Geld ausgedrückte Wertzugang einer Rechnungsperiode heißt **Ertrag**. Erträge vermehren das Kapital des Einzelhändlers. Beispiele dafür sind: Zinseinnahmen, Provisionseinnahmen, Mieteinnahmen, Einnahmen aus Warenverkäufen.

Merke: Aufwendungen vermindern, Erträge vermehren das Eigenkapital.

Aufwendungen und Erträge müßten folglich auf dem Kapitalkonto gebucht werden. Um aber das Kapitalkonto nicht unübersichtlich zu machen, legt man für gleichartige Aufwendungen und Erträge je ein besonderes **Ergebniskonto** an. Diese Konten haben den gleichen Aufbau wie das Kapitalkonto, erfassen also Aufwendungen als Kapitalminderung im Soll und Erträge als Kapitalvermehrung im Haben.
Um am Jahresende den Reingewinn (oder Reinverlust) in einem Betrag zu ermitteln, schließt man alle Ergebniskonten über ein besonderes Sammelkonto, das Gewinn- und Verlustkonto, ab. Dabei stehen alle Aufwendungen im Soll und alle Erträge im Haben. Sind die Aufwendungen größer als die Erträge, dann ergibt sich ein Reinverlust.

Merke:
Reingewinn = Gesamterträge − Gesamtaufwendungen
Reinverlust = Gesamtaufwendungen − Gesamterträge.

Reingewinn oder Reinverlust werden dann auf das Kapitalkonto übertragen.

Merke: Alle Ergebniskonten haben folgendes gemeinsam: Aufwendungen als Kapitalverminderung werden im Soll gebucht. Erträge als Kapitalvermehrung werden im Haben gebucht. Sie werden über das Gewinn- und Verlustkonto abgeschlossen.

Das Beispiel auf Seite 204 soll zeigen, wie die Ergebniskonten abgeschlossen werden und wie aus einer Gegenüberstellung von Aufwendungen und Erträgen der Gewinn des Einzelhändlers ermittelt wird.

S	Personalkosten		H	S	Mieterträge		H
Kasse	1000,–	GuV	1000,–	GuV	3600,–	Bank	3600,–

S	Steuern		H	S	Zinserträge		H
Kasse	800,–	GuV	800,–	GuV	400,–	Bank	400,–

S	Werbekosten		H
Kasse	500,–	GuV	500,–

S	Sonst. Gesch.-Ausg.		H
Kasse	600,–	GuV	600,–

Soll	Gewinn und Verlust		Haben
Personalkosten	1 000,–	Mieterträge	3 600,–
Steuern	800,–	Zinserträge	400,–
Werbekosten	500,–		
Sonst. Gesch.-Ausg.	600,–		
Gewinn	1 100,–		
	4 000,–		4 000,–

Soll	Eigenkapital		Haben
Schlußbestand	16 100,–	Anfangsbestand	15 000,–
		GuV	1 100,–
	16 100,–		16 100,–

Merksätze

▷ Im System der doppelten Buchführung verändert jeder Geschäftsfall mindestens zwei Konten.
▷ Jede Sollbuchung löst eine Habenbuchung aus und genauso jede Habenbuchung eine Sollbuchung.
▷ Grundsätzlich wird zuerst die Sollbuchung und dann erst die Habenbuchung ausgeführt.
▷ Der Buchungssatz gibt an, a) welche Beträge, b) auf welchen Konten und c) auf welcher Kontoseite zu buchen sind.
▷ Am Jahresanfang werden die Bestände aus der Bilanz auf die Bestandskonten übertragen.
▷ Die Anfangsbestände der Aktivkonten stehen im Soll, die der Passivkonten im Haben.
▷ Am Ende des Geschäftsjahrs werden die Salden der Bestandskonten auf die Bilanz übertragen. Dies ergibt die Schlußbilanz.
▷ Das GuV-Konto ist ein Unterkonto des Kapitalkontos. Daher wird der Saldo des GuV-Kontos (Gewinn oder Verlust) am Ende des Geschäftsjahrs auf das Kapitalkonto übertragen.
▷ Das GuV-Konto ist ein Sammelkonto, auf welches die Salden der Ergebniskonten am Ende des Geschäftsjahrs übertragen werden.
▷ Auf allen Ergebniskonten steht der Aufwand im Soll und der Ertrag im Haben.
▷ Die linke Seite des Kontos heißt Soll, die rechte Seite Haben.

Aufgaben

1. Ordnen Sie die nachstehenden Konten in a) aktive und b) passive Bestandskonten: Geschäftsausstattung, Kasse, Waren, Forderungen, Kapital, Schuldwechsel, Bank, Postbank, Darlehensschuld, Fuhrpark.

2. Auf welcher Kontoseite sind die folgenden Geschäftsfälle zu buchen: a) Anfangsbestand des Kassenkontos; b) Anfangsbestand des Darlehenskontos; c) Zahlung vom Bankkonto; d) Geldeinlage auf dem Kapitalkonto; e) Rückzahlung eines Darlehens; f) Einzahlung auf das Bankkonto?

3. Fertigen Sie eine Tabelle nach folgendem Muster an und geben Sie an, auf welchem Konto und welcher Kontoseite folgende Vorgänge gebucht werden.

	Aktivkonto		Passivkonto		Ergebniskonto	
	Soll	Haben	Soll	Haben	Soll	Haben
Anfangsbestand						
Bestandsvermehrungen						
Bestandsverminderungen						
Schlußbestand						
Aufwand						
Ertrag						

4. Geben Sie an, welche der nachstehenden Konten über die Schlußbilanz und welche über die GuV-Rechnung abgeschlossen werden: Geschäftsausstattung, Kasse, Verbindlichkeiten, Personalkosten, Miete, Forderungen, Bank, sonstige Geschäftsausgaben, Werbekosten, Hypothekenschulden, Postbankguthaben, Betriebssteuern.

5. Buchen Sie die Geschäftsfälle auf den entsprechenden Konten und schließen Sie diese auf das Gewinn- und Verlustkonto ab.
   a) Gehaltszahlung für Aushilfskraft 400,–
   b) Mieteinnahmen 1000,–
   c) Geschäftsdrucksachen 80,–
   d) Bezahlung der Grundsteuer 200,–
   e) Erhaltene Bankzinsen für Guthaben 350,–
   f) Reparaturrechnung für Geschäft 120,–
   g) Kosten für Zeitungsanzeige (Werbung) 100,–

6. Buchen Sie nachstehende Geschäftsfälle auf dem Kassenkonto: Anfangsbestand 610,–; Warenverkauf gegen bar 940,–; Lichtrechnung bezahlt 110,–; Lieferer-Rechnung bezahlt 380,–; Mieteinnahme 470,–; ein Kunde zahlt 250,–; Tageslosung (Warenverkauf gegen bar im Lauf eines Tages) 860,–; Einzahlung bei der Bank 2000,–; Drucksachen bezahlt 240,–.

7. Buchen Sie die Geschäftsfälle auf dem Konto „Verbindlichkeiten": Anfangsbestand 4170,–; Wareneinkauf auf Ziel 1930,–; Banküberweisung an einen Lieferer 2340,–; Warenrücksendung an einen Lieferer 80,–; Wareneinkauf auf Ziel 1150,–; Postbanküberweisung an Lieferer 450,–; Verpackungsrücksendung an Lieferer 60,–; Lieferergutschrift aus Mängelrüge 120,–.

8. Bilden Sie die Buchungssätze:
   1. Tageslosung (Barverkauf von Waren) 620,–
   2. Ein Kunde überweist auf Bankkonto 100,–
   3. Wareneinkauf auf Ziel 2300,–
   4. Warenverkauf auf Ziel 740,–
   5. Banküberweisung an einen Lieferer 1580,–
   6. Ein Kunde zahlt bar 210,–
   7. Kauf einer Rechenmaschine gegen Bankscheck 840,–
   8. Bareinzahlung bei der Bank 500,–
   9. Warenverkauf gegen Barzahlung 690,–
   10. Ein Postbankkonto wird errichtet und darauf bar einbezahlt 500,–
   11. Wir nehmen bei der Bank ein Darlehen auf 5000,–
   12. Barverkauf einer gebrauchten Schreibmaschine 100,–
   13. Barabhebung bei der Bank 400,–
   14. Postbanküberweisung an einen Lieferer 270,–

9. Wie lauten die Buchungssätze für folgende Geschäftsfälle?
   1. Eine Lieferantenrechnung wird bezahlt
      a) bar 300,–
      b) durch Banküberweisung 800,– 1100,–
   2. Wareneinkauf
      a) gegen Barzahlung 200,–
      b) auf Ziel 500,– 700,–
   3. Kauf eines Autos
      a) Barzahlung 2000,–
      b) der Rest wird später bezahlt 6000,– 8000,–
   4. Warenverkauf
      a) Barzahlung 200,–
      b) der Rest wird später bezahlt 600,– 800,–

10. Welche Geschäftsfälle liegen folgenden Buchungssätzen zugrunde?
    1. Aufwendungen für Waren
       an Verbindlichkeiten   310,–
    2. Geschäftsausstattung
       an Bank   930,–
    3. Bank   an Kasse   1000,–
    4. Kasse   an Forderungen 570,–
    5. Forderungen an Umsatzerlöse 420,–
    6. Verbindlichkeiten
       an Postbank   760,–
    7. Zwei Konten an Forderungen 830,–
       Kasse   520,–
       Postbank   310,–
11. Welche Geschäftsfälle liegen den Buchungen 1 bis 6 zugrunde?

S	Geschäftsausstattung		H
2. Kasse 400,–			

S	Kasse		H
6. Umsatzerlöse 700,–		2. GA	400,–

S	Bank		H
4. Forderungen 200,–		5. Verbindl.	100,–

S	Forderungen		H
3. Umsatzerlöse 500,–		4. Bank	200,–

S	Verbindlichkeiten		H
5. Bank 100,–		1. Waren	1000,–

S	Aufwendungen für Waren		H
1. Verbindl. 1000,–			

S	Umsatzerlöse		H
		3. Forderungen	500,–
		6. Kasse	700,–

20 Kontenrahmen und Kontenplan

Lernziele

▷ Erklären können, welchen Zweck der Kontenrahmen hat;
▷ wissen, wie ein Kontenrahmen geordnet ist;
▷ den Unterschied zwischen Kontenrahmen und Kontenplan erklären können;
▷ ausgewählte Konten in den Kontenrahmen einordnen können.

Die Konten der Buchhaltung sind nach einheitlichen Regeln geordnet, damit die Buchhaltungen der einzelnen Betriebe vergleichbar sind und leichter von außen überprüft werden können.
Rechtliche Grundlage dafür sind die „Richtlinien zur Organisation der Buchführung" vom 11. 11. 1937. Aufgrund dieser Richtlinien wurden **Kontenrahmen** für die verschiedenen Wirtschaftszweige entwickelt. Solche einheitlichen Kontenrahmen sind auch notwendig, damit Datenverarbeitungssysteme sinnvoll und kostensparend im Rahmen der Buchführung eingesetzt werden können. Derzeit sind Bestrebungen im Gange, für die unterschiedlichen Wirtschaftsbereiche einen einheitlichen Kontenrahmen einzuführen, den sogenannten Gemeinschaftskontenrahmen (GKR).
Es gibt hierbei unterschiedliche Grundsätze zur Ordnung der Konten, nämlich die **Prozeßorientierung** und die **Abschlußorientierung**. Es soll hier mit einem abschlußorientierten Kontenrahmen gearbeitet werden, wie er von der Hauptgemeinschaft des Deutschen Einzelhandels (HDE) empfohlen wird.
Der Kontenrahmen dient also zur Ordnung und Vereinheitlichung der im Betrieb nötigen Konten. Diese werden in 10 Kontenklassen (0–9) aufgeteilt, und zwar nach der Gliederung der Bilanz und der Gewinn- und Verlustrechnung. Innerhalb der einzelnen Kontenklassen wird eine Unterteilung der Konten in Kontengruppen vorgenommen. Bei der Ordnung der Konten wird das Dezimalklassifikationssystem verwendet.

Beispiel
Kontenklasse 2: Umlaufvermögen (1. Ziffer)
Kontengruppe 28: Flüssige Mittel (2. Ziffer)
Kontenart 288: Kassenkonto (3. Ziffer).
Da aber nicht jeder Betrieb alle im Kontenrahmen

Klasse / Gruppe	0	1	2	3	4	5	6	7	8	9
	Aktiva			Passiva		Erträge	betrieblicher Aufwand	weiterer Aufwand	Ergebnis-rechnungen	Kosten- und Leistungs-rechnung
	Anlagevermögen Immaterielle Vermögens-teile und Sachanlagen	Umlaufver-mögen Finanzanla-gen	Umlaufver-mögen und aktive Rech-nungsabgren-zung	Eigenkapital und Rückstel-lungen	Verbindlich-keiten und passive Rech-nungsabgren-zung					
	00–01 frei	10–12 frei	200 Warenbestände	300 Eigenkapital 3001 Privat	40 frei	500 Umsatzerlöse	600 Aufwand für Waren 6001 Bezugskosten 6002 Nachlässe	700 Gewerbesteuer 702 Grundsteuer 703 Kraftfahrzeugsteuer 709 sonstige betriebliche Steuern	800 Eröffnungsbilanz 801 Schlußbilanz 802 Gewinn- u. Verlustkonto	die Kosten- und Leistungsrechnung wird üblicherweise außerhalb der Betriebsbuchhaltung durchgeführt
	020 Konzessionen und Schutzrechte	130 Beteiligungen	210 Betriebsstoffbestände	310 Kapitalrücklagen	410 Anleihen	510 Erlösberichtigungen				
	03–04 frei	14 frei	220 sonstiges Material	320 Gewinnrücklagen	420 kurzfristige Bankschulden	52–53 frei	610 Aufwand für bezogenes Material			
	050 unbebaute Grundstücke	150 Wertpapiere des Anlagevermögens	230 geleistete Anzahlungen	330 Gewinn- u. Verlustvortrag	425 langfristige Bankschulden	540 sonstige betriebliche Erträge	611 Aufwand für bezogene Leistungen			
	051 bebaute Grundstücke	160 sonstige Finanzanlagen	240 Forderungen aus Warenlieferungen u. Leistungen	340 Jahresergebnis	430 erhaltene Anzahlungen	550 Erträge aus Beteiligungen	620 Löhne	71–73 frei		
	057 Gebäudeeinrichtungen 059 Wohngebäude	17–19 frei	245 Besitzwechsel	35–36 frei	440 Verbindlichkeiten aus Lieferungen u. Leistungen	560 Erträge aus Wertpapieren	630 Gehälter	740 Abschreibungen auf Finanzanlagen		
	06–07 frei		25 frei	370 Pensionsrückstellungen	450 Schuldwechsel	570 Zins- und Diskonterträge	640 Arbeitgeberanteil zur Sozialvers.			
	081 Betriebs- u. Geschäftsausstattung		260 Vorsteuer	38–39 frei	46–47 frei	580 außerordentliche Erträge	641 Beiträge zur Berufsgenossenschaft	750 Zins- u. Diskontaufwand		
	084 Fuhrpark		263 sonstige Forderungen an Finanzbehörde		480 Umsatzsteuer	59 frei	652 Abschreibung auf Anlagen	760 außerordentlicher Aufwand		
	089 geringwertige Wirtschaftsgüter		269 sonstige Forderungen		483 Verbindlichkeiten gegen Finanzbehörde		654 Abschreibung auf geringwertige Wirtschaftsgüter			
	09 frei		270 Wertpapiere des Umlaufvermögens		484 Verbindlichkeiten gegen Sozialversicherung		660 sonstiger Personalaufwand	770 Gewerbeertragsteuer 771 Körperschaftsteuer 772 Kapitalertragsteuer		
			280 Bank 285 Postbank 288 Kasse		489 übrige sonstige Verbindlichkeiten		670 Miete und Pacht 671 Sachkosten für Geschäftsräume 672 Leasing 673 Gebühren 675 Aufwand des Geldverkehrs	78–79 frei		
			290 aktive Rechnungsabgrenzung		490 passive Rechnungsabgrenzung		677 Rechts- u. Beratungskosten 680 Büromaterial 681 Zeitungen, Fachliteratur 682 Postkosten 683 Kosten für Warenabgabe 684 Fuhrparkkosten 685 Reisekosten 686 Bewirtung u. Repräsentation 687 Werbung u. Dekoration 688 Spenden 690 Versicherungen 692 Beiträge zu Verbänden 693 anderer sonstiger Betriebsaufwand 694 Verluste aus Schadensfällen 695 Abschreibung auf Forderungen			

vorgesehenen Konten benötigt, fertigt er daraus einen seinen betrieblichen Zwecken dienlichen **Kontenplan** an.

Kontenklasse 0
Immaterielle Vermögensteile und Sachanlagen
Hier sind die Konten zusammengefaßt, auf welchen über diejenigen Vermögensteile buchgeführt wird, die langfristig im Betrieb investiert sind. Dies sind insbesondere Grundstücke und Geschäftsgebäude (Immobilien) und die Geschäftsausstattung. Eine Besonderheit ist hier das Konto 089 „geringwertige Wirtschaftsgüter". Hierauf werden Gegenstände der Geschäftsausstattung gebucht, deren Anschaffungspreis (ohne Umsatzsteuer) zwischen 100,– bis 800,– DM liegt. Sie können im Anschaffungsjahr voll abgeschrieben werden. Alle Konten dieser Klasse sind **aktive Bestandskonten**.

Kontenklasse 1
Finanzanlagen
Auf den Konten dieser Klasse wird über die langfristigen Finanzanlagen des Unternehmens buchgeführt, also über diejenigen Finanzmittel, die wenig liquide sind, wie z. B. Beteiligungen an einer anderen Firma oder einer Einkaufsgenossenschaft. Alle Konten dieser Klasse zählt man zu den **aktiven Bestandskonten**.

Kontenklasse 2
Umlaufvermögen und aktive Rechnungsabgrenzung
In dieser Klasse sind jene Konten zusammengefaßt, auf denen über die liquiden Mittel des Betriebs buchgeführt wird, also diejenigen Vermögensteile, welche dauernd im Umlauf sind, wie z. B. die zu verkaufenden Waren, Außenstände und sonstigen liquiden Finanzmittel (Bank, Kasse). Bei Betrieben, die sowohl Waren zum vollen Umsatzsteuersatz als auch zum ermäßigten Steuersatz im Sortiment haben, wird das Warenbestandskonto geteilt (Konto 200: Warengruppe 1; Konto 201: Warengruppe 2). Eine weitere Unterteilung nach Warenarten ist möglich.
Auf dem Konto 290 „aktive Rechnungsabgrenzung" werden Ausgaben verrechnet, die in der laufenden Rechnungsperiode angefallen sind, aber erst im kommenden Rechnungsjahr Aufwand darstellen. In diesem Fall müssen diese Aufwendungen aus der Ergebnisrechnung (G + V) des alten Jahres herausgenommen werden.
Die Konten dieser Klasse zählen zu den **aktiven Bestandskonten**.

Klasse 3
Eigenkapital und Rückstellungen
Auf den Konten dieser Klasse werden über das Eigenkapital des Unternehmens (Gruppe 30) und die Privateinlagen und Entnahmen des Unternehmers buchgeführt (3001). Bei Gesellschaftsunternehmen (z. B. OHG oder KG) wird für jeden Gesellschafter ein Kapitalkonto und ein Privatkonto angelegt.
Kapital- und Gewinnrücklagen zählen zum Eigenkapital, werden jedoch auf extra Konten verrechnet. Rückstellungen, z. B. für Pensionsansprüche von Mitarbeitern an das Unternehmen oder Rückstellungen für anstehende Steuerzahlungen oder für sonstige finanzielle Verpflichtungen, die in ihrer Höhe und Fälligkeit noch nicht genau festliegen (z. B. aus einem laufenden Prozeß), werden in der Kontengruppe 37 verrechnet. Rückstellungen sind für das Unternehmen Fremdkapital. Die Konten dieser Klasse sind **passive Bestandskonten**.

Klasse 4
Verbindlichkeiten und passive Rechnungsabgrenzungen
In dieser Klasse sind die Konten zusammengefaßt, auf denen die kurz- und langfristigen Schulden des Unternehmens verrechnet werden, wie z. B. Bankdarlehen, Lieferschulden, abzuführende Umsatzsteuer und noch abzuführende Beiträge an die Sozialversicherungsträger.
Das Konto 490 „passive Rechnungsabgrenzung" ist ebenfalls dieser Klasse zugeordnet. Es dient (analog zum Konto 290: aktive Rechnungsabgrenzung) zur Verrechnung von Einnahmen, die im laufenden Jahr dem Unternehmen zugeflossen sind, aber erst im kommenden Rechnungsjahr Ertrag bedeuten. In diesem Fall muß der Ertrag des laufenden Jahres um derartige Einnahmen berichtigt, d. h. gemindert werden. Die Konten dieser Klasse zählen zu den **passiven Bestandskonten**.

Klasse 5
Erträge
Die Konten dieser Klasse dienen zur Verrechnung der Erträge, wie z. B. der Erlöse aus Warenverkäufen und der Erträge aus Kapitalien (Zinserträge), Wertpapieren und Beteiligungen. Auf dem Konto 540 „sonstige betriebliche Erträge" werden z. B. Erträge verrechnet, die sich ergeben, wenn Betriebsgegenstände (Wirtschaftsgüter) zu Preisen über dem Buchwert veräußert werden.

Klasse 6
Betrieblicher Aufwand

Auf den Konten dieser Klasse werden die Aufwendungen und Kosten des Betriebs verrechnet. Dazu zählen u. a. die Kosten für den Waren- und Materialeinsatz, die Personalkosten, Geschäftsraumkosten, Verwaltungs- und Werbekosten und die Beiträge zu Kammern und Verbänden. Außerdem werden in dieser Kontenklasse auch die Abschreibungskosten verrechnet.

Klasse 7
Weiterer Aufwand

Die Konten dieser Klasse sind den diversen Steuern des Betriebs (Gruppe 70) und seines Unternehmers (Gruppe 77) vorbehalten. Die Steuern der Gruppe 70 (mit Ausnahme der Vermögensteuer) gehen in die Kostenrechnung des Betriebs ein. Im Gegensatz dazu sind die Steuern der Gruppe 77 Privatsteuern; sie stellen also Privatausgaben des Unternehmers dar und sind über das Privatkonto zu verrechnen. Außerdem werden in dieser Kontenklasse die Zins- und Diskontaufwendungen erfaßt.

Klasse 8
Ergebnisrechnung

In dieser Kontenklasse werden die Abschlußkonten geführt, auf denen das Betriebs- und Unternehmungsergebnis ermittelt werden. Dies sind das Bilanzkonto als Bestandsrechnung und das Gewinn- und Verlustkonto als Ergebnisrechnung.

Klasse 9

Diese Kontenklasse ist für die Kosten- und Leistungsrechnung des Betriebs vorgesehen, also für die Kalkulation und Statistik. In der Praxis werden diese Aufgaben jedoch außerhalb der Betriebsbuchhaltung erledigt, z. B. in Tabellenform. Damit wird diese Kontenklasse nicht belegt.

Merksätze

▷ Der Kontenrahmen hat das Ziel, die Buchhaltungen der verschiedenen Betriebe nach einheitlichen Gliederungsgesichtspunkten zu ordnen, um sie dadurch vergleichbar und überschaubar zu machen.

▷ Der Kontenrahmen ist in zehn Kontenklassen (0–9) unterteilt, die nach dem Dezimalklassifikationssystem geordnet sind.

▷ Die Kontenklassen sind gemäß der Bilanzgliederung und der Gliederung der GuV-Rechnung eingeteilt.

Aufgaben

1. Erklären Sie, welchen Zweck der Kontenrahmen hat.
2. Nach welchem Ordnungsprinzip sind die zehn Kontenklassen gebildet?
3. Wie heißt das System, nach dem die einzelnen Konten innerhalb der Kontenklassen geordnet sind?
4. Erklären Sie den Unterschied zwischen Kontenrahmen und Kontenplan.
5. Geben Sie zu den nachstehenden Konten die Kontennummern an: Kasse, Gehälter, Warenbestände, Warenaufwand, Umsatzerlöse, Forderungen aus Warenlieferungen und Leistungen, Miete und Pacht, GuV-Konto, Verbindlichkeiten aus Lieferungen und Leistungen, Betriebs- und Geschäftsausstattung, Eigenkapital, Büromaterial, Bank, außerordentlicher Aufwand, Zins- und Diskontaufwand, Werbung und Dekoration, Postbank, Privatkonto, Aufwendungen für bezogene Leistungen, Kraftfahrzeugsteuer.

21 Die Warenkonten

Lernziele

▷ Erklären können, warum getrennte Konten für Wareneinkäufe und Warenverkäufe geführt werden;

▷ wissen, wie die Bestandsveränderung von Waren auf dem Konto Warenbestände ermittelt wird;

▷ die Warenkonten nennen und ihre Funktion erklären können;

▷ Wareneinkäufe und Warenverkäufe buchen können;

▷ wissen, wie die Warenkonten abgeschlossen werden.

Warenbewegungen können nicht auf einem einheitlichen Konto erfaßt werden, weil diese einerseits eine Bestandsrechnung, andererseits jedoch eine Ergebnisrechnung darstellen. Würden beide Vorgänge, nämlich Wareneinkauf und Warenverkauf auf demselben Konto gebucht, hätten wir ein sogenanntes „gemischtes Konto", also ein Bestands- und Ergebniskonto in einem. Solche Konten sind aber nach den Grundsätzen des Rechnungswesens zu vermeiden.

Konto 200 „Warenbestände"

Die Warenbestandsrechnung wird auf dem Konto Warenbestände abgewickelt. Zu Beginn eines Rechnungsabschnittes wird der noch im Betrieb vorhandene Warenbestand durch Inventur ermittelt und zu Einkaufspreisen (Einstandspreisen) auf der Sollseite des Kontos Warenbestände gebucht. Zum Ende des Rechnungsabschnitts wird abermals durch Inventur der noch vorhandene Warenbestand zu Einkaufspreisen (Einstandspreisen) festgestellt und auf der Habenseite des Kontos Warenbestände gebucht. Dieser Warenendbestand geht auch in die Schlußbilanz ein. Die Differenz (Saldo) zwischen der Soll- und Habenseite dieses Kontos ist die Bestandsveränderung. Diese Bestandsveränderung (gegenüber dem vorhergehenden Rechnungsabschnitt) wird auf das Konto 600 „Aufwand für Waren" übertragen. Schematisch ergibt dies folgendes Bild:

Soll	200 Warenbestände		Haben
Anfangsbestand	8 000,–	Endbestand	10 000,–
Bestandsveränderung	2 000,–		
	10 000,–		10 000,–

Im obigen Beispiel gehen wir davon aus, daß der Endbestand höher als der Anfangsbestand ist. Daher erscheint beim Abschluß die Bestandsveränderung im Konto 600 „Aufwand für Waren" auf der Habenseite. Dies bedeutet eine Erhöhung des Ertrags. Ist der Endbestand niedriger als der Anfangsbestand, wird demgemäß beim Abschluß des Kontos 200 Warenbestände der Saldo im Haben stehen. Er erscheint somit auf dem Konto 600 „Aufwand für Waren" im Soll; dies bedeutet eine Erhöhung des Aufwands.

Konto 600 „Aufwand für Waren"

Die Wareneinkäufe werden buchungstechnisch über das Konto „Aufwand für Waren" abgewickelt. Es handelt sich hierbei um ein Ergebniskonto der Klasse 6 (betrieblicher Aufwand). Beim Wareneinkauf erscheint folglich der Rechnungsbetrag auf der Sollseite dieses Kontos als Aufwand. Am Schluß der Rechnungsperiode wird, wie bereits oben ausgeführt, die Bestandsveränderung vom Konto 200 „Warenbestände" auf das Konto 600 „Aufwand für Waren" übertragen. Dann wird der Saldo dieses Kontos ermittelt. Dieser Saldo ist der **Wareneinsatz**, d. h. es ist der Wert der verkauften Waren zu Einstandspreisen. Er wird auf das Gewinn- und Verlustkonto übertragen. Dies soll anhand eines Beispiels verdeutlicht werden.

Soll	600 Aufwand für Waren		Haben
Wareneinkauf	120 000,–	Bestandsveränderungen	2 000,–
		Wareneinsatz	118 000,–
	120 000,–		120 000,–

Konto 500 „Umsatzerlöse"

Auf dem Konto „Umsatzerlöse" werden die Erlöse aus Warenverkäufen gebucht. Sie tauchen dort auf der Habenseite als Ertrag auf. Das Konto „Umsatzerlöse" ist ein Ergebniskonto der Klasse 5. Es muß daher über das Gewinn- und Verlustkonto abgeschlossen werden. Auch dies soll ein Beispiel verdeutlichen.

Soll	500 Umsatzerlöse		Haben
Saldo	160 000,–	Warenverkäufe	160 000,–

Zusammengefaßt ergeben die hier dargestellten Buchungen folgendes Bild (siehe S. 211, oben).
Dies wird anhand der darunterstehenden Geschäftsfälle aus dem Warenverkehr gezeigt.

Merksätze

▷ Anfangs- und Endbestand an Waren sind zu Einkaufspreisen (Einstandspreisen) auf dem Konto 200 „Warenbestände" zu buchen.
▷ Wareneinkäufe werden auf der Sollseite des Kontos 600 „Aufwand für Waren" gebucht.
▷ Die Bestandveränderung ergibt sich als Saldo auf dem Konto 200 „Warenbestände". Sie wird auf das Konto 600 „Aufwand für Waren" übertragen.
▷ Warenverkäufe werden auf der Habenseite des Kontos 500 „Umsatzerlöse" gebucht.

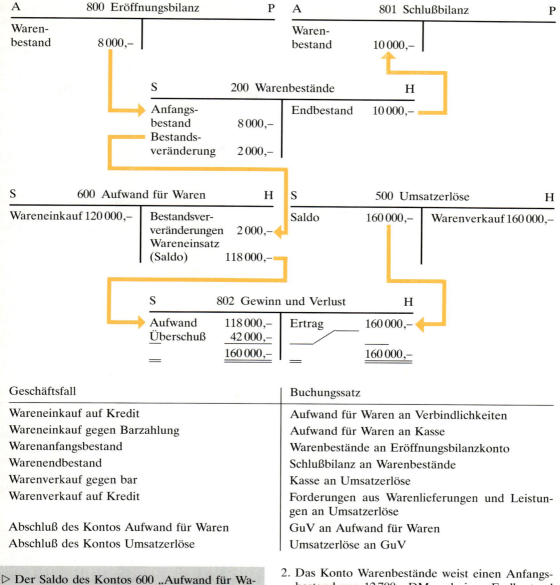

Geschäftsfall	Buchungssatz
Wareneinkauf auf Kredit	Aufwand für Waren an Verbindlichkeiten
Wareneinkauf gegen Barzahlung	Aufwand für Waren an Kasse
Warenanfangsbestand	Warenbestände an Eröffnungsbilanzkonto
Warenendbestand	Schlußbilanz an Warenbestände
Warenverkauf gegen bar	Kasse an Umsatzerlöse
Warenverkauf auf Kredit	Forderungen aus Warenlieferungen und Leistungen an Umsatzerlöse
Abschluß des Kontos Aufwand für Waren	GuV an Aufwand für Waren
Abschluß des Kontos Umsatzerlöse	Umsatzerlöse an GuV

▷ Der Saldo des Kontos 600 „Aufwand für Waren" zeigt den Wareneinsatz an. Er wird auf das GuV-Konto übertragen.
▷ Der Saldo des Kontos 500 „Umsatzerlöse" wird auf das GuV-Konto übernommen.

Aufgaben

1. Warum müssen für Wareneinkäufe und Warenverkäufe getrennte Warenkonten geführt werden?
2. Das Konto Warenbestände weist einen Anfangsbestand von 12 700,– DM und einen Endbestand von 14 800,– DM auf. Schließen Sie das Konto ab.
3. Das Konto Aufwand für Waren weist folgende Posten auf: Wareneinkauf 150 000,– DM; Bestandsveränderung (Minderung) 4000,– DM. Ermitteln Sie den Wareneinsatz.
4. Erklären Sie den Begriff „Wareneinsatz".
5. Über welches Konto werden die Konten „Aufwand für Waren" und „Umsatzerlöse" abgeschlossen?

6. Bilden Sie die Buchungssätze für folgende Geschäftsfälle. Die Umsatzsteuer bleibt dabei unberücksichtigt.
   a) Wareneinkauf auf Ziel   1 680,–
   b) Tageslosung (Barverkauf)   745,–
   c) Warenverkauf auf Ziel   215,–
   d) Wareneinkauf gegen Bankscheck   834,–
   e) Warenendbestand lt. Inventur 12 317,–
   f) Wareneinsatz   142 360,–
   g) Umsatzerlöse   276 420,–

7. Buchen Sie folgende Geschäftsfälle und schließen Sie die Warenkonten ab. Kontenplan: 200; 240; 280; 288; 440; 500; 600; 801; 802. Die Umsatzsteuer bleibt dabei unberücksichtigt.
   a) Anfangsbestand an Waren   14 340,–
   b) Tageslosung (Barverkauf)   920,–
   c) Wareneinkauf gegen Banküberweisung 2 690,–
   d) Wareneinkauf gegen bar   810,–
   e) Warenverkauf gegen bar   1 430,–
   f) Warenverkauf auf Ziel   650,–
   g) Wareneinkauf auf Ziel   1 120,–
   h) Tageslosung   1 270,–
   i) Warenendbestand   15 540,–

22 Die Umsatzsteuer

Lernziele

▷ Das Besteuerungsprinzip erklären können, welches der Umsatzsteuer zugrunde liegt;
▷ die Begriffe „Steuerlast", „Vorsteuer" und „Zahllast" erklären können;
▷ wissen, welche Waren und Dienstleistungen im Floristbetrieb zum vollen bzw. halben Umsatzsteuersatz versteuert werden;
▷ die Umsatzsteuer bei Wareneinkäufen und Warenverkäufen buchen können;
▷ die Konten „Vorsteuer" und „Umsatzsteuer" abschließen können;
▷ aus den Bruttoverkaufserlösen die Umsatzsteuer errechnen können.

Die Umsatzsteuer ist im Umsatzsteuergesetz (UStG) geregelt. Demnach unterliegen der Versteuerung gemäß § 1 UStG:
1. alle Lieferungen und Leistungen, die ein Unternehmer im Inland gegen Entgelt im Rahmen seines Geschäftsbetriebs tätigt (dies sind nicht nur die reinen Warenumsätze, sondern auch Dienstleistungen, vereinnahmte Verzugszinsen und ähnliches);
2. der Eigenverbrauch, der außer in der Entnahme von Waren für den Privatverbrauch auch in der privaten Nutzung eines Geschäftswagens oder im Verbrauch von Heizöl für die Wohnung im Geschäftshaushalt besteht;
3. die Einfuhr von Waren (Einfuhrumsatzsteuer).

Die Umsatzsteuer ist eine **Nettosteuer.** Mit diesem Prinzip soll erreicht werden, daß die Umsatzsteuer nicht kumuliert (angehäuft) wird. Dies wäre nämlich der Fall, wenn eine Ware auf dem Wege vom Erzeuger zum Letztverbraucher mehrere Stufen durchläuft. Nach dem Willen des Gesetzgebers soll jedoch der Letztverbraucher nur einmal mit dem einheitlichen Steuersatz belastet werden. Die Umsatzsteuer wird also von einer Wirtschaftsstufe auf die andere bis zum Letztverbraucher überwälzt, wobei der nachfolgende Betrieb (Wirtschaftsstufe) immer die vom vorhergehenden Betrieb bereits entrichtete und ihm in Rechnung gestellte Umsatzsteuer bei der Berechnung seines Verkaufspreises unberücksichtigt läßt. Er kürzt nur seine Steuerschuld dem Finanzamt gegenüber um die ihm vom Lieferer in Rechnung gestellte Umsatzsteuer (Vorsteuer).

Das Prinzip der Umsatzsteuer, daß jeder Unternehmer aus seinen Umsätzen dem Finanzamt gegenüber die Umsatzsteuer schuldet (Steuerlast), von der er die an seinen Lieferer entrichtete Umsatzsteuer (Vorsteuer) als Forderung gegen das Finanzamt absetzt, führte zu dem in der Praxis heute üblichen Begriff **„Mehrwertsteuer",** da nur der Wertzuwachs (Mehrwert) der jeweiligen Wirtschaftsstufe versteuert wird. Die **Zahllast,** also der vom einzelnen Unternehmer an das Finanzamt zu entrichtende Steuerbetrag, wird wie folgt berechnet:

   Steuerlast
− Vorsteuer
= Zahllast

> Umsatzsteuer für Verkäufe − Umsatzsteuer für Einkäufe = Umsatzsteuer für eigene Wertschöpfung

Die Umsatzsteuer wird dem Nettoverkaufspreis prozentual zugerechnet. Der allgemeine Steuersatz ist ab 1. 1. 1993 15%. Er ermäßigt sich gemäß Anlage 1 zum Umsatzsteuergesetz für bestimmte Waren auf 7% (ermäßigter Steuersatz). Zu diesen Waren gehören unter anderem wichtige Grundnahrungsmittel,

Kaffee, Tee, Wasser, Rohholz, Frischblumen und Frischpflanzen, bestimmte Düngemittel, Bücher, Zeitungen, Noten, Briefmarken, Rohwolle, Kunstgegenstände und Sammlungsstücke.

Die Berechnung und Buchung der Umsatzsteuer soll an nachstehendem Beispiel erläutert werden:

Beispiel
1. Ein Einzelhändler kauft vom Großhändler Waren gegen Barzahlung

Nettopreis	500,–
+ 15% Umsatzsteuer	75,–
	575,–

2. Diese Ware wird an den Endverbraucher bar verkauft

Nettopreis	800,–
+ 15% Umsatzsteuer	120,–
	920,–

Außer dem Nettopreis von 800,– erhält der Einzelhändler noch 120,– Umsatzsteuer, die er an das Finanzamt abführen muß. In Höhe des Umsatzsteuerbetrages entsteht eine Verbindlichkeit gegenüber dem Finanzamt. Deshalb sind die 120,– auf einem Verbindlichkeitskonto 480 Umsatzsteuer (Mehrwertsteuer) zu buchen. Beim Wareneinkauf hat der Einzelhändler aber schon 75,– auf diese Steuerschuld im voraus bezahlt; er hat also an das Finanzamt eine Forderung in dieser Höhe, die auf dem Konto 260 Vorsteuer gebucht wird. Am Fälligkeitstag sind deshalb nur zu zahlen:

erhaltene Umsatzsteuer	120,–
– Vorsteuer	75,–
Zahllast	45,–

Die Zahllast berechnet man auf dem Konto 480 Umsatzsteuer. Dazu wird das Konto 260 Vorsteuer auf Konto 480 Umsatzsteuer abgeschlossen.
Diese beiden Geschäftsfälle lösen folgende Buchungen aus:

Zu 1:
600 Aufwand für Waren	500,–		
260 Vorsteuer	75,–	an 288 Kasse	575,–

Zu 2:
288 Kasse	912,–	an 500 Umsatzerlöse	800,–
		480 Umsatzsteuer	120,–

Am Monatsende wird gebucht:
480 Umsatzsteuer	75,–	an 260 Vorsteuer	75,–

Damit ist das Konto Vorsteuer ausgeglichen.

Wird die Umsatzsteuer an das Finanzamt bezahlt, so bucht man wie folgt: 480 Umsatzsteuerkonto an Finanzkonto (Kasse, Postbank, Bank). Ergibt sich am Jahresende auf dem Konto 480 Umsatzsteuer ein Saldo, so wird dieser in die Schlußbilanz übernommen.

Kontenmäßig dargestellt ergeben die beiden Geschäftsfälle folgendes Bild:

S	600 Aufwand f. Waren		H
288	500,–		

S	260 Vorsteuer		H
288	75,–	480	75,–

S	500 Umsatzerlöse		H
		288	800,–

S	288 Kasse		H
AB	1000,–	600/260	575,–
500/480	920,–	480	45,–

S	480 Umsatzsteuer		H
260	75,–	288	120,–
288	45,–		
	120,–		120,–

Beim Verkauf an den Endverbraucher weist der Einzelhändler die Umsatzsteuer nicht gesondert aus, weil im Bruttoverkaufspreis (Ladenpreis) die Umsatzsteuer enthalten ist. Für den Einzelhändler ergibt sich daher die Notwendigkeit, aus den Bruttoerlösen die Umsatzsteuer herauszurechnen, um die Zahllast ermitteln zu können. Dabei wird bei einem Umsatzsteuersatz von 15% mit folgenden Sätzen gerechnet:

15% a. H. ≙ 13,04% v. H.
 7% a. H. ≙ 6,54% v. H.

Beispiel
Ein Florist hatte im laufenden Monat aus Warenverkäufen gegen Barzahlung inklusive Umsatzsteuer einen Umsatz von 11 500,– DM (Bareinnahmen).

Buchungssätze:
a) Bei der laufenden Buchung

288 Kasse	11 500,–	an 500 Umsatzerlöse	11 500,–

213

b) Am Monatsende wird daraus die Umsatzsteuer ermittelt. Dies ergibt 13,04% aus 11 500,– DM (brutto) = 1 500,– DM
500 Umsatz-   1 500,–   an 480 Umsatz-
   erlöse   steuer   1 500,–

In Kontenform dargestellt sieht dies wie folgt aus:

S		288 Kasse		H
500	11 500,–			

S		480 Umsatzsteuer		H
		500	1 500,–	

S		500 Umsatzerlöse		H
480	1 500,–	288	11 500,–	

Verkauft ein Einzelhändler Waren, die unterschiedlichen Umsatzsteuersätzen unterliegen, richtet er dafür getrennte Warenaufwands- und Umsatzerlöskonten ein. Dies trifft auch auf den Floristbetrieb zu, weil z. B. Frischblumen und Frischpflanzen mit dem ermäßigten, Keramikwaren und Trockenblumen jedoch mit dem vollen Satz zu versteuern sind.

> **Merksätze**
> ▷ Bei der Umsatzsteuer wird nur der jeweilige Mehrwert der einzelnen Wirtschaftsstufen versteuert.
> ▷ Der Umsatzsteuer unterliegen alle Lieferungen und Leistungen eines Unternehmens gegen Entgelt, der Eigenverbrauch von Waren und die Wareneinfuhr.
> ▷ Der Unternehmer führt an das Finanzamt nur die Differenz zwischen bezahlter Vorsteuer und der von ihm gegenüber seinen Kunden berechneten Umsatzsteuer ab.
> ▷ Die vom Unternehmer an das Finanzamt abzuführende Umsatzsteuer bezeichnet man als Zahllast.
> ▷ Die an den Lieferanten bezahlte Umsatzsteuer wird auf dem Konto Vorsteuer, die dem Kunden berechnete Umsatzsteuer auf dem Konto Umsatzsteuer gebucht.
> ▷ Weil im Einzelhandel die Umsatzsteuer beim Endverkaufspreis nicht gesondert ausgewiesen wird, muß am Ende der Abrechnungsperiode aus dem Konto „Umsatzerlöse" die Umsatzsteuer rechnerisch ermittelt werden. Diese Art der Buchung von Umsatzerlösen wird als Bruttoverfahren bezeichnet.

Aufgaben

1. Erklären Sie das Besteuerungsprinzip für die Umsatzsteuer anhand eines Zahlenbeispiels.
2. Zeigen Sie anhand eines Zahlenbeispiels auf, wie die Zahllast ermittelt wird: Vorsteuer 12 437,20 DM; Umsatzsteuer 16 348,– DM.
3. Zählen Sie auf, welche Geschäftsfälle der Umsatzsteuer unterliegen.
4. Bilden Sie die Buchungssätze für folgende Geschäftsfälle:
   a) Wareneinkauf auf Ziel   netto 545,—
                               USt   81,75
                               brutto 626,75
   b) Warenverkauf bar   netto 824,—
                               USt   123,60
                               brutto 947,60
   c) Wareneinkauf bar   netto 650,—
                               USt   97,50
                               brutto 747,50
   d) Warenverkauf auf Ziel   brutto 319,70
   e) Buchen Sie die Umsatzsteuer aus dem Geschäftsfall d) auf das Umsatzsteuerkonto um (voller Steuersatz).
   f) Schließen Sie das Konto Vorsteuer ab; bezahlte Vorsteuer 12 437,20.
   g) Das Umsatzsteuerkonto weist eine Zahllast von 3910,80 auf. Wie lautet die Abschlußbuchung?
5. Buchen Sie folgende Geschäftsfälle auf T-Konten und schließen Sie die Konten Vorsteuer und Umsatzsteuer ab. Kontenplan: 240; 260; 440; 480; 483; 500; 600. Die Umsatzsteuer beträgt 15%.
   a) Warenverkauf auf Ziel   brutto 729,10
   b) Wareneinkauf auf Ziel   netto   548,—
                               USt   82,80
                               brutto 630,80
   c) Warenverkauf auf Ziel   brutto 1085,60
   d) Wareneinkauf auf Ziel   netto   412,—
                               USt   61,80
                               brutto 473,80

23 Sonstige Buchungen im Warenverkehr

Lernziele

▷ Die verschiedenen Nebenbuchungen nennen können, die beim Warenverkehr entstehen;
▷ erklären können, welche Kosten beim Warenbezug anfallen;
▷ die unterschiedlichen Preisnachlässe von Lieferern aufzählen und erklären können;
▷ erklären können, wodurch Erlösschmälerungen im Floristenbetrieb beim Warenverkehr entstehen;
▷ die bei der Warenabgabe entstehenden Sachkosten nennen und erklären können;
▷ sämtliche Buchungen, die beim Warenverkehr entstehen, ausführen können.

Sowohl beim Wareneinkauf als auch beim Warenverkauf fallen außer den bisher behandelten Grundbuchungen sehr häufig zusätzliche Buchungen an, insbesondere ausgelöst durch
- anfallende Warenbezugs- und Nebenkosten
- Preisnachlässe von Lieferern
- Warenrücksendungen an Lieferer
- Rechnungsabzug von Kunden
- Warenrückgaben von Kunden
- Kosten für Warenabgabe und Warenzustellung

Warenbezugs- und Nebenkosten

Dazu zählen hauptsächlich Verpackungskosten, sofern sie in Rechnung gestellt werden, Frachten, Rollgeld und Transportversicherungen beim Wareneinkauf. Diese Kosten werden auf dem Konto 6001 Bezugskosten erfaßt.

Beispiel
Barzahlung für Rollgeld einschließlich Umsatzsteuer 34,20 DM
Buchungssatz
6001 Bezugs-
kosten   30,— DM
260 Vorsteuer   4,20 DM   an 288 Kasse   34,20 DM

Zum Schluß der Rechnungsperiode wird das Konto Bezugskosten über das GuV-Konto abgeschlossen.

Preisnachlässe von Lieferern

Die wichtigsten Preisnachlässe, welche der Einzelhändler von seinen Lieferern erhält sind Skonti, Boni und Rabatte (vgl. S. 160f.). **Skonto** (Mehrzahl = Skonti) ist ein Preisabzug, den der Einzelhändler vornehmen kann, wenn er bar bezahlt. Dies muß jedoch in den Zahlungsvereinbarungen (Zahlungsbedingungen) festgelegt sein.

Als **Bonus** (Mehrzahl = Boni) bezeichnet man einen Preisnachlaß, der nachträglich vom Lieferer für einen bestimmten Zeitraum gewährt wird, wenn gewisse Bedingungen eingetreten sind, wie z. B. das Erreichen eines bestimmten Mindestumsatzes. Der am häufigsten vorkommende Bonus ist der Umsatzbonus.

Rabatt ist ein Nachlaß des Lieferers, welcher aus bestimmten Anlässen gewährt wird, wie z. B. Abnahme großer Mengen (Mengenrabatt), langjährige Geschäftstreue (Treuerabatt) oder Weiterverkauf der bezogenen Waren an Händler (Wiederverkäuferrabatt). Im Gegensatz zu den Boni und Skonti werden die Rabatte vom Lieferer direkt vom Listenpreis abgezogen und daher nicht gesondert gebucht.

Beispiel
Banküberweisung an einen Lieferer abzüglich 2% Skonto
Rechnungsbetrag   3300,– DM
abzügl. 2% Skonto   66,– DM
Überweisungsbetrag   3234,– DM
Buchungssatz
440 Verbindlich-   an 6002 Nach-
keiten   3300,–   lässe   66,–
                              280 Bank   3234,–
Da jetzt aber auch die Vorsteuer um 2% vermindert wurde, muß noch folgende Berichtigungsbuchung vorgenommen werden:
6002 Nachlässe   an 260 Vorsteuer   9,90
Üblicherweise wird die Vorsteuerberichtigung nur einmal am Monatsende vorgenommen.

Warenrücksendung an Lieferer

Werden dem Lieferer vom Einzelhändler mangelhafte oder falsch gelieferte Waren zurückgeschickt, so vermindern sich hierbei die Verbindlichkeiten entsprechend. Gleichzeitig nimmt der Aufwand für Waren ab. Außerdem ist die Vorsteuer zu berichtigen.

Beispiel
Warenrücksendung an einen Lieferer
Warenwert   600,– DM
+ 15% Umsatzsteuer   90,– DM
Rechnungsbetrag   690,– DM

Buchungssatz

440 Verbindlich-		an	600 Aufwand	
keiten	690,–		für Waren	600,–
			260 Vorsteuer	90,–

Erlösschmälerungen

Auch im Einzelhandel ist es üblich, daß die Waren auf Lieferschein unter Einräumung eines Zahlungsziels abgegeben werden. Dies ist besonders bei Großabnehmern, Wiederverkäufern und gewerblichen Kunden der Fall. Häufig werden solchen Kunden Zahlungsziele mit Skontierungsmöglichkeit eingeräumt. Für den Einzelhändler bedeutet der Skontoabzug, den seine Kunden vornehmen, eine Erlösschmälerung, die er entsprechend in seiner Buchhaltung verrechnen muß.

Beispiel
Banküberweisung eines Kunden:

Bruttorechnungsbetrag (einschl.	
Umsatzsteuer)	552,— DM
abzüglich 2% Skonto	11,04 DM
Überweisungsbetrag	540,96 DM

Buchungssatz

280 Bank	540,96	an	240 Forde-	
510 Erlösberichti-			rungen	552,–
gungen	9,60			
480 Umsatzsteuer	1,44			

Das Konto Erlösberichtigungen wird am Jahresende über das GuV-Konto abgeschlossen.

Warenrücksendung von Kunden

Dies ist zwar im Floristbetrieb verhältnismäßig selten, doch kann dieser Fall immerhin eintreten. So kann z. B. mangelhafte Ware zurückgebracht werden. Dadurch vermindert sich der Erlös des Einzelhändlers. Gleichzeitig erlischt, wenn der Anspruch des Kunden berechtigt ist, die dementsprechende Forderung. Außerdem vermindert sich dadurch auch die Umsatzsteuerschuld des Einzelhändlers.

Beispiel
Ein Kunde gibt mangelhafte Ware zurück und erhält den Betrag bar.

Warenwert	50,— DM
+ 15% Umsatzsteuer	7,50 DM
Rechnungsbetrag	57,50 DM

Buchungssatz

500 Umsatzerlöse	50,—	an	288 Kasse	57,50
480 Umsatzsteuer	7,50			

Sachkosten für Warenabgabe

Zu diesen Kosten gehören insbesondere die Transportkosten, welche bei der Warenzustellung anfallen, wie z. B. Portokosten, Frachtkosten bei der Eisenbahn oder einem sonstigen Frachtführer sowie anfallende Transportversicherungen. Üblicherweise werden dem Kunden die Zustellkosten dann berechnet, wenn sich der Einzelhändler dafür eines Frachtführers bedient.

Beispiel
Warenverkauf auf Ziel mit Zustellung durch Transportunternehmen.

Warenwert	230,— DM
Zustellkosten	20,— DM
+ Umsatzsteuer 15% (aus 250,– DM)	37,50 DM
Rechnungsbetrag	287,50 DM

Buchungssatz

240 Forderungen	287,50	an	500 Umsatz-	
			erlöse	230,—
			611 Aufwand	
			für bezogene	
			Leistungen	20,—
			480 Umsatz-	
			steuer	37,50

Verpackungsmaterial, das im Zuge der Warenabgabe notwendig ist, wird über das Konto 610 Aufwand für bezogenes Material oder ein entsprechendes Unterkonto (z. B. 6102 Aufwendungen für Verpackungsmaterial) gebucht. Alle dem Kunden nicht gesondert berechneten Ausgaben für die Warenabgabe und -zustellung sind für den Einzelhändler Kosten und in die GuV-Rechnung zu übernehmen.

Merksätze

▷ Die Nebenbuchungen, welche beim Wareneinkauf anfallen, sind insbesondere verursacht durch Warenbezugskosten, Preisnachlässe und Warenrücksendungen an Lieferer.

▷ Die Erlösschmälerungen des Floristen entstehen vor allem durch Zahlungsabzüge der Kunden (z. B. Skonto), Sachkosten für Warenabgabe (Transportkosten und Verpackungskosten) und Warenrückgabe von Kunden.

▷ Durch die Nebenbuchungen beim Warenverkehr werden Korrekturen bei der Vorsteuer oder Umsatzsteuer notwendig. Die Umsatzsteuerkonten müssen also entsprechend berichtigt werden.

Aufgaben

1. Nennen Sie die verschiedenen Warenbezugs- und Nebenkosten und erläutern Sie diese.
2. Wie wirken sich die Preisnachlässe von Lieferern auf das Betriebsergebnis des Floristen aus?
3. Wie wirkt sich die Warenrücksendung durch einen Kunden auf die Umsatzsteuerschuld des Floristen aus?
4. Erklären Sie, warum die Vorsteuer berichtigt werden muß, wenn der Florist Waren an seinen Lieferer zurücksendet.
5. Auf welchem Ergebniskonto werden die Transportkosten gebucht, die dem Kunden in Rechnung gestellt werden?
6. Bilden Sie zu folgenden Geschäftsfällen die Buchungssätze.
   a) Wareneinkauf auf Ziel: Warenwert 900,–; Umsatzsteuer 126,–
   b) Eingangsfracht bar bezahlt: Fracht 30,–; Umsatzsteuer 4,50
   c) Privatentnahme von Waren: Warenwert 100,–; Umsatzsteuer 15,–
   d) Warenverkauf auf Ziel: Warenwert einschließlich 15% Umsatzsteuer 184,–
   e) Barzahlung von Ausgangsfracht: Fracht 40,–; Umsatzsteuer 6,–
   f) Banküberweisung an einen Lieferer: Rechnungsbetrag 1881,–; Skonto 33,–; Überweisungsbetrag 1848,–
   g) Berichtigung der Vorsteuer aus dem Geschäftsfall (f)
   h) Ein Kunde zahlt eine offene Rechnung abzüglich 3% Skonto durch Banküberweisung: Rechnungsbetrag 135,–; Skonto 4,05; Überweisung 130,95
   i) Berichtigen Sie die Umsatzsteuer aus dem Geschäftsfall (h)
   k) Warenrücksendung an einen Lieferer: Warenwert 500,–; Umsatzsteuer 75,–
   l) Warenrücksendung von einem Kunden: Warenwert einschließlich 15% Umsatzsteuer 92,–
7. Schließen Sie die Konten nach folgendem Muster ab. Der Warenendbestand beträgt 16 300,–.

200 Warenbestände		260 Vorsteuer	
Anfangsbestand 18 700,–		11 984,–	

480 Umsatzsteuer		500 Umsatzerlöse	
	25 914,–		185 100,–

510 Erlösberichtigungen		600 Aufwand für Waren	
624,–		83 200,–	

6001 Bezugskosten		6002 Nachlässe	
2 420,–			870,–

6102 Aufwand für Verpackungsmaterial		611 Aufwand für bezogene Leistungen	
210,–		261,–	62,–

801 Schlußbilanz		802 GuV	

24 Buchung von Personalkosten

Lernziele

▷ Die verschiedenen Sozialversicherungsbeiträge nennen können;
▷ die Begriffe Bruttolohn und Nettolohn erklären können;
▷ Löhne und Gehälter buchen können.

Löhne und Gehälter bedeuten für den Betrieb Kosten. Man bezeichnet sie als Personalkosten. Die Entlohnung für Arbeiterinnen und Arbeiter bezeichnet man als **Lohn,** die für Angestellte als **Gehalt.** Diese Unterscheidung ist wichtig, weil es für die beiden Gruppen unterschiedliche Tarifverträge und unterschiedliche Sozialversicherungsträger gibt. Die Personalkosten werden buchhalterisch in der Kontenklasse 6 auf den Konten 620 „Löhne" und 630 „Gehälter" erfaßt. Neben den reinen Lohn- und Gehaltskosten fallen für den Arbeitgeber jedoch noch Aufwendungen an, die er für die Arbeitnehmer tragen muß, die sogenannten Arbeitgeberanteile zur Sozialversicherung.

Aufgrund verschiedener gesetzlicher Vorschriften sind Arbeitnehmer und zum Teil auch Selbständige verpflichtet, sich gegen soziale Risiken zu versichern. So besteht eine Versicherungspflicht gegen Krankheitsrisiko **(gesetzliche Krankenversicherung),** Arbeitsplatzrisiko **(Arbeitslosenversicherung)** und das Risiko der Berufsunfähigkeit, Erwerbsunfähigkeit oder des Alters **(Rentenversicherung).** Eine Sonderstellung nimmt die **gesetzliche Unfallversicherung** ein. Durch sie ist der Arbeitnehmer gegen das Unfallrisiko versichert, welches im Betrieb und auf dem Weg von und zu der Arbeit besteht. Versicherungsträger ist die Berufsgenossenschaft (vgl. „Der Florist 2").

Generell müssen die Beiträge zu den hier genannten Sozialversicherungszweigen je zur Hälfte vom Arbeitgeber und vom Arbeitnehmer bezahlt werden. Eine Ausnahme macht die Unfallversicherung. Sie wird voll vom Arbeitgeber getragen. Außer den **gesetzlichen sozialen Aufwendungen** werden von vielen Arbeitgebern noch **freiwillige soziale Aufwendungen** erbracht, wie z. B. Zuschüsse zu Weiterbildungsmaßnahmen, Unterstützung bei Geburt eines Kindes oder zusätzliche Altersversorgung.

Die tariflich festgelegten oder frei vereinbarten Löhne und Gehälter werden jedoch nicht in voller Höhe an den Arbeitnehmer ausbezahlt, da die vom Arbeitnehmer zu entrichtenden Sozialversicherungsbeiträge vom Arbeitgeber einbehalten und an die Sozialversicherungsträger abgeführt werden müssen. Außerdem werden die Löhne und Gehälter noch um die zu entrichtende **Lohnsteuer** und **Kirchensteuer** gekürzt. Sie müssen ebenfalls vom Arbeitgeber einbehalten und an das Finanzamt abgeführt werden. Was der Arbeitnehmer ausbezahlt erhält, ist der Nettolohn oder das Nettogehalt. Der vereinbarte Lohn heißt sinngemäß Bruttolohn. Gleiches gilt für Gehälter.

Bruttogehalt (Bruttolohn)
− Lohnsteuer
− Kirchensteuer
− Krankenversicherungsbeitrag (50%) ⎫
− Arbeitslosenversicherungsbeitrag (50%) ⎬ Sozialversicherungsbeiträge
− Rentenversicherungsbeitrag (50%) ⎭

Nettogehalt (Nettolohn)

Beispiel
Die Floristin Hildegard Gruber erhält ein Bruttogehalt von 2370,− DM. Für Lohn- und Kirchensteuer werden 368,− DM und für anteilige Sozialversicherungsbeiträge 285,− DM einbehalten. Einen Anteil in gleicher Höhe, nämlich 285,− DM hat der Arbeitgeber an den Sozialversicherungsträger abzuführen (Arbeitgeberanteil).

Das Bruttogehalt von 2370,− DM ist als Aufwand im Soll des Kontos 630 „Gehälter" zu buchen. Das Nettogehalt erscheint als Ausgabe im Haben des Kassen- oder Bankkontos, je nachdem, ob das Gehalt bar ausbezahlt oder durch Banküberweisung übermittelt wird. Die vom Arbeitgeber einbehaltenen Beiträge für Lohn- und Kirchensteuer sowie Sozialversicherung werden bis zu ihrer Weiterleitung an das Finanzamt oder die Sozialversicherungsträger als Verbindlichkeiten auf folgenden Konten gebucht:
○ 483 Verbindlichkeiten gegen Finanzbehörde
○ 484 Verbindlichkeiten gegen Sozialversicherung

Buchungssatz
630 Gehälter 2250,− an 288 Kasse 1597,−
   483 Verbindl.
   gegen Finanzbehörde 368,−
   484 Verbindl.
   gegen Sozialversich. 285,−

Der Arbeitgeberanteil zur Sozialversicherung ist im Soll des Kontos 640 „Arbeitgeberanteil zur Sozialversicherung" und im Haben des Kontos 484 „Verbindlichkeiten gegen Sozialversicherung" zu buchen.

Buchungssatz
640 Arbeitgeberanteil zur Sozialversich. 285,− an 484 Verbindl. gegen Sozialversich. 285,−

Werden die einbehaltenen Abzüge und der Arbeitgeberanteil zur Sozialversicherung an die Sozialversicherungsträger und die einbehaltene Lohnsteuer an das Finanzamt abgeführt, so ist wie folgt zu buchen:

Buchungssätze
484 Verbindl. an 280 Bank
gegen Sozialversich. 570,− 570,−
483 Verbindl. 280 Bank
gegen Finanzbeh. 368,− 368,−

Merksätze

▷ Die gesetzliche Sozialversicherung besteht aus folgenden Versicherungszweigen: Krankenversicherung, Arbeitslosenversicherung, Rentenversicherung und Unfallversicherung.

▷ Krankenversicherung, Arbeitslosenversicherung und Rentenversicherung werden je zur Hälfte vom Arbeitgeber und vom Arbeitnehmer getragen. Die Beiträge zur Unfallversicherung müssen voll vom Arbeitgeber getragen werden.

▷ Werden vom Bruttolohn die gesetzlichen Beiträge zu Sozialversicherung und die Lohnsteuer samt Kirchensteuer abgezogen, erhält man den Nettolohn.
▷ Die Personalkosten werden auf den Konten der Klasse 6 erfaßt.
▷ Bei den sozialen Aufwendungen wird zwischen den gesetzlichen und den freiwilligen unterschieden.

Aufgaben

1. Eine Aushilfskraft erhält einen Stundenlohn von 15,40 brutto. Sie hat in diesem Monat 38 Stunden gearbeitet. Davon werden 68,10 DM Sozialversicherungsbeiträge und 38,50 DM Lohnsteuer einbehalten. Der Nettolohn wird bar ausbezahlt. Stellen Sie diesen Vorgang buchhalterisch auf T-Konten dar.
2. Bilden Sie zu folgenden Geschäftsfällen die Buchungssätze:
    a) Der Arbeitgeber behält den Arbeitnehmeranteil zur Sozialversicherung in Höhe von 724,– ein;
    b) Gehaltszahlung durch Banküberweisung brutto 2425,–; einbehaltene Abzüge zur Sozialversicherung 315,20 und für Lohn- und Kirchensteuer 294,20;
    c) Der Arbeitgeber überweist für einbehaltene Abzüge vom Gehalt seiner Angestellten: Sozialversicherung 834,–; Lohnsteuer 627,–;
    d) Der Arbeitgeber überweist seinen Anteil zur gesetzlichen Sozialversicherung für seine Angestellten: 834,–;
    e) Überweisung vom Postbankkonto an die Berufsgenossenschaft Einzelhandel für Unfallversicherung: 624,–.
3. Buchen Sie aufgrund der untenstehenden Gehaltsliste folgende Personalkosten:

Name	Steuerklasse	Bruttoverdienst	Abzüge					Nettoverdienst	Arbeitgeberanteil zur Sozialversicherung
			Lohnsteuer	Kirchensteuer	Sozialversicherung	Summe der Abzüge			
Wagner, Alfred	III/2	2780,00	168,20	–	518,70	686,90		2093,10	518,70
Neumann, Petra	I	2240,00	287,10	19,80	412,30	719,20		1520,80	412,30
Joost, Carmen	IV/0	2010,00	248,30	17,20	389,40	654,90		1355,10	389,40
		7030,00	703,60	37,—	1320,40	2061,—		4969,—	1320,40

25 Buchung von Steuern

Lernziele

▷ Die im Betrieb anfallenden Steuern in Betriebssteuern (Kostensteuern), Ertragsteuern (Personensteuern) und durchlaufende Steuerposten einteilen können;
▷ erklären können, wie die Betriebssteuer im Rahmen der Kostenrechnung in der Kalkulation verrechnet werden;
▷ die im Betrieb anfallenden Steuern buchen können.

Steuern sind öffentliche Abgaben, die der Staat (Bund, Länder, Gemeinden) aufgrund der ihm zustehenden Finanzhoheit erhebt. Mit den erhobenen Steuern erfüllt der Staat seine zahlreichen öffentlichen Aufgaben wie Investitionen, Bezahlung seiner Bediensteten und Umverteilung von Einkommen. Besteuert werden natürliche und juristische Personen, Realien (beispielsweise Grundstücke und Vermögensmassen), der Warenverkehr und Warenverzehr sowie eine Reihe von Dienstleistungen (beispielsweise Versicherungen). In Deutschland haben wir derzeit ungefähr fünfzig verschiedene Steuerarten (vgl. S. 65 und S. 68ff.).

Für den Einzelhändler bedeuten die Steuern entweder Kosten, Abgaben vom Gewinn oder Vermögen oder durchlaufende Posten.

○ **Betriebssteuern** (Kostensteuern) sind für den Betrieb Ausgaben, die er in seine Kostenrechnung übernimmt und damit auf den Verbraucher abwälzt. Die wichtigsten Kostensteuern des Betriebs sind die Gewerbekapitalsteuer, die Grundsteuer, die Kfz-Steuer Steuer und die Steuern, die auf Versicherungen des Betriebs erhoben werden.

○ **Ertragsteuern** (Personensteuern) muß der Betriebsinhaber aus seinem Einkommen (Gewinn) und aus seinem Betriebsvermögen bezahlen. Diese Abgaben können nicht in die Kostenrechnung übernommen werden; sie sind also nicht abzugsfähig. Bei juristischen Personen, deren Einkommen der Besteuerung unterliegt, heißt diese Steuer Körperschaftssteuer (AG, GmbH). Sie steigt nicht wie die Einkommensteuer mit zunehmendem Einkommen progressiv an, sondern hat einen einheitlichen Steuersatz von derzeit 52%.

○ **Durchlaufende Steuerposten** sind Abgaben, die vom Betrieb für die Finanzbehörden nur einbehalten werden. Neben der Umsatzsteuer zählen dazu die von den Mitarbeitern des Betriebs einbehaltene Lohn- und Kirchensteuer und Verbrauchsteuern; letztere spielen jedoch im Blumeneinzelhandel keine Rolle.

Die Betriebssteuern (Kostensteuern) werden auf folgenden Konten gebucht:
- 700 Gewerbekapitalsteuer
- 701 Vermögensteuer (vom Betriebsvermögen)
- 702 Grundsteuer
- 703 Kraftfahrzeugsteuer
- 709 sonstige betriebliche Steuern

Diese Konten werden über die GuV-Rechnung abgeschlossen. Damit gehen diese Aufwendungen in die Kostenrechnung und in die Kalkulation ein.

Die Ertragsteuern (Personensteuern) sind auf folgenden Konten zu buchen:
- 770 Gewerbeertragsteuer
- 771 Körperschaftsteuer (AG und GmbH)
- 772 Kapitalertragsteuer

Weil die Ertragsteuern auf das Privateinkommen erhoben werden, sind sie nicht als betriebliche Aufwendungen abzugsfähig. Sie müssen folglich über das Privatkonto abgeschlossen werden. Dies gilt auch für die vom Betriebsinhaber aus seinem Einkommen zu entrichtende Lohn- bzw. Einkommensteuer und die Kirchensteuer.

Beispiel 1
Der Florist James Ensor überweist als Gewerbesteuervorauszahlung 480,– DM; davon entfallen auf die Gewerbeertragsteuer 140,– DM und auf die Gewerbekapitalsteuer 340,– DM.
Buchungssatz
700 Gewerbe-   340,–   an 280 Bank   480,–
kapitalsteuer
770 Gewerbe-   140,–
ertragsteuer

Beispiel 2
Der Florist Ensor überweist von seinem Postgirokonto 1800,– DM an das Finanzamt als Einkommensteuervorauszahlung.
Buchungssatz
3001 Privatkonto 1800,–   an 285 Postgiro   1800,–

Merksätze

▷ In der Buchhaltung werden sowohl die betrieblichen als auch die privaten Steuern erfaßt.
▷ Betriebssteuern sind Ausgaben, die als betriebsnotwendiger Aufwand abzugsfähig sind und in die Kostenrechnung eingehen.
▷ Betriebssteuern mindern den Ertrag.
▷ Ertragsteuern sind nicht abzugsfähig. Sie sind vom Privateinkommen oder Privatvermögen des Inhabers zu entrichten.
▷ Durchlaufende Steuerposten (z. B. Umsatzsteuer) belasten die Ergebnisrechnung des Betriebs nicht. Sie sind erfolgsneutral.

Aufgaben

1. Bilden Sie zu folgenden Geschäftsfällen die Buchungssätze:
   a) Banküberweisung für Einkommensteuer 400,–
   b) Postbanküberweisung für Vermögensteuer (Privatvermögen) 120,–
   c) Barzahlung für Gewerbesteuer 270,–
   d) Überweisung für Gewerbesteuer 350,–
   e) Banküberweisung für Umsatzsteuer 1500,–
   f) Barzahlung für Kfz-Steuer 540,– (Lieferwagen)
   g) Postbanküberweisung für Kfz-Steuer 420,– (privater PKW)
   h) Das Finanzamt überweist 142,– für zu viel bezahlte Einkommensteuer.
2. Erklären Sie den Begriff „Steuerüberwälzung".
3. Über welche Sammelkonten werden folgende Einzelkonten abgeschlossen?
   a) Kfz-Steuer; b) Umsatzsteuer; c) Einkommensteuer; d) Gewerbekapitalsteuer; e) Grundsteuer; f) Gewerbeertragsteuer; g) Mineralölsteuer.
4. Ordnen Sie die verschiedenen Steuern den drei Rubriken in einem Schema nach folgendem Muster zu:

Betriebs-steuern	Ertrag-steuern	durch-laufende Posten

Steuerarten: Umsatzsteuer, Lohnsteuer, Vermögensteuer, Kfz-Steuer, Körperschaftsteuer, Kirchensteuer, Einkommensteuer, Mineralölsteuer, Gewerbeertragsteuer, Gewerbekapitalsteuer, Grundsteuer.

26 Bewertung und Abschreibung

Lernziele

▷ Erklären können, welchen Einfluß die Bewertung des Betriebsvermögens auf den Ertrag des Unternehmens hat;
▷ den Begriff „Bilanzkontinuität" erklären können;
▷ wissen, wie Vermögensgegenstände zu bewerten sind;
▷ erläutern können, warum der Kaufmann Vermögensgegenstände seines Betriebs abschreibt;
▷ darstellen können, warum die Abschreibung das Betriebsergebnis beeinflußt;
▷ die lineare und die degressive Abschreibung anhand eines Zahlenbeispiels erläutern können;
▷ die Abschreibung buchungstechnisch abwickeln können.

26.1 Bewertungsgrundsätze

Durch die Bewertung seiner Vermögensgegenstände und der Schulden gewinnt der Unternehmer einen Überblick über seine tatsächliche Vermögenslage. Außerdem hängt die zutreffende Ermittlung des in einem Wirtschaftsjahr erzielten Gewinns von den in die Anfangs- und in die Schlußbilanz eingestellten Werten für die einzelnen Wirtschaftsgüter des Betriebsvermögens ab. Die wichtigsten Bewertungsvorschriften sind im Handelsgesetzbuch §§ 252 bis 256, im Einkommensteuergesetz §§ 6 und 7 und im Bewertungsgesetz festgelegt.

Grundsätzlich müssen die Wertansätze der Vermögensgegenstände und der Schulden in der Eröffnungsbilanz des Geschäftsjahres mit denen der Schlußbilanz des vorhergehenden Jahres übereinstimmen (Grundsatz der Bilanzkontinuität). Es ist vorsichtig zu bewerten. Insbesondere sind alle vorhersehbaren Risiken und Verluste, die bis zum Abschlußstichtag entstanden sind, zu berücksichtigen. Gewinne sind nur zu berücksichtigen, wenn sie am Abschlußstichtag realisiert sind. Hierbei geht das Einkommensteuerrecht bei der Bewertung von dem Grundsatz aus, daß nicht realisierte (nicht verwirklichte) Gewinne nicht ausgewiesen werden dürfen. Nicht realisierte Verluste beim Anlagevermögen können ausgewiesen werden, müssen aber beim Umlaufvermögen ausgewiesen werden. Wir nennen diesen Grundsatz den **Imparitätsgrundsatz.** Impari heißt ungleich und soll hier zum Ausdruck bringen, daß nicht realisierte Gewinne anders als nicht realisierte Verluste bewertet werden.

Beispiel
Ein Florist hat im Umlaufvermögen seines Unternehmens Wertpapiere in der Bilanz ausgewiesen. Er hat diese Papiere (Aktien) um 8500,– DM erworben. Zu diesem Wert (dem Anschaffungswert) muß er nach den gesetzlichen Vorschriften auch diese Papiere in die Bilanz aufnehmen. Zum Bilanzierungsstichtag (am Jahresende) haben diese Aktien durch starke Kurseinbrüche an der Börse jedoch 20% ihres Wertes eingebüßt, so daß der Kurswert nur noch 6800,– DM beträgt. Der Florist muß den ursprünglichen Wert seiner Wertpapiere berichtigen und sie mit dem durch den Kursverlust verminderten Wert in die Bilanz einsetzen.
Dies geschieht dadurch, daß er auf diese Wertpapiere eine **Abschreibung** in Höhe von 1700,– DM vornimmt.
Steigt dagegen der Kurs dieser Wertpapiere über den Anschaffungswert, so macht der Florist dadurch einen Gewinn. Er darf diesen Gewinn jedoch nicht in der Bilanz ausweisen, weil er nicht realisiert ist. Erst wenn er die Wertpapiere zu diesem höheren Kurswert verkauft, wird der Gewinn realisiert, und erst dann ist er zu versteuern.

Ein weiterer Bewertungsgrundsatz ist, daß die Bewertung nach **gleichmäßigen** Grundsätzen vorzunehmen ist d. h., daß die einmal gewählte Bewertungsmethode beibehalten werden muß. In manchen Fällen stehen dem Steuerpflichtigen zwar verschiedene Bewertungsmöglichkeiten offen. Das Wahlrecht zwischen diesen Möglichkeiten darf jedoch nicht willkürlich ausgeübt werden.
Die Wirtschaftsgüter (Gebäude, Geschäftsausstattung, Warenvorräte, Forderungen, Schulden) müssen nach den für den jeweiligen Bilanzstichtag (meist der 31. Dezember) maßgebenden Verhältnissen bewertet werden. Jedes **einzelne Wirtschaftsgut** ist für sich zu bewerten. Diesem Grundsatz der **Einzelbewertung** widerspricht es jedoch nicht, wenn annähernd gleichwertige oder gleichartige Vermögensgegenstände, bei denen ein Durchschnittswert berechnet werden kann, zu einer Gruppe zusammengefaßt werden (zum Beispiel Blumentöpfe, Topfpflanzen, Blumenerde).
Vermögensgegenstände sind höchstens mit den Anschaffungs- oder Herstellungskosten, vermindert um die Abschreibungen, in die Bilanz einzusetzen. **Anschaffungskosten** sind die Aufwendungen, die geleistet werden, um ein Wirtschaftsgut zu erwerben und es in einen betriebsbereiten Zustand zu setzen. So bestehen die Anschaffungskosten eines Geschäftshauses zum Beispiel aus dem Kaufpreis, den Beurkundungsgebühren, der Maklerprovision und der Grunderwerbsteuer; die Anschaffungskosten eines Blumenautomaten setzen sich aus dem Kaufpreis, den Transportkosten und den Montagekosten zusammen.
Herstellungskosten sind die Aufwendungen, welche durch den Verbrauch von Gütern und die Inanspruchnahme von Diensten für die Herstellung, Erweiterung oder Verbesserung eines Erzeugnisses entstehen.

Beispiel
Ein Florist läßt sich zur Erweiterung seines Betriebs ein Verkaufsgewächshaus erstellen. Die Herstellungskosten berechnen sich wie folgt:

Baukosten	156 000,–
Anschlußkosten an das öffentliche Versorgungsnetz	7 000,–
Kosten für Bauplanung und Bauüberwachung	12 400,–
Kosten für notwendige Einbauten (z. B. Klimaanlage)	29 000,–
Ablösung von Verpflichtungen für nicht erstellte Autoeinstellplätze	24 000,–
Summe der Herstellungskosten	228 400,–

Zu diesem Betrag muß das Gebäude in die Bilanz aufgenommen werden.

Wirtschaftsgüter des Vorratsvermögens (zum Beispiel Topfpflanzen, Keramik- und Glaswaren, Roh- und Hilfsstoffe, Halbfertig- und Fertigerzeugnisse, Heizölvorräte) sind mit den Anschaffungs- oder Herstellungskosten zu bilanzieren. Liegt der tatsächliche Wert (Marktwert) dieser Gegenstände unter dem Herstellungs- oder Anschaffungswert, so kann der niedrigere Teilwert angesetzt werden, also eine entsprechende Abschreibung vorgenommen werden (s. u.).
Eine Besonderheit liegt bei der Bewertung des **Firmenwerts** vor. Er darf nur bilanziert werden, wenn dafür vom Erwerber eines Betriebs etwas bezahlt wurde. Als Firmenwert darf der Unterschiedsbetrag angesetzt werden, um den die für die Übernahme

eines Unternehmens erbrachte Gegenleistung den Wert der einzelnen Vermögensgegenstände des Unternehmens abzüglich der Schulden im Zeitpunkt der Übernahme übersteigt. Dies ist dann der Fall, wenn ein Florist einen gut eingeführten Betrieb in guter Geschäftslage kauft, der über einen guten Kundenstamm verfügt.

26.2 Die Abschreibung

Wirtschaftsgüter, die einen Nettowert (also ohne Umsatzsteuer) unter 100,- DM haben, können sofort als Aufwand gebucht werden. Sie müssen also nicht bilanziert werden. Wirtschaftsgüter mit einem Anschaffungswert zwischen 100,- und 800,- DM (netto) bezeichnen wir als **geringwertige Wirtschaftsgüter**. Sie können im Anschaffungsjahr voll abgeschrieben, das heißt als Aufwand in die GuV-Rechnung übernommen werden. Es muß sich jedoch hier um Wirtschaftsgüter handeln, die selbständig genutzt werden können. Solche Wirtschaftsgüter sind zum Beispiel Büromaschinen, serienmäßig hergestellte Büroeinrichtungen, Frühbeetfenster, Transportgeräte.

Nicht selbständig nutzungsfähige Wirtschaftsgüter, die also im Jahr der Anschaffung nicht voll abgeschrieben werden können, sind zum Beispiel Zubehörteile zu einer Schleifenprägemaschine, Teile einer Beleuchtungsanlage (mit Ausnahme von Verschleißteilen wie Leuchtstoffröhren), Ladeneinrichtungsteile im Baukastensystem, Vitrinen.

Geringwertige Wirtschaftsgüter müssen zu Kontrollzwecken mit Angabe des Anschaffungstags und der Anschaffungskosten in einem besonderen Verzeichnis vermerkt werden. Selbstverständlich können diese Wirtschaftsgüter auch in die Bilanz übernommen werden (sie werden aktiviert). In diesem Fall sind sie dann nach der gewöhnlichen Nutzungsdauer abzuschreiben.

Aufwendungen für die Anschaffung oder Herstellung von abnutzbaren Wirtschaftsgütern, die der Erzielung von Einkünften dienen, mindern grundsätzlich die Einkünfte und damit das zu versteuernde Einkommen des Steuerpflichtigen. Aber auch der Wert dieser Vermögensteile nimmt durch die Nutzung ab. So ist ein Lieferwagen ein Jahr nach der Anschaffung nur noch etwa 80% des Kaufpreises wert.

Um die tatsächliche Vermögenslage auf dem Schlußbilanzkonto richtig darzustellen, muß ein entsprechender Betrag vom Anschaffungswert als Wertminderung abgezogen werden. Diese Wertminderung wird auf dem Konto **Abschreibung** erfaßt. Dieser Vorgang bedeutet, daß ein Bilanzposten (Bestand) teilweise, gemäß der Nutzungsdauer des Wirtschaftsguts, in die Ergebnisrechnung (GuV) eingeht und als Aufwand den Gewinn vermindert. Diese Verteilung der Anschaffungs- oder Herstellungskosten als Aufwand auf die Jahre der Nutzung nennen wir **Absetzung für Abnutzung** (AfA) oder auch Abschreibung.

Steuerlich zu berücksichtigende Absetzungen können als Betriebsausgaben abgezogen werden. Als abnutzbare und damit als absetzbare Wirtschaftsgüter kommen **bewegliche** und **unbewegliche** sowie **immaterielle** Wirtschaftsgüter in Betracht. Bewegliche Wirtschaftsgüter sind zum Beispiel die Gegenstände der Geschäftsausstattung, Maschinen und Geräte, Ladeneinrichtung und Büroausstattung. Unbewegliche Wirtschaftsgüter sind Gebäude und selbständige Gebäudeteile. Zu den immateriellen Vermögensgegenständen gehören zum Beispiel der Firmenwert und bestimmte Nutzungsrechte (Gebrauchsmuster, Mietrecht).

Die Höhe der Abschreibung richtet sich nach der gewöhnlichen Nutzungsdauer des Wirtschaftsguts (technische oder wirtschaftliche Nutzungsdauer). Der Bundesminister der Finanzen hat für eine Reihe allgemein verwendeter Gegenstände sowie für Gegenstände in besonderen Wirtschaftszweigen AfA-Tabellen herausgegeben, aus denen die übliche Nutzungsdauer dieser Gegenstände zu entnehmen ist. Diese Tabelle stellen allerdings nur eine Empfehlung dar. Es bleibt dem Unternehmer überlassen, im Zweifel eine kürzere Nutzungsdauer anzunehmen. Er muß dies allerdings begründen.

Über die normale AfA hinaus ist eine außerordentliche Abschreibung wegen besonderer Abnutzung zulässig (zum Beispiel durch Schaden oder sonstige Zerstörung eines Gegenstands). In bestimmten Fällen können auch Gegenstände des Umlaufvermögens abgeschrieben werden. Es handelt sich hierbei um eine außerordentliche Abschreibung. Beispiele hierfür sind: Abschreibung auf Forderungen gegen Kunden (bei Forderungsausfall) und die Abschreibung auf die Warenvorräte (bei Veralterung oder sonstigem Wertverlust).

Im wesentlichen werden folgende **Abschreibungsverfahren** unterschieden:
- die AfA mit gleichen Jahresbeträgen (lineare Abschreibung)
- die AfA mit fallenden Jahresbeträgen (degressive Abschreibung)

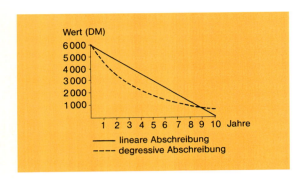

Abb. 71. Auswirkungen der verschiedenen Abschreibungsformen auf den Restwert.

Auswirkung der Abschreibung auf den Wertansatz

	lineare Abschreibung (10% vom Anschaffungswert)	degressive Abschreibung (20% vom Restwert)
Anschaffungswert	6000,–	6000,–
Abschreibung 1. Jahr	600,–	1200,–
Restwert	5400,–	4800,–
Abschreibung 2. Jahr	600,–	960,–
Restwert	4800,–	3840,–
Abschreibung 3. Jahr	600,–	768,–
Restwert	4200,–	3072,–
Abschreibung 4. Jahr	600,–	614,–
Restwert	3600,–	2458,–
Abschreibung 5. Jahr	600,–	492,–
Restwert	3000,–	1966,–
Abschreibung 6. Jahr	600,–	393,–
Restwert	2400,–	1573,–
Abschreibung 7. Jahr	600,–	315,–
Restwert	1800,–	1258,–
Abschreibung 8. Jahr	600,–	252,–
Restwert	1200,–	1006,–
Abschreibung 9. Jahr	600,–	201,–
Restwert	600,–	805,–
Abschreibung 10. Jahr	600,–	161,–
	–	644,–*

* dieser Restwert wird im letzten Jahr mit abgeschrieben.

– die außerordentliche Abschreibung
– die Abschreibung nach Maßgabe der Leistung

Beispiel
Die abgeschriebenen Beträge werden als Kosten in die Kostenrechnung und damit in die Kalkulation übernommen. Durch die Erlöse, die der Kaufmann beim Verkauf seiner Waren erhält, fließen diese Beträge wieder in das Unternehmen zurück und ermöglichen die Neuanschaffung von Anlagegegenständen. Damit wird die Substanz des Unternehmens erhalten. Wir sprechen bei diesem Vorgang von Reinvestition der Abschreibungsbeträge. Durch die Abschreibung wird also ein Anlagegegenstand im Lauf der Nutzungsdauer in Bargeld verwandelt, weil die Abschreibungserlöse in die Verkaufspreise eingerechnet werden. Mit diesen Erlösen werden die abgeschriebenen Anlagegegenstände am Ende der Nutzungsdauer neu beschafft (Abb. 72). In bestimmten Fällen können auch Abschreibungen auf Gegenstände des Umlaufvermögens vorgenommen werden. Es handelt sich hierbei jedoch um eine außerordentliche Abschreibung. Beispiele dafür sind die Abschreibung auf Forderungen gegen Kunden (bei Forderungsausfall) und die Abschreibung auf das Warenlager (bei Veralterung oder sonstigem Wertverlust).

Buchungstechnisch stellt sich die Abschreibung wie folgt dar:

Beispiel
Ein Kühlaggregat hat einen Anschaffungswert von 9000,– DM, die Nutzungsdauer beträgt 5 Jahre. Am Ende des ersten und jedes weiteren Geschäftsjahres sind also 20% des Aggregats abzuschreiben.

Buchungssatz
652 Abschreibung   an   081 Betriebs-
auf Anlagen   1800,–   und Geschäfts-
                             ausstattung   1800,–

S	081 Geschäftsausstattung		H
AB	9000,–	Abschreibung	1800,–

S	652 Abschreibung		H
GA	1800,–		

Abb. 72. Reinvestition der Abschreibungserlöse.

Das Konto Geschäftsausstattung wird als Bestandskonto über die Schlußbilanz abgeschlossen (neuer Bestand 7200,– DM), das Konto Abschreibung als Ergebniskonto über GuV.

Merksätze

▷ Die Wertansätze der Vermögensgegenstände in der Eröffnungsbilanz müssen mit denen der vorhergehenden Schlußbilanz übereinstimmen (Bilanzkontinuität).
▷ Nicht realisierte Gewinne dürfen nicht in der Bilanz ausgewiesen werden.
▷ Eine einmal gewählte Bewertungsmethode muß für die Lebensdauer eines Vermögensgegenstandes bis zum Schluß beibehalten werden. Vermögensgegenstände dürfen höchstens mit den Anschaffungs- oder Herstellungskosten bewertet werden.
▷ Wirtschaftsgüter mit einem Nettowert unter 100,– DM können sofort als Aufwand gebucht werden.
▷ Geringwertige Wirtschaftsgüter (100,– bis 800,– DM) können im Anschaffungsjahr voll abgeschrieben werden.
▷ Die Abschreibungen werden als Betriebsausgaben in die GuV-Rechnung übernommen.
▷ Mit der Abschreibung wird die Wertminderung der Vermögensgegenstände erfaßt.
▷ Durch die Reinvestition der Abschreibungserlöse wird die Substanz des Vermögens eines Betriebs erhalten.

Aufgaben

1. Ein Florist hat in seinem Betriebsvermögen einen Posten Wertpapiere, die er zum Anschaffungswert von 7500,– DM bewertet hat. Am Jahresende ist der Wert infolge Kursrückgangs auf 6200,– DM gesunken. Welcher Wertansatz ist in die Schlußbilanz zu übernehmen? Stellen Sie diesen Vorgang buchhalterisch auf T-Konten dar.
2. Erläutern Sie den Begriff „Bilanzkontinuität" anhand eines Beispiels.
3. In welchen Gesetzen finden wir die wichtigsten Bewertungsvorschriften?
4. Erläutern Sie den „Imparitätsgrundsatz" anhand eines Beispiels.
5. Zu welchem Wert sind Wirtschaftsgüter des Vorratsvermögens (z. B. Keramikwaren) zu bilanzieren?
6. In welchem Fall darf der „Firmenwert" bilanziert werden?
7. Bis zu welchem Nettowert dürfen selbständig nutzbare Wirtschaftsgüter im Anschaffungsjahr voll abgeschrieben werden?
8. Berechnen Sie die Abschreibungssätze für folgende Wirtschaftsgüter bei linearer Abschreibung: Geschäftshaus (Nutzungsdauer 50 Jahre), Lieferwagen (Nutzungsdauer 5 Jahre), Geschäftsausstattung (Nutzungsdauer 10 Jahre), Schreibmaschine (Anschaffungswert 765,–).
9. Wie heißt das Abschreibungsverfahren mit fallenden Jahresbeträgen?
10. Wie lauten die Buchungssätze für folgende Geschäftsfälle?
    a) Abschreibung auf Fuhrpark 20%, Buchwert 65 000,–;
    b) Eine Forderung gegen einen in Konkurs gegangenen Kunden wird uneinbringlich, Wert 267,50;
    c) Abschreibung auf das Geschäftsgebäude: 2% vom Buchwert 345 000,–;
11. Nehmen Sie die Abschreibungen auf folgende Wirtschaftsgüter vor. Stellen Sie diese Vorgänge buchhalterisch auf T-Konten dar und schließen Sie die Konten ab.

Wirtschaftsgut	Anschaffungswert	Abschreib.-Quote
Gebäude	200 000,–	5000,–
Fuhrpark	40 000,–	8000,–
Geschäftsausstattung	60 000,–	6000,–
Waren	410 000,–	8200,–
Drucker	800,–	800,–

Kontenplan: 051, 081, 084, 089, 200, 600, 652, 654, 801, 802

27 Die Organisation der Buchführung

Lernziele

▷ Wissen, daß der Buchungsbeleg die Grundlage für den einzelnen Buchungsvorgang ist;
▷ erklären können, warum die Buchungsbelege aufbewahrt werden müssen;
▷ die Bücher der Buchführung nennen und ihre jeweilige Aufgabe erklären können;
▷ wissen, nach welchen Ordnungsprinzipien die Geschäftsfälle im Grundbuch und im Hauptbuch geordnet werden;
▷ den Begriff „Sachkonto" erklären können;
▷ das Prinzip der „Doppelten Buchführung" anhand von Beispielen erläutern können;
▷ verschiedene Formen der Buchführung nennen und beschreiben können.

27.1 Der Beleg und die Belegorganisation

Die Buchführung hat die Aufgabe, alle Geschäftsfälle lückenlos und in zeitlicher Reihenfolge zahlenmäßig zu erfassen und festzuhalten. Diese Geschäftsfälle sind durch **Belege** zu dokumentieren. Sie bilden die Grundlage für die einzelnen Buchungsvorgänge. Der **Buchungsbeleg** ist gewissermaßen das Bindeglied zwischen Geschäftsfall und Buchung. Nach der Entstehung dieser Buchungsbelege unterscheiden wir „natürliche" und „künstliche Belege". **Natürliche Belege** entstehen durch die Kontakte des Betriebs mit der Außenwelt (mit Kunden, Lieferanten, Banken) oder durch innerbetriebliche Geschäftsfälle. Beispiele dafür sind: Eingangsrechnungen, Ausgangsrechnungen, Kontoauszüge, Kassenberichte. **Künstliche Belege** sind solche, die nicht automatisch mit den Geschäftsfällen entstehen. Sie müssen extra angefertigt werden, um die Geschäftsfälle buchhalterisch festhalten zu können. Beispiele dafür sind: Einnahmen- und Ausgabenbelege im Rahmen der Kassenführung (bei einer Barentnahme des Geschäftsinhabers oder als Kassenquittungen) und bei Privatentnahmen von Waren.

Der Beleg ist also ein wichtiges Beweismittel für die Richtigkeit der Aufzeichnungen in der Buchhaltung. Daher müssen Belege für die Buchführung geordnet aufbewahrt werden. Zur Erleichterung dieser Ordnung werden die Belege bereits bei der Bearbeitung mit Kurzzeichen und laufenden Nummern versehen (Beispiel: Eingangsrechnung = ER, laufende Nummer = 213 usw.).

Belege müssen 6 Jahre aufbewahrt werden; daher ist die Belegorganisation für eine Betriebsprüfung durch Finanzbeamte sehr wichtig. Heute ist es üblich, die Belege entsprechend geordnet der buchführenden Stelle zu übergeben (Steuerberater, Datenverarbeitungsunternehmen). Diese überträgt die Belege auf Datenträger (zum Beispiel Mikrofilm) und bewahrt sie im Auftrag auf. In diesem Fall müssen die Originale nicht weiter aufbewahrt werden.

Bei der Bearbeitung der Belege wird wie folgt vorgegangen:

1. **Sachliche Prüfung** (zum Beispiel ob die berechnete Ware auch tatsächlich geliefert wurde).
2. **Rechnerische Prüfung** (zum Beispiel ob der Beleg keine unrichtigen Zahlen enthält; ob die vereinbarten Konditionen eingehalten wurden).
3. **Anbringen der Belegnummer** (für die Ordnung der Belege).
4. **Anbringen des Buchungsstempels** (man nennt ihn auch Kontierungsstempel; er enthält den Hinweis auf welchen Konten der Geschäftsfall gebucht wird).
5. **Buchung des Geschäftsfalls** auf den entsprechenden Konten.
6. **Ablage der Belege** (Registratur, vgl. S. 89 ff.).

27.2 Die Bücher der Buchführung

Das Handels- und Steuerrecht schreibt vor, daß die Geschäftsfälle sowohl **zeitlich** als auch **sachlich** geordnet gebucht werden müssen. Um diesem Anspruch genügen zu können, müssen verschiedene Arten von Geschäftsbüchern geführt werden, nämlich das **Inventar- und Bilanzbuch,** das **Grundbuch** und das **Hauptbuch.** Zur Erläuterung bestimmter Hauptbuchkonten werden noch verschiedene **Nebenbücher** geführt. Das Wort „Buch" besagt hier nur, daß die Geschäftsfälle **fortlaufend** zu buchen sind. Früher wurden dafür tatsächlich nur Bücher verwendet. Heute sind andere Datenträger üblich, wie Karteikarten, Loseblätter, Disketten, Magnetbänder, Speicherplatten.

Diese Datenträger ermöglichen es, die Buchhaltung zu rationalisieren, zu mechanisieren und auch zu automatisieren. Damit kann jedoch die Buchhaltung auch eine Reihe weiterer Aufgaben übernehmen, wie Lagerbestandskontrolle, Kostenrechnung, Betriebsstatistik.

Das Inventar- und Bilanzbuch enthält das Inventar des Unternehmens, also einen detaillierten Überblick über die Vermögenswerte und Schulden. Außerdem enthält es die Kurzfassung dieser Vermögensübersicht in Form der Bilanz.

Das Grundbuch, auch Journal oder Tagebuch genannt, dient zur Buchung aller Geschäftsfälle in **zeitlicher Folge,** also in der Reihenfolge, wie die Geschäftsfälle eingetreten sind. Das Grundbuch enthält folgende Eintragungen: Datum, Belegnummer, Buchungstext (Kurzangabe des Geschäftsfalls, wie zum Beispiel Überweisung an Fleurop), von der Buchung betroffene Konten, Betrag. Das Grundbuch ermöglicht es, alle Geschäftsfälle ohne Mühe bis zu den Belegen zurückzuverfolgen. Damit sind alle Buchungen jederzeit nachprüfbar.

Das Hauptbuch ist notwendig, um die im Grundbuch in zeitlicher Reihenfolge gebuchten Geschäftsfälle in eine **sachliche Ordnung** zu bringen. Das Hauptbuch enthält dafür Konten, die diese sachliche Ordnung ermöglichen. Wir nennen diese Konten daher **Sachkonten.** Sie sind uns bereits bekannt. Eine Übersicht gibt uns der Kontenrahmen (vgl. S. 207). Diese Sachkonten (Kassenkonto, Personalkostenkonto, Verbindlichkeitenkonto, Warenverkaufskonto) enthalten in Form entsprechender Buchungen sämtliche Vermögenswerte, Schulden, Aufwendungen und Erträge des Unternehmens. Sie werden am Schluß einer Rechnungsperiode abgeschlossen. Die dabei entstehenden Salden (der Saldo, die Salden) werden auf die entsprechenden Abschlußkonten übertragen. Für die

Abb. 74. Kontokorrentkonto.

Bestandskonten ist das die **Schlußbilanz,** für die Ergebniskonten (Erfolgskonten) die **Gewinn- und Verlustrechnung** (GuV). Den Zusammenhang zwischen Grund- und Hauptbuch soll Abb. 73 erläutern.

Manche Sachkonten des Hauptbuchs bedürfen noch einer näheren Erläuterung. Dafür dienen die **Nebenbücher,** nämlich das Kontokorrentbuch, das Lagerbuch (Warenbuch), das Wechselbuch und das Lohn- und Gehaltsbuch.

Das **Kontokorrentbuch** ist deshalb notwendig, weil die Forderungen gegen Kunden und die Verbindlichkeiten an Lieferer im Hauptbuch nur der Höhe nach enthalten sind. Zur Überwachung der Forderungen und Verbindlichkeiten benötigt man jedoch auch die Namen der Schuldner und Gläubiger. Für jeden Schuldner oder Gläubiger wird daher außerhalb des Hautbuchkontos ein besonderes Konto angelegt, auf dem Name, Rechnungsbetrag, Rechnungsdatum und Rechnungsausgleich (Zahlung) gebucht werden. Am Ende des Abrechnungszeitraums werden die Salden der Hauptbuchkonten „Forderungen" und „Verbindlichkeiten" mit dem Kontokorrentbuch abgestimmt. Die Kontokorrentkonten werden noch weitgehend in Form von Loseblättern oder Karteikarten geführt. Hierzu das Muster eines Kontokorrentkontos (Abb. S. 74).

Das **Waren- oder Lagerbuch** ermöglicht es dem Unternehmer, jederzeit seinen Bestand an Waren durch Buchung der Zu- und Abgänge zu überblicken. Zu diesem Zweck werden für die einzelnen Warenarten entsprechende Karteikarten oder Listen geführt. Wir nennen diese Art von Bestandsrechnung auch „permanente Inventur", weil diese Karteikarten immer Auskunft über den aktuellen Lagerbestand geben. Die Lagerkartei dient außerdem auch dem Bestellwesen. Daher enthält die einzelne Karteikarte auch Angaben über den Lieferer, den Bezugspreis und den eisernen Bestand. Auch die Lagerbestandsrechnung

Abb. 73. Bücher der Buchführung.

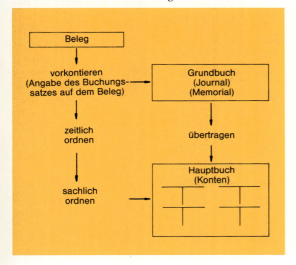

wird heute hauptsächlich über die EDV abgewickelt.

Das **Wechselbuch** ist dann notwendig, wenn der Florist mit Wechseln arbeitet. Es verschafft ihm einen Überblick über die zu wahrenden Fristen und Termine, insbesondere über den Verfalltag der von ihm akzeptierten oder ausgestellten Wechsel. Daher muß das Wechselbuch folgende Eintragungen enthalten: Annahmetag des Wechsels; Aussteller; Angabe, von wem der Wechsel erhalten wurde; Angabe, an wen der Wechsel weitergegeben wurde; Verfalltag; Einlösungsvermerk.

Das **Lohn- und Gehaltsbuch** wird üblicherweise in der Form von Lohn- und Gehaltslisten geführt. Diese enthalten die für die Abrechnung notwendigen persönlichen Daten des Arbeitnehmers, die Merkmale der Lohnsteuerkarte, den Bruttolohn, die Steuerabzüge, die Abzüge für Sozialversicherung, die sonstigen Abzüge, die Zulagen (Sparzulagen oder Lohnzuschläge) und den Nettolohn. Außerdem wird für jeden Arbeitnehmer eine Lohn- oder Gehaltskarte geführt. Die Lohnliste dient als Buchungsbeleg für die im Hauptbuch geführten Konten **400 Gehälter** oder **401 Löhne.**

27.3 Buchführungssysteme

Das einfachste System der Buchführung ist die **Einnahmen-Ausgaben-Buchführung.** Sie genügt für Betriebe, die nicht buchführungspflichtig sind und daher ihren Gewinn als Überschuß der Einnahmen über die Ausgaben ermitteln. Hierzu genügt ein Zweispaltenbuch. Dieses System ist jedoch nur für Kleinbetriebe, die keine kaufmännische Organisation verlangen, zulässig.

Daher wird in den nach kaufmännischen Gesichtspunkten organisierten Einzelhandelsbetrieben das **System der doppelten Buchführung** verwendet. Grundlage dieses Systems ist das Konto, weil es eine Doppelrechnung ermöglicht. In diesem System löst jeder Geschäftsfall zwei Buchungen aus, eine Sollbuchung und eine Habenbuchung. Diese doppelte Buchführung tritt in der Praxis in unterschiedlichen Formen auf: als **Handdurchschreibebuchführung,** als **Maschinenbuchführung** (mit Buchungsautomaten) und als **EDV-Buchführung** (auf dem PC mit entsprechenden Buchführungsprogrammen oder durch Anschluß an ein Rechenzentrum, wie zum Beispiel DATEV oder Taylorix).

Abb. 75. Kassenbericht.

Nr. 35 Kassenbericht vom 11. Febr. 19..

Kassenbestand bei Geschäftsschluß		635,72
Ausgaben im Lauf des Tages:		
1. Zahlungen für Wareneinkäufe und Warennebenkosten, Fracht usw.		
Wareneinkauf ER 64	74,80	
Wareneinkauf ER 65	18,35	93,15
2. Geschäftsausgaben:		
Vers. Prämie f. Schaufensterw.	85,50	
Lohn für Putzfrau	25,-	110,50
3. Privatentnahmen:		
PR 8	50,-	50,-
4. Sonstiges:		
Einzahlung Volksbank	400,-	400,-
Zusammen		1 289,37
abzüglich Kassenbestand des Vortages		150,-
= Kasseneingang		1 139,37
5. abzüglich: sonstige Einnahmen		
Barabhebg. b. d. Kreissparkk.		200,-
= Bareinnahme		939,37

Kundenzahl: 173 — Michael Weinheber (Unterschrift)

Wareneingangsbuch der Firma Martin Kindermann, Neustadt								Monat: August 19..				Seite 8
Lfd. Nr.	Tag	Lieferer	Warenart	Rechnungs- betrag (brutto)	reiner Rechnungs- preis	Ab- züge	Be- zugs- kosten	Zahlung		Vorsteuer		Ab- lage- wort
								DM	Datum	lt. Rechn.	Be- richt.	
243	2.	Huber, hier	Schnittblumen	117,44	105,80	—	3,80	117,44	11. 8.	11,64	—	Hu
244	2.	Müller, Giengen	Bindematerial	92,13	83,00	—	—			9,13	—	Mr
245	4.	Weismann, hier	Keramik	59,50	56,40	3,40	—	55,92	4. 8.	3,10	—,18	We

173 Blumen-Einzelhandel 5/1977

Abb. 76. Wareneingangsbuch.

Geschäftstagebuch									Monat .... 19 .... Seite			
Tag	Geschäftsfall	Vor- steuer	USt	Kasse	Bank	Post- scheck	Gesch.- Kosten	Privat	Verkauf		Versch. Konten	Konto	Beleg
									Einkauf	Waren			

Abb. 77. Geschäftstagebuch (Journal).

27.4 Die Mindestbuchführung

Kleinere Einzelhandelsbetriebe können gemäß Abschnitt 29 der Einkommensteuerrichtlinien eine vereinfachte Form der Buchführung wählen, weil die doppelte Buchführung für sie einen zu großen Arbeitsaufwand bedeuten würde. Die sonst übliche Anzahl der Konten wird auf eine unbedingt notwendige Zahl eingeschränkt. Diese Einschränkung gilt auch für die sonst vorgeschriebenen Geschäftsbücher. Die Aussagekraft der Buchführung, insbesondere im Bereich der Kostenrechnung wird dadurch zwar vermindert, doch entspricht die Mindestbuchführung trotzdem den Ansprüchen der Steuergesetzgebung.
Für die Mindestbuchführung sind folgende Bücher vorgeschrieben:

- Kassenbericht
- Wareneingangsbuch
- Geschäftstagebuch
- Verzeichnis der Forderungen und Verbindlichkeiten
- Inventar- und Bilanzbuch

Merksätze

▷ Der Beleg ist ein wichtiges Beweismittel für die Richtigkeit der Buchführung gegenüber Außenstehenden.
▷ Buchungsbelege müssen sechs Jahre aufbewahrt werden.
▷ Im Grundbuch (Journal) werden die Geschäftsfälle in zeitlicher Reihenfolge gebucht.

> Im Hauptbuch werden die im Grundbuch bereits gebuchten Geschäftsfälle in eine sachliche Ordnung gebracht.
> Die Konten des Hauptbuchs heißen Sachkonten.
> Als „Bücher" für die Buchführung werden sehr unterschiedliche Datenträger verwendet.
> Für bestimmte Sachkonten des Hauptbuchs werden besondere Bücher (Nebenbücher) geführt.
> Kleinere Einzelhandelsbetriebe dürfen gemäß den Einkommensteuerrichtlinien eine vereinfachte Form der Buchführung wählen. Sie heißt Mindestbuchführung.

Aufgaben

1. Welche Bedeutung haben Belege für die Buchführung?
2. Wie lange müssen Belege aufbewahrt werden?
3. Nach welchem Ordnungsprinzip werden die Geschäftsfälle im Grundbuch gebucht?
4. In welcher Ordnung werden die Geschäftsfälle im Hauptbuch gebucht?
5. Wie werden die Hauptbuchkonten genannt?
6. Warum muß zusätzlich zum Hauptbuch ein Kontokorrentbuch geführt werden?
7. Nennen Sie drei Nebenbücher der Buchhaltung und erklären Sie deren Zweck.
8. Erklären Sie den Begriff „permanente Inventur".
9. Warum löst im System der doppelten Buchführung jeder Geschäftsfall zwei Buchungen aus?
10. Erklären Sie den Begriff „Durchschreibebuchführung".

28 Buchführung und Kostenrechnung

Lernziele

> Die drei Hauptaufgaben der Kosten- und Leistungsrechnung nennen und erklären können;
> die Vorteile von Betriebsvergleichen für den Einzelhändler erläutern können;
> zwischen Betriebsergebnis und Unternehmungsergebnis unterscheiden können;
> erklären können, warum kalkulatorische Kosten verrechnet werden;
> die Begriffe „Aufwand", „Ausgaben" und „Kosten" erklären und gegeneinander abgrenzen können.

28.1 Aufgaben der Kostenrechnung

Ein wichtiger Bereich des betrieblichen Rechnungswesens ist die Kosten- und Leistungsrechnung. Die Kosten- und Leistungsrechnung hat drei Hauptaufgaben, nämlich:
1. Kostenüberwachung und Kostenvergleich;
2. Feststellung des Betriebsergebnisses;
3. Datensammlung für die Kalkulation.

Die Zahlen hierfür liefert die Buchhaltung. Sie erfaßt die betrieblichen Aufwendungen und Erträge. Die Aufwendungen sind in den Konten der Klassen 6 und 7 des Kontenrahmens zusammengefaßt, die Erträge in der Kontenklasse 5.

Nur ein Teil dieser Aufwendungen und Erträge sind durch die betriebliche Leistungserstellung bedingt. Aufgabe der Kosten- und Leistungsrechnung ist es, aus der Summe dieser Aufwendungen und Erträge diejenigen herauszulösen, welche sich aus der betrieblichen Leistungserstellung ergeben.

Die für die betriebliche Leistungserstellung notwendigen Aufwendungen für die Beschaffung, Lagerung, Be- und Verarbeitung von Waren, die Verwaltung und den Vertrieb heißen **Kosten** (vgl. S. 232). Ihnen stehen die betriebsbezogenen Erträge (Leistungen), welche durch den Verkauf von Waren und Dienstleistungen entstehen, gegenüber.

Die Kosten- und Leistungsrechnung wird außerhalb der Betriebsbuchhaltung durchgeführt und zwar üblicherweise in Tabellenform.

28.2 Kostenüberwachung und Kostenvergleich

Die einheitliche Erfassung und Ordnung der Kosten nach Kostenarten gibt dem Blumeneinzelhändler ein wichtiges Mittel an die Hand, die Zusammensetzung seiner Geschäftskosten (Kostenstruktur) zu durchleuchten. Er gewinnt daraus wesentliche Erkenntnisse, ob er sein Unternehmen richtig führt. Noch wichtiger ist es für ihn allerdings, die Kosten verschiedener Jahre miteinander vergleichen zu können, weil er dadurch etwas über die Kostenentwicklung in seinem Betrieb erfährt.

Außerdem hat der Florist damit auch die Möglichkeit, seine Geschäftskosten mit denjenigen anderer Betriebe seiner Branche zu vergleichen. Solche Kostenvergleiche, an denen sich interessierte Unternehmen beteiligen können, werden von Wirtschaftsverbänden und sonstigen Institutionen veranstaltet (beispielsweise vom Institut für Handelsforschung an der Universität Köln). Die Ergebnisse solcher zwischenbetrieblicher Kostenvergleiche sind für den einzelnen Unternehmer sehr wichtig, weil sie ihm die Schwachstellen seines Betriebs aufzeigen.

28.3 Berechnung des Betriebsergebnisses

Werden sämtliche Aufwendungen eines Jahres den in diesem Zeitraum anfallenden Erträgen der Unternehmung gegenübergestellt, dann erhalten wir das **Unternehmensergebnis.** Diese Rechnung wird auf dem Gewinn- und Verlustkonto vorgenommen.

In der Gewinn- und Verlustrechnung sind jedoch auch Aufwendungen und Erträge enthalten, die mit der eigentlichen Aufgabe und Leistung des Betriebs nichts zu tun haben (betriebsfremde Aufwendungen und Erträge). Wenn diese betriebsfremden Aufwendungen und Erträge vom Unternehmensergebnis abgegrenzt werden, erhält man das **Betriebsergebnis.**

Außerdem entstehen dem Betrieb auch **Aufwendungen,** die in der Kostenrechnung zunächst nicht auftauchen, da sie keine **Ausgaben** verursachen. Sie müssen jedoch in die Kalkulation eingehen. Daher müssen sie, um in der Kostenrechnung aufzutauchen, innerbetrieblich verrechnet werden. Wir nennen sie **kalkulatorische Kosten.** Dazu gehören insbesondere:
– kalkulatorischer Unternehmerlohn
– kalkulatorische Miete
– kalkulatorische Zinsen.

Beim **kalkulatorischen Unternehmerlohn** handelt es sich um die zahlenmäßige Erfassung der Arbeitsleistung des Betriebsinhabers. Es wird dafür ein Betrag in die Kostenrechnung eingesetzt, der dem Gehalt eines leitenden Angestellten entspricht, welcher eine gleichwertige Arbeit tut.

Die **kalkulatorische Miete** wird in die Kostenrechnung aufgenommen, wenn der Betrieb in eigenen, also nicht gemieteten Geschäftsräumen tätig ist. Damit soll ein Ausgleich in der Kalkulation geschaffen werden zu solchen Betrieben, die in gemieteten Geschäftsräumen tätig sind und die dadurch zwangsläufig ihre Ausgaben für Miete als Kosten in die Kalkulation einbeziehen müssen. Als kalkulatorische Miete wird der Betrag eingesetzt, den man für vergleichbare Geschäftsräume bezahlen müßte.

Kalkulatorische Zinsen werden berechnet, damit das betriebsnotwendige Kapital zu einem angemessenen Zinssatz verzinst wird und die errechneten Zinsen in die Kostenrechnung und somit in die Kalkulation eingehen. Das betriebsnotwendige Kapital setzt sich aus dem Eigenkapital und dem gegen Zinsen überlassenen Fremdkapital zusammen. Als Zinssatz wird der landesübliche Zins für langfristige Darlehen zugrunde gelegt.

Die kalkulatorischen Kosten werden außerhalb der Betriebsbuchhaltung verrechnet, deshalb wird das Betriebsergebnis dadurch nicht beeinflußt.
Aus der Gewinn- und Verlustrechnung wird das Betriebsergebnis wie folgt errechnet:

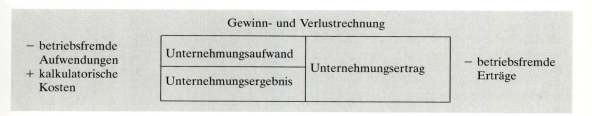

Beispiel
Die Buchhaltung der Firma Blumen-Center weist zum Jahresende in der Gewinn- und Verlustrechnung folgende Zahlen aus:

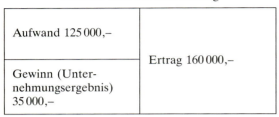

Gewinn- und Verlustrechnung

Aufwand 125 000,–	Ertrag 160 000,–
Gewinn (Unternehmungsergebnis) 35 000,–	

In der Gewinn- und Verlustrechnung sind betriebsfremde Aufwendungen mit 2000,– und betriebsfremde Erträge mit 1000,– enthalten. Außerdem sind bei der Berechnung des Betriebsergebnisses noch kalkulatorische Kosten in Höhe von 12 000,– zu berücksichtigen.

Berechnung
Aufwand

Unternehmungsaufwand	125 000,–
– betriebsfremder Aufwand	2 000,–
+ kalkulatorische Kosten	12 000,–
Betriebsaufwand	135 000,–

Ertrag

Unternehmungsertrag	160 000,–
– betriebsfremde Erträge	1 000,–
Betriebsertrag	159 000,–
Betriebsertrag	159 000,–
– Betriebsaufwand	135 000,–
Betriebsergebnis	24 000,–

Einem Unternehmungsergebnis von 35 000,– steht also ein Betriebsergebnis von 24 000,– gegenüber.

28.4 Aufwand, Ausgaben, Kosten

Für die Kosten- und Leistungsrechnung ist es wichtig, daß **Aufwand, Ausgaben** und **Kosten** genau gegeneinander abgegrenzt werden.
Aufwand bezeichnet den Verbrauch von Werten (Beispiele: Arbeitsleistung, Waren, Energie, Miete, Zinsen) im Betrieb innerhalb eines bestimmten Zeitraums (zum Beispiel eines Geschäftsjahrs). Außer dem **betriebsbedingten** Aufwand gibt es den **betriebsfremden** Aufwand. Letzterer stellt einen Werteverbrauch dar, der mit der eigentlichen Betriebsleistung nichts zu tun hat (zum Beispiel Spenden).
Der Begriff **Ausgabe** darf nicht mit dem Begriff Aufwand verwechselt werden. Mit „Ausgabe" bezeichnet man lediglich den Zahlungsvorgang, also den Geldausgang des Betriebs. So ist die Privatentnahme von Geld durch den Geschäftsinhaber eine Ausgabe, aber kein Aufwand. Andererseits gibt es auch Aufwand, der nicht mit Ausgaben verbunden ist, wie zum Beispiel die persönliche Arbeitsleistung des Betriebsinhabers oder die kalkulatorische Miete, die dann verrechnet wird, wenn der Betrieb in eigenen Geschäftsräumen untergebracht ist.
Unter **Kosten** versteht man den in Geld bewerteten Güterverbrauch, der durch die Erstellung der betrieblichen Leistung verursacht wird. Die betriebliche Leistungserstellung, also die Herstellung und der Verkauf von Erzeugnissen wie Blumensträußen oder Gestecken oder das Erbringen von Dienstleistungen wie zum Beispiel einer Saaldekoration, erfolgt, indem Betriebsmittel, Werkstoffe und menschliche Arbeitskraft eingesetzt werden. Die eingesetzten Produktionsfaktoren ergeben, mit den entsprechenden Preisen versehen, die Kosten der Produkte. Nicht alle Kosten stellen Ausgaben dar, weil ihnen nicht immer entsprechende Zahlungsausgänge folgen. Dies ist zum Beispiel der Fall bei den Abschreibungen. Hier werden die Kosten nur innerbetrieblich verrechnet. Andererseits sind nicht alle Aufwendungen des Betriebs gleichzeitig auch Kosten. Macht zum Beispiel ein Betrieb eine Spende für einen mildtätigen Zweck, so ist dies eine Ausgabe, die möglicherweise sogar steuerlich abzugsfähig ist. Diese Ausgabe stellt jedoch keine Kosten dar. Man sieht aus diesen Beispielen, daß der Kostenbegriff für die Kostenrechnung von großer Bedeutung ist.

> **Merksätze**
> ▷ Die Kosten- und Leistungsrechnung liefert wichtige Daten für die Kostenüberwachung, die Berechnung des Betriebsergebnisses und die Kalkulation.
> ▷ Zur Berechnung des Untenehmungsergebnisses werden sämtliche Aufwendungen und Erträge herangezogen.
> ▷ Das Betriebsergebnis unterscheidet sich vom Unternehmungsergebnis dadurch, daß die betriebsfremden Aufwendungen und Erträge davon abgegrenzt werden. Außerdem werden die kalkulatorischen Kosten eingerechnet.

▷ Als Aufwand bezeichnet man den gesamten Werteverbrauch eines Betriebs.
▷ Unter Ausgaben versteht man den gesamten Zahlungsausgang eines Betriebs.
▷ Als Kosten bezeichnet man den betriebsnotwendigen Aufwand, der bei der betrieblichen Leistungserstellung entsteht.

Aufgaben

1. Der Buchhaltung der Firma Blumen-Schön entnehmen wir für das abgelaufene Geschäftsjahr folgende Kosten:

Kostenart	Betrag
Personalkosten	76 600,–
Miete für Geschäftsräume	16 200,–
Sachkosten für Geschäftsräume	4 050,–
Steuern und Abgaben	10 800,–
Sachkosten für Werbung	13 500,–
Abschreibung	8 100,–
Sonstige Geschäftsausgaben	4 050,–
Sonstige Kosten	2 700,–

a) Wie hoch ist der Anteil der einzelnen Kostenarten an den Gesamtkosten in Prozent?
b) Stellen Sie die ermittelten Werte in Form eines Kreisdiagramms dar (360° ≙ 100%).

2. Die Buchhaltung der Firma Florian Schmücker, Floristfachgeschäft, liefert uns folgende Zahlen:

Geschäftsjahr	Umsatz	Gesamtkosten (ohne Wareneinsatz)
1989	140 000,–	35 000,–
1990	165 000,–	41 250,–
1991	172 000,–	46 440,–
1992	194 000,–	58 200,–
1993	182 000,–	58 240,–
1994	196 000,–	58 800,–
1995	204 000,–	67 320,–
1996	226 000,–	76 840,–

a) Berechnen Sie den Kostenanteil am Umsatz in Prozent für die einzelnen Jahre.
b) Welche Ursachen können die Kostensteigerungen in den einzelnen Jahren haben?
c) Wie wirkt es sich auf den Ertrag eines Unternehmens aus, wenn der Umsatz zurückgeht, die Gesamtkosten jedoch unverändert bleiben?

3. Ordnen Sie die Geschäftsfälle den folgenden Begriffen zu (A) Aufwand, (B) Ausgaben, (C) Kosten.
a) Miete für Geschäftsräume
b) Spende an das Müttergenesungswerk
c) kalkulatorischer Unternehmerlohn
d) Privatentnahme von Geld durch den Geschäftsinhaber
e) Lohn- und Gehaltszahlung
f) Abschreibung auf Geschäftsausstattung.

29 Die Kalkulation

Lernziele

▷ Zwischen kalkuliertem Preis und Marktpreis unterscheiden können;
▷ das Kalkulationsschema für die Handelskalkulation erstellen und erläutern können;
▷ wissen, welche Kosten im Floristbetrieb als Gemeinkosten bezeichnet werden;
▷ aus den Zahlen der Buchhaltung den Handlungsgemeinkostenaufschlag, den Kalkulationsaufschlag und den Kalkulationsfaktor berechnen können;
▷ erklären können, warum der Florist nicht alle Waren und Dienstleistungen mit einem einheitlichen Kalkulationsfaktor kalkuliert;
▷ wissen, wie der Betriebsstundenlohn (Betriebsstundensatz) berechnet wird;
▷ Verkaufspreise für Waren und Dienstleistungen mit Hilfe des Kalkulationsaufschlags und des Kalkulationsfaktors berechnen können.

29.1 Aufbau der Kalkulation

Unter Kalkulation versteht man die rechnerische Ermittlung des Preises von Waren und Dienstleistungen. Zwar wird in vielen Betrieben beim Kalkulieren „über den Daumen gepeilt" oder mit „branchenüblichen" Aufschlägen gerechnet. Diese Methode – sofern man hier von einer solchen sprechen kann – entspricht jedoch nicht der tatsächlichen Kostensituation des einzelnen Betriebs. Es handelt sich hierbei also nur um Schätzpreise, die zwar kostendeckend sein können, aber nicht müssen. Dies erfährt der Florist dann erst am Jahresende, wenn er seinen Gewinn (oder Verlust) ermittelt.

Aus betriebswirtschaftlicher Sicht ist die Hauptaufgabe der Buchführung, die im Betrieb anfallenden Kosten zu erfassen, damit der Florist die Verkaufspreise für seine Waren und Dienstleistungen ermitteln kann. Nur über seine Verkaufspreise erhält er vom Markt seine Kosten zurückerstattet. Wir müssen hier allerdings zwischen dem **kalkulierten Preis** und dem **Marktpreis** unterscheiden, weil erst im Laden entschieden wird, ob der Kunde bereit ist, den kalkulierten Preis zu bezahlen. Er hat ja die Möglichkeit der Auswahl zwischen Konkurrenzbetrieben. Sind die Kosten in einem Floristbetrieb sehr hoch (zum Beispiel durch sehr hohe Ladenmiete), muß folglich auch der kalkulierte Preis hoch sein. Manche Waren sind dann zu diesem Preis möglicherweise nicht abzusetzen. Der kalkulierte Preis muß dann nach unten korrigiert werden. Die Waren werden dadurch aber nicht kostendeckend verkauft.

Floristbetriebe sind keine reinen Handelsbetriebe. Viele der angebotenen Waren werden vor dem Verkauf manipuliert, d. h. veredelt (zum Beispiel Zusammenstellung von Gestecken, binderische Arbeiten, Herstellung von Kränzen). Außerdem führt der Floristbetrieb auch Dienstleistungen aus (Dekorationen, Einpflanzen von Schalen, Blumenspendenübermittlung). Daher ist die Handelskalkulation auf den Floristbetrieb nur bedingt anwendbar. Besonders bei arbeitsintensiven Verrichtungen ist es notwendig, einen Betriebsstundensatz (Betriebsstundenlohn) zu ermitteln. Die reine Handelskalkulation wird nach untenstehendem Schema vorgenommen.

Man unterscheidet verschiedene Kalkulationsstufen:
– Bezugskalkulation
– Selbstkostenkalkulation
– Verkaufskalkulation

Bei der Bezugskalkulation wird berechnet, wie teuer eine Ware kommt, bis sie im Lager ist. Entsprechend befaßt sich die Selbstkostenkalkulation damit, was die Ware kostet, bis sie verkaufsfertig ist. Gegenstand der Verkaufskalkulation ist die Berechnung des zu verlangenden Ladenpreises für die angebotenen Waren und Dienstleistungen.

29.2 Die Gesamtkalkulation

Bei der Gesamtkalkulation werden einheitliche Zuschlagssätze für sämtliche Waren des Sortiments errechnet, indem sämtliche Kosten gleichmäßig auf die Waren aufgeteilt werden. Dieser Zuschlagssatz wird aus der Gewinn-und-Verlust-Rechnung berechnet und in Beziehung gesetzt zu den eingesetzten Waren (Wareneinsatz). Der **Wareneinsatz** entspricht den verkauften Waren zu Einstandspreisen (Aufwand für Waren). Er kann ebenfalls dem GuV-Konto entnommen werden.

Listenpreis – mengen- und wertmäßige Abzüge   (z. B. Rabatt)
Rechnungspreis – Lieferskonto + wertmäßige Zuschläge (z. B. Einfuhrzoll)
Einkaufspreis + Warenbezugskosten
Einstandspreis *Bezugspreis* + Handlungsgemeinkosten (z. B. Miete, Löhne, Abschreibung)
Selbstkostenpreis + kalkulierter Gewinn
Nettoverkaufspreis + Kundenskonto
Zielverkaufspreis + Rabatt (an Kunden gewährt)
Bruttoverkaufspreis (ohne Umsatzsteuer) *Netto* + Umsatzsteuer
Ladenpreis (Bruttoverkaufspreis einschl. Umsatzsteuer)

Gewinn-und-Verlust-Rechnung zum 31. 12. 19 . .

Aufwendungen		Erträge	
Aufwand für Waren	154 350,–	Umsatzerlöse	229 900,–
Personalkosten	11 300,–		
Geschäftsraumkosten	6 200,–		
Betriebssteuern	9 750,–		
Abschreibungen	6 125,–		
Sonst. Geschäftsausg.	14 600,–		
Gewinn	27 575,–		
	229 900,–		229 900,–

Beispiel

Der Florist Sebastian Frisch erstellte zum Jahresende 19.. die auf der vorausgegangenen Seite aufgelistete Gewinn-und-Verlust-Rechnung. Daraus ergibt sich folgende Auswertung:

Gesamtkalkulation

Wareneinsatz	154 350,–
+ Handlungsgemeinkosten	47 975,–
Selbstkosten	202 325,–
+ Gewinn	27 575,–
Verkaufserlöse (netto)	229 900,–
+ Umsatzsteuer	32 100,–
Verkaufserlöse brutto	262 000,–

Handlungsgemeinkostenaufschlag (HKA)

Wareneinsatz 154 350,– ≙ 100%
Handlungsgemeinkosten 47 975,– ≙ ?%

$$\frac{100 \cdot 47\,975}{154\,350} = \underline{\underline{31\%}}$$

Kalkulatorischer Gewinnaufschlag

Selbstkosten 202 325,– ≙ 100%
Gewinn 27 575,– ≙ ?%

$$\frac{100 \cdot 27\,575}{202\,325} = \underline{\underline{13{,}6\%}}$$

Rohgewinn

Verkaufserlöse (brutto)	262 000,–
− Wareneinsatz	154 350,–
Rohgewinn	107 650,–

Die Verkaufspreise werden der Einfachheit halber in nur einem Rechenvorgang ermittelt. Dies geschieht mit Hilfe des **Kalkulationsaufschlags** oder des **Kalkulationsfaktors**. Der Kalkulationsaufschlag enthält demnach sämtliche Kosten des Betriebs, den Gewinnaufschlag und die Umsatzsteuer. Dieser Aufschlag ergibt sich, indem der Rohgewinn als Prozentsatz des Wareneinsatzes ermittelt wird. Den Kalkulationsfaktor erhalten wir, indem wir die Bruttoverkaufserlöse durch den Wareneinsatz teilen. Der Verkaufspreis einer Ware wird also berechnet, indem der Bezugspreis der Ware mit dem Kalkulationsfaktor multipliziert wird. Wir wollen uns dies an zwei Beispielen verdeutlichen.

Kalkulationsaufschlag (KA)

Wareneinsatz 154 350,– ≙ 100%
Rohgewinn 107 650,– ≙ ?%

$$\frac{100 \cdot 107\,650}{154\,350} = \underline{\underline{69{,}7\%}}$$

Kalkulationsfaktor (KF)

$$\frac{\text{Verkaufserlöse (brutto) } 262\,000}{\text{Wareneinsatz } 154\,350} = \underline{\underline{1{,}7}}$$

Frisch kauft 300 Stück langstielige Rosen zu 165,– DM ein. Wie teuer muß er eine Rose verkaufen?

Wareneinsatz für 300 St.	165,—
× 1,7	280,50

Stückpreis: $\frac{280{,}50}{300}$ $\underline{\underline{0{,}94\text{ DM}}}$

29.3 Die gegliederte Gesamtkalkulation

Das Rechnen mit einheitlichen Kalkulationsaufschlägen für alle Waren und Dienstleistungen des Sortiments birgt allerdings eine Reihe von Gefahren in sich. So verursachen beispielsweise beratungsintensive Waren höhere Personalkosten als beratungsarme; Waren, die längere Zeit am Lager liegen (Keramik, Glaswaren, Boutique-Artikel) verursachen höhere Lagerkosten als Frischblumen. Bei einheitlichem Kalkulationsaufschlag werden manche Waren – gemessen am tatsächlichen Kostenaufwand – folglich zu teuer, andere wiederum zu billig verkauft. Dies würde jedoch die Konkurrenzfähigkeit des einzelnen Betriebs beeinträchtigen.

Beispiel

Der Florist Stork, Inhaber eines Spezialgeschäfts für Kakteen, will in Zukunft seine Warenpreise genauer kalkulieren und auch wissen, welche Waren ihm die höchsten Gewinne abwerfen. Er teilt daher sein Warensortiment in drei Warengruppen auf und verteilt die Kosten anteilmäßig auf diese.

Bezeichnung	Gesamtkosten	Kostenträgergruppen		
		Topfpflanzen	Keramik	Frischblumen
Personalk.	36 000,–	18 000,–	10 000,–	8 000,–
Miete	6 000,–	3 000,–	1 000,–	2 000,–
Sachk. für Geschäftsr.	2 000,–	1 000,–	500,–	500,–
Steuern	3 500,–	2 000,–	1 000,–	500,–
Abschreib.	2 250,–	1 500,–	500,–	250,–
Sonst. Geschäftsausg.	1 750,–	750,–	800,–	200,–
Sonst. Kosten	2 500,–	1 750,–	200,–	500,–
Summe	54 000,–	28 000,–	14 000,–	12 000,–

Kostenträgerblatt

Kostengruppen	Gesamtkosten	Kostenträgergruppen		
		Topfpflanzen	Keramik	Frischblumen
Wareneinsatz	180 000,−	110 000,−	40 000,−	30 000,−
+ Handlungsgemeinkosten	54 000,−	28 000,−	14 000,−	12 000,−
Selbstkosten	234 000,−	138 000,−	54 000,−	42 000,−
Betriebsergebnis	**16 000,−**	**10 000,−**	**4 000,−**	**2 000,−**
Verkaufserlöse (netto)	250 000,−	148 000,−	58 000,−	44 000,−
+ Umsatzsteuer	27 500,−	16 280,−	6 380,−	4 840,−
Verkaufserlöse (brutto)	277 500,−	164 280,−	64 380,−	48 840,−
Rohgewinn	97 500,−	54 280,−	24 380,−	18 840,−

Die anteiligen Kosten werden im Kostenträgerblatt weiterverarbeitet. Somit ist es möglich, für jede Warengruppe das Betriebsergebnis getrennt zu ermitteln. Voraussetzung dafür ist jedoch, daß die einzelnen Warengruppen in der Buchhaltung auch auf getrennten Wareneinkaufs- und Warenverkaufskonten ermittelt werden. Im Verkauf bedingt dies, daß eine Registrierkasse mit mindestens drei Zählwerken zur Verfügung steht.

Auswertung

Aus den im Kostenträgerblatt ermittelten Werten können jetzt die Zuschlagssätze für die Kalkulation, und zwar getrennt nach Warengruppen, berechnet werden. Die untere Tabelle zeigt, daß die Kosten und Gewinne für die verschiedenen Warengruppen unterschiedliche Prozentsätze ergeben. Würden alle Waren mit einem einheitlichen Kalkulationsaufschlag von 54,2% kalkuliert, wären die Verkaufspreise für Topfpflanzen (Kakteen) zu hoch, die für Keramik und für Schnittblumen zu niedrig.

29.4 Die Verrechnung der Gemeinkosten

Der Floristbetrieb erbringt in erheblichem Umfang Dienstleistungen, wie die Be- und Verarbeitung von Pflanzenmaterial zu Gestecken, Sträußen, Kränzen und Dekorationen aller Art. Dabei fallen auch entsprechend hohe Personalkosten an. Damit ergibt sich die Notwendigkeit, die im Betrieb anfallenden Kosten (Gemeinkosten) auf die anfallenden Arbeitsstunden umzurechnen und sie in einem Pauschalbetrag dem Stundenlohn zuzuschlagen.

Im Einzelhandel sind alle Kosten (außer dem Wareneinsatz), die zur Aufrechterhaltung des Betriebs notwendig sind, allgemeine Kosten **(Gemeinkosten)**. Wir bezeichnen sie als Gemeinkosten, weil sie nicht für jeden Verkaufsakt oder Dienstleistungsakt gesondert ermittelt werden können. So ist es z. B. unmöglich, anzugeben, wie hoch die anteiligen Fuhrparkkosten oder Geschäftsraumkosten für eine ganz bestimmte Dienstleistung des Floristen sind. Im **Dienst-**

	bei Gesamtkalkulation	bei gegliederter Gesamtkalkulation		
		Topfpflanzen	Keramik	Frischblumen
Handlungsgemeinkostenaufschlag in %	30%	25,5%	35%	40%
kalkulierter Gewinnaufschlag in %	6,8%	7,2%	7,4%	4,8%
Kalkulationsaufschlag in %	54,2%	49,3%	61%	62,8%
Kalkulationsfaktor	1,54	1,49	1,61	1,63
Handelsspanne in %	35,1%	33%	37,9%	38,6%

leistungsbetrieb (Gewerbebetrieb) sind alle Kosten außer den Materialkosten und den Lohnkosten Gemeinkosten. Weil der Floristbetrieb sowohl Handels- als auch Dienstleistungsbetrieb ist, sind bei ihm die Warenkosten (Wareneinsatz) und die Lohnkosten keine Gemeinkosten. Wir nennen die Waren- und Lohnkosten auch **direkte Kosten,** weil sie dem anzufertigenden Erzeugnis direkt zugerechnet werden können. Gemeinkosten nennen wir deshalb **indirekte Kosten,** weil sie dem anzufertigenden Erzeugnis oder der zu erbringenden Dienstleistung nur prozentual zugeschlagen werden können.

Zu den Gemeinkosten zählen insbesondere:
- **allgemeine Geschäftskosten,** wie Miete oder Mietwert für Geschäftsräume, Energiekosten, Transportkosten, Steuern, Versicherungen und Pflichtbeträge, Kosten für Raumpflege und Instandhaltung;
- **Fuhrparkkosten,** wie Abschreibung, Wartung, Treibstoff, Steuer und Versicherung, Verzinsung des eingesetzten Kapitals;
- **allgemeine Verwaltungs- und Bürokosten,** insbesondere Personalkosten für Bürokraft, Kosten für Boten, Fahrer, Steuerberater und auswärtige Datenverarbeitung, Kosten für Bürokommunikation;
- **Werbekosten,** zum Beispiel für Dekoration im Laden und Schaufenster, Werbegeschenke, Printmedien, Anzeigenwerbung;
- **Informations- und Weiterbildungskosten,** zum Beispiel Fachliteratur, Fachzeitschriften, Besuch von Messen, Ausstellungen und Lehrgängen;
- **Sachkosten für Hilfsstoffe,** wie Steckmaterial, Bindemittel, Kleb- und Farbstoffe, Verpackungsmaterial, Werkzeugkosten;
- **Abschreibung,** zum Beispiel auf Anlagegegenstände wie Maschinen, Einrichtungsgegenstände, Gebäude, Abschreibung auf den Warenbestand für nicht verkaufte Waren;
- **Kapitalkosten,** zum Beispiel Verzinsung des eingesetzten Eigenkapitals, Fremdkapitalzinsen.

Diese Kosten werden in der Buchhaltung erfaßt und in der GuV-Rechnung gesammelt. Wir rechnen also in der Kalkulation mit Zahlen der zurückliegenden Rechnungsperiode. Daher müssen wir in die Gemeinkosten einen entsprechenden Teuerungszuschlag einrechnen, weil erfahrungsgemäß fast alle Kosten steigende Tendenz aufweisen. Dieser Teuerungszuschlag entspricht der jeweiligen Inflationsrate. Sie betrug zum Beispiel für 1991 4,1%.

Bei der Kalkulation im reinen Warenhandelsbetrieb stellen auch die Lohnkosten samt den Lohnnebenkosten Gemeinkosten dar. Sie werden ebenfalls in der Buchhaltung erfaßt. Im Warenhandelsbetrieb werden die hier genannten Kosten zu einem einheitlichen Betrag zusammengefaßt: Wir nennen sie Handlungskosten oder auch **Handlungsgemeinkosten.** Diese Kosten werden zum Wareneinsatz in Beziehung gesetzt, indem wir sie als Prozentanteil desselben berechnen. Dieser Zuschlag heißt **Handlungsgemeinkostenaufschlag.**

Beispiel 1
Im Blumenmarkt Max Schneller sind im Jahre 19.. folgende Gemeinkosten entstanden: allgemeine Geschäftskosten 28 400,–; Fuhrparkkosten 13 200,– allgemeine Verwaltungs- und Bürokosten 18 500,–; Werbekosten 17 300,– Informationskosten 5700,–; Sachkosten für Hilfsstoffe 17 600,–; Abschreibung 6900,–; Kapitalkosten 4100,–; Lohnkosten (einschließlich Lohnnebenkosten und kalkulatorischem Unternehmerlohn) 28 700,–. Der Wareneinsatz (Bezugspreis der verkauften Waren) betrug 180 000,–. Somit betrugen die Gesamtkosten 140 400,–; bezogen auf den Wareneinsatz ergibt dies einen Handlungsgemeinkostenaufschlag von 78%. Es wird wie folgt gerechnet:

Wareneinsatz 180 000,– ≙ 100%
Gemeinkosten 140 000,– ≙ ?%

Handlungsgemeinkostenaufschlag:

$$\frac{100 \cdot 140\,400}{180\,000,-} = \underline{78\%}$$

Diesem Handlungsgemeinkostenaufschlag wird nun ein geschätzter Teuerungszuschlag zugerechnet, den wir in unserem Beispiel mit 4% annehmen. Der endgültige Handlungsgemeinkostenaufschlag beträgt also 82%. Auf einen Warenbezugspreis von 10,– DM sind daher 8,20 DM aufzuschlagen. Der Preis von 18,20 DM entspricht somit dem **Selbstkostenpreis** dieser Ware.

Reine Warenhandelsgeschäfte können im Floristbetrieb mit einem einheitlichen **Kalkulationsaufschlag** kalkuliert werden, der sämtliche Handlungskosten (einschließlich der Lohnkosten), den kalkulierten Gewinn und die Umsatzsteuer enthält.

Beispiel 2
Im Blumenmarkt Max Schneller wurde im Jahre 19.. ein Umsatz von 420 044,40 DM erzielt (einschließlich Umsatzsteuer). Die Umsatzsteuer betrug 51 584,40 DM. Die Selbstkosten beliefen sich auf 320 400,– DM (vgl. Beispiel 1). Dies ergibt folgende Gesamtkalkulation:

Wareneinsatz	180 000,— DM
+ Handlungsgemeinkosten (einschließlich Lohnkosten)	140 400,— DM
Selbstkosten	320 400,— DM
+ kalkulierter Gewinn 15%	48 060,— DM
Nettoverkaufspreis	368 460,— DM
+ Umsatzsteuer	51 584,40 DM
Bruttoverkaufspreis	420 044,40 DM

Der Kalkulationsaufschlag wird wie folgt berechnet:

Bruttoverkaufspreis	420 044,40 DM
− Wareneinsatz	180 000,— DM
Rohgewinn	240 044,40 DM

Wareneinsatz	180 000,—	≙ 100%
Rohgewinn	240 044,40	≙ ?%

Kalkulationsaufschlag: $\dfrac{100 \cdot 240\,044{,}4}{180\,000} \triangleq 133{,}36\%$

Dies ergibt einen Kalkulationsfaktor von 2,3336. Wird mit diesem Kalkulationsfaktor gerechnet, muß der Bezugspreis jeder verkauften Waren mit dem Faktor 2,3336 multipliziert werden, damit über den Verkaufspreis sämtliche Kosten, die gesetzliche Umsatzsteuer und ein angemessener Gewinn vergütet werden.

Beispiel 3
Max Schneller bezieht Chrysanthemen zum Einstandspreis von 0,64 DM je Stück. Wieviel kostet ein Strauß mit 15 Stück?
Einstandspreis (Wareneinsatz) 15 · 0,64 = 9,60
Dies ergibt bei einem Kalkulationsfaktor von 2,3336 einen Bruttoverkaufspreis (Ladenpreis) von
9,6 · 2,3336 = 22,40 DM

29.5 Die Kalkulation mit Betriebsstundensätzen

Im Floristbetrieb kann die reine Handelskalkulation nur bedingt angewandt werden. Gewerbliche Dienstleistungen müssen daher anders kalkuliert werden als reine Warenhandelsgeschäfte, weil hier die Lohnkosten ein ausschlaggebender Kostenfaktor sind. Es ist daher notwendig, die Lohnkosten gesondert zu ermitteln. Sie werden zur Grundlage für die Berechnung des **Betriebsstundensatzes** (Betriebsstundenlohn).
Die **Lohnkosten** bestehen aus den bezahlten Bruttolöhnen und Bruttogehältern, den Lohnnebenkosten wie Urlaubsgeld, Arbeitgeberbeitrag zur Sozialversicherung, freiwilligen Sozialleistungen und dem kalkulatorischen Unternehmerlohn. Dies ist ein Kostenfaktor, der für die Arbeitsleistung des Unternehmers in seinem eigenen Betrieb in die Kalkulation eingesetzt wird. Er entspricht dem Gehalt eines vergleichbar verantwortlich tätigen Angestellten. Diesen Lohnkosten wird für die Kalkulation ebenfalls ein Teuerungszuschlag für die laufende Rechnungsperiode zugerechnet, damit die üblichen Kostensteigerungen (voraussichtliche Lohnerhöhung) aufgefangen werden können; denn auch die ermittelten Lohnkosten sind dem abgelaufenen Rechnungsjahr entnommen.

Beispiel 1
Im Floristbetrieb Markus Frisch sind im Jahre 19.. folgende Lohnkosten angefallen: Bruttolöhne und Bruttogehälter 32 600,–; Arbeitgeberanteil zur Sozialversicherung 3100,–; Beitrag zur Berufsgenossenschaft 1870,–; sonstige Personalaufwendungen 4800,–; kalkulatorischer Unternehmerlohn (anteilig) 14 600,–. Als Teuerungszuschlag für voraussichtliche Lohnkostensteigerungen im laufenden Jahr wird mit 4,5% gerechnet. Dies ergibt folgende Lohnkosten:

Bruttolohnkosten	32 600,— DM
+ Lohnnebenkosten	9 770,— DM
+ Unternehmerlohn (anteilig)	14 600,— DM
tatsächliche Lohnkosten	56 970,— DM
+ Teuerungszuschlag 4,5%	2 563,65 DM
kalkulierte Lohnkosten	59 533,65 DM

Zur Berechnung des **Betriebsstundenlohns** müssen die ermittelten Lohnkosten in Beziehung zur tatsächlichen geleisteten Arbeitszeit (Nettoarbeitszeit) gesetzt werden. Man nennt diese **Nettoarbeitszeit** bereinigte Arbeitszeit. Sie weicht erheblich von der tatsächlich vergüteten Sollarbeitszeit ab, zum Beispiel durch bezahlte Urlaubstage, Krankheit, Feiertage, Besuch von Fortbildungsveranstaltungen während der Arbeitszeit und Berufsschulbesuch.
Die Sollarbeitszeit (tatsächlich vergütete Arbeitsstunden) weicht bei Lohn- und Gehaltsempfängern um etwa 18% von der Istarbeitszeit ab. Bei Auszubildenden beträgt die Abweichung etwa 30%. Für den Betriebsinhaber, dessen Arbeitsleistung ja im kalkulatorischen Unternehmerlohn kostenmäßig erfaßt ist, werden bei der Istarbeitszeit nur die Stunden berücksichtigt, die er tatsächlich mit floristischen Arbeiten beschäftigt war. Die reinen Verwaltungsarbeiten, welche er erbringt, werden kostenmäßig bei den sonstigen Handlungskosten berücksichtigt.

Beispiel 2
Frisch beschäftigt eine Floristin, deren Sollarbeitszeit (vergütete Arbeitszeit) im Jahre 19.. 2080 Stunden betrug. Die tatsächlich geleisteten Arbeitsstunden (Istarbeitsstunden) betrugen 1644. Außerdem war der Betriebsinhaber im Jahr 19.. insgesamt 832 Stunden mit floristischen Arbeiten beschäftigt.
Die gesamte Istarbeitszeit im Floristbetrieb betrug also 2476 Stunden. Die gesamten Lohnkosten (samt anteiligem Unternehmerlohn) betrugen im selben Jahr 56970,– DM; dazu kommt ein Teuerungszuschlag von 2563,65 DM. Also machen die kalkulierten Lohnkosten 59533,65 DM aus.
Dies ergibt einen Betriebsstundenlohn (zu Selbstkosten) von 59 533,65 : 2476 = 24,04 DM. Diesem Betriebsstundenlohn zu Selbstkostenpreisen muß noch ein angemessener Gewinnzuschlag und die gesetzliche Umsatzsteuer zugeschlagen werden, damit er für die Kalkulation tauglich ist.
Wir rechnen wie folgt:

Betriebsstundenlohn zu Selbstkosten	24,04 DM
+ kalkulierter Gewinnzuschlag (angenommen) 12%	2,88 DM
Betriebsstundenlohn netto	26,92 DM
+ Umsatzsteuer 15%	4,04 DM
Betriebsstundenlohn brutto	30,96 DM

Jede geleistete Arbeitsstunde muß in diesem Betrieb also mit 30,96 DM angesetzt werden, damit sämtliche Lohnkosten gedeckt sind und ein angemessener Gewinn erzielt wird.

Beispiel 3
In der Firma Frisch wird ein Brautstrauß gebunden. Die Floristin benötigt dafür 45 Minuten. Bei dem oben berechneten Betriebsstundenlohn von 30,96 DM brutto beträgt der Lohnanteil an dem Strauß 30,96 · 0,75 = 23,22 DM.
Weil der Floristbetrieb auch in erheblichem Umfang Dienstleistungen erbringt (z. B. durch binderische

Wareneinsatz	Arbeitseinsatz
+ Handlungs-gemeinkosten (ohne Arbeits- bzw. Lohnkosten) + kalkulierter Gewinn + Umsatzsteuer + Arbeitsanteil Verkaufspreis (brutto)	(aufgewandte Arbeitszeit Bruttobetriebsstundenlohn einschließlich Umsatzsteuer)

Arbeiten), muß hier eine **Mischkalkulation** gemäß dem untenstehenden Schema angewandt werden.
Es muß allerdings mit einem Kalkulationsfaktor gerechnet werden, der die Lohnkosten nicht enthält, weil diese über den Bruttobetriebsstundenlohn in die Kalkulation Eingang finden. Der Betriebsstundenlohn enthält auch die Lohnkosten, die beim Verkauf von Waren anfallen.

Beispiel 4
Die Firma Markus Frisch hatte 19.. einen Wareneinsatz von 120 000,–. Die Handlungskosten betrugen in diesem Zeitraum (ohne Lohnkosten) 80 000,–; für das laufende Jahr wird mit einem anteiligen Gewinnaufschlag von 8% gerechnet. Der für das laufende Jahr ermittelte Bruttoarbeitslohn je Stunde beträgt 31,– DM. Wie hoch ist der Ladenpreis für einen Brautstrauß, für den Waren zu einem Bezugspreis von 49,– DM und 1,8 Arbeitsstunden eingesetzt wurden?

Berechnung des Kalkulationsfaktors:

Wareneinsatz	120 000,– DM
+ Handlungsgemeinkosten (ohne Lohnkosten)	80 000,– DM
Selbstkosten (vorläufig)	200 000,– DM
+ kalkulierter Gewinn 8%	16 000,– DM
Nettoverkaufspreis der Waren	216 000,– DM
+ Umsatzsteuer (15%)	32 400,– DM
Bruttoverkaufspreis (anteilig)	248 400,– DM
– Wareneinsatz	120 000,– DM
anteiliger Rohgewinn	128 400,– DM

Dies entspricht einem Kalkulationsfaktor von 2,07. Der Kalkulationsfaktor kann auch wie folgt berechnet werden:

$$\frac{\text{Bruttoverkaufspreis}}{\text{Wareneinsatz}}$$

Die Kalkulation für den Brautstrauß sieht wie folgt aus:

Wareneinsatz 49,– · 2,07	100,45
+ Arbeitskosten 1,8 · 31,–	52,74
Bruttoverkaufspreis des Straußes	153,19

Merksätze

▷ Die Waren und Dienstleistungen des Floristen sind so zu kalkulieren, daß sämtliche Kosten gedeckt werden und ein angemessener Gewinn erzielt wird.

▷ Die Zahlen für die Kalkulation werden aus den Aufzeichnungen der Buchhaltung gewonnen.

▷ Der prozentuale Anteil der Handlungsgemeinkosten am Wareneinsatz heißt Handlungsgemeinkostenaufschlag (HKA).
▷ Der Rohgewinn wird ermittelt, indem der Aufwand für Waren (Wareneinsatz) von den Bruttoverkaufserlösen abgezogen wird.
▷ Der Kalkulationsaufschlag (KA) ist der prozentuale Anteil des Rohgewinns am Wareneinsatz.
▷ Für die gegliederte Gesamtkalkulation wird das Waren- und Dienstleistungssortiment in verschiedenen Kostenträgergruppen aufgeteilt. Dadurch wird es möglich, mit unterschiedlichen Kalkulationsaufschlägen zu rechnen.
▷ Gemeinkosten sind solche Kosten, die den Warenpreisen bei der Kalkulation anteilmäßig in einem entsprechenden Prozentsatz zugeschlagen werden.
▷ Weil der Floristbetrieb auch Leistungen erbringt, die einen hohen Lohnkostenanteil haben, ist es notwendig, einen Betriebsstundensatz (Betriebsstundenlohn) zu ermitteln, der außer dem Stundenlohn sämtliche lohngebundenen Kosten enthält.

Aufgaben

1. Warum können der kalkulierte Preis und der Marktpreis voneinander abweichen?
2. Erstellen Sie ohne Hilfsmittel das Kalkulationsschema für die Handelskalkulation.
3. Wie wird der Wareneinsatz für die Gesamtkalkulation ermittelt?
4. Welche Bedeutung hat die GuV-Rechnung für die Kalkulation?
5. Erklären Sie anhand eines Beispiels, wie man den Handlungskostenaufschlag, den Kalkulationsaufschlag und den Kalkulationsfaktor ermittelt.
6. Zählen Sie auf, welche Kosten im Floristbetrieb zu den Gemeinkosten gerechnet werden.
7. Erklären Sie, wie der Betriebsstundensatz (Betriebsstundenlohn) berechnet wird.
8. Warum wird im Floristbetrieb mit dem Betriebsstundensatz kalkuliert?
9. Warum muß der Florist seine Kalkulationsaufschläge laufend überprüfen?
10. Wie hoch ist der Wareneinsatz
    a) 74 810,–; b) 77 170,–; c) 75 980,–; d) 79 630,–?

200 Warenbestände			
Anfangsbest.	16 000,–	Endbest.	19 000,–

6001 Warenbezugskosten	
2 400,–	

600 Aufwand für Waren	
78 400,–	

6002 Nachlässe von Lieferern	
	1 820,–

11. Wie hoch sind die Handlungsgemeinkosten
    a) 49 700,–; b) 46 100,–; c) 42 400,–; d) 47 100,–?
    Berechnen Sie aufgrund der ermittelten Handlungskosten den Handlungskostenaufschlag bei einem Wareneinsatz von 138 300,– DM.
    Antwort: a) 30%; b) 35%; c) 33⅓%; d) 25%

Gewinn- und Verlustrechnung

Aufwand für Waren	95 400,–	Verkaufserlöse	195 320,–
Hausaufwendungen	2 460,–		
Zinsaufwendungen	1 240,–		
Personalkosten	18 740,–		
Geschäftsmiete	4 250,–		
Betriebssteuern	6 420,–		
Werbekosten	7 480,–		
Abschreibung	5 520,–		
sonst. Geschäftskosten	3 690,–		
Jahresergebnis	50 120,–		
	195 320,–		195 320,–

Anmerkung: Hausaufwendungen und Zinsaufwendungen sind betriebsfremder Aufwand.

12. Die Floristfirma Stork hat für die verschiedenen Sortimentsteile getrennte Kalkulationsaufschläge ermittelt (vgl. S. 236). Sie betragen für Topfpflanzen 49,3 %; für Keramikwaren 61 %; und für Frischblumen 62,8 %. Der einheitliche Kalkulationsaufschlag würde 54,2 % betragen.
    Berechnen Sie die Ladenpreise für folgende Waren bei einem (A) einheitlichen Kalkulationsaufschlag und bei (B) differenzierten Kalkulationsaufschlägen:
    a) Kaktee, Einstandspreis 10,– DM; b) Keramikvase, Einstandspreis 20,– DM; c) Rosenstrauß, Einstandspreis 8,– DM. Stellen Sie die ermittelten Preise in einer Tabelle zusammen.
13. In einem Floristbetrieb wird mit einem anteiligen Kalkulationsfaktor von 1,75 gerechnet. Der Bruttobetriebsstundenlohn beträgt 18,60 DM.
    a) Wie teuer ist ein Sommerstrauß (Fertigstrauß), der zu 8,20 DM bezogen wurde? Die aufgewandte Verkaufszeit beträgt 5 Minuten.
    b) Wie teuer ist ein Trauerkranz, bei dem für 55,– DM Material und 1,4 Arbeitsstunden eingesetzt wurden?
    c) Für eine Saaldekoration werden Waren zum Bezugspreis von 690,– DM benötigt. Die Arbeitszeit beträgt 6,5 Stunden. Wie teuer ist die Saaldekoration?
14. Ein Partyraum wird geschmückt. Dazu benötigt man folgendes Material:
    Drei Blumenständer mit jeweils 21 Rosen zu je 2,10 DM, 32 Freesien zu je 1,40 DM und Beiwerk zu 11,20 DM.
    Sechs Gestecke mit jeweils 9 Rosen, 12 Freesien (Preis s. o.) und Beiwerk zu 5,50 DM.
    Eine Floristin arbeitet 70 Min. (18,80 DM/Std.); zwei Auszubildende arbeiten je 45 Min. (9,20 DM/Std.). Es wird mit 38 % Gemeinkosten, 22 % Gewinn und 7 % Umsatzsteuer gerechnet. Berechnen Sie den Endpreis.
15. Ermitteln Sie die Herstellungskosten eines Brautstraußes, wenn der Bruttoverkaufspreis einschließlich Umsatzsteuer 126,– DM beträgt. Es wurde mit 7 % Umsatzsteuer, 20 % Gewinn und 38 % Gemeinkosten gerechnet (Rückwärtskalkulation).
16. Wie hoch waren die Materialkosten einer Saaldekoration, wenn folgende Angaben zugrundeliegen: Lohnkosten insgesamt 160,– DM, Gemeinkosten 70 %, Gewinn 22 %, Umsatzsteuer 7 %? Der Bruttoverkaufspreis einschließlich Umsatzsteuer betrug 2086,03 DM (Rückwärtskalkulation).
17. Für Sarg- und Kapellenschmuck wird folgendes Material verarbeitet: Schnittblumen für 226,– DM, Grün für 85,– DM und Hilfsmittel für 38,– DM. Zwei Floristen arbeiten jeweils 1 Stunde und 20 Minuten. Eine Stunde wird mit 22,50 DM berechnet.
    Wie hoch ist der Bruttoverkaufspreis, wenn 25 % Gemeinkosten, 20 % Gewinn und 7 % Umsatzsteuer berechnet werden?
18. Floristmeister Gülz kalkuliert den Preis für 6 Vasenfüllungen. Die Materialkosten für 1 Vasenfüllung betragen 145,– DM; eine Vase kostet 48,– DM. Er rechnet mit einem Betriebsstundensatz von 29,– DM. Die Arbeitszeit für eine Vasenfüllung wird mit 35 Min. angenommen. Der Gemeinkostenanteil beträgt 33 1/3 % und der Gewinn 20 %. Da es sich um einen treuen Kunden handelt, berücksichtigt er 10 % Kundenrabatt und 2 % Kundenskonto. Es wird mit dem ermäßigten Umsatzsteuersatz gerechnet.
    Wie teuer wird der Auftrag?

30 Betriebswirtschaftliche Kennziffern

Lernziele

▷ Die verschiedenen Rentabilitätskennziffern nennen und aufgrund von Zahlen der Buchhaltung berechnen können;
▷ erklären können, wie sich die Kapitalumschlagshäufigkeit auf den Kapitalbedarf und die Rentabilität auswirkt;
▷ wissen, welche Kostenvorteile ein hoher Lagerumschlag bringt;
▷ die Lagerumschlagshäufigkeit berechnen können;
▷ wissen, was Personalkennziffern über den Personaleinsatz aussagen;
▷ erklären können, warum Kennziffern über den Leistungsfaktor Raum berechnet werden.

30.1 Kennziffern für den Leistungsfaktor Kapital

Die Buchführung liefert dem Unternehmer wichtige Daten für betriebswirtschaftliche Entscheidungen. So kann der Unternehmer z. B. durch die Auswertung seiner Bilanz und der GuV-Rechnung eine Reihe betriebswirtschaftlicher Kennziffern ermitteln, die ihm Auskunft über die Rentabilität und Wirtschaftlichkeit seines Unternehmens geben. Wie solche Kennziffern ermittelt werden und was sie aussagen, soll folgendes Beispiel zeigen.

Beispiel
Der Florist H. Grubich legt folgende Bilanz und GuV-Rechnung vor:

A	800 Eröffnungsbilanz		P
Anlagevermögen	130 000,–	Eigenkapital	120 000,–
Umlaufvermögen	70 000,–	Fremdkapital	80 000,–
Summe	200 000,–	Summe	200 000,–

S	802 Gewinn-und-Verlust-Rechnung		H
Wareneinsatz	140 000,–	Verkaufserlöse	240 000,–
Fremdkapitalzinsen	5 000,–		
Personalkosten	35 000,–		
Raumkosten	15 000,–		
sonstige Kosten	20 000,–		
Reingewinn	25 000,–		
	240 000,–		240 000,–

Berechnung von Rentabilitätskennziffern
Rentabilitätskennziffern sagen etwas darüber aus, wie lohnend die Tätigkeit des Unternehmers ist, und wie hoch sich das eingesetzte Kapital verzinst hat. Dazu wird der erzielte Gewinn ins Verhältnis zum eingesetzten Kapital und zum erzielten Umsatz gebracht. Wir unterscheiden drei Arten der Rentabilität, nämlich
○ Eigenkapitalrentabilität
○ Gesamtkapitalrentabilität
○ Umsatzrentabilität

○ **Eigenkapitalrentabilität**
Zur Berechnung der Eigenkapitalrentabilität wird der Unternehmergewinn ins Verhältnis zum Eigenkapital gesetzt. Vom Reingewinn, den wir der Gewinn- und Verlustrechnung (GuV) entnehmen, ist zuvor der kalkulatorische Unternehmerlohn abzuziehen. Die errechnete Kennziffer gibt Aufschluß darüber, wie sich das Eigenkapital des Unternehmers verzinst hat.

Eigenkapitalrentabilität:
$$\frac{\text{Unternehmergewinn} \cdot 100}{\text{Eigenkapital}}$$

Beispiel
Der Florist H. Grubich erzielte im abgelaufenen Geschäftsjahr einen Reingewinn von 25 000,– DM; der Unternehmerlohn betrug 15 000,– DM, das Eigenkapital zu Beginn des Geschäftsjahres 120 000,– DM.

Eigenkapitalrentabilität:
$$\frac{(25\,000 - 15\,000) \cdot 100}{120\,000} = \underline{8{,}3\%}$$

○ **Gesamtkapitalrentabilität**
Bei der Gesamtkapitalrentabilität wird der Unternehmergewinn zum Gesamtkapital (Eigen- und Fremdkapital) der Unternehmung in Beziehung gesetzt. Dem Unternehmergewinn müssen jedoch zuvor die Zinsen für das Fremdkapital zugeschlagen werden, da diese in die Erfolgsrechnung als Aufwand eingegangen sind. Diese Meßziffer gibt Aufschluß darüber, ob der Einsatz von Fremdkapital rentabel ist. Dies wird wesentlich beeinflußt von den für das Fremdkapital aufgewandten Zinsen. Der Einsatz von Fremdkapital ist nur rentabel, wenn die Eigenkapitalrentabilität höher als der Zinssatz für das Fremdkapital ist.

Gesamtkapitalrentabilität:
$$\frac{(\text{Unternehmergewinn} + \text{Zinsen}) \cdot 100}{\text{Gesamtkapital}}$$

Beispiel
Der Florist H. Grubich (Zahlenangaben siehe oben!) hat neben seinem Eigenkapital noch 80 000,– DM Fremdkapital in seinem Unternehmen stecken. Dafür mußte er im abgelaufenen Geschäftsjahr 5000,– DM Zinsen bezahlen.

Gesamtkapitalrentabilität:
$$\frac{(25\,000 - 15\,000 + 5000) \cdot 100}{120\,000 + 80\,000} = \underline{7{,}5\%}$$

○ **Umsatzrentabilität**
Die Umsatzrentabilität gibt Aufschluß über den Anteil des Unternehmergewinns am Umsatz (Verkaufspreis netto). Je geringer der Gewinnzuschlag in der Kalkulation ist, um so niedriger wird die Umsatzrentabilität. Einzelhandelsbetriebe mit geringer Umsatzrentabilität können den Unternehmergewinn durch Umsatzsteigerungen verbessern, da üblicherweise ja bei jedem Umsatz Gewinn anfällt.

Umsatzrentabilität:

$$\frac{\text{Unternehmergewinn} \cdot 100}{\text{Umsatz zu Nettoverkaufspreisen}}$$

Beispiel
Der Umsatz des Floristen H. Grubich betrug im abgelaufenen Geschäftsjahr ohne Umsatzsteuer 240 000,– DM. Der erzielte Reingewinn ist 25 000,– DM; davon entfallen 15 000,– DM auf den kalkulierten Unternehmerlohn.

Umsatzrentabilität: $\frac{(25\,000 - 15\,000) \cdot 100}{240\,000} = \underline{\underline{4{,}2\%}}$

Kapitalumschlag

Zur Berechnung des Kapitalumschlags muß das Gesamtkapital der Unternehmung zum Wareneinsatz ins Verhältnis gesetzt werden. Als Wareneinsatz bezeichnen wir die verkauften Waren zu Einstandspreisen. Die dadurch gewonnene Meßzahl heißt Kapitalumschlagshäufigkeit und drückt aus, wie oft sich das Kapital innerhalb eines Abrechnungszeitraumes umgesetzt hat. Der Kapitalbedarf eines Unternehmens ist um so höher, je weniger oft sich das eingesetzte Kapital innerhalb des Abrechnungszeitraumes umschlägt. Hoher Kapitalumschlag bedeutet also, daß ein Unternehmen, das die verkauften Waren mit geringen Gewinnaufschlägen kalkuliert, trotzdem eine hohe Rentabilität des eingesetzten Kapitals erzielen kann.

Kapitalumschlagshäufigkeit: $\frac{\text{Wareneinsatz}}{\text{Gesamtkapital}}$

Beispiel
Der Floristbetrieb H. Grubich hatte im abgelaufenen Geschäftsjahr einen Wareneinsatz von 140 000,– DM; das eingesetzte Gesamtkapital beträgt 200 000,– DM.

Kapitalumschlagshäufigkeit: $\frac{140\,000}{200\,000} \triangleq \underline{\underline{0{,}7}}$

Aus der Kapitalumschlagshäufigkeit kann die Kapitalumschlagsdauer berechnet werden. Sie gibt an, wie lange das Kapital durchschnittlich im Unternehmen gebunden ist.

Kapitalumschlagsdauer: $\frac{360}{\text{Kapitalumschlagshäufigkeit}}$

Beispiel
Aus den obengenannten Zahlen ergibt sich

Kapitalumschlagsdauer: $\frac{360}{0{,}7} \triangleq \underline{\underline{514 \text{ Tage}}}$

30.2 Kennziffern für den Leistungsfaktor Ware

Lagerumschlag

Im Einzelhandel sind laufend erhebliche Teile des eingesetzten Kapitals im Warenlager gebunden. Daher ist es notwendig, daß der Einzelhandel seine Lagerbestände laufend genau überwacht, und zwar hinsichtlich Lagerdauer und Lagerumfang, denn die Warenlagerung verursacht Kosten. Solche Lagerkosten sind: Lagerzinsen, Personalkosten, Kosten durch Verderb und Veralterung gelagerter Waren.

Die Lagerkosten können wirksam gesenkt werden durch Verminderung des Lagerbestands auf das notwendige Maß und durch Erhöhung der Umschlagshäufigkeit des Lagers. Die Unterlagen für derartige Maßnahmen liefern dem Kaufmann die Lagerkartei oder Lagerbuchführung. Auch die Bilanz gibt dem Kaufmann wichtige Zahlenunterlagen zur Berechnung folgender Meßziffern:
○ Durchschnittlicher Lagerbestand
○ Umschlagshäufigkeit
○ Durchschnittliche Lagerdauer

○ **Durchschnittlicher Lagerbestand**
Der durchschnittliche Lagerbestand ist die Warenmenge zu Einstandspreisen, die während des Abrechnungszeitraumes durchschnittlich am Lager ist; da diese Warenmenge finanziert werden muß, ist ständig Kapital in dieser Höhe im Warenlager gebunden. Der durchschnittliche Lagerbestand wird wie folgt berechnet:

Durchschnittlicher Lagerbestand:
$\frac{\text{Anfangsbestand} + \text{Endbestand}}{2}$

Beispiel
Der Floristbetrieb H. Grubich hatte zu Beginn des Geschäftsjahres einen Warenbestand von 10 000,– DM. Bei der Inventur wurde am Jahresende ein Warenbestand von 5000,– DM ermittelt.

Durchschnittlicher Lagerbestand:
$\frac{10\,000 + 5000}{2} = \underline{\underline{7500{,}-}}$

○ **Umschlagshäufigkeit**
Setzt man den durchschnittlichen Lagerbestand ins Verhältnis zum Wareneinsatz, erhält man eine Aussage darüber, wie oft das Lager innerhalb eines Jahres umgeschlagen wurde.
Je höher die Umschlagshäufigkeit, desto geringer sind Kapitalbedarf, Lagerkosten und Lagerrisiko.

Dies wirkt sich andererseits positiv auf den Gewinn des Unternehmens aus.
Umschlagshäufigkeit:
$$\frac{\text{Wareneinsatz}}{\text{durchschnittlicher Lagerbestand}}$$

Beispiel
Wir gehen vom obigen Zahlenbeispiel aus. Der Wareneinsatz betrug in diesem Zeitraum 140 000,- DM.

Umschlagshäufigkeit: $\frac{140\,000}{7,5} = \underline{18,7}$

Das heißt, daß das Lager im Abrechnungszeitraum (Jahr) 18,7mal umgeschlagen wurde.

○ **Durchschnittliche Lagerdauer**
Die durchschnittliche Lagerdauer berechnen wir, um festzustellen, welche Zeit die Ware vom Eingang bis zum Verkauf am Lager war. Dies zu wissen ist wichtig, weil davon die Höhe der Lagerzinsen abhängt. Je länger die Lagerdauer, desto höher ist die Kostenbelastung durch Lagerzinsen, da das im Lager gebundene Kapital ja verzinst werden muß (Zinsen für Fremdkapital oder kalkulatorische Zinsen).

Durchschnittliche Lagerdauer:
$$\frac{360}{\text{Umschlagshäufigkeit}}$$

Beispiel
Wir gehen von den bisherigen Zahlen aus.
Durchschnittliche Lagerdauer:
$\frac{360}{18,7} = \underline{19,3 \text{ Tage}}$

Die eingekaufte Ware lag also bis zum Verkauf durchschnittlich 19 Tage am Lager. Dies ist jedoch nur eine Durchschnittszahl und so zu erklären, daß ein erheblicher Teil des Lagerbestands aus Hartwaren besteht, die ja eine erheblich längere Lagerdauer haben als Frischwaren (Frischblumen, Topfpflanzen).

30.3 Kennziffern für den Leistungsfaktor Personal

Die Personalkosten sind ein wesentlicher Kostenfaktor im Floristbetrieb, weil hier in erheblichem Umfang personalintensive Dienstleistungen erbracht werden. Sie machen je nach Betriebsgröße und Betriebsform bis zw. 18 Prozent des Umsatzes aus (ohne Unternehmerlohn). Personalkennziffern geben Auskunft über die Leistung der Beschäftigten und geben Entscheidungshilfen für den möglichst rationellen Personaleinsatz. Die wichtigsten Personalkennziffern sind:

Umsatz je Beschäftigtem:
$$\frac{\text{Umsatz zu Ladenpreisen}}{\text{Anzahl der Beschäftigten}}$$

Kundenzahl je Beschäftigtem:
$$\frac{\text{Anzahl der Kassenbons}}{\text{Anzahl der Beschäftigten}}$$

Durchschnittliche Bedienungszeit:
$$\frac{\text{Gesamtarbeitszeit der Beschäftigten}}{\text{Anzahl der Kassenbons}}$$

Beispiel
Der Floristbetrieb Uta Hansen OHG hatte im vergangenen Jahr einen Umsatz von 209 907,- DM; die Anzahl der Kassenbons ergibt, daß in dieser Zeit 16 860 Verkaufsabschlüsse getätigt wurden. Der Umsatz wurde mit zwei vollzeitbeschäftigten Floristinnen erzielt, die insgesamt 3600 Arbeitsstunden leisteten.

Umsatz je Verkaufskraft: $\frac{209\,907}{2} = \underline{104\,953,50 \text{ DM}}$

Kundenzahl je Beschäftigtem:
$\frac{16\,860}{2} = \underline{8430 \text{ Kunden}}$

Bedienungszeit je Kunde: $\frac{3600}{16\,860} = \underline{12,6 \text{ Min.}}$

Anmerkung: In der Arbeitszeit ist auch die Bearbeitungszeit für die verkauften Waren und die Rüstzeit im Geschäft enthalten.

30.4 Kennziffern für den Leistungsfaktor Raum

Die Raumkosten für den Verkaufsraum setzen sich aus den Mietkosten und den Raumbewirtschaftungskosten zusammen. Sie betragen im Floristbetrieb ca. 7% vom Umsatz. Die Höhe der Raumkosten hängt insbesondere von der Raumgröße der Betriebsform und dem Standort des Geschäfts ab. Raumkennziffern sollen nachweisen, ob die Verkaufsfläche optimal genutzt ist. Um dies beurteilen zu können, sind vor allem zwischenbetriebliche Vergleiche notwendig. Die wichtigsten Raumkennziffern sind:

Raumkostenanteil am Umsatz:
$$\frac{(\text{Miete} + \text{Raumkosten}) \cdot 100}{\text{Umsatz zu Ladenpreisen}}$$

Raumleistung: $\frac{\text{Umsatz zu Ladenpreisen}}{m^2 \text{ Verkaufsfläche}}$

Beispiel
Der Floristbetrieb Uta Hansen OHG hat einen Verkaufsraum mit 48 m² reiner Verkaufsfläche. Die monatliche Miete beträgt 1056,– DM; die Bewirtschaftungskosten dafür betragen monatlich 456,– DM. Der Jahresumsatz belief sich im vergangenen Jahr auf 209 907,– DM.

Raumkostenanteil am Umsatz:
$$\frac{(12\,672 + 5472) \cdot 100}{209\,907} = \underline{\underline{8{,}6\%}}$$

Raumleistung: $\frac{209\,907}{48} = \underline{\underline{4373{,}-\text{DM}}}$

Merksätze

▷ Betriebswirtschaftliche Kennziffern werden für unterschiedliche Leistungsbereiche eines Unternehmens berechnet: Kapital, Wareneinsatz, Personaleinsatz und Raumeinsatz.
▷ Rentabilitätskennziffern geben dem Unternehmer Auskunft, wie sich das eingesetzte Kapital verzinst hat. Es wird unterschieden zwischen Eigenkapitalrentabilität, Gesamtkapitalrentabilität und Umsatzrentabilität.
▷ Der Kapitalumschlagskoeffizient gibt Auskunft darüber, wie oft sich das Kapital im Verlaufe eines Jahres umgeschlagen hat. Lagerkennziffern werden berechnet, um festzustellen, wie oft das Lager im Laufe eines Jahres umgeschlagen wurde. Kurze Lagerdauer der Waren wirkt sich günstig auf den Kapitalbedarf aus.
▷ Kennziffern für den Personalbereich sollen Auskunft über den rationellen Personaleinsatz liefern.
▷ Raumleistungskennziffern geben Auskunft über die optimale Nutzung der Verkaufsfläche. Ihre Ermittlung ist besonders wichtig bei hohen Geschäftsraumkosten, wie sie in den Zentren der Großstädte anfallen.

Aufgaben

1. Zählen Sie die verschiedenen betrieblichen Leistungsbereiche auf, für die betriebswirtschaftliche Kennziffern ermittelt werden.
2. Warum wird zwischen Eigenkapitalrentabilität und Gesamtkapitalrentabilität unterschieden?
3. Erklären Sie anhand eines Zahlenbeispiels, wie sich ein hoher Kapitalumschlag auf den Kapitalbedarf auswirkt.
4. Zählen Sie auf, welche Kostenvorteile eine hohe Lagerumschlagshäufigkeit bringt.
5. Wie hoch sind die Eigenkapitalrentabilität, die Gesamtkapitalrentabilität und die Umsatzrentabilität bei folgenden Vorgaben: Umsatz 300 000,– Eigenkapital 100 000,–, Fremdkapital 50 000,–, Reingewinn 20 000,–, Unternehmerlohn 10 000,– Fremdkapitalzinsen 2000,–?
6. Berechnen Sie die Kapitalumschlagshäufigkeit und die Kapitalumschlagsdauer.

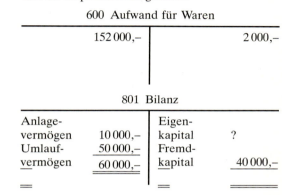

600 Aufwand für Waren	
152 000,–	2 000,–

801 Bilanz			
Anlagevermögen	10 000,–	Eigenkapital	?
Umlaufvermögen	50 000,–	Fremdkapital	40 000,–
	60 000,–		

7. Berechnen Sie den durchschnittlichen Lagerbestand, die Umschlagshäufigkeit und die durchschnittliche Lagerdauer.

200 Warenbestand			
AB	80 000,–	EB	105 000,–

600 Aufwand für Waren	
487 500,–	

8. In einem Floristbetrieb sind drei Floristinnen vollzeitbeschäftigt. Ermitteln Sie den Umsatz je Verkaufskraft, die durchschnittliche Kundenzahl je Verkaufskraft, den Durchschnittsumsatz je Verkaufsakt und die anteiligen Personalkosten je Verkaufsakt. Es wurden im Jahr insgesamt 27 495 Kassenbons registriert.

630 Personalaufwand	
89 580,–	

500 Verkaufserlöse	
	358 320,–

9. Ein Floristbetrieb im Zentrum einer Großstadt bezahlt für 27 m² Verkaufsfläche eine Quadratmetermiete von 48,50 DM monatlich. Die Bewirtschaftungskosten für den Laden betragen monatlich 390,– DM. Berechnen Sie die Raumleistung und den Raumkostenanteil am Umsatz bei einem Jahresumsatz von 323 714,28 DM.

31 Die Statistik im Floristbetrieb

Lernziele

▷ Die gebräuchlichsten statistischen Darstellungsmöglichkeiten nennen und erklären können;
▷ Zahlen der Buchhaltung in Form von Tabellen aufbereiten können;
▷ anhand von Beispielen erklären können, wie betriebswirtschaftliche Daten in Form unterschiedlicher Diagramme dargestellt werden können;
▷ selbständig statistische Zahlen zu unterschiedlichen Diagrammen verarbeiten können.

Das Wort „Statistik" stammt aus dem Lateinischen und bedeutet „Stand, Zustand, Vermögensstand". Dies deutet auch auf den Ursprung der Statistik hin. Schon im Altertum waren die Regenten besonders aus Gründen der Steuererhebung daran interessiert, Daten über die Zahl der Untertanen und deren Vermögensverhältnisse zu erhalten. Daher haben sie immer wieder Volkszählungen angeordnet, denn die wichtigste Abgabe war die Kopfsteuer. Je Kopf der Bevölkerung – manchmal auch zusätzlich je Kopf Großvieh – wurde eine bestimmte Abgabe erhoben. Die Ergebnisse solcher statistischer Erhebungen sind uns noch von alten Völkern erhalten geblieben, z. B. von den Hethitern, Babyloniern, Ägyptern und Römern. Im Lukas-Evangelium wird über eine derartige Volkszählung (Zensus) zur Zeit von Christi Geburt berichtet. Es heißt dort: „Es begab sich aber zu der Zeit, daß ein Gebot von dem Kaiser Augustus ausging, daß alle Welt geschätzet würde. – Und diese Schätzung war die allererste und geschah zu der Zeit, da Cyrenius Landpfleger in Syrien war. – Und jedermann ging, daß er sich schätzen ließe, ein jeglicher in seine Stadt . . ."
Heute verstehen wir unter Statistik die wissenschaftliche Methode zur Erfassung von Massenerscheinungen durch Zählen und Auswerten. Diese wissenschaftliche Methode der Statistik findet in vielen Bereichen Anwendung, wie z. B. der Gesellschaft (Staat), Wirtschaft, in Betrieben, in den Sozialwissenschaften, in den Naturwissenschaften und in der Medizin. Der Bund, die Länder und Gemeinden haben besondere Statistische Ämter, die laufend Daten sammeln (durch Volkszählungen und gewerbliche Betriebsstättenzählungen), verarbeiten und veröffentlichen. Eine wichtige statistische Quelle ist das jährlich erscheinende „Statistische Jahrbuch für die Bundesrepublik Deutschland". Aber auch Kammern und Fachverbände veröffentlichen in ihren Publikationsorganen laufend statistisches Material, das für die Unternehmen von großer Bedeutung ist. Auch die Tagespresse (Wirtschaftsteil) enthält viel statistisches Material, das für alle am Wirtschaftsleben Beteiligten von Interesse ist.
Große Unternehmungen haben eigene statistische Abteilungen, die Daten im Unternehmen sammeln und sie für die Geschäftsleitung als Mittel zur Entscheidungsfindung entsprechend aufbereiten. In kleinen Betrieben muß dies der Unternehmer selbst tun. Heute verfügen die buchführenden Stellen (Steuerberater, Buchungsbüro, Datenverarbeitungsunternehmen) über entsprechende Computerprogramme, die eine statistische Auswertung der Buchhaltungszahlen ermöglichen. Auch die Darstellung statistischer Daten in Form von Graphiken übernimmt heute der Computer. Der Personal Computer (PC) ist ohne größeren Aufwand für statistische Aufgaben einsetzbar. Nötig sind nur eine Festplatte, ein entsprechendes Computerprogramm und ein graphikfähiger Bildschirm. Der Computerausdruck ist mit einem der üblichen Matrixdrucker (Nadeldrucker, Thermodrucker, Laserdrucker) möglich.
Aufgabe der Statistik im Floristbetrieb ist es, Daten über zahlenmäßig erfaßbare Vorgänge im Betrieb zu sammeln, sie zweckentsprechend zu ordnen und so aufzubereiten und darzustellen, daß der Betriebsleiter daraus Aufschluß über betriebliche Vorgänge gewinnen und unternehmerische Entscheidungen ableiten kann. Die Daten (Zahlen) dafür werden aus der Buchhaltung, der Kostenrechnung (GuV) und durch besondere statistische Aufzeichnungen gewonnen. Eine große Rolle bei der Datenerfassung spielt die Registrierkasse (Datenkasse, Computerkasse). Sie ermöglicht es, die verkauften Waren und Dienstleistungen nach Warengruppen zu ordnen. Daten- und Computerkassen können direkt mit der zentralen Recheneinheit verbunden (vernetzt) werden, aus

der man dann die Daten bereits aufbereitet jederzeit abrufen kann.

Die wichtigsten Bereiche der Statistik im Floristbetrieb sind der **Verkaufsbereich** (Verkaufsstatistik/Umsatzstatistik) und der **Kostenbereich** (Kostenstatistik)

Die gewonnenen Einzelzahlen werden als absolute Zahlen zeitlich und/oder sachlich nach Werten geordnet und zu **Zahlenreihen, Zahlenbündeln, Verhältniszahlen** oder **Durchschnittszahlen** verarbeitet. Dann werden diese aufbereiteten Zahlen in Form von Tabellen oder Schaubildern (Graphiken) dargestellt und verdeutlicht. Statistische Darstellungsformen sind:

- die **Tabelle**
- das **Diagramm**
- das **Zahlenbild**

Beispiel
Das Floristgeschäft Gloria Heimerl KG hat das Sortiment in drei Gruppen aufgeteilt, nämlich
A Schnittblumen und Topfpflanzen
B Trauerbinderei und Friedhofsbedarf
C Glas, Keramik und sonstige Zusatzartikel.
Im vergangenen Jahr wurden in den einzelnen Warengruppen folgende Umsätze (auf volle 100,– DM aufgerundet) erzielt, die auf verschiedene Weise statistisch aufbereitet und dargestellt werden sollen.

○ **Die Tabelle als statistische Darstellungsform**
Die Tabelle ist eine übersichtlich gegliederte Liste, deren Spaltengerüst durch Trennungslinien zwischen der Vorspalte und der Kopfspalte deutlich wird.

○ **Das Diagramm als statistische Darstellungsform**
Das Diagramm ist eine zeichnerische Darstellung statistischer Daten in Bildform. Wir unterscheiden hierbei Liniendiagramm (Stabdiagramm), Säulendiagramm, Kurvendiagramm und Flächendiagramm.

Im **Liniendiagramm** werden Zahlen durch maßstäblich entsprechende Strecken in einem Koordinatensystem dargestellt.

Im **Säulendiagramm** werden Zahlenmengen, die aus unterschiedlichen Elementen bestehen, zum Vergleich der Größenordnungen entweder durch senkrecht nebeneinanderstehende oder waagrecht übereinander geschichtete Säulen in einem Koordinatensystem geordnet.

Im **Kurvendiagramm** werden einzelne Punkte in einem Koordinatensystem, welche Zahlenwerten entsprechen, durch Linien verbunden.

Das **Flächendiagramm** ist ein zweidimensionales Diagramm und daher von einem Koordinatensystem unabhängig. Es ist besonders geeignet, wenn nur wenig Zahlenwerte bildlich dargestellt werden sollen. Geeignete Figuren zur Darstellung von statistischen Mengen sind der Kreis, das Rechteck und das Quadrat. Die Flächen werden entweder entsprechend der zu veranschaulichenden Zahlen unterteilt oder einander in Flächen unterschiedlicher Größe, die den zu veranschaulichenden Zahlen entsprechen, gegenübergestellt (äquivalente Flächen).

Die in der obigen Tabelle gesammelten und geordneten Umsatzzahlen ergeben als **Liniendiagramm** folgendes Bild (Abb. 78):

Monat	Umsätze in DM			
	Warengruppe A	Warengruppe B	Warengruppe C	Gesamtumsatz
Januar	9 200,–	3 600,–	1 100,–	13 900,–
Februar	17 200,–	3 800,–	900,–	21 900,–
März	10 600,–	4 400,–	2 200,–	17 200,–
April	13 400,–	5 200,–	1 800,–	20 400,–
Mai	21 600,–	7 400,–	2 800,–	31 800,–
Juni	14 400,–	5 100,–	2 600,–	22 100,–
Juli	12 200,–	8 200,–	1 300,–	21 700,–
August	7 400,–	6 400,–	700,–	14 500,–
September	9 800,–	5 300,–	1 900,–	17 000,–
Oktober	13 200,–	6 200,–	1 400,–	20 800,–
November	16 800,–	9 300,–	1 200,–	27 300,–
Dezember	14 200,–	5 100,–	2 100,–	21 400,–
Gesamtumsatz	160 000,–	70 00,–	20 000,–	250 000,–

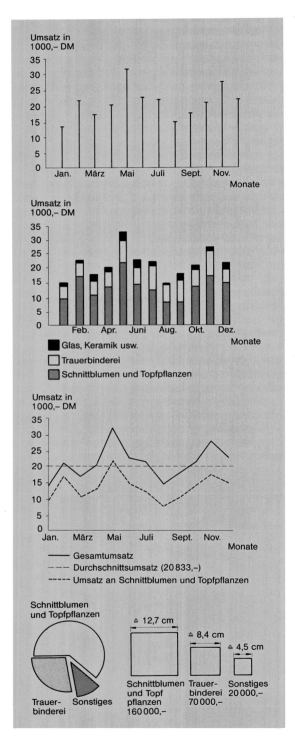

Eine Aufgliederung der Monatsumsätze nach Teilsortimenten ist bei der Darstellung in einem Liniendiagramm nicht möglich. Hier zeigt sich deutlich die Schwäche dieser Darstellungsform.
Hierfür eignet sich besonders das **Säulendiagramm**.

Der Umsatzverlauf im vergangenen Jahr kann besonders gut in einem **Kurvendiagramm** dargestellt werden. Zum Vergleich mit dem Gesamtumsatz wird der Umsatz an Schnittblumen und Topfpflanzen in das Diagramm mit aufgenommen.

Der Anteil der einzelnen Teilsortimente am Gesamtumsatz soll in Form eines **Flächendiagramms** verdeutlicht werden. Beim **Kreisdiagramm** sind die DM-Beträge in Grad umzurechnen (250 000,– DM ≙ 360°). Zur Berechnung der Seitenlänge bei der Darstellung der Teilsortimente als **äquivalente Quadrate** muß die Wurzelrechnung verwendet werden (z. B. $\sqrt{160} \mathrel{\triangleq} 12{,}65\,\text{cm}$).

Merksätze

▷ Die Statistik ist ein wichtiges Hilfsmittel für den Unternehmer, um sich einen Überblick über die Entwicklung und den wirtschaftlichen Zustand seines Betriebs zu verschaffen.

▷ Statistische Daten bieten dem Unternehmer die Möglichkeit, Zahlenvergleiche mit anderen Betrieben seiner Branche anstellen zu können (Betriebsvergleiche).

▷ Besonders wichtige Bereiche der Statistik im Floristbetrieb sind die Umsatzstatistik, die Verkaufsstatistik und die Kostenstatistik.

▷ Die statistischen Daten lassen sich besonders eindrucksvoll in Form von Diagrammen darstellen.

▷ Die wichtigsten Diagramme zur Darstellung statistischer Werte sind das Liniendiagramm, das Säulendiagramm, das Kurvendiagramm und das Flächendiagramm.

Abb. 78. Liniendiagramm.
Abb. 79. Säulendiagramm.
Abb. 80. Kurvendiagramm.
Abb. 81. Flächendiagramm.

Aufgaben

1. Erklären Sie, welche Aufgabe die Statistik im Floristbetrieb hat.
2. Erläutern Sie anhand von Beispielen, wie die Statistik im Verkaufsbereich angewandt werden kann.
3. Welche Arten von Kostenstatistiken können im Floristbetrieb erstellt werden?
4. Der Umsatz je beschäftigter Person in der Floristikbranche entwickelte sich in den vergangenen acht Jahren wie folgt:

Jahr	Betrag	Jahr	Betrag
1988	94 500,–	1992	103 000,–
1989	101 000,–	1993	107 000,–
1990	98 500,–	1994	111 500,–
1991	99 500,–	1995	113 000,–

a) Stellen Sie die Entwicklung in einem Kurvendiagramm dar (10 000,– DM ≙ 0,5 cm).
b) Geben Sie eine Begründung für diese Entwicklung.

5. Der Floristbetrieb Renate Wagenfeld u. Co. hatte im vergangenen Jahr folgende Handlungskosten: Personalkosten 120 000,–; Miete und Raumkosten 40 000,–; Steuern und Abgaben 20 000,–; Werbekosten 12 000,–; sonstige Kosten 8000,–.

a) Stellen Sie die Anteile der einzelnen Kostenarten an den Gesamtkosten (ohne Wareneinsatz) als Kreisdiagramm dar (200 000,– ≙ 360°).
b) Stellen Sie die einzelnen Kostenarten in Form quadratischer Flächen dar (100 000,– entspricht einem Quadrat mit einer Seitenlänge von 5 cm).

Teil C

Verkauf und Werbung (Absatzmarketing)

I Verkauf

1 Der Florist als Verkäufer

1.1 Der Verkäuferberuf

Lernziele

▷ Erkennen, daß der Verkäufer eine Mittlerfunktion zwischen Waren und Kunden einnimmt;
▷ einsehen, daß eine positive Einstellung zum Beruf Voraussetzung zum Erfolg ist;
▷ wissen, daß nur ansprechende und einwandfreie Waren angeboten werden dürfen;
▷ wissen, daß das Verhalten des Verkäufers gegenüber dem Kunden entscheidend für den Verkaufserfolg ist.

Als Kunde kann man immer wieder feststellen, daß man in vielen Einzelhandelsgeschäften zwar freundlich bedient wird, gute und preiswerte Ware erhält, trotzdem aber nicht völlig zufrieden den Laden verläßt. Die Freundlichkeit des Verkaufspersonals und das Angebot guter Waren und Dienstleistungen zu angemessenen Preisen genügen allein nicht, um Kunden zu gewinnen. Verkaufen ist also mehr als die Übertragung von Waren auf den Kunden. Hauptziel jedes Verkaufs muß der zufriedene Kunde sein.

○ **Tätigkeitsmerkmale**
Jeder Berufsstand nimmt gerne für sich in Anspruch, daß man „für ihn geboren sein" müsse. Goethe sagt dagegen: „Genie ist Fleiß". Zielstrebigkeit und Fleiß sind für den Erfolg im Beruf entscheidender als Begabung.
Zugegeben, für besondere Leistungen spielt stets auch die Begabung eine Rolle. Verkaufen kann man aber lernen wie andere Dinge, beispielsweise Rechnen, Schreiben oder Blumenbinden. Dies ist die wichtigste Grunderkenntnis für einen angehenden Verkäufer. Neben dieser Erkenntnis gibt es eine Reihe von Regeln, die er bei seiner Tätigkeit beachten muß.

Jeder Verkäufer im Blumeneinzelhandel befindet sich in einem festen Bezugsfeld zwischen Kunde und Ware (s. Abb.). Die drei Faktoren Verkäufer, Ware und Kunde lassen sich daher auch nicht isoliert betrachten.
Der Florist muß über *handwerkliche Fertigkeiten,* wie Arrangieren von Blumen und Pflanzen, Fertigen von Gebinden aller Art, Freihandzeichnen, Gestalten und Schmücken, verfügen. Ebenso wichtig sind die *Fachkenntnisse* in Botanik, allgemeiner Pflanzenpflege, Bodenkunde, Pflanzenernährung, Pflanzenschutz und Schädlingsbekämpfung, Materialkunde, Gestaltungslehre und Stilkunde. Als Verkäufer werden von ihm zusätzlich besondere *Kenntnisse im Umgang mit Menschen* verlangt. All diese Fähigkeiten sind notwendig, um Kunden richtig bedienen und beraten zu können.
Die **Ware** wird zum **Verkaufsgegenstand,** indem sie zum Verkauf angeboten und vom Kunden begehrt wird. Das tatsächliche Angebot muß dem Verkauf nicht unbedingt zeitlich direkt vorausgehen; darin liegt die große Bedeutung der Werbung (s. Seite 334ff.).

Abb. 82. Die Rolle des Verkäufers im Verkaufsgeschehen.

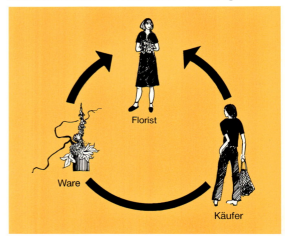

Der **Kunde** wird zum **Käufer,** wenn er sich, angeregt durch das Warenangebot und die Einflußnahme des Verkäufers, zum Kauf entschließt.

○ **Einstellung zum Beruf**
Die **positive Einstellung** zum Leben und zum Beruf begründet den **Erfolg** vieler Menschen. Eine Arbeit, die gerne getan wird, geht leicht von der Hand und beflügelt den Menschen zu großen Leistungen, die ihm andererseits auch ein Erfolgserlebnis vermittelt und zeigt, was zu leisten er fähig ist.
Fast jeder Mensch hat ein Hobby. Dieses betreibt man freiwillig und mit persönlichem Einsatz; man setzt seinen ganzen Ehrgeiz, sein ganzes Können und seine Liebe zur Sache ein, um ein gestecktes Ziel zu erreichen. Wäre es nicht denkbar, diese Grundhaltung auch auf den Beruf zu übertragen? Es gibt tatsächlich Menschen, die ihren Beruf gewissermaßen zum Hobby gemacht haben. Eine wichtige Voraussetzung für die Zufriedenheit im Beruf ist allerdings, daß man darin mehr sieht als nur einen Job, den man heute ergreift, um ihn schon morgen wieder gegen einen anderen einzutauschen. Für Floristen sind Beständigkeit im Beruf und der Wille, sich fachlich weiterzubilden, besonders wichtig, wenn sie erfolgreich sein wollen.
Die positive Grundhaltung zum Beruf gibt dem Menschen aber auch das notwendige **Selbstvertrauen** und mit zunehmendem Erfolg mehr **Selbstsicherheit.** Diese Eigenschaften sind für den Verkäufer besonders wichtig, weil sie ihm die Ausstrahlungs- und Überzeugungskraft geben, die notwendig sind, um andere Menschen zu beeinflussen, d. h. die Kunden zum Kauf zu veranlassen.

○ **Einstellung zur Ware**
Nur ein Verkäufer, der von seiner Ware überzeugt ist, kann auch Kunden überzeugen. Selbst die schönste und wertvollste Ware verblaßt in den Augen der Kunden, wenn sie nicht mit der nötigen Begeisterung präsentiert wird.
Blumenverkäufer haben es hier verhältnismäßig leicht, weil Blumen die meisten Menschen zu begeistern vermögen. Die positive Einstellung zur Ware regt den Verkäufer auch an, über diese möglichst viel wissen zu wollen, d. h. sich die notwendigen **Warenkenntnisse** anzueignen. Gute Warenkenntnisse sind im Verkauf erforderlich, weil der Verkäufer sonst die Fragen seiner Kunden nicht gut beantworten kann. **Er wirkt dann unsicher und hat meistens nicht den gewünschten** Verkaufserfolg, weil der Kunde das Vertrauen zu ihm verliert.

Abb. 83. „Wenn Sie mich schon nicht bedienen, könnten Sie mich wenigstens an Ihrer Unterhaltung teilnehmen lassen?"

○ **Einstellung zur Arbeit**
Viele Menschen finden keine rechte Befriedigung in der Arbeit; das kann sehr unterschiedliche Ursachen haben. Häufig fehlt die Erkenntnis und Erfahrung, daß Arbeit nicht nur Notwendigkeit und oftmals eine Last ist, sondern eine wesentliche Möglichkeit zur Entfaltung der Persönlichkeit. Deshalb ist es so wichtig, daß man sich vor der Berufswahl entsprechend über die Tätigkeiten und Anforderungen in verschiedenen Berufen informiert und einen Beruf wählt, der den eigenen Neigungen und Fähigkeiten entgegenkommt. Arbeit kann also durchaus etwas Schönes sein; dies gilt vor allem dann, wenn man Erfolg hat. Dieser Arbeitserfolg muß nicht nur ein materieller sein. Die **Arbeitsfreude** verleiht dem Verkäufer die gute Laune, die ansteckend auf Kollegen und Kunden wirkt.

○ **Einstellung zum Kunden**
Kunden spüren im Verlauf des Verkaufsgesprächs die **Einstellung** des Verkäufers ihnen gegenüber. Diese Einstellung äußert sich unbewußt durch das Verhalten. Freilich gibt es gewisse Techniken, die es dem Verkäufer in beschränktem Rahmen erlauben, seine tatsächlichen Empfindungen zu verbergen, doch werden solche Praktiken oft schneller und leichter vom Kunden durchschaut, als der Verkäufer gemeinhin annimmt. Viel besser und leichter ist es, den Mitmenschen von vornherein mit Wohlwollen und ohne Vorurteil zu begegnen, d. h. ihnen gegenüber eine **positive Grundhaltung** einzunehmen.
Der Kunde ist ein Mensch wie wir. Er kommt aus freien Stücken in das Fachgeschäft und möchte, daß

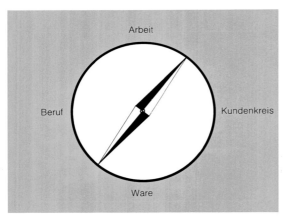

Abb. 84. Erfolgskompaß.

seine Kaufwünsche gut und richtig erfüllt werden. Vom Verkäufer erwartet er die Höflichkeit und Dienstbereitschaft, die ihm auch sonst im Leben von denjenigen Menschen entgegengebracht werden, die ihn schätzen. Außerdem ist der Kunde das wichtigste Kapital des Floristen. Er sichert ihm mit seinem Einkauf die Existenz. Zugegeben, es gibt tatsächlich Kunden, die einem nicht liegen, oder solche, die sich ungebührlich benehmen. Sie zu erziehen, ist jedoch nicht Aufgabe des Verkäufers.

Merksätze

▷ Der Florist als Verkäufer muß vor allem wissen, daß er in einem Dienstleistungsberuf tätig ist, dessen Dienste ausschließlich für die Kunden geleistet werden.
▷ Zum Verkäufer muß man nicht geboren sein; diese Tätigkeit kann man lernen.

Stellenangebote, vgl. Aufgabe 1

Floristin gesucht

für Eintritt September. Wir wünschen Freude am Verkauf und ausreichende Fachkenntnisse.

Ihr Gehalt bestimmen Sie selbst. Fixum- und Umsatzbeteiligung.

Zeugnisabschriften erwünscht, Wohnraumbeschaffung übernehmen wir.

Lerchner-Blumen
Alte Dorfstr. 10   72766 Reutlingen   Tel. 0 71 21/3 85 94

Wir suchen: **FLORISTIN**

Wir bieten: Gute Bezahlung, 5-Tage-Woche, vielfältige floristische Aufgaben in einem jungen Team (Teilzeit möglich).

Wir erwarten: Kreativität, Zuverlässigkeit, selbständiges Arbeiten.
                Auf Wunsch 2-Zimmer-Appartement

Blumen Ulrich
Marktstraße 26   07806 Neustadt

> ▷ Wenn man Verkaufserfolge erzielen will, sind eine positive Grundeinstellung zu Arbeit und Beruf ebenso erforderlich wie gute Fach- und Warenkenntnisse.
> ▷ Freude an der Arbeit beflügelt zu erfolgreichem Arbeiten und ist damit auch eine Voraussetzung für den Verkaufserfolg.
> ▷ Der Verkäufer darf den Kunden nicht mit Vorurteilen gegenübertreten, weil diese sein Verhalten immer einseitig beeinflussen und seinen Verhandlungsspielraum einengen.

Aufgaben

1. Stellen Sie in Form einer Tabelle zusammen, welche fachlichen und persönlichen Qualitäten von den Stellenbewerberinnen (Anzeigen linke Seite) erwartet werden.
2. Entwerfen Sie in Ihrer Eigenschaft als Inhaber eines Floristbetriebs je eine Stellenanzeige (Stellenangebot) für a) eine Jungfloristin und b) eine Führungskraft.
3. Führen Sie in der Art eines Rollenspiels (Betriebsinhaber/Stellenbewerber) ein Vorstellungsgespräch für die Besetzung der Stelle einer Floristin. Gesucht wird eine erfahrene Floristin als Filialleiterin für einen größeren Zweigbetrieb eines Floristgeschäfts in einer Großstadt.
4. Beschreiben Sie, welche persönlichen Eigenschaften und fachlichen Voraussetzungen Ihrer Meinung nach eine gute Floristin (Florist) haben sollte.
5. Gesucht wird für Ihren Ausbildungsbetrieb eine junge Floristin. Welche Eigenschaften erwarten Sie von der neuen Kollegin?

1.2 Erscheinungsbild und Verhalten des Verkäufers

Lernziele

> ▷ Erkennen, daß der Verkäufer vom Kunden zuerst nach seinem äußeren Erscheinungsbild beurteilt wird;
> ▷ wissen, daß vom Verkäufer gute Umgangsformen erwartet werden;
> ▷ wissen, daß Mimik und Gestik des Verkäufers und des Kunden wesentliche Bedeutung für die Verkaufshandlung haben.

Der erste Eindruck, den ein Mensch von einem anderen bekommt, beruht hauptsächlich auf dessen äußerem Erscheinungsbild. Der Kunde hat meist keine Gelegenheit, den Verkäufer näher kennenzulernen und muß sich deshalb anhand des Äußeren ein Urteil bilden.

Daher muß der Verkäufer bestrebt sein, den Kunden durch sorgfältige Pflege seines Äußeren zu beeindrucken und zu beeinflussen, um ihn für sich und dadurch für sein Geschäft zu gewinnen; denn schließlich gilt das Äußere eines Menschen im allgemeinen als die Spiegelung seines Inneren.

Im folgenden werden die Elemente besprochen, die das äußere Erscheinungsbild ausmachen.

○ **Kleidung**

„Kleider machen Leute". Diese alte Wahrheit haben offenbar viele Menschen vergessen. So präsentieren sich zahlreiche Jugendliche und auch Erwachsene oft gewollt in nachlässiger Kleidung, und zwar ohne Rücksicht auf die Umstände. Die Kleidung eines Verkäufers aber wird durch seine Tätigkeit und seine Umgebung bestimmt. Er muß auf sie besonderen Wert legen und dabei folgende Punkte beachten:

– Die **Kleidung,** die man beim Verkaufen trägt, **muß sauber sein.** Für Schmutzarbeiten, die ja bei Floristen öfter anfallen, gibt es verschiedene Arten von *Schutzkleidung.* Flecken auf Kleidungsstücken, schmutzige Kragen und Ärmel machen auf die Kunden einen schlechten Eindruck. Es ist also zweckmäßig, *Reservekleidung* bereitzuhalten.

– Die **Kleidung muß gepflegt sein.** Offene Nähte, fehlende Knöpfe und ausgefranste Kanten erwecken den Eindruck von Nachlässigkeit. Kunden aber verallgemeinern gern: Schlampige Kleidung → schlampiger Verkäufer → schlampiges Geschäft.

– Die **Kleidung muß zweckmäßig sein.** Dazu gehört, daß sie den Verkäufer in der Ausübung seiner Tätigkeit nicht behindert und bequem ist; dies gilt besonders für Schuhe. Außerdem muß die Kleidung zum Typ der Verkäuferin und des Verkäufers und zur Eigenart des entsprechenden Geschäfts passen. Niemand soll aber deswegen auf moderne Kleidung verzichten müssen, im Gegenteil, eine Floristin sollte lediglich darauf achten, daß sie z. B. bei der Auswahl der Farben nicht so weit geht, die Aufmerksamkeit der Kunden von den Blumen und Pflanzen abzulenken. Auch farbliche Disharmonien gilt es zu vermeiden.

Über die Verwendung einheitlicher **Berufskleidung** für alle Angehörigen eines Geschäfts oder gar Berufs kann man geteilter Meinung sein. Der hohe Stellenwert, der heute der Individualität des Menschen beigemessen wird, spricht dagegen. Die Forderung nach zweckmäßiger Kleidung bezieht sich auch auf die Gesundheit des Verkäufers. So sind modische Damenschuhe für die Füße oft gesundheitsschädigend, weil die Floristin viel stehen muß. Hosen sind bei Tätigkeiten in kühlen Räumen vorteilhafter als Röcke, da sie besser wärmen.

○ **Frisur**
Von gleicher Bedeutung wie die Kleidung ist für das Äußere des Verkäufers auch die Frisur. Bei ihr gelten ähnliche Erfordernisse wie für die Kleidung: **Sauberkeit, Gepflegtheit** und **Zweckmäßigkeit.** Die Kunden erwarten von Verkäuferinnen und Verkäufern durchaus modische Frisuren. Sie verlangen aber auch, und zwar zu Recht, daß diese zum Typ passen und daß sie vor allem sauber und gepflegt sind (Rollenerwartung). Der einzelne hat hier also nicht das Recht, sich in seiner Individualität über bestimmte, allgemein übliche berufliche und geschäftliche Gepflogenheiten hinwegzusetzen. Andererseits hat der Geschäftsinhaber durchaus das Recht, seinen Mitarbeitern Vorschriften über ihr Auftreten im Geschäft zu machen, wenn er meint, daß dies dem Geschäft dienlich ist.

○ **Körperpflege**
Durch gezielte Körperpflege kann man seine **äußeren Vorzüge** besonders **zur Geltung bringen.** Gewissenhafte Körperpflege schenkt dem Verkäufer das notwendige Selbstvertrauen. Aber auch der Kunde hat ein Anrecht darauf, von gepflegten Verkäuferinnen und Verkäufern bedient zu werden. Kosmetische Unterlassungssünden passen zu einer Verkäuferin im Blumenfachgeschäft ebensowenig wie schockierende Übertreibung. Hier das richtige Maß zu finden, muß man erst lernen. Die individuelle Beratung durch eine gute Kosmetikerin sollte jeder junge Mensch gelegentlich in Anspruch nehmen.
Besonders bedeutsam, aber auch besonders schwierig ist für Floristen die **Pflege der Hände.** Häufiges Händewaschen und die Verwendung von Handcremes zum Schutz der beanspruchten Haut sollten eine Selbstverständlichkeit sein, und zwar nicht nur für Verkäuferinnen. Die *Nagelpflege* bereitet bei Floristen echte Schwierigkeiten. Wenn immer wieder gesagt wird, daß man einen Menschen „gut riechen kann", dann heißt das nicht, daß Parfum und Deo-Spray alles schaffen. Auch der Umgang mit Kosmetika muß dezent und gekonnt sein.

○ **Umgangsformen und Verhalten**
Noch mehr als Kleidung und Körperpflege spiegeln Umgangsformen und Verhalten eines Menschen seine innere Einstellung. Gute Umgangsformen kann man sich aneignen; man muß sich jedoch vor leerer und mechanisch gelernter Förmlichkeit hüten. Kunden haben ein sehr feines Gespür dafür, inwieweit Umgangsformen nur „Masche" sind. Stellen sie dieses fest, wenden sie sich vom Verkäufer innerlich ab. Gute Umgangsformen sind durchaus kein Zeichen von Vorgestrigkeit.
Nur ganz große Schauspieler können sich so verwandeln, daß ihre eigenen Gedanken und Gefühlsregungen dem Zuschauer verborgen bleiben. Natürlich muß auch der Verkäufer etwas von einem Schauspieler an sich haben, um seine Rolle noch besser spielen zu können. Aber der Laie erlangt in dieser Kunst nur begrenzte Fertigkeiten. Daher ist es notwendig, daß der Verkäufer mit seinem Inneren ins reine kommt. Erst dann ist sein Verhalten echt, überzeugend und beeindruckend. Verhalten meint hier die Mimik und Gestik des Verkäufers, also **Ausdrucksbewegungen.** Auch die Sprache kann man hierzu zählen; sie ist in einem besonderen Abschnitt behandelt (s. Seite 260ff.). Unter **Mimik** versteht man Ausdrucksbewegungen des Gesichts. Das *Mienenspiel (Gesichtsausdruck)* spiegelt das Denken, Fühlen und Wollen eines Menschen wider. Bei Kindern ist die Stimmungslage im Gesicht noch besonders gut abzulesen. Der erwachsene Mensch hat gelernt, sein Mienenspiel in etwa zu beherrschen, doch ist seine Kunst nur bescheiden und seine Gesichtszüge entgleisen nur zu leicht.
Eine abweisende, verärgerte, hochnäsige oder gelangweilte Miene wirkt auf den Kunden wie eine kalte Dusche und kühlt seine Kauflust schnell ab. Die Miene des Verkäufers sollte offen und freundlich sein. Echte Freundlichkeit überträgt sich auf den Kunden. Ein freundliches Lächeln wirkt oft Wunder; zu vermeiden ist jedoch ein gezwungenes Lächeln. Es ist gut, wenn man sich daraufhin immer wieder einmal durch einen Blick in den Spiegel prüft.
Gestik ist die Kunst, *Körpergebärden* – also Ausdrucksbewegungen des Körpers – als Willens- und Gefühlsäußerungen einzusetzen. So haben die Menschen eine besondere Körpersprache und Körpersignale entwickelt, die von anderen auch ohne Worte verstanden werden. Körpergebärden *(Gesten)* sind nicht dem Zufall unterworfen, obgleich sie häufig unbewußt eingesetzt werden. Ebenso verhält es sich mit der jeweiligen *Körperhaltung.* Sie ist, wie das Mienenspiel, Ausdrucksmittel und spiegelt die augenblickliche Stimmung und oft auch die Absichten

des Menschen wider. Mit sparsamen Gesten unterstreicht man eindrucksvoll, was man dem Kunden sagen will (nonverbale Kommunikation). Der Verkäufer muß sich um eine aufrechte und ungezwungene Haltung bemühen, die aber keinen Zweifel an seiner Dienstbereitschaft aufkommen läßt.

Große Schwierigkeiten bereitet vielen Menschen die natürliche und ungezwungene Haltung der Hände und Arme. Wenn man von Gestik spricht und z. B. einen heftig gestikulierenden Menschen kritisiert, meint man in erster Linie die Bewegungen der Hände und Arme. Hier kann jedoch durch Übung viel erreicht werden, um das rechte Maß zu finden; der Spiegel leistet als Kontrollinstrument wertvolle Hilfe. Keinesfalls darf der Verkäufer jedoch
– die Arme verschränken oder in die Seite stemmen,
– die Hände auf dem Verkaufstisch aufstützen,
– die Hände in den Taschen verstecken.
Andererseits muß es der Verkäufer aber auch vermeiden, durch übertriebene Gestik
– Unruhe zu erzeugen,
– den Kunden einzuschüchtern,
– eigene Unsicherheit zu vertuschen.

Der *Gang* – auch eine Ausdrucksbewegung – soll auf den Kunden natürlich und ungeziert wirken. Auch dies kann man üben und sich dabei von Kolleginnen oder Kollegen beobachten und kritisieren lassen. Zu vermeiden sind insbesondere zu lange oder zu kurze Schritte. Sehr wertvoll können wöchentliche Gymnastikstunden sein, die das Körpergefühl fördern und die Bewegung schulen.

Merksätze

▷ Ein Kunde, der von der äußeren Erscheinung des Verkäufers positiv beeindruckt wird, ist leichter zu beeinflussen.
▷ Die Richtigkeit des Sprichworts „Kleider machen Leute" bewahrheitet sich beim Verkauf täglich aufs neue.
▷ Wie sich der Verkäufer in seiner Freizeit kleidet, ist seine Privatangelegenheit. Bei der Kleidung im Blumenfachgeschäft geben dagegen nicht nur individuelle Neigungen den Ausschlag; der Verkäufer muß sich vielmehr den betrieblichen Erfordernissen anpassen.
▷ Körperpflege ist ein Gebot der Hygiene, und zwar nicht nur bei Damen; geschmackvolle Kosmetik wirkt auf Kunden positiv.
▷ Gute Umgangsformen sind kein „alter Zopf", der abgeschnitten gehört, sondern ein Zeichen der Achtung des Mitmenschen. Sie haben für den Verkäufer ganz besondere Bedeutung.
▷ Aus dem Verhalten des Verkäufers zieht der Kunde Schlüsse auf das ganze Geschäft.

Aufgaben

1. Erklären und beurteilen Sie das Sprichwort: „Kleider machen Leute".
2. Beschreiben Sie an Beispielen Ihren persönlichen Stil, sich zu kleiden und sich „zurechtzumachen". Geben Sie dafür auch eine Begründung.
3. Halten Sie Berufskleidung in einem Floristbetrieb für angebracht? Geben Sie eine Begründung für Ihre Ansicht.
4. Stellen Sie in einer Tabelle Verhaltensweisen von Floristen (Verkäufern) zusammen, die negativ oder abstoßend auf Kunden wirken.

1.3 Anforderungen an den Verkäufer

Lernziele

▷ Erkennen, daß der Florist sich weiterbilden und seine Fachkenntnisse und seine Allgemeinbildung laufend verbessern muß;
▷ wissen, daß Einfühlungsvermögen, Anpassungsfähigkeit, Zuverlässigkeit und Kontaktfähigkeit wichtige Voraussetzungen für erfolgreiche Verkaufsgespräche sind;
▷ einsehen, daß man den stetig wechselnden Verkaufssituationen vor allem durch geistige Beweglichkeit begegnen kann.

Neben körperlicher Tätigkeit stellt die Verkaufstätigkeit mehr oder minder hohe Anforderungen an Verstand und Gefühl des Verkäufers.

○ **Allgemeinbildung**
Eine gediegene Allgemeinbildung ist erforderlich, um mit allen Kunden ein Gespräch führen zu können, das unter Umständen die rein fachliche Ebene verläßt und auf vielseitige Fragen und Interessen der Kunden eingeht. Es gibt viele Möglichkeiten, seine **Allgemeinbildung** zu **erweitern,** wie tägliches Lesen einer guten Tageszeitung, häufiges Lesen anspruchsvoller Literatur (moderner wie auch klassischer), Besuch von Vortragsveranstaltungen, Ausstellun-

gen, Museen, Verbindung des Erholungsurlaubs mit Bildungsurlaub u. a. m.

○ **Fachwissen**

Ein Kunde, der ein Blumenfachgeschäft betritt, erwartet mit Recht vom Verkäufer, daß er nicht nur die Fertigkeiten eines Floristen beherrscht, sondern darüber hinaus eine Reihe weiterer Kenntnisse hat, nämlich
- **floristische Kenntnisse,** um die richtige Ware anbieten zu können;
- **allgemeine fachliche Kenntnisse,** um treffend die notwendige Beratung geben zu können;
- **gärtnerische Kenntnisse,** um Auskünfte über Pflanzenpflege, Bodenansprüche, Düngemaßnahmen, Pflanzenschutz und Schädlingsbekämpfung erteilen zu können;
- **umfangreiche Pflanzenkenntnisse** (deutsche und botanische Namen, Aussehen, Herkunft, Pflegeansprüche, Verwendungsmöglichkeiten), um Fragen und Äußerungen der Kunden beantworten und deuten zu können;
- **gediegene Warenkenntnisse,** z. B. im Zusammenhang mit der Wahl geeigneter Gefäße.

Wie wichtig Fachwissen ist, erlebt man, wenn in Notsituationen branchenfremde Aushilfskräfte bedienen. Als Kunde bleibt man häufig unbefriedigt, weil fachmännischer Rat fehlt. Enttäuschte Kunden werden jedoch in Zukunft derartige Geschäfte meiden.

○ **Einfühlungsvermögen und Anpassungsfähigkeit**

Der Verkäufer muß sich in die Gedanken- und Gefühlswelt und die seelische Verfassung anderer Menschen versetzen können (Empathie), da Blumen in besonderer Weise die **Gefühle der Kunden ansprechen.** Einfühlungsvermögen ist der Schlüssel für ein erfolgreiches Verkaufsgespräch.

○ **Aufrichtigkeit, Ehrlichkeit, Zuverlässigkeit**

Kunden erwarten vom Verkäufer, daß er zuverlässig ist und sie ehrlich berät, weil sich ihr Vertrauen weitgehend auf diese Charaktereigenschaften stützt. Aber auch der Geschäftsinhaber muß sich darauf verlassen können, daß die Angestellten mit Geld und Ware untadelig und sparsam umgehen.

Aufrichtigkeit und Zuverlässigkeit kommen auch dadurch zum Ausdruck, daß der Verkäufer dem Kunden nur verspricht, was er auch halten kann. Dies gilt besonders für die zugesicherten Eigenschaften von Waren und die Angabe von Terminen. Wenn ein Verkäufer über Frische und Haltbarkeit der vom Kunden gewünschten Blumen nicht genau unterrichtet ist, wäre er unaufrichtig, würde er gerade diese Eigenschaften in besonderem Maße hervorheben und loben.

○ **Sauberkeit und Ordnungsliebe**

Sauberkeit ist sowohl ein Gebot der Hygiene als auch der Höflichkeit und schafft Vertrauen beim Kunden. Ordnung im Betrieb erspart Zeit und Kosten, ist aber auch wegen des kollegialen Miteinander innerhalb der Betriebsgemeinschaft notwendig. Außerdem birgt Unordnung im Betrieb viele Unfallgefahren in sich. Auch ist es leicht nachzuweisen, daß die Kundschaft durch Unordnung im Laden und Binderaum abgestoßen und aus dem Geschäft vertrieben wird, weil hier stets verallgemeinernde Schlüsse gezogen werden.

○ **Selbstbeherrschung**

Geduld und **Höflichkeit** werden als besondere Tugenden des Verkäufers bezeichnet. *Ungeduld* gegenüber Kunden, die sich nur schwer entscheiden können, *barsches Wesen,* wenn keiner der Vorschläge die Zustimmung des Kunden findet, oder *Verdrossenheit,* wenn man sich unwohl fühlt oder unliebsame Erlebnisse hatte, sind zwar menschlich verständlich, mindern jedoch die Kauflust des Kunden erheblich. Da er nach seinen Erfahrungen dieses Geschäft in Zukunft meiden wird, muß sich der Verkäufer auch dann beherrschen, wenn es ihm schwerfällt. Vor allem Stammkunden merken sehr gut, welches Betriebsklima in einem Geschäft herrscht. Verändert sich dieses zum Schlechten, so verliert man selbst langjährige, treue Kunden.

○ **Selbstvertrauen**

Man kann andere Menschen nur dann überzeugen, wenn man zu sich selbst Vertrauen hat. Selbstvertrauen bedeutet jedoch nicht Überheblichkeit, sondern soll dem Verkäufer das Maß an Selbstsicherheit geben, das für überzeugendes Auftreten notwendig ist. Außerdem spornt das Selbstvertrauen seelische und geistige Kräfte des Menschen an und verleiht ihm die Freiheit zu Phantasie und Einfallsreichtum.

○ **Kontaktfähigkeit, Kontaktwilligkeit**

Der Verkäufer muß gern mit Menschen umgehen und leicht mit ihnen ins Gespräch kommen. Dazu bedarf es zunächst einmal der *Kontaktfähigkeit.* Diese besitzen aufgeschlossene und anpassungsfähige Menschen in stärkerem Maße als in sich gekehrte und schüchterne. Ebenbürtig neben der Kontaktfähigkeit steht die *Kontaktwilligkeit*. Diese ist also eine Frage der persönlichen Bereitschaft. Hemmend wirken bei der Kontaktsuche zu anderen Menschen insbesondere launisches Wesen, starke Abhängigkeit von Stimmungen und Vorurteile.

○ **Geistige Beweglichkeit**
Ständiger Wechsel der Kunden, große Vielzahl unterschiedlicher Waren und floristischer Ausdrucksmöglichkeiten, immer wieder wechselnde Verkaufssituationen, bedingt durch Jahreszeit, Kaufanlässe oder Modetrends, und die oft in kürzesten Zeitabständen wechselnden Preise verlangen vom Verkäufer, daß er sich rasch auf neue Gegebenheiten einstellen kann. Dabei hilft ihm ein gutes **Gedächtnis,** das zu trainieren sich jeder Verkäufer zur Pflicht machen sollte. Endlich darf nicht übersehen werden, daß zur geistigen Beweglichkeit auch sicheres und rasches Rechnen gehört; Verkäufer sollten sich ständig im *Kopfrechnen* üben; ein gutes Gedächtnistraining. Andere Methoden, die geistige Beweglichkeit zu schulen, sind *Intelligenztraining* und *Kreativitätstraining*.

▷ Individuelle Kundenwünsche lassen sich nur erfüllen, wenn sich der Verkäufer in die Gedanken, Gefühle und augenblickliche Verfassung des Kunden versetzt und sich anpaßt.
▷ Da Kunden gerne vom Einzelfall auf das ganze Geschäft oder gar den Berufsstand schließen, sind Aufrichtigkeit, Ehrlichkeit, Zuverlässigkeit, Sauberkeit und Ordnungsliebe unabdingbare Gebote für jeden Verkäufer.
▷ Der Umgang mit anderen Menschen setzt ein hohes Maß an Selbstbeherrschung, aber auch ein ausgeprägtes Selbstvertrauen voraus.
▷ Das Anknüpfen und Erhalten guter menschlicher Kontakte zum Kunden ist die besondere Eigenart jedes Einzelhandelsgeschäfts, also auch des Blumenfachgeschäfts.
▷ Ein gut trainiertes Gedächtnis hilft beim raschen Umstellen auf die immer wieder wechselnden Gegebenheiten beim Verkauf.

Abb. 85. Auch bei ausgefallenen Kundenwünschen sollte dem Verkäufer kein „Geht nicht" über die Lippen rutschen. Quelle: Thalaker-Verlag, Braunschweig.

Merksätze

▷ Kunden erwarten vom Verkäufer gute Allgemeinbildung. Sie wollen nicht von „Fachidioten" bedient werden.
▷ Die Kundenberatung im Blumenfachgeschäft erfordert ein über die floristischen Fertigkeiten weit hinausgehendes Fachwissen.

Aufgaben

1. Zählen Sie auf, was Sie im Verlaufe eines Jahres für Ihre berufliche und private Weiterbildung getan haben.
2. Stellen Sie in einer Tabelle zusammen, welche beruflichen Weiterbildungsmöglichkeiten es für Floristen gibt. Gute Informationsquellen sind z. B. Floristfachzeitschriften.
3. Erklären Sie an Beispielen aus Ihrem Erfahrungsbereich, warum berufliche Weiterbildung auch für den Floristen notwendig ist.
4. Zeigen Sie an Beispielen aus Ihrem Ausbildungsbetrieb, wie durch Ordnungsmaßnahmen der Betriebsablauf verbessert werden kann.
5. Schildern Sie an konkreten Beispielen, wie es durch Unordnung im Betrieb zu Arbeitsunfällen kommen kann.
6. Erklären Sie an Beispielen den Begriff „Betriebsklima" und schildern Sie, wie sich ein schlechtes Betriebsklima negativ auf den Verkauf auswirkt.
7. Warum muß ein Florist kontaktfähig und kontaktfreudig sein?
8. Beurteilen Sie Ihre eigene Kontaktfähigkeit im a) beruflichen und b) privaten Bereich.
9. Zeigen Sie an Beispielen auf, warum ein Florist ein gutes Gedächtnis haben muß.
10. Durch welche Maßnahmen kann das Gedächtnis trainiert werden?

1.4 Die Sprache des Verkäufers

Lernziele

▷ Die Sprache beim Verkauf richtig einsetzen können;
▷ erkennen, daß jeder, der eine menschliche Stimme hört, mit ihr unbewußt irgendwelche Empfindungen verbindet;
▷ erkennen, welche Bedeutung Klangfarbe, Lautstärke, Modulation, Tonfall und Sprachfluß im Verkaufsgespräch haben;
▷ wissen, wann Dialekt und wann Schriftsprache im Verkaufsgespräch angebracht sind;
▷ wissen, daß ein umfangreicher Wortschatz die Ausdruckskraft des Verkäufers steigert;
▷ wissen, wie schwierige Sachverhalte durch klare und anschauliche Sprache verständlich gemacht werden können.

Durch die Sprache werden seelische Stimmungen und das Wollen des Menschen ausgedrückt. Außerdem ist die Sprache das wichtigste Mittel (Medium), um sich seinen Mitmenschen mitzuteilen und mit ihnen in Beziehungen zu treten. Man bezeichnet aus diesem Grund die Sprache auch als *Kommunikationsmittel* (Kommunikation = Mitteilung, Verbindung).

Für den Verkäufer ist die Sprache ein wichtiges Instrument; denn er ist in einem „sprechenden Beruf" tätig. Daher muß der Verkäufer – wie der Schauspieler oder Rundfunksprecher – Schulung und Pflege der Sprache große Aufmerksamkeit schenken. Ganz besonders für Auszubildende muß **Sprachschulung** eine laufende intensive Ausbildungsmaßnahme sein. Sie hat sich auf alle möglichen Bereiche zu erstrecken, so z. B. auf die verschiedenen Fächer im Berufsschulunterricht (besonders natürlich „Deutsch") und die Lehrgespräche im Ausbildungsbetrieb; sie muß aber auch Bestandteil der Prüfungen sein, bei denen sprachliche Gewandtheit sowohl mündlich wie schriftlich beurteilt werden können.

○ **Stimme und Stimmung**

Die meisten Lebewesen besitzen als Verständigungsmittel eine Stimme. Bei vielen kann man durchaus auch von einer Sprache reden, aber nur der Mensch ist in der Lage, seiner Stimme eine von Fall zu Fall **individuelle Tönung** zu geben. Diese individuelle Tönung unterteilt sich in

– die angeborene **Grundstimme** (man erkennt einen Menschen an seiner Stimme, unter Umständen, ohne ihn zu sehen) und
– die **wandelbare Stimme,** die von den Umständen des Augenblicks abhängig ist.

Die Stimme drückt demnach die **Stimmung,** das „Gestimmtsein" aus. An seiner Stimme lassen sich Grundstimmung und augenblickliches Gestimmtsein eines Menschen ablesen. Einflüsse von Krankheit (Heiserkeit), Alter (Kinderstimme des Greises) und Beruf (Sportreporter, Schauspieler) führen allerdings zu Veränderungen, durch die man sich leicht täuschen lassen kann.

Beim Hören der Stimme eines Menschen hat man spontane Empfindungen und schließt daraus auf den Sprecher. So empfindet man die Stimme anderer z. B. als warm oder kalt, angenehm oder unangenehm, die Sprache als schnell oder langsam, deutlich oder leise. Da diese Empfindungen sehr stark dazu beitragen, ein Gefühl der *Sympathie* (Zuneigung) oder *Antipathie* (Abneigung) zu erzeugen, ist es für jeden Verkäufer wichtig, über die Bedeutung der Stimme und des Sprechens Bescheid zu wissen. Diese Kenntnis befähigt ihn, Stimme und Sprechweise durch Übung so zu schulen, daß er in der Lage ist, eine angenehme Kaufstimmung beim Kunden hervorzurufen und seine Sprache gezielt einzusetzen.
Richtige Stimmführung ist erlernbar; allerdings muß man sich vor unnatürlichem Gehabe hüten. Die Sprache setzt sich aus verschiedenen Elementen zusammen; zu Beginn jeder Sprachschulung geht es darum, diese Elemente kennenzulernen.

Sprachfluß (Dynamik, Agogik) — Stimmlage (Klangspektrum) — Stimmführung (Modulation) — Satzbau (Konstruktion) — **Elemente der Sprache** — Zeitmaß (Metrum) — Aussprache (Phonetik) — Lautstärke — Wortschatz

○ **Stimmführung**

Die Stimme des Verkäufers wirkt zunächst auf das Gefühl des Kunden. Sie erzeugt bei ihm – meist unbewußt – Sympathie oder Antipathie und hat dadurch erheblichen Einfluß auf den Erfolg des Verkaufsgesprächs. Besonderes Augenmerk sollte man daher auf Klangfarbe, Lautstärke und Tonfall der Stimme legen.

Die menschliche Stimme läßt sich mit einem Musikinstrument vergleichen. Auch hier sprechen wir von **Klangfarbe** oder **Klangspektrum.** Und so wie in der Musik der Ton begeistert oder abstößt, ist es auch bei unserer Stimme. Der Klang des gesprochenen Wortes ist oftmals wichtiger als der gedankliche Inhalt. Der normale Gesprächston (Klangfarbe) soll warm, abgerundet, angenehm und weich sein, soll sich jedoch der jeweiligen Situation anpassen, damit die Sprache Leben und Ausdruck bekommt. So kann die Stimme des Verkäufers nach Bedarf fragend, zögernd, zweifelnd, zustimmend, überzeugend, begeisternd, schmeichelnd oder sachlich klingen. Niemals darf der Klang aber hart, kühl, schrill, gleichgültig, ausdruckslos oder abweisend sein, weil dadurch beim Kunden Unlustgefühle erzeugt werden, die sich negativ auf den Verkaufserfolg auswirken.

Ein Musiker setzt die **Lautstärke** im Melodiefluß als wichtiges Ausdrucksmittel ein. Damit wird das Maß an Spannung und Gelöstsein beim Zuhörer erzeugt, das seine dauernde Aufmerksamkeit fesselt. So muß auch die Sprache des Verkäufers etwas Zwingendes enthalten, das den Kunden fesselt. Dies wird am besten durch gekonnte *Modulation* erreicht (Heben und Senken der Stimme). Ständiges Sprechen im gleichen **Tonfall** langweilt und ermüdet den Kunden. Um die Aufmerksamkeit des Kunden immer wieder zu gewinnen, muß man jedem Wort im Satz durch richtige **Betonung** Anschaulichkeit und Leben verleihen. Das geschieht auch durch Heben und Senken der Stimme, wobei die wichtigsten Aussagen durch Heben der Stimme herausgestellt werden (Betonung). Richtige Betonung erleichtert auch das Verständnis längerer Sätze (Senken der Stimme am Satzende).

Durch die Betonung ganz bestimmter Worte oder Satzteile kann auch der Inhalt von Aussagen präzisiert oder verändert werden. So ist es beim Gespräch des Verkäufers im Blumenfachgeschäft keinesfalls gleichgültig, ob er sagt: „**Diese** Blumen sind schön" oder „Diese **Blumen** sind schön" oder „Diese Blumen sind **schön**"; er verändert also die Bedeutung des ganzen Satzes je nach der von ihm gewählten Betonung.

Die Grundlautstärke beim Verkaufsgespräch muß so gewählt werden, daß es der Kunde mühelos verstehen kann. Übertriebener Stimmaufwand kostet viel Kraft und stößt den Kunden ab.

○ **Zeitmaß**

Die Wirkung des gesprochenen Worts hängt wesentlich vom richtigen Zeitmaß ab. Der Verkäufer muß sich dem Kunden anpassen. **Zu schnelles Sprechen** wirkt eintönig und damit ermüdend auf den Kunden. Es hat zur Folge, daß wichtige Gesprächspunkte überhört werden. Umgekehrt wirkt **zu langsames Sprechen** leicht langweilig und macht besonders die eiligen Kunden nervös. Richtig ist ein ständiger **Tempowechsel,** wobei Wichtiges langsamer und eindringlicher, Nebensächliches dagegen rascher und beiläufiger zu sagen ist.

○ **Sprachfluß**

Die **Sprache soll fließend sein,** das heißt ohne Stokken, jedoch mit überlegten und gezielten Unterbrechungen. Der Musiker bezeichnet solche bedeutsamen Pausen als Zäsur oder Fermate. **Kurze Pausen** vor und nach wichtigen Gesprächspunkten verleihen diesen **besondere Akzente** und machen sie eindringlicher. So entstehen auch für die Kunden im Verkaufsgespräch die unbedingt notwendigen Pausen zum Nachdenken oder zur Erzielung von Aufmerksamkeit durch Neugierde, weil der Kunde ja gespannt sein soll, wie das Gespräch weitergeht.

○ **Aussprache**

Jeder **Dialekt** *(Mundart)* bringt gewisse Schwierigkeiten mit sich. Die Abweichungen der Dialekte von der **Hochsprache** *(Schriftdeutsch)* sind oft so groß, daß z. B. ein Brandenburger alle Mühe hat, einen plattdeutsch sprechenden Niedersachsen oder einen Bayern zu verstehen. Der Schwabe flüchtet sich in diesem Fall in das „Honoratiorenschwäbisch", eine „Sprache", die weder schriftdeutsch noch schwäbisch ist, sondern für alle Nichtschwaben nur komisch wirkt. Andere Volksgruppen haben aber ähnliche Notlösungen bereit. Man muß hier – wie so oft – einen Mittelweg beschreiten, also die Mundart, so gut es eben geht, an der Schriftsprache (Hochsprache) ausrichten. Ein in reinem Dialekt geführtes Verkaufsgespräch ist nur dann zu empfehlen, wenn es den Verkauf positiv beeinflußt. Aber dies muß jeder Verkäufer selbst entscheiden können. Auf keinen Fall darf die Sprache unnatürlich, gespreizt oder gestelzt wirken. Schließlich ist auch sie Ausdruck unseres Wesens. Der Verkäufer sollte es vermeiden, einen ihm fremden Dialekt nachzuahmen. Für den Kunden, dessen Heimatdialekt das ist, wirkt es ungekonnt, gekünstelt und somit entweder lächerlich oder nachäffend und damit abwertend.

Die **Deutlichkeit der Sprache** wird gefördert durch klangvolle Aussprache der *Vokale* (a, e, i, o, u), des im Klang einem Vokal gleichkommenden y, der *Doppelvokale* und *Umlaute* (au, ai, eu, ei, ä, ö, ü), durch klare Unterscheidung der harten und weichen *Konsonanten* (d/t, b/p, g/k) und durch hörbare Aussprache von *Doppelkonsonanten* (ll, kk – aber auch ck, mm, nn, tt, ss, pp u. ä.).

○ **Wortschatz**

Wer ständig nach passenden Ausdrücken suchen muß, wird im Verkauf wenig Erfolg haben. Zu einem guten Verkaufsgespräch gehört ein großer, sorgfältig ausgewählter und ständig zu erweiternder Wortschatz, mit dessen Hilfe man dem Kunden den Wert der Ware veranschaulichen kann. Nicht von ungefähr spricht man von der „blumenreichen Sprache", die der Florist in besonderem Maße gebrauchen sollte, und von „bildhaftem" Sprechen, das zum guten Verkaufsgespräch gehört. Nichtssagende, leere Redewendungen, **Schlag-** und **Modeworte** haben im Wortschatz des guten Verkäufers keinen Platz.

Fremdwörter sollen nur da gebraucht werden, wo sie unvermeidbar sind. Unter den rund 100 000 Wörtern, die die deutsche Sprache kennt, sollte man eigentlich das passende Wort finden. Ist man jedoch gezwungen, auf Fremdwörter auszuweichen, muß man deren Bedeutung, Anwendung und Aussprache genau kennen.

Fachbezeichnungen und **Fachwörter** sollte der Verkäufer nur dann verwenden, wenn der Kunde sie versteht. Hier den richtigen Weg zu finden, ist allerdings schwierig. Da Kunden in der Regel keine Fachleute sind, kann der Verkäufer die aus seiner Sicht sinnvollen **Fachausdrücke** nicht unbedenklich benützen; er muß sie entweder vermeiden oder allgemeinverständlich erklären. Ersteres ist für den Florist dann schwierig, wenn er nur den Fachausdruck kennt, letzteres, wenn er keine überdurchschnittlichen Fachkenntnisse besitzt. Allgemeinverständliche Erklärungen sind immer dann notwendig, wenn Kunden nach der Bedeutung von Fachausdrücken fragen, die sie irgendwo gelesen oder gehört haben; hierbei darf sich der Verkäufer jedoch keine Blöße geben. Hat man den Eindruck, einen fachlich besonders interessierten Kunden zu bedienen, fördert man dessen Selbstvertrauen und damit oft auch seine Kaufbereitschaft, wenn man ins Verkaufsgespräch immer wieder Fachausdrücke einfließen läßt. Der Kunde fühlt sich dadurch als fachlich ebenbürtiger Gesprächspartner des Verkäufers. Man sollte dabei aber nicht übertreiben.

Zur Fachsprache des Floristen gehören an hervorragender Stelle die **botanischen Namen.** Im Gespräch mit den Kunden ist es jedoch angebracht, Blumen und Pflanzen mit den Namen zu bezeichnen, die ortsüblich sind. So hat es wenig Sinn, einem Kunden *Convallária* anzubieten, da er sich fast immer nur unter dem deutschen Namen Maiglöckchen etwas vorstellen kann; umgekehrt sagt den meisten Kunden der Name Schiefblatt nichts; sie sind eher im Bilde, wenn man *Begónia* sagt. Oft sind Kunden aber auch sehr interessiert an den Pflanzennamen und wollen vom Verkäufer auch den botanischen Namen wissen. Es wäre schlecht, wenn man als Verkäufer dann die Antwort schuldig bliebe. Alle Namen kann allerdings auch der beste Florist nicht wissen. Um den Kunden trotzdem zufriedenzustellen, sollten in jedem Blumenfachgeschäft ein gutes *Pflanzennamenlexikon* und ein *Blumenbuch* griffbereit sein. Man hüte sich auf jeden Fall davor, einfach einen falschen Namen zu sagen.

Sehr wichtig ist bei der Benutzung der Fachausdrücke und Pflanzennamen, besonders der botanischen, daß man sich um eine überaus **deutliche Aussprache** bemüht. Bei undeutlicher Aussprache besteht nämlich die Gefahr, daß die Kunden sich etwas Falsches merken oder daß sie das Gefühl bekommen, von einem fachlich unsicheren Verkäufer bedient zu werden.

○ **Satzbau**

Klare und kurze Sätze erleichtern nicht nur das Verständnis, sondern zwingen den Verkäufer auch zu logischem Denken. Sogenannte Schachtelsätze führen wegen ihrer „Unübersichtlichkeit" leicht zu Unklarheiten und sollten daher vermieden werden. Andererseits ist aber auch zu beachten, daß eine Sprache im Telegrammstil unhöflich wirkt. Gassensprache (Slang) paßt nicht in ein gutes Fachgeschäft.

○ **Fehler beim Gespräch mit Kunden**

Man erkennt erst, wie schwierig die Beherrschung der Sprache ist, wenn man sich intensiv damit befaßt und die eigene Sprache kritisch prüft. Zusammenfassend sollen daher die häufigsten Fehler, die im Verkaufsgespräch gemacht werden, dargestellt werden:

– zu lautes, zu eintöniges oder zu schnelles Sprechen;
– Sprechen in halben oder angefangenen Sätzen;

- ständige Wiederholung der Worte des Kunden (Verkäuferecho);
- schlecht formulierte Fragen;
- falsche Anwendung der Fälle (Deklination);
- häufige Verwendung von Mode- und Flickwörtern sowie abgedroschenen Redewendungen;
- undeutliche Aussprache, Verschlucken der Endsilben;
- falsche Anwendung und Aussprache von Fremdwörtern und falsche Erklärung derselben;
- zu ausgeprägter oder nachgeahmter Dialekt.

Merksätze

▷ Die Sprache ist das wichtigste Kommunikationsmittel des Verkäufers.
▷ Wie bei der Musik (Melodieführung) stößt auch die Stimmführung beim Sprechen die Mitmenschen ab oder zieht sie an.
▷ Eintönigkeit beim Sprechen zerstört leicht das Interesse beim Angesprochenen. Daher muß man beim Sprechen das Tempo immer wieder wechseln. Zwischen fließend gesprochene Sätze müssen Pausen geschoben werden, weil sie die Aufmerksamkeit des Hörers steigern.
▷ Als Verkäufer muß man Schriftdeutsch in jedem Fall beherrschen. Sich darüber hinaus auch im heimatlichen Dialekt ausdrücken zu können, ist oft ein Vorteil.
▷ Je größer und sorgfältiger ausgewählt der Wortschatz ist, dessen sich der Verkäufer bedient, desto erfolgreicher wird das Verkaufsgespräch sein.
▷ Sprechen in Satzbruchstücken oder in Schachtelsätzen führt dazu, daß selbst einfache Dinge unübersichtlich und unklar werden.

Aufgaben

1. Zählen Sie die verschiedenen Elemente der Sprache auf.
2. Erklären Sie, warum die Sprache das wichtigste Kommunikationsmittel des Menschen ist.
3. Sprechen Sie einen beliebigen Text aus diesem Buch auf Tonkassette und beurteilen Sie beim Abspielen Ihre Stimme hinsichtlich Sprachfluß, Stimmlage, Stimmführung, Aussprache und Lautstärke.
4. Zeigen Sie anhand von Beispielen auf, durch welche Maßnahmen die Stimme und die Sprache geschult werden können.
5. Zählen Sie mindestens fünf Berufe auf, bei denen der Sprache eine besondere Bedeutung zukommt.
6. Warum wurde in den vorausgehenden Jahrhunderten an den Universitäten das Fach „Rhetorik" gelehrt?
7. Welche Argumente lassen sich für und gegen den Gebrauch des Dialekts im Verkaufsgespräch anführen?
8. Suchen Sie möglichst viele Synonyme (Wörter mit gleicher oder ähnlicher Bedeutung) für folgende Adjektive (Eigenschaftswörter): schön, modern, bunt, super, klasse, billig, teuer, groß, klein.
9. Beschreiben und beurteilen Sie die Sprache von Propagandisten auf Jahrmärkten.

2 Der Kunde des Floristen

Der Florist ist sowohl Hersteller binderischer Arbeiten als auch Einzelhändler; in der Regel ist er sogar beides gleichzeitig. Seine Marktpartner sind die **Verbraucher,** also seine Kunden.
Alle Aktivitäten, die der Florist und Blumeneinzelhändler am Markt entfaltet, sind daher an diesen Kunden zu messen und auf sie auszurichten. Gelingt es nicht, mit den Waren und mit der Art, wie sie angeboten werden, den Wünschen und Vorstellungen der Kunden zu entsprechen, bleibt der Verkaufserfolg aus.
Jeder Kunde ist ein Mensch mit individuellen Eigenschaften (lat. individuus = ungeteilt, individuum = Einzelwesen). In dieser Tatsache liegt gleich das erste Problem, das sich stellt, will man den Forderungen nachkommen, sich ganz auf den jeweiligen Kunden einzustellen. Nun hat allerdings die Psychologie (griech. psychä = Seele, logos = Lehre von ...) – besonders die Verhaltensforschung – erarbeitet, daß trotz aller Individualität **Ähnlichkeiten** bei Menschen in **Form von Grundstrukturen** bestehen. Die Kenntnis solcher Strukturen kann für den Verkäufer eine wertvolle Hilfe darstellen. Er muß sich aber davor hüten, die Kunden allzu sehr nach einem vorgegebenen Muster zu klassifizieren und zu beurteilen: Trotz vieler äußerer Ähnlichkeiten und solcher im Verhalten ist und bleibt jeder Mensch etwas Einmaliges.

2.1 Kundensignale

Lernziele

▷ Die Bedeutung der nonverbalen Kommunikation für das Verkaufsgespräch erkennen;
▷ aus den Mienen und Gesten des Kunden seine Absichten erkennen können;
▷ wissen, daß Gebärden auch zur Täuschung des Gesprächspartners eingesetzt werden können.

Das Denken und Fühlen eines Menschen äußert sich in seinem Gebaren und wird dadurch für seine Mitmenschen teilweise sichtbar und erkennbar. Man kann zwischen *Gesichts- und Körpergebärden* unterscheiden. **Gesichtsgebärden** nennt man *Mienen*, **Körpergebärden** *Gesten* und ihr „Einsatz" erfolgt eher unbewußt. Das bewußte Spiel mit Mimik und Gestik nennt man *Pantomimik*, eine Kunst, die nur wenige, sogenannte Pantomimen, wirklich beherrschen.

Mienen und Gesten sind wichtige Kommunikationsmittel des Menschen. Diese Art der Verständigung bezeichnet man als *nonverbale Kommunikation* (Verständigung ohne Worte).

○ **Gesichtsgebärden (Mienen)**

„In jedes Menschen Gesichte steht seine Geschichte", lautet ein altes Sprichwort. Die richtige Deutung des Gesichtsausdrucks erfordert große Erfahrung, weil es der Mensch im Laufe eines Lebens lernt, seine wahren Gefühle hinter einer mehr oder weniger ausgeprägten Maske zu verstecken. Daher sind Kindergesichter auch noch so offen und aufgeschlossen.

Die einzelnen Gesichtspartien, die eine Deutung der Gefühle und des Wollens eines Menschen zulassen, sind Stirn, Augen, Nase und Mund.

Stirn: Waagrechte Stirnfalten werden als Zeichen der Aufgeschlossenheit gedeutet, senkrechte dagegen oft als Anzeichen dafür, daß der Mensch scharf beobachtet oder kritisch eingestellt ist.

Augen: Die Augen sind besonders wichtige Ausdrucksmittel. Sie haben ihre eigene Sprache. Klar geöffnete Augen zeigen im allgemeinen Aufgeschlossenheit und Interesse eines Menschen, verhangene Augen können Anzeichen von Müdigkeit und Abgespanntheit, aber auch von Interesselosigkeit, Hochmut oder gar Überheblichkeit sein. Lebhaft bewegte Augen lassen auf gewisse Neugier, meist Wißbegier oder auch nur Unruhe schließen. Ein ausweichend unsteter Blick kann als Zeichen für schlechtes Gewissen ebenso gedeutet werden wie für innere Unsicherheit. Besonders bei Kindern ist dies noch leicht zu beobachten.

Nase: Unzufriedenheit oder Zweifel bringt der Mensch oft durch Naserümpfen zum Ausdruck.

Mund: Nach unten gerichtete Mundwinkelfalten kennzeichnen oft den Mißmut eines Menschen. Fest verschlossene oder gar zusammengepreßte Lippen sind in der Regel Ausdruck von Zurückhaltung, aber auch körperlichem oder seelischem Schmerz.

○ **Körpergebärden (Gesten)**

Auch Gesten sind nicht dem Zufall unterworfen, obwohl sie meist unbewußt eingesetzt werden. Die

Abb. 86. Elemente der Mimik.

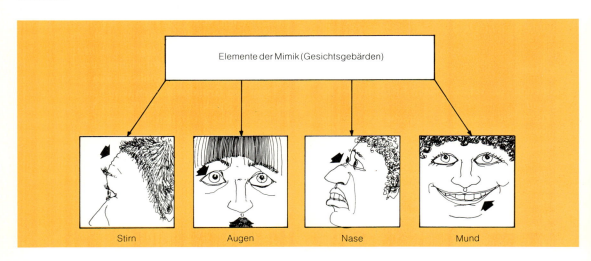

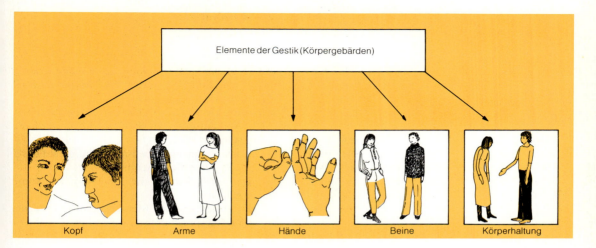

Abb. 87. Elemente der Gestik.

einzelnen Gesten können in folgende Gruppen untergliedert werden:

Bewegungen und Haltungen des Kopfes: Drehende Kopfbewegungen drücken Verneinung, Ablehnung oder Verwunderung aus. Lebhafte Zustimmung wird durch Kopfnicken unterstrichen. Nimmt der Mensch eine abschätzende Haltung ein oder ist er ratlos, so drückt er dies häufig durch schräge Haltung des Kopfes aus. Ein niedergeschlagener und trauriger Mensch „läßt den Kopf hängen".

Bewegungen und Haltungen der Arme: Lebhafte Armbewegungen verraten den temperamentvollen und interessierten oder aufgeregten und nervösen Menschen, ruhige, gemessene hingegen den beherrschten und wohlüberlegten oder desinteressierten. Man kann aber auch feststellen, daß viele Dinge, die mit Worten allein schwer zu erklären sind, durch Zuhilfenahme des Bewegungsspiels von Händen und Fingern verdeutlicht werden können.

Bewegungen und Haltungen der Beine: Aus der Gangart kann man einige Hinweise auf die seelische Grundhaltung gewinnen. Die Gangart kann forsch, anmutig, schleppend, zögernd, würdevoll oder hastig sein.

Körperhaltung: Man unterscheidet zwei typische Grundhaltungen: die gespannte und die lockere. Gespannte Körperhaltung kann das Zeichen von Willensstärke, Konzentration, Selbstbeherrschung, Stolz oder gar Überheblichkeit, im Extremfall auch Verkrampfung sein. Umgekehrt läßt eine entspannte Körperhaltung auf Müdigkeit, Weichheit, Willensschwäche, Niedergeschlagenheit oder aber Teilnahmslosigkeit schließen. In sehr vielen Fällen ist sie aber auch nur ein äußeres Zeichen natürlicher Gelöstheit.

○ **Ausdrucksmittel Sprache**

Natürlich ist auch die Sprache ein wichtiges Ausdrucksmittel und erlaubt Rückschlüsse auf einen Menschen (s. dazu Seite 260ff.). Die Elemente der Sprache sind neben der Stimme die **Sprech- und Ausdrucksweise.** So weist eine sanfte Stimme häufig auf einen freundlichen, gutmütigen Menschen hin; eine harte Stimme erlebt man oft bei kühlen, distanzierten Menschen. *Zeitmaß* und *Sprechweise* deuten auf Aufregung, Langeweile, Ruhe, Anspannung, Interesse, Ablehnung, Zurückhaltung, Freude oder Kummer hin. Die *Ausdrucksweise* (Satzbau, Wortschatz, Dialekt) erlaubt im allgemeinen Rückschlüsse auf Stand, Bildung und Herkunft eines Menschen. So haben Menschen mit guter Allgemeinbildung einen größeren Wortschatz und deshalb in der Regel eine bessere Ausdrucksfähigkeit als sogenannte einfache Menschen, die auch eine einfachere (unkomplizierte) Sprache sprechen. Eingebildete dagegen sprechen geschraubt und geziert.

> **Merksätze**
> ▷ Jeder Mensch ist ein Einzelwesen (Individuum), auch der Kunde. Er muß daher individuell behandelt werden.
> ▷ Trotz aller Individualität zeigen Menschen viele Ähnlichkeiten und gleichartige seelische Grundstrukturen.

▷ Mienen und Gesten sind wichtige Mittel der nonverbalen Kommunikation.
▷ Gebärden und Sprache lassen gewisse Rückschlüsse auf die Wesensmerkmale eines Menschen zu.

Aufgaben

1. Versuchen Sie vor der Schulklasse in Gesten und Mienenspiel Ihre Absichten und Gefühle auszudrücken (Pantomime) und lassen Sie diese Ausdrucksbewegungen von Ihren Mitschülern deuten.
2. Beschreiben Sie an Beispielen die verschiedenen Möglichkeiten der „nonverbalen Kommunikation".
3. Sammeln Sie Bilder aus Zeitschriften und Illustrierten, in denen Personen dargestellt sind, deren Ausdrucksbewegungen (Gebärden) besonders aussagekräftig sind. Beschreiben Sie, was diese Personen damit ausdrücken wollen.
4. Erklären Sie, welche Bedeutung Mimik und Gestik im Stummfilm haben. Besonders gute Beispiele haben wir in den Stummfilmen von Charly Chaplin.

2.2 Kundenarten

Lernziele

▷ Wissen, daß weibliche Kunden oft anders urteilen, empfinden, agieren und reagieren als männliche;
▷ wissen, wie die Unterschiede der Geschlechter im Verkaufsgespräch berücksichtigt werden müssen;
▷ erkennen, daß das Lebensalter Einfluß auf das Verhalten der Menschen hat;
▷ wissen, daß Kinder die Stammkunden von morgen sind;
▷ die Eigenarten älterer Menschen sinnvoll in das Verkaufsgespräch einbeziehen können.

Das Verhalten des Menschen wird neben seinem Temperament und Charakter auch wesentlich vom *Geschlecht* und *Alter* bestimmt.

○ **Weibliche und männliche Kunden**
Verglichen mit Männern urteilen, empfinden und handeln Frauen oft anders, und zwar einerseits, weil hier Naturgegebenheiten zugrunde liegen, andererseits wegen unterschiedlicher Erziehung und Tätigkeit. Diese Unterschiede sind auch beim Einkauf zu berücksichtigen. Laut Statistik sind allgemein 85% der Kunden im Einzelhandel weiblichen Geschlechts. Im Blumenfachgeschäft liegt der Prozentsatz deutlich über 60%.
Frauen als Kunden muß man also seine besondere Aufmerksamkeit schenken. Sie sind die idealen Blu-

Abb. 88. Kundenarten.

menkunden. Den meisten Frauen macht das Einkaufen Spaß, deshalb lassen sie sich mehr Zeit als Männer. Damit hängt wohl auch zusammen, daß Frauen eine größere Warenauswahl wünschen. Sie sind aber auch in der Regel sparsamer als Männer und gehen mit dem Geld haushalterisch um. Auf preiswerte Blumen und Sonderangebote sprechen sie gerne an und sind auch im Gegensatz zu den Männern viel eher geneigt, den Blumenstrauß für zu Hause im Supermarkt oder beim Straßenhändler einzukaufen. Frauen haben zu Blumen meist ein innigeres Verhältnis als Männer. Für sie sind Blumen lebende Wesen, die sie pflegen und oft sogar „bemuttern" wollen. So kommt es auch, daß Frauen meist die besseren Blumen- und Sortenkenntnisse besitzen.

Männer betrachten Blumen oft als überflüssigen Luxus und kaufen sie für Geschenkzwecke seltener als Frauen in selbstloser Absicht. Zum Teil machen sie beim Kauf schon die Rechnung über „Aufwand" und „Ertrag", den sie durch einen Blumengruß erhoffen. Im Gegensatz zu Frauen betreten die Männer ein Geschäft viel öfter mit fester Kaufabsicht und haben von der gewünschten Ware ganz bestimmte Vorstellungen. Außerdem betrachten es die meisten Männer als ihre Pflicht, etwas zu kaufen, wenn sie einmal einen Laden betreten haben; allerdings ist dieses Verhalten aufgrund jüngster Beobachtungen rückläufig. Da Männer das Einkaufen häufig als ein notwendiges Übel ansehen, macht es ihnen dann natürlich keine besondere Freude. Sie entschließen sich daher auch schneller zum Kauf. Nach Meinung der Statistiker geben Männer im Durchschnitt allerdings beim Einkauf mehr Geld aus als Frauen. Diese Feststellung gilt – ebenfalls nach Auskunft der Statistiker – aber nicht, wenn Männer von ihren Frauen zum Einkauf geschickt werden. Grundsätzlich lassen sich Männer gegenüber Frauen beim Einkauf schwerer beeinflussen. In geschmacklichen Fragen – und um solche handelt es sich beim Blumeneinkauf ja überwiegend – schätzen sie jedoch den Rat erfahrener Verkäufer und noch mehr den erfahrener und hübscher oder netter Verkäuferinnen.

○ **Das Alter der Kunden**
Auch das Lebensalter hat großen Einfluß auf das Verhalten des Menschen. So macht jeder Mensch im Laufe seines Lebens verschiedene Reife- und Erfahrungsprozesse durch, die sein Denken und Handeln entscheidend verändern können. Nach dem Lebensalter kann man Menschen in folgende Gruppen einteilen: *Kinder* (bis 14 Jahre), *Jugendliche* (bis 21 Jahre; die volle Geschäftsfähigkeit erreicht der Jugendliche bereits mit 18 Jahren), *Erwachsene* (bis 65 Jahre) und *ältere Menschen* (über 65 Jahre). Diese Einteilung fußt auf den natürlichen Lebenszyklen der Menschen.

Kinder unter sieben Jahren sind *geschäftsunfähig* und können daher nur im Auftrag ihrer Eltern Besorgungen machen. Ab sieben Jahren bis zum Eintritt der Volljährigkeit sind Kinder und Jugendliche *beschränkt geschäftsfähig*. Sie können nur Einkäufe im Rahmen ihres Taschengelds – diese jedoch rechtsverbindlich – tätigen. In allen anderen Fällen brauchen sie eine elterliche Vollmacht. Kinder sind im Blumenfachgeschäft zu bestimmten Tagen, z. B. Muttertag, selbständige Kunden, vor allem aber sind sie die Kunden von morgen. Meist lernen sie die Geschäfte als Begleitpersonen ihrer Eltern kennen. Sie merken sich sehr genau, wo sie freundlich und korrekt behandelt werden. Man muß daran denken, daß Kinder ihre Eltern bei der Wahl des Geschäfts und des Einkaufs sehr wohl beeinflussen können. Außerdem schmeichelt es auch den Eltern, wenn ihre Kinder mit Aufmerksamkeit behandelt werden. Man sollte Kinder grundsätzlich mit ihrem Vornamen anreden und ihnen damit zeigen, daß sie willkommene Gäste im Geschäft sind. Sie haben ein besonderes Gespür für echte Gefühle und sind durch kleine Aufmerksamkeiten oder Geschenke leicht zu beeinflussen. Kinder besitzen oft noch wenig Vorstellung vom Geldwert der Ware. Sie haben andererseits bei ihren Wünschen häufig ganz genaue Vorstellungen, wobei die Hauptmerkmale der Waren für sie deren Größe und Farbigkeit sind. Als Käufer treten Kinder vor allem dann in Erscheinung, wenn sie Blumengeschenke für nahe Familienmitglieder haben wollen. Der Verkäufer darf Kinder auf keinen Fall zurücksetzen und andere Kunden zuerst bedienen. Außerdem muß er sich davor hüten, Kindern nicht ganz einwandfreie Ware zu verkaufen. Im Gegensatz zu allen anderen Verkaufsabläufen erkundigt man sich bei der Erforschung des Wunsches auch gleich nach dem zur Verfügung stehenden Geldbetrag. Viel **Überzeugungskraft** (Kinder lassen sich schwerer überzeugen als Erwachsene) und **Einfühlungsvermögen** (Kinder reagieren darauf mit großem Zutrauen) bei wahrheitsgetreuer fachlicher Beratung muß der Verkäufer aufwenden, um die Wünsche der jungen Kunden innerhalb ihrer finanziellen Möglichkeiten zu erfüllen.

Man darf als Verkäufer auch nicht vergessen, dem Kind gut verständliche und kurz formulierte Pflegehinweise zu geben, evtl. mit dem Zusatzhinweis, dies unbedingt den Eltern zu sagen, damit sich die Blumen lange halten bzw. die Topfpflanze gut gedeiht.

Endlich ist es notwendig, dem Kind mit besonderer Vorsicht und Überlegung die Ware auszuhändigen, damit es diese unbeschädigt nach Hause bringt.

In fast allen Fällen sind die Eltern dieser jungen Kunden die Empfänger des Blumengrußes. Wenn er ihnen gefällt, besteht durchaus die Möglichkeit, daß das Fachgeschäft auf dem Umweg über das Kind einen neuen Kunden gewinnt. Kinder werden zu Hause aber auch oft von ihren Erlebnissen im Blumenfachgeschäft erzählen und dabei, das muß jeder Verkäufer unbedingt berücksichtigen, das Negative genau so übertreiben wie das Positive.

Preisnachlässe in bescheidenem Umfang sind vertretbar, wenn sich dadurch der heiße Wunsch des Kindes verwirklichen läßt. Allerdings geht man dabei das Risiko der bewußten Nachahmung ein; es sind sogar Fälle bekannt, bei denen Kinder von Erwachsenen zu solchem Vorgehen angestiftet werden.

Schwierigkeiten im Verkaufsgespräch können auch dadurch auftreten, daß Kinder beim Einkauf durchwegs von ihren eigenen Vorstellungen ausgehen und dann unbewußt unterstellen, daß das, was ihnen gefällt, selbstverständlich auch Mutter oder Vater oder eben dem Beschenkten gefallen muß. Wenn der Verkäufer versucht, die kindlichen Vorstellungen zu korrigieren, so darf er niemals so weit gehen, dem Kind etwas zu verkaufen, was diesem nicht gefällt. Ein Verkäufer muß sich auch davor hüten, in falsch verstandener Anpassung sein Verkaufsgespräch in kindischem Ton zu führen, da solches Verhalten dem Verkaufsgeschehen nicht förderlich ist.

Jugendliche sind in den vergangenen Jahren wegen der erhöhten Geldmittel, über welche sie verfügen können, zu einer wichtigen Käufergruppe geworden. Sie haben als Kunden meist ein besonderes Gespür für modische Waren. Diese finden sie auch im Blumenfachgeschäft, z. B. in Form modischer Gebinde und Arrangements, moderner Vasen und Übertöpfe.

Bei dieser Käuferschicht, die sich in Kleidung und Äußerungen gerne besonders nüchtern gibt, ist es in letzter Zeit wieder Mode geworden, sich Blumen zu schenken. Es stellt sich hier die Frage, ob diese Kundengruppe durch den Blumeneinzelhändler schon genügend und gezielt genug angesprochen wird. Sie sollte eine besondere Zielgruppe für die Werbung sein, vor allem auch deshalb, weil der Florist stets Waren für jeden Geldbeutel anbieten kann und sich damit nicht dem Vorwurf aussetzen muß, Jugendliche zur Geldverschwendung zu verführen.

Jugendlichen sollten Blumen besonders in der unteren und mittleren Preislage angeboten werden, da sie oft nur über begrenzte Geldmittel verfügen und durch Vorlage zu teurer Blumen vom Kauf abgeschreckt werden.

Bei **Erwachsenen** treten verstandesmäßige Kaufmotive mehr in den Vordergrund, da sie größere Lebenserfahrung und einen geschulteren Verstand haben als Jugendliche. Auch Charakter und Temperament sind voll ausgeprägt und gefestigt. Der Mensch ist nun in eine bestimmte Rolle hineingewachsen, die sich in **typischen Eigenschaften und Verhaltensweisen** zeigt. Damit ist es auch eher möglich, diese Kunden gewissen Grundtypen zuzuordnen. Beim Kaufverhalten Erwachsener kann man von solchen gefestigten Grundeinstellungen und Grundhaltungen ausgehen (Habitualisierung). Grundsätzlich können den Erwachsenen Waren in höheren und hohen Preislagen vorgelegt werden, weil sie in der Regel über entsprechende Geldmittel verfügen.

Ältere Menschen sind in ihrer Verhaltensweise in aller Regel noch stärker festgelegt; sie machen nicht mehr so gern neue Erfahrungsprozesse durch und ändern daher ihre Ansichten und Gewohnheiten nur noch schwer. Folglich sind sie in ihren Entschlüssen oft starr und unbeweglich und nicht leicht zu beeinflussen. Sie verdienen aus diesen Gründen in besonderem Maß die Achtung und Rücksicht des Verkäufers und müssen mit **Geduld, Liebenswürdigkeit und Zuneigung** bedient werden. Die Verhaltensweise älterer Menschen als Kunden hat auch sehr viel Gutes an sich: Aufgrund der **festgelegten Gewohnheiten** wechseln sie nur ungern die vertrauten Einkaufsstätten; sie zählen daher zu den treuesten Stammkunden. Das Bedienen älterer Menschen erfordert viel Aufwand, da sie wohlüberlegt und daher langsam einkaufen und meist mehr Zeit als andere Kunden haben. Auch zwingt sie eine oft bescheidene Rente zur Sparsamkeit. Sie sollten daher auf preisgünstige Blumen und Sonderangebote hingewiesen werden. Der Verkäufer muß sich aber davor hüten, seine Angebote bewußt „auf billig" zu machen.

Selbstverständlich sollte älteren Menschen – besonders zu Hauptgeschäftszeiten – im Blumenfachgeschäft ein Sitzplatz angeboten werden. Ebenso sollte man ihnen bei größeren Einkäufen oder bei Waren, die nur mit Schwierigkeiten zu transportieren sind (größere Gebinde und Arrangements), die Hauszustellung anbieten. Ein erfahrener Verkäufer kann im übrigen bei geschickter Führung des Verkaufsgesprächs durch Einfühlsamkeit oft auch ältere Menschen für etwas Neues gewinnen. Dies gelingt für neue Gestaltungsformen leichter als für neu ins Sortiment aufgenommene Blumen und Pflanzen. So haben viele ältere Menschen z. B. eine Abneigung gegen manche heute angebotenen Orchideen oder auch gegen Blumen aus der Familie der *Proteáceae*. Weiße Lilien, Calla und Chrysanthemen bezeichnen sie als Totenblumen und lehnen diese oft als Kaufvorschlag außer für Beerdigungen ab. Formal-lineare Gebinde finden bei ihnen weit weniger Zustimmung als dekorative. Desgleichen bevorzugen sie bei Pflanzschalen die dekorativen und vegetativen Arrangements.

Merksätze

▷ Der weitaus größere Teil der Kunden im Einzelhandel ist weiblichen Geschlechts, auch im Blumenfachgeschäft.
▷ Den meisten Frauen macht Einkaufen Spaß; Männer betrachten es oft als notwendiges Übel.
▷ Männer sind im allgemeinen ausgabefreudiger als Frauen und in geschmacklichen Fragen eher geneigt, fachlichen Rat von Verkäufern anzunehmen.
▷ Kinder lassen sich dann leicht beeinflussen, wenn der Verkäufer ihr Vertrauen gewonnen hat; in seinem Verhalten muß er dabei besonders überzeugend sein.
▷ Jugendliche sollten noch stärker als Kundengruppe angesprochen werden.
▷ Erwachsene jeden Lebensalters sind in ihrem Verhalten mehr oder weniger festgelegt und müssen vom Verkäufer so genommen werden, wie sie sind.

Aufgaben

1. Berichten Sie aus Ihrer persönlichen Erfahrung beim Umgang mit Kunden, ob sich Frauen beim Einkauf anders verhalten als Männer.
2. Bedienen Sie in Ihrem Geschäft lieber Kundinnen oder Kunden? Geben Sie eine Begründung für Ihre Ansicht.
3. Zählen Sie auf, was bei der Bedienung von Kindern besonders zu beachten ist.
4. Zeigen Sie anhand von Beispielen auf, durch welche Maßnahmen Jugendliche als Kunden gezielt angesprochen werden können.
5. Schätzen Sie, wieviel Prozent des Umsatzes in Ihrem Ausbildungsbetrieb mit Jugendlichen erzielt wird.
6. Welche rechtlichen Probleme können auftauchen, wenn a) Kinder oder b) Jugendliche einkaufen?
7. Berichten Sie aus Ihrem Erfahrungsbereich über besonders ausgeprägtes Kaufverhalten bestimmter Kunden Ihres Geschäfts.
8. Erklären Sie, warum ältere Menschen oftmals streng festgelegte Verhaltensweisen beim Einkauf haben.

2.3 Typische Verhaltensweisen von Kunden

Lernziele

▷ Erkennen, welche wesentlichen Unterschiede im Verhalten zwischen „dominativen" Kunden und „integrativen" Kunden bestehen;
▷ sich auf das unterschiedliche Verhalten von Kunden einstellen können;
▷ erkennen, daß die gezeigten Verhaltensweisen von Kunden nicht nur erworbene Eigenschaften sind, sondern auch gespielt sein können;
▷ einsehen, daß man sich durch rüdes Verhalten von bestimmten Kunden nicht verunsichern lassen darf;
▷ beurteilen können, in welchen Fällen die Kunden zum Kauf besonders ermuntert und wann sie „gebremst" werden sollen;
▷ erkennen, bei welchen Kunden das ausgeprägte Fachgespräch angebracht ist.

Grundsätzlich kann man zwei **typische Grundhaltungen** beim Menschen, also auch beim Kunden, fest-

Abb. 89. Verhaltensweisen von Kunden.

stellen, nämlich die **dominative** und die **integrative**. *Dominative Typen* sind eher autoritär eingestellt; sie versuchen gerne, andere Menschen zu beeinflussen oder sich diese sogar gefügig zu machen. *Integrative Typen* sind nachgiebig und tolerant (duldsam); ihre Absicht ist, sich in die Gesellschaft einzuordnen oder sich gar unterzuordnen. Innerhalb dieser Grundhaltungen gibt es eine Reihe von Spielarten, die man, gemessen an typischem Käuferverhalten, den nachfolgenden Kundengruppen zuordnen kann. Dabei sollte man den schwierigen Kundentypen besondere Aufmerksamkeit schenken, nämlich den dominativen Typen.

Man sollte jedoch beachten, daß bestimmte Verhaltensweisen auch sehr stark von der jeweiligen Einkaufssituation und der augenblicklichen Stimmungslage des Kunden geprägt sein können. Dafür wird der Begriff **situatives Verhalten** verwendet.

○ **Der anmaßende Kunde und der Besserwisser**

Anmaßung entspringt oft der Selbstüberschätzung des Menschen. Grund dafür ist häufig eine gewisse Unsicherheit, die damit überspielt werden soll; doch auch Nichtanerkennung und mangelndes Durchsetzungsvermögen innerhalb der Gesellschaft kann sich in Anmaßung und **Überheblichkeit** äußern.

Anmaßende Kunden sind unhöflich und intolerant, sprechen meist laut – oder aber „gefährlich" leise –, werden leicht ausfällig und manchmal sogar beleidigend. Überheblichkeit ist aus dem Gesichtsausdruck oft leicht abzulesen. Körperhaltung und Körperbewegungen zeigen ein „aufgeblasenes" Wesen. Mit absichtlichen Übertreibungen und Unwahrheiten will der Kunde den Verkäufer verunsichern und ihm seinen Willen aufzwingen.

Der **Verkäufer darf sich** durch solches Verhalten **nicht provozieren lassen.** Das würde solchen Menschen nämlich genau ins Konzept passen. Man läßt den Kunden sein „erstes Pulver verschießen", indem man sich besonders höflich, dienstwillig und geduldig gibt. Hier ist ausnahmsweise auch übertriebene Höflichkeit erlaubt. Dadurch werden solche Kunden nämlich unsicher; denn sie haben ja mit einem ganz anderen Verhalten des Verkäufers gerechnet. Die eingetretene Verunsicherung erlaubt es dann evtl. dem Verkäufer, nun seinerseits die führende Rolle im Verkaufsgespräch zu übernehmen und den Kunden nach seinem Willen zu führen.

Der **Besserwisser** ist dem anmaßenden Kunden sehr verwandt. Auch er leidet unter einer falschen Selbsteinschätzung seiner Person. Übertriebenes Geltungsbedürfnis führt dazu, daß er keinen Widerspruch duldet. Zu allen Dingen hat er eine vorgefaßte, starre Meinung und immer „Patentrezepte" zur Hand. Seine Besserwisserei stellt er in einem überlegenen Mienenspiel zur Schau. Ursachen für solches Verhalten sind Unbildung oder mangelnde Anerkennung durch die Gemeinschaft, in der er lebt und arbeitet. Der Besserwisser widerspricht dem Verkäufer bei jeder Gelegenheit und glaubt aufgrund seiner Halbbildung, viel mehr von Blumen zu verstehen als der Fachmann.

Man sollte ihn **zunächst ruhig ausreden lassen.** Oft fühlen sich solche Kunden geschmeichelt, wenn man ihren vermeintlichen Sachverstand lobt und sie nach ihren Ansichten fragt. Direkter Widerspruch ist zu vermeiden. Läßt der Verkäufer diese Kunden aber ihre Ansichten und Meinungen begründen, wird er rasch merken, daß hinter den Behauptungen meist nichts steht. So werden diese Menschen dann unsicher und auch zugänglich und beeinflußbar. Bewährt hat sich hier auch die sogenannte „Bumerangmethode": Den Behauptungen des Kunden wird zunächst beigepflichtet, dann aber werden diese Behauptungen in Argumente gegen die Meinung des Kunden umgekehrt.

Beispiel: „Diese Rosen sind zwar sehr teuer, dafür aber auch einmalig schön und kräftig."

○ **Der eitle Kunde**

Der eitle Kunde ist ein *extravertierter* Typ, also nach außen gekehrt. Er legt besonderen Wert auf **Äußerlichkeiten,** wie Kleidung, Sprache, Sprechweise, Mimik und Gestik. Daher ist er modisch – oft supermodern – gekleidet. Seine Sprechweise ist häufig geziert. Betont aufrechter Gang (gestelzt) und theatralische Bewegungen verraten Hochmut. Für solche Menschen wurde das Sprichwort geprägt: „Mehr scheinen als sein."

Man sollte eitle Kunden durch kleine Komplimente und Schmeicheleien gewinnen. Wenn man nämlich ihr Äußeres und ihren Geschmack lobt, dann hat man ihre Zuneigung schnell gewonnen. Daß das Verteilen von Komplimenten und Schmeicheleien großes Fingerspitzengefühl erfordert, versteht sich wohl von selbst.

Auch die Blumen, die solche Kunden kaufen, müssen nach viel aussehen. Besonders für Geschenke sind sie bereit, Blumen in höheren und höchsten Preislagen zu kaufen, denn schließlich verlangt ihre Eitelkeit fortwährend den Beifall der Mitmenschen, und diesen können sie sich ja durch „Bestechungsgeschenke" erkaufen.

○ **Der mißtrauische, nörgelnde Kunde**

Der **mißtrauische Kunde** trägt gegenüber seiner Umwelt eine Abwehrhaltung zur Schau, da er stets das Gefühl hat, übervorteilt zu werden: ein Griesgram, der sich nach außen abkapselt. Man sieht es an seiner abschätzenden und spöttischen Miene. Oft sind – als Zeichen seiner Verschlossenheit – die Lippen zusammengepreßt, wobei die Mundwinkel nach unten gezogen werden; auch die Augen sind bisweilen zugekniffen.

Diese Kunden sind von Natur aus unzufrieden, und oft ist es schwer, den Grund ihrer Unzufriedenheit zu erkennen. Mögliche Gründe können sein: das Wesen und die Bedienungsart des Verkäufers, das Blumen- und Pflanzenangebot, die Tatsache des Einkaufenmüssens, eine momentane Laune oder die allgemeine Wesensart solcher Kunden.

Als sehr unangenehm empfindet jeder Verkäufer auch den **nörgelnden Kunden,** bei dem man überhaupt nicht weiß, woran man ist. Dieser Kundentyp kritisiert alles, und in den meisten Fällen empfindet man das Verhalten dieser Menschen als kleinlich und pedantisch.

Der Verkäufer muß versuchen, solche Kunden **durch handfeste Verkaufsargumente** zu **überzeugen.** Dabei darf er in der Argumentation auch gelegentlich übertreiben. Zu vermeiden ist jedoch jede Art von Kaufzwang. Besonders gut ist es, solche Kunden die Blumen, die sie kaufen wollen, einzeln auswählen zu lassen, da man dadurch ihr Mißtrauen zerstreut. Der nörgelnde Kunde kann allerdings auch daran etwas auszusetzen haben. Außerdem sollte man solchen Menschen besonders offen entgegentreten, um ihr Vertrauen zu gewinnen. Gelingt dies, dann kann der Kunde oft sogar zum Stammkunden werden. Unausgewogene Beratung und unsachgemäße Hinweise sind hier dagegen besonders verhängnisvoll, weil der Verkäufer dadurch leicht in die Verteidigung gedrängt wird.

Der Verkäufer hat sich gerade dann **vor unüberlegten Äußerungen** zu **hüten,** wenn der Kunde etwas sagt, das ihm nicht paßt. Entgegnungen, wie „Das muß ich als Fachkraft ja wohl besser wissen" oder „Das können Sie als Laie nicht beurteilen", verraten Mangel an Selbstbeherrschung und führen erst recht zur Ablehnung durch den Kunden. Der Verkäufer muß sich klar darüber sein, daß die Befriedigung des eigenen Geltungsbedürfnisses in solchen Situationen gar keine Rolle spielen darf, auch wenn dies sehr schwer fällt. Unzufriedene, mißtrauische und nörgelnde Verkäufer wirken auf Kunden genauso verstimmend wie umgekehrt.

○ **Der unentschlossene Kunde**

Entschlußfreudigkeit ist eine Eigenschaft des Temperaments, und alle Menschen, die aktiv zupacken, besitzen diesen Wesenszug, der dem unentschlossenen Kunden fehlt. Er kann sich einfach nicht entscheiden, und jeder Entscheidungsfrage des Verkäufers begegnet er mit Ausflüchten oder mit der Antwort: „Ich weiß nicht so recht". Oft schüttelt er dabei den Kopf und unterstreicht seine Unentschlossenheit durch Heben der Schultern. Der Verkäufer muß hier von Anfang an die dominative Rolle übernehmen und den Kunden führen. Dadurch erleichtert man ihm den Kaufentschluß. **Suggestivfragen** (Beeinflussungsfragen) und der Hinweis auf die besondere Qualität der Waren beschleunigen den Verkaufsabschluß. Das Warenangebot sollte auf eine möglichst kleine Auswahl beschränkt bleiben, weil sich dann der Unentschlossene leichter entscheiden kann. Der Verkäufer muß aber auf jeden Fall vermeiden, den Eindruck von Ungeduld zu erwecken, denn dadurch erschwert er nur den Verkauf. Eine gewisse Gruppe unter den unentschlossenen Kunden bilden solche, denen „nur" der Mut zur endgültigen Entscheidung fehlt, und zwar aus Angst, eine falsche Wahl zu treffen. Diese Kunden warten unbewußt darauf, daß ihnen die Entscheidung vom Verkäufer als Fachkraft abgenommen wird. Ein Verkäufer, der während des ganzen Verkaufsgesprächs mit solchen Kunden immer wieder die fragende Äußerung „Glauben Sie, daß ..." zu hören bekommt, tut gut daran, sein Einfühlungsvermögen in diesem Fall offen zu zeigen. Mit Worten wie „Ich würde an Ihrer Stelle ..." gibt er solchen Kunden genau die Hilfe, die sie brauchen. Die vom Fachmann getroffene Entscheidung nehmen sie dann gerne an.

Der erfahrene Verkäufer merkt jedoch rasch, ob die Unentschlossenheit eines Kunden echt oder „nur" ein kritisches Abwägen der Vorschläge ist.

○ **Der nervöse Kunde**

Nervosität ist weitgehend wesensbedingt, also in der persönlichen Eigenart eines Menschen begründet; oft ist sie eindeutig krankhaft. Nervöse Kunden stehen vermeintlich immer im Streß, haben nie Zeit und sind immer von einer inneren Unruhe getrieben. Warten bedeutet für sie eine Qual. Ihre *Gestik* ist gekennzeichnet durch fahrige Bewegungen – oftmals begleitet durch aufgeregtes Achselzucken. Die Sprechweise ist häufig undeutlich und überhastet, der Blick irrt ziellos hin und her; zumindest vermeidet der Kunde, dem Verkäufer in die Augen zu sehen.

Der Verkäufer muß hier besonders schnell reagieren. Unnötige Wartezeiten steigern die Nervosität der Kunden, da sie verhältnismäßig leicht erregbar sind. Man muß sie schnell und zielstrebig bedienen und sollte auf ausführliche Beratung eher verzichten. Vorgefertigte Blumensträuße, Gestecke und Gebinde kommen diesen Absichten durchaus entgegen. Ansonsten darf man nervöse Kunden nicht zu ernst nehmen, weil sich die Nervosität auf den Verkäufer nur allzu leicht überträgt. Gerade dies vertragen solche Kunden jedoch nicht.

Neben ständig nervösen Menschen, auf die sich alles Vorgenannte bezieht, kommt es aber auch vor, daß ein sonst als ruhig bekannter Kunde ausnahmsweise einen ausgeprochen *nervösen Eindruck* macht. Was immer der Anlaß dafür sein mag, der geschickte Verkäufer begegnet solcher vorübergehenden Nervosität eines Kunden am besten mit rascher und besonders einfühlsamer Bedienung.

○ **Der schwatzhafte und der schweigsame Kunde**
Schwatzhafte Kunden haben ihr Wesen gleichsam nach außen gestülpt; sie sind *extravertiert* (nach außen gekehrt). Meist sind sie sehr freundlich, sprechen über alles und über jeden, und wenn sie jemanden finden, der ihnen zuhört, hat ihr *Mitteilungsbedürfnis* kein Ende. Zwar sollte ein Verkäufer auch für private Anliegen seiner Kunden ein gewisses Interesse zeigen, weil private Kontakte die Bindung des Kunden an das Geschäft fördern. Durch geschickte Redewendungen muß man jedoch immer wieder versuchen, das Verkaufsgespräch in die Hand zu bekommen, da allzu lange Privatgespräche mit den Kunden den Geschäftsablauf stören und den Verkäufer von seiner eigentlichen Arbeit abhalten. Außerdem könnten dadurch andere wartende Kunden verärgert werden. Klatsch über irgendwelche Kunden überhört der gute Verkäufer. Keinesfalls darf er sich zu negativen Äußerungen über andere Kunden hinreißen lassen, ebensowenig aber auch über Geschäftskollegen.

Der **schweigsame Kunde** ist ein *introvertierter* Mensch (nach innen gekehrt). Durch sein „unterentwickeltes" Mitteilungsbedürfnis ist er ausgesprochen *kontaktarm*. Da er sich nur sparsam äußert, weiß der Verkäufer nie, woran er ist. Seine verschlossene Miene drückt Zurückhaltung oder gar Gefühlskälte aus.

Durch gezielte Fragen muß der Verkäufer diesen Kunden aus seiner *Igelstellung* herauslocken, um ein Bild über seine Gedanken und Absichten zu gewinnen. Besonders angebracht sind hier Entscheidungsfragen.

Beispiel: „Wollen Sie Rosen oder Nelken?"
Auch durch leicht provozierende Fragen oder Bemerkungen des Verkäufers kann der Kunde aus seiner Zurückhaltung gelockt werden. Nur bedarf es gerade hier eines besonderen Fingerspitzengefühls, da die enge Grenze zwischen Provokation und Taktlosigkeit nur allzu leicht überschritten wird.

○ **Der sachverständige Kunde**
Der sachverständige Kunde kennt die Waren im Blumenfachgeschäft sehr genau. Man merkt dies an seinen sachkundigen Äußerungen. Solche Kunden haben in der Regel feste Vorstellungen von den gewünschten Waren und daher ganz bestimmte Kaufwünsche. Ersatzverkäufe sind bei ihnen nur schwer zu erreichen. In diesem Fall hilft nur, dem Kunden anzubieten, die nicht vorrätige Ware kurzfristig zu besorgen. Darauf geht er dann auch meistens ein, sofern er mit seinem Einkauf nicht termingebunden ist. Der Verkäufer mußt **bewußt sachverständige Verkaufsgespräche** führen – hier sind Fachausdrücke und botanische Pflanzennamen durchaus angebracht –. Damit wird die Sachkenntnis dieser Kunden anerkannt. Selbstverständlichkeiten, wie z. B. Pflegeanweisungen für bekannte Topfpflanzen, sollte man nicht sagen, da die Kunden darin eine Geringschätzung ihrer Person sehen würden. Kauft der Kunde dagegen etwas, das neu im Sortiment ist, ist der Verkäufer geradezu verpflichtet, eine fachlich sachgerechte Pflegeanweisung zu geben.

Für Verkäufer, die erst am Beginn ihrer Ausbildung stehen, sind sachverständige Kunden oft ein Schrekken, weil sie Angst haben, mit ihren noch mangelhaften Sachkenntnissen anzuecken. Diese Angst ist unbegründet: einsichtige Kunden haben viel Verständnis dafür, daß der junge Verkäufer erst Erfahrungen sammeln muß.

○ **Der geizige Kunde**
Für den geizigen Kunden scheint Geld mehr wert zu sein als alle anderen Güter; daher trennt er sich davon nur schwer oder will zumindest einen möglichst hohen Gegenwert dafür haben. Der geizige Kunde findet grundsätzlich jeden Preis zu hoch. Er sagt dies dem Verkäufer auch unumwunden und versucht sogar bisweilen, den Preis herunterzuhandeln. Dazu ist ihm dann jedes Mittel recht einschließlich der Drohung, seinen Bedarf in Zukunft bei der Konkurrenz zu decken. Im Laden ist er stets auf der Suche nach billigen Blumen.

Diesen Kunden lege man nur Waren der unteren Preisklasse vor, bevorzugt Sonderangebote. Hinweise auf Preisvorteile veranlassen sie meist zum Kauf. Argumentiert der geizige Kunde allerdings mit der viel preiswerteren Ware im Supermarkt oder beim Straßenhändler, dann ist es fast zwecklos, ihm lange Erklärungen über Qualitätsunterschiede zu geben. Der Kunde soll dann dort seine Blumen kaufen, wo er meint, sie besonders billig zu bekommen. Daß sich ein Verkäufer auf den Versuch, den Preis herunterzuhandeln, nicht einlassen darf, ist selbstverständlich. Und ebenso selbstverständlich ist es, daß der Geschäftsinhaber keinen geringeren Preis nennen darf, nachdem der Verkäufer zuvor einen höheren verlangt hatte.

Merksätze

▷ Dominative Kunden wollen sich den Verkäufer gefügig machen, integrative Kunden ordnen sich dagegen unter.
▷ Mit Anmaßung und Besserwisserei, aber auch mit Eitelkeit wird oft die eigene Unsicherheit überdeckt mit der Absicht, den Verkäufer dadurch zu beeindrucken.
▷ Entscheidungsfreudigkeit ist nicht jedem Kunden gegeben, oft muß der Verkäufer nachhelfen.
▷ Der Nervosität beim Kunden muß der Verkäufer mit Gelassenheit begegnen; damit wirkt er beruhigend auf ihn.
▷ Gesprächige Kunden dürfen nicht mit schwatzhaften gleichgesetzt werden, und schweigsame Kunden sind nicht grundsätzlich verstockt.
▷ Je sachverständiger ein Kunde ist, um so sicherer und fachlich geschulter muß der Verkäufer sein.
▷ Geiz in Grenzen wird von vielen Menschen durchaus anerkannt, für einen Verkäufer aber stellt sich die Forderung, den Geiz des Kunden zu überwinden.

Aufgaben

1. Zeigen Sie anhand von Beispielen, wie die jeweilige Verkaufssituation das Kundenverhalten beeinflussen kann (z. B. Zeitmangel, Kundenandrang).
2. Warum muß sich der Florist auf den jeweiligen Kunden besonders einstellen?
3. Erklären Sie, warum der Florist dem Kunden nicht direkt widersprechen soll.
4. Welche Ursachen kann es haben, wenn ein Kunde beim Einkauf besonders mißtrauisch ist?
5. Zeigen Sie in einem Rollenspiel, wie Sie als Verkäufer einem unentschlossenen Kunden den Kaufentschluß erleichtern können.
6. Schildern Sie anhand eigener Verkaufserfahrungen, wie man nervöse Kunden beruhigen kann.
7. Warum ist ein mitteilungsbedürftiger („schwatzhafter") Kunde leichter zu bedienen als ein schweigsamer („verschlossener")?
8. Zeigen Sie anhand von Beispielen, wodurch sich Sparsamkeit und Geiz beim Einkauf unterscheiden.

2.4 Besondere Kundengruppen

Lernziele

▷ Wissen, wie man sich auf die besondere Situation der Kunden einstellt;
▷ erklären können, warum sich Stammkunden anders verhalten als Laufkunden;
▷ wissen, daß Stammkunden anderen Kunden gegenüber nicht bevorzugt werden dürfen;
▷ erkennen, daß ausländische Kunden oft ganz andere Gewohnheiten und Ansichten haben als einheimische und daher auch anders behandelt werden müssen;
▷ Kunden das Gefühl vermitteln können, daß sie willkommene Gäste im Blumenfachgeschäft sind.

○ **Trauernde Kunden**

Bei Blumenfachgeschäften in Friedhofsnähe sind trauernde Kunden in der Überzahl. Der Verkäufer braucht zu ihrer Bedienung großes Einfühlungsvermögen, da diese Kunden von ihm viel Verständnis erwarten. Ist der Kunde sehr schweigsam, so sollte er nur äußerst behutsam ermuntert werden. Dem redseligen Trauernden gegenüber soll der Verkäufer **mitfühlender Zuhörer** sein; in den meisten Fällen braucht gerade dieser Kunde jemanden, dem er sich mitteilen kann, um sich seinen Schmerz vom Herzen zu reden. Manchmal ist auch eine gewisse Verwirrung bei solchen Kunden zu beobachten. Daher muß der Verkäufer selbst daran denken, worauf er den Kunden noch aufmerksam machen sollte (z. B. Grußkarte, richtige Lieferzeit, Lieferort). Gibt ein trauernder Kunde mehrere Aufträge gleichzeitig auf, ist es sehr wichtig, daß der Verkäufer abschließend alle einzelnen Wünsche, die der Kunde in Auftrag gegeben hat, im Zusammenhang wiederholt. Der in seiner Verwirrung für Mitgefühl dankbare Kunde wird auch die Äußerung des Verkäufers: „Haben wir nichts vergessen und wirklich an alles gedacht?" als das empfinden, was es sein soll, nämlich menschliche Hilfe.

○ **Stammkunden und Laufkunden**
Je nach Geschäftslage und Geschäftspolitik überwiegt die eine oder andere Kundenart. Bei der Bedienung von Stammkunden ist persönlichen Belangen stärkeres Gewicht zu geben, bei Laufkunden sachlichen.

Stammkunden muß man mit dem Namen anreden und auf ihre – ja bekannten – Eigenarten und speziellen Wünsche und Vorstellungen besonders eingehen, ohne daß der Kunde es jedesmal erneut betonen muß. Bei Verkäufen gegen Rechnung (Kreditkauf) kann man ausnahmsweise etwas großzügiger sein. Saisonbedingte Glückwünsche darf man hier niemals vergessen. Der Verkäufer muß es jedoch vermeiden, Stammkunden vor den Augen anderer Kunden zu bevorzugen.

Laufkunden betreten ein Geschäft entweder, weil sie ihr Weg zufällig dahin führt, oder weil sie von der Schaufensterauslage besonders angezogen wurden. Der Verkäufer sollte bei jedem Laufkunden den Versuch machen, einen neuen Stammkunden für das Geschäft zu gewinnen. Dies verlangt besonders aufmerksame Bedienung und ist außerordentlich wichtig bei Geschäften, die infolge ihrer Lage mehr Laufkunden als Stammkunden haben. Stellt der Verkäufer fest, daß ein Kunde an persönlichem Kontakt nicht interessiert ist und das Geschäft nur deshalb betreten hat, weil es gerade auf seinem Weg lag, sollte er den Kunden trotzdem zuvorkommend und liebenswürdig bedienen.

○ **Ausländer als Kunden**
Durch Zuwanderungen und die starke Zunahme des internationalen Reiseverkehrs hat die Zahl ausländischer Kunden auch in den Blumenfachgeschäften in den letzten Jahren stark zugenommen. Den Schwerpunkt bilden die ausländischen Arbeitnehmer, welche heute als oft treue Kunden nicht mehr wegzudenken sind.

Das Verhältnis zu den Blumen sowie der Geschmack dieser Kunden unterscheiden sich von unseren Vorstellungen meist recht stark. So ist z. B. große Buntheit in fast allen Mittelmeerländern der entscheidende Bestimmungsfaktor, und zwar sowohl hinsichtlich der Farben wie der Vielzahl verschiedener Blumen in einem Gebinde (Strauß, Gesteck, Kranz).

Bei der Bedienung ausländischer Kunden können Sprachschwierigkeiten ein Hindernis sein. Behelfen kann man sich durchaus mit den Ausdrucksmitteln der Mimik und der Gestik, Fertigkeiten, die bekanntlich Südeuropäer in besonderem Maße besitzen. Englische, französische, italienische, polnische oder tschechische Sprachkenntnisse sind eine große Hilfe bei den vielen **Ausländern**, die z. B. **als Touristen** zu uns kommen. Während der Verkäufer deutsche Kunden mit den herrschenden Vorstellungen über die Gestaltungsprinzipien zu überzeugen versucht, sollte man bei Ausländern hier eher zurückhaltend sein, vor allem dann, wenn man dies aufgrund von Sprachschwierigkeiten nicht richtig erklären kann.

Blumenfachgeschäfte, die einen hohen Anteil an Gastarbeitern unter den Kunden haben, müssen über die landesüblichen Feste in den Gastarbeiterländern unterrichtet sein, um ein entsprechendes Warenangebot machen zu können. Oft weichen diese Festtage von unseren zeitlich ab. Ebenso häufig verbinden diese Kunden ihre Festtage mit ganz bestimmten Blumen, die nicht unbedingt mit den bei uns üblichen übereinstimmen müssen.

○ **Kundenpflege**
Gäste pflegen in der Regel willkommene Besucher zu sein. Auch Kunden sind Besucher, und es liegt am Verkäufer, diesen das Gefühl zu vermitteln, daß sie im Blumenfachgeschäft gerne gesehen sind.

Betritt ein Kunde das Geschäft, erwartet und verdient er sofortige Beachtung. Offen zur Schau getragene Gleichgültigkeit, Geringschätzung oder gar Unlust des Verkäufers verärgern ihn ebenso, wie die Fortsetzung von Privatgesprächen. Verärgerte Kunden aber sind wegen der gestörten Kaufstimmung keine kaufbereiten oder gar kaufbegeisterten Kunden.

Höflichkeit, echte Dienstbereitschaft und gute Manieren sind die beste Gewähr, die **Kaufstimmung** des Kunden zu erhalten und sein Zutrauen zu gewinnen. Dies kann man dem Kunden durch entsprechende Gesten und Mienen zeigen, wie etwa durch aufrechte, ungezwungene Haltung, einladende Handbewegungen, offenen Blick und freundlichen Gesichtsausdruck. Übertriebenes Dienern ist jedoch zu vermeiden. Es wirkt auf die meisten Kunden peinlich. Schließlich ist der Kunde nicht unser König – wie es so oft fälschlicherweise heißt –, sondern ein ganz normaler Mensch mit individuellen Eigenschaften wie der Verkäufer auch. Und genauso möchte er sich auch verstanden und durch den Verkäufer behandelt wissen.

Es gibt eine ganze Reihe von Möglichkeiten und Gelegenheiten, wie man den Kunden zeigen kann, daß sie im Blumenfachgeschäft willkommene Gäste sind. Obenan steht dabei die Anrede mit dem Namen, und man kann sagen: Der Name des Kunden bildet im Verkaufsgespräch die **Kontaktbrücke**. Wenn der Verkäufer den Kunden Gegenstände, die seinen Einkauf beeinträchtigen können, wie Pakete oder Einkaufstaschen oder nasse Schirme, abnimmt und abstellt, wenn er gehbehinderten und älteren Menschen eine Sitzgelegenheit anbietet, wenn er die Kunden zur Ladentür geleitet und ihnen diese öffnet, damit sie ungehindert mit ihren Blumen-„Paketen" den Laden verlassen können, dann gibt er dadurch zu verstehen, daß er stets ein wenig mehr zu tun bereit ist, als die Kunden eigentlich von ihm erwarten.

Merksätze

▷ Der trauernde Kunde bedarf nicht nur des Mitgefühls durch den Verkäufer, sondern seiner echten menschlichen Hilfe.
▷ In einer Zeit, in der immer häufiger von Hinterbliebenen gebeten wird, statt Blumenspenden eine caritative Organisation zu bedenken, kommt der Bedienung im Blumenfachgeschäft eine noch größere Bedeutung zu.
▷ Es gibt keine Kunden erster und zweiter Klasse, auch nicht bei Stamm- und Laufkunden.
▷ Ausländer sind nicht allein dadurch schon gut bedient, daß sich der Verkäufer ihnen verständlich machen kann. Es kommt vielmehr darauf an, diese Kunden in ihrem Anders-Sein zu verstehen und anzuerkennen.
▷ Der Kunde ist nicht der König des Verkäufers, sondern sein Gast und gerne gesehener Besucher.

Aufgaben

1. Zeigen Sie anhand von Beispielen, was bei der Bedienung „trauernder" Kunden besonders beachtet werden muß.
2. Warum sollte ein Floristbetrieb besonders darauf bedacht sein, möglichst viele Stammkunden zu haben?
3. Erklären Sie beispielhaft, wie sich die Geschäftslage (Standort des Betriebs) auf die Art und Zusammensetzung der Kundschaft auswirkt.
4. Durch welche Maßnahmen können Laufkunden als Stammkunden gewonnen werden?
5. Diskutieren Sie in Ihrer Schulklasse, welche Bedeutung ausländische Kunden für Ihren Ausbildungsbetrieb haben.
6. Worauf muß bei der Bedienung ausländischer Kunden im Floristbetrieb besonders geachtet werden?
7. Welche persönlichen Erfahrungen haben Sie mit ausländischen Kunden gemacht?
8. Warum sollten Kunden nach Möglichkeit mit dem Namen angeredet werden?
9. Wie können Sie in Ihrem Ausbildungsbetrieb zur Kundenpflege beitragen?

3 Kaufmotive

3.1 Warum Kunden kaufen

Lernziele

▷ Erkennen, daß der Markt für Blumen und Pflanzen aufgrund der Einkommensverhältnisse der Verbraucher erweiterungsfähig ist;
▷ erklären können, daß beim Kauf von Blumen und Pflanzen unterschiedliche Motive vorliegen;
▷ anhand von Beispielen aus dem eigenen Erfahrungsbereich die Begriffe „angeborene" und „erworbene" Motive unterscheiden können;
▷ an Beispielen erläutern können, warum den Kaufmotiven der Kunden mit den richtigen Verkaufsargumenten begegnet werden muß.

Die Frage, warum Waren gekauft werden, ist vordergründig recht leicht zu beantworten: Waren werden gekauft, weil sie von den Verbrauchern benötigt werden. Bei kritischer Betrachtung dieser Antwort erkennt man jedoch, daß viele Waren gekauft werden, obgleich dafür zumindest kein dringendes **Bedürfnis** besteht. Jeder Verbraucher hat sich sicher nach einem Einkauf schon einmal die Frage gestellt, warum er diese oder jene Ware gekauft hat, und dann festgestellt, daß der Kauf unnötig war. Zu dieser Erkenntnis gehört ein gewisses Maß an Selbstkritik. Die Beweggründe menschlichen Handelns und Verhaltens – also auch das Kaufverhalten – sind viel komplizierter und auch *komplexer* (komplex = zusammengesetzt, aus mehreren Ursachen bestehend), als man zunächst annimmt. Der amerikanische Verkaufspsychologe VANCE PACKARD hat sich besonders intensiv mit diesem Problem befaßt und seine Erfahrungen und Erkenntnisse in einem Buch niedergelegt, das den bezeichnenden Titel trägt: „Die geheimen Verführer". Seit Erscheinen dieses Buches vor ungefähr 40 Jahren hat die *Verbraucherforschung* einen ungeheuren Aufschwung genommen und zahlreiche wissenschaftliche Erkenntnisse gebracht.

Es muß nunmehr die Frage gestellt werden, warum Blumen gekauft werden. Dafür gibt es eine Reihe von Gründen, einen jedoch sicher nicht, daß Blumen notwendig, d. h. lebensnotwendig für den Käufer sind. Doch es werden viele Dinge gekauft, die nicht „lebensnotwendig" sind. Warum das so ist, soll hier

Abb. 90. Werbung zum Muttertag.

dargestellt werden. Der Schlüssel, wie mehr und besser verkauft werden kann, ist dann gefunden, wenn es gelingt, auf diese Frage eine befriedigende Antwort zu geben. In diesem Zusammenhang ist es interessant, daß der Bürger der Bundesrepublik Deutschland heute im Durchschnitt nur noch 70% seines Einkommens für lebensnotwendige Dinge ausgeben muß. Wenn man den Maßstab, was absolut lebensnotwendig ist, strenger anlegt, ist der Prozentsatz sogar wesentlich niedriger. Die restlichen (mindestens) 30% des Einkommens heißen „freies Einkommen". Darüber kann der Einkommensbezieher frei verfügen. Und damit werden eben die Dinge gekauft, die nicht „notwendig" sind, die aber dem Verbraucher Freude bereiten und ihm das Leben angenehm machen.

Auf **das freie Einkommen** haben es viele abgesehen; jeder möchte einen Teil davon haben, auch der Florist. Zu untersuchen ist, ob dieser mit dem Teil des freien Einkommens, den er bislang für sich abzweigen konnte, zufrieden sein darf (vgl. Abb. 90). Dazu einige Zahlen: In der Bundesrepublik Deutschland gibt es rund 35,6 Millionen Haushaltungen. In diesen Haushaltungen wurden im Jahr 1994 29 Mrd. DM für Pflanzen und Güter für die Gartenpflege ausgegeben. Zunächst scheint dieser Betrag ziemlich hoch zu sein. Pro Haushalt macht dies jährlich 816,– DM, je Monat jedoch nur 68,– DM aus. Im selben Zeitraum eines Monats gab derselbe Haushalt für Genußmittel wie Alkoholika, Tabakwaren, Kaffee und Tee aber ein Vielfaches dessen aus, was für Blumen und Zierpflanzen aufgewendet wurde, nämlich 349,– DM. Genußmittel sind genauso wenig lebensnotwendig wie Blumen und Zierpflanzen, nur sind die Verkäufer und Produzenten von Genußmitteln sichtlich erfolgreicher, machen eine viel aufwendigere Werbung und finden bessere Verkaufsargumente für ihre Waren. Anders ist dieses Ergebnis nicht zu erklären. Um dies zu verdeutlichen, ist es notwendig, die Ausgaben im Verhältnis zum Haushaltseinkommen zu sehen. Hierbei ergibt sich folgendes Bild: Das durchschnittliche Haushaltseinkommen eines 4-Personen-Arbeitnehmer-Haushalts mit mittlerem Einkommen betrug 1994 rund 4428,– DM netto im Monat. Demnach lag der prozentuale Anteil desselben für Genußmittel bei 7,9% und der für Blumen bei nur 1,5%.

Nur derjenige kann Menschen richtig beurteilen und behandeln, der die Ursachen für ihr Verhalten kennt. Jedes Handeln hat irgendwelche *Beweggründe*, die man auch **Motive** nennt. Führen solche Beweggründe zum Kauf von Waren oder Dienstleistungen, werden sie Kaufmotive genannt. Allgemein ausgedrückt wird

Abb. 91. Verwendung des Haushaltsgelds.

als Motiv die angenommene Bereitschaft eines Menschen zu zielgerichtetem Verhalten bezeichnet. Das Wort Motiv beinhaltet bekannte Begriffe, wie *Trieb, Bedürfnis, Bestreben*. Beweggründe des Verhaltens können entweder angeboren sein oder aufgrund von Lernprozessen erworben werden. Angeborene Beweggründe des Verhaltens bezeichnet man als **primäre Motive,** im Laufe des Lebens durch Lernprozesse erworbene als **sekundäre.** Das Zusammenspiel „verschiedener, aktivierter Motive", die in einer gegebenen Situation ein bestimmtes Verhalten beim Menschen auslösen, nennt man **Motivation.**

Ein erfolgreicher Verkäufer sollte über die Ursachen und Zusammenhänge zwischen den Kaufmotiven seiner Kunden und deren Äußerungen Bescheid wissen und sie richtig deuten können. Nur dann kann er auf diese Äußerungen reagieren, d. h. den unterschiedlichen Kaufmotiven mit den entsprechenden Verkaufsargumenten begegnen und so den *Kaufschluß* der Kunden beeinflussen.

Der Kunde kauft nicht irgendeine Ware, sondern er erwirbt mit dem Kauf ein Mittel zur Befriedigung seiner **Bedürfnisse.** Man kann sich dies wie folgt verdeutlichen: Der Wunsch des Kunden, bestimmte Waren zu besitzen oder Dienstleistungen in Anspruch zu nehmen, erzeugt in ihm eine Spannung, die er bewußt wahrnimmt (kognitive Dissonanz = erkannter Zwiespalt). Dieser Zustand *motiviert* (veranlaßt) den Kunden zu einem Verhalten, das darauf gerichtet ist, das Spannungsverhältnis abzubauen, indem er seine Bedürfnisse nach Waren oder Dienstleistungen befriedigt (Dissonanzreduktion = Spannungsabbau). Der Verkäufer muß also laufend versuchen, seine Waren und Dienstleistungen für den Kunden begehrlich zu machen, um auf diese Weise Dissonanzen (Spannungen) beim Kunden aufzubauen und ihn dadurch zum Kauf zu motivieren. Aus diesem Grunde darf der Verkäufer nicht einfach eine Ware anbieten, sondern die Leistungen der Ware, die für den Kunden angesichts seiner Kaufmotive von Bedeutung sind.

Dies muß die **Generalregel beim Verkauf** sein; denn jedem *Kaufwunsch* liegen irgendwelche Kaufmotive zugrunde. Ein Verkäufer, der die Kaufmotive seiner Kunden nicht erkennt, kann Kundenwünsche auch nicht voll erfüllen, zufriedene Kunden gewinnen (Stammkunden) und damit zur Umsatzsteigerung seines Betriebs beitragen. Eine Kundin, die einen Brautstrauß kauft, möchte vom Floristen vorrangig Argumente hören über Arten der floristischen Gestaltung, in Frage kommende Blumen, Farbharmonien und guten Geschmack, nicht aber über den Preis oder die Haltbarkeit des Straußes.

Blumen können aus den verschiedensten Gründen gekauft werden, wie *Geltungsbedürfnis, Schönheitsverlangen, Zweckmäßigkeit* (z. B. Trockengestecke), *Preiswürdigkeit* (z. B. Sonderangebote) und vielen anderen. Die bestimmenden Motive herauszufinden, ist oft nicht leicht. Es wäre aber falsch, aufgrund dieser Schwierigkeiten die Erforschung der Kaufmotive abzulehnen, dazu ist ihre Bedeutung zu groß. Eine Hilfestellung erfährt der Verkäufer von der *Psychologie,* der Lehre von der Seele und dem Verhalten des Menschen. Diese lehrt, daß seelische Vorgänge und Strukturen des Menschen sich in seinem Verhalten zeigen. Sie dringen nach außen und wer-

Abb. 92. Vom Kaufmotiv zum Kaufentschluß.

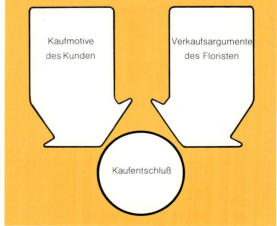

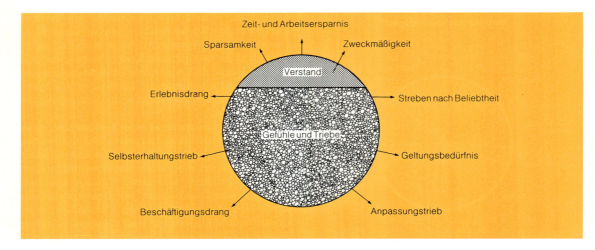

Abb. 93. Kaufgründe im Überblick.

den somit anderen Menschen erkennbar. Solche Äußerungen können Worte, Gebärden (Mienen und Gesten) und Äußerlichkeiten, wie Kleidung und Haartracht, aber auch durch das Temperament bedingte Verhaltensweisen sein. Der Verkäufer muß diese *Äußerungen* seiner Kunden genau beobachten und deuten, um deren Wollen aufspüren und ergründen zu können (s. dazu auch „Der Kunde" Seite 266ff.).

Wer der menschlichen Seele (Psyche) nachspürt, wird erkennen, daß sich im seelischen Bereich Dinge abspielen, die uns nur teilweise bewußt werden. Man kann die Seele des Menschen mit einem Eisberg vergleichen, der wegen der Dichte des Eises nur mit seiner Spitze etwas aus dem Wasser herausragt, in dem er schwimmt. Nur der Teil der Seele, der der Spitze des Eisberges entspricht, führt zu *bewußten Handlungen* des Menschen, also solchen, die verstandesmäßig begründet sind. Der Teil der Seele jedoch, welcher der restlichen Masse des Eisbergs entspricht – der viel größere Teil – ist für die Handlungen bestimmend, deren Ursachen dem Menschen nicht bewußt sind, also im *Unterbewußtsein* liegen.

Bewußte Handlungen sind dadurch gekennzeichnet, daß bei ihnen die **Vernunft** im Vordergrund steht. Solches Handeln wird als rational (lat.: ratio = Verstand, Vernunft) bezeichnet. Liegt rationales Handeln dem Kauf zugrunde, spricht man von verstandesmäßigen Kaufmotiven. Obgleich der Mensch ein vernunftbegabtes Wesen ist, werden seine Handlungen in weit größerem Maß von **Gefühlen und Trieben** bestimmt. Sie wurzeln im Unterbewußtsein des Men-

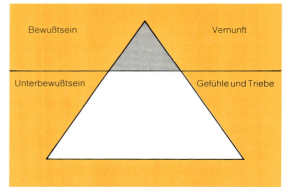

Abb. 94. Bewußtes und unbewußtes Handeln.

schen. Man spricht deshalb von „Trieben", weil sie den Menschen – oftmals gegen seinen Willen – zu Handlungen treiben und zwingen, die mit den Maßstäben des Verstands und der Logik nicht erklärbar sind. Sie sind „unbegreiflich". Geben Gefühle und Triebe den Anstoß zum Kauf von Waren oder Dienstleistungen, spricht man von gefühls- oder triebmäßigen Kaufmotiven.

Merksätze

▷ Das Kaufverhalten der Kunden ist komplex, d. h. durch eine Reihe von Ursachen bestimmt, die sowohl im Menschen selbst als auch in seiner Umwelt wurzeln.

▷ Blumen und Pflanzen werden aus dem freien Einkommen der Kunden bezahlt.

▷ Der Verkäufer muß besondere Verkaufsbemühungen unternehmen, weil Blumen und Pflanzen für den Kunden nicht lebensnotwendig sind.
▷ Da Blumen und Pflanzen zu einem erheblichen Teil für Geschenkzwecke gekauft werden, muß der Verkäufer beachten, daß andere Geschenkartikel dazu in Konkurrenz stehen.
▷ Als Kaufmotiv wird die angenommene Bereitschaft des Menschen bezeichnet, bestimmte Waren zu kaufen oder Dienstleistungen in Anspruch zu nehmen.
▷ Kaufmotive müssen durch den Verkäufer so aktiviert werden, daß der Kunde zum Kauf motiviert wird.
▷ Zwischen angeborenen und erworbenen Motiven menschlichen Handelns muß unterschieden werden.
▷ Blumen und Pflanzen werden aus den unterschiedlichsten Motiven gekauft.
▷ Wir unterscheiden zwischen verstandesmäßigen und gefühlsmäßigen Kaufmotiven.
▷ Der Verkäufer muß die Kaufmotive seiner Kunden erkennen, um sich im Verkaufsgespräch mit seiner Argumentation darauf einstellen zu können.

Aufgaben

1. Zählen Sie auf, aus welchen unterschiedlichen Gründen Blumen gekauft werden.
2. Erklären Sie anhand von Beispielen, warum der Florist besser im Verkaufsgespräch argumentieren kann, wenn er die Kaufmotive seiner Kunden kennt.
3. Worin besteht der Unterschied zwischen Motiv und Motivation?
4. Was kann der Florist für seine Verkaufstätigkeit vom Psychologen lernen?
5. In welche unterschiedlichen Gruppen (Kategorien) können Kaufmotive von Kunden eingeteilt werden?
6. Zeigen Sie anhand von Beispielen auf, wie der Florist die Kaufmotive seiner Kunden erfahren kann.
7. Beschreiben Sie, in welchen beruflichen und privaten Situationen Sie a) eher verstandesmäßig und in welchen Sie b) eher gefühlsmäßig reagieren?
8. Warum werden die Gefühle des Menschen auch als „Triebe" bezeichnet?
9. Entwerfen Sie ein Verkaufsgespräch, bei welchem der Florist auf die gefühlsmäßig bestimmten Kaufgründe einer Kundin mit verstandesmäßigen Argumenten reagiert.

3.2 Verstandesmäßige Kaufmotive

Lernziele

▷ Die wichtigsten verstandesmäßigen Kaufmotive aufzählen können;
▷ erklären können, wie das Kaufmotiv „Sparsamkeit" bei den Kunden erfolgreich angesprochen und aktiviert wird;
▷ an Beispielen aufzählen und erklären können, bei welchen Einkäufen das Motiv der Zeit- und Arbeitsersparnis ausschlaggebend ist;
▷ Waren aus dem Sortiment des Blumenfachgeschäfts nennen können, die aus Gründen der Zweckmäßigkeit gekauft werden.

○ **Sparsamkeit**

Das Motiv der **Geldersparnis** kann mehrere Ursachen haben, wie niedriges Einkommen des Kunden, richtig verstandene Sparsamkeit, aber auch Geiz. Schließlich gibt es auch Kunden, die glauben, durch billigen Einkauf einen wirtschaftlichen Vorteil zu erlangen.

Sparsamkeit ist ein überwiegend erlerntes Verhalten, also das Produkt der Erziehung und persönlichen Erfahrung. Aus Existenzangst und wegen einer nicht immer gewissen Zukunft lernt der Mensch, mit knappen Gütern, zu denen auch das Geld zählt, hauszuhalten. Die Erziehung zur Vorsorge wird stark durch Elternhaus und Schule, aber auch Banken und Sparkassen geprägt. Der Einzelhandel muß dieser Art von anerzogenem Verhalten mit entsprechenden *Verkaufsstrategien* (Strategie = Feldzug) begegnen. Er muß es den Verbrauchern leichter machen, sich von ihrem Geld zu trennen. Auch der Staat muß gelegentlich der Sparsamkeit seiner Bürger entgegensteuern und sie auffordern, mehr Geld auszugeben. Dies ist für ihn ein Mittel, um in Zeiten schlechter Konjunktur die Wirtschaft anzukurbeln.

Liegt das Kaufmotiv der Geldersparnis vor, erkennt dies der Verkäufer bei seinen Kunden, wenn diese ausgesprochen billige Blumen verlangen, durch preisgünstige Sonderangebote ins Geschäft gelockt werden (*Lockvogelangebote*) oder Topfpflanzen deshalb kaufen möchten, weil diese „lange halten".

Abb. 95. Blick in ein Verkaufsgewächshaus.

Darüber hinaus ist dieses Motiv beim Kauf von Trockenblumen und den aus ihnen gefertigten Gebinden und Gestecken oft entscheidend. Das Motiv der Sparsamkeit ist auch ausschlaggebend dafür, daß viele Kunden der Meinung sind, in Gärtnereien ohne Ladengeschäft Blumen billiger einzukaufen als in „Nur-Ladengeschäften". Außerdem ergab eine vor mehreren Jahren veranstaltete Meinungsumfrage, daß nahezu ein Viertel aller Blumenkunden glauben, Blumen seien grundsätzlich viel zu teuer und dies besonders an den klassischen „Blumen-Feiertagen", wie Valentinstag, Ostern, Muttertag, Advent und Weihnachten. Dieser Einwand sollte ernst genommen werden. Wie reagiert der gute Florist auf ein solches Kaufmotiv? Zunächst muß er einmal dafür sorgen, daß die *Angebotspalette* zu allen Jahreszeiten und Anlässen Blumen und Pflanzen für jeden, auch den schmalen Geldbeutel enthält. Durch geeignete *Werbemaßnahmen* sollten die Floristen außerdem ein **Image** ihres Berufs aufbauen, das diese Einstellung der Kunden korrigiert. Unter *Image* versteht man das Vorstellungsbild der Verbraucher über ein Geschäft oder einen Beruf. Dieses Vorstellungsbild ist geprägt durch eigene Erfahrungen (kognitive Komponente = verstandesmäßiger Bestandteil) und durch Gefühle (affektive Komponente = gefühlsmäßiger Bestandteil). Geeignete Werbearten sind dafür sowohl die Gemeinschaftswerbung als auch die Einzelwerbung (s. Seite 334ff.). Die *Werbebotschaften* müssen zu diesem Zweck Aussagen über die Leistungsfähigkeit und Preiswürdigkeit des Angebots enthalten, was z. B. durch Spezialisierung und sachkundigen Einkauf des Blumeneinzelhandels erreicht wird. Die laut Meinungsumfrage „zu teuren" Blumen an den „Blumen-Feiertagen" sind aber auch das Ergebnis von *Angebot* und *Nachfrage,* das sich bei stark marktabhängigen Waren, wozu Blumen und Pflanzen auch gehören, immer deutlich in Preisunterschieden zeigt. Eine noch weitere Steigerung des Angebots der Blumenproduzenten kann dem zwar entgegensteuern, beinhaltet aber auch die Gefahr, auf der – rasch verderblichen – Ware sitzenzubleiben.

Außerdem sollten im Blumenfachgeschäft öfters geeignete *Sonderangebote* bereitgehalten und den Kunden bekanntgemacht werden. Besonders eignen sich dafür Blumen der Saison und preiswerte Fertigsträuße (s. dazu Seite 335). Da der Preis beim Kaufmotiv Sparsamkeit eine große Rolle spielt, muß er als wichtiges Verkaufsargument gegenüber solchen Kunden entsprechend herausgestellt werden.

Hinweise auf die Vorzüge von Topfpflanzen und auf Gestecke aus Trockenblumen (besonders im Herbst und Frühwinter) sollten hier eine Selbstverständlichkeit sein.

○ **Zeitersparnis und Arbeitsersparnis**
Das Motiv der Zeitersparnis äußert sich beim Blumenkauf weniger in der Bevorzugung bestimmter Waren als in der Wahl bestimmter Blumenfachgeschäfte, Inanspruchnahme von Dienstleistungen und in speziellen Kaufgewohnheiten. So werden manche Blumenfachgeschäfte aus Gründen der Zeitersparnis aufgesucht, weil sie schnell und bequem vom Kunden zu erreichen sind. Auch kurze Wartezeiten durch bekannt flotte Bedienung, Selbst- oder Teilselbstbedienung und Automatenverkauf können Gründe sein, warum Geschäfte von Kunden bevorzugt werden. Desgleichen kommen das Angebot der *telefonischen Bestellung* und der *Hauszustellung* diesem Motiv entgegen. Auch die zahlreichen Dienstleistungen, die der Florist bieten kann, werden vom Kunden oft aus Gründen der Zeitersparnis in Anspruch genommen, wie *Blumenspendenvermittlung* (Fleurop, Teleflor), *Dekorationen*, *Bepflanzung* von Balkon- und Blumenkästen, Pflanztrögen und Blumenschalen, *Umtopfen* von Pflanzen, *Pflanzenpflegemaßnahmen* u. ä. Der Florist hat zahlreiche Möglichkeiten, dem Motiv der Zeit- und Arbeitsersparnis der Kunden durch entsprechende Argumente entgegenzukommen und sie in dieser Hinsicht zu motivieren. Zunächst muß er dafür sorgen, daß die **Zugänglichkeit** und die **Zugänglichkeitswahrnehmung** der Ware für den Kunden verbessert wird. Dadurch können zusätzlich auch sogenannte **Impulskäufe** erreicht werden. Die Blumenstände an belebten Straßenecken und die von den Floristen nicht gerade geschätzten „fliegenden Holländer" legen dafür ein beredtes Zeugnis ab. Sie werden jedoch vom Kunden vor allem deshalb als Einkaufsquelle angenommen, weil ihm die Nase darauf gestoßen und er damit zum Blumenkauf angeregt wird (erhöhte Zugänglichkeitswahrnehmung), aber auch, weil er nicht die „psychische Hürde" einer Ladentür überwinden muß, um an die Ware zu gelangen. Er hat dann das

Abb. 96. Durch einheitliche und übersichtliche Angebotsgestaltung, die von außen nach innen führt, gewinnt der Kunde den Eindruck, daß man hier Blumen und Pflanzen vorteilhaft und in großer Auswahl kaufen kann.

Gefühl, durch den unmittelbaren Kontakt zu den Blumen (geringe „psychische Entfernung") schneller in deren Besitz zu kommen, als in einem Ladengeschäft. Das spielt besonders beim Kaufentscheid eiliger Kunden eine Rolle. Das Blumenfachgeschäft kann, um dieser Einstellung gewisser Kunden zu begegnen, vor dem Laden geeignete Blumen und vor allem Topfpflanzen präsentieren (Außenverkauf). Damit kommt man auch dem Motiv der Sparsamkeit entgegen, weil manche Kunden glauben, bei fliegenden Händlern und an Blumenständen billiger zu kaufen. Sie meinen, daß sie dann die Kosten, welche in einem Ladengeschäft anfallen würden, nicht im Blumenpreis mitbezahlen müssen.

Solche Verkaufsaktivitäten, die sich vor allem in fußgängerbelebten Straßen der Städte und in Friedhofsnähe immer mehr einbürgern, dürfen den Floristen aber nicht dazu verleiten, seine Hauptaufgabe zu vernachlässigen, nämlich dem Kunden individuell nach seinen Wünschen gefertigte binderische Arbeiten anzubieten und zu verkaufen, Arbeiten, die sehr wesentlich in ein Verkaufsgespräch eingebunden werden müssen. Jeder Florist ist bekanntlich zugleich auch Blumenhändler, aber längst nicht jeder Blumenhändler ist auch Florist.

Weitere Maßnahmen sind mündliche und schriftliche Hinweise auf das gesamte **Dienstleistungsangebot** des Floristen, über das viele Kunden nur unzureichend unterrichtet sind. Auch eine genau geplante *Organisation des Verkaufsablaufs* und *Verbesserungen bei der Verkaufstechnik* (Vorrichten von Sträußen, Verpackungstechnik, Bereitstellung der benötigten Waren, richtige Personalauswahl, Arbeitsteilung und Spezialisierung beim Verkauf und bei binderischen Arbeiten) kommen dem Motiv der Zeitersparnis entgegen. Oft sind solche Kunden auch für Hinweise auf günstigere, kundenarme Einkaufszeiten dankbar.

Abb. 97. Durch Out-Door-Angebote werden Kunden angelockt (Fußgängerzone in Delft/NL).

○ **Zweckmäßigkeit**

Beim Kauf aus Zweckmäßigkeit bestimmt ein rationales Motiv das Handeln. Es kann sich einerseits darin äußern, daß Waren gekauft werden, die einen **hohen Nutzen** für den Käufer haben, andererseits darin, daß Waren mit **hohem Gebrauchswert** erworben werden. Hoher Nutzen einer Ware kann sowohl vielseitige Verwendbarkeit als auch lange Lebensdauer bedeuten. Dieses Kaufmotiv kann ausschlaggebend sein beim Kauf von Topfpflanzen und Arrangements aus Trockenmaterialien oder beim Entschluß, einen dauerhaften Schmuck für einen Balkon oder ein Grab zu bestellen. Besonders im Winter erweisen sich Trockengestecke für die Verwendung im Freien (z. B. auf Gräbern) als zweckmäßig.

Aber auch „schaurig-schöne" Kunststoffblumen, Papierblumen und Kunststoffweihnachtsbäume und ebensolche Adventskränze werden aus diesem Motiv gekauft. Solche aus der Sicht des Floristen eindeutige Geschmacksverirrungen sollen nach Auskunft der Statistiker in Gemeinden unter zweitausend Einwohnern, in Gegenden mit sehr strenggläubiger Bevölkerung (auch Stadtteilen von Großstädten) und bei Bewohnern südlicher Länder heute noch zahlreich sein. Der Florist kann solchen Gewohnheiten entgegenwirken, wenn er als Verkäufer den Kunden binderische Arbeiten aus natürlichem Material präsentiert, die dessen Wunsch nach Zweckmäßigkeit auch erfüllen und trotzdem geschmackvoll sind.

Merksätze

▷ Die wichtigsten verstandesmäßigen Kaufmotive sind: Sparsamkeit, Zeit- und Arbeitsersparnis und Zweckmäßigkeit.
▷ Liegen der Kaufabsicht verstandesmäßige Motive zugrunde, muß sich der Verkäufer vorwiegend mit seinen Verkaufsargumenten an den Verstand des Kunden wenden.
▷ Sonderangebote und Topfpflanzen sind besonders geeignet, sparsame Kunden zum Kauf zu motivieren.
▷ Günstige Geschäftslage, rasche Bedienung, telefonische Bestellung und umfangreiche Serviceleistungen sind die wichtigsten Voraussetzungen, um das Motiv der Zeit- und Arbeitsersparnis beim Kunden erfolgreich zu aktivieren.
▷ Blühende Topfpflanzen, Trockengestecke und Grünpflanzen aller Art sind die geeigneten Waren, um das Kaufmotiv der Zweckmäßigkeit anzusprechen.

Abb. 98. Für sehr eilige Liebesgrüße muß schon einmal ein Fahrradkurier herhalten (Foto CMA).

Aufgaben

1. Erklären Sie mit Beispielen aus Ihrer Verkaufspraxis die Unterschiede zwischen verstandesmäßigen und gefühlsmäßigen Kaufmotiven.
2. Nennen und erklären Sie anhand von Beispielen die wichtigsten verstandesmäßigen Kaufmotive.
3. Halten Sie Sparsamkeit für eine Tugend oder eine Untugend? Begründen Sie Ihre Ansicht.
4. Zeigen Sie in einem Rollenspiel, wie bei Kunden, die besonders „sparsam" sind, im Verkaufsgespräch argumentiert werden muß.
5. Erklären Sie, aus welchen Gründen Kunden oftmals ihre Blumen im Supermarkt oder bei Straßenhändlern kaufen.

6. Welche Bedeutung haben Sonderangebote für den Floristbetrieb?
7. Warum bevorzugen manche Kunden beim Einkauf Fertigsträuße?
8. Durch welche Maßnahmen kann der Florist Kunden, die wenig Zeit zur Verfügung haben, entgegenkommen?
9. Welche Bedeutung hat die „Zugänglichkeitswahrnehmung" für die Auslösung von Kaufimpulsen?
10. Wie kann die Zugänglichkeitswahrnehmung für das Waren- und Dienstleistungsangebot in Ihrem Ausbildungsbetrieb verbessert werden?
11. Aus welchen Gründen nehmen Kunden die Dienstleistungsangebote des Floristen in Anspruch?
12. Zählen Sie auf, welche Dienstleistungen der Floristbetrieb für seine Kunden erbringen kann und beurteilen Sie diese Dienstleistungen hinsichtlich a) Kosten, b) Zweckmäßigkeit? c) Bedeutung für das Geschäft und d) Akzeptanz durch die Kunden.
13. Aus welchen unterschiedlichen Motiven werden Trockenblumen und floristische Arbeiten aus Trockenmaterialien gekauft?

3.3 Gefühlsmäßige Kaufmotive

Lernziele

▷ Die wichtigsten gefühlsmäßigen Kaufmotive aufzählen können;
▷ erklären können, warum gefühlsmäßige Kaufmotive beim Kauf von Blumen und Pflanzen viel bedeutender sind als verstandesmäßige;
▷ diejenigen gefühlsmäßigen Kaufmotive nennen und mit Beispielen erläutern können, die der Selbstverwirklichung des Menschen dienen;
▷ gefühlsmäßige Kaufmotive nennen und mit Beispielen erläutern können, die der Verwirklichung des Menschen in der Gemeinschaft dienen;
▷ zwischen Haupt- und Nebenmotiven beim Kauf unterscheiden können.

Gefühle und **Triebe** des Menschen können in zwei Gruppen zusammengefaßt werden, nämlich in solche, die der Selbstverwirklichung des Individuums, und solche, die der Verwirklichung des Menschen in der ihn umgebenden Gesellschaft dienen. Das untenstehende Schaubild soll das verdeutlichen.

Kaufmotive, die dem Streben nach *Selbstverwirklichung* des Menschen entspringen, haben folgende Triebe und Gefühle zur Ursache:
- **Erlebnisdrang** (Schönheitsverlangen, Freude erleben, Neugierde, Wissensdurst)
- **Selbsterhaltungstrieb** (Bedürfnis nach körperlichem und seelischem Wohlergehen, Streben nach Sicherheit und Unabhängigkeit)
- **Beschäftigungsdrang** (Spieltrieb, Gestaltungsdrang, Arbeitslust).

Der Mensch ist von der Natur her ein soziales Wesen (soziabel = gesellig), also nicht für ein Leben in Einsamkeit angelegt. Er sucht daher von sich aus immer wieder die Gemeinschaft mit anderen. Anders sind Familie, Großfamilie, Stamm, Sippe, Verein, Gemeinde, Staat und sonstige Gruppierungen von Menschen nicht erklärbar. Dies sind überwiegend freiwillige Gemeinschaften von Menschen. Das Dasein eines Robinson Crusoe ist die Ausnahme und nicht die dem Menschen gemäße Art des Lebens. Daher hat die Natur den Menschen auch mit Trieben und Gefühlen ausgestattet, die es ihm ermöglichen, in der Gemeinschaft zu bestehen und sich in ihr wohlzufühlen.

Er muß sich sowohl der Gemeinschaft anpassen als auch sich innerhalb derselben behaupten können. Dieses Streben des Menschen nach *Verwirklichung in der Gesellschaft* hat folgende Triebe und Gefühle zur Ursache:
- **Streben nach Beliebtheit** (Schenktrieb, Nächstenliebe)
- **Geltungsbedürfnis** (Gewinnung von Einfluß, Herrschaftstrieb, Machtstreben)
- **Anpassungstrieb** (Nachahmungstrieb).

Abb. 99. Hintergründe menschlichen Handelns.

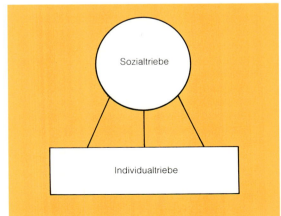

Auch diese Art von Trieben und Gefühlen äußern sich im Kaufverhalten der Kunden und sind wichtige Faktoren der Kaufmotive.

○ **Erlebnisdrang**

Dem Erlebnisdrang entspricht das **Schönheitsverlangen,** der Wunsch, sich mit schönen Dingen zu umgeben. Was bietet sich hier mehr an, als der Kauf von Blumen für das eigene Heim; Blumen sind schließlich ein Inbegriff des Schönen. Außerdem haben sie vielfach einen Hauch von Luxus und oft etwas Weibliches an sich. Das soll aber nicht heißen, daß das Bemühen der Floristen, Männer in größerem Umfang als Kunden zu gewinnen, nachlassen darf.

In den bisher angeführten Überlegungen erschöpft sich das Schönheitsverlangen des Menschen jedoch nicht; er möchte auch selbst schön sein. So schmückt sich der Mensch seit urdenklichen Zeiten mit Blumen. Bei Kindern ist dieses Urbedürfnis noch unverbildet erhalten, z. B. wenn sich kleine Mädchen Blumen ins Haar stecken oder Blumenkränze flechten. Leider tragen heutzutage nur noch Kinder und Bräute Blumenkränze. Die echten Blumen an Kleidern und Hüten mußten solchen aus Stoff, Leder, Federn oder Kunststoff weichen. Doch auch hieran sieht man noch das Bedürfnis der Menschen – mindestens der Frauen –, sich mit Blumen zu schmücken, und offensichtlich gefällt dieser Brauch auch den Männern. Erfreulicherweise finden *Anstecker* aus echten Blumen neuerdings wieder mehr Käufer und der Florist kann hier sicher bei entsprechendem Bemühen noch weitere Kunden gewinnen. Übrigens: Die „weiße Braut", die einen Kopfschmuck mit echter Myrte trägt, ist sicher nicht nur eine Liebhaberin nostalgischer Strömungen.

Der Verkäufer sollte gerade das Kaufmotiv „Schönheitsverlangen" zur Umstatzsteigerung aktivieren. Hier sind „stille Reserven" vorhanden, denn nur etwa 50% der Blumenkäufer – die ja hauptsächlich Käuferinnen sind – kaufen mehr oder weniger regelmäßig für das eigene Heim oder für sich selbst. Eine Haushaltsbefragung in den Niederlanden ergab übrigens, daß 74% der Blumen von Hausfrauen gekauft werden.

○ **Selbsterhaltungstrieb**

Auch darüber sollte der Florist Bescheid wissen, obgleich Kaufmotive des Blumenkäufers in dieser Richtung nur relativ wenig Bedeutung haben. Der Selbsterhaltungstrieb äußert sich vor allem in dem **Bedürfnis nach Gesundheit** und körperlichem *Wohlergehen.* Es gibt tatsächlich Kunden, die Blattpflan-

Abb. 100. Ein sachkundiger Pflanzenfreund – festgehalten von Carl Spitzweg (1808–1885).

zen (besonders solche mit großer Blattfläche) zur *Luftverbesserung* für ihre Wohnräume kaufen. Luftverbesserung heißt hier aber zugleich Luftbefeuchtung. Es gilt als medizinisch erwiesen, daß die Anzahl der Krankheitskeime in Räumen mit sehr trockener Luft viel höher ist, als die in Räumen mit normaler Luftfeuchtigkeit. Leider bekommt man solche Verkaufsargumente in den Blumenfachgeschäften kaum zu hören. Dagegen raten z. B. Klavierverkäufer und Klavierstimmer gelegentlich ihren Kunden, in zentralgeheizten Räumen zum Schutze der Musikinstrumente gegen Austrocknen des Holzes und damit der Gefahr von Rißbildung an Resonanzkörpern viele Blattpflanzen aufzustellen. Dies ist sicher billiger als mechanische Luftbefeuchtungsanlagen und erfordert außer dem notwendigen Gießen der Pflanzen und gelegentlicher Düngung keine besondere Wartung und Energie. Insgesamt können also besonders Grünpflanzen mit vielen und großen Blättern (z. B. *Mónstera, Fícus lyráta, Tetrastígma*) sehr wohl zur Klimaverbesserung in Räumen beitragen. Eine Aufklärung der Kunden durch den Verkäufer ist hier durchaus angebracht. Wenn es um ihre Gesundheit geht, geben Menschen bekanntlich gerne Geld aus. Viele wissen auch, daß stark duftende Blumen nicht in *Schlafräumen* aufgestellt werden sollen. In *Krankenhäusern* werden daher am Abend die Blumensträuße und Pflanzen aus den Zimmern entfernt.

Es gibt auch Menschen, die gegen manche Blumen und Topfpflanzen *allergisch* sind und Ausschläge bekommen oder sonstige gesundheitliche Schäden erleiden. Bei gewissen Primelarten sind solche Wirkungen besonders auffällig, was mancher Florist aus eigener leidvoller Erfahrung weiß. Auch dieses Wissen liefert dem Verkäufer eine Fülle von Verkaufsargumenten, speziell aber auch Gegenargumente auf Einwendungen von Kunden.

○ **Beschäftigungsdrang**

Der Beschäftigungsdrang äußert sich beim Blumenkunden in der aktiven Betätigung mit Blumenzucht und Blumenpflege in Haus und Garten. Dabei spielt die liebevolle **Pflege der Pflanzen** eine große Rolle. KARL SPITZWEG, der Münchener Apotheker und Maler, hat den „Kakteenfreund" stellvertretend für alle Blumenfreunde im Bild festgehalten. Viele Blumenkundinnen bemuttern ihre Pflanzen im wörtlichen Sinn, sie hegen und pflegen sie fast wie eigene Kinder. Es werden dafür sogar besondere „Pflegestätten" in Form von Blumenfenstern und Blumenwannen eingerichtet. Auch bei den sogenannten Balkongärtnern spielt der Beschäftigungsdrang als Motiv für ihr Verhalten eine bedeutende Rolle. Hier ist sicher noch eine Marktlücke auszufüllen: der Markt des Hobby-Zimmergärtners. Eng mit dem Beschäftigungsdrang ist der **Sammeltrieb** des Menschen verwandt. Gesammelt haben Menschen von der Vergangenheit bis heute nicht nur aus Vorsorge, sondern auch aus Freude am Besitz an sich. Anders ist es nicht zu erklären, daß in großem Umfang auch im Grunde wertlose Dinge gesammelt werden, wie Bierdeckel, Kieselsteine, Postkarten oder leere Streichholzschachteln. Der Sammeltrieb offenbart sich auch beim Sammeln von Zimmerpflanzen. Aber, müssen es eigentlich immer nur Kakteen sein? Immerhin beträgt der durchschnittliche Bestand an Topfpflanzen je Haushalt in Deutschland derzeit vierzehn Stück. In England ist z. B. das Sammeln, Pflegen (und sogar Züchten) von Orchideen unter Blumenfreunden, also Amateuren, weit verbreitet.

Abb. 101. Kinderprogramm eines Floristen für zukünftige Kunden.

Natur erleben
Samenmischung zum Basteln

Abb. 102. Hier werden zukünftige Kunden ganz gezielt angesprochen. Quelle: Aktion PUK, Landwirtschaftskammer Hannover.

○ **Streben nach Beliebtheit**

Das Streben nach Beliebtheit drückt sich in einer Verhaltensweise des Menschen aus, die ihn veranlaßt, seinen Mitmenschen Freude zu bereiten. Ausdruck dieses Bestrebens ist das Schenken. Man spricht daher auch von **Schenktrieb**. Geschenke werden aber häufig nicht ganz selbstlos gemacht, auch wenn dies nicht absichtlich geschieht. Der Schenker erwartet mit seinem Geschenk insgeheim jedoch die Anerkennung und Gunst des Beschenkten. So ist der Austausch von *Gastgeschenken* ein uralter Brauch und als Geste zu verstehen, die das Wohlwollen des Partners herbeiführen soll. Früher waren es die Häuptlinge und Stammesältesten, die dieses Ritual übten, heute sind es die Staatsoberhäupter und Politiker, aber oft auch Geschäftsleute, welche diese Bräuche weiter pflegen.

Manchmal will der Schenker auch eine Schuld beim Beschenkten abtragen oder mindestens sein Schuldgefühl und damit sein Gewissen erleichtern. Blumen sind als „*Wiedergutmachung*" besonders geeignet. Tatsächlich werden knapp 75% aller Blumen und Pflanzen zum Verschenken gekauft. Und die Angebote des Floristen stellen ideale Geschenke dar: Sie sind verbindlich, unverbindlich, heiter, majestätisch, bezaubernd, melancholisch, sexy – je nach Art, Menge und Anlaß des Geschenks. Es gibt seit altersher eine „Blumensprache", die jeder versteht, so wie wir auch „durch die Blume" sprechen. Will sich z. B. der Schenker beim Beschenkten besonders lange in Erinnerung halten, wählt er langlebige Topfpflanzen; sie haben einen hohen **Erinnerungswert.**

Die Menschen haben so viele Anlässe zum Schenken. Die Floristen haben dies längst erkannt und umgesetzt. Das beweisen nicht nur die hohen Umsätze zum Valentins- und Muttertag, sondern auch die besonders verkaufsintensiven allgemeinen Geschenktage wie Ostern und Weihnachten.

○ **Geltungsbedürfnis**

Das Geltungsbedürfnis drückt sich im Streben nach Einfluß und Ansehen in der Gesellschaft aus. Der Mensch möchte innerhalb der Gesellschaft eine Rolle

Abb. 103. Freude erleben; ein starkes Kaufmotiv. Quelle: CMA.

Abb. 104. „Tag der offenen Tür" als Werbeveranstaltung.

spielen; er strebt nach **Sozialprestige, Anerkennung und Beliebtheit.** Die „Gesellschaften" sind in diesem Falle sogenannte Subkulturen, wie Familie, Betrieb, Verein, Hausgemeinschaft, Religionsgemeinschaften u. ä. Mit der Anerkennung durch die Gesellschaft erhofft sich der Mensch gewisse Erleichterungen, aber auch die Möglichkeit, Macht auszuüben oder materielle und immaterielle Vorteile zu genießen. Die einfachste Möglichkeit, dies zu erreichen, ist die, seine Mitmenschen in ein Abhängigkeitsverhältnis zu bringen, in ihnen gewisse Schuldgefühle zu erzeugen und sie zur Dankbarkeit zu verpflichten. So gesehen hat das Wort, daß kleine Geschenke die Freundschaft erhalten, eine völlig neue Bedeutung. Eine andere Möglichkeit ist die, seine Mitmenschen einzuschüchtern, z. B. durch überragende Leistungen, Anwendung von Machtmitteln bis zur Gewalt oder durch normfremdes Verhalten. Blumengeschenke haben in diesen Fällen eine andere Bedeutung für den Schenker. Daher spielt bei solchen Blumengeschenken der Preis für den Käufer eine untergeordnete Rolle. Es gibt dafür auch ausgesprochene *Prestigeblumen* wie Orchideen, besonders langstielige und seltene Rosen, *Strelitzia,* aber auch sehr aufwendige Arrangements. Doch auch das *Wettbewerbsstreben* des Einzelnen – das Bedürfnis, sich mit anderen zu messen und sie auszustechen – ist ein Ausdruck des Geltungsbedürfnisses und des Wunsches nach Bestätigung durch die Gesellschaft. Daher sind Blumenwettbewerbe so sehr beliebt.

> **Aus einer Tageszeitung:**
>
> Im Rahmen der Stadtverschönerung veranstaltet die Stadtverwaltung in Zusammenarbeit mit den zuständigen Organisationen erstmalig in diesem Jahr einen Balkonblumenwettbewerb. Zur Vorbereitung des Wettbewerbs haben sich gestern Vertreter des Verkehrsamts, des Floristverbands, des Gärtnereiverbands und des Verschönerungsvereins getroffen.
>
> Wie verlautet, soll die Bevölkerung der Stadt in der letzten Aprilwoche und den ersten beiden Maiwochen durch eine Anzeigenserie in den örtlichen Zeitungen und Anzeigenblättern auf diese Aktion hingewiesen und zu reger Teilnahme aufgerufen werden.
>
> Eine Jury unter der Schirmherrschaft des Oberbürgermeisters wird die Sieger des Wettbewerbs Ende Juni bei einem Blumenball im Kursaal der Stadt der Öffentlichkeit vorstellen.
>
> Neben zahlreichen Sachpreisen winkt den zehn Hauptgewinnern eine zweitägige Reise in die Blumen- und Samenstadt Erfurt. Be.

○ **Anpassungstrieb**

In vielen Fällen ist es zweckmäßig, sich innerhalb der Gesellschaft normgerecht zu verhalten, d. h. nicht gegen den Strom zu schwimmen, um irgendwelchen Widerständen zu entgehen. Diese Veranlagung wird im **Nachahmungstrieb** besonders deutlich. Sein sichtbarstes Zeichen ist die Mode. Es gibt jedoch nicht nur Kleidermoden, sondern auch Blumenmoden. Vielleicht könnte der „Blumenmode" auch etwas nachgeholfen werden, so wie es die Modeschöpfer bei der Kleidermode tun, wobei diese allerdings in kürzeren Zeiträumen denken, als es für Floristen sinnvoll erscheint. Mode ist aber, das zeigt sich immer wieder, ein gewinnbringendes Geschäft.

○ **Zusammenwirken der Kaufmotive**

In der Regel ist nicht ein Motiv allein für den Kauf von Blumen und Pflanzen ausschlaggebend. Meist gibt ein Motiv jedoch den Hauptausschlag. Die anderen Motive, die bei einem Kauf von untergeordneter Bedeutung sind, nennt man **Nebenmotive.** Wichtig für den Verkäufer bei seiner Argumentation im Verkaufsgespräch ist, daß er möglichst rasch das **Hauptmotiv** des Kunden erkennt und danach sein weiteres Verhalten richtet.

Abb. 105. Zusammenwirken der Kaufmotive.

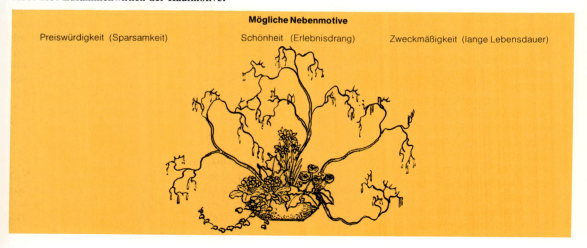

Merksätze

▷ Gefühlsmäßige Kaufmotive spielen beim Kauf von Blumen und Pflanzen die Hauptrolle.
▷ Die wichtigsten gefühlsmäßigen Kaufmotive sind: Erlebnisdrang, Selbsterhaltungstrieb, Beschäftigungsdrang, Streben nach Beliebtheit, Geltungsbedürfnis und Anpassungstrieb.
▷ Gefühlsmäßige Kaufmotive können in zwei Gruppen eingeteilt werden, nämlich in solche, die der Selbstverwirklichung des Menschen und solche, die der Verwirklichung des Menschen in der Gemeinschaft dienen.
▷ Liegen der Kaufabsicht gefühlsmäßige Motive zugrunde, muß der Verkäufer besonders die Gefühle des Kunden ansprechen.
▷ Zunächst muß der Verkäufer das Hauptmotiv erkennen, sich jedoch bewußt sein, daß auch Nebenmotive beim Kauf eine Rolle spielen können.

Aufgaben

1. Zeigen Sie an Beispielen, warum bei Blumenkäufen gefühlsmäßige Kaufmotive eine größere Rolle spielen als verstandesmäßige.
2. Zählen Sie die wichtigsten gefühlsmäßigen Kaufmotive auf.
3. Zeigen Sie beispielhaft auf, wie das Schönheitsverlangen der Kunden im Verkaufsgespräch gezielt angesprochen werden kann.
4. Durch welche Kundensignale können Sie erfahren, für welchen Zweck Blumen gekauft werden?
5. Erklären Sie einem Kunden in einem Rollenspiel, wie durch Grünpflanzen in der Wohnung das Raumklima verbessert werden kann.
6. Warum werden Pflegeanleitungen für Pflanzen von Kunden gerne angenommen?
7. Aus welchen Gründen machen Menschen Geschenke?
8. Welche Kaufmotive werden bei der Werbung für den Valentinstag besonders angesprochen?
9. Durch welche Faktoren werden Art und Umfang (Wert/Preis) von Blumengeschenken bestimmt?
10. Warum sollte der Florist besonders bei Blumengeschenken etwas über den Zweck und den Empfänger des Geschenks wissen?
11. Nennen Sie Beispiele für „Modeblumen".
12. Erklären Sie anhand eines Beispiels, daß bei Blumenkäufen gleichzeitig mehrere Kaufmotive eine Rolle spielen können.

4 Das Verkaufsgespräch

Lernziele

▷ Wissen, daß das Verkaufsgespräch das wichtigste Verkaufsinstrument im Einzelhandelsfachgeschäft ist;
▷ an Beispielen aus dem eigenen Erfahrungsbereich erläutern können, wie die Ware besonders wirkungsvoll vorgelegt werden kann;
▷ erkennen, wann der Zeitpunkt gekommen ist, den Kunden die endgültige Auswahl treffen zu lassen;
▷ wissen, in welcher Phase des Verkaufsgesprächs der Preis zu nennen ist;
▷ in der Lage sein, geeignete Zusatzangebote zu machen und den richtigen Zeitpunkt dafür auswählen können;
▷ erkennen, daß die Bezahlung des Kaufpreises ein wesentlicher Bestandteil des Verkaufsgeschehens ist;
▷ erklären können, warum sich der Bezahlvorgang nicht auf die Entgegennahme des Geldes beschränken darf;
▷ wissen, daß durch die Art der Verabschiedung des Kunden der nächste Einkauf vorbereitet wird.

Der Florist weiß aus täglicher Erfahrung, daß das Verkaufsgeschehen mehr beinhaltet als den Austausch von Ware gegen Geld. Im Einzelhandelsfachgeschäft, also auch im Blumenfachgeschäft, wünschen die Kunden eine **persönliche Beratung durch Fachkräfte**. Diese spielt sich in der Hauptsache in der Form eines Gesprächs ab. Das Verkaufsgespräch ist das wichtigste Verkaufsinstrument des Einzelhändlers, da es ihm den direkten und unmittelbaren Zugang zum Kunden ermöglicht. Nur durch **persönlichen Kontakt** ist eine direkte Einwirkung auf ihn und damit eine **individuelle Beratung** möglich. Persönliche Kontakte der Kunden zu den Verkäuferinnen und Verkäufern sind aber auch die Hauptursache für ihre Geschäftswahl.

○ **Grundsätze zu Aufbau und Inhalt**
Die individuelle Bedienung im Blumenfachgeschäft ist gekennzeichnet durch den persönlichen Kontakt zwischen Kunde und Verkäufer. Dabei ist es Aufgabe des Verkäufers, diesen Kontakt bewußt zu suchen, herzustellen und dann zu erhalten.

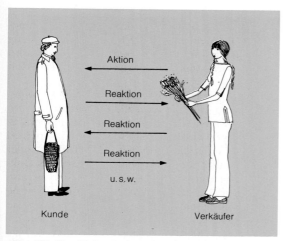

Abb. 106. Das Verkaufsgespräch als Interaktionsprozeß.

Das Zustandekommen des Kontakts ist allerdings von zwei Voraussetzungen abhängig, und zwar gilt dies sowohl für den Verkäufer als auch für den Kunden.
Erste Voraussetzung ist die **Kontaktfähigkeit.** Extravertierte Menschen sind meist aufgeschlossen und anpassungsfähig und damit ohne Schwierigkeiten kontaktfähig. Da aber auch Einfühlungsvermögen mit zur Kontaktfähigkeit gehört, kann man nicht alle introvertierten Menschen als kontaktunfähig bezeichnen. Übertriebene Kontaktfähigkeit gibt es auch, und zwar liegt sie vor, wenn sich jemand bei jeder Gelegenheit anderen Menschen anbiedert, d. h. sich aufdrängt. Kontaktunfähige Menschen sind dagegen oftmals typische Eigenbrödler und fast immer Einzelgänger.
Zweite Voraussetzung der Kontaktgewinnung ist die **Kontaktwilligkeit,** also die Einsicht, mit dem Kunden in personale Beziehungen treten zu wollen, auch wenn dies manchmal einen gewissen Zwang erfordert, der sowohl von außen als auch von innen kommen kann.
Kontaktaufnahme mit kontaktunfähigen und zugleich kontaktunwilligen Kunden ist verständlicherweise auch für den geübten Verkäufer fast unmöglich. Bei kontaktunfähigen, aber kontaktwilligen Menschen geht die Kontaktaufnahme zwar langsam, dafür ist der entstandene Kontakt dann aber meist dauerhaft. Kontaktfähigkeit bei gleichzeitiger Kontaktunwilligkeit macht es dem Verkäufer ebenfalls schwer, Zugang zu seinen Kunden zu finden.
Wenn die Kontaktaufnahme gelungen ist, dann muß der geschickte Verkäufer sofort versuchen, den **Kon-**

takt auf Dauer zu **erhalten.** Dies gelingt am leichtesten mit Kunden, die man zufriedengestellt hat. Kaufzwang, den der Verkäufer auf den Kunden ausübt, verhindert dagegen dauerhafte Kontakte.
Der sogenannte „geborene" Verkäufer besitzt in erster Linie die Fähigkeit, selbst zu den schwierigsten Kunden Kontakt zu bekommen. Daran läßt sich die große Bedeutung erkennen, die dem Kontakt von Verkäufer zu Kunden im Verkaufsgespräch zukommt. Überängstlichen Berufsanfängern sei aber zur Beruhigung gesagt, daß bei vorhandener Kontaktwilligkeit ein ausreichendes Maß an Kontaktfähigkeit erlernbar ist.
Aufbau und Inhalt des Verkaufsgesprächs hängen von verschiedenen Faktoren ab (s. Abb. 107).
Das Verkaufsgespräch ist zweckbestimmt. Sein Ziel ist, beim Kunden einen Kaufentschluß herbeizuführen. Leeres Gerede ist Zeitvergeudung für Verkäufer

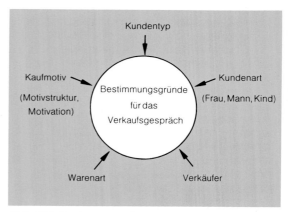

Abb. 107. Bestimmungsgründe für das Verkaufsgespräch.

Abb. 108. Phasen des Verkaufsgesprächs.

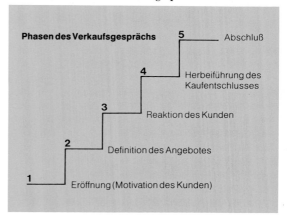

und Kunden. Persönliche Angelegenheiten gehören nur insoweit zum Verkaufsgespräch, als sie den Verkauf fördern und die Kontakte des Kunden zum Geschäft bzw. zwischen Kunde und Verkäufer festigen. Im einzelnen läuft das Verkaufsgespräch in fünf Phasen (Stufen) ab (s. Abb. 108).

○ **Eröffnung des Verkaufsgesprächs**
In der Phase der Eröffnung muß der Kunde in eine **kaufbereite Stimmung** versetzt werden. Das erreicht der Verkäufer durch zuvorkommende Behandlung. Diese zeigt sich darin, daß der Kunde sofort beachtet und beim Betreten des Geschäfts freundlich begrüßt wird.
Die **Begrüßung** soll dem Kunden zeigen, daß er im Geschäft willkommen ist. Deshalb muß der Verkäufer der Begrüßung eine möglichst persönliche Note geben. Er erreicht dies durch ein Grußwort, das je nach Landsmannschaft und Tageszeit verschieden sein kann, ergänzt durch Anrede mit Namen, freundliche Bemerkungen über persönliche Angelegenheiten des Kunden, evtl. passende Bemerkungen über sein Aussehen und ähnliches. Vor übertriebener Herzlichkeit oder plumper Vertraulichkeit muß jedoch gewarnt werden. Sie geben dem Verkaufsgespräch eine unechte Note und zerstören die Kaufstimmung genauso wie Gleichgültigkeit und Gefühlskälte seitens des Verkäufers.
Grundsätzlich grüßt der Verkäufer zuerst; Frauen werden vor Männern (trotz Gleichberechtigung), ältere Kunden vor jüngeren begrüßt. Kinder grüßt man jedoch gelegentlich bewußt vor ihren Eltern, um diesen zu schmeicheln (Elternliebe, Eitelkeit). Zusammengehörende Kunden sind entweder alle namentlich zu begrüßen, oder es darf überhaupt kein Name genannt werden.
Im Zusammenhang mit der Anrede sollte der Verkäufer auch noch auf folgendes achten:
Der Kunde muß mit dem richtigen Namen angesprochen werden und dieser ist einwandfrei auszusprechen. Bei Namen ausländischer Herkunft muß man sich über die richtige Aussprache informieren. Kennt der Verkäufer den Namen des Kunden nicht, so darf er auf keinen Fall zu Konstruktionen, wie „Was wünscht die Dame?" oder „Was darf ich Ihnen zeigen, mein Herr?", Zuflucht nehmen.
Die Anrede „Gnädige Frau" soll üblicherweise nur dann verwendet werden, wenn die Kundin dadurch nicht in Verlegenheit gebracht wird; dies muß in jedem Einzelfall durch das Geschäft „erforscht" werden. Andererseits darf nicht verschwiegen werden, daß in vielen Einzelhandelsgeschäften mit gewisser Exklusivität alle Kundinnen so angeredet werden, die Anrede „Gnädige Frau" dort also selbstverständlich ist. Der Trend in diese Richtung nimmt eindeutig zu – zumindest in den größeren Städten – und wird deshalb auch beim Blumeneinzelhandel nicht Halt machen.
Der Doktortitel ist Bestandteil des Namens und gehört deshalb, wie z. B. auch alle Adelsprädikte (von, Freiherr, Baron, Graf) zur Anrede. In diesem Zusammenhang wird der folgende feine Unterschied gemacht: Ärzte redet man mit „Herr Doktor" oder „Frau Doktor" an, jeden anderen Träger eines Doktortitels noch unter Hinzufügung seines Namens, also z. B. „Herr Dr. Maier". Wenn jemand diese Bräuche ungewöhnlich, unnötig oder gar albern findet, sollte er sich klar machen, daß es Aufgabe des Verkäufers ist, zufriedene Kunden zu gewinnen, weil zufriedene Kunden auch gerne wiederkommen. Die Abschaffung oder Änderung irgendwelcher üblicher Umgangsformen sollte der Verkäufer anderen überlassen.
Dies gilt in noch stärkerem Maße dann, wenn es landes- oder ortsüblich ist, dem Namen des Mannes Titel voranzustellen (z. B. Minister, Professor, Pfarrer, Pastor, Direktor) oder gar der Frau den Titel ihres Mannes. In diesen Fällen soll ein Verkäufer, auch wenn es ihm schwer fällt, nicht gegen den Strom schwimmen, weil es beim Verkaufen nicht seine Aufgabe ist, gegen mögliche Unsitten Sturm zu laufen.
In die Eröffnungsphase fällt auch die **Erkundung des Kaufwunsches und der Kaufmotive** des Kunden. Man unterscheidet drei Arten von Kaufwünschen, nämlich den *bestimmten,* den *unbestimmten* und den *schlummernden* (latenten).
Besondere Aufmerksamkeit muß der Verkäufer dem *unbestimmten* und dem *schlummernden Kaufwunsch* schenken; hier hat er ein Höchstmaß an Einflußnahme auf den Verkaufsablauf. Im Gegensatz zum *bestimmten Kaufwunsch,* der den sogenannten **Aushändigungskauf** zur Folge hat, verlangen der unbestimmte und der latente Kaufwunsch die intensive Beratung des Kunden **(Beratungsverkauf).** Der schlummernde Kaufwunsch, der nichts anderes ist als ein Bedürfnis, das erst geweckt werden muß, führt zu sogenannten **Impulskäufen.** Selbstbedienungsläden machen bekanntlich den Hauptumsatz mit solchen Impulskäufen. Dabei gehen die Impulse weitgehend von der wirkungsvoll präsentierten Ware aus. Diese Erkenntnisse sollte sich das Blumenfachgeschäft, das, wegen der besonderen Warenart und der Art der Dienstleistungen kein Selbstbedienungsladen sein kann, trotzdem zunutze machen.

Falls der Kunde nach der Begrüßung nicht von sich aus seinen Kaufwunsch äußert, muß der Verkäufer den Anfang machen. Dies kann sowohl durch eine dienstbereite Haltung, als auch durch ein freundliches „Bitteschön" geschehen.

Eine direkte Frage nach dem Wunsch erfüllt denselben Zweck, nämlich dem Kunden zu zeigen, daß ihm der Verkäufer beim Einkauf helfen will. Der Inhalt der Frage ist dabei genauso wichtig wie der Ton. Einige Eröffnungsformeln sind:
- „Was darf ich Ihnen zeigen?"
- „Was darf es sein?"
- „Womit kann ich Ihnen dienen?"
- „Welchen Wunsch haben Sie?"

Der Verkäufer muß jedoch wissen, daß es sich hier um Formeln handelt. Formeln aber beinhalten die Gefahr, daß sie abgedroschen und langweilig wirken, und zwar dann, wenn sie immer im gleichen Tonfall hergesagt werden, oder wenn man ständig dieselbe Eröffnungsformel verwendet. Vor beiden Fehlern muß man sich als Verkäufer hüten.

In diesem Frage- und Antwortspiel der Eröffnungsphase hat der Verkäufer die schwierige Aufgabe, einerseits durch **Eingabelung** zu erforschen, zu welchem Anlaß der Kunde Blumen kaufen will oder welche Vorstellungen er von der Ware hat. Andererseits muß er bereits in dieser Phase Kontakt zum Kunden knüpfen und damit das notwendige Vertrauensverhältnis schaffen. Psychologisch ist dieser Teil des Verkaufsgesprächs der schwierigste: Man muß Fragen stellen, der Kunde aber legt dies möglicherweise als Neugierde aus und widersetzt sich dem Versuch der Kontaktaufnahme. Daher muß der Kaufwunsch mit großem Einfühlungsvermögen und sehr behutsam erkundet werden, wobei der Verkäufer hier seine ganze Menschenkenntnis einsetzen muß.

○ **Definition des Angebots**

Nun ist der Zeitpunkt gekommen, dem Kunden Vorschläge zu machen und die Ware zu zeigen **(Warenvorlage)**. Dabei sind folgende Regeln zu beachten:
- Man kann dem Kunden nicht alles anbieten, was im Laden zum Verkauf vorrätig ist. Deshalb muß der Verkäufer eine Auswahl treffen, die er aus dem ableitet, was er bisher vom Kunden erfahren hat.
- Man kann nicht jede beliebige Auswahl treffen, vielmehr muß diese ganz gezielt erfolgen. Daher müssen dem Verkäufer zuvor schon Anlaß des Kaufs, Verwendungszweck der Ware und Vorstellungen des Kunden über die Ware bekannt sein.
- Jeder Kunde will auswählen können, aber nicht nach dem Motto „Wer die Wahl hat, hat die Qual". Der Verkäufer sollte ihm deshalb gleichzeitig mindestens zwei Vorschläge unterbreiten. Andererseits sollten jedoch in der Regel nicht mehr als vier Auswahlvorschläge gemacht werden. Ob sich der Verkäufer für die höhere oder geringere Zahl entscheidet, hängt vor allem vom Kundentyp und vom Kaufwunsch (Warenart) ab.
- Auswählen ist nicht nur eine Sache des Auges, sondern auch des Ohrs. Daher unterstützt der gute Verkäufer die Warenvorlage durch notwendige Erläuterungen und Verkaufsargumente, wie Schönheit oder Exklusivität der Ware, Anforderungen an Temperament und Licht, Haltbarkeit, allgemeine Charakterisierung u. ä.
- Niemals sagt der Verkäufer bei der Warenvorlage von sich aus den Preis, auch dann nicht, wenn der Kunde zuvor schon seine Preisvorstellungen nannte. Der Kunde soll nämlich seine Auswahl unabhängig vom Preis treffen können. Der Verkäufer beginnt in der Regel mit Angeboten mittlerer Preislage, wobei sich meist rasch herausstellt, ob der Kunde zu höherem oder niedrigerem Preis neigt. Hätte man den Preis gleich genannt, so verlöre man seinen eigenen Spielraum als Verkäufer und könnte nur noch schwer Ware einer anderen Preislage anbieten.
- Findet keiner der Vorschläge die Zustimmung des Kunden, macht der Verkäufer weitere Vorschläge. Dabei muß er jedoch vorsichtig sein, da der Kunde leicht verwirrt und unschlüssig wird, wenn er gleichzeitig zu viele Waren vor sich sieht. Bevor also eine weitere Warenvorlage erfolgt, räumt der Verkäufer solche Waren weg, die der Kunde bereits abgelehnt hat.
- Auswählen erfordert Überlegung. Als Verkäufer muß man dem Kunden Zeit zur Entscheidung lassen und darf ihn dabei nicht durch irgendwelche Erklärungen stören.
- Man hüte sich als Verkäufer grundsätzlich davor, dem Kunden Dinge zu sagen, die dieser sowieso sieht, z. B. Blütenfarbe oder Größe. Eine gewisse Ausnahme ist nur bei Kindern als Kunden zulässig.
- Bei der Warenvorlage muß der Verkäufer auf jeden Kunden sehr gezielt eingehen; „Allerweltsvorschläge" zeigen kein großes verkäuferisches Können und stoßen bei jedem anspruchsvollen Kunden auf Ablehnung. Wenn Kunden warten müssen und nebenbei Verkaufshandlungen mit anderen beobachten, dürfen ihnen anschließend nur ausnahmsweise dieselben Vorschläge gemacht werden.

Jeder Verkäufer muß sich klar darüber sein, daß ihm ein verbindliches Wesen nichts nützt, wenn er die richtige Warenvorlage nicht beherrscht. Aus der Sicht der Kunden spielt sich dabei nämlich folgendes ab: Wird die Ware mechanisch und gedankenlos vorgelegt, sind die meisten Kunden ratlos und kommen zu keinem Entschluß; legt der Verkäufer dagegen die Ware wohlüberlegt vor, entspricht diese meist den Vorstellungen des Kunden und dieser entschließt sich schnell zum Kauf.

Ist das Angebot gemacht, muß der Verkäufer im weiteren Verlauf des Verkaufsgesprächs durch geschickte Fragen, Redewendungen und Handlungen die Aufmerksamkeit des Kunden zu echtem Kaufinteresse steigern.

Um das **Kaufinteresse** des Kunden zu wecken, ist es notwendig, auf die besonderen Eigenschaften der Ware einzugehen, wie Frische der Blumen, Haltbarkeit, Pflege für Topfpflanzen, Farbzusammenstellungen, Arten der Arrangements und Bestimmungszweck (Geschenk, Brautstrauß, Gebinde für Friedhof, Tischdekoration). Auf den Warenpreis soll auch jetzt nur dann hingewiesen werden, wenn die Ware besonders preiswert ist, es sich um „Lockvogelangebote" oder Sonderangebote handelt oder wenn der Kunde ausdrücklich danach fragt.

Auf die persönliche Eigenart des Kunden muß besonders Rücksicht genommen werden. Hier wird entschieden, ob man den **Geschmack des Kunden** trifft und sich seine Vorstellungen zu eigen gemacht hat. Der Verkäufer tut gut daran, gerade in dieser Phase Fragen, Antworten sowie Mimik und Gestik des Kunden genau zu beobachten.

Abb. 109. Die Wirkung der Sinne.

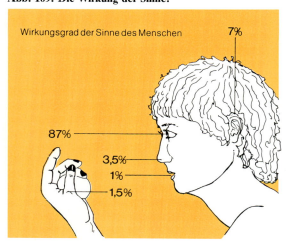

Die Bemühungen des Verkäufers werden wirkungsvoll unterstützt durch die **Einbeziehung der Sinne** des Kunden in die Verkaufshandlung. Hierbei ist zu berücksichtigen, daß der „Wirkungsgrad" der fünf Sinne des Menschen sehr unterschiedlich ist (siehe Abb. 109).

Es kommt vor, daß sich gewünschte Arrangements (z. B. Brautsträuße) nicht unmittelbar zeigen lassen, weil man die dafür benötigten einzelnen Blumen nicht einfach zusammenhalten und damit die spätere Wirkung verdeutlichen kann. In diesen Fällen kann man sich mit Abbildungen behelfen, muß aber immer wissen, daß dies nur ein Notbehelf ist. Manchmal ist es notwendig, seine Vorstellungen durch eine selbstgefertigte Zeichnung zu verdeutlichen. Dies ist besonders wirkungsvoll, weil das Auge als Sinnesorgan Impulse über 12mal stärker wahrnimmt als das Ohr. Aus diesem Grund ist es für jeden Floristen wichtig, Blumen zeichnen zu können, und er sollte sich darin nicht nur während seiner Ausbildung laufend üben. Strichskizzen mit Verwendung von Symbolen haben demgegenüber eine viel geringere Wirkung auf den Kunden, weil er sich als Nichtfachmann darunter meist nur wenig vorstellen kann.

Als Pflanzennamen nennt der Verkäufer jeweils die den Kunden geläufigen. Daher wird er Nelke und nicht *Diánthus* sagen, andererseits aber *Sansevièria* und nicht Bogenhanf.

○ **Reaktion des Kunden**

Auf die Argumente des Verkäufers reagiert der Kunde entweder zustimmend oder ablehnend oder gleichgültig. Wie immer auch der Kunde sich äußert, wichtig ist, daß der Verkäufer ihm dazu Zeit läßt. Häufig drängt der unerfahrene Verkäufer den Kunden zu einer Entscheidung und läßt ihm so keine Zeit zum Überlegen. Ein solches **Gefühl des Gedrängtwerdens** entsteht beim Kunden nicht nur durch entsprechende Äußerungen des Verkäufers; oft genügen schon bestimmte Gesten. Diese **erste Denkpause** dauert allerdings nicht lange. Daher muß der Verkäufer während dieser Zeit beim Kunden bleiben. Er verhielte sich falsch, würde er jetzt mit der freundlichen Aufforderung, der Kunde möge es sich nun überlegen, von ihm weggehen und inzwischen einen anderen Kunden bedienen.

Bei **zustimmender Reaktion** des Kunden ist der Verkaufsvorgang bereits in die Nähe des Abschlusses

Abb. 110. Verschiedene Pflegeanweisungen für die Hand des Kunden.

Efeu
Hedera helix, Hedera canariensis

Unser Efeu ist außerordentlich vielgestaltig:
Je nach Sorte hat er grüne oder bunte, herz- oder
pfeilförmige Blätter, wächst er schnell oder bleibt lange
klein. Viele Blumenfreunde lieben vor allem den
großblättrigen Hedera canariensis mit dem klangvollen
Namen „Gloire de Marengo".

Wünsche an den Standort:
Auch lichtärmere Plätze sind efeufreundlich.
Allerdings: Je wärmer die Pflanzen stehen, desto mehr
Licht sollten sie haben.

Tips zur Pflege:
Bei wenig Licht und kühlem Stand sparsam gießen,
sonst normal. Von April bis August jede Woche
düngen, im Frühjahr bei Bedarf umtopfen.

Was dazu paßt:
Kletternd gibt der Efeu dem Blumenfenster einen
grünen Rahmen, als Ampelpflanze füllt er die Höhe.
Für sich allein ist er imstande, eine ganze Wand
zu bewachsen.

Efeuaralie
Fatshedera lizei

Deutscher und botanischer Name besagen, daß
es sich bei der Efeuaralie um eine Kreuzung zwischen
Efeu und Aralie handelt. Von beiden Elternteilen
hat diese beliebte Grünpflanze alle guten
Eigenschaften geerbt.

Wünsche an den Standort:
Nicht wärmebedürftig; wächst auch noch an
lichtärmeren Plätzen zufriedenstellend.
Einen Sommeraufenthalt an wind- und sonnen-
geschütztem Freiplatz verträgt sie gut.

Tips zur Pflege:
Im Sommer reichlich gießen, jedoch Wasser nicht
längere Zeit in Untersatz oder Übertopf stehenlassen.
Düngen während der Wachstumszeit, etwa von
April bis August. Bei schnellwüchsigen Pflanzen einen
Haltestab anbringen oder durch Stutzen
buschigeren Wuchs erzielen.

Was dazu paßt:
Das lebhafte, gesunde Grün der Efeuaralie umgibt
blühende Pflanzen mit einer hübschen
Laubkulisse. Als blühende Beipflanzung sind
insbesondere Azaleen und Alpenveilchen zu empfehlen,
die — wie die Efeuaralie — mäßige winterliche
Temperaturen lieben.

Bromelien
Bromeliaceae

In der Familie der Bromelien
findet sich eine Vielfalt origineller Pflanzen.
Um nur einige zu nennen:
Vriesea, Aechmea, Guzmania, Cryptanthus,
Nidularium, Tillandsia.
Hier abgebildet sind Guzmania-minor und -zahnii.

Wünsche an den Standort:
Alle graublättrigen Bromelien wollen hell,
von Oktober bis März auch sonnig stehen,
bei Wintertemperaturen von 12-20° C;
die grün- und buntblättrigen Arten
mögen keine Sonne
und wünschen 16-22° C Wärme.

Tips zur Pflege:
Im Sommer Erde gut feucht halten
und auch Wasser in die Blattzisterne geben,
im Winter dagegen sparsamer gießen
und Blatttrichter trocken halten.
Düngen von März bis Juli jede Woche.

Was dazu paßt:
Bromelien sind auch sehr wirkungsvoll
als Aufsitzer eines Epiphytenstammes.
Dazu passen besonders alle Pflanzen
mit auffallender Blattzeichnung und Rankpflanzen.

Hibiskus
Hibiscus rosa-sinensis

Als „Roseneibisch" war er schon bei unseren
Großmüttern beliebt — allerdings als riesiges
Kübelgewächs für den Wintergarten. Inzwischen
kultivierten ihn freundliche Gärtner zu einer buschigen
„zimmergerechten" Pflanze und ermöglichen
ihm einen Siegeszug durch unsere Wohnungen.

Wünsche an den Standort:
Hell, aber nicht prallsonnig. Wintertemperatur am
besten bei 12—15° C.

Tips zur Pflege:
Während des Wachstums ausreichend wässern und
von März bis September wöchentlich düngen.
Im Winter dann weniger gießen, damit das Wachstum
möglichst aufhört. Um die Pflanzen schön buschig
zu halten, zu lange Triebe im Frühjahr
(bei Bedarf auch später) zurückschneiden.

Was dazu paßt:
Alle grünen und bunten Blattpflanzen profitieren
vom Hibiskus, denn fast täglich kann man erleben, daß
sich eine neue Blüte öffnet — und das monatelang.
Dieses Kommen und Gehen ist voller Spannung
und Leben und regt Groß und Klein zu ständiger
Beobachtung an.

gerückt. In diesem Fall wird der Verkäufer nun rasch entscheiden müssen, ob eine zusätzliche Beratung, z. B. hinsichtlich Pflegeansprüchen, angebracht ist. Er muß ebenfalls entscheiden, ob die Möglichkeit für Zusatzverkäufe gegeben ist (s. Seite 323).

Bei **ablehnender Reaktion,** die sich z. B. in Form von *Kundeneinwänden* zeigt (Einwände gegen die Ware, den Preis oder den Verkäufer), muß der Verkäufer versuchen, durch entsprechende Argumente derartige Kaufwiderstände zu beseitigen, neue Verkaufsargumente heranziehen oder eine neue Verkaufstaktik wählen (Behandlung von Kundeneinwänden s. Seite 302 ff.).

Zeigt der Kunde auf die Argumente des Verkäufers **keine Reaktion,** müssen die Argumente verstärkt, verbessert oder es muß eine andere Verkaufstaktik gewählt werden. Da die Menschen unterschiedlich rasch reagieren, darf der Verkäufer jedoch nicht zu früh Maßnahmen gegen eine vermeintliche Reaktionslosigkeit des Kunden ergreifen. Ein älterer Mensch wird z. B. sicher nicht so schnell eine zustimmende oder ablehnende Haltung zeigen, wie ein junger, entschlußfreudiger. Daher braucht der Verkäufer Geduld und ein gutes Gespür für die unterschiedlichen Verhaltensweisen seiner Kunden.

Die gute, sachgerechte und umfassende **Beratung** spielt im Blumenfachgeschäft eine große Rolle. Sie wird zwar meist schon zu Beginn des Verkaufsgesprächs notwendig, erlangt ihre Hauptbedeutung aber, wenn der Kunde aus mehreren Vorschlägen eine Vorauswahl getroffen hat, wenn er gegen Vorschläge des Verkäufers Einwendungen macht oder wenn er gezielte Fragen stellt.

Der Verkäufer muß bei der Beratung die zur Wahl stehenden Waren klar gegeneinander abgrenzen und ihre Unterschiede herausstellen, um die endgültige Entscheidung des Kunden herbeizuführen. **Einwendungen der Kunden** dürfen nie geringgeschätzt werden, sondern sind ernst zu nehmen und allenfalls als Zeichen sachlicher Unkenntnis zu verstehen. Gezielte Kundenfragen beziehen sich meist auf Pflanzenpflege im weiteren Sinn.

Die **Beratung** ist ein wesentlicher Bestandteil des Verkaufsgeschehens und trägt entscheidend zur **Kontakterhaltung** bei. Wenn man auf eine Kundenfrage keine Antwort weiß, erkundige man sich bei Kollegen oder beim Geschäftsinhaber. Unter Umständen ziehe man auch Fachliteratur heran, die im anspruchsvollen Blumenfachgeschäft für solche Fälle vorrätig sein muß. Niemals aber gibt man eine falsche oder ausweichende Antwort. Versteht der Kunde etwas von Pflanzen – und das ist oft der Fall –, merkt er sehr rasch, wenn ein Verkäufer zur Vertuschung eigenen Unwissens in Ausreden flüchtet. Außerdem weiß der Verkäufer nie, was Kunden alles weiterberichten und welcher Schaden dadurch angerichtet werden kann, daß der Kunde falsche Informationen aufgrund unsachgemäßer Beratung weitergibt.

Intensität und Umfang der Beratung richten sich natürlich auch danach, wieviele Kunden im Laden sind. Allgemein kann man sagen, daß bei vollem Laden die Beratung abgekürzt und auf gedruckte Pflegehinweise zurückgegriffen werden soll. Solche Pflegehinweise sind für alle gängigen Blumen und Pflanzen in jedem Blumenfachgeschäft vorrätig oder sollten es sein. Sind nur wenige Kunden im Laden, ist unbedingt dem persönlichen Beratungsgespräch der Vorzug zu geben.

Selbstverständlich muß der Verkäufer aus dem Ablauf des Verkaufsgesprächs herausfinden, ob er einen Fachmann oder einen Laien als Kunden vor sich hat. Auch muß er bei den ersten Worten seines Beratungsgesprächs genau auf die Kundenreaktion achten, weil er daraus ablesen kann, ob seine Ausführungen zutreffend und erwünscht sind.

Unzureichende oder gar schlechte Beratung des Kunden wirkt außerordentlich hemmend auf den Verkaufsvorgang. Am wenigsten schätzt es der Kunde, wenn der Verkäufer anstelle einer sachkundigen Beratung nur „Phrasen drischt".

○ **Herbeiführung des Kaufentschlusses**

Es gilt jetzt, das Interesse des Kunden an den angebotenen Waren so zu steigern, daß bei ihm der starke Wunsch entsteht, eine bestimmte Ware zu besitzen. Diese Phase sollte ziemlich kurz sein, weil sonst die Gefahr besteht, daß das bereits gewonnene Kaufinteresse des Kunden wieder abnimmt; trotz der Kürze dieser Phase spielen sich hier aber einige sehr wichtige Dinge ab, die eine ausführlichere Betrachtung verdienen.

Die endgültige Auswahl: Die Entschlußfreude der Menschen ist verschieden. So kommt ein Kunde sehr rasch zum Kaufentschluß, ein anderer dagegen kann sich lange nicht entscheiden. Im zweiten Fall muß der Verkäufer auf den Kunden starken Einfluß bei der Warenauswahl nehmen, um den Kaufentschluß zu beschleunigen. Dies erfolgt dadurch, daß man gerafft die besondere Schönheit oder Eigenart der Ware, deren Haltbarkeit oder besondere Eignung für den entsprechenden Zweck noch einmal überzeugend herausstellt, wobei man in diesem Moment sehr viel mehr Helfer des Kunden als Interessenvertreter des Betriebes ist. Man hüte sich jedoch davor, zu viel zu

reden, damit die Gedankengänge des Kunden nicht gestört werden. Sobald der Verkäufer merkt, daß er zu einer bestimmten Ware besonders hinneigt, wird er diese Neigung stärken und unterstützen.
Grundsätzlich müssen beim Kunden **alle Kaufhemmungen beseitigt** sein, bevor der Kaufentschluß herbeigeführt werden kann. Der gute Verkäufer wird sich jedoch – für alle Fälle – einige besonders wirkungsvolle Verkaufsargumente bis zum Schluß aufsparen, um damit den Kunden vollends kaufbereit zu machen. Keinesfalls darf ihm also im entscheidenden Augenblick die „Munition" ausgehen. Notfalls kann er solche Verkaufsargumente, die den Kunden besonders beeindruckt haben, in abgeänderter Form wiederholen.
Beim entschlußfreudigen Kunden wird der Kaufentschluß in aller Regel keine Schwierigkeiten machen. Über das Verhalten beim unentschlossenen Kunden (s. Seite 271).
Der Preis: Jetzt ist auch der Zeitpunkt gekommen, den Preis zu nennen. Der Preis ist der **in Geld ausgedrückte Wert einer Ware.** Der Wert floristischer Arbeiten ist aber nicht nur die Summe aus Materialkosten, Arbeitszeit und Geschäftskosten. Jede solche Arbeit ist in irgendeiner Weise eine **schöpferische Tätigkeit.** Daher ist es auch gerechtfertigt, dafür einen entsprechenden Anteil in den Verkaufspreis einzurechnen.
Auch aus diesem Grund sind die Preise im Blumenfachgeschäft höher als bei fliegenden Händlern oder am Blumenstand im Supermarkt. Diese Tatsache stößt bei Kunden allerdings immer wieder auf Unverständnis, obgleich sie ohne weiteres bereit sind, im Fachgeschäft z. B. für Schuhe oder Kleider anstandslos mehr als im Warenhaus zu bezahlen. Ein Grund für solches Unverständnis von Kunden beim Blumenkauf ist bestimmt in den Preisunterbietungen zu sehen, die ab und zu zwischen Blumenfachgeschäften zu beobachten sind und zum Teil die Tiefpreise von Supermärkten fast erreichen. Ferner liegt es daran, daß noch nicht alle Blumenfachgeschäfte zu der Form von Exklusivität, die eben die Eigenart eines Fachgeschäfts ausmacht, gefunden haben. Der Hauptgrund aber ist die Tatsache, daß die Haltbarkeit der Blumen in den Augen vieler Kunden preisentscheidend ist. Diese ist aber wohl gleich, ob die Blumen im Fachgeschäft oder Supermarkt gekauft wurden, gleicher Frischezustand der Ware vorausgesetzt. Ein geschickter Verkäufer im Blumenfachgeschäft bringt es jedoch fertig, den Kunden die **Vorzüge ihres Einkaufs im Fachgeschäft** einsichtig zu machen, auch wenn dort die Waren etwas teurer sind.

Bei der Nennung des Preises muß der Verkäufer beim Kunden den festen Eindruck entstehen lassen, daß er selbst von dessen Richtigkeit und Angemessenheit überzeugt ist. Äußerungen, wie „Das kostet aber ..." oder „Wenn Sie so viel anlegen wollen ...", sind also falsch. Sie rufen beim Kunden den Eindruck hervor, daß der Verkäufer den Preis der Ware für zu hoch hält oder an seiner Zahlungsfähigkeit zweifelt.
Der Verkäufer nennt den Preis erst dann, wenn er ausdrücklich danach gefragt wird, weil er seinen Handlungsspielraum sonst bei der Warenvorlage einengen würde. Weitaus besser ist es, dem Kunden die Ware ohne Preisnennung vorzulegen (s. Seite 293). Gefällt ihm erst einmal etwas, ist er oft zu wesentlichen Preiszugeständnissen bereit.
Bevor der Verkäufer nach erfolgter Warenauswahl eine binderische Arbeit beginnt, muß er jedoch dem Kunden den Preis nennen, um damit von vornherein Mißverständnisse über den Leistungsumfang auszuschalten.
Völlig falsch ist es, beim Verkauf von Topfpflanzen dem Kunden, der nur einen unbestimmten Kaufwunsch hat, verschiedene Pflanzen zu zeigen und gleichzeitig jeweils den Preis zu nennen. Der Kunde soll ausschließlich nach Gefallen wählen. Erst dann sagt der Verkäufer, was die vom Kunden ausgewählte Pflanze kostet.
In vielen Zweigen des Einzelhandels sind tägliche Sonderangebote und Sonderaktionen eine Selbstverständlichkeit, weil dadurch Kaufentschlüsse bei Kunden erleichtert werden. Der Florist muß hier allerdings etwas vorsichtig sein. Kunden sind bei allen verderblichen Waren, und dazu gehören auch Blumen, immer mißtrauisch, weil sie meinen, Sonderangebote solcher Waren würden nur gemacht, wenn diese nicht mehr ganz frisch sind und deshalb rasch „unter die Leute" gebracht werden müssen. **Sonderangebote** im Blumenfachgeschäft sollten daher **etwas Besonderes** bleiben und dürfen nie im gleichen Umfang erfolgen wie im Supermarkt. Sie sind nur dann gerechtfertigt, wenn eine Warenschwemme (z. B. witterungsbedingt) den Marktpreis stark drückt. Auch die ins Sonderangebot gebrachten Blumen und Pflanzen müssen einwandfrei und ganz frisch sein.
Bestätigung der Wahl: Hat der Kunde seine Wahl getroffen, der Verkäufer den Preis genannt und der Kunde diesen anerkannt, folgt der letzte Schritt in dieser Phase des Verkaufsablaufs. Der Verkäufer drückt deutlich seine *Zustimmung* zum Kauf aus, unterstreicht die gute und zweckmäßige Wahl des Kunden und stärkt damit dessen Zufriedenheit und

Freude über den Kauf. Komplimente stärken das Selbstvertrauen eines Menschen. Daher sollte ein Verkäufer **treffende Komplimente als verkaufsfördernde Mittel** nutzen. Man hüte sich jedoch vor plumpen Übertreibungen und vor Schmeicheleien, die meist den Beigeschmack von Anbiederung haben.

Auch wenn trotz großer Bemühungen kein Kauf zustande kommt, da der Kunde vielleicht nicht das Richtige gefunden hat, wird der kluge Verkäufer dem Kunden gegenüber bedauern, daß er seinen Wunsch nicht erfüllen kann. Damit tut er für die **Kontakterhaltung** mehr, als wenn er fast bettelnd auf einen Kaufabschluß drängt, da jeder einzelne zufriedene Kunde für das Geschäft mehr Wert ist, als z. B. 5 oder 10 mehr verkaufte Blumen.

Ist die Entscheidung des Kunden in eine Richtung gegangen, die dem Verkäufer ausgesprochen falsch erscheint, so äußert er seine fachlich begründeten Bedenken in ruhigem und natürlichem Ton. Damit darf jedoch der Kunde nicht herabgesetzt werden. Der Verkäufer soll sich so nur vor späterer Unzufriedenheit des Kunden schützen, wenn dieser nachträglich doch noch einsieht, daß seine Wahl falsch war.

○ **Abschluß des Verkaufsgesprächs**

Die Abschlußphase ist besonders geeignet, dauerhafte Kontakte zum Kunden zu knüpfen.

Zusatzangebot – Zusatzverkauf: Falls Zusatzverkäufe angebracht sind, sollten diese eingeleitet werden, bevor der Verkäufer zum Pack- oder Bindetisch geht, um die vom Kunden ausgewählte Ware herzurichten oder gestalterisch fertigzustellen (s. Seite 323 f.).

Binderische Arbeiten: Muß der Verkäufer die vom Kunden gewünschte Ware erst fertigstellen oder noch binderisch bearbeiten, so ist es wichtig, daß er ihn ausdrücklich um etwas Geduld bittet, bis die erforderlichen Arbeiten erledigt sind. Diese Bitte, in sehr freundlicher, aber verbindlicher Form geäußert, ist deswegen angebracht, weil sonst manche Kunden unruhig werden und den Floristen nervös machen.

Kunden im Binderaum bringen oft Probleme mit sich. Zunächst wird es einfach aus *Platzgründen* von den Floristen wenig geschätzt, wenn Kunden nach erfolgtem Kaufentschluß mit in den Binderaum kommen. Auch die Frage des erhöhten *Sicherheitsrisikos* ist hierbei zu bedenken (z. B. Unfälle wegen herumliegender Pflanzenteile). Unangenehmer aber ist es, wenn der Kunde zusieht, wie Auszubildenden, die sich im Verkauf schon sehr geschickt anstellen, bei der praktischen Arbeit im Binderaum von Gehilfen oder vom Betriebsinhaber Hinweise gegeben werden oder wenn ihre Arbeit von erfahrenen Betriebsangehörigen noch korrigiert werden muß, bevor sie der Kunde erhält. Natürlich weiß jeder Kunde, daß ein Auszubildender noch nicht perfekt sein kann, aber allzu leicht schleicht sich bei ihm der Gedanke ein, daß die Arbeit des Auszubildenden nicht vollwertig sei.

Es kann andererseits auch durchaus werbewirksam sein, wenn der Kunde zusieht, wie sein Blumenarrangement unter der fachkundigen Hand des Floristen entsteht. Ideal ist ein separater Bindetisch mit einer Auswahl Bindegrün im Verkaufsraum zur Gestaltung floraler Werkstücke mit kurzer Herstellungszeit (z. B. Sträuße). Ein großzügiger Binderaum zur Herstellung vorbestellter und aufwendiger Arrangements (z. B. Kränze, Dekorationen, Gestecke) ist dennoch unentbehrlich.

Verpackung: Jede binderische Arbeit, die für den Kunden erst nach der Auswahl der einzelnen Blumen und sonstigen Zutaten hergestellt wird, muß ihm, bevor sie verpackt wird, in fertigem Zustand gezeigt werden. Er soll hier noch einmal Gelegenheit erhalten, seine **endgültige Zustimmung** zu geben.

Die Ware muß sehr vorsichtig verpackt werden. Art der Verpackung und Verpackungsmaterial müssen der Ware, dem Wetter, der Jahreszeit, dem Kaufanlaß und dem Kundenwunsch entsprechen. Kann man den Verkäufer beim Verpacken beobachten, ist daran zu denken, daß Kunden oft nicht wissen, wie „derb" manche Blumen und Pflanzen angefaßt werden können. Der Kunde aber ist nicht selten sehr beunruhigt, wenn er sieht, wie mit den „zarten Gebilden", die er im Blumenfachgeschäft einkauft, unter Umständen umgegangen wird. Hier hilft manchmal nur, ihm kurzfristig den Rücken zuzukehren, um damit die Sicht auf die Ware zu versperren.

Vom gewählten *Verpackungsmittel* unabhängig muß jede Verpackung drei Voraussetzungen erfüllen:

– **Die Verpackung muß zweckmäßig sein** und die binderische Arbeit oder die Pflanze vor Schäden jeglicher Art bewahren. Das setzt voraus, daß das Einpacken nicht nur mit Sorgfalt, sondern auch mit Sachkenntnis und unter Verwendung des geeigneten Packmaterials erfolgt und die Verpackung sorgfältig verschlossen wird.

– **Die Verpackung soll** dem Kunden den **Warentransport erleichtern.** Jeder Verkäufer weiß, daß diese Forderung oft nur mit großen Schwierigkeiten zu erfüllen ist, aber durch überlegtes Bemühen läßt sich manches erreichen.

- **Die Verpackung soll dem Kunden gefallen und umweltfreundlich sein.** Verschiedene Möglichkeiten, um diese Voraussetzung zu erfüllen, sind in „Florist 2" aufgeführt. Es muß nicht immer die althergebrachte Blumenseide sein.

Bezahlung: Zum Bezahlen braucht der Kunde in der Regel beide Hände. Es ist für ihn daher störend, wenn er die Ware schon vor dem Bezahlen ausgehändigt bekommt, da er nun mit nur einer freien Hand sein Geld hervorsuchen muß. Der Verkäufer sollte daher die fertig verpackte Ware zunächst ablegen, um mit dem Kunden das Bezahlungsgeschäft erledigen zu können. Eine geeignete *Ablegemöglichkeit* in der Nähe der Kasse ist ein wichtiger Einrichtungsteil, bei räumlich beengten Verhältnissen sogar wichtiger als die Unterbringung eines Packtisches im Laden, denn dieser kann auch im Binderaum stehen.

Obwohl der Kunde den Preis bereits weiß, muß der Verkäufer an der Kasse noch einmal den Betrag deutlich nennen, sozusagen als **verbindliche Rechnungsstellung.** Immer wieder kann man beobachten, daß die Preisansage in fast verschämter Weise erfolgt; das ist falsch. Die Ware und die Arbeit des Floristen sind ihren Preis wert und daher gibt es an dem Preis, den der Kunde zu zahlen hat, nichts zu vertuschen.

Voraussetzung für eine ordnungsgemäße und anstandslose Bezahlung der Ware ist allerdings die **richtige Preisberechnung.** Längst nicht alle Blumenfachgeschäfte haben Registrierkassen, die nicht nur Ad-

Abb. 111. Scheckkarte und Euroscheck.

ditionen, sondern auch Multiplikationen erlauben. So spielt das **Kopfrechnen** beim Floristen und Verkäufer im Blumenfachgeschäft noch immer eine große Rolle. Das vom Kunden erhaltene Geld (Scheine oder Münzen) legt der Verkäufer wegen der Kontrollmöglichkeit zunächst auf die *Zahlplatte* der Kasse. Dann nimmt er das Wechselgeld aus der Kasse, zählt es dem Kunden vor und händigt es ihm aus. Erst wenn der Kunde den zurückgegebenen Geldbetrag angenommen und nachgeprüft hat, legt der Verkäufer das von diesem erhaltene Geld in die Kasse und verschließt sie.

Kassenzettel (Kassenbons) sind im Blumenfachgeschäft von Fall zu Fall üblich. Auf Verlangen des Kunden muß der Verkäufer aber selbstverständlich eine ordnungsgemäße Rechnung ausstellen und sie quittieren. Diese Rechnung muß üblicherweise bei Rechnungsbeträgen unter 200,– DM den Prozentsatz der verrechneten Umsatzsteuer, bei solchen über 200,– DM Prozentsatz und DM-Wert der Umsatzsteuer enthalten.

Möchte der Kunde mit *Scheck* zahlen, so kann man dies bei den heutigen Zahlungsgewohnheiten nicht ablehnen. Bei Kunden, die man nicht persönlich kennt, muß man sich die *Scheckkarte* vorweisen lassen und darauf bestehen, daß nur *Euroschecks* angenommen werden können. Bei Inhabern einer Scheckkarte garantiert die Bank bekanntlich für die Einlösung jedes Euroschecks bis 400,– DM. Es ist allerdings zu prüfen, ob die Scheckkarte gültig ist und ob Scheck und Scheckkarte hinsichtlich Kontonummer und Unterschrift übereinstimmen. Die Nummer der Scheckkarte ist auf der Rückseite des Schecks zu vermerken.

Zunehmend bezahlen Kunden auch mit Kreditkarten (z. B. Eurocard oder Visa). Hierbei ist zu beachten, daß der Floristbetrieb Mitglied der entsprechenden Kreditkartenorganisation ist. Außerdem muß der Kunde den Empfang der gekauften Ware mit Unterschrift bestätigen (vgl. Teil A, Abschn. 7.3).

Aushändigung der Ware: Mit der Bezahlung ist zwar der rein geschäftliche Teil des Verkaufsgeschehens abgeschlossen, nicht aber der psychologische. Sobald der Kunde das zurückgegebene Geld eingesteckt hat, händigt ihm der Verkäufer die Ware aus. Dies soll so geschehen, daß der Kunde den Gegenstand einigermaßen bequem tragen und möglichst unbeschädigt an den gewünschten Ort bringen kann. Gleichzeitig bedankt sich der Verkäufer beim Kunden für den Kauf. Dieser **Dank** soll weder zu überschwenglich, noch rein mechanisch erfolgen. Wenn die eingekaufte Ware unhandlich oder sperrig ist, erkundige sich der Verkäufer, ob der Kunde ein Auto in der Nähe stehen hat. Bejaht er dies und sind nicht zu viele Kunden im Laden, empfiehlt es sich, ihm die Ware zum Fahrzeug zu bringen und sie dort zu verstauen, weil der Verkäufer darin größere Übung und eine geschicktere Hand hat.

Verabschiedung des Kunden: Der Kunde ist so zu verabschieden, daß er das **Geschäft in angenehmer Erinnerung** behält und gerne wiederkommt. Er hat ein ausgesprochen feines Gespür dafür, ob die Bemühungen des Verkäufers nur bis zu seinem Geldbeutel reichen, oder ob er darüber hinaus auch als Mensch und Gast des Geschäfts von dem Verkäufer geschätzt wird.

Daher begleitet man den Kunden, wenn möglich, bis zur Tür und gibt ihm, sofern die gekaufte Ware unhandlich ist, diese erst dort in die Hand, verbunden mit einem freundlichen Abschiedsgruß. So kann man ihm den Einkauf angenehm ins Gedächtnis bringen. Redewendungen, wie „Beehren Sie uns bald wieder!", sind aber auf jeden Fall zu vermeiden; sie wirken aufdringlich und tragen nicht zur Kontaktpflege bei.

Im Gegensatz zur Begrüßung verabschiedet sich der Verkäufer erst nach dem Kunden. Sonst könnte der Eindruck entstehen, als ob man ihn endlich loshaben wolle. Selbstverständlich wird der Kunde, falls möglich, auch bei der Verabschiedung mit seinem Namen angesprochen. Verkäufer, die gerade andere Kunden bedienen, sollten sich am Abschiedsgruß nicht beteiligen, sofern sie nicht ganz in der Nähe der Ladentüre stehen. Eine Verabschiedung im Sprechchor ist auf jeden Fall zu vermeiden. Auch Kunden, die nichts gekauft haben, werden liebenswürdig verabschiedet, weil sie das Geschäft in angenehmer Erinnerung behalten sollen.

Merksätze

▷ Nicht alle Menschen sind kontaktfähig. Von allen Verkäufern aber muß jederzeit Kontaktwilligkeit erwartet werden.

▷ Betritt der Kunde das Geschäft, muß er das Gefühl haben, sofort vom Verkäufer beachtet zu werden.

▷ Die richtige Form der Begrüßung ist der Schlüssel für das Gelingen des weiteren Verkaufsgesprächs; die Erkundung des Kaufwunschs ist die erste Drehung dieses Schlüssels im Schloß.

▷ Richtige Warenvorlage ist eine Kunst: Einerseits muß der Kunde Wahlmöglichkeiten haben, andererseits darf es nicht heißen „Wer die Wahl hat, hat die Qual".
▷ Dem Kunden muß möglichst viel gezeigt werden, da sein Kaufinteresse durch den Gesichtssinn stärker angeregt wird als durch den Gehörsinn.
▷ Gute Beratung beeinflußt den Verkaufsabschluß positiv, schlechte kann zunächst vorhandenes Interesse wieder zerstören.
▷ Den endgültigen Kaufentschluß muß der Kunde selbst äußern; unter Umständen unterstützt ihn dabei der erfahrene Verkäufer.
▷ Waren aus dem Blumenfachgeschäft haben ihren festen Preis, der gerechtfertigt ist und vom Verkäufer auch vertreten werden muß.
▷ Jeder Kunde freut sich darüber, wenn seine Wahl vom Verkäufer zustimmend oder gar lobend bestätigt wird.
▷ Kunden im Binderaum bringen Probleme mit sich; es gibt Gründe für und gegen ihren Aufenthalt dort.
▷ Auch das Zahlungsgeschäft des Kunden sollte persönlich gestaltet werden.
▷ Neben Begrüßung und Beratung ist es vor allem die Verabschiedung, die darüber entscheidet, in welcher Erinnerung der Kunde das Geschäft behält.

Aufgaben

1. Üben Sie im Rollenspiel die Eröffnungsphase des Verkaufsgesprächs (Begrüßung des Kunden und Erkundung des Kaufwunsches).
2. Durch welche verkaufsfördernden Maßnahmen können Impulskäufe im Floristgeschäft erreicht werden?
3. Beschreiben Sie die verschiedenen Kundensignale, aus denen der Verkäufer das Interesse des Kunden an seinem Verkaufsangebot (Vorschlag) entnehmen kann.
4. Zeigen Sie anhand von Beispielen, wie beim Verkaufsgespräch möglichst viele Sinne des Kunden in die Verkaufshandlung einbezogen werden können.
5. Warum muß der Verkäufer sämtliche Einwände seiner Kunden beim Verkaufsgespräch ernst nehmen?
6. Warum soll der Kunde nicht zum Kaufentschluß gedrängt werden?
7. Begründen Sie, warum der Verkäufer bei binderischen Arbeiten dem Kunden den Endpreis vor Beginn seiner Tätigkeit nennen soll.
8. Üben Sie im Rollenspiel die Abschlußphase von Verkaufsgesprächen.
9. Welche Eigenschaften müssen Verpackungen im Blumenfachgeschäft aufweisen?
10. Beurteilen Sie die in Ihrem Ausbildungsbetrieb verwendeten Verpackungsmittel hinsichtlich a) Zweckmäßigkeit, b) Aussehen, c) Werbewirksamkeit und d) Unverwechselbarkeit gegenüber Konkurrenzbetrieben.
11. Üben Sie im Rollenspiel die Preisbegründung für hochpreisige Waren Ihres Geschäfts.
12. Schildern Sie den technischen Ablauf des Kassiervorgangs, wenn der Kunde einen Rechnungsbetrag von 42,70 DM mit a) einem Hundertmarkschein, b) einem Scheck oder c) mit einer Kreditkarte bezahlt.

5 Ursachen und Behandlung von Kundeneinwänden

Lernziele

▷ Erklären können, warum Kundeneinwände nicht als lästige Begleitumstände des Verkaufsgeschehens betrachtet werden dürfen;
▷ wissen, daß aus Kundeneinwänden wichtige Hinweise für das Verhalten des Verkäufers gewonnen werden können;
▷ Kundenäußerungen in wörtlicher Rede als Beispiele für Scheineinwände und unechte Einwände formulieren können;
▷ erklären können, warum dem Kunden auf seine Einwände nicht direkt widersprochen werden darf;
▷ die „Bumerang-Methode" und die „Ja-aber-Methode" als Strategien zur Widerlegung von Kundeneinwänden anhand von Beispielen aus dem eigenen Erfahrungsbereich erklären können.

Blumen – und alles was dazugehört – sind beratungsintensive Artikel. In der Fachsprache heißen sie **Problemartikel.** Im Gegensatz dazu stehen sogenannte **Aushändigungsartikel.** Aushändigungskäufe bringen dem Verkäufer keine weiteren Probleme. Ein Aushändigungskauf liegt vor, wenn der Kunde eine ganz bestimmte Ware verlangt, z. B. fünf der im Schaufenster ausgestellten Gladiolen oder eine kleine Flasche Blumendünger der Marke Florasit. Problemartikel dagegen machen das Verkaufen erst interessant, weil sie an den Verkäufer bezüglich der Beratung besondere Anforderungen stellen und großes Wissen und viel Verkaufserfahrung voraussetzen. Fast immer beinhalten Problemartikel für den Kunden gewisse Einwände. Wie solche Kundeneinwände vom Verkäufer zu bewerten und zu widerlegen sind, soll nachfolgend dargestellt werden.

Grundsätzlich sollten **Kundeneinwände** nicht als lästige Fragen mißbilligt, sondern durchaus **positiv bewertet** werden, weil sie dem Verkäufer zeigen, daß der Kunde Interesse an der Ware hat. Außerdem erfährt der Verkäufer aus den Kundeneinwänden, wo *Kaufhemmungen* liegen. Erst wenn er weiß, wo den Kunden „der Schuh drückt", kann er mit den richtigen Argumenten für Abhilfe sorgen, d. h. den Einwänden wirksam begegnen. Hält der Kunde mit seinen Bedenken hinter dem Berg, muß er durch geschickte Fragen dazu gebracht werden, diese zu äußern. Nur so lassen sich bestehende Kaufhemmungen beseitigen.

Beispiel:
„Darf ich Sie bitten, Ihre Bedenken ganz offen zu äußern, damit ich weiß, welche Art von Tischdekoration Sie wünschen?"

Der Verkäufer muß alle Kundeneinwände aufmerksam und geduldig anhören. Dabei ist es zunächst unwesentlich, ob die Einwände echt oder unecht, begründet oder unbegründet sind. Auf keinen Fall darf der Verkäufer Kundeneinwänden ausweichen oder sie mehr oder weniger taktvoll überhören. Dadurch würde der Kunde verärgert und mißtrauisch, weil er das Gefühl hätte, nicht ernst genommen zu werden.

5.1 Scheineinwände und echte Einwände

Kundeneinwände sind hinsichtlich ihrer Ernsthaftigkeit in zwei Gruppen zu unterteilen, nämlich in *Scheineinwände* und *echte Einwände*.

Scheineinwände sind *unechte Einwände*, also Ausreden, zu denen der Kunde flüchtet, wenn er nicht ernsthaft die Absicht hat, etwas zu kaufen. Es ist ihm vielleicht peinlich, dies offen zu sagen, weil er möglicherweise glaubt, den Verkäufer bereits über Gebühr in Anspruch genommen zu haben, oder weil er vielleicht nicht den Mut hat, seine Bedenken und Einwendungen offen zu äußern. Der Verkäufer sollte dies dem Kunden nicht verübeln, da er damit sicher keine böse Absicht verfolgt. Allerdings ist es auch müßig, sich mit Scheineinwänden auseinanderzusetzen; es kostet nur Zeit. Der Verkäufer tut gut daran, dem Kunden auch solche Einwände abzunehmen und ihm mit ein paar freundlichen Worten zu einem guten Abgang zu verhelfen. Der Kunde ist dem Verkäufer für das gezeigte Verständnis dankbar und wird wiederkommen, weil er so das Geschäft in guter Erinnerung behalten kann. Falsch wäre es, dem Kunden durch entsprechende Bemerkungen oder mit einem „verständnisvollen Lächeln" zu zeigen, daß man ihn durchschaut hat; denn jeder Mensch empfindet es als peinlich, wenn er bei einer Lüge ertappt wird.

Bei **echten Einwänden,** also solchen, die ernstgemeint sind, verhält es sich anders. Hier muß der Verkäufer sicher und schlagfertig reagieren. Dies fördert das Vertrauen des Kunden zum Verkäufer. Grobheit, Gereiztheit, Überheblichkeit oder gar herablassende Belehrungen würden dagegen den Kunden in seiner Haltung nur bestärken. Voraussetzungen für die erfolgreiche Widerlegung von Kundeneinwänden sind:

- umfassende Warenkenntnisse,
- gute Marktkenntnisse,
- klare Preiskenntnisse und Preisvorstellungen,
- Kenntnisse über Käuferverhalten,
- Kenntnisse über mögliche Strategien zur Widerlegung von Einwänden,
- Gewandtheit in Sprache und Argumentation.

5.2 Strategien zur Widerlegung von Kundeneinwänden

Jeder direkte Widerspruch auf Einwände des Kunden **ist unangebracht**, da kein Mensch wahrhaben will, unrecht zu haben. Direkter Widerspruch würde den Kunden herausfordern und die Standpunkte von Verkäufer und Kunden verfestigen und verhärten. Außerdem schürt direkter Widerspruch Aggressionen. Von dieser Generalregel sollte nur abgewichen werden, wenn der Kunde den Verkäufer beleidigt oder das Geschäft ungerechtfertigt angreift oder herabsetzt. Aber selbst dann muß der Verkäufer **Haltung bewahren** und höflich bleiben, weil er sich sonst möglicherweise selbst ins Unrecht setzt. Man sollte nie Gleiches mit Gleichem vergelten. Manchmal haben solche Kunden auch die Absicht, den Verkäufer bewußt zu reizen und ihn zu Gefühlsäußerungen anzustiften. Bei entsprechend heftiger Reaktion des

Verkäufers hätten sie dann das von ihnen gewünschte Ziel erreicht und sich selbst vermeintlich ins Recht gesetzt. Sie würden derartiges Verhalten des Verkäufers in die Öffentlichkeit tragen und damit dem Geschäft schaden. Das hier geforderte Verhalten des Verkäufers stellt **hohe Anforderungen an** seine **Selbstbeherrschung.** Dies fällt vielen, vor allem angehenden Verkäufern, ausgesprochen schwer, ist aber unumgänglich. Bewährte Methoden zur Widerlegung von Kundeneinwänden sind die „Ja-aber-Methode" und die „Bumerang-Methode".

Bei der **„Ja-aber-Methode"** stimmt der Verkäufer den Kundeneinwänden zunächst so weit wie möglich zu, um sie dann – gewissermaßen durch die Hintertür – geschickt zu widerlegen. Die vordergründige Zustimmung gibt dem Kunden bei seinen Einwänden anfangs recht, wird jedoch anschließend durch geschicktes Argumentieren des Verkäufers eingeschränkt. Je nach Art und Ernsthaftigkeit des Kundeneinwands bieten sich dem Verkäufer folgende Möglichkeiten der Argumentation: Erläuterung, Begründung, Vergleich, Berichtigung, Verunsicherung.

Von der Möglichkeit der **Erläuterung** macht der Verkäufer Gebrauch, wenn er merkt, daß den Einwänden des Kunden unzureichende Sachinformationen zugrunde liegen oder wenn der Kunde wichtige Mitteilungen im Verkaufsgespräch überhört oder nicht verstanden hat.

Beispiel
Kunde: *„Diese Anthurie würde ich sehr gerne kaufen, doch ich habe die Befürchtung, daß sie sich in meiner Wohnung nur kurze Zeit hält."*
Verkäufer: *„Sie brauchen hier keine Bedenken zu haben, denn Anthurien sind recht unempfindlich. Die Pflanze muß nur in einem normal warmen Raum stehen, nicht gerade an einem zugigen Platz oder in der prallen Sonne. Ich gebe Ihnen eine Pflegeanleitung mit. Sie werden lange Freude an dieser Pflanze haben, und sie wird Ihnen auch immer wieder Blüten bringen, wenn Sie das, was dort steht, befolgen."*

Die **Begründung** ist dann als Mittel der Argumentation angebracht, wenn aus den Einwänden des Kunden Zweifel, Unglauben oder Mißtrauen an dem Waren- oder Dienstleistungsangebot herauszuhören sind. So muß der Verkäufer z. B. den Preis, die Zweckmäßigkeit oder die Frische seines Blumenangebots gegenüber dem Kunden begründen können.

Beispiel
Kunde: *„Diese Rosen sind zwar sehr schön, aber auch sehr teuer."*
Verkäufer: *„Ich stimme Ihnen voll zu, aber es handelt sich bei dieser Sorte um eine Neuzüchtung. Besonderes Kennzeichen ist, daß sich die Rose in der Vase außerordentlich lange hält. Ich habe selbst zuhause seit fast einer Woche einen Strauß von dieser neuen Sorte stehen und die Rosen sind immer noch wunderschön."*

Der **Vergleich** liefert ebenfalls wirkungsvolle Verkaufsargumente, wenn der Kunde Zweifel an der Ware äußert. Durch Gegenüberstellung verschiedener Angebote kann der Kunde selbst die Unterschiede zwischen einzelnen Waren feststellen und sich von der Richtigkeit der Aussagen des Verkäufers überzeugen. So liefert z. B. im Sommer die Gegenüberstellung von Gewächshaus- und Freilandrosen entscheidende Argumente für Preisunterschiede.

Beispiel
Kunde: *„Im Supermarkt sind die Rosen aber viel billiger."*
Verkäufer: *„Das glaube ich gerne; wir haben neben diesen Rosen hier auch solche vom Freiland vorrätig. Wenn Sie aber die beiden miteinander vergleichen, werden Sie selbst feststellen, daß für Ihren Wunsch nach einem repräsentativen Geschenk die Gewächshausrosen geeigneter sind."*

Die **Berichtigung** von Kundeneinwänden ist dann notwendig, wenn der Kunde falsche oder überholte Ansichten äußert und Behauptungen aufstellt, die unhaltbar sind. Hier ist jedoch Vorsicht am Platze, da ja direkter Widerspruch zu vermeiden ist. Der Verkäufer sollte sich in solchen Fällen bei seiner Argumentation auf das Urteil anderer Kunden oder auf Veröffentlichungen in Fachzeitschriften oder Fachbüchern berufen.

Beispiel
Kunde: *„Weiße Lilien sind doch Totenblumen."*
Verkäufer: *„Auch Blumen sind Modeströmungen unterworfen. Früher hätte Ihre Meinung durchaus Gültigkeit gehabt. Heute aber gilt die weiße Lilie als vornehmer und repräsentativer Zimmerschmuck, weil sie durch ihre schlichte und klare Form zu modernen und auch zeitlosen Wohnungseinrichtungen paßt."*

Kundeneinwände, die als Behauptungen vorgetragen werden, kann der Verkäufer dadurch abschwächen, daß er sie in Zweifel zieht und damit zum Mittel der **Verunsicherung** des Kunden greift. Doch auch hier muß er behutsam vorgehen, um sich nicht in direkten Widerspruch mit ihm zu verwickeln. Dadurch, daß der Verkäufer unrichtige Behauptungen des Kunden anzweifelt, wird dieser verunsichert und veranlaßt, seine Behauptungen oder Entscheidungen nochmals zu überdenken. Die Zweifel müssen jedoch so geschickt geäußert und in das Verkaufsgespräch eingebettet werden, daß der Kunde eine „Rückzugsbasis" hat, d. h. seine Behauptungen zurücknehmen oder abschwächen kann, ohne das Gesicht zu verlieren.

Beispiel
Kunde: „Dieser Brautstrauß paßt doch nicht zu meinem Brautkleid."
Verkäufer: „Glauben Sie wirklich, daß der Brautstrauß zur Farbe Ihres Brautkleides keinen sehr guten Kontrast bildet? Gleichzeitig paßt er auch ausgezeichnet zu Ihrem Typ."

Die **Bumerang-Methode** ist eine besonders gute Taktik, um Kundeneinwände aktiv ins Verkaufsgespräch einzubeziehen. Sie hat ihren Namen von einem früher in Australien verwendeten Wurfgeschoß aus Holz, das so geformt ist, daß es nach dem Wurf wieder zum Werfer zurückfliegt. Bei der Bumerang-Methode werden die Kundeneinwände in eigene Verkaufsargumente umgekehrt und dem Kunden entgegengehalten. Der Verkäufer muß hier besonders schnell reagieren und mit einem Überraschungseffekt arbeiten, sonst klingen die Argumente plump und bewirken das Gegenteil. Von dieser Strategie sollten daher nur sehr erfahrene Verkäufer Gebrauch machen.

Beispiel
Kunde: „Dieser Blumendünger ist aber sehr teuer."
Verkäufer: „Das stimmt, dafür ist er aber besonders ausgiebig und damit letztlich nicht nur preiswert, sondern in der Anwendung sogar billig."

Merksätze

▷ Die Waren des Floristen sind überwiegend Problemartikel und erfordern daher beim Verkauf die fachkundige Beratung des Kunden.
▷ Kundeneinwände müssen vom Verkäufer ernst genommen und nicht als unliebsame Störungen des Verkaufsablaufs betrachtet werden.
▷ Wir unterscheiden zwischen Scheineinwänden und echten Einwänden.
▷ Die Behandlung von Kundeneinwänden erfordert vom Verkäufer vor allem Sachverstand und Einfühlungsvermögen.
▷ Kundeneinwände müssen vom Verkäufer entkräftet werden; er bedient sich hier bevorzugt der „Bumerang-Methode" oder der „Ja-aber-Methode".

Aufgaben

1. Beschreiben Sie in je einem Beispiel wie der
 a) Aushändigungskauf und der b) Beratungsverkauf abläuft.
2. Bilden Sie drei Beispiele in wörtlicher Rede für Scheineinwände des Kunden.
3. Üben Sie im Rollenspiel die Widerlegung von Kundeneinwänden nach der a) Ja-aber-Methode und der b) Bumerang-Methode.
4. Warum soll dem Kunden auf seine Einwände nicht direkt widersprochen werden?

5.3 Gegenstände von Kundeneinwänden

Lernziele

▷ Die fünf wichtigsten Arten von Kundeneinwänden aufzählen können;
▷ Gründe angeben können, die zu möglichen Kundeneinwänden gegen die Ware führen;
▷ Kundeneinwände gegen den Preis in wörtlicher Rede formulieren und die entsprechenden Gegenargumente dazu finden können;
▷ erklären können, warum manche Kunden von bestimmten Verkäufern bedient werden wollen;
▷ angeben können, warum Kundeneinwände gegen das Geschäft besonders schwerwiegend sind;
▷ an Beispielen erklären können, warum Kundeneinwände gegen den Verkaufsabschluß meistens sogenannte Scheineinwände sind.

Kundeneinwände können nach dem Objekt, gegen das sie gerichtet sind, in fünf verschiedene Gruppen eingeteilt werden:
– Einwände gegen die Ware
– Einwände gegen den Preis
– Einwände gegen den Verkäufer
– Einwände gegen das Geschäft
– Einwände gegen den Verkaufsabschluß

○ **Einwände gegen die Ware**
Diese Einwände sind die häufigsten. Sie können Herkunft, Frische, Menge, Art, Farbe, Verwendungszweck, Pflege und Haltbarkeit der Blumen und Pflanzen betreffen. Bei Arrangements kann auch die Art der Verarbeitung Gegenstand von Einwänden sein. Beim Hartwarensortiment (Vasen, Kerzen u. ä.) können auch Einwände gegen Form und Material

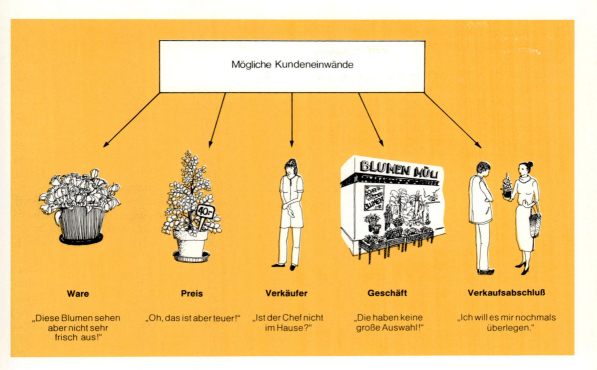

Abb. 112. Kundeneinwände.

auftauchen. Derartige Einwände geben dem Verkäufer Hinweise auf die genauen Wünsche der Kunden. Einwände gegen die Ware können vom Verkäufer nur wirkungsvoll widerlegt werden, wenn er sehr gute Warenkenntnisse hat. Außerdem ist zu bedenken, daß das gesamte Warensortiment Gegenstand der unterschiedlichsten Einwände sein kann.

○ **Einwände gegen den Preis**
Diese können unterschiedliche Ursachen haben. Manchen Kunden scheint der Warenpreis tatsächlich zu hoch, andere haben das Geld nicht, teure Waren zu kaufen, obwohl sie diese gerne besäßen. Wieder andere Kunden möchten warten, bis die Waren billiger werden, und es gibt auch solche, die die Konkurrenzpreise ins Gespräch bringen, um damit den Preis zu drücken. In selteneren Fällen äußern Kunden auch Einwände gegen zu niedrige Warenpreise, weil sie vom Preis auf die Qualität schließen oder besonders teuere Waren für Repräsentationszwecke kaufen wollen.
Hat der Verkäufer den Eindruck, daß dem Kunden der **Preis** für Waren oder Dienstleistungen **nicht angemessen** scheint, muß er ihn mit stichhaltigen Argumenten von der „Angemessenheit" des Preises überzeugen, etwa mit dem Hinweis auf die aufwendige Kultur der Pflanzen, die für die Blüte außergewöhnliche Jahreszeit (z. B. Maiglöckchen zu Weihnachten) oder auf die Exklusivität des Angebots. Erst wenn der Verkäufer mit diesen Argumenten keinen Erfolg hat, darf er auf billigere Waren ausweichen, denn der Kunde ist ja bereit, den hohen Preis zu zahlen, wenn ihm der Verkäufer die Preiswürdigkeit des Angebots begründen kann. Stellt der Verkäufer fest, daß der Warenpreis dem Kunden nicht zu hoch erscheint, er jedoch im Augenblick *nicht genügend Geld* mit sich führt, kann er Stammkunden die Ware ruhig verkaufen und ihnen Kredit bis zum nächsten Einkauf gewähren.
Kunden, denen die vorgeschlagenen Blumen oder Pflanzen oder die angebotenen Dienstleistungen tatsächlich *zu teuer* sind, weil Ausgaben in dieser Höhe ihre regelmäßig verfügbaren Geldmittel übersteigen, darf der Verkäufer keinesfalls mit Geringschätzung oder Herablassung begegnen. Hier sollte der Verkäufer besonders preisgünstige Waren anbieten. Auch das Empfehlen kleinerer Warenmengen kann zum Verkaufserfolg führen.
Kunden, die lieber warten wollen, bis die *gewünschte Ware billiger* ist, sollte der Verkäufer, wenn zutref-

fend, darauf aufmerksam machen, daß gerade diese Blumen derzeit günstig angeboten werden. Hinweise auf die Jahreszeit, Sonderangebote, begrenzte Liefermöglichkeiten oder auf vermutlich steigende Preise sind gut geeignet, Vorurteile bei Kunden abzubauen und sie zum sofortigen Einkauf zu veranlassen. Auch die Erwähnung einer derzeit noch großen Warenauswahl ist ein taugliches Mittel, um Kunden umzustimmen und zum Kauf zu bewegen.

Konkurrenzpreise bringen Kunden ins Gespräch, wenn sie entweder den „Preis drücken" wollen oder das Gefühl haben, tatsächlich durch überhöhte Warenpreise übervorteilt zu werden. Jeder Mensch hat eine Art „Preisgewissen", d. h. Preisvorstellungen im Sinne von billig oder teuer, da er ja laufend Preiserfahrungen sammelt. Wird diese Grenze, die natürlich subjektiv ist, nach oben oder unten überschritten, tritt beim Kunden eine psychische Hemmung und ein Abwehrmechanismus in Kraft.

Bringt der Kunde beim Verkaufsgespräch Konkurrenzpreise ins Spiel, sollte der Verkäufer um Angaben über Ort, Zeitpunkt und Art des Konkurrenzangebotes bitten. Manche Kunden, besonders solche, deren Einwände nicht ernst gemeint oder gar erfunden sind, werden dann verunsichert. Wie immer, so ist auch in diesem Fall direkter Widerspruch zu vermeiden.

Derartige Angaben des Kunden können in Zweifel gezogen werden, indem er danach gefragt wird, ob es sich z. B. bei dem Konkurrenzangebot um die gleiche Pflanzenart, Sorte und vor allem Qualität handelt. Auch durch Vorlage ähnlicher Waren können Zweifel beim Kunden erzeugt werden, vor allem, wenn er sieht, wie gering bei oberflächlicher Betrachtung Unterschiede in der Qualität sind. Desgleichen ist ein Hinweis auf die sehr sorgfältig kalkulierten Verkaufspreise angebracht. Gegebenenfalls müssen dem Kunden mögliche Preisvorteile der Konkurrenz mit der Möglichkeit des Großeinkaufs, geringerer Warengüte oder als Sonderangebote begründet werden. Herabsetzung der Konkurrenz ist jedoch verboten und würde gegen das „Gesetz gegen den unlauteren Wettbewerb (UWG)" verstoßen. Ein Hinweis auf die Auswahl und Frische der Blumen im eigenen Geschäft, sachkundige Beratung, gute Bedienung, Serviceleistungen und preiswerte Angebote sind jedoch nicht nur erlaubt, sondern hier besonders notwendig.

Jede Art von Kaufzwang muß allerdings vermieden werden. Man sollte solche Kunden dann ruhig bei der Konkurrenz einkaufen lassen. Sind die Leistungen des eigenen Geschäftes tatsächlich so gut, wie dies den Kunden gesagt und gezeigt wurde, und damit besser als die der Konkurrenzbetriebe, kehren sie bestimmt zurück.

Kunden, die aus Prinzip versuchen, *Warenpreise herunterzuhandeln*, sollte der Verkäufer höflich aber bestimmt darauf hinweisen, daß Sondernachlässe weder handelsüblich noch möglich sind, da die Verkaufspreise gewissenhaft und knapp kalkuliert wurden. Ausnahmen, die hier gemacht würden, könnten andere Kunden verärgern, weil sie es nur allzu schnell erführen. Hinweise auf Sonderangebote im eigenen Geschäft sind die letzte Möglichkeit, auch diesen Kunden noch etwas zu verkaufen.

Schließlich sollten Kundeneinwände gegen den Preis den Floristen auch immer wieder dazu veranlassen, seine *Kalkulationen kritisch zu überprüfen*. Vielleicht besteht ein vorgebrachter Einwand auch tatsächlich zu recht.

Ist manchen Kunden der Preis der vorgelegten Blumen oder Pflanzen ausnahmsweise *zu niedrig*, muß ihnen der günstige Preis mit dem Hinweis auf die Jahreszeit, Großeinkauf oder Sonderangebote begründet werden. Andernfalls sind dem Kunden Blumen oder Pflanzen in höherer Preislage anzubieten. Sollte dies nicht möglich sein, weil bereits die Preisgrenze für die im Geschäft vorrätigen Waren erreicht wurde, ist der Kunde nochmals auf die gute Warenqualität hinzuweisen, oder man schlägt vor, für ihn die gewünschte Ware zu besorgen. Eignet sich keine der genannten Möglichkeiten, so ist ein Ersatzverkauf anzustreben, d. h. eine andere als die ursprünglich vom Kunden verlangte Ware zu empfehlen. Auch hierbei ist jeder Kaufzwang zu vermeiden. Ein einmaliger Verkauf ist weit weniger wert als die Erhaltung eines Stammkunden.

○ **Einwände gegen den Verkäufer**

Nur in Ausnahmefällen werden vom Kunden Einwände gegen den Verkäufer vorgebracht. Dies hat seinen Grund sicher nicht darin, daß alle Kunden mit den Verkäufern zufrieden sind, sondern es ist eher zu vermuten, daß viele Kunden nicht den Mut haben, gerade solche Bedenken vorzutragen. Hier mangelt es wohl an Zivilcourage. Damit sind aber gerade solche Bedenken besonders gefährlich für ein Geschäft, weil die Kunden ihrem Unmut außerhalb Luft machen und in ihrem Bekannten- und Freundeskreis über die Verkäufer schimpfen.

Eine vor einigen Jahren durchgeführte Repräsentativumfrage einer Landwirtschaftskammer mit dem Thema „Wie denken die Kunden über ihr Blumengeschäft?" hatte u. a. folgende Ergebnisse:

Frage	Kundenantworten			
	sehr zufrieden	in Ordnung	es könnte besser sein	sonstige
Werden sie schnell bedient oder müssen Sie zu lange warten?	50,2%	43,9%	5,8%	0,15%
Werden Sie in Ihrem Blumenfachgeschäft freundlich und entgegenkommend bedient?	75,8%	22,0%	1,9%	0,3%
Wie steht es mit dem gepflegten Aussehen des Verkaufspersonals?	40,0%	52,7%	7,2%	0,14%
Welchen Eindruck haben Sie von der fachlichen Beratung in Ihrem Blumenfachgeschäft?	48,6%	44,7%	6,1%	0,58%

Nur 50–75% waren also mit der Bedienung in Blumenfachgeschäften sehr zufrieden. Der Konkurrenz von Supermärkten, Warenhäusern und fliegenden Händlern kann man aber nur durch sehr gute Leistungen entgegentreten.

Kundeneinwände gegen den Verkäufer können in dessen Aussehen, Alter, Verhalten, geringem Können oder Wissen ihre Ursache haben. So bevorzugen manche Kunden ältere Verkäufer, weil sie Alter und Erfahrung gleichsetzen. Andere wiederum wollen von einer ganz bestimmten Verkäuferin oder einem Verkäufer, wieder andere nur vom Geschäftsinhaber bedient werden. Endlich gibt es auch solche Kunden, die eine Bedienung durch junge Verkäufer wünschen, weil sie glauben, daß nur jene moderne Anschauungen haben. Zuweilen ist es aber auch bloße Abneigung (Antipathie) des Kunden gegen den Verkäufer. Es gibt nun einmal Menschen, die nicht harmonieren. So etwas sollte dem Verkäufer allerdings niemals als Ausrede dienen, weil dies wirklich nur die Ausnahme ist. Besonders kritisch ist zu bewerten, wenn Aufdringlichkeit oder Interesselosigkeit des Verkäufers der Grund für Kundeneinwände sind.

Weil Kunden ihre Bedenken gegen den Verkäufer nur ungern kundtun, sollte er immer darauf achten, ob aus dem Verhalten und Benehmen des Kunden solche Bedenken herausgelesen werden können. Der Verkäufer muß gegenüber sich selbst eine kritische Haltung einnehmen und sich überlegen, was den Kunden an seinem Verhalten stören oder mißtrauisch stimmen könnte, um ihm von vorne herein möglichst keinen Anlaß zu Einwänden zu geben. Schließlich weiß der geübte Verkäufer ja, nach welchen Gesichtspunkten er von seinen Kunden beurteilt wird.

Selbst der beste Verkäufer kann es nicht allen Kunden recht machen. Es ist gar nicht so selten, daß der Kunde dies dem Verkäufer entweder offen sagt oder zumindest andeutet. So ist in bestimmten Fällen die **Verkaufsablösung** das einzige Mittel, mit dem Kunden ins reine zu kommen. Der Verkäufer bittet dann einfach einen Kollegen oder eine Kollegin, die weitere Bedienung des Kunden zu übernehmen. Natürlich muß der Kunde – im Zweifel unter irgendeinem geeigneten Vorwand – zuvor um seine Einwilligung gebeten werden.

○ **Einwände gegen das Geschäft**

Einwänden des Kunden gegen das Geschäft kann nur schwer begegnet werden, weil sie oft dazu führen, daß Kunden ein Geschäft überhaupt nicht betreten. In diesem Falle bleiben die Kundeneinwände dem Geschäftsinhaber und seinen Mitarbeitern unbekannt, es sei denn, man erfährt sie über andere Kunden. Nur allzu leicht kommt ein Geschäft „in den Ruf", zu teuer, schlecht geführt, unmodern zu sein, Kunden schlecht zu behandeln oder eine ungenügende Warenauswahl zu haben. Fehlende Parkmöglichkeiten, unzureichende oder gar schlechte Serviceleistungen oder ein ungünstiger Standort können Kunden ebenfalls veranlassen, anderswo einzukaufen.

Solchen möglichen Einwänden und Hindernissen muß unbedingt nachgespürt und nach Möglichkeiten gesucht werden, ihnen zu begegnen. Besteht aufgrund des schlechten Geschäftsganges Anlaß zu der Annahme, daß solche Einwände in größerer Zahl vorliegen, ist eine **Verbesserung des Firmenimages** anzustreben. Um dies zu erreichen, muß in erster Linie die Geschäftspolitik geändert werden. Neben innerbetrieblichen Veränderungen kann durch entsprechende Werbemaßnahmen versucht werden, die Gunst des Publikums wiederzuerlangen. Werbemaßnahmen, die zum Ziel haben, das Ansehen des Betriebs und seines Inhabers in der Öffentlichkeit zu verbessern, heißen PR-Werbung/public relations (s. Seite 334 ff.).

Beispiele
- *„In diesem Geschäft wird man ausgesprochen unfreundlich bedient."*
- *„Die haben ja überhaupt keinen Geschmack."*
- *„Als ich das letzte Mal in diesem Geschäft war, hatten die nicht einmal mehr weiße Nelken vorrätig."*
- *„Ich habe das Gefühl, daß man dort immer nur halbverwelkte Blumen bekommt."*
- *„Seit die Bushaltestelle verlegt wurde, erreicht man dieses Geschäft fast nicht mehr."*

○ **Einwände gegen den Verkaufsabschluß**
Hauptmerkmal der Einwände gegen den Verkaufsabschluß ist der fehlende Kaufwille des Kunden. Es hat sich bei Verkäufern eingebürgert, solche Kunden als „Sehkunden" oder „Sehleute" zu bezeichnen. Gründe für derartiges Verhalten können sowohl die Absicht des Kunden sein, *Preisvergleiche* anzustellen, als auch nur die *Neugierde* zu befriedigen. Manchen Kunden fehlt auch die Entschlußkraft oder einfach nur der Wille, sich von ihrem Geld zu trennen. Meist handelt es sich hierbei um *Scheineinwände*. Trotzdem müssen auch diese Kunden höflich und zuvorkommend behandelt werden; denn wenn sie ein anderes Mal wieder das Geschäft aufsuchen, kann möglicherweise ihr Kaufwille größer sein, und es kommt dann zu einem Verkaufsabschluß.
Weicht ein Kunde im Verkaufsgespräch beharrlich jeder Entscheidung aus, muß der Verkäufer das Gespräch möglichst schnell, aber höflich beenden; denn auch hier ist es wichtig, daß der Kunde das Geschäft in angenehmer Erinnerung behält.

Merksätze
▷ Kundeneinwände können in Gruppen unterteilt werden, nämlich: Einwände gegen die Ware, den Preis, den Verkäufer, das Geschäft und den Verkaufsabschluß.
▷ Besonders zur Widerlegung von Kundeneinwänden gegen die Ware muß der Verkäufer über sehr gute und begründete Warenkenntnisse verfügen.

▷ Viele Kunden halten die Blumen- und Pflanzenpreise für zu hoch, weil sie über ungenügende Waren- und auch Marktkenntnisse verfügen.
▷ Die Warenpreise im Floristbetrieb sind genau kalkulierte Festpreise; daher darf sich der Verkäufer nicht darauf einlassen, wenn der Kunde versucht, den Preis herunterzuhandeln.
▷ Der Verkäufer muß in seinem Verkaufsgespräch so argumentieren, daß der Kunde die gekaufte Ware preiswert empfindet.
▷ Der Verkäufer muß seine Kunden so bedienen, daß sie keinen Anlaß haben, Einwände gegen ihn zu erheben.
▷ Bei Einwänden des Kunden gegen den Verkäufer muß versucht werden, daß ein Kollege den Kunden zu Ende bedient (Verkaufsablösung).
▷ Einwände gegen das Geschäft sind besonders schwerwiegend, weil der Florist meist nur auf Umwegen davon erfährt.
▷ Um Einwänden gegen das Geschäft vorzubeugen, muß sich der Florist ständig darum bemühen, ein gutes Ansehen bei den Kunden zu haben (Imagepflege).
▷ Einwände gegen den Verkaufsabschluß sind meistens Scheineinwände; auch sie muß der Verkäufer gelten lassen, da kein Kunde zum Kauf gezwungen werden darf.
▷ Führt ein Verkaufsgespräch nicht zum Erfolg, muß der Verkäufer die Ursachen dafür zuerst bei sich suchen; aus den erkannten Fehlern kann er bei künftigen Verkäufen seinen Nutzen ziehen.

Aufgaben
1. Zählen Sie die verschiedenen Arten von Kundeneinwänden auf und bilden Sie dafür jeweils ein Beispiel in wörtlicher Rede.
2. Welche Arten von Kundeneinwänden werden in Ihrem Ausbildungsbetrieb am häufigsten geäußert?
3. Widerlegen Sie die nachstehenden Kundeneinwände gegen die Ware in wörtlicher Rede.
   - *„Ich habe mir das Gesteck aber ganz anders vorgestellt."*
   - *„Sind diese Nelken wirklich ganz frisch?"*
   - *„Diese Vase hat einen Fehler in der Glasur."*
   - *„Kann man diese Pflanze wirklich den Sommer über ins Freie stellen?"*

4. Widerlegen Sie die folgenden Kundeneinwände gegen den Preis in schriftlicher Form (wörtliche Rede).
   - „Diese Lilien sind aber sehr teuer."
   - „So viel kann ich für einen Kranz beim besten Willen nicht anlegen."
   - „Ich möchte mit dem Einpflanzen meiner Balkonkästen lieber noch warten, bis die Knollenbegonien billiger sind."
   - „Im Supermarkt sind die Geranien um 70 Pfennige billiger."
   - „Wieviel Rabatt gewähren Sie mir, wenn ich 20 Stiefmütterchen kaufe?"
   - „Diese Tulpen sind aber sehr billig."
   - „Haben Sie nichts Besseres da?"
5. Entkräften Sie die folgenden Kundeneinwände gegen den Verkäufer durch entsprechende Argumente:
   - „Ich möchte lieber vom Chef bedient werden."
   - „Haben Sie dafür die notwendige Erfahrung?"
   - „Ich möchte warten, bis Fräulein Grubich frei ist."
   - „Ich glaube, das verstehen Sie nicht."
6. Wie begegnet man den folgenden Kundeneinwänden gegen den Verkaufsabschluß? Bilden Sie dazu Sätze in wörtlicher Rede.
   - „Ich muß es mir nochmals überlegen."
   - „Es ist doch zu dumm, daß ich meine Geldbörse vergessen habe."
   - „Ich muß noch einige Besorgungen machen und komme nachher nochmals vorbei."
   - „Wenn ich wüßte, daß dieser Philodendron nicht zu groß für mein Blumenfenster ist, würde ich ihn sofort kaufen."
7. Warum sind Kundeneinwände gegen das Geschäft besonders schwer zu entkräften?

6 Besondere Verkaufsfälle

Tagtäglich steht der Verkäufer neuen, oft schwierigen Verkaufssituationen gegenüber, mit denen er fertig werden muß. Wegen der Verschiedenartigkeit der Kunden und ihrer Wünsche und wegen des großen Warensortiments im Blumenfachgeschäft ist zwar jede Verkaufsaufgabe einmalig; doch eine Reihe von Schwierigkeiten beim Verkauf kehren häufig wieder. Sie sind innerhalb gewisser Grenzen vorhersehbar. Dies ermöglicht es dem Verkäufer, sich rechtzeitig auf zu erwartende Schwierigkeiten einzustellen. Eine bekannte Taktik lautet: „Angriff ist die beste Verteidigung." Der Verkäufer kann also bei auftretenden Schwierigkeiten eine aktive Rolle übernehmen und behält dann den Ablauf der Handlung im Griff. Schwierigkeiten kann man besser meistern, wenn man darauf vorbereitet ist.

6.1 Hauptumsatzzeit (Stoßgeschäft)

Lernziele

▷ Die Gründe aufzählen können, die zu besonderen Hauptumsatzzeiten im Blumenfachgeschäft führen;
▷ die besonders verkaufsintensiven Zeiten im Floristbetrieb nennen können, und zwar im Tagesablauf, aber auch im Wochen-, Monats- und Jahresablauf;
▷ erklären können, durch welche Maßnahmen sich Hauptumsatzzeiten im Blumenfachgeschäft abmildern lassen;
▷ eigene Vorschläge machen können, wie bei Kundenandrang die Bedienungszeiten abgekürzt werden können.

In jedem Einzelhandelsbetrieb gibt es **verkaufsarme und verkaufsintensive Zeiten.** Ursache dafür sind hauptsächlich die eingeübten (habitualisierten) **Einkaufsgewohnheiten** der Kunden. So gehen Hausfrauen am Vormittag üblicherweise erst zum Einkaufen, wenn sie ihre Hausarbeiten erledigt haben. Dies führt zu einer Häufung von Verkäufen in den späten Vormittagsstunden. Aber auch zwischen 15 Uhr und Geschäftsschluß muß der Florist mit verstärktem Kundenandrang rechnen. Solche Schwankungen sind aber nicht nur innerhalb eines Tages festzustellen, sie treten auch innerhalb der Woche, des Monats oder des Jahres auf. So sind bekanntlich der Freitagnachmittag und der spätere Samstagvormittag besonders intensive Verkaufszeiten, weil es bei vielen Kunden bereits zur Gewohnheit geworden ist, für das Wochenende Blumen zu kaufen; da ist man längere Zeit zu Hause und hat Muße, sich an den Blumen zu erfreuen. Man macht es sich gemütlich und schön, und dazu gehören für viele Menschen Blumen. Aber auch Besuche und Einladungen finden gehäuft am Wochenende statt – ebenfalls eine Ursache für das Stoßgeschäft.

Umsatzschwankungen innerhalb des Monats sind hauptsächlich durch **Kaufkraftschwankungen** bedingt. Gegen das Monatsende nimmt die Kaufkraft in vielen Haushaltungen ab und bis zum nächsten Lohn- oder Gehaltszahlungstermin werden dann nur noch die absolut lebensnotwendigen Dinge gekauft, und dazu zählen Blumen sicher nicht.

Auch jahreszeitliche Schwankungen lassen sich beim Blumeneinzelhandel feststellen. Dies hängt einmal von den jahreszeitlich bedingten unterschiedlichen *Angebotsmengen* an Blumen und den dadurch bestimmten Verkaufspreisen ab, denn Angebot und Nachfrage regulieren den Preis. Bei hohen Blumenpreisen werden zwangsläufig weniger Blumen gekauft. Andererseits ist das **Kaufinteresse** der Kunden zu den verschiedenen Jahreszeiten **unterschiedlich** groß. So ist der „Blumenhunger" im Januar/Februar und nach „überstandenem" Winter bei den Menschen besonders ausgeprägt; man will Leben in die noch tote Natur bringen, der Natur gewissermaßen vorgreifen. Dies ist der Hauptgrund dafür, daß die getriebenen Frühjahrsblüher reißenden Absatz finden und Gewächshauskulturen so gewaltigen Aufschwung genommen haben. Im Sommer und besonders im Hochsommer nimmt das Interesse an Blumen entsprechend ab, obgleich hier die Preise besonders günstig sind. Viele Menschen können Blumen aus dem eigenen Garten holen oder sich dort und auf Terrassen und Balkons an Blumen erfreuen. Ein anderer Grund für den Umsatzrückgang im Sommer ist aber auch die Meinung der Kunden, daß Blumen in der warmen Jahreszeit nicht so lange halten. Schließlich „möchte man für sein Geld ja etwas haben". Und bekanntlich ist die Haltbarkeit von Schnittblumen bei hohen Zimmertemperaturen kürzer als bei niedrigen. Umgekehrt haben aber Blumenfachgeschäfte in direkter Friedhofsnähe gerade im Sommer kurz vor Geschäftsschluß oft noch großen Kundenandrang zu bewältigen, dann nämlich, wenn die Tageshitze nachläßt und die Menschen zu den Gräbern gehen, um dort zu gießen.

Zu den hier genannten Umsatzschwankungen kommen solche, die durch die üblichen *Gedenk- und Feiertage*, an denen bevorzugt Blumen gekauft werden, entstehen, wie Ostern, Muttertag, Volkstrauertag und andere. Auch in organisatorisch sehr gut geführten Blumenfachgeschäften läßt sich ein gewisser Engpaß bei der Bedienung von Kunden gelegentlich nicht vermeiden, da der Personalbedarf im Laden und Binderaum aus Kostengründen nach dem durchschnittlichen Geschäftsverlauf bestimmt werden muß. Durch sorgfältige Beobachtung lassen sich jedoch solche Hauptumsatzzeiten ziemlich genau ermitteln, so daß sich der Florist durch entsprechende Maßnahmen darauf vorbereiten kann. Anhaltspunkte dafür geben die Aufzeichnungen über die Umsätze des abgelaufenen Jahres, Trendberechnungen von Kammern und Verbänden, Berichte in Fachzeitschriften und der Erfahrungsaustausch mit Kollegen. Durch vorbereitende Maßnahmen sollen die Unannehmlichkeiten für die Kunden in den Stoßzeiten auf ein Mindestmaß beschränkt werden. Kein Mensch wartet gerne unnötig, und jeder ärgert sich vor allem darüber, wenn andere Kunden, die nach ihm den Laden betreten haben, vor ihm bedient werden. Jeder Verkäufer hat als Kunde beim Einkaufen schon ähnliche Erfahrungen gemacht und kann sich daher leicht in die Rolle seiner Kunden hineindenken.

Vorbereitende Maßnahmen sind neben der Erhöhung der Verkaufsbereitschaft durch Bereitstellung *genügender Warenmengen* und deren *verkaufsfertiger Aufbereitung* (Fertiggebinde, Fertigsträuße) die rechtzeitige Beschaffung von *Aushilfskräften*. Gerade die Personalbeschaffung und Personaldisposition müssen von langer Hand geplant werden. Allgemein kann man feststellen, daß in den vergangenen Jahren besonders im Einzelhandel die Teilzeitarbeit an Bedeutung gewonnen hat. **Teilzeitkräfte** haben für den Einzelhandel – auch den Facheinzelhandel – den Vorteil, daß sie zeitlich sehr gezielt eingesetzt werden können. Auch im Blumenfachgeschäft ist der Einsatz teilzeitbeschäftigter Mitarbeiter schon weit verbreitet. Wichtig ist aber, daß diese Floristinnen, denn um solche handelt es sich meistens, selbst daran interessiert sind, beruflich „auf dem laufenden" zu bleiben, so daß sie, wenn sie zeitweilig berufstätig sind, den jeweiligen Zeitströmungen der Floristik auch gerecht werden. Notfalls kann gelegentlich auf Aushilfskräfte ausgewichen werden, die nach einer gewissen Einarbeitungszeit die einfacheren Arbeiten im Blumeneinzelhandel recht gut bewältigen. Eine gewisse *Arbeitsteilung* und *Spezialisierung* der einzelnen Verkaufskräfte ist dann unumgänglich. Sie ist oft mit einer Erhöhung der Produktivität verbunden, und das ist letztlich gerade in Stoßzeiten wichtig.

Aushilfskräfte, die allerdings noch nie im Verkauf tätig waren, sollte man an anderer Stelle beschäftigen, denn man sieht es den Kunden nicht schon beim Betreten des Ladens an, ob es bei ihrer Bedienung zu einem Aushändigungs- oder einem Beratungskauf kommt. Bei einem Beratungskauf sind Aushilfskräfte jedoch meist überfordert.

Eine längerfristige Maßnahme, um Engpässe im Verkauf abzuschwächen, ist die Verlagerung des Kundenstroms auf *verkaufsarme Zeiten,* also eine **Umsatzglättung.** Um dies zu erreichen, müssen besonders die Stammkunden geschickt und einfühlsam auf günstigere Einkaufszeiten hingewiesen werden; denn von ihnen weiß man am ehesten, wann sie außerhalb der Stoßzeiten die Möglichkeit haben, einzukaufen. Auch der Hinweis auf *telefonische Bestellungen* und die Möglichkeit der *Hauszustellung* größerer Blumengebinde wird manche Kunden veranlassen, davon Gebrauch zu machen und dazu beizutragen, den Kundenandrang in Stoßzeiten etwas zu mildern.

Trotz dieser Maßnahmen läßt sich Andrang in Stoßzeiten nur begrenzt abbauen. Daher sollte der Florist **einige Verhaltensregeln** beachten.

Wichtig ist zunächst, daß der Verkäufer einen *kühlen Kopf* bewahrt, auch wenn der Laden noch so voll von Kunden steht. Damit verschafft er sich die Besonnenheit, die es ihm erlaubt, noch „durchzublicken". Sie wirkt sich auch wohltuend und beruhigend auf die Kunden aus. Natürlich müssen die wartenden Kunden das Gefühl haben, besonders flink bedient zu werden, weil der Verkäufer bemüht ist, die Wartezeiten für sie möglichst kurz zu halten.

Genau so wichtig ist es, die Kunden *streng der Reihe nach* zu bedienen. Jeder Verkäufer muß daher genau beobachten, in welcher Reihenfolge die Kunden das Geschäft betreten. Sollte er sich ausnahmsweise über die Reihenfolge nicht klar sein – das soll jedoch die Ausnahme bleiben –, muß er die Kunden höflich danach fragen, etwa folgendermaßen: „Bitteschön, wen darf ich als Nächsten bedienen?" Der Kunde, der an der Reihe ist, wird sich bestimmt melden; denn Kunden beobachten sich gegenseitig sehr genau, weil es für sie auch eine Prestigefrage ist, nicht benachteiligt zu werden.

Von dieser Regel sollte nur bei körperbehinderten Kunden, hochschwangeren Frauen, Müttern mit Kleinstkindern und gebrechlichen, alten Menschen abgewichen werden. Aber auch hierzu muß der Verkäufer die im Laden wartenden Kunden höflich um Zustimmung zu dieser Ausnahme bitten. Eine Selbstverständlichkeit sollte es auch sein, den hier genannten Kunden beim Betreten des Ladens eine Sitzgelegenheit anzubieten, um ihnen damit die Wartezeit zu erleichtern – sofern die räumlichen Verhältnisse dieses irgendwie zulassen. Aber im Trubel des Geschäfts wird daran nur allzu oft nicht gedacht.

Bei Kundenandrang ist die Wartezeit durch **Straffung der Verkaufshandlung** möglichst abzukürzen. Der Kunde darf hierbei jedoch nicht das Gefühl haben, kurz abgefertigt zu werden. Eine solche Straffung erreicht man durch besonders rasche Bedienung. Auch *unnötige Wege* sind zu vermeiden, um wertvolle Verkaufszeit zu gewinnen. Im *Verkaufsgespräch* sollte sich der Florist auf das Wesentliche konzentrieren und auf Gesprächspunkte, die nur privaten Charakter haben – so wertvoll sie sonst für den Kontakt mit den Kunden auch sein mögen – verzichten. Unnötige Fragen sind unter allen Umständen zu vermeiden.

Bei der *Warenvorlage* hat sich der Verkäufer in Hauptumsatzzeiten auf das absolut Notwendige zu beschränken, ohne beim Kunden den Eindruck entstehen zu lassen, daß die Warenauswahl begrenzt sei. Zusatzverkäufe sind in solchen Fällen ausnahmsweise einzuschränken.

Der erfahrene Verkäufer kann es auch wagen, *mehrere Kunden* gleichzeitig zu bedienen. Er muß jedoch dazu die Zustimmung des Kunden erbitten, den er gerade bedient. Die Wartezeit für die Kunden wird auch kurzweiliger, wenn man sie auffordert, sich etwas zu gedulden und sich im Laden umzusehen, bis sie an der Reihe sind. So können diese Kunden schon eine gewisse Vorauswahl treffen und damit zur Abkürzung der Verkaufshandlung beitragen; denn die meisten sind selbst daran interessiert, möglichst rasch den Laden verlassen zu können.

Merksätze
▷ Stoßzeiten im Floristbetrieb kehren regelmäßig wieder; sie sind daher weitgehend berechenbar.
▷ Der Florist kann sich durch entsprechende Maßnahmen auf die Hauptumsatzzeiten vorbereiten, um damit die Wartezeiten seiner Kunden zu verkürzen.
▷ Jeder Kunde empfindet lange Wartezeiten als unangenehm.
▷ Lange Wartezeiten verderben die Kaufstimmung.
▷ Kunden sind streng der Reihe nach zu bedienen; eine Ausnahme darf z. B. bei behinderten Kunden gemacht werden.

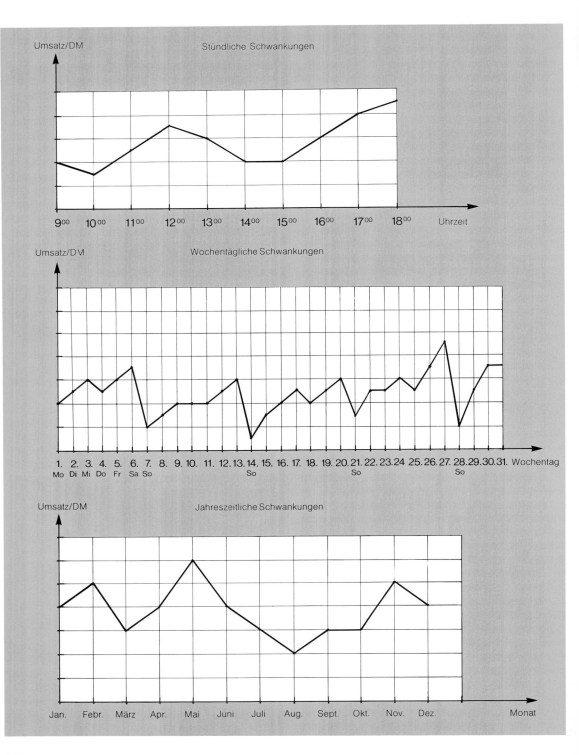

▷ Wartezeiten können bei Kundenandrang insbesondere durch folgende Maßnahmen verkürzt werden: Erhöhung der Verkaufsbereitschaft, flotte Bedienung, Eingrenzung der Warenvorlage und Mehrfachbedienung.

Aufgaben

1. Zählen Sie die Gründe auf, welche zu Umsatzschwankungen innerhalb a) einer Woche, b) eines Monats und c) eines Jahres führen.
2. Nennen Sie die Gedenk- und Feiertage (auch regional begrenzte), welche sich umsatzsteigernd in Ihrem Ausbildungsbetrieb auswirken.
3. Interpretieren Sie die drei Umsatzkurven und begründen Sie die dort verzeichneten Umsatzschwankungen (Abb. 113).
4. Durch welche organisatorischen, personellen und verkaufstechnischen Maßnahmen können Stoßzeiten im Floristbetrieb gemildert werden?
5. Zählen Sie die **Regeln** auf, welche bei der Bedienung von Kunden in Stoßzeiten unbedingt beachtet werden müssen.

6.2 Umtausch und Beschwerde

Lernziele

▷ Aus dem eigenen Erfahrungsbereich Beispiele nennen können, die zeigen, daß Umtauschfälle sowohl vom Verkäufer als auch durch die Ware, aber auch durch den Kunden selbst verursacht werden;
▷ erklären können, wie man sich gegenüber dem Kunden verhalten muß, wenn bei einem Beschwerdefall keine Umtauschpflicht besteht;
▷ vorbeugende Maßnahmen nennen können, die Umtausch- und Beschwerdefälle verhindern.

Warenumtausch und Beschwerde gehören zu den manchmal unvermeidlichen Übeln der Verkaufspraxis. Sie müssen jedoch auf das unbedingt Notwendige beschränkt bleiben, da sie sowohl die Verkäufer als auch das Geschäft belasten und damit nicht nur Kosten verursachen, sondern das Ansehen des Betriebs (Image) schädigen können.

◁ Abb. 113. Umsatzschwankungen.

Nicht immer liegen die Umtauschgründe beim Verkäufer, insbesondere dann nicht, wenn absolut einwandfreie Ware verkauft wird. Doch können sich Mängel an der Ware auch erst beim Gebrauch zeigen. Ein Beispiel dafür sind die „versteckten Mängel", wie Glasurrisse bei Keramikwaren, Spannungsrisse bei Glaswaren, nur teilgefüllte Flaschen bei flüssigen Pflanzendüngern, Wurzelschäden bei Topfpflanzen oder nicht aufblühende Kühlhaus-Rosen. Viel häufiger sind jedoch Umtauschgründe, welche in der Person des Kunden liegen. So kann etwa bei einem Geschenk- und Besorgungskauf die Ware nicht den Vorstellungen der bedachten Person entsprechen, falsch oder bereits mehrfach vorhanden sein. Beim Blumeneinzelhandel trifft dies üblicherweise nur auf das Hartwarensortiment und eventuell auf Topfpflanzen zu.

Natürlich kann es auch vorkommen, daß Kunden oder ihren Angehörigen die gekauften Waren schon beim Auspacken zu Hause nicht mehr gefallen oder sich beim Gebrauch als untauglich erweisen. Beispiele dafür gibt es viele: Eine vom Kunden gekaufte Bodenvase paßt nicht zur Wohnungseinrichtung, ein Balkonkasten ist zu groß, eine Blumenampel findet nicht den Beifall der Familienmitglieder.

Grundsätzlich ist der Florist nur dann **zum Umtausch verpflichtet,** wenn ihn bei der Erfüllung des Vertrags ein Verschulden trifft (s. Seite 36). Unabhängig davon besteht jedoch die *Umtauschpflicht* auch dann, wenn dem Kunden das **Umtauschrecht** vertraglich zugesichert wurde. Eine mündliche Zusicherung genügt dafür vollkommen. Der Verkäufer muß sich also vor dem Umtausch Gewißheit verschaffen, ob die hier genannten Voraussetzungen vorliegen, die beanstandete Ware bei ihm gekauft wurde, die Ware vom Kunden weder in Gebrauch genommen noch beschädigt wurde und ob der Umtausch der Ware innerhalb der gesetzlichen oder der vertraglich vereinbarten Gewährleistungsfrist erfolgt (s. Seite 36).

Liegen **Warenmängel** vor, hat der Kunde nach den Bestimmungen des BGB bzw. HGB ein **Wahlrecht** hinsichtlich *Wiedergutmachung* des ihm zugefügten Schadens, nämlich das **Recht auf Rücknahme der Ware** durch den Verkäufer und **Rückerstattung des Kaufpreises,** das **Recht auf Herabsetzung des Kaufpreises** in angemessenem Verhältnis, das **Recht auf Umtausch der Ware** oder das **Recht auf Reparatur der Ware (Nachbesserung),** falls dies überhaupt möglich ist. Wohlgemerkt: das Wahlrecht liegt beim Kunden.

Neben den hier genannten möglichen Ansprüchen des Kunden kann dieser, falls ihm nachweislich ein

Schaden entstanden ist, noch einen **Anspruch auf Schadensersatz** geltend machen.

Diese Ansprüche hat der Kunde auch, wenn er nachweisen kann, daß der Fehlkauf auf mangelhafte, unvollständige oder gar falsche Beratung durch den Verkäufer zurückzuführen ist oder der Ware eine dem Kunden gegenüber zugesicherte Eigenschaft fehlt. In diesen Fällen kommen die gesetzlichen Vorschriften des BGB über „arglistige Täuschung" oder „Irrtum" zur Anwendung.

Ungeachtet der gesetzlichen Vorschriften ist es im Geschäftsleben üblich, den Kunden auch dort in gewissem Umfang entgegenzukommen, wo eine Umtauschpflicht nicht besteht. Man spricht in solchen Fällen von „Kulanz". **Kulante Behandlung** von Beschwerden ist eine Art von Kundendienst, die auf die Dauer für ein Geschäft besser ist als das Beharren auf dem Rechtsstandpunkt. Es ist ratsamer, kleine Verluste in Kauf zu nehmen als gute Kunden zu verlieren. Dieses Entgegenkommen muß jedoch dort seine Grenzen haben, wo die Ansprüche und Wünsche der Kunden das Maß des Zumutbaren übersteigen und für das Geschäft größerer Schaden entstünde. Grundsätzlich sollte der Verkäufer den Warenumtausch als Fortsetzung des Verkaufs ansehen und wissen, daß derselbe den meisten Kunden auch lästig ist. Begreiflicherweise sind die Kunden verärgert, besonders wenn das Recht auf ihrer Seite ist; denn der Umtausch bedeutet für sie Zeitverlust und Aufregung.

Bei Umtausch- oder Beschwerdefällen muß der Verkäufer besonders ruhig gegenüber dem Kunden sein und dessen Beanstandungen geduldig anhören. Dies sollte möglichst nicht vor anderen Kunden geschehen, da diese dadurch verwirrt und verunsichert würden. Beschwerdefälle sollte man möglichst nicht im Laden, sondern in einem geeigneten Nebenraum abwickeln. Wenn der Kunde sehr aufgebracht ist, sollte ihm zunächst ein Sitzplatz angeboten werden, damit er sich beruhigt.

Ist die erste Erregung abgeklungen, läßt sich leichter reden. Auf jeden Fall muß der Verkäufer zunächst völlig unvoreingenommen prüfen, ob er zum Umtausch verpflichtet ist oder ob die Ware überhaupt umgetauscht werden kann. Niemals darf er den Kunden wider besseres Wissen ins Unrecht setzen. Es ist viel besser, dem Kunden beim Umtausch behilflich zu sein und ihm entgegenzukommen, als ihn in eine Abwehrstellung zu drängen. Liegen die Umtausch- oder Beschwerdegründe eindeutig beim Kunden, muß ihm der Verkäufer wenigstens den guten Willen zeigen und ihm ruhig und sachlich erklären, warum er seinem Ansinnen nicht entsprechen kann. Viele Kunden lassen sich mit ernstgemeinten Argumenten umstimmen und auch davon überzeugen, daß sie im Unrecht sind. Beiläufig sollte der Kunde darauf hingewiesen werden, wie sich in Zukunft bei sachgemäßer Behandlung der Ware ähnliche Schwierigkeiten vermeiden lassen.

Falls der Kunde mit seinen Umtauschgründen recht hat und vom Verkäufer verlangt, die beanstandete Ware zurückzunehmen, sollte man ihm, falls von der Art der Ware her die Voraussetzungen dafür vorliegen, einen **Warengutschein** anbieten. Dabei ist jedoch jede Art von Aufdringlichkeit oder Zwang zu vermeiden, weil der Kunde im Zweifel das **Recht auf Rückerstattung des Kaufpreises** hat (~~Wandelung~~). Lehnt der Kunde eine Gutschrift ab, muß ihm der Kaufpreis ohne Zögern zurückerstattet werden. Eine einmalige Umsatzeinbuße ist leichter zu verschmerzen, als einen guten Kunden zu verlieren.

Übrigens: Kleine Geschenke erhalten die Freundschaft, und mit Blumen bereitet man immer Freude. So kann der Florist einen verärgerten Kunden durch ein kleines Blumengeschenk mit seinem Geschäft versöhnen; er wird dann leichter mit dem Ärger fertig, der ihm durch den Warenumtausch entstanden ist. Natürlich darf der Kunde dieses kleine Blumengeschenk weder als Bestechung noch als Ausdruck schlechten Gewissens des Verkäufers ansehen. Deshalb muß dieser dabei behutsam vorgehen.

Bei Umtausch und Beschwerde gilt das Sprichwort, daß Vorbeugen besser als Heilen ist. Zur Vermeidung von Beschwerdefällen ist zu beachten:

- Jede Ware ist vor dem Verkauf sorgfältig auf mögliche Fehler zu überprüfen;
- über Waren und Dienstleistungen dürfen keine falschen Angaben gemacht werden;
- es darf dem Kunden niemals etwas versprochen werden, was nicht eingehalten werden kann;
- der Verkäufer muß mit der Ware, die er verkaufen will, in jeder Beziehung vertraut sein;
- die Ausführungen des Verkäufers im Verkaufsgespräch müssen sehr genau sein;
- der Verkäufer sollte sich immer wieder durch Zwischenfragen beim Kunden vergewissern, daß er richtig verstanden wurde;
- das Verkaufsgespräch ist so zu führen, daß beim Kunden keine Erwartungen über Waren oder Dienstleistungen geweckt werden, die nachher nicht erfüllbar sind;
- auch durch entsprechende Hinweise über den Transport der verkauften Waren können Beschwerden verhindert werden.

Merksätze

▷ Bei Kundenbeschwerden ist zunächst zu prüfen, ob sie berechtigt sind.
▷ Auf Kundenbeschwerden muß der Verkäufer höflich reagieren.
▷ Ist der Beschwerdegrund vom Verkäufer zu vertreten, hat der Kunde entweder Anspruch auf angemessene Herabsetzung des Kaufpreises oder Rückerstattung des Kaufpreises oder Umtausch.
▷ Umtausch- und Beschwerdefälle können durch sorgfältige Beratung der Kunden und gewissenhafte Prüfung der zu verkaufenden Waren zum großen Teil vermieden werden.

Aufgaben

1. Zählen Sie die am häufigsten vorkommenden Gründe auf, die in Ihrem Ausbildungsbetrieb zu Beschwerden von Kunden führen.
2. Zeigen Sie anhand von Beispielen auf, in welchen Fällen der Florist zum Umtausch (oder zur Rücknahme) von Waren verpflichtet ist.
3. Ein Kunde Ihres Geschäfts hat eine a) berechtigte, b) unberechtigte Beschwerde. Wickeln Sie die beiden Fälle in Form von Rollenspielen ab.
4. Warum sollte der Florist bei der Abwicklung von Kundenbeschwerden kulant sein?
5. Zählen Sie stichwortartig auf, durch welche vorbeugenden Maßnahmen und Hinweise beim Verkauf mögliche Beschwerdefälle eingeschränkt werden können.

6.3 Diebstahl im Geschäft

Lernziele

▷ Die verschiedenen Methoden beschreiben können, die Ladendiebe üblicherweise anwenden;
▷ anhand von Beobachtungen im Ausbildungsbetrieb das Sprichwort erläutern können: „Gelegenheit macht Diebe";
▷ die wichtigsten Maßnahmen zur Diebstahlbekämpfung im Floristbetrieb aufzählen und erläutern können;
▷ erkennen, daß Not die seltenste Ursache für Ladendiebstahl ist;
▷ erklären können, wie man sich zu verhalten hat, wenn ein Kunde des Diebstahls verdächtigt wird.

Leider treten zuweilen auch Kunden auf, die versuchen, den Verkäufer hereinzulegen; insbesondere **Ladendiebe** machen ihm mit zum Teil raffinierten Methoden das Leben schwer. Zu allen Zeiten hat es Menschen gegeben, welche die beim Zusammenleben notwendigen Spielregeln nicht einhalten. Mit dieser Tatsache muß man leben. Die Gründe für derartiges Fehlverhalten haben sich jedoch im Laufe der Zeit erheblich verändert. Dies ist wohl das Bedenkliche an der Sache.

Heute wird in den meisten Fällen nicht mehr aus Existenznot gestohlen – hier erkennt das Strafrecht ja den Milderungsgrund „Mundraub" an –, sondern aus Raffgier, Neid, politischen Gründen, wegen des Nervenkitzels („Sport") oder einfach, weil Diebstahl eine bequeme Art zu leben verspricht. Außerdem spielt auch die Kleptomanie – die krankhafte Veranlagung zum Stehlen – als Diebstahlursache eine Rolle, allerdings nur eine unbedeutende. Bedenklich ist auch, daß man in heutiger Zeit für jedes menschliche Fehlverhalten nicht nur eine Erklärung sucht, sondern sogar eine Entschuldigung, die den Missetäter rechtfertigt und den Geschädigten in die Rolle des Verantwortlichen drängt. So kann es dann geschehen, daß leichter Diebstahl, schwerer Diebstahl und sogar Raub fast nur als Kavaliersdelikte angesehen werden. Dies drückt sich auch in dem Wort „Wohlstandskriminalität" aus.

Abb. 114. Blumendiebe haben oft verblüffende Methoden (Zeichnung: Armin Schwarz).

Vorüberlegungen solcher Art sind notwendig, um dem Verkäufer die rechte Einschätzung dieser kriminellen Handlungen zu erleichtern und damit die Grenzen seiner Nachsicht abzustecken. Wenn wir Gesetze haben, die Diebstahl unter Strafe stellen, müssen wir alle für deren Einhaltung sorgen und Diebe der gerechten Strafe zuführen. Die orientalische Weisheit, nach der der Bestohlene schuldig ist, weil er nicht genügend auf sein Eigentum aufgepaßt hatte, gilt in unserer Rechtsordnung bekanntlich nicht.

Das Sprichwort „Gelegenheit macht Diebe" hat sich mit Einführung der Selbstbedienung im Einzelhandel in erschreckender Weise bewahrheitet. Und auch hier gilt, daß Vorsicht besser als Nachsicht ist. **Verhütung und Bekämpfung von Ladendiebstählen** erfolgt in erster Linie durch sogenannte *Präventivmaßnahmen,* also vorbeugende Maßnahmen. Den Verkäufern kommt dabei die wichtigste Rolle zu. Aber auch die zweckmäßige Gestaltung von Verkaufsräumen sowie besondere betriebliche Einrichtungen und Maßnahmen leisten bei der Diebstahlsbekämpfung gute Dienste.

Abb. 115. So werden Ladendiebe abgeschreckt.

○ **Maßnahmen zur Diebstahlsbekämpfung**

Zunächst ist es wichtig, daß der Verkaufsraum ausreichend und gleichmäßig ausgeleuchtet wird. Außerdem müssen die Räume so gestaltet sein, daß der Kunde immer im Blickfeld eines Verkäufers ist. Tote Winkel sind unter allen Umständen zu vermeiden. Dies wird dadurch erreicht, daß freistehende Warenregale oder Warengondeln nicht höher als 1,60 m sind. So sehr aus Gründen einer aufgegliederten Raumgestaltung trennende Zwischenwände von Vorteil sind, wegen der Vergrößerung der Gefahr von Ladendiebstählen sind sie abzulehnen. Glasscheiben in freistehenden Regalen, durchgehende offene Regale und Spiegel erleichtern dem Verkäufer den Überblick und Durchblick. Besonders wertvolle oder leicht zu entwendende Waren, wie Kristallvasen, Kupfer- oder Messingwaren, Zinngerät oder Zierkerzen müssen an leicht einsehbaren Stellen im Laden plaziert werden, sehr teure Waren u. U. auch in verschließbaren Glasvitrinen.

Beliebt ist bei Dieben auch, Preisschilder an Waren auszutauschen. Ein Zinnkrug kostet dann plötzlich anstelle von 84,– DM nur noch 64,– DM. Oft bleibt dies an der Kasse unbemerkt, weil ein Florist nicht alle Warenpreise ständig im Kopf haben kann. Daher dürfen nur *Sicherheitsetiketten* verwendet werden; sie sind schwer zu entfernen, da sie aus mehreren getrennten Segmenten bestehen.

Immer mehr hat sich in den vergangenen Jahren im Einzelhandel die löbliche Sitte eingebürgert, durch **Hinweisschilder** unmißverständlich deutlich zu machen, daß Ladendiebe ohne Ansehen der Person und ohne Rücksicht auf den Wert der entwendeten Waren angezeigt werden. Ehrliche Kunden nehmen an derartigen Hinweisschildern keinen Anstoß. Ob Diebe dadurch allerdings abgeschreckt werden, bleibt zumindest zweifelhaft.

○ **Methoden der Ladendiebe**

Unter den Ladendieben gibt es Einzeltäter und solche, die sich eines Komplizen bedienen. Letztere sind den Profis zuzurechnen. Das Verhaltensmuster von *Dieben mit Komplizen* ist immer sehr ähnlich: Einer versucht, die Aufmerksamkeit des Verkäufers durch Unterhaltung, Fragen, Beschwerden oder Vorbringen immer neuer Kaufwünsche zu fesseln, um damit seinem Helfershelfer die Gelegenheit zum Diebstahl zu verschaffen.

Einzeltäter müssen auf solche Gelegenheiten warten, die sich rein zufällig ergeben. Aber die gibt es genügend: Wenn zum Beispiel mehrere Kunden im Laden stehen, ein Verkäufer dem Kunden den Rükken zukehrt, weil er irgendeinen Gegenstand holen muß, oder der Verkäufer gar kurzfristig den Laden verläßt, um Wechselgeld, Packmaterial oder neue Ware zu holen.

Die gestohlene Ware wird dann unauffällig und rasch in Manteltaschen, Jacken- oder Hosentaschen, Ärmeln, Kleiderausschnitten, Einkaufs- oder Handtaschen, im Regenschirm oder unter der Kopfbedeckung versteckt. Der Phantasie sind hier keine Grenzen gesetzt. Eine andere Möglichkeit ist, mit der verpackten, aber noch nicht bezahlten Ware den Laden zu verlassen. Gut hat sich bei Dieben auch der Trick bewährt, den Verkäufer, der gerade irgendwelche Ware in der Hand hält, „versehentlich" anzurempeln, damit die Ware zu Boden fällt, um dann beim eilfertigen Aufheben einen Teil davon einzustecken. Immer wieder kommt es vor, daß sich Ladendiebe in Geschäftsräume einschließen lassen; bei Nacht räumen sie dann in aller Ruhe den Laden aus. Diese Gefahr ist bei großen Einzelhandelsbetrieben besonders gegeben.

Den Ladendieben sind auch die *Wechselfallenschwindler* zuzurechnen. Sie versuchen, den Verkäufer beim Kassieren durch Umwechseln größerer Geldscheine in Verwirrung zu bringen, indem sie ihn während des Wechselvorgangs in ein Gespräch verwickeln oder schnell beim Herausgeben von Wechselgeld unauffällig einen Geldschein verschwinden lassen. Nach Abschluß des Wechselvorgangs zählen sie dem Verkäufer das Geld vor, um ihm zu beweisen, daß er sich geirrt hat, und fordern das angeblich fehlende Wechselgeld nach.

○ **Verhalten des Verkäufers**
Der Verkäufer muß seine **Kunden immer im Auge behalten** und besonders den Plätzen im Laden seine Aufmerksamkeit schenken, an denen sich eventuelle Diebe unbeobachtet wähnen. Wegen der Diebstahlgefahr darf der Verkäufer auch niemals gleichzeitig zu viel Ware vorlegen, um den Überblick zu behalten. Nicht mehr benötigte Waren sind sofort zu entfernen oder mindestens aus der Reichweite des Kunden zu bringen. Zu vermeiden ist auch, dem Kunden den Rücken zuzukehren oder ihn längere Zeit mit der Ware allein zu lassen. Die Ware sollte dem Kunden erst ausgehändigt werden, wenn er sie bezahlt hat. Hat der Verkäufer Verdacht auf Diebstahl geschöpft, muß er sofort und unauffällig einen Kollegen oder den Geschäftsinhaber verständigen.
Kunden, bei denen man einen Diebstahl vermutet, sollte man zunächst beim Bezahlvorgang auffordern, die gestohlene Ware zurückzugeben. Macht der Kunde von dieser Möglichkeit keinen Gebrauch, ist er, ohne daß er gleich öffentlich des Diebstahls bezichtigt wird, in einen Nebenraum zu bitten. Während dieser Zeit muß der verdächtige Kunde jedoch genau beobachtet werden, weil er sich sonst unauffällig der entwendeten Waren entledigen könnte. Dann ist er in Anwesenheit eines Zeugen zur Herausgabe der gestohlenen Ware aufzufordern, notfalls unter der Androhung, die Polizei zu verständigen.

Ist der Diebstahl eindeutig erwiesen und im Zweifel auch beweisbar, kann der Verkäufer folgende Maßnahmen treffen: **Benachrichtigung der Angehörigen** (bei Jugendlichen), **Ausstellen einer Ehrenerklärung** des Kunden, daß er in diesem Geschäft keinen Diebstahlsversuch mehr unternimmt, **Hausverbot** oder **Anzeige.** In aller Regel sollte bei Erwachsenen von der Anzeige, bei Jugendlichen von der Benachrichtigung der Erziehungsberechtigten Gebrauch gemacht werden. Dem geschäftlichen Ruf schadet es keinesfalls, weil sich der Dieb hüten wird, über eine Diebstahlsanzeige mit anderen Kunden des Geschäfts zu reden. Und selbst dann kann der Florist nur in den Ruf kommen, richtig gehandelt zu haben. Außerdem schützt dieser Einzelhändler damit seine Kollegen aller Branchen vor weiteren Diebstählen, da dem Dieb so das Risiko und die Folgen von Ladendiebstählen deutlich werden. Ausnahmen dürfen gelegentlich nur bei Jugendlichen gemacht werden; ihnen sollte man eine Chance geben, weil sie oft – trotz Herabsetzung des Volljährigkeitsalters – die Einsicht in ihr möglicherweise folgenschweres Fehlverhalten noch nicht haben.

Eines sollte sich der Verkäufer noch zu Herzen nehmen. Ein Kunde darf nur dann des Diebstahls bezichtigt werden, wenn jeder Irrtum ausgeschlossen scheint. Ein derartiger Irrtum könnte nämlich für den Verkäufer sehr peinlich sein und einen unschuldigen Kunden hätte er dann für immer verloren.

Schnittblumen und Topfpflanzen sind glücklicherweise wegen der Beschädigungsgefahr zum Diebstahl weniger geeignet, die zahlreichen Artikel des Hartwarensortiments dagegen umso mehr. Insgesamt muß jedoch gesagt werden, daß aufgrund der zu beobachtenden Leichtfertigkeit und Sorglosigkeit im Verkauf die Ladendiebstähle weiter zunehmen werden.

> **Merksätze**
> ▷ Ladendiebe gehören zum Alltag im Einzelhandel; daher muß der Florist der Diebstahlgefahr durch geeignete Maßnahmen vorbeugen.

▷ Diebstähle sollten grundsätzlich zur Anzeige gebracht werden; eine Ausnahme ist nur bei Minderjährigen vertretbar.
▷ Die wichtigsten Maßnahmen zur Vorbeugung gegen Ladendiebstähle sind: Übersichtliche Raum- und Warengestaltung, Verwendung von Sicherheitsetiketten, stete Anwesenheit mindestens eines Verkäufers, strenge Konzentration auf den einzelnen Verkaufsvorgang.
▷ Kunden dürfen des Diebstahls nur verdächtigt werden, wenn jeder Irrtum ausgeschlossen ist.

Aufgaben

1. Erklären Sie das Sprichwort „Gelegenheit macht Diebe" hinsichtlich des Ladendiebstahls anhand von Beispielen.
2. Beschreiben Sie zwei Fälle von Ladendiebstahl, die in letzter Zeit in Ihrem Ausbildungsbetrieb vorgekommen sind.
3. Nennen und beschreiben Sie mindestens drei vorbeugende Maßnahmen zur Diebstahlsbekämpfung in Ihrem Betrieb.
4. Beschreiben Sie, durch welche Taktik der Florist beim Kassiervorgang von Ladendieben betrogen oder getäuscht werden kann.
5. Sie ertappen einen Minderjährigen auf frischer Tat, der in Ihrem Geschäft einen Kerzenleuchter im Wert von 29,– DM gestohlen hat. Wickeln Sie diesen Fall in Form eines Rollenspiels ab.

7 Besondere Verkaufsmaßnahmen

Lernziele

▷ Erklären können, daß die Ertragskraft des Unternehmens wichtigste Voraussetzung für angemessene Entlohnung der Mitarbeiter ist;
▷ die wichtigsten Maßnahmen zur Umsatzsteigerung aufzählen können;
▷ die Begriffe „Fachsortiment" und „Bedarfssortiment" erläutern können;
▷ die Bedeutung des Randsortiments für den Floristbetrieb anhand von Beispielen aus dem eigenen Erfahrungsbereich erläutern können;
▷ die Bedeutung des Zusatzverkaufs für den Floristbetrieb anhand von Beispielen erläutern können;
▷ zu ausgewählten Waren aus dem Sortiment geeignete Zusatzartikel nennen können;
▷ die Begriffe „Zusatzverkauf" und „Ersatzverkauf" gegeneinander abgrenzen können.

Verkaufen ist eine schöpferische Tätigkeit. Sie erfordert vom Verkäufer sowohl Einsatzfreude als auch Phantasie. Diese Eigenschaften sind immer dann notwendig, wenn es gilt, auf andere Menschen Einfluß zu nehmen. Und gerade dies sollte der Verkäufer in hohem Maße tun. Zwei Ziele muß er bei seiner Tätigkeit ins Auge fassen, nämlich die **bestmögliche Zufriedenstellung der Kunden** und den **Geschäftserfolg;** beide bedingen einander. Die Zufriedenheit der Kunden ist daran abzulesen, daß sie wiederkommen, der Geschäftserfolg zeigt sich im erwirtschafteten Gewinn. Wesentliche Voraussetzung für einen entsprechenden Geschäftserfolg ist ein möglichst großer Umsatz zu angemessenen Preisen und minimalen Kosten. Wie der Verkäufer durch besondere Verkaufsaktivitäten diesen Geschäftserfolg wesentlich beeinflussen kann, soll hier ausgeführt werden.

Ein Unternehmer kann nur dann hohe Löhne und Gehälter an seine Mitarbeiter bezahlen, wenn die Ertragslage des Unternehmens gut ist. Wirtschaftsunternehmen sind in unserem Wirtschaftssystem keine Wohlfahrtseinrichtungen. Sie werden betrieben, weil durch Unternehmertätigkeit *Gewinne* erwirtschaftet werden können, und auch die Mitarbeiter stellen dem Unternehmen in erster Linie ihre Arbeitskraft zur Verfügung, weil sie diese möglichst teuer verkaufen wollen, d. h. eine entsprechende

Entlohnung erwarten. Gute Ertragslage des Unternehmens ist die Voraussetzung für gute Bezahlung der Mitarbeiter. Jeder einzelne Betriebsangehörige muß also auch persönlich am Betriebsergebnis interessiert sein. Neben solchen rein wirtschaftlichen Interessen soll die Arbeit aber auch Freude bereiten; denn wer mit seiner Arbeit zufrieden ist, dem geht sie leichter von der Hand. **Arbeitsfreude bringt Leistung,** und Leistung wird letzten Endes bezahlt. Durch *Unternehmungslust* als betriebliche Mitverantwortlichkeit kann der Verkäufer den Umsatz in seinem Geschäft auf vielfältige Weise beeinflussen und damit die Voraussetzungen schaffen, daß seine Leistung entsprechend vergütet wird.

Die wichtigsten Maßnahmen solcher Verkaufsaktivitäten sind:
– Sortimentsgestaltung und Sortimentspolitik
– Umsatzhäufung
– Zusatzverkauf
– Ersatzverkauf.

7.1 Sortimentsgestaltung und Sortimentspolitik

Jeder Kaufwunsch, der nicht erfüllt werden kann, bedeutet für das Geschäft einen Umsatzverlust. Es ist notwendig, das Sortiment laufend zu überwachen, um es im Bedarfsfall den veränderten Kundenwünschen anpassen zu können. Unter **Sortiment** versteht

Abb. 116. Kern- und Randsortiment.

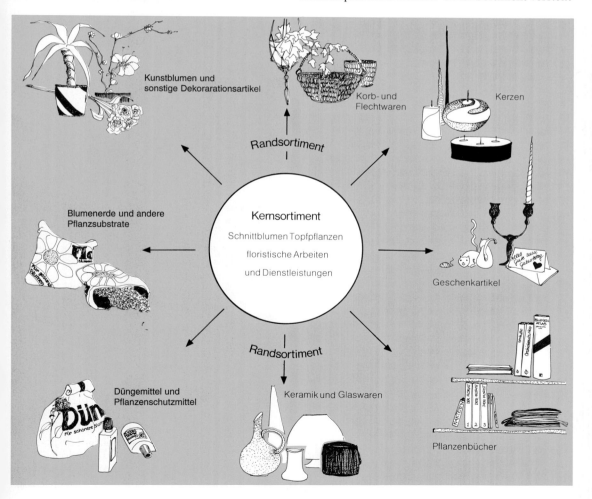

man die Auswahl an Waren und Dienstleistungen des Einzelhändlers. Kundenwünsche, die nicht erfüllt werden können, sind sorgfältig zu notieren und bei gehäuftem Auftreten in der Sortimentsgestaltung zu berücksichtigen. Hier hat jeder einzelne Mitarbeiter im Betrieb eine Informationspflicht gegenüber dem Geschäftsinhaber.

In vielen Geschäftszweigen des Einzelhandels wurde in den vergangenen Jahren vom traditionellen **Fachsortiment** zum **Bedarfssortiment** übergegangen. Damit entspricht der Einzelhändler dem Wunsch der Kunden, in einem Geschäft möglichst viele Warenarten kaufen zu können. Gleichzeitig lenkt er einen größeren Teil der Kaufkraft seiner Kunden in die eigene Ladenkasse. So ist es auch beim Floristbetrieb bereits selbstverständlich geworden, daß man dort nicht nur Blumen, Pflanzen und die damit verbundenen Dienstleistungen kaufen kann, sondern alles, was im weiteren Sinne mit Blumen und Heimschmuck zu tun hat. Die Frage ist allerdings, wie weit die Möglichkeiten der **Sortimentsausweitung** bislang ausgeschöpft wurden. Blumenvasen, Blumendünger, Schädlingsbekämpfungsmittel, Blumentöpfe, Blumenerde, Torf, Frischhaltemittel für Schnittblumen und auch Kerzen reichen bei dem starken Wettbewerbsdruck als Artikel zur Sortimentserweiterung nicht aus. Möglichkeiten dafür gibt es viele. Natürlich sind Umfang und Richtung der Sortimentserweiterung wesentlich an die Bedarfsrichtung, d. h. die Art der Nachfrage der Kunden gebunden. Aber auch die Nachfrage läßt sich durch anziehende Angebote, entsprechende Werbemaßnahmen und ähnliche Aktivitäten in gewissen Grenzen steuern.

Viele Floristen haben mit Erfolg ihr **Fachsortiment** (*Kernsortiment*) durch ein **Randsortiment** erweitert, das ihnen erhebliche Umsatzsteigerungen brachte. Die Artikel des Randsortiments müssen sich am Standort des Geschäfts, den Modeströmungen und an der Kundenstruktur ausrichten. Mögliche *Artikel der Sortimentserweiterung* sind: Garten- und Blumenbücher, Blumenkalender, Glückwunschkarten, Geschenkartikel im Boutiquestil, wie Holz-, Bast-, Korb- und Flechtwaren, Pflanzkübel, Balkonkästen, vielleicht sogar auch Tischdecken und Sets, bäuerliche Antiquitäten im Kleinformat (bei entsprechendem Geschäftsstil), Keramik und Glaswaren. Der Phantasie sind hier keine Grenzen gesetzt. Man sollte bei der Auswahl von Artikeln zur Sortimentserweiterung einerseits auch einmal an völlig ausgefallene Dinge denken nach der Methode des „brain storming". Wörtlich heißt dies, einen Sturmangriff auf sein eigenes Gehirn machen, um aus altgewohnten Gedankenbahnen auszubrechen. Oftmals sind selbst sehr ausgefallene Ideen bei näherer und nüchterner Betrachtung gar nicht so abwegig.

Andererseits muß der Florist bei der Sortimentserweiterung stets daran denken, daß sie nur sinnvoll ist, wenn eine genügend große Ladenfläche zur Verfügung steht. Auch darf er niemals so weit gehen, daß sein Randsortiment das Fachsortiment überdeckt. Es würde dessen Bedeutung dann so sehr verringern, daß andere Unternehmer Chancen sähen, in Kleinbetrieben mit reinem Fachsortiment Kunden vom bisherigen Fachgeschäft, das jetzt allzu vielerlei anbietet, abzuziehen. Eine solche Entwicklung ist in unseren Städten durchaus zu beobachten, wo sich der Florist vielfach schon sehr schwer tut, den Markt der einfachen Topfpflanzen und Sträuße von Straßenhändlern und Supermärkten wieder zurückzuerobern.

Abb. 117. Ein postmoderner Endverkaufsladen (Foto: Stortz).

Den Rahmen natürlicher Sortimentserweiterungen sprengen aber auch sogenannte *Geschäftskombinationen*. Der Verkauf von Blumen, Pflanzen, Obst, Gemüse und Konserven in einem Laden mag Kundenwünschen entgegenkommen, es handelt sich dann aber nicht mehr um Blumenfachgeschäfte. Gleiches gilt für die Kombinationen „Brautbinderei und Brautmoden" oder „Trauerbinderei und Beerdigungsbedarf". Betriebe solcher Art sind entweder rein im Blumenhandel tätig, aber keine Floristbetriebe mehr, oder floristisch auf ein so enges Gebiet spezialisiert, daß beispielsweise die Einhaltung der Ausbildungsordnung für Floristen, die sehr breit angelegt ist, nicht mehr gewährleistet ist.

Auf kurze Sicht sind sicher die größten Umsatzsteigerungen im Randsortiment zu erzielen, weil sich die Kaufgewohnheiten der Kunden hinsichtlich ihrer regelmäßigen Ausgaben für Blumen und Pflanzen nur langfristig verändern lassen. Dies zeigen statistische Erhebungen, die seit vielen Jahren angestellt werden, sehr deutlich.

Alle Maßnahmen, die dazu dienen, Unternehmensziele (z. B. Umsatzsteigerung, Gewinnmaximierung) mittels Sortimentsgestaltung durchzusetzen, bezeichnet man als **Sortimentspolitik**.

7.2 Umsatzhäufung /-steigerung

Unter Umsatzhäufung versteht man die Erhöhung des Umsatzes je Verkaufsakt. Bei vergleichsweise nur wenig erhöhtem Personaleinsatz und nur geringem Anwachsen der Personalkosten durch zusätzlichen Zeitaufwand beim Verkauf soll eine Umsatzsteigerung dadurch erzielt werden, daß der Kunde dazu veranlaßt wird, **höherwertige Waren** zu kaufen oder **größere Warenmengen abzunehmen**.

Viele Kunden sind sich beim Betreten des Geschäfts weder über die gewünschte Ware noch deren Preis im

Abb. 118. Topfpflanzenangebot – gut präsentiert und ausgeschildert.

klaren. Die Ursachen dafür sind mangelnde Markt- und ungenügende Warenkenntnisse. Der Blumen- und Pflanzenmarkt ist für den Kunden nicht vollkommen durchsichtig, folglich ist der *Wettbewerb* auch *unvollkommen*. Dies erhöht den Aktionsspielraum für den Verkäufer vor allem hinsichtlich der Warenpreise, aber auch der anzubietenden Waren. Er kann also seinen Kunden – ohne jeden psychischen Druck – bessere Waren und damit auch solche in höheren Preislagen verkaufen, als diese eigentlich kaufen wollten. Auch wenn die ursprünglich vom Kunden gewünschte Ware im Geschäft vorrätig ist, sollte der Verkäufer den vorhandenen Aktionsspielraum ausnützen. Natürlich muß er davon überzeugt sein, daß die teure Ware nicht nur eben teurer, sondern auch besser und schöner ist und damit den Bedürfnissen des Kunden eher entspricht. Diese Möglichkeit der Umsatzhäufung ist gerade im Blumeneinzelhandel besonders gegeben, denn es gibt höherwertige Schnittblumen, größere und wertvollere Topfpflanzen, aufwendigere und ausgefallenere binderische Arbeiten und wertvollere Blumenvasen. Bei nahezu

Abb. 119. Plakatständer für Angebote der Saison.

gleichem Arbeitseinsatz kann so eine wesentliche Umsatzsteigerung erreicht werden.

Auch der Verkauf größerer als der ursprünglich vom Kunden gewünschten Warenmengen ist eine Möglichkeit, mit geringem Mehraufwand eine Umsatzsteigerung zu erzielen. Ob der Florist einem Kunden fünf oder zehn Rosen verkauft, ist vom Umsatz her ein wesentlicher Unterschied. Natürlich erfordert dies einiges Geschick, aber damit hat der Verkäufer den Umsatz mit einem Kunden bei fast gleichbleibenden Kosten verdoppelt. Seine Absicht kann der Verkäufer den Kunden auf verschiedene Weise schmackhaft machen. So kann er sie auf Preisvorteile bei Abnahme größerer Mengen hinweisen, eine Möglichkeit, von der im Blumeneinzelhandel noch wenig Gebrauch gemacht wird. Dem Kunden sind solche Angebote aus seiner sonstigen Einkaufserfahrung heraus nicht neu, und daher spricht er auch darauf an, ohne den Preisvorteil genau nachzurechnen. Als guter Psychologe sollte der Verkäufer wissen, daß fünf Rosen zu 7,75 DM „viel preiswerter" sind als drei Rosen, von denen jede 1,55 DM kostet. So wie beim Lebensmitteleinzelhandel – der ja auch Fachhandel ist – während der Haupterntezeiten Tomaten oder Orangen nicht ½-kiloweise, sondern kiloweise oder zweikiloweise angeboten werden, sollte auch der Florist die Blumen der Saison wenigstens zum Teil fünf- oder zehnstückweise, dutzendweise oder als Bund anbieten. Damit erreicht er, daß nicht nur drei oder fünf Schnittblumen von einem Kunden gekauft werden. Der Kunde kommt trotzdem bald wieder, denn anders als beim Kauf von Lebensmitteln in größeren Mengen auf Vorrat verwelken „größere Blumenmengen" genau so schnell wie kleinere. Bei den hier angeführten Überlegungen handelt es sich nicht um vordergründige Maßnahmen, die nur dazu da sind, die Kunden zu schröpfen. Daher ist auch hier zu beachten, daß der Verkäufer keinen Kaufzwang auf ihn ausüben darf. Die Entscheidung über den Mehrkauf muß der Kunde selbst treffen.

Auch Hinweise auf besonders günstige Tagespreise, steigende Preistendenz oder längere Haltbarkeit der Blumen können Kunden veranlassen, mehr Geld, als ursprünglich beabsichtigt, im Blumenfachgeschäft „liegen zu lassen".

Beispiele
– *„Ich empfehle Ihnen diese schönen Lilien, weil sie noch repräsentativer sind als ein Strauß Gladiolen."*
– *„Heute haben wir Freilandrosen im Bund. Da kostet der ganze Bund mit 10 Stück nur 13,80 DM. Der Stückpreis der einzelnen Freilandrosen ist dagegen 1,50 DM."*

– *„Es ist bestimmt das letzte Mal, daß ich Ihnen die Freesien so preiswert anbieten kann. Wegen der zu Ende gehenden Saison ziehen die Preise auf dem Großmarkt bereits an."*
– *„Wollen Sie nicht so ein kleines Orchideengesteck für 18,– DM nehmen? Orchideen sind doch viel länger haltbar und das Schnittblumenarrangement würde Sie auch etwa 16,– DM kosten."*

7.3 Der Zusatzverkauf

Besondere Bedeutung hat in der täglichen Verkaufspraxis der Zusatzverkauf. Richtig angepackt, ist er die einfachste Art, den Umsatz zu steigern, vorausgesetzt, er wird mit der Absicht durchgeführt, dem Kunden damit einen zusätzlichen Dienst zu erweisen; denn die Zufriedenheit des Kunden muß immer vor der Umsatzsteigerung stehen. Ob ein Zusatzverkauf gelingt, hängt wesentlich von dem Wissen des Verkäufers über geeignete Zusatzartikel und der Wahl des richtigen Zeitpunkts ab. Bei den Zusatzartikeln wird zwischen **Ergänzungs-** und **Fremdartikeln** unterschieden. *Ergänzungsartikel* stehen in einem inneren Zusammenhang mit dem Hauptartikel; beide sind also miteinander verwandt. *Beispiele* sind: Kranz und Kranzschleife, Topfpflanze und Dünger bzw. Übertopf, Gesteck und Keramikschale.

Fremdartikel sind als Zusatzartikel nicht durch die Hauptware bestimmt. Darunter fallen alle möglichen Keramikwaren und Geschenkartikel, Artikel der Saison, kleine Fertigsträußchen, Sonderangebote, Neuheiten.

Zusatzverkäufe können auch durch **Kombinationsangebote** erreicht werden. Das heißt, es werden von vornherein mehrere unterschiedliche Waren gemeinsam angeboten. *Beispiele* sind: Blumen mit Vase, großer Strauß mit kleinem Strauß, Topfpflanzen mit Blumenwanne.

Der **Zeitpunkt für den Zusatzverkauf** muß so gewählt werden, daß der Kunde sich noch in guter Kaufstimmung befindet, d. h. aufgeschlossen und noch kaufbereit ist. Leitet der Verkäufer den Zusatzverkauf zu früh ein, wird der Kunde möglicherweise vom Hauptartikel abgelenkt und in seinem Kaufentschluß gestört. Andererseits ist der Kunde, wenn der Zusatzverkauf zu spät eingeleitet wird, nicht mehr kaufbereit, weil für ihn der Kaufakt gedanklich bereits abgeschlossen ist.

Abb. 120 (oben). Verkaufshilfen dieser Art bezeichnet man als Display.
Abb. 121. Modernes Display für Glückwunschkarten.

Zusatzartikel können sowohl ausdrücklich als auch auf dem Wege des „stummen Verkaufs" angeboten werden. *Stumme Verkaufshilfen* für Zusatzverkäufe sind außer Kombinationsangeboten Gruppenvorlage von Waren, Stolperkörbe und entsprechendes Display (Zurschaustellung) am Kassentisch oder an der Verkaufstheke. Leider mangelt es bei vielen Verkäu-

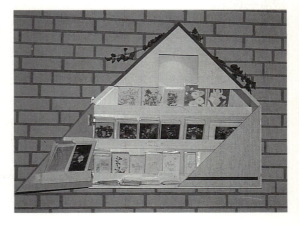

fern am Versuch, Zusatzverkäufe durchzuführen, an der notwendigen Phantasie, Einfühlungsgabe oder Erfindungsgabe (Kreativität). Doch viel schlimmer ist es, wenn der Verkäufer aus Gedankenlosigkeit die Gelegenheiten, Zusatzverkäufe durchzuführen, nicht wahrnimmt.

Beispiele
- „Die von Ihnen gewünschte Phalaenópsis-Rispe würde in einer schlanken Glasvase besonders wirkungsvoll aussehen. Darf ich Ihnen eine solche zeigen?"
- „Alpenveilchen blühen besonders reich und lang, wenn man ihnen immer wieder eine Düngung gibt. Haben Sie einen geeigneten Blumendünger?"
- „Werfen Sie doch bitte noch einen Blick auf unsere netten Veilchensträußchen!"
- „Kann ich Ihnen zu dieser Hortensie Vorschläge für einen passenden Übertopf machen oder genügt es, wenn ich Ihnen nur eine einfache Papiermanschette um den Topf lege?"

7.4 Der Ersatzverkauf

Trotz größter Bemühungen des Verkäufers können nicht alle Kundenwünsche erfüllt werden, weil die vom Kunden genannte Ware manchmal nicht im Geschäft vorhanden oder überhaupt nicht aufzutreiben ist. In manchen Betrieben findet man für solche Situationen ein humorvolles Plakat mit folgender Aufschrift:

Unmögliches wird sofort erledigt, Wunder dauern etwas länger!

Das Problem ist allerdings damit nicht gelöst. Der Verkäufer hat zwei Möglichkeiten, doch noch zu einem Verkaufsabschluß zu kommen: der Vorschlag, dem Kunden die gewünschte Ware umgehend zu besorgen oder die Vorlage ähnlicher Waren. Von der Möglichkeit des Ersatzverkaufs sollte der Verkäufer immer, wenn es nötig ist, Gebrauch machen, und meist wird er auch erfolgreich sein, da nur wenige Kunden so genau auf eine bestimmte Ware festgelegt sind. Am Bemühen des Verkäufers kann der Kunde erkennen, daß man ihm helfen möchte. Er wird dies dankbar vermerken, auch wenn er ausnahmsweise einmal nichts kauft. Jede Art von Aufdringlichkeit ist beim Ersatzverkauf jedoch zu vermeiden. Wichtig ist, daß sich der Verkäufer in die Gedanken- und Gefühlswelt des Kunden hineinversetzt, um die angemessenen Ersatzartikel herauszufinden.

Beispiele
- „Ich werde die weißen Lilien sofort bestellen, dann sind sie morgen früh da. Sollen wir Ihnen die Blumen zustellen oder wollen Sie sich diese vorher noch einmal ansehen?"
- „Wir erwarten unseren Blumenlieferanten in etwa einer Stunde, dann haben wir die dunkelroten Nelken. Kann ich Sie irgendwie benachrichtigen?"
- „Leider haben wir keine Sonnenblumen mehr. Ein schöner Strauß mit ungefüllten, kleinblumigen Chrysanthemen gibt aber auch die Herbststimmung wieder, die Sie wünschen. Ich könnte Ihnen diese hier wirklich empfehlen."
- „Die Qualität der Freilandrosen, die uns heute morgen angeboten wurden, hat uns nicht voll befriedigt, wir haben daher keine eingekauft. Diese kleinen, kurzstieligen Rosen hier sind zwar aus dem Gewächshaus, aber sie haben trotzdem das schöne, kräftige Laub wie Freilandrosen. Würden Ihnen diese nicht auch gefallen?"

Merksätze

▷ Die Rentabilität eines Unternehmens wird nicht nur durch die Geschäftsleitung, sondern auch durch den Einsatz jedes Mitarbeiters wesentlich beeinflußt.
▷ Jeder Beschäftigte im Floristbetrieb muß bereit sein, Mitverantwortung für das Unternehmen zu tragen.
▷ Das Sortiment des Blumenfachgeschäfts muß auf die speziellen Bedürfnisse der Kunden ausgerichtet sein (Bedarfssortiment).
▷ Das Sortiment wird in das traditionsbedingte Fachsortiment (Kernsortiment) und das Randsortiment unterteilt.
▷ Wesentliche Umsatzerweiterungen sind im Floristbetrieb auf kurze Sicht überwiegend im Randsortiment zu erwarten.
▷ Der Verkauf höherwertiger Ware und größerer Warenmengen je Kunde sind wesentliche Aktivitäten des Verkäufers zur Umsatzsteigerung.

▷ Der Zusatzverkauf ist die einfachste Art der Umsatzsteigerung; leider wird davon viel zu wenig Gebrauch gemacht.
▷ Zusatzartikel können sowohl Ergänzungs- als auch Fremdartikel sein.
▷ Ist die vom Kunden gewünschte Ware nicht vorrätig, muß der Verkäufer einen Ersatzverkauf versuchen; jeder Druck ist dabei jedoch zu vermeiden.

Aufgaben

1. Beschreiben Sie stichwortartig, aus welchen Waren und Dienstleistungen das Sortiment Ihres Ausbildungsbetriebs besteht.
2. Erklären Sie den Begriff „Sortimentspolitik".
3. Machen Sie schriftliche Vorschläge, durch welche Waren und Dienstleistungen das Sortiment Ihres Ausbildungsbetriebs verbessert werden könnte.
4. Warum soll im Fachgeschäft das Kernsortiment überwiegen?
5. Warum ist die „Umsatzhäufung" eine gute Möglichkeit, den Ertrag im Floristgeschäft zu steigern?
6. Entwerfen Sie ein Verkaufsgespräch, bei dem die „Umsatzhäufung" versucht wird. Stellen Sie dieses Verkaufsgespräch in einem Rollenspiel dar.
7. Bilden Sie Sätze in wörtlicher Rede, in denen Sie Kunden den Kauf von Waren in höheren Preislagen empfehlen.
8. Wählen Sie zu fünf Waren Ihres Geschäfts die passenden Zusatzartikel aus und stellen Sie dies in Tabellenform dar.

Hauptartikel	mögliche Zusatzartikel

9. Zeigen Sie anhand von Beispielen aus Ihrem Ausbildungsbetrieb, wie Zusatzverkäufe durch sogenannte „stumme Verkaufshilfen" (Display) erzielt werden können.
10. Zeigen Sie im Rollenspiel, wie Zusatzverkäufe durchgeführt werden. Wählen Sie dafür die von Ihnen zusammengestellten Beispiele der Aufgabe 8.
11. Suchen Sie zu fünf Waren Ihres Sortiments mögliche Ersatzwaren, die Sie Ihren Kunden im Ersatzverkauf anbieten können.
12. Üben Sie im Rollenspiel aufgrund der Beispiele von Aufgabe 11 den Ersatzverkauf.

8 Besonderer Kundendienst

Lernziele

▷ Sich Grundkenntnisse verschaffen und Erfahrungen sammeln, um Sonderveranstaltungen mitplanen, vorbereiten und durchführen zu können;
▷ an Beispielen erklären können, welche Möglichkeiten für Sonderveranstaltungen in der Branche bestehen;
▷ wissen, daß Warenzustellung und bei Kunden durchzuführende Arbeiten Kundendienstleistungen sind, welche die besondere Eigenart des Blumenfachgeschäfts ausmachen;
▷ wissen, was beim Eingang schriftlicher Bestellungen zu tun ist;
▷ wissen, wie man sich am Telefon gegenüber Kunden verhalten muß.

8.1 Sonderveranstaltungen

Man kann geteilter Meinung darüber sein, ob die typischen Saisonverkaufstage des Floristen, wie die Wochenenden des Totengedenkens im November, Advent, Weihnachten, Valentinstag, Ostern und der Muttertag Sonderveranstaltungen sind. Im rechtlichen Sinne sind sie es nicht. Nach dem Gesetz sind Sonderveranstaltungen nur die folgenden: Jubiläumsverkäufe, Tage der offenen Tür, Sonderverkäufe aus Anlaß von Geschäftseröffnungen, -erweiterungen oder Filialeröffnungen und örtlich (z. B. auf Gemeindeebene) stattfindende Veranstaltungen mit Sonderverkäufen.

All diese gesetzlich als **Sonderveranstaltungen** bezeichneten Verkaufstage **dienen ausschließlich der Umsatzsteigerung.** Sie verlangen von den Verkäufern einen zusätzlichen Aufwand an Arbeit und Zeit. Daher sollten sie sich rechtzeitig und gründlich auf solche Ereignisse, und dazu gehören die Saisonverkaufstage des Floristen natürlich auch, vorbereiten.

Wie wichtig die **persönliche Vorbereitung** ist, merkt man eigentlich erst, wenn man den Streß solcher Tage hinter sich gebracht hat. Im Blumenfachgeschäft ist dafür ein treffendes Beispiel die zweite Novemberhälfte, in die mit Volkstrauertag, Totensonntag und 1. Advent eine ununterbrochene Kette anstrengender Tage fällt. In der Woche zwischen

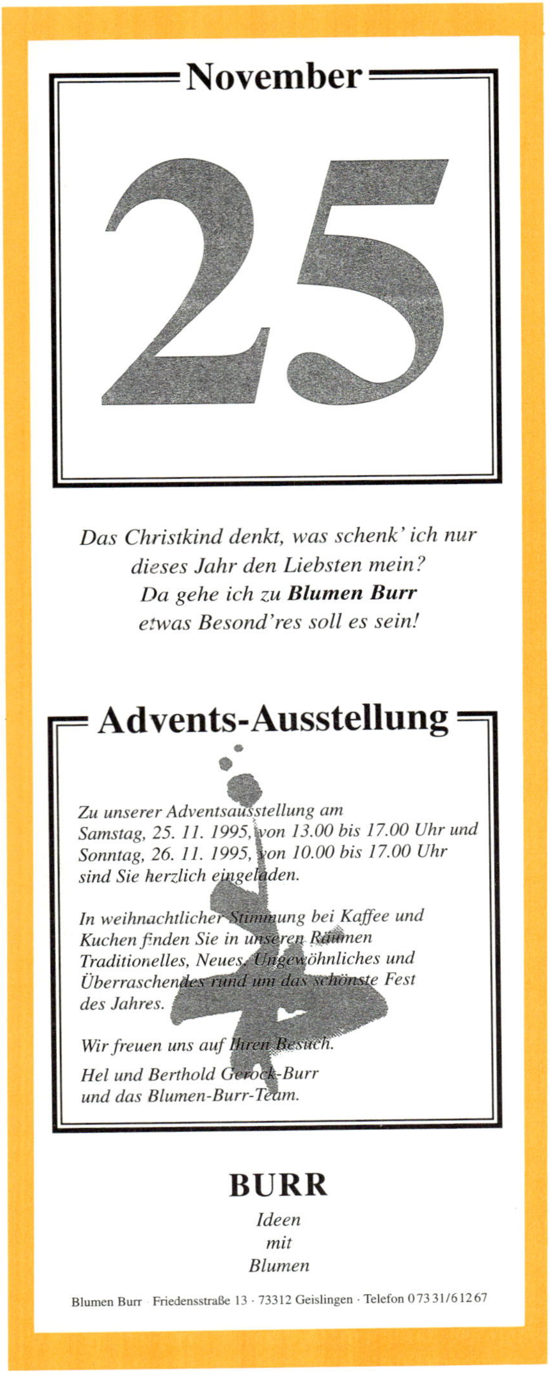

Abb. 122. Handzettel können sehr werbewirksam sein.

Abb. 123. Zeitungsanzeige über eine Sonderveranstaltung eines Pflanzenbetriebs.

Totensonntag und 1. Advent läßt die Leistungsfähigkeit vieler Floristen und Verkäufer zwangsweise nach, auch wenn sie noch so viel eigenen Willen dagegensetzen.

Neben den persönlichen Vorbereitungen auf Sonderveranstaltungen spielen die **sachlichen** eine nicht minder große Rolle. Hierbei geht es vor allem um die gute Organisation des Wareneinkaufs, das Herrichten der angelieferten Waren, die Überprüfung der Hilfsmittel, Arbeitsgeräte und Werkzeuge. Aber auch die durchdachte Planung des Arbeitsablaufs und die Bereitstellung von Hilfskräften gehören hierher.

Die *sachlichen Vorbereitungen* sind nicht nur Aufgabe des Betriebsinhabers, sondern jedes Mitarbeiters. Es kann nicht ausbleiben, daß an solchen Tagen die Arbeitsüberlastung bei manchen Verkäufern zur Reizbarkeit führt. Nervlicher Überanstrengung durch Toleranz, Hilfsbereitschaft und Kollegialität entgegenzuwirken, ist für alle Betriebsangehörigen nun das Gebot der Stunde. Wenn sie wissen, daß alle den gleichen Streß auszuhalten haben und keiner bevorzugt wird, ist die unausbleibliche Überbeanspruchung für jeden leichter zu ertragen. Allerdings muß darauf hingewiesen werden, daß auch in solchen Zeiten besonderer physischer und psychischer Überbeanspruchung die *arbeitsrechtlichen Bestimmungen* zu beachten sind (Jugendarbeitsschutzgesetz, Arbeitszeitordnung, Tarifvertrag).

Trotz aller Hektik dürfen Kunden nie das Gefühl haben, vom Verkäufer nur abgefertigt zu werden; sie haben wie immer ein Anrecht auf individuelle Bedienung.

Manche Blumenfachgeschäfte lassen sich **Sonderveranstaltungen ganz besonderer Art** einfallen. Einige dieser Ideen verdienen weitere Verbreitung und sollen daher näher ausgeführt werden.

Auf dem Weg über Zeitungsanzeigen oder durch persönliche oder schriftliche Benachrichtigung eines ausgewählten Kundenkreises wird zu einem im Laden und/oder Binderaum stattfindenden *Demonstrationsabend* eingeladen, bei dem saisonbedingt entweder die entsprechenden floristischen Möglichkeiten gezeigt und moderiert oder Hinweise für das häusliche Arrangieren von Blumen gegeben werden. Zu

Abb. 124. Zur Konkurrenzabwehr der „Billigmacher" muß der Florist den Kunden durch Spezialangebote seine Fachkompetenz laufend beweisen.

beachten sind jedoch die Bestimmungen des Ladenschlußgesetzes.

Eine andere Veranstaltungsart setzt zunächst eine entsprechende Absprache mit einer oder mehreren Gärtnereien voraus. Ein Schaufenster oder ein Schaufensterteil erhält an bestimmten Abenden oder Wochenenden eine Dekoration mit *botanischen Kostbarkeiten* oder Besonderheiten, die in einer Gärtnerei kultiviert und für diesen Zweck ausgeliehen werden. Die ausgestellten Pflanzen müssen mit entsprechenden Hinweisschildern für die Kunden versehen sein. Auch ist es zweckmäßig, die Kunden durch persönliche Mitteilung, Anzeigen, Handzettel u. ä. im voraus darüber zu informieren.

Eine wirkungsvolle Sonderveranstaltung ist auch folgende: Ein Blumenfachgeschäft kann aus gegebenem Anlaß kleine Sträuße oder Gestecke an Bewohner eines *Altenheims* oder Patienten eines nahegelegenen *Krankenhauses* verschenken. Dabei ist die Größe gar nicht so wichtig; entscheidend ist die genügend große Anzahl, um jedes Zimmer mit einem Blumengruß versorgen zu können. Gerade zu Veranstaltungen dieser Art bietet sich an, daß sich mehrere Blumenfachgeschäfte zusammenschließen (Gemeinschaftswerbung). Möglichkeiten zu umsatzsteigernden Sonderveranstaltungen gibt es also in genügender Zahl, es liegt ausschließlich am einzelnen, sich zum richtigen Zeitpunkt das Richtige einfallen zu lassen.

8.2 Warenzustellung

Im Blumenfachgeschäft werden oft Waren gekauft, die dem Kunden zugestellt werden müssen. Der Schwerpunkt liegt hier bei der Warenzustellung zum Friedhof und ins Krankenhaus. Dabei fallen die längsten Wege in der Regel bei Einzelbelieferungen an. Die Zeiten, in denen Verkäufer diese Waren zu Fuß zustellen mußten, gehören weitgehend der Vergangenheit an, da dies wegen des Zeitaufwands für das Geschäft zu teuer ist. Lieferwagen, PKW oder Botendienste (auch per Fahrrad oder Taxi) sind heute aus Gründen der Zeiteinsparung billiger. Wird eine **Zustellgebühr** verlangt, die meist auch anstandslos bezahlt wird, muß dies dem Kunden im voraus bekanntgegeben werden.

Wenn der Kunde Warenzustellung wünscht, muß der Verkäufer die *genaue Anschrift* des Kunden gewissenhaft notieren (Vorname, Name, Wohnort, Stadtteil, Straße, Hausnummer, Stockwerk; bei Lieferung ins Krankenhaus auch Abteilung und Zimmernummer). Ebenso wichtig ist es, daß sich der Verkäufer

vom Kunden genau sagen läßt, *wann die Zustellung erfolgen soll*. Unzumutbare Zeitwünsche sollte er jedoch höflich ablehnen bzw. sich einen gewissen zeitlichen Spielraum angeben lassen. Es ist auch zweckmäßig, sich eine Adresse nennen zu lassen, an welche die Ware zugestellt werden kann, falls der eigentliche Empfänger nicht zu Hause sein sollte. Blumenfachgeschäfte, die viele Warenzustellungen haben, stellen für die Auslieferung einen genauen *Tourenplan* auf, der dann auch für die Verkäufer verbindlich ist, wenn sie mit den Kunden die *Lieferzeiten* vereinbaren.

8.3 Schriftliche und telefonische Bestellungen

Schriftliche Bestellungen im Blumenfachgeschäft kommen hauptsächlich bei der Blumenspendenvermittlung vor (s. Seite 330ff.). Der Verkäufer muß jede schriftliche Bestellung unverzüglich dahingehend prüfen, ob die notwendigen Angaben vollständig sind und der Auftrag ausgeführt werden kann. Falls die gewünschte Ware nicht im Geschäft vorhanden ist, muß sie sofort beschafft werden. Unter Umständen ist auch mit dem Kunden vor Erledigung des Auftrags Rücksprache zu nehmen, um eventuelle Unklarheiten zu beseitigen.

Telefonische Bestellungen (auch über Telefax) sind für die Kunden bequem und zeitsparend, bieten darüber hinaus aber noch fast alle Vorteile des persönlichen Verkaufsgesprächs. Vom Verkäufer verlangen sie sprachliche Gewandtheit, schnelle Auffassungsgabe, umfassende Waren- und Preiskenntnisse sowie gutes Vorstellungsvermögen (vgl. Teil A, Abschnitt 17). Zum Telefondienst sollten daher nur erfahrene Verkäufer eingeteilt werden.

Bei telefonischen Bestellungen ist folgendes zu beachten:
– Bei jedem Anruf meldet sich der Verkäufer mit freundlicher Stimme, nennt den Namen der Firma, seinen eigenen Namen und entbietet dem Kunden einen Gruß. Diese Reihenfolge ist einzuhalten! Das häufig zu hörende „Hallo" ist nicht nur überflüssig, sondern auch unhöflich.
– Deutliche Aussprache ist beim Telefonieren noch wichtiger als beim Verkaufsgespräch im Laden.
– Man spricht am Telefon mit normaler Lautstärke und schreit nicht in die Sprechmuschel. Ist die Verständigung schlecht, wird der Kunde von sich aus um lauteres Sprechen bitten.
– Die Sprache soll treffend und anschaulich sein, da

man dem Kunden ja die Ware nicht zeigen kann.
- Beim Telefon müssen Papier (evtl. Vordrucke) und Schreibgerät stets griffbereit sein.
- Die Bestellung muß vom Verkäufer wiederholt werden, damit der Kunde weiß, ob er richtig verstanden wurde. Gleichzeitig schreibt sich der Verkäufer die Bestellung sorgfältig auf.
- Besonders wichtig ist die genaue Niederschrift von Name und Anschrift des Empfängers und des Auftraggebers, der Lieferungsbedingungen und der Form der Bezahlung.
- Bei einer größeren Bestellung eines unbekannten Kunden kann man durch einen Gegenanruf überprüfen, ob der Auftrag in Ordnung geht. Zuvor sollte man die vom Kunden angegebene Nummer im Telefonbuch nachschlagen und vergleichen.
- Wünscht der Kunde vom Verkäufer Vorschläge, sollte er sich auf wenige beschränken, um dessen Vorstellungsvermögen nicht zu überfordern.
- Vorschläge, die der Verkäufer dem Kunden am Telefon macht, erfordern seine besondere Konzentration auf Kundenwunsch und Warensortiment, weil er vom Telefon aus meist keinen Blick auf die Ware im Laden hat und daher voll auf sein Vorstellungsvermögen angewiesen ist.
- Selbstverständlich müssen alle Kundenfragen höflich und ausführlich beantwortet werden.
- Rückfragen sind keine Schande. Hat der Verkäufer etwas nicht genau verstanden, so bittet er den Kunden um Wiederholung, um zu vermeiden, daß etwas falsch aufgeschrieben wird.
- Vor Beendigung des Telefongesprächs soll der Verkäufer dem Kunden die wichtigsten Angaben noch einmal wiederholen und sie sich von ihm bestätigen lassen.
- Zum Abschluß des Gesprächs bedankt man sich höflich für den Auftrag und verabschiedet sich freundlich.
- Sobald der Verkäufer den Hörer aufgelegt hat, soll er seine Aufschriebe nochmals überprüfen und evtl. ergänzen.

8.4 Sonstiger Kundendienst

Kunden, die besonders viel Freude an Blumen haben, machen von der Möglichkeit der häuslichen Blumenpflege durch Fachkräfte gerne Gebrauch. Dabei packen Sie die Gelegenheit beim Schopfe, um zahlreiche Fragen aus dem Bereich der Pflanzenpflege zu stellen. Dafür muß man gewappnet sein; denn gerade hier kann der Florist beweisen, was er fachlich „drauf hat". Solche Arbeitsaufträge sollten nur guten Fachkräften übertragen werden.

Weitere Kundendienstleistungen können z. B. die Gestaltung eines Blumenfensters oder eines Wintergartens in der Wohnung von Kunden sein. Auch die Gestaltung von Blumenschmuck und Tischdekorationen für Festlichkeiten, die floristische Ausschmückung von Festsälen, Kirchen, Theatersälen und Festwagen sind lohnende Aufgaben für den Floristen. Beliebte Dienstleistungen sind auch die Überwinterung von frostempfindlichen Pflanzen (z. B. Bougenvillien, Margeriten-Bäumchen), die Pflege von Pflanzen während der Urlaubszeit („Pensionspflanzen"), das Strauß-Abo, der Pflanzenpflegedienst in Büros oder die Montags-Sträuße (Bürodienst), der Deko-Service in Hotels oder der Abschluß von Leasingverträgen für Pflanzen (z. B. Lorbeerbäume für Beerdigungsfeierlichkeiten).

Merksätze

▷ Welche Veranstaltungen als „Sonderveranstaltungen" gelten, ist gesetzlich geregelt.
▷ Innerhalb der Gesetzesregelung gibt es althergebrachte Sonderveranstaltungen, die nach wie vor ihre Bedeutung und Berechtigung und bei richtiger Planung und Durchführung beachtliche Umsatzsteigerungen zur Folge haben.
▷ Der Florist muß sich immer wieder darüber Gedanken machen, ob es nicht eine Möglichkeit für irgendeine neue und ausgefallene Sonderveranstaltung gibt.
▷ Der Wunsch des Kunden nach Warenzustellung macht es erforderlich, daß der Verkäufer nur das verspricht, was auch gehalten werden kann, und daß er sich gewissenhaft Notizen macht.
▷ Arbeiten in der Wohnung von Kunden sollten nur von erfahrenen Fachkräften ausgeführt werden.
▷ Beim Eingang schriftlicher Bestellungen ist eine sofortige und genaue Überprüfung des Schreibens notwendig.
▷ Die Annahme und Abwicklung telefonischer Bestellungen erfordert erhebliche Kenntnisse und Fertigkeiten, weswegen zu diesem Dienst erfahrene Verkäufer eingeteilt werden sollen.

Aufgaben

1. Berichten Sie über verschiedene Sonderveranstaltungen Ihres Ausbildungsbetriebs, und geben Sie darüber ein Urteil ab.

2. Sammeln Sie Veröffentlichungen in Fachzeitschriften („Der Florist", „Blumen-Einzelhandel") über Sonderveranstaltungen von Floristbetrieben und diskutieren Sie darüber in der Schulklasse.
3. Berichten Sie, wie die Warenzustellung an Kunden in Ihrem Ausbildungsbetrieb organisiert ist.
4. Zählen Sie die Gründe auf, wieso sich Kunden Waren zustellen lassen.
5. Warum machen Kunden von den Möglichkeiten der a) schriftlichen, der b) telefonischen Bestellung und c) der Bestellung per Fax Gebrauch?
6. Schildern Sie, wie telefonische Bestellungen von Kunden in Ihrem Ausbildungsbetrieb abgewickelt werden.
7. Was ist vom Bearbeiter bei der Entgegennahme telefonischer Bestellungen zu beachten?
8. Üben Sie im Rollenspiel die Entgegennahme von telefonischen Bestellungen durch Kunden.

9 Die Blumenspendenvermittlung

Lernziele

▷ In der Lage sein, Aufträge im Rahmen der Blumenspendenvermittlung anzunehmen, weiterzuleiten und auszuführen;
▷ sich der Verantwortung bewußt sein, die mit der Annahme und Ausführung eines Auftrags in der Blumenspendenvermittlung übernommen werden.

Einen besonderen Platz innerhalb des Kundendienstes nimmt die Blumenspendenvermittlung ein, mit der sich die beiden internationalen Organisationen **Fleurop-Interflora** und **Teleflor-Weltblumendienst** beschäftigen. Entwicklung und Organisation dieser Einrichtungen sind in „Der Florist 2" behandelt. Hier soll nur die verkaufskundliche Seite besprochen werden.

○ Fleurop-Interflora

Dies ist die größere der beiden Organisationen zur Blumenspendenvermittlung. Daher soll bei ihr der Gesamtablauf eines Auftrags ausführlicher dargestellt werden.

Auftragsannahme: Über alle mit dem **Bestimmungsort** zusammenhängenden Fragen wie Hauptort, Nebenort und entsprechende Spesen, gibt das *Fleurop-Verzeichnis* Auskunft. Bei der **Auswahl der Blumen** und der Höhe des Betrags, den der Kunde anlegen will, muß der Verkäufer sehr überlegt vorgehen. Hat ein Kunde eine **feste Preisvorstellung** und keine ausgefallenen Blumenwünsche, ist die Auftragsannahme einfach. Wenn dies aber nicht zutrifft, muß der Verkäufer wie beim sonst üblichen Verkaufsgespräch den Kaufgrund erfragen und dem Kunden entsprechende Vorschläge machen. Über den **vorgeschriebenen Mindestpreis** eines Auftrags muß der Kunde aber von vornherein aufgeklärt werden.
Die Schwierigkeiten beim Annehmen eines Auftrags liegen in folgendem:
– Der Wert der Blumenspende ist nicht gleich dem Betrag, den der Kunde zahlen muß, weil zusätzlich Spesen, die sogenannten *Vermittlungsgebühren*, und Porti berechnet werden müssen;
– das ausführende Blumenfachgeschäft ist dem Kunden in aller Regel, wahrscheinlich aber auch dem Verkäufer, unbekannt. Daher hegt der Kunde oft Zweifel hinsichtlich der Qualität der Blumen und der Zuverlässigkeit der Auftragsausführung.

Der *Fleurop-Katalog* (Flower-Selections) stellt für den Kunden eine Hilfe bei der Auswahl dar, ersetzt aber niemals das Verkaufsgespräch.
Der Kunde ist darüber zu informieren, daß das ausführende Blumenfachgeschäft andere Ware liefern kann, wenn die vom Kunden gewünschte Ware fehlt. Daher rät der Verkäufer dem Kunden, im Auftrag von vornherein eine **Auswahlmöglichkeit** vorzusehen. Will der Kunde dies nicht, muß auf dem Formular vermerkt werden, daß der Auftrag im Zweifelsfalle rückgängig zu machen ist. Wegen örtlich unterschiedlicher Preise sollte sich der Verkäufer vom Kunden nicht gleichzeitig auf Stückzahl und Preis festlegen lassen. Es ist daher üblich, nur den Preis im Auftragsformular einzusetzen, die Stückzahl jedoch offen zu lassen. Wird allerdings einmal die Stückzahl vom Kunden verbindlich vorgeschrieben, z. B. bei Geburtstagen oder Jubiläen, bleibt der *Preis offen*. Der Auftrag erhält dann den Vermerk „bitte Preis einsetzen". Auf einer dem Auftragsformular beigelegten Bestätigungskarte trägt das ausführende Geschäft den Preis ein. Erst aufgrund dieser Angaben kann die Kundenrechnung ausgestellt werden. Bei ausgefallenen Pflanzenwünschen empfiehlt es sich ebenfalls, nur einen ungefähren Preis einzusetzen. Bei ungewöhnlichen Arrangements werden zwar der verbindliche Preis und bestimmte, unbedingt gewünschte Blumen eingetragen, die endgültige Auswahl wird jedoch dem ausführenden Geschäft überlassen.

Schwierigkeiten gibt es manchmal bei der **Lieferzeit**, weil die Aufträge von den Kunden so spät erteilt werden, daß eine normale Beförderung derselben durch die Post nicht mehr ausreicht. Soll trotz knapper Zeit unbedingt ein Brief oder sonstiger persönlicher Gruß des Auftraggebers beigefügt werden, gibt es nur die Möglichkeit, den Auftrag „per Eilboten" an das ausführende Geschäft zu schicken oder einen persönlichen Gruß des Kunden über Telefax zu übermitteln. Liegt kein schriftlicher Gruß bei, so wird der Auftrag telefonisch oder online weitergeleitet. Die hierbei anfallenden zusätzlichen Kosten müssen dem Kunden in Rechnung gestellt werden.

Der Verkäufer hält alles, was er mit dem Kunden vereinbart hat, auf dem Fleurop-Formular fest. Er errechnet, sofern dies möglich ist, sofort den Preis (Wert der Blumenspende + Vermittlungsgebühr + sonstige Kosten) und gibt dem Kunden das Auftragsoriginal.

Über eine Fleurop-Hotline (bundesweit geltende gebührenfreie Telefonnummer) können Blumengruß-Aufträge angenommen und online per Fleurop-Merkur-System vermittelt werden. Die Bezahlung erfolgt mit Kreditkarte.

Auslandsaufträge: Bei Auslandsaufträgen ist folgendes zu beachten:

- Die für die einzelnen Länder **vorgeschriebenen Mindestpreise** (siehe Fleurop-Verzeichnis) sind einzuhalten.
- Die **vorgeschriebene Zusatzgebühr** ist dem Kunden in Rechnung zu stellen; sie fließt bei innereuropäischen Aufträgen dem vermittelnden Geschäft, bei außereuropäischen der Fleurop-Zentrale zu.
- Die Pflanzen oder Blumen sind sorgfältig auszuwählen. Der Fleurop-Katalog gibt Auskunft, was zu den verschiedenen Jahreszeiten in den einzelnen Ländern angeboten wird. Trotzdem verbleibt ein gewisses Risiko. Daher überlasse man die **endgültige Auswahl** dem ausführenden Blumenfachgeschäft.
- **Eilaufträge** sollten wegen Verständigungs- oder Sprachschwierigkeiten **telegrafisch** oder über **Telefax** und nicht telefonisch übermittelt werden.
- Die **unfrankierte Bestätigungskarte** ist dem Auftrag beizulegen; dem Kunden dürfen dafür keine Gebühren berechnet werden.
- Das Fleurop-Formular ist unbedingt in **Druckschrift** auszufüllen unter Verwendung der botanischen Namen. Sortennamen müssen, wenn man ihrer Internationalität nicht ganz sicher ist, weggelassen werden.

Weiterleitung des Auftrags: Alle Aufträge sind rasch weiterzuleiten; telefonische und telegrafische unverzüglich. Auch wenn die Post vom Auftragnehmer nur einmal täglich weggebracht wird, sollte der Verkäufer gleich nach Auftragsannahme bzw. Aufgabe des Telegramms oder Erledigung des Telefongesprächs die entsprechenden Formulare, die Bestätigungskarte und gegebenenfalls den Kundenbrief in den Fleurop-Umschlag stecken, damit Verwechslungen ausgeschlossen werden. Das vierte Blatt ist der Beleg für das vermittelnde Geschäft; es muß alle Kosten des Auftrags enthalten und sorgfältig abgelegt werden.

Ausführung des Auftrags: Für jedes Fleurop-Geschäft muß es selbstverständlich sein, alle eingehenden Aufträge sofort zu sichten und nach Auslieferungszeitpunkten zu ordnen. Die eingehenden Aufträge kommen entweder online, per Post, telefonisch oder über Telefax. In diesem Fall nimmt das ausführende Fleurop-Geschäft den Auftrag auf dem Telefonformular auf. Bei der Durchsicht ist besonders darauf zu achten, ob die im Geschäft nicht vorrätige Ware zuvor eingekauft werden muß oder kann.

Da das Mißtrauen vieler Kunden gegenüber Fleurop-Lieferungen bekannt ist, müssen **alle Aufträge besonders pünktlich, sorgfältig und unter Verwendung erstklassiger Ware ausgeführt** werden. Die Blumenspende darf nur in Ausnahmefällen bei Hausnachbarn oder Hausmitbewohnern abgegeben werden. In diesem Fall wird dem Kunden sofort eine **Kundenkarte** zugestellt, auf der entweder die Abgabe der Blumenspende beim Nachbarn oder die Zurücknahme ins Blumenfachgeschäft mitgeteilt wird.

Verwaltungsabwicklung: Um Rückfragen beantworten zu können, vermerkt das ausführende Geschäft auf der Rückseite des ihm verbleibenden Durchschlags Eingangsdatum, Lieferdatum und, wenn nötig, auch Lieferzeit, Stückzahl der Blumen, Wahl der Pflanzen (wenn dies im Auftrag offengelassen ist), Ersatz (wenn gewünschte Ware nicht geliefert werden kann), eventuelle Zugaben und Preis. Persönliche Nachrichten des Auftraggebers (Brief, Karte) werden zum Schutz vor Schmutz und Feuchtigkeit sofort in eine Hülle gesteckt und an der Blumenspende befestigt. Bei telefonisch eingehenden Aufträgen ist besonders auf die Eintragung der Fleurop-Kontonummer des vermittelnden Geschäfts sowie die genaue Anschrift des Empfängers und Angabe des Lieferdatums zu achten.

Bestätigung der Auftragsausführung: Die Bestätigungskarte dient als Beleg, daß der Fleuropauftrag ordnungsgemäß ausgeführt wurde. Sie muß das genaue Lieferdatum der Blumenspende, die Zahl

Abb. 125a. Werbeaufkleber für Teleflor.

(wenn nötig auch Farbe) der Blumen, die Pflanzenart und den Preis, außerdem die Anschrift des Empfängers, den Fleurop-Kontostempel und die Unterschrift des ausführenden Geschäfts enthalten.

Flora-Cheque: Eine besondere Form des Fleurop-Dienstes ist der **Blumengutschein,** der in allen Fleurop-Interflora-Geschäften gültig ist. Er ist mit unterschiedlichem Wert (zuzüglich einer Interflora-Gebühr) erhältlich und 3 Monate gültig.

Die Vorteile des Flora-Cheques sind folgende:
– Der Empfänger kann sich die Blumen und Pflanzen im Rahmen des Cheque-Betrags nach eigenem Geschmack aussuchen;
– er ist vor allem eine große Erleichterung für Blumenspendenvermittlungen ins Ausland;
– es entstehen keine Lieferspesen;
– der Einlösungszeitpunkt kann vom Cheque-Inhaber gewählt werden.

Bei Cheques, die ins Ausland geschickt werden, muß der Verkäufer den Kunden darauf aufmerksam machen, daß in den meisten Ländern die Blumenpreise höher sind als in der Bundesrepublik Deutschland und ihm raten, mindestens einen Flora-Cheque im Wert von 20–25 Euro zu kaufen. In manchen Ländern sind für Lieferungen und Leistungen des Floristen Mindestpreise festgesetzt. Es ist für viele Kunden überraschend, daß gerade in den sogenannten „Blumenländern" rund ums Mittelmeer die örtlichen Blumenpreise für deutsche Vorstellungen unverhältnismäßig hoch sind, von Ausnahmen während bestimmter Jahreszeiten abgesehen. Auslands-Cheques sind ein Jahr gültig.

Ein Nachteil des Flora-Cheques ist, daß der Beschenkte den Preis des Geschenks erfährt. Darauf kann der Verkäufer den Kunden jedoch unbesorgt aufmerksam machen.

Kontrolldienst: Die Fleurop GmbH hat einen Kontrolldienst, der die ordnungsgemäße Ausführung der Aufträge stichprobenweise überwacht.

Unbekannte **Beauftragte der Fleurop-Zentrale** geben zu diesem Zweck Aufträge zur Vermittlung auf und beobachten hierbei die Abwicklung der Auftragsannahme, das vom Verkäufer geführte Verkaufsgespräch und die Berechnung des Auftrags. Der Beauftragte beurteilt und begutachtet weiterhin die

Abb. 125b. Blumengutschein.

Ausführung des Auftrags bei einem als Kontaktperson auftretenden Empfänger. Darüber ergeht ein ausführlicher Bericht an die Fleurop-Zentrale. Den Beauftragten wird von der Fleurop-Geschäftsstelle mitgeteilt, welche Mitglieder überprüft werden sollen. Alle **Beanstandungen,** und zwar sowohl hinsichtlich der Auftragsannahme als auch der Auftragsausführung, werden gewissenhaft überprüft und in einer Kartei der Geschäftsstelle festgehalten. Diese ist für unter Umständen notwendige weitere Schritte zuständig. Die Maßnahmen, die die Zentrale gegebenenfalls gegen ihre Mitglieder treffen muß, sind sehr streng, da die Kunden unbedingtes Vertrauen zu Fleurop haben sollen.

○ **Teleflor-Weltblumendienst**
Die technische Abwicklung bei dieser Organisation ist der von Fleurop-Interflora so weit ähnlich, daß sie hier nicht ausführlich erläutert werden muß. Es sollen daher nur die auffallendsten Unterschiede, die zu Fleurop-Interflora bestehen, erwähnt werden:
Die Mitglieder haben numerierte Auftragsblöcke mit verschiedenfarbigen Formularen.
Die Nummern sind in der Zentrale Preetz, Holstein, unter dem Namen des jeweiligen Teilnehmers registriert.
Die Abrechnung erfolgt über die im Auftragsblock verbleibenden Durchschriften und die im zugehörigen Umschlag befindliche Quittungs- und Abrechnungskopie. Es wird monatlich mit der Zentrale abgerechnet. Zu diesem Zweck sind die gesammelten Auftragsdurchschriften an die Zentrale einzusenden.
Die Mitgliedschaft von Blumenfachgeschäften bei einer Organisation der Blumenspendenvermittlung erfordert von allen Verkäufern ein **hohes Maß an Verantwortungsbewußtsein,** und zwar sowohl bei der Auftragsannahme und der dabei notwendigen Beratung und der Auftragsweiterleitung als auch bei der Auftragsausführung. Wenn ein gewisses Mißtrauen gegenüber dieser Form des Kundendienstes bei den Kunden abgebaut werden soll, so sind dafür ganz entscheidend die Verkäufer in den Blumenfachgeschäften zuständig.

Merksätze

▷ Die Blumenspendenvermittlung ist eine Form des Kundendienstes, die seit rund 90 Jahren besteht und trotz aller Kritik nicht mehr wegzudenken ist.
▷ Die Auftragsannahme erfordert große Gewissenhaftigkeit beim Ausfüllen des Formulars und eine besonders gute Beratung des Kunden.
▷ Alle Aufträge müssen rasch weitergeleitet und im ausführenden Geschäft sofort bei Eingang gesichtet und geordnet werden.
▷ Bei der Auftragsausführung sind Pünktlichkeit, Sorgfalt und die Verwendung nur erstklassiger Ware oberstes Gebot.
▷ Die Verwaltungsabwicklung ist nicht nur eine Sache der Betriebsinhaber, auch der Verkäufer kann damit beauftragt werden.
▷ Als besondere Form des Service wurden Blumen-Gutscheine eingeführt, die jedoch vielen Kunden noch nicht bekannt sind.
▷ Ein Kontrolldienst ist unbedingt notwendig und muß auch streng sein.

Aufgaben

1. Aus welchen Gründen nehmen Kunden die Blumenspendenvermittlung in Anspruch?
2. Beschreiben Sie stichwortartig die Entgegennahme von Aufträgen bei der Blumenspendenvermittlung.
3. Aus welchen Einzelbeträgen setzt sich der Preis für eine Blumenspende zusammen?
4. Welche Schwierigkeiten können bei der Blumenspendenvermittlung auftreten?
5. Auf welchem Weg können Blumenspendenaufträge an das ausführende Geschäft übermittelt werden? Beurteilen Sie die Vor- und Nachteile der verschiedenen Übermittlungsarten.
6. Beschreiben Sie stichwortartig die Abwicklung von Blumenspendenvermittlungen durch das ausführende Geschäft.
7. Beurteilen Sie den Blumengutschein als Geschenkartikel im Vergleich zu anderen Geschenkartikeln aus dem Sortiment des Floristen.
8. Üben Sie im Rollenspiel die Entgegennahme eines Fleurop-Auftrags (Teleflor-Auftrag) unter Verwendung von Mustervordrucken (Specimen).

II Werbung

10 Aufgaben und Arten der Werbung

Lernziele

▷ Die Begriffe „Absatzwerbung", „Reklame" und „Propaganda" erklären und gegeneinander abgrenzen können;
▷ die Public-Relations-Maßnahmen des Floristbetriebes nennen und erklären können;
▷ zwischen Sach- und Firmenwerbung unterscheiden können;
▷ die verschiedenen Werbemaßnahmen des Floristbetriebs nach Abnehmergruppen unterteilen können;
▷ die Begriffe „Einzelwerbung", „Sammelwerbung" und „Gemeinschaftswerbung" erklären können;
▷ die möglichen Werbemittel des Floristen aufzählen und anhand von Beispielen erläutern können;
▷ die verschiedenen Werbemittel, die im Ausbildungsbetrieb eingesetzt werden, nennen und mit praktischen Beispielen belegen können.

Die Werbung ist neben der Sortiments- und der Preispolitik das wichtigste Instrument der Absatzförderung im Einzelhandel. Im Blumeneinzelhandel wird für Werbung durchschnittlich 1% des Gesamtumsatzes aufgewandt. Ursprünglich diente sie dem Einzelhändler hauptsächlich dazu, sein Waren- und Dienstleistungsangebot dem Verbraucher bekanntzumachen. Eine hochentwickelte Volkswirtschaft kann sich jedoch mit diesen *ursprünglichen Aufgaben* der Werbung nicht begnügen. So ist heute das große Angebot an Waren und Dienstleistungen nur aufrecht zu halten, wenn es gelingt, die Verbraucher zu beeinflussen, dieses Angebot am Markt aufzunehmen. Mit Hilfe der Werbung muß der Einzelhändler versuchen, auf die Verhaltensweisen, Meinungen und Einstellungen der Verbraucher einzuwirken.

Trotzdem hat die Werbung nach wie vor die *Hauptaufgabe,* den Verbraucher über die angebotene Ware zu informieren, ihn aufzuklären und zu beraten.
Unter dem Begriff **Absatzwerbung** im Einzelhandel versteht man die **zwangsfreie Einwirkung** auf den Verbraucher mit Hilfe entsprechender Werbemittel, um ihn zum Kauf von Waren oder Dienstleistungen im werbenden Geschäft zu veranlassen. Von der Absatzwerbung sind streng zu trennen:
– Reklame
– Propaganda
– Public Relations (PR).
Reklame ist eine Beeinflussungsform, die zur Erreichung ihrer Ziele starken psychischen Druck einsetzt. Sie bewegt sich oft am Rande der Wettbewerbsgesetze und der Moral. So gesehen ist Reklame marktschreierisches Verhalten zur **zwangsweisen Durchsetzung** absatzwirtschaftlicher Ziele. Durch Reklame wird der gutgläubige Verbraucher oftmals dazu verleitet, Waren oder Dienstleistungen zu kaufen, die bei nüchterner Betrachtung zumindest unnötig, wenn nicht gar nachteilig für ihn sind. Reklame ist auf den Augenblickserfolg gerichtet und daher für den seriösen Einzelhändler ein untaugliches Mittel.
Propaganda ist eine Beeinflussungsform, die politische, weltanschauliche oder religiöse Ziele zum Gegenstand hat. Durch Überredungskunst, oder moralische Appelle sollen die Gefühle wachgerüttelt und die Menschen dadurch für die Botschaften aufgeschlossen werden. Propaganda ist auf diese Mittel angewiesen, weil das Ziel der Beeinflussung letztlich die Gesinnungsänderung der Umworbenen ist.
Public Relations ist die Werbung um öffentliches Vertrauen. Nicht die Ware steht hier im Mittelpunkt der Werbung, sondern das Ansehen des Betriebs und seines Inhabers. Natürlich soll durch PR-Maßnahmen indirekt auch längerfristig der Warenabsatz gefördert werden; denn Vertrauen zum Betrieb und seinem Inhaber schafft auch Vertrauen zu den Waren und Dienstleistungen. PR-Maßnahmen können auch einen ganzen Geschäftszweig oder bestimmte Warengruppen zum Gegenstand haben. So wird PR-

Abb. 126. Angebot der Saison: Der Horoskopstrauß.

Abb. 127. Außer den Rosen selbst schaffen allerhand „rosige" Beigaben eine ansprechende Atmosphäre.

Werbung häufig von Verbänden und Organisationen für deren Mitgliedsfirmen durchgeführt, um dadurch das Ansehen der ganzen Branche oder bestimmter Waren in der Öffentlichkeit zu heben. Die Werbeaktivitäten der „Centralen Marketinggesellschaft" (CMA) sind hauptsächlich in diesem Sinne zu verstehen. Auch *Blumenschauen* und *Blumenbälle* (z. B. Chrysanthemenball oder Floriade), die von Floristbetrieben veranstaltet werden, sind PR-Werbung. Geeignete Mittel für PR-Maßnahmen einzelner Betriebe sind z. B. *Kundenzeitschriften* wie „bunte Blumenwelt" (Fleurop, Berlin), „Die Blumenfreundin" (Preetz), „Garten-Kurier" (Braunschweig).
Auch *Malwettbewerbe* für Kinder, eigene *Ausstellungen* (z. B. Orchideen- oder Brautschmuck-Ausstellungen) und Kinder-Pflanztage sind hier zu nennen. PR-Werbung zählt zu den langfristigen Maßnahmen und muß daher mit großer Ausdauer betrieben werden.
Absatzwerbung ist stets Werbung für Waren und Dienstleistungen. Sie kann sowohl Sachwerbung als auch Firmenwerbung sein. Werbegegenstand bei der

Abb. 128. PR-Veranstaltungen von Floristen
    a. **Blumenfestival anläßlich der Lehrabschlußprüfung der St. Gallener Floristen.**
    b. **Europa-Cup der Floristen in Hamburg 1995.**

Sachwerbung sind einzelne Waren oder Warengruppen und Dienstleistungen. Durch geeignete Werbemaßnahmen sollen der Markt für *neue Produkte* aufnahmefähig gemacht (z. B. neue, bisher unbekannte Blumen und Pflanzen), für bisher schon eingeführte Waren *neue Kunden* gewonnen oder bereits erzielte *Marktanteile erhalten* und gefestigt werden. Außerdem dient die Sachwerbung der *Bedarfsformung* in zeitlicher und qualitativer Richtung, d. h. die Kunden sollen durch Werbemaßnahmen beeinflußt werden, ganz bestimmte Waren zu kaufen oder zu dem vom Floristen beabsichtigten Verkaufszeitpunkt ihren Bedarf an Blumen, Pflanzen und Dienstleistungen zu decken.

Die **Firmenwerbung** hat das *gesamte Sortiment* des Floristen zum Gegenstand. Außerdem wird bei dieser Werbung auch der *Name* des Blumenfachgeschäfts stärker in den Vordergrund gerückt. Mit ihm soll hauptsächlich eine gedankliche Verknüpfung zu den im Geschäft angebotenen Waren und Dienstleistungen beim Kunden erreicht werden. Im Gegensatz zur PR-Werbung ist die Firmenwerbung immer *produktorientiert*. Sie macht den Hauptanteil der Werbung im Einzelhandel aus, also auch beim Floristen.

Abb. 129. Reprovorlage der CMA.

Abb. 130. Kundenzeitschriften im Floristbetrieb.

Die Absatzwerbung im Einzelhandel kann wie folgt unterteilt werden:
- nach Abnehmern
- nach Werbezweck
- nach werbenden Personen oder Personengruppen
- nach Marktumfang
- nach eingesetzten Werbemitteln oder Werbeträgern.

Werbemaßnahmen nach Werbemitteln

Bezeichnung	Erläuterung	Beispiel
Schauwerbung	Warenpräsentation nach werblichen Gesichtspunkten im Laden, Schaufenster und in Schaukästen	besonders ausgesuchte binderische Arbeiten, z. B. der Saison
Plakatwerbung	Werbung durch Bild und Schrift mit Außen- und Innenplakaten	Schaufensterplakat als Blickfang
Diawerbung	Werbung mit Lichtbildern in Filmtheatern	z. B. Weihnachtsstern, Osterglocke
Außenwerbung	Werbung mit Aufschriften an Giebelwänden, Bauzäunen und am Ladeneingang	Leuchtwerbung am Ladeneingang (Firmenname und Firmenzeichen)
Verkehrswerbung	Werbeaufschriften an öffentlichen Verkehrsmitteln, Straßenbahn- und Bushaltestellen und auf betriebseigenen Verkehrsmitteln	Werbeaufschrift auf dem eigenen Lieferwagen
Funkwerbung	Werbespots im Hörfunk für Blumenfachgeschäfte (nur als Sammelwerbung oder Gemeinschaftswerbung denkbar)	Werbespot zum Valentinstag
Fernsehwerbung	Werbefilme im Fernsehen für Blumenfachgeschäfte (nur als Gemeinschaftswerbung denkbar)	Werbespot der CMA zum Muttertag
Anzeigenwerbung	Zeitungsanzeigen in Lokal-, Regional- und Vereinszeitungen und in Anzeigenblättern; als Gemeinschaftswerbung auch in Publikumszeitschriften möglich	Anzeige für das „Angebot der Woche"
Briefwerbung	persönliche Werbebriefe an ausgewählte Kunden oder vervielfältigte Werbebriefe an einen größeren Kundenkreis	Briefe an Brautpaare aufgrund des Aufgebots mit dem Hinweis auf Brautsträuße
Handzettelwerbung	vervielfältigte oder gedruckte Handzettel, die durch die Post oder sonstige Verteiler an die möglichen Kunden verteilt werden; auch Verteilung im Geschäft oder an sonstigen Orten ist möglich	Angebote durch Handzettel an Behördenangestellte, die ihre Dienststelle im Einzugsbereich des Geschäfts haben

Bezeichnung	Erläuterung	Beispiel
Prospektwerbung	gedruckte, meist bunte Werbeblätter, die für bestimmte Produkte werben sollen; sie werden meist von Zulieferfirmen oder Verbänden zur Verfügung gestellt und mit dem Firmenstempel des Floristen versehen	Prospekt mit Angebot von Pflanzkübeln und Pflanzschalen
Internetwerbung	Der Internet-Zugang ermöglicht weltweite Kontakte und nahezu unerschöpliche Werbemöglichkeiten	E-Mail-Adresse Homepage, Chat-Angebote
Zugabenwerbung	Werbegeschenke, die im Rahmen der Zugabeverordnung an Kunden oder deren Kinder verteilt werden	einzelne Blumen, kleines Töpfchen mit Glücksklee
Werbehilfen	versteckte Werbemittel, die vor allem den Firmennamen im Gedächtnis der Kunden festigen und das Image des Geschäfts verbessern sollen	Verpackungsmaterial mit Firmenaufdruck; gute werbliche Gestaltung der Ladenfront und des Verkaufsraums

Abb. 131. Außenwerbung: Eröffnung eines Leipziger Blumengeschäfts.

Merksätze

▷ Aufgabe der Werbung ist in erster Linie, den Kunden zu informieren und für ihn die Waren und Dienstleistungen begehrlich zu machen.
▷ Ziel jeder Werbemaßnahme ist, Waren und Dienstleistungen zu verkaufen.
▷ Wir unterscheiden zwischen Werbemaßnahmen, die kurzfristig und solchen, die langfristig zum Erfolg führen.
▷ Public-Relations-Werbung hat die Aufgabe, das Ansehen des Betriebs und seines Inhabers zu verbessern.
▷ Bei der Absatzwerbung wird zwischen Sach- und Firmenwerbung unterschieden.
▷ Die Werbung im Floristbetrieb ist hauptsächlich Firmenwerbung.
▷ Werbemaßnahmen können nach Abnehmergruppen, Werbezweck, werbenden Personen oder Personengruppen und nach Werbemitteln unterschieden werden.
▷ Die Werbemittel des Floristen können in folgende Gruppen eingeteilt werden: Schriftliche Werbemittel, optische Werbemittel, akustische Werbemittel und Werbehilfen.

Aufgaben

1. Wird von unserer Wirtschaft Ihrer Meinung nach zu viel geworben? Begründen Sie Ihre Ansicht.
2. Zeigen Sie anhand von Beispielen auf, worin sich Absatzwerbung und Reklame unterscheiden.
3. Zeichnen Sie Werbespots aus dem Hörfunk auf Tonkassette auf und beurteilen Sie diese hinsichtlich a) Einprägsamkeit, b) Originalität, c) Seriosität und d) Überzeugungskraft.
4. Zählen Sie die verschiedenen Werbemaßnahmen auf, von denen Ihr Betrieb Gebrauch macht.
5. Schildern Sie, wie die in Ihrem Ausbildungsbetrieb verteilten Kundenzeitschriften von Ihren Kunden aufgenommen und beurteilt werden.
6. Sammeln Sie Kundenzeitschriften von Floristbetrieben und analysieren und beurteilen Sie diese mit Ihren Mitschülerinnen und Mitschülern hinsichtlich Inhalt und Werbewirksamkeit.
7. In welchem Umfang macht Ihr Ausbildungsbetrieb von den Werbemitteln der Blumenwerbung GmbH und der CMA Gebrauch?
8. Sammeln Sie Anzeigen von Floristbetrieben aus Tageszeitungen und ordnen Sie diese den Kategorien a) Produkt- und b) Firmenwerbung zu.

11 Wirkungsweise der Werbung

Lernziele

▷ Den Begriff „Kommunikation" erklären können;
▷ die Bedingungen aufzählen können, welche erfüllt sein müssen, damit die Werbebotschaft beim Empfänger ankommt;
▷ die Bedeutung der Werbung am Verkaufsort erkennen;
▷ die Wirkungsstufen der Werbung anhand der AIDA-Formel erläutern können.

Die Werbung ist ein **Kommunikationsprozeß.** Kommunikation heißt, mit anderen Personen in Verbindung treten. Die bei der Werbung eingesetzten Mittel (Medien) werden daher auch *Kommunikationsmittel* genannt. Diese Begriffe werden auch sonst in der Nachrichtentechnik verwendet.
Der werbende Florist ist also der Sender (Kommunikator), der mit Hilfe der **Werbeträger** (z. B. Zeitung) an mögliche Kunden **Werbebotschaften** heranträgt. Durch diese Werbeappelle sollen die Kunden so beeinflußt oder beeindruckt werden, daß sie ihren Bedarf an Waren oder Dienstleistungen beim werbenden Einzelhändler decken.
Die **Werbeaussage** des Floristen muß zu diesem Zweck in Signale übertragen werden, die der Kunde verstehen kann und die ihn ansprechen (Text, Bild, Farbe u. ä.). Auch beim Rundfunksender ist dies so: Worte oder Musik müssen zunächst in Rundfunkwellen umgewandelt werden, da der Rundfunkempfänger sie sonst nicht aufnehmen kann. Sender und Empfänger müssen auf der gleichen Wellenlänge arbeiten, damit ein Empfang möglich ist. Verwendet der werbende Florist Worte oder Bilder in seinen Werbemitteln, die der Kunde nicht verstehen kann oder die ihn nicht ansprechen, kommt die Werbebotschaft nicht bei ihm an. Der Empfänger der Werbebotschaft „schaltet ab".
Eine weitere Voraussetzung für erfolgreichen Empfang ist, daß der Kunde (Empfänger) die Möglichkeit hat, die Werbebotschaft zu empfangen. Es muß also ein Zeitpunkt ausgewählt werden, zu dem der Kunde ansprechbar ist und sich auch ansprechen läßt. Die Werbung muß – soll sie Erfolg haben – zum **richtigen Zeitpunkt** und am **richtigen Ort** erfolgen.
Zur Übertragung der Werbebotschaften bedient sich der Florist der *Werbeträger,* die für ihn Kommunika-

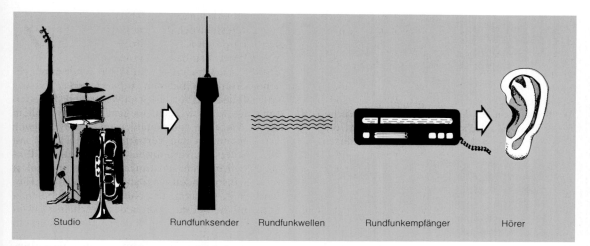

Abb. 132. Kommunikation – ein gängiger Begriff in der Werbung.

Abb. 133. Die Werbung als verkaufsfördernder Kommunikationsprozeß.

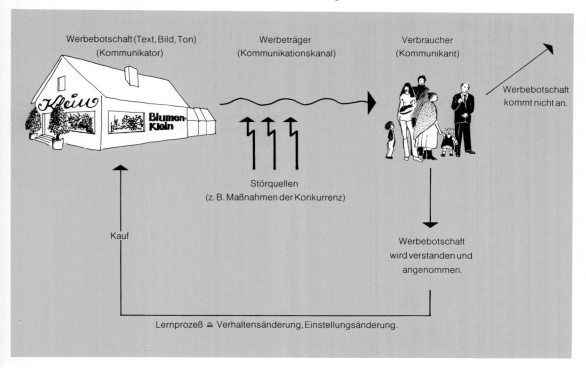

tionsmittel darstellen. Werbeträger sind die Sachmittel, mit deren Hilfe die Werbebotschaften an die umworbenen Personen *(Werbesubjekte)* herangetragen werden. So ist die Zeitungsanzeige das **Werbemittel** des Floristen und die Zeitung, mit deren Hilfe die Anzeige verbreitet wird, der **Werbeträger**. Werbeträger werden als **Streumedien** bezeichnet (z. B. Bundespost für Postwurfsendungen, Rundfunkanstalten, Zeitungen, Plakatsäulen).

Der werbende Einzelhändler muß allerdings auch damit rechnen, daß seine Werbemaßnahmen nicht immer den gewünschten Erfolg haben, weil eine

Reihe von Quellen vorhanden sind, die seine Signale stören können. Auch beim Rundfunkempfang ist zu beobachten, daß Sendesignale, welche nur schwach beim Empfänger ankommen, durch stärkere Sender überlagert und gestört werden. Diesen „Wellensalat" kann man beim Kurzwellenempfang besonders gut feststellen. *Störquellen* bei der Werbung sind u. a. Werbemaßnahmen der Konkurrenz oder solche von Einzelhandelsbetrieben anderer Branchen, die bewirken, daß anstelle von Blumen und Pflanzen andere Waren für Geschenkzwecke von Kunden gekauft werden (z. B. Süßwaren oder Alkoholika als Mitbringsel). Die *Werbesignale* des Floristen müssen also so stark sein oder sich von denen der Konkurrenzbetriebe so stark abheben (Einmaligkeit und Unverwechselbarkeit der Werbung), daß sie vom Kunden auch empfangen werden.

Die vom Kunden (Empfänger) aufgenommenen Werbebotschaften (Signale) sollen bei ihm Lernprozesse auslösen und zu Verhaltens- und Einstellungsänderungen führen, die sich darin äußern, daß die Bereitschaft zum Kauf von Blumen und Pflanzen und zur Inanspruchnahme von Dienstleistungen des Blumenfachgeschäfts wächst. Im Einzelhandel spielt die Werbung vor Ort, d. h. die *Werbung am Kaufort* (point of purchase) eine größere Rolle als die *Fernwerbung*. Sie hat viele Vorzüge, wie z. B. den der räumlichen Übereinstimmung von Werbemittel und Verkaufsort und den, auf die Kunden ganz persönlich und gezielt Einfluß nehmen zu können. Zu den Werbemaßnahmen am Kaufort zählen das *Verkaufsgespräch*, die Gestaltung des *Verkaufsraums*, die werbliche *Präsentation* der Blumen, Pflanzen und sonstigen Waren des Blumenfachgeschäfts, das *Schaufenster*, die werbeaktive Gestaltung der *Ladenfront*, *Sonderangebote* und *Sonderveranstaltungen* im Geschäft, *Kundendienst* und *Service*. Diese Art von Werbekontakten werden auch als „face to face" – Kontakte bezeichnet (engl. face – Gesicht, Angesicht). Es handelt sich hierbei also um direkt wirkende, persönliche Kommunikationsmittel.

Die durch Werbung beabsichtigten Verhaltensänderungen beim Verbraucher können in verschiedene Stufen eingeteilt werden, denn die Verhaltensänderung tritt nicht schlagartig, sondern – wenn überhaupt – nur schrittweise ein. Diese Erkenntnis muß auch beim Aufbau von Werbemaßnahmen beachtet werden. Zur Verdeutlichung dieser Tatsache wurde eine Reihe von **Stufenmodellen** entwickelt. Das bekannteste ist das *AIDA-Modell* oder die *AIDA-Formel*. Die einzelnen Buchstaben dieses Namens stehen für die verschiedenen Stufen des Modells:

A = Aufmerksamkeit (attention)
I = Interessenweckung (interest)
D = Drang zum Kauf (desire)
A = Aktion/Kaufhandlung (action)

1. Stufe: Zunächst muß beim Verbraucher durch geeignete Werbemaßnahmen *Aufmerksamkeit* für das Geschäft und sein Sortiment an Waren und Dienstleistungen geweckt werden. Es geht hierbei vor allem um die Weckung von Gefühlen und die Erzeugung von Stimmungen und Vertrauen. Daneben soll auf dieser Stufe der Verbraucher über Produkte, Einkaufsmöglichkeiten und Einkaufsquellen informiert werden. Insbesondere werden hierbei auch die Einzigartigkeit, Qualität, der Nutzen der angebotenen Ware und die Besonderheiten des Geschäfts *(Exklusivität)* herausgestellt. Durch die sinnliche Wahrnehmung von Waren und Einkaufsmöglichkeiten soll beim Kunden eine latente (latent = im Unterbewußtsein vorhanden) *Kaufbereitschaft* entstehen.

2. Stufe: Durch entsprechende Werbeappelle soll auf eingefahrene Verhaltensweisen und Gewohnheiten beim Verbraucher Einfluß genommen werden, so daß er an einer *Verhaltensänderung* interessiert wird; *Interesse* bedeutet gespannte Aufmerksamkeit. Auf dieser Stufe sollen mehr der Verstand des Kunden als seine Gefühle und Stimmungen angesprochen werden. Hier muß der eigentliche Lernprozeß des Kunden einsetzen, die Gedächtniswirkung oder Erinnerungswirkung. Der Kunde soll also die Waren und Dienstleistungen, für welche geworben wird, in seine *Kaufüberlegungen* einbeziehen.

3. Stufe: Ist das Kaufinteresse des Kunden geweckt, dann ist dieses Interesse zur *Kaufabsicht* zu steigern. Durch gezielte Ansprache von Gefühlen und Verstandeskräften im Kunden sollen ganz bestimmte, vom Werbenden beabsichtigte *Wunschvorstellungen* erzeugt werden und ein wirklicher Bedarf entstehen. Diese Wunschvorstellungen erzeugen beim Umworbenen eine *kognitive Dissonanz* (s. Seite 277), die er durch den Kauf der für ihn nun wünschenswert gewordenen Güter abbauen möchte (Dissonanzreduktion – Abbau der Spannung). Gleichzeitig müssen in dieser Stufe bestehende Kaufhindernisse beim Kunden ausgeräumt werden, wie z. B. Preishindernisse, Vorbehalte gegen bestimmte Waren oder Einkaufsorte und Hindernisse, die durch Werbemaßnahmen von Konkurrenzbetrieben aufgebaut wurden.

Aus den erzeugten Wunschvorstellungen muß die *Kauflust* entstehen, welche letztlich auch den Kaufentschluß auslöst.

4. Stufe: Die Kaufabsicht muß nun so stark sein, daß der Kunde schließlich zum *Kaufentschluß* kommt und die gewünschte Ware beim werbenden Einzelhändler kauft. Die Kaufhandlung ist eine Willenshandlung des Kunden; der Verstand spielt in dieser Phase der Werbung wieder eine übergeordnete Rolle. Zwischen Kaufabsicht und Kaufentschluß liegt oft eine Zeitspanne, die der Einzelhändler durch fortlaufende Werbemaßnahmen überbrücken muß, weil sonst beim umworbenen Kunden unter Umständen der Kaufwunsch wieder abflauen kann, z. B. durch Einflußnahme von Seiten der Konkurrenz. Für ein Werbemittel, das der Einzelhändler einsetzt, ist aber der einzige Gradmesser seiner Wirksamkeit, daß der Kunde letztlich die Ware oder Dienstleistung bei ihm kauft. Erst wenn der Kunde im Geschäft ist und die beworbenen Waren oder Dienstleistungen kauft, kann eine Werbeaktion als abgeschlossen betrachtet werden. Diese Gelegenheit muß der Einzelhändler auch dazu nutzen, das Kaufverhalten des Kunden als richtig zu bestätigen und ihn gegen Einflüsse von Konkurrenzbetrieben (Supermärkte, Warenhäuser, fliegende Händler) für die Zukunft abzuschirmen. Ziel jeder Werbung im Facheinzelhandel muß es nämlich sein, aus Einmalkunden treue Verbraucher und Dauerkunden (Stammkunden) zu machen; denn Dauergeschäfte sind für den Handel problemlos und kostengünstig, weil die *Erhaltungswerbung* viel billiger ist als die *Erst*- oder *Einführungswerbung*.

Zusammenfassung: Man kann die einzelnen Stufen der Werbung mit dem Leben und Wachstum einer Pflanze vergleichen. Zunächst muß der Boden für die Pflanze aufnahmebereit gemacht werden, indem man das Pflanzloch aushebt, eventuelle Bodenverdichtungen aufbricht und dort den Boden lockert. Nun erst kann z. B. der Baum eingepflanzt werden und anwachsen. Nach kurzer Zeit beginnt der Baum, neue Wurzeln zu entwickeln und dringt mit diesen immer tiefer in den Boden ein. Damit kann er die notwendigen Nährstoffe aufnehmen, nun auch oberirdisch wachsen, Sprosse und Blätter bilden sowie später Blüten und Früchte ansetzen. Die einzelnen Bodenschichten, welche der Baum bei diesem Wachstumsprozeß allmählich mit seinen Wurzeln durchdringt, kann man mit den verschiedenen Bewußtseinsebenen oder Bewußtseinsschichten des Menschen vergleichen, in die mittels Werbung eingedrungen werden muß, um eine Verhaltensänderung zu bewirken. Die Früchte des Baumes schließlich sind dem Werbeerfolg des werbenden Blumeneinzelhändlers vergleichbar, der sich einstellt, wenn die Kunden die Waren, für die er selbst geworben hat, auch sicher bei ihm kaufen.

Abb. 134. Stufen der Werbung.

Merksätze

▷ Werbemittel sind Kommunikationsmittel; sie verbinden den werbenden Floristen mit seinen Kunden.
▷ Zum Zwecke der Übertragung müssen Werbeinhalte in Signale übersetzt werden, die der umworbene Kunde aufnehmen kann.
▷ Zur Übermittlung der Werbebotschaften sind geeignete Werbeträger notwendig.
▷ Bei der Übermittlung der Werbebotschaften muß der werbende Einzelhändler mit Störungen durch Werbemaßnahmen der Mitbewerber rechnen.
▷ Kurze Werbewege vermindern die Störungsmöglichkeiten von außen; daher ist die Werbung am Verkaufsort besonders sicher und wirksam.
▷ Werbebotschaften sollen beim Umworbenen Lernprozesse auslösen.
▷ Die durch Werbung beabsichtigte Verhaltensänderung tritt nur schrittweise ein.
▷ Die vier Schritte der Verhaltensänderung durch Werbung sind: Gewinnung von Aufmerksamkeit (1), Gewinnung von Kaufinteresse (2), Auslösung des Kaufwunschs und Steigerung zur Kaufabsicht (3), Kaufhandlung (4).
▷ Nur stetige und dauerhafte Werbung führt zum gewünschten Erfolg.

Aufgaben

1. Begründen Sie mit Beispielen aus der Werbung das Sprichwort „Steter Tropfen höhlt den Stein".
2. Erklären Sie mit Beispielen, warum die Werbung zum richtigen Zeitpunkt und am richtigen Ort erfolgen muß.
3. Zeigen Sie anhand einer bestimmten Werbemaßnahme (z. B. Zeitungswerbung), daß die Werbung ein Kommunikationsprozeß ist.
4. Beschreiben Sie die verschiedenen Werbemaßnahmen des Floristen am Verkaufsort (point of purchase) anhand von Beispielen aus Ihrem Ausbildungsbetrieb.
5. Erläutern Sie die einzelnen Wirkungsstufen der Werbung mit der AIDA-Formel. Wählen Sie als Beispiel dafür ein Verkaufsgespräch.
6. Entwerfen Sie ein Verkaufsgespräch nach der AIDA-Formel und stellen Sie dieses in Form eines Rollenspiels dar.

12 Gegenstände der Werbung

Lernziele

▷ Die möglichen Werbeobjekte des Floristen aufzählen können;
▷ die unterschiedlichen Gründe nennen können, die zur Auswahl bestimmter Werbeobjekte führen;
▷ erläutern können, warum die Zielgruppen der Werbung möglichst einheitlich sein müssen;
▷ die möglichen Zielgruppen für die Werbung des Floristbetriebs nennen und beschreiben können;
▷ erläutern können, warum die Auswahl der Werbeobjekte von den jeweiligen Werbezielen des Floristbetriebs abhängt.

Die Gegenstände der Werbung werden als Werbeobjekte und Werbesubjekte bezeichnet.
Werbeobjekte sind die Gegenstände, für die geworben wird. **Werbesubjekte** sind die Personen und Personengruppen, welche durch die Werbung angesprochen werden sollen.

Werbeobjekte

Die jeweilige Auswahl der Werbeobjekte hängt von den Werbezielen ab. Werbeobjekte können sein: das Unternehmen als Ganzes, einzelne Waren und Dienstleistungen und besondere, kurzfristige Verkaufsförderungsmaßnahmen.
Bei der Werbung für die **Firma als Ganzes** (Firmenwerbung s. Seite 337) steht das Gesamtsortiment des Blumenfachgeschäfts im Mittelpunkt. In Verbindung mit dem Namen des Floristen und der Firmenbezeichnung wird beim Kunden ein Vorstellungsbild (Image) über das werbende Geschäft aufgebaut, das von der Leistungsfähigkeit, Leistungsbereitschaft und der umfassenden Warenauswahl überzeugen soll. Eingeschlossen in diese Art der Werbung ist auch das gesamte Angebot an Dienstleistungen. Gleichzeitig soll der Firmenname fest in das Gedächtnis des Kunden eingeprägt werden. Durch besonders einprägsame Firmennamen und Firmenzeichen, die auch optisch gut gestaltet sein müssen, oder durch Werbeslogans (Slogan = Schlachtruf) in Verbindung mit dem Firmennamen wird diese Bemühung erleichtert.

Abb. 135. Firmenzeichen sind wichtige Werbekonstanten.

Beispiele
– „Beck am Rathauseck"
– „Blumen-Müller mit der großen Auswahl"
– „A. Weber – Ihr Blumenpartner"
– „Sag's durch die Blume mit Kuhne"

Für **einzelne Waren und Dienstleistungen** soll der Florist nur werben, wenn sie für seinen Betrieb besonders typisch sind. Mit diesen Waren oder Dienstleistungen soll die Beziehung zum Ladenimage geschaffen werden. So wird der Florist bei dieser Art von Werbung Werbeobjekte auswählen, die seine besondere Leistungsfähigkeit herausstellen, d. h. also die Spezialitäten, die er an Waren und Dienstleistungen anzubieten hat. Viele Blumenfachgeschäfte haben irgendwelche Spezialgebiete, denen sie sich besonders annehmen und durch die sie sich von den Konkurrenzbetrieben unterscheiden. Diese „Einmaligkeit" oder *Exklusivität* soll den Kunden auch durch geeignete Werbemaßnahmen immer wieder bekannt gemacht werden. So kann sich das Blumenfachgeschäft am besten gegenüber fachunspezifischen Blumenhändlern abgrenzen und abheben (z. B. Supermarkt, Straßenhändler). An Spezialitäten, die das Geschäft hier zu Werbeobjekten machen sollte, sind zu nennen: Sonderkulturen bestimmter Pflanzen (z. B. ausgefallene Sorten), besonders tiefes Sortiment in einer Blumenart (z. B. 20 und mehr Orchideenarten einer Gattung), Brautsträuße, Festdekorationen, Hydrokulturen, Trauerbinderei u. a.

Spezielle, kurzfristige Verkaufsförderungsmaßnahmen werden dann als Werbeobjekte ausgewählt, wenn es darum geht, die *Dynamik* des Unternehmens zu zeigen (Dynamik = Beweglichkeit, Fähigkeit, sich schnell den Erfordernissen des Marktes anzupassen). Hier sind zu nennen: Werbung für Saisonartikel, Sonderangebote, Verkaufsdemonstrationen im Laden bei Neueinführung von Produkten, Bindekurse für Kunden u. ä. Aber auch besondere Preisstrategien für bestimmte Artikel zur Abwehr der Konkurrenz machen solche Maßnahmen erforderlich.

Abb. 136. Anzeigenwerbung mit Humor.

Abb. 137. Der Namenstag ist ein willkommener Anlaß, um mit Blumen zu gratulieren (Quelle: ZVG).

Werbesubjekte

Auch die Auswahl der Werbesubjekte, d. h. der *Einzelpersonen* und *Personengruppen*, hängt in erster Linie von den Werbezielen ab, die sich das Unternehmen selbst setzt. Natürlich bestehen auch enge Beziehungen zwischen den verfügbaren Werbemitteln und den Werbesubjekten, weil mit einzelnen Werbemitteln nur ganz bestimmte Personen oder Personengruppen erreicht werden können. Dies hängt mit der *Streuung* der verschiedenen Werbemittel und Werbeträger zusammen. Als Werbesubjekt können sowohl einzelne Personen als auch Personengruppen ausgewählt werden. Zunächst richtet sich die Auswahl der Werbesubjekte nach dem tatsächlichen und dem möglichen *Absatzgebiet* des einzelnen Betriebs. Dabei muß immer wieder geprüft werden, ob das Absatzgebiet erweiterungsfähig ist, d. h. welche *Zielgruppen* des möglichen Absatzgebietes noch nicht oder nur ungenügend durch geeignete Werbemaßnahmen angesprochen wurden. Die **Zielgruppen** sind so auszuwählen, daß möglichst viele Personen einer Gruppe durch die Werbemaßnahmen angesprochen werden können. Zielgruppen müssen also *werbeelastisch* sein. Andererseits ist jedoch zu beachten, daß Werbesubjekte möglichst gezielt, d. h. persönlich angesprochen werden müssen. Je persönlicher eine Werbebotschaft gehalten ist, desto eher kommt sie beim Einzelnen an. Dies bedingt, daß die Zielgruppen möglichst *homogen* (einheitlich) sein sollen. Je inhomogener (uneinheitlicher) eine Zielgruppe ist, desto allgemeiner müssen die Werbeaussagen gehalten werden, damit sich noch genügend viele Personen der Gruppe angesprochen fühlen.

Mögliche Zielgruppen sind: Hausfrauen, Jugendliche, Brautleute, Balkongärtner, Trauerkunden, gewerbliche Kunden, Stammkunden, Laufkunden, Krankenhausbesucher, Behördenangestellte u. ä.

Die Auswahl der Zielgruppen muß jedoch begrenzt bleiben, weil sonst die Werbeausgaben zu stark aufgesplittert werden. Für die einzelne Werbemaßnahme bleibt durch eine zu starke Aufsplitterung des Werbeetats nur ein vergleichsweise kleiner Betrag übrig, der keine wirksame Werbung erlaubt.

Merksätze

▷ Die Gegenstände der Werbung werden als Werbeobjekte und Werbesubjekte bezeichnet.
▷ Werbeobjekte des Floristen sind die Firma, einzelne Waren und Dienstleistungen und kurzfristige Verkaufsförderungsmaßnahmen.
▷ Werbesubjekte des Floristen sind einzelne Kunden oder Kundengruppen.
▷ Werbeobjekte müssen geeignet sein, die Leistungsfähigkeit und Einmaligkeit (Exklusivität) des Unternehmens zu beweisen.
▷ Die Werbeobjekte müssen auf die Werbesubjekte abgestimmt sein.
▷ Die Zielgruppen der Werbung müssen möglichst einheitlich (homogen) sein.
▷ Je gezielter Werbesubjekte angesprochen werden, desto eher wird das Werbeziel erreicht.

Aufgaben

1. Erläutern Sie die Begriffe a) Werbeobjekt und b) Werbesubjekt mit Beispielen aus Ihrer Branche.
2. Stellen Sie die Werbeobjekte Ihres Betriebs in Form einer Tabelle zusammen, die für die verschiedenen Werbeanlässe (z. B. Feiertage, Jahreszeit) besonders geeignet sind.

Werbeanlaß	mögliche Werbeobjekte

3. Entwerfen Sie einen Werbeslogan für Ihren Ausbildungsbetrieb.
4. Bilden Sie aus dem Kundenkreis Ihres Ausbildungsbetriebs mindestens vier homogene Zielgruppen für die Werbung und begründen sie diese Auswahl.
5. Welche Personengruppe (Zielgruppe) bringt den Hauptumsatz in Ihrem Ausbildungsbetrieb?
6. Sammeln Sie Anzeigen aus Tageszeitungen, mit denen ganz bestimmte Personengruppen (Zielgruppen) angesprochen werden sollen.

Abb. 138. Verkaufsläden; Kupferstich von BALTHASAR SCHWANN 1622.

13 Die Werbemittel des Floristen

13.1 Das Schaufenster*

* Vgl. auch Florist 1, S.353ff. und Florist 2, S. 308ff.

Lernziele

▷ Erklären können, warum das Schaufenster das wichtigste Werbemittel des Floristen ist;
▷ Beispiele für mögliche Blickfänge im Schaufenster geben können;
▷ die Bedeutung des Blickfangs für die Werbewirksamkeit des Schaufensters erläutern können;
▷ erklären können, durch welche Gestaltungsmaßnahmen die Übersichtlichkeit des Schaufensters für den Passanten verbessert wird;
▷ selbständig Schaufensterskizzen anfertigen können.

Das Schaufenster ist das wichtigste und wirksamste Werbemittel des Floristen. Allerdings darf gerade beim Blumenfachgeschäft das *Schaufenster* nicht isoliert betrachtet werden; denn es bildet mit der nach werblichen Gesichtspunkten gestalteten *Ladenfront*, dem oftmals in die Verkaufsfläche einbezogenen *Eingangsbereich* vor dem Laden und dem eigentlichen *Verkaufsraum* eine untrennbare Einheit.
Diese Art der Schaufensterkonstruktion erlaubt dem Passanten den ungehinderten Blick ins Ladeninnere und ermöglicht es dem Floristen, den gesamten Verkaufsraum – oder mindestens große Teile davon – in das Schaufenster mit einzubeziehen und die nach außen wirkende Ausstellungsfläche erheblich zu vergrößern und zu aktivieren. Dies hat allerdings zur Folge, daß die im Verkaufsraum angebotene Ware nach denselben Grundsätzen werbeaktiv dargestellt (präsentiert) werden muß, wie dies für die Schaufenstergestaltung gilt. Der Blick durch das Schaufenster in das Ladeninnere ist auch ein wichtiger Grund dafür, die *Ladeneinrichtung* streng nach werblichen Gesichtspunkten zu gestalten. Durch diesen Blick ins Ladeninnere soll der Schaufensterbetrachter so stark beeindruckt werden, daß er in sich das Verlangen verspürt, den Laden zu betreten.
Mit dieser Art, das Schaufenster fest in den Ladenbereich einzubeziehen, ist man wieder zu alten Vorbildern zurückgekehrt. Das Wort Laden für „Verkaufsraum" ist nämlich dadurch entstanden, daß in frühe-

ren Zeiten die Geschäftsräume der Handwerker, Krämer und Kaufleute zur Straße hin mit Klappläden verschlossen waren. Während der Geschäftszeit wurden diese Läden nach außen aufgeklappt und bildeten so die Verkaufstische. Die Öffnung gab den Blick in die Werkstatt frei und wurde so zum Schaufenster. Die Bedeutung des Schaufensters als Werbemittel liegt insbesondere darin, daß es die Werbung am Verkaufsort ermöglicht und damit eine direkte Verbindung zwischen der zu verkaufenden Ware, dem Kunden und dem Verkaufsraum schafft. Außerdem kann hier – wie bei keinem anderen Werbemittel – die Ware selbst werbend eingesetzt werden. Das Schaufenster vermittelt dem Betrachter außerdem einen gewissen Überblick über das Sortiment des Floristen. Schaufensterflächen sollen aus diesem Grund möglichst groß sein. Besondere Bedeutung kommt der **Schaufenstergestaltung** zu. Sie muß sehr ansprechend auf den Kunden wirken und in ihm den Wunsch erzeugen, das Geschäft zu betreten. Damit dies erreicht wird, sind eine Reihe von *Gestaltungsgrundsätzen* zu betrachten.

Bauliche Gestaltung des Schaufensters

Viele Schaufenster haben den Nachteil, daß sie – besonders bei starker Sonneneinstrahlung – die Sicht des Betrachters behindern, weil die Schaufensterscheibe spiegelt, d. h. das auftreffende Sonnenlicht reflektiert (zurückwirft). Aus diesem Grund muß das Schaufensterinnere stets heller sein als das Licht vor der Schaufensterscheibe. Diesem Übel kann entweder dadurch abgeholfen werden, daß das Schaufenster vor dem einfallenden Tageslicht durch Markisen oder Vordächer über der Schaufensterscheibe abgeschirmt oder durch besonders kräftige Lichtquellen im Schaufensterinneren aufgehellt wird. Deshalb soll auch das Ladeninnere in hellen Farben gestaltet und gegebenenfalls auch am Tage mit künstlichen Lichtquellen zusätzlich aufgehellt werden. Schaufenster mit spiegelnden Scheiben verlieren nachweislich den größeren Teil ihrer Werbewirksamkeit.

Abb. 139. Gute Ausleuchtung des Ladens verhindert die Spiegelung der Scheibe.

Abb. 140. Durch eine Überfülle an Waren leidet die Übersichtlichkeit im Schaufenster (Foto: Schümann).

Ein bekannter Werbeslogan der Beleuchtungsindustrie lautet: „Licht lockt Leute." Menschen sind Geschöpfe des Lichts und fühlen sich davon angezogen. Daher muß das Schaufenster gerade in den Abendstunden beleuchtet sein; seine Werbewirkung wird so über die eigentliche Geschäftszeit hinaus verlängert. Es ist bekannt, daß die Werbewirkung des Schaufensters besonders am Abend groß ist, weil die Passanten in der Dunkelheit wesentlich weniger abgelenkt werden. Der Blick wird gewissermaßen auf das beleuchtete Schaufenster konzentriert.

In hell ausgeleuchteten Geschäftsstraßen (z. B. in Fußgängerzonen) müssen Schaufenster stärker beleuchtet sein als in Nebenstraßen. Nachstehende Tabelle soll Anhaltspunkte für die Beleuchtungsstärke für Schaufenster geben:

Beleuchtungsstärke in Lux

Art der Straße	Lux
stille Straße	300
belebte Straße	600
Hauptstraße	1000

Eine 100-W-Glühlampe erzeugt auf einer 1 m entfernten Wand die Beleuchtungsstärke 110 Lux. Eine Leuchtstoffröhre mit demselben Stromverbrauch erzeugt dagegen 215 Lux. Die Leuchtdichte nimmt mit dem Quadrat der Entfernung ab.

Floristische Gestaltung des Schaufensters

Das Schaufenster muß vor allem so gestaltet werden, daß es die Aufmerksamkeit der Passanten erregt. Dabei ist zu beachten, daß es sowohl in der Nähe als auch in der Ferne wirken muß. Auch der Passant auf der gegenüberliegenden Straßenseite soll durch die Schaufenstergestaltung angelockt werden. Diese Aufgabe hat der **Blickfang.** Er muß eine gehobene Stellung im Schaufenster einnehmen, damit er schon von ferne gesehen wird. Als Blickfang können eingesetzt werden: Großgebinde, in Form oder Farbe besonders auffallende binderische Arbeiten, Gegenstände, die im Schaufenster bewegt werden (Wippe, Drehscheibe, bewegliche Lichtquelle), starke Lichtquellen (Effektstrahler), Farbstrahler, Leuchtschriften, Bild- und Textplakate, Wagenräder, Schubkarren u. ä.

Der Blickfang sollte im linken oberen Viertel des Schaufensters angebracht sein, da der Mensch die Gewohnheit hat, seine Augen von links nach rechts zu bewegen (sogenannter *Linksstart* der Augen). Dies hat seinen Grund wohl in den Lesegewohnheiten. Allerdings müssen bei der Plazierung des Blickfangs auch die Hauptrichtung des Passantenstroms und die Neigung der Straße berücksichtigt werden. Vom Blickfang ausgehend muß das Auge des Betrachters mittels *Blickführungslinien* durch die gesamte Schaufensterauslage gelenkt werden. Dies wird erreicht durch entsprechende Verknüpfung in der Gestaltung der ausgestellten Blumen, Pflanzen und sonstigen Gegenstände des Sortiments. Eine andere Möglichkeit ist die, daß man den zufällig eingefangenen Blick des Passanten bewußt auf einen **Blickpunkt** konzentriert und ihn dadurch festhält.

Die Schaufensterauslage muß übersichtlich und für den Beschauer leicht faßbar sein, weil die durchschnittliche *Betrachtungsdauer* nur kurz ist. Genaue Untersuchungen haben ergeben, daß hier mit einem Durchschnittswert von nur 13 Sekunden Betrachtungsdauer je Passant zu rechnen ist. In dieser Zeit muß er also die wesentlichen Gegenstände im Schaufenster erfaßt haben. Auch aus diesem Grunde ist eine klare Blickführung bei der Gestaltung anzustreben.

Im Mittelpunkt der Schaufenstergestaltung muß die handwerkliche Arbeit des Floristen stehen, also das qualitativ hochwertige Gesteck, das ansprechende Gebinde. Damit soll den Passanten der Eindruck vermittelt werden, daß es sich nicht um einen beliebigen Blumenladen, sondern um einen modernen, fortschrittlichen und leistungsfähigen Floristbetrieb mit besonderen Dienstleistungen handelt.

Die Übersichtlichkeit im Schaufenster wird vor allem dann erreicht, wenn der Gestaltung eine **einheitliche Idee** zugrunde liegt. Falsch wäre es, wollte man im Schaufenster das gesamte Warensortiment zusammendrängen. Damit würde der Betrachter nur verwirrt. Auch hier gilt der bekannte Spruch: „Weniger ist mehr." Sorgsam gewählte Farbkombinationen und Zusammenfassung einzelner Waren zu einheitlichen Warengruppen fördern die Übersicht. Auch durch *einheitliche Auszeichnung* der ausgestellten Waren mittels sorgfältig gestalteter Preis- und Hinweisschilder wird die Übersichtlichkeit im Schaufenster verbessert. Bei der Auszeichnung sollte der Florist sich jedoch nicht nur auf reine Preisangaben beschränken, sondern auch die Namen der Blumen und Pflanzen, u. U. sogar deren Herkunft und Besonderheiten, mitangeben, weil sie den meisten Kunden nicht geläufig sind, sieht man von den alltäglichen Waren ab. Diese Schilder müssen sich jedoch so harmonisch in die Gesamtgestaltung einfügen, daß der Blick nicht von der eigentlichen Ware abgelenkt wird.

Die *Gestaltungsidee* ist das *Leitmotiv* für den Gesamtaufbau des Schaufensters. Gestaltungsideen liefern die Jahreszeit, Fest- und Feiertage, Sonderverkäufe, Verwendungsarten der Waren, Herkunft und besondere Eigenschaften der auszustellenden Blumen und Pflanzen u. ä. Selbstverständlich dürfen nur ausgesuchte und einwandfreie Blumen und Pflanzen ausgestellt werden. Vor der jeweiligen Neugestaltung ist das Schaufenster sorgfältig zu säubern, denn es ist die Visitenkarte des Geschäfts. Aus ihm schließt der Betrachter auf den gesamten Betrieb.

Abb. 141. **Blickführung im Schaufenster.**

Abb. 142. **Übersichtliche Preisschilder erleichtern den Verkauf.**

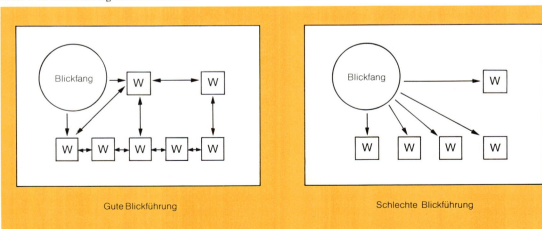

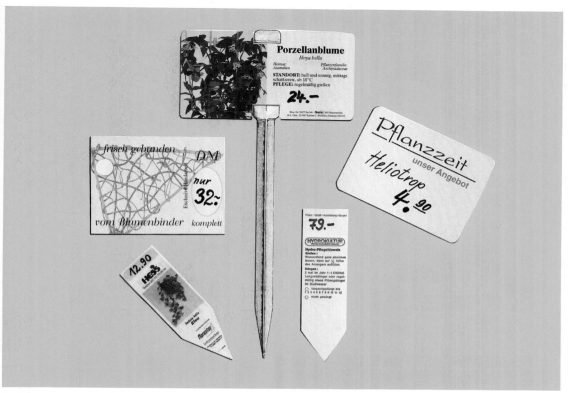

351

Bevor man das Schaufenster neu einrichtet, sollte eine *Skizze* angefertigt werden, auf der die auszustellenden Waren einigermaßen maßstabgetreu einzutragen sind. Eine maßstäblich exakte Zeichnung ist dagegen weniger sinnvoll, weil während der Ausführung der Arbeiten im Schaufenster wegen der optischen Wirkung immer wieder Abänderungen notwendig sind, die sich anhand der Zeichnung nicht vorausberechnen ließen. Maßstabgetreue Zeichnungen würden den Floristen in seiner freien Gestaltungsarbeit über Gebühr festlegen. Mit der *Rohskizze* aber kann er schon vor der Gestaltung seines Schaufensters einen Überblick über die Werbewirkung und die Raumeinteilung gewinnen.

Merksätze

▷ Das Schaufenster muß werblich als Einheit mit der Ladenfront, dem Eingangsbereich und dem Ladeninneren gesehen werden.
▷ Gut gestaltete Schaufenster sind das wirksamste Werbemittel des Floristen.
▷ Die besondere Wirkung des Schaufensters beruht auf seiner Nähe zum Verkaufsraum.
▷ Durch Spiegelung der Schaufensterscheibe wird die Werbewirkung stark beeinträchtigt.
▷ Das Schaufenster muß sowohl auf Nahwirkung als auch auf Fernwirkung hin gestaltet werden.
▷ Der Blickfang ist ein wesentliches Element des Schaufensters; er soll die Aufmerksamkeit der Passanten erregen.
▷ Schaufenster sind so zu gestalten, daß der Betrachter die Auslage leicht überschauen kann.
▷ Die Übersichtlichkeit im Schaufenster wird durch klare Blickführung, einheitliche Gestaltungsidee sowie einheitliche und deutliche Preisauszeichnung erreicht.
▷ Schaufenster, die zu viele Waren enthalten, sind wenig werbewirksam.

Aufgaben

1. Machen Sie Fotos (Dias oder Polaroid-Bilder) von Schaufenstern der an Ihrem Ausbildungsort ansässigen Floristbetriebe und diskutieren Sie darüber im Unterricht.
2. Warum ist das Schaufenster das wichtigste Werbemittel des Floristen? Sammeln Sie dafür entsprechende Argumente.

◁ **Abb. 143 und 144. Ideenskizzen für Schaufenster.**

3. Fertigen Sie eine Skizze von der Ladenfront Ihres Ausbildungsbetriebs an.
4. Nennen Sie beispielhaft Gegenstände, die sich als Blickfang für die Schaufenster von Floristbetrieben eignen.
5. An welcher Stelle des Schaufensters ist der Blickfang besonders wirkungsvoll? Begründen Sie Ihre Ansicht.
6. Durch welche gestalterischen Mittel kann die Werbewirksamkeit des Schaufensters gesteigert werden?
7. Fertigen Sie Schaufensterskizzen für folgende Anlässe an: a) Fasching, b) Erntedank, c) Erster Advent.
8. Sammeln Sie Bilder von Schaufenstern aus Fachzeitschriften und beurteilen Sie diese hinsichtlich der dort sichtbarwerdenden Gestaltungsideen.

13.2 Die Zeitungsanzeige

Lernziele

▷ Die möglichen Streumedien für Zeitungsanzeigen nennen können;
▷ erläutern können, was bei der Anzeigenwerbung durch
 a) Imageanzeigen und
 b) Warenanzeigen
 zu beachten ist;
▷ die Bedeutung der Schlagzeile für die Werbewirksamkeit der Anzeige erklären können;
▷ anhand einer Anzeigenpreisliste die Kosten verschiedener Zeitungsanzeigen in Tageszeitungen berechnen können;
▷ ausgewählte Anzeigen aus Tageszeitungen auf ihre Werbewirksamkeit und Gestaltungsqualität beurteilen können.

Eine umfangreiche Verbraucherumfrage ergab, daß 25% aller Hausfrauen regelmäßig den Anzeigenteil der Tageszeitung lesen, 40% gelegentlich, nur 27% bei Bedarf und 8% nie. Dies bedeutet, daß die *Anzeigenwerbung* für den Einzelhandel sehr wichtig ist. Allerdings muß beachtet werden, daß die *Streuverluste* verhältnismäßig groß sind, da das Blumenfachgeschäft in der Regel einen begrenzten Einzugsbereich an Kunden hat. Regionalzeitungen werden jedoch über das gesamte Stadtgebiet oder gar die Region gestreut. So gesehen sind die Streukosten je Kunde ziemlich hoch. Anzeigenwerbung als Einzelwerbung kommt deshalb besonders in Frage bei Florisbetrie-

ben mit überregionaler Bedeutung oder bei Geschäften im Hauptgeschäftszentrum von größeren Städten. Zeitungsanzeigen können über folgende Anzeigenorgane gestreut werden:
- örtliche Tageszeitungen
- örtliche Anzeigenblätter
- Gartenbeilagen von Tageszeitungen
- Stadtteilbeilagen von Tageszeitungen
- Vereinszeitungen und Vereinsmitteilungen
- Mitteilungsblätter von Gemeinden
- Schülerzeitungen
- Gemeindeblätter der Kirchen

Der Inhalt der Zeitungsanzeige hängt eng mit dem Streumedium zusammen, da mit unterschiedlichen Anzeigenorganen auch unterschiedliche Interessenten angesprochen werden.

Zeitungsanzeigen können nach ihrem Inhalt in zwei Gruppen unterteilt werden, nämlich *Imageanzeigen und Waren- und Dienstleistungsanzeigen*.

Imageanzeigen dienen der Firmenwerbung (vgl. Seite 344) und werden veröffentlicht, um das Geschäft bei den Kunden bekanntzumachen. Der Firmenname und das Waren- und Dienstleistungsangebot des Blumenfachgeschäfts sollen ins Gedächtnis der Kunden gebracht werden. Damit will sich der einzelne Betrieb von der Konkurrenz abheben und seine Einmaligkeit (Exklusivität) herausstellen. Imageanzeigen sind sogenannte *Daueranzeigen*. Sie müssen in regelmäßigen Abständen mehrmals veröffentlicht werden, damit die gewünschte Gedächtniswirkung beim Kunden erzielt wird. Der Zeitraum zwischen den einzelnen Anzeigen sollte nicht länger als zwei Wochen sein, weil sich der Kunde sonst an die vorhergehende Anzeige nicht mehr erinnert. Imageanzeigen müssen *Signalwirkung* haben, also einprägsam und einheitlich gestaltet sein. Dieses Signal (Firmenzeichen, Schlagzeile, Bild) muß während der gesamten Anzeigenserie unverändert bleiben, weil sonst der beabsichtigte Bekanntheitsgrad beim Kunden nicht erreicht werden kann. Die Größe ist bei Imageanzeigen weniger wichtig als die Häufigkeit des Erscheinens. In aller Regel ist bei 1 Zeitungsspalte – insbesondere wegen der hohen Anzeigenkosten – eine Größe von 40–50 mm ausreichend.

Warenanzeigen enthalten ein konkretes Waren- oder Dienstleistungsangebot mit Preisangaben. Da in diesem Fall der Florist mehr als nur seinen Namen „verkaufen" möchte, muß die Warenanzeige größer sein als die Imageanzeige. 60–80 mm ist hier die Mindestgröße bei 1 Spalte. Auch Warenanzeigen müssen deutlich den Namen und das Firmenzeichen des werbenden Floristen tragen. Bei Warenanzeigen

Abb. 145. Zeitungsanzeige mit Warenangebot.

sind jedoch die Streuverluste besonders hoch. Eine Eingrenzung der Streuverluste kann u. U. dadurch erreicht werden, daß nur eine Teilausgabe der Tageszeitung belegt wird. Der Anzeigentarif von Teilausgaben liegt nämlich niedriger als der von Gesamtausgaben.

Besonders geeignet ist die Zeitungsanzeige für Maßnahmen der Gemeinschafts- oder Sammelwerbung. Hierfür kommt jedoch nur die Imageanzeige in Frage.

Die *Anzeigenkosten* setzen sich aus den Entwurfs- und den Veröffentlichungskosten zusammen. Bei einfachen Anzeigen übernimmt der Zeitungsverlag die Kosten der Gestaltung. Die Veröffentlichungskosten ergeben sich aus der jeweiligen Anzeigenpreisliste. Anzeigenraum wird nach mm-Zeilen verkauft. Der mm-Preis bezieht sich jeweils auf 1 Zeitungsspalte. Je höher die Auflage einer Zeitung ist, desto höher ist auch der mm-Preis. Die mm-Preise bewegen sich zwischen 2,– DM und 8,– DM. Bei einem mm-Preis von 3,50 DM kostet demnach eine 2spaltige Anzeige mit 80 mm Höhe 400,– DM.

Berechnung: 80 mm × 2 = 160 mm
160 mm × 3,50 DM = 560,– DM.

Bei größeren Abschlüssen gewähren die Zeitungsverleger auf die Anzeigenpreise entsprechende Rabatte.

Eigene Zeitungsanzeigen stehen in stetem Wettstreit mit allen anderen Anzeigen und müssen daher besonders sorgfältig und originell gestaltet werden. Der Erfolg der Anzeige steht und fällt mit ihrer *Aufmerksamkeitswirkung*. Sie muß so hoch sein, daß auch der Blick des flüchtigen Zeitungslesers gefesselt wird. Der Blickfang ist daher der wichtigste Teil der Anzeige. Blickfänge bei Anzeigen sind: Schlagzeilen, einprägsame Bilder und besondere Schriften.

Der Blickfang muß in enger Verbindung zum sonstigen Anzeigeninhalt stehen, da sonst die einzelnen Anzeigenelemente vom Betrachter nicht verknüpft werden. Innerhalb einer Anzeige sollten höchstens drei verschiedene Schriftgrößen und nach Möglichkeit nur eine Schriftart verwendet werden, weil sonst die Einheitlichkeit und damit die Aufmerksamkeitswirkung der Anzeige leidet. Der einheitliche Grauton einer Anzeigenseite kann wirkungsvoll durchbrochen werden mit der Negativanzeige oder der schwimmenden Anzeige. **Negativanzeigen** erscheinen mit ausgesparter weißer Schrift auf schwarzem Grund und ergeben so einen guten Helligkeitskontrast zu den angrenzenden Anzeigen. Bei der **schwimmenden Anzeige** wird der knappe Anzeigen-

Abb. 146. Eine Serie einheitlich gestalteter Imageanzeigen (Firmenwerbung).

Abb. 147. Zeitungsanzeige (Firmenwerbung).

text auf kleinstem Raum zusammengedrängt, um eine möglichst große, unbedruckte Fläche zu erhalten. Auch sie hebt sich dann gut von den sonstigen Anzeigen ab.

Merksätze

▷ Zeitungsanzeigen haben als Werbemittel des Floristen den Nachteil, daß die Streuverluste hoch sind.
▷ Wir unterscheiden zwischen Imageanzeigen und Warenanzeigen.
▷ Für die Anzeigenwerbung gilt das Prinzip der Stetigkeit in besonderem Maße.
▷ Bei Serienanzeigen sollte der zeitliche Abstand höchstens zwei Wochen betragen.
▷ Aufmerksamkeit wird bei der Zeitungsanzeige hauptsächlich durch die Schlagzeile erzielt.
▷ Die Anzeigenkosten werden aufgrund der Anzeigenpreislisten, welche die Zeitungsverleger herausgeben, berechnet.
▷ Anzeigen müssen möglichst einheitlich, aber auffallend gestaltet sein.
▷ Der Anzeigentext muß möglichst kurz sein, damit er sich einprägt.

Aufgaben

1. Zählen Sie die an Ihrem Ausbildungsort erscheinenden Anzeigenorgane auf und beurteilen Sie diese hinsichtlich der Eignung für die Anzeigenwerbung Ihres Ausbildungsbetriebs.
2. Besorgen Sie sich eine Anzeigenpreisleiste der an Ihrem Ausbildungsort erscheinenden Tageszeitung und berechnen Sie die Kosten für folgende Zeitungsanzeigen: a) 30 mm einspaltig; b) 50 mm zweispaltig; c) 60 mm dreispaltig.
3. Schneiden Sie aus Tageszeitungen und Fachzeitschriften Zeitungsanzeigen von Einzelhandelsfachgeschäften aus, die Ihrer Meinung nach besonders gelungen sind.
4. Was will der Florist mit Imageanzeigen erreichen?
5. Was ist bei der Gestaltung von Serienanzeigen zu beachten, damit die gewünschte Werbewirkung erzielt wird?
6. Entwerfen Sie eine „Warenanzeige" für Ihren Ausbildungsbetrieb zum Muttertag und berechnen Sie deren Kosten bei einem mm-Preis von 3,25 DM.
7. Welchen Sinn hat die Schlagzeile bei einer Zeitungsanzeige? Entwerfen Sie Schlagzeilen für drei unterschiedliche Zeitungsanzeigen, die für Ihren Ausbildungsbetrieb geeignet sind.

13.3 Werbebriefe und Handzettel

Lernziele

▷ Die Bedeutung des Werbebriefs für die Werbung des Floristen nennen und an anderen Werbemitteln messen können;
▷ verschiedene Zielgruppen für die Briefwerbung nennen können;
▷ Werbebriefe für besondere Anlässe entwerfen können;
▷ sagen können, für welche Anlässe Handzettel geeignete Werbemittel sind;
▷ Handzettel für vorgegebene Anlässe entwerfen können;
▷ die Streumöglichkeiten für Handzettel aufzählen können.

Werbebriefe sind besonders dafür geeignet, Kunden sehr gezielt und ganz persönlich anzusprechen. Leider wird von diesem Werbemittel im Floristbetrieb noch viel zu wenig Gebrauch gemacht. Das mag daran liegen, daß man den Arbeits- und Kostenaufwand scheut oder nicht über das notwendige Adressenmaterial verfügt. Moderne Druck- und Vervielfältigungsverfahren erlauben es jedoch, verhältnismäßig preisgünstig Werbebriefe herzustellen, die in ih-

Abb. 148. Werbebrief. ▷

Stil & Blüte · Schützenstraße 14 · 73033 Göppingen

An das Brautpaar
Margarete Specht
Marius Duisberg
Kornbergweg 44

73110 Hattenhofen

STIL & BLÜTE
ERLESENE FLORISTIK UND MEHR

IRIS MAUNZ
Floristmeisterin

Schützenstraße 14
73033 Göppingen
Telefon
07161/74862
Telefax
07161/77889

Göppingen, den 13.06.19..

Sehr geehrtes Brautpaar,

sicher werden Sie schon inmitten Ihrer Hochzeitsvorbereitungen stehen. Schließlich soll es ja ein schönes Fest geben, und dies erfordert viel Arbeit.

Ich möchte Ihnen hierfür meine Dienste anbieten. Vielleicht kann ich Ihnen gerade in diesen Tagen einen Teil der Vorbereitungsarbeiten abnehmen.

    Haben Sie schon daran gedacht,
    wer die Kirche für Ihr Fest mit Blumen schmücken soll,

    wer die Festtafel mit herrlichen Blumen gestaltet,

    wer Ihr Hochzeitsauto zu einem bunten, fröhlichen Festwagen macht und

    wer Ihnen einen zauberhaft schönen Brautstrauß bindet?

Es wäre mir eine Ehre, wenn Sie meine Fachkompetenz dafür in Anspruch nähmen. Bestimmt werde ich Ihre Wünsche zur vollen Zufriedenheit erfüllen.

Wann darf ich mit Ihrem Besuch oder Anruf in meinem Geschäft rechnen?

Mit freundlichen Grüßen

Iris Maunz

Übrigens: Gratulieren soll man nach altem Brauch erst nach der Trauung.
                Ich werde dies gerne und von ganzem Herzen tun.

Volksbank
Göppingen
BLZ 610 605 00
Kto. 322 860 008

Kreissparkasse
Göppingen
BLZ 610 500 00
Kto. 121 965

rer äußeren Form durchaus ansprechend sind und auch nicht den Eindruck von *Massenerzeugnissen* beim Kunden hervorrufen. Der PC bietet dem Floristen gute Möglichkeiten, preiswert Werbebriefe in größerer Zahl herzustellen. Voraussetzung dafür ist jedoch ein leistungsfähiger und hochwertiger Drucker. Werbebriefe sollten auf Original-Briefbogen gedruckt und vom Firmeninhaber persönlich unterschrieben werden. Jeder Brief muß die persönliche Anrede des Kunden enthalten.

Da die Kunden des Floristen mit Werbebriefen sehr gezielt angesprochen werden können, ist eine *Kundenkartei* die wichtigste Voraussetzung für derartige Werbeaktionen. Sie muß sehr sorgfältig geführt werden und immer auf dem neuesten Stand sein, um Streuverluste möglichst gering zu halten.

Werbebriefe sollen vorzugsweise an solche Kunden versandt werden, bei denen man ein besonderes Interesse für bestimmte Waren oder Dienstleistungen vermuten kann. Gleichlautende Werbebriefe an sämtliche mögliche Kunden im Einzugsbereich eines Blumenfachgeschäfts bringen meist nicht den gewünschten Erfolg, weil sie im Inhalt so allgemein gehalten werden müssen, daß sich nur sehr wenige Kunden persönlich angesprochen fühlen. Außerdem würde auch der Kostenaufwand in einem Mißverhältnis zum möglichen Erfolg stehen. Und gerade die Stärke des Briefs als Werbemittel – nämlich die ganz persönliche Ansprache einzelner Kunden oder Kundengruppen – würde hierbei nicht genutzt.

Die Kundenkartei muß persönliche Angaben über die einzelnen Kunden enthalten wie Beruf, Interessengebiete, Einkaufsgewohnheiten, Lebensdaten u. ä. Nur so ist es möglich, für einzelne Werbeaktionen einigermaßen einheitliche Kundengruppen zu bilden, die mit entsprechenden Werbebriefen angeschrieben werden können. Es ist allerdings streng zu beachten, daß aufgrund des *Datenschutzgesetzes* diese Informationen, sofern man sie überhaupt erhält, nicht weitergegeben, sondern nur zum persönlichen Gebrauch verwendet werden dürfen.

Werbebriefe können zu folgenden Anlässen geschickt werden:
– Begrüßungsbriefe an **kürzlich zugezogene Familien** im Einzugsbereich des Geschäfts (in Neubaugebieten können die Namen selbst erhoben werden);
– Glückwunsch- und Empfehlungsbriefe an **Brautpaare** (laufende Beobachtung der Aufgebote, die in den jeweiligen Standesämtern der Gemeinden vor der Eheschließung öffentlich ausgehängt werden müssen);
– Glückwunschschreiben anläßlich von **Geburts- oder Namenstagen** guter oder langjähriger Kunden (hier kann u. U. auch ein kleiner Blumengruß beigefügt werden);
– Glückwunschschreiben anläßlich von **Firmen- oder Arbeitsjubiläen** (dies ist aus den Lokalnachrichten der Tageszeitungen zu erfahren);
– Werbebriefe zum **Muttertag,** zum **Jahreswechsel** oder zum **Valentinstag;**
– Werbebriefe an **Hotels und Gaststätten** mit dem Angebot entsprechender Dienstleistungen für Feste und Feiern (Anschriftenmaterial kann dem Branchenteil des örtlichen Telefonbuchs entnommen werden);
– Werbebriefe an **Verwaltungsbehörden, Büros** und **Industriebetriebe** im Einzugsbereich des Blumenfachgeschäfts (Anschriften sind den Branchenteilen der Fernsprechbücher zu entnehmen);
– Glückwunschschreiben anläßlich **bestandener Prüfungen in Schule und Beruf** (z. B. Abitur, Lehrabschlußprüfung, Meisterprüfung oder Hochschulabschluß; teils von den Eltern der Prüflinge zu erfahren, teils werden die Namen auch in den Tageszeitungen veröffentlicht);
– Glückwunschschreiben zur **Geburt von Kindern** (Veröffentlichung der Namen in den amtlichen Mitteilungen der Gemeinden).

Werbebriefe sollte der Florist niemals als Drucksache versenden, da sie sonst vom Kunden als Massenwaren eingeschätzt und dementsprechend nur wenig beachtet werden. Lieber sollte der Florist die Anzahl der Werbebriefe beschränken, wenn ihm die Portokosten für gewöhnliche Briefe zu hoch sind.

Im Stil sollen Werbebriefe schlicht und natürlich sein. Abwechslungsreiche, anschauliche Sprache und kurze Sätze erhöhen die Einprägsamkeit. Auch sind Werbebriefe durch möglichst kurze Absätze stark zu untergliedern. Sie werden dadurch übersichtlich. Außerdem ist die Kürze des Briefs maßgebend dafür, daß er vom Empfänger gelesen wird. Ein Umfang von 25 Schreibmaschinenzeilen sollte unter keinen Umständen überschritten werden.

Werbebriefe werden aus psychologischen Gründen nach folgendem Schema aufgebaut:
– **Weckung des Interesses** durch eine Frage oder ein Beispiel,
– **Angebot der Ware oder Dienstleistung** und deren Beschreibung,
– **Begründung des Angebots,**
– **Aufforderung** zum Besuch des Geschäfts und **zum Kauf** der angebotenen Waren oder Inanspruchnahme der Dienstleistungen.

Oftmals führt der erste Werbebrief nicht zum gewünschten Erfolg; daher müssen nach einiger Zeit entsprechende *Nachfaßbriefe* verschickt werden. Mit ihnen muß ein klarer Bezug zu den vorhergegangenen Briefen geschaffen werden. Voraussetzung für die Versendung von Nachfaßbriefen ist jedoch eine genaue Erfassung der Reaktionen von Kunden auf Werbebriefe (Werbeerfolgskontrolle).

Der Handzettel

Handzettel werden vorzugsweise zur Werbung für Sonderangebote, zur Bekanntmachung von Sonderaktionen im Geschäft (Verkaufsförderungsmaßnahmen), für Sonderverkäufe (z. B. Jubiläumsverkauf) und zur Saisoneröffnung eingesetzt. Sie sind auch für die Kunden als **Werbeinformation** von Bedeutung, die keine Tageszeitung lesen und so z. B. von den Angeboten des Floristen in Zeitungsanzeigen nichts erfahren. Da Handzettel *kurzfristig* eingesetzt werden können, eignen sie sich gut zur raschen Abwehr von Webemaßnahmen der Konkurrenz. Praktisch ist jede leistungsfähige Druckerei in der Lage, von heute auf morgen einen entsprechenden Druckauftrag des Floristen auszuführen.

Handzettel sind üblicherweise nur einseitig bedruckt. Sie werden im Format DIN A4 oder A5 hergestellt. Der Text soll möglichst kurz und einprägsam sein, die Schrift groß und klar; sonst wird der Handzettel nicht gelesen. Ein **fesselnder Blickfang** in Form einer guten Schlagzeile oder eines einprägsamen Bildes steigert den Aufmerksamkeitswert. Handzettel werden auf buntem, auffälligem Papier gedruckt. Auch das steigert die Aufmerksamkeit beim Empfänger.

Da Handzettel als Werbeträger nur kurze Lebensdauer haben und ihr Inhalt für den Kunden nur kurze Zeit aktuell ist, wählt man dafür ein leichtes, billiges Papier und ein preisgünstiges Druckverfahren. Die geringen Herstellungskosten – sie liegen für 1000 Handzettel im Format DIN A5 bei ungefähr 100,– DM – erlauben es dem Floristen, auch kleinere Warenposten einem größeren Kundenkreis anzubieten.

Handzettel werden in der Regel durch Hilfskräfte wie Rentner oder Schüler verteilt (gestreut), damit die Streukosten niedrig sind. Daher ist es auch nicht so entscheidend, wenn gewisse Streuverluste auftreten,

Abb. 149. Handzettel (Firmenwerbung).

Abb. 150. Handzettel zum Valentinstag (Quelle: CMA).

weil auch Personen in den Besitz von Handzetteln kommen, die kein unmittelbares Kaufinteresse haben. Üblicherweise werden Handzettel über die Briefkästen der im Einzugsbereich des Geschäfts liegenden Wohn- und Geschäftshäuser gestreut. Doch es bieten sich auch noch eine Reihe weiterer Streumöglichkeiten an wie
– Verteilung auf der Straße (z. B. direkt vor dem Laden, an Bus- oder Straßenbahnhaltestellen, in belebten Geschäftsstraßen),
– Verteilung im Laden,
– Beipack zur Ware,
– Zeitungsbeilage,
– Anstecken an parkende Autos.

Merksätze

▷ Mit Werbebriefen können Kunden sehr gezielt angesprochen werden.
▷ Werbebriefe dürfen nicht den Eindruck von Massenerzeugnissen hervorrufen.
▷ Voraussetzung zur gezielten Ansprache von Kunden durch Werbebriefe ist eine gut ausgebaute Kundenkartei.
▷ Werbebriefe müssen kurz, anschaulich und übersichtlich sein.
▷ Werbewirksame Briefe müssen mit einer das Interesse des Kunde weckenden Frage oder einem Beispiel beginnen und mit einer Kaufaufforderung enden.

- als gewöhnliche Briefe verschickt und persönlich vom Geschäftsinhaber unterschrieben werden.
- ▷ Handzettel sind vielseitig und vor allem kurzfristig einsetzbar.
- ▷ Herstellungs- und Streukosten für Handzettel sind nur gering, daher sind sie als Werbemittel für den Floristbetrieb besonders geeignet.
- ▷ Große Druckbuchstaben und kurze Texte erhöhen die Werbewirkung von Handzetteln.

Aufgaben

1. Welche Vorteile (und Nachteile) hat der Werbebrief im Vergleich zu anderen Werbemitteln des Floristen?
2. Was muß bei der Herstellung von Werbebriefen beachtet werden, damit beim Empfänger nicht der Eindruck eines Massenerzeugnisses hervorgerufen wird?
3. Entwerfen Sie Werbebriefe nach der AIDA-Formel für folgende Anlässe: a) Neueröffnung eines Hotels; b) Bezug eines großen Wohnblocks im Einzugsgebiet Ihres Geschäfts; c) Eröffnung einer größeren Boutique in der Nähe Ihres Geschäfts.
4. Sammeln Sie Handzettel von Einzelhandelsgeschäften und beurteilen Sie diese nach a) Inhalt, b) Gestaltung und c) Einprägsamkeit.
5. Welche Möglichkeiten der Streuung von Handzetteln sind für Ihren Ausbildungsbetrieb besonders geeignet?
6. Entwerfen Sie Handzettel für Ihren Ausbildungsbetrieb zu folgenden Anlässen: a) 25jähriges Bestehen des Geschäfts; b) Valentinstag; c) Beginn der Balkon-Saison.

13.4 Sonstige Werbemittel und Werbehilfen

Lernziele

- ▷ Die Bedeutung und Verwendungsmöglichkeiten des Firmenzeichens für die Werbung des Floristbetriebs erklären können;
- ▷ den Begriff „Hausfarbe" für die Werbung erklären können;
- ▷ Schaufensterplakate und Aufkleber der Blumenwerbung GmbH auf ihre Werbeaussage und Werbewirksamkeit beurteilen können;
- ▷ aufzählen können, welche Prospekte im Ausbildungsbetrieb verteilt werden;
- ▷ erklären können, warum fremde Prospekte mit dem Firmeneindruck des Floristen zu versehen sind;
- ▷ wissen, warum Werbegeschenke nur einen geringen materiellen Wert haben dürfen;
- ▷ mögliche Werbegeschenke nennen und ihre unterschiedliche Werbewirksamkeit beurteilen können;
- ▷ die Aufgaben örtlicher Werbegemeinschaften erläutern können;
- ▷ mögliche Gemeinschaftsveranstaltungen von Floristbetrieben aufzählen können.

Das Firmenzeichen

Immer mehr Floristen gehen dazu über, ihrem Betrieb durch ein einprägsames Firmenzeichen in Verbindung mit dem Firmennamen eine besondere Note zu geben. Eng mit dem Firmenzeichen verbunden ist auch die sogenannte *Hausfarbe* des Floristen. Beide zusammen sollen als optisches Symbol das **Erkennungszeichen** des Geschäfts und seiner Werbemittel sein (corporated design).

Firmenzeichen und Hausfarbe sind Teilwerbemittel, weil sie nur in Verbindung mit anderen Werbemitteln eingesetzt werden können. Anhand des auf allen Werbemitteln auftauchenden Firmenzeichens wird es dem Umworbenen möglich, die verschiedenen Werbemaßnahmen eines Unternehmens als Einheit zu sehen und innerlich zu verknüpfen. Daher bezeichnet man das Firmenzeichen und die Hausfarbe auch als **Werbekonstante** (konstant = fest, unveränderlich). Es dauert meist lange, bis sich Firmenzeichen und Hausfarbe im Bewußtsein der Verbraucher festgesetzt haben. Daher müssen sie möglichst häufig in Erscheinung treten und wie folgt eingesetzt werden:

- Ladenfrontgestaltung
- Werbedrucksachen
- Geschäftsdrucksachen
- Geschäftspost und -formulare
- Verpackungsmaterial
- Firmenfahrzeuge
- Arbeitskleidung der Verkäufer (mit Einschränkung)

Das Firmenzeichen besteht aus dem Namen der Firma oder dessen Abkürzung. Häufig wird es in Verbindung mit einem Bild gestaltet, weil sich Bilder leichter einprägen als Namen. Firmenzeichen müssen

◁ Abb. 151. Firmenzeichen – Thema mit Variationen.

Abb. 152. Das Firmenzeichen muß verschiedene Anforderungen erfüllen.

originell sein, d. h., sie sollen sich deutlich von denen anderer Geschäfte unterscheiden. Außerdem müssen sie leicht einprägsam, übersichtlich und verständlich sein. Weil das Firmenzeichen auf allen Werbemitteln auftauchen soll, muß es anpassungsfähig, d. h. vielseitig verwendbar sein, sich also in der Größe leicht verändern lassen, ohne daß seine Wirkung und Einprägsamkeit zu sehr leidet. Schließlich soll das Firmenzeichen warenbetont sein und eine Beziehung zum Geschäftszweig haben.

Die Hausfarbe des Floristbetriebs muß nicht unbedingt Grün sein, obgleich es unzählige Grüntöne gibt, die sich auch durchaus unterscheiden lassen, wie z. B. Blaugrün, Gelbgrün, Hellgrün, Dunkelgrün, Grasgrün, Lindgrün, Olivgrün, Graugrün und Braungrün. In Frage kommen eigentlich alle bunten und klaren, „positiven" Farben, wie wir sie auch in der Natur finden. Modefarben sind dafür zu kurzlebig.

Plakate und Aufkleber

Plakate finden im Blumenfachgeschäft Verwendung als Schaufensterplakate, Innenplakate und Außenplakate. **Schaufensterplakate** werden entweder im Inneren des Schaufensters verwendet oder von außen auf die Schaufensterscheibe aufgeklebt. Sie sind auch als sogenannte Fensterstreifen oder Aufkleber gebräuchlich. Ihrer Verwendung im Floristbetrieb sind jedoch wegen der Besonderheiten der Schaufenstergestaltung Grenzen gesetzt. **Innenplakate** werden an den Wänden im Ladeninneren aufgehängt, an öffentlichen Gebäuden und in Verkehrsmitteln. **Außenplakate** werden entweder vom Floristen selbst an eigenen *Aufstellern* vor dem Laden oder durch besondere Unternehmer an öffentlichen *Anschlagsäulen* (Litfaßsäulen, Plakatsäulen) und *Anschlagtafeln* oder *Anschlagwänden* angebracht. Der Anschlag an öffentlichen Plakatierungsstellen lohnt sich jedoch nur für den Floristbetrieb mit stark überregionaler Bedeutung. Eine zusätzliche Verwendung finden Plakate und Aufkleber auch auf *Firmenfahrzeugen* und *Lieferwagen*. Da sich besonders Außenplakate an einen großen Personenkreis wenden, ist eine gezielte Werbung kaum möglich.

Plakate erfahren vom Umworbenen nur eine sehr kurze Beachtung und müssen deshalb in ihrer Gestaltung auf die *Augenblickswirkung* abgestellt sein. Der Inhalt muß also mit einem Blick erfaßt werden können, soll das Plakat die gewünschte Wirkung haben. Daher werden für Plakate besonders einprägsame und leicht faßliche Bilder bevorzugt, eine Gegebenheit, deren sich der Florist bewußt sein muß, wenn ihm die graphische Gestaltung von Blumendarstellungen auf Plakaten gar nicht gefallen will. Der Text muß äußerst knapp gehalten werden und darf höchstens fünf Worte enthalten. Da die Herstellungskosten (Entwurf- und Druckkosten) sowohl für Plakate als auch für Aufkleber ziemlich hoch sind, lohnt sich die Plakatwerbung für den Floristbetrieb nur dann, wenn er vorgefertigte Plakate und Aufkleber verwenden kann, die nur noch mit dem Eindruck seines Firmennamens oder sonstiger kurzer Textstellen, wie z. B. Preisen, versehen werden müssen. Die CMA und die Blumenwerbung GmbH stellen daher den Floristbetrieben laufend vorgefertigte Plakate und

Abb. 153. Plakat für Gemeinschaftswerbung (Blumenwerbung GmbH).

Abb. 154. Aufkleber für Gemeinschaftswerbung (Blumenwerbung GmbH).

Aufkleber zu aktuellen Anlässen im Rahmen der Gemeinschaftswerbung, aber auch zur Verwendung für Einzelwerbemaßnahmen, zu günstigen Preisen zur Verfügung.

Als Beispiele hierfür lassen sich anführen die Plakate zur Saisoneröffnung, Plakate zum Angebot des Monats, Plakate und Aufkleber zum Valentins- oder Muttertag und Plakate für Sonderaktionen.

Der Prospekt

Prospekte sind anschauliche, naturgetreue Darstellungen von Waren in Wort und Bild. Sie enthalten in der Regel auch Hinweise über den Gebrauch und die Verwendungsmöglichkeiten der Waren und müssen sehr anschaulich sein, da sie das Verkaufsgespräch teilweise ersetzen sollen.

Prospekte sind in ihrer Wirkung nicht auf den Augenblick ausgerichtet, sondern verlangen vom Kunden, daß er sich längere Zeit mit ihrem Inhalt beschäftigt. Dies heißt, daß sie sehr sorgfältig und aufwendig gestaltet sein müssen, damit sie der Kunde auch tatsächlich liest oder sogar auch längere Zeit aufbewahrt. So wird die Wirkungsdauer verlängert.

Prospekte sind in der Herstellung wegen des aufwendigen Drucks sehr teuer. Daher ist der Florist darauf angewiesen, fremdes Prospektmaterial zu verteilen, wie es ihm von Herstellerfirmen (z. B. von Blumenpflegemitteln) oder der Blumenwerbung GmbH zur Verfügung gestellt wird. Gutes Prospektmaterial wird von den Kunden sehr gerne angenommen, besonders dann, wenn es brauchbare Informationen für den Verbraucher liefert.

Prospekte enthalten auf der Vorder- und Rückseite in aller Regel Freiraum zum *Eindruck des Firmennamens*. Dieser Eindruck ist sehr preisgünstig und sollte in jedem Fall vorgenommen werden, weil der Prospekt sonst nicht als Werbemittel eines bestimmten Blumenfachgeschäfts vom Kunden angesehen wird. Die Verbindung zwischen Ware und Floristbetrieb fehlt also. Nur in Ausnahmefällen sollte der Florist zum Firmenstempel greifen und die Prospekte damit als seine eigenen kenntlich machen. Die sehr sorgfältig hergestellten Druckerzeugnisse würden dadurch entwertet. Außerdem würde der Kunde sofort erkennen, daß es sich um fremde Prospekte handelt, die hier verteilt werden.

Abb. 155. Schaufensterplakate als gezielte Werbehilfe (Quelle: CMA).

Gestreut werden Prospekte durch Auslegen im Laden, durch Postwurfsendungen, Beilage in Lesezirkelmappen, Verteilung an Passanten vor dem Laden, durch Anstecken an parkende Autos, als Beilagen zu Werbebriefen u. a.

Zugaben
Zugaben dürfen nach den Vorschriften der *Zugabeverordnung* keinen großen materiellen Wert haben und sind deutlich und dauerhaft als Werbemittel kenntlich zu machen (s. Seite 24). *Geringer materieller Wert* heißt nicht, daß Zugaben und kleine Werbegeschenke nicht durchaus einen *hohen ideellen Wert* für den Kunden haben können. Zugaben müssen also nützliche Kleinigkeiten sein, mit denen der Kunde tatsächlich etwas anfangen kann. Jedoch nicht nur Erwachsene freuen sich über kleine Aufmerksamkeiten in Form von Werbegeschenken, sondern auch Kinder, die ihre Mütter oder Väter beim Blumenkauf begleiten.
Alle Zugaben sollten nicht nur wegen der gesetzlichen Vorschriften Firmenanschrift und Telefonnummer des Floristbetriebs tragen. Wenn Zugaben für die Kunden tatsächlich einen Gebrauchswert haben, werden sie von ihnen auch benutzt oder aufbewahrt und bringen so auf längere Zeit den Namen des Floristen immer wieder ins Bewußtsein. Aus der Fülle möglicher Zugaben sollen hier die wichtigsten genannt werden:

– Warenproben (z. B. Düngemittel oder Frischhaltemittel)
– Pflegeanleitungen (z. B. Blumen- und Pflanzenpflegekarten)
– Blumenkalender (zur Weihnachtszeit)

Abb. 156. Schaufensterplakat der Fleurop.

- kleine Taschenkalender (zum Jahreswechsel)
- Streichholzbriefchen
- Blumenaufkleber (für Kinder)
- Luftballons (für Kinder von Kunden)
- Kugelschreiber

Zugaben sollten nicht auf die Weihnachtszeit beschränkt werden. Für neue Kunden oder Stammkunden und Kunden, die besonders häufig und für größere Beträge einkaufen, können Zugaben auch während des übrigen Jahres durchaus notwendige *Werbegeschenke* darstellen, womit ihre Bindung an das Blumenfachgeschäft gestärkt wird. Nicht von ungefähr heißt es, daß kleine Geschenke die Freundschaft erhalten.

Gemeinschaftsveranstaltungen
Gemeinschaftsveranstaltungen von Floristbetrieben dienen in erster Linie zur Aufklärung der Verbraucher und zur Selbstdarstellung der Branche als qualifizierter Fachhandel. Da mit dieser Aufgabe der einzelne Betrieb überfordert wäre, schließen sich die Floristbetriebe einzelner Regionen zu **Werbegemeinschaften** zusammen.
Neben der Planung und Durchführung gemeinsamer Werbemaßnahmen wie Anzeigenwerbung, Plakatwerbung u. ä., die der unmittelbaren *Absatzförderung* dienen, führen diese Werbegemeinschaften Veranstaltungen durch, die in den Rahmen der überbetrieblichen *Public-Relations-Maßnahmen* fallen. Sie führen nur längerfristig und mittelbar durch die Steigerung des Ansehens der Floristbetriebe im Bewußtsein der Verbraucher zu Umsatzsteigerungen bei den beteiligten Betrieben. Wegen der starken Konkurrenz durch Außenseiter der Branche wird diese Art der Selbstdarstellung des Blumenfachgeschäfts als leistungsfähigem Fachgeschäft immer wichtiger.

Gemeinschaftsveranstaltungen der Floristbetriebe werden häufig auch gemeinsam mit der Gemeindeverwaltung durchgeführt, insbesondere, wenn sie der Stadtverschönerung dienen. Auch gemeinsame Veranstaltungen zusammen mit Gärtnereibetrieben sind weit verbreitet. Zu nennen sind hier besonders **Blumenschmuck- und Balkonpflanzwettbewerbe.** Auch **Blumenbälle,** wie z. B. ein *Chrysanthemenball* zum Jahresende mit der Wahl einer Chrysanthemen-Königin, sind dafür geeignet, die Blumen mehr in das Bewußtsein der Verbraucher zu rücken. Hier bietet sich jedoch an, die örtliche Presse als Partner einzuschalten, damit diese Veranstaltung die notwendige Publizität erhält.

An weiteren Gemeinschaftsveranstaltungen von Floristen sind noch zu nennen: **Geranienmärkte** im Mai und **Blumenausstellungen** (und zwar nicht nur zur Advents- und Weihnachtszeit).

Die Werbegemeinschaften übernehmen auch die laufende Öffentlichkeitsarbeit der Branche in der Tages-

Abb. 157. Gemeinschaftsveranstaltung der Gärtner und Floristen.

presse durch Veranstaltung von **Pressekonferenzen,** in denen die Verbraucher nicht nur über gemeinsame Veranstaltungen der Floristbetriebe, sondern auch über die Verhältnisse auf dem Blumenmarkt, das derzeitige Sortiment, Preisentwicklung und die wichtigsten Blumenverkaufstage wie Valentinstag, Ostern, Muttertag usw. unterrichtet werden.

Merksätze

▷ Firmenzeichen und Hausfarbe sind geeignete Mittel, um der Werbung des Floristbetriebs eine besondere Note zu geben.
▷ Als Werbekonstante sollen Firmenzeichen und Hausfarbe nach Möglichkeit bei allen Werbemitteln verwendet werden.
▷ Firmenzeichen sollen originell, gefällig, warenbezogen, vielseitig verwendbar, einprägsam, verständlich und übersichtlich sein.
▷ Plakate und Aufkleber finden im Floristbetrieb vorzugsweise im Ladenbereich Verwendung.
▷ Plakate müssen in einprägsamen Farben und Bildern unter sparsamer Verwendung von Text gestaltet sein.
▷ Prospekte werden im Floristbetrieb hauptsächlich zur Warenwerbung eingesetzt.
▷ Prospekte von Zulieferbetrieben oder der Blumenwerbung GmbH müssen mit dem Firmeneindruck des Floristen versehen werden.
▷ Zugaben müssen nach Wert und Kennzeichnung den gesetzlichen Vorschriften der Zugabeverordnung entsprechen.
▷ Zugaben sollen nur verteilt werden, wenn sie für den Kunden nützlich sind.
▷ Überbetriebliche Werbung spielt in der Branche des Floristen eine große Rolle, weil das Blumenfachgeschäft laufend einer Profilierung gegenüber den Branchenaußenseitern bedarf.
▷ Überbetriebliche Werbung wird entweder durch die Blumenwerbung GmbH oder durch örtliche Werbegemeinschaften organisiert.

Aufgaben

1. Sammeln Sie Firmenzeichen von Floristbetrieben Ihres Ausbildungsorts und beurteilen Sie diese im Unterricht.
2. Beschreiben und beurteilen Sie die Werbekonstanten Ihres Ausbildungsbetriebs.
3. Beschreiben Sie das Firmenzeichen Ihres Ausbildungsbetriebs und beurteilen Sie dieses hinsichtlich a) Originalität, b) Einprägsamkeit, c) Unverwechselbarkeit und d) Branchenbezogenheit.
4. Entwerfen Sie zwei Firmenzeichen für Floristbetriebe.
5. Berichten Sie, in welchem Umfang von der Plakatwerbung in Ihrem Ausbildungsbetrieb Gebrauch gemacht wird.
6. Entwerfen Sie einen Schaufensteraufkleber für die Weihnachtszeit.
7. Besorgen Sie sich Plakate der CMA und der Blumenwerbung GmbH und beurteilen Sie diese in der Schulklasse.
8. Was muß der Florist bei der Zugabenwerbung beachten?
9. Welche Gegenstände sind für die Zugabenwerbung im Floristbetrieb besonders geeignet?
10. Beschreiben Sie verschiedene Werbeaktionen örtlicher Werbegemeinschaften an Ihrem Ausbildungsort.
11. Welche Möglichkeiten der Gemeinschaftswerbung gibt es für Ihren Ausbildungsbetrieb? Beschreiben Sie einzelne Werbemaßnahmen im Rahmen der Gemeinschaftswerbung.

Sachregister

Halbfette Seitenzahlen verweisen auf Schwerpunkte im Text

Abgabenordnung (AO) 66, 194
Ablageordnung 90
Ablagesystem 90
Absatzförderung 366
Absatzwerbung 334
Abschlußprüfung, vorzeitige Zulassung **129**, 130
Abschreibung 222, 237
– außerordentliche 224
– degressive 223
– lineare 223
Abschreibungsverfahren 223
Absender **84**, 87
Absetzung für Abnutzung (AfA) 223
Abzahlungsgesetz 169, 170
Abzahlungskauf 170f.
Aida-Formel 342
Aktennotiz **93**, 94, 95
Aktenordnung 90
Aktenvermerk 93
Aktiengesellschaft (AG) 62
Aktionär 62
Aktiva 198
aktive Rechnungsabgrenzung 208
Allgemeinbildung 257
Amortisation 53
Amtsdeutsch 88
Amtsgericht 39, 120, 131
Anfrage 44
Angebot 44, 106, 293
Anlage 87
Anlagevermögen 195, **198f.**
Annahme 32, 106
Annahmeverzug 39
Anpassungsfähigkeit 258
Anpassungstrieb 289
Anrede 86
Anredefürwörter 88
Anschaffungskosten 222
Anschlagsäule 363
Anschlagtafel 363
Antipathie 260, 307
Antrag 32, 106
Anweisungsinformation 78
Anzeige 317

Anzeigenkosten 355
Anzeigenpreisliste 354f.
Anzeigenwerbung 345, **353**, 338
Arbeitsfreude 253
Arbeitslosenversicherung 58, 217
Arbeitsteilung 310
Arbeitsunfall 129
Aufbewahrungsfristen **89**, 90
Aufforderung 106
Aufhebungsvertrag 103
Aufkleber 363
Aufmerksamkeit 342
Aufmerksamkeitswirkung 355
Aufsichtsrat 62
Aufsteller 363
Auftragsbestätigung 106f.
Aufwand 203, 209, **232**
– betriebsbedingter 232
– betriebsfremder 232
– für Waren 210
Aufwendungen 199, 231
Augenblickswirkung 363
Ausdrucksbewegungen 256
Ausdrucksweise 265
Ausgabeeinheit 80, 81
Ausgaben 231, **232**
Ausgangsbeleg 193
Ausgangsrechnung 50
Aushändigung der Ware 300
Aushändigungskauf 292, 301f.
Ausländer 274
Auslandsauftrag 331
Außenplakat 363
Außenverkauf 282
Außenwerbung 338
außergewöhnliche Belastung 70
Aussprache 261
Auswahl 296
Auszahlung 168
Automatenverkauf 281

Bankdarlehen 168
Bankkredit 54
Banküberweisung 50
Barscheck 49

Barwert 173, 175
Barzahlung 48
Barzahlungsnachlaß 24, 160
Bearbeitungsgebühr 169f.
Bedarf 13
Bedarfsformung 337
Bedarfsrichtung 41
Bedarfssortiment 320
Bedarfsumfang 41
Bedarfszeitpunkt 42
Bedürfnis **12ff.**, 275, 277
Begleitnotiz 96
Begrüßung 292
Behandlungsvermerk 86
Beleg 193, **226**
– natürlicher 226
– künstlicher 226
Belegnummer 226
Belegorganisation 226
Beratung 296
Beratungsverkauf 292
Berufsbildungsgesetz 57, 104, 129
Berufsgenossenschaft 57, 58, 129
Berufskleidung 255
Beschaffungsmarketing 41
Beschaffungszeitpunkt 42
Beschäftigungsdrang 284, 286
Beschwerde 313f.
Besitz 33
Besitzsteuern 65, 71
Besprechungsergebnis 93
Bestandskonto 202
– aktives 208
– passives 208
Bestellkartei 46
Bestellung 32, **45**, **106ff.**
– persönliche 107
– schriftliche 107ff., 328
– mit Telefax 109
– telefonische 45, 107, 281, 311, 328f.
Bestellungsannahme 115
Bestellungsüberwachung 45
Bestellvordruck 107, 109, 110
Bestimmungsland 84
Betonung 261
Betrachtungsdauer 350
Betreff 86

369

Betreffzeile 84, **86,** 87
Betrieb 56
Betriebsausgaben 70
Betriebsergebnis 231, 236
Betriebsgründung 55 ff., 131
Betriebshaftpflichtversicherung 76
Betriebsprüfung 66
Betriebssteuern 220
Betriebsstundenlohn 238
Betriebsstundensatz 238
Betriebssystem 80
Betriebsunterbrechungsversicherung 76
Bewerbung 97 ff.
Bewerbungsschreiben **99,** 100, 101
Bewerbungsunterlagen 102
Bewertung 221
Bewertungsgrundsätze 221
Bezug 86
Bezugsquellen 42
Bezugszeile 86
Bilanz 197, 199
Bilanzbuch 226 f.
Bilanzgleichung 198
Bilanzierungsvorschriften 198
Bilanzkontinuität 221, 225
Bilanzregel, goldene 58
Bildschirm 81
Billigmacher 327
Binärsystem 79
Bit 79
Blickfang 349, 359
Blickführung 350
Blickpunkt 350
Blumenausstellung 366
Blumengutschein 332
Blumenspendenvermittlung 330
Blumenwerbung GmbH 363
Blumenwettbewerb 288
Bonus 44, 215
botanische Namen 262
brain storming 320
Briefbogen 84
Briefhülle **83,** 87
Briefschluß 86 f.
Brieftext 86
Briefvordruck **84,** 87
Briefwerbung 338
Bringschulden 34
Brüche
– Arten 139
– rechnen mit 139 ff.
Bruttogehalt 218
Bruttogewicht 44, 160
Bruttoverkaufspreis 234
Buchführung, doppelte 201, 228
Buchführungssystem 228
Buchhaltung 193

Buchstabiertafel 95, 97
Buchungsbeleg 194, 226
Buchungssatz 202
Buchungsstempel 226
Bumerang-Methode 303, **304**
Bundesbankdiskont 174
Bundesbankgesetz 20
Bundessteuern 64 f.
Bürgerliches Gesetzbuch (BGB) 27
Bürgschaft 54
Byte 79

Centrale Marketinggesellschaft der Agrarwirtschaft (CMA) 336, 363
Charakter 266, 268
Chiffre-Nummer 101
CMA (siehe Centrale Marketinggesellschaft)
Computer 78, 92, 118
Corporated Design 361

Darlehensbetrag 168
Darlehensgeber 164
Darlehenskosten 169
Darlehensnehmer 164
Datenschutzgesetz 358
Datenträger 226
Datenverarbeitung 92
Datum 84
Daueranzeigen 354
Dauerwert 90
Devisen 147
Devisenkurs 147
Diagramm 247
Dialekt 261
Diawerbung 338
Diebstahl 315
Diebstahlsbekämpfung 316
Dienstleistungen **14**
DIN
– 1304 179, 185
– 5008 83 ff.
Direktabbuchung 50
Disagio 168, 169
Diskette 80
Diskont 53, 173, 174
Diskontrechnen 172 ff.
Diskontsatz 174
Display 323
Dividende 62
Dreieck 181
Dreiecksäule 185, 188
Dreiecksverband 178
Dreisatz 142 ff.
– direktes Verhältnis 143
– indirektes Verhältnis 143
– zusammengesetzter 145
Drucker 81

Durchschnittsrechnen 149 ff.
– einfacher Durchschnitt 149
– gewogener Durchschnitt 150

Effektive Verzinsung 168 ff.
Eigenkapital 198, 203
Eigenkapitalquote 52
Eigenkapitalrentabilität 242
Eigentum 33
Eigentumsvorbehalt 34, 54
Einbruchdiebstahlversicherung 76
Einfühlungsvermögen 258, 267, 271
Einführungswerbung 343
Eingabeeinheit 80
Einheitswert 68 f.
Einkaufsgewohnheit 309
Einkaufspreis 234
Einkommen 276
– steuerpflichtiges 70
Einkommensteuer **70**
Einkommensteuererklärung 70 f., 131 f.
Einkommensteuergesetz (EStG) 70
Einkommensteuertarif 64, 71
Einkommensverwendung 277
Einkunftsarten 70
Einlieferungsschein 123
einseitiger Handelskauf 111
Einspruch 131, 133
Einstandspreis 234
Einstellung 253
Einzelbewertung 222
Einzelunternehmung 59 ff.
Elektronische Datenverarbeitung (EDV) 77
Ellipse 182
Empfängeranschrift 84, 87
Empfangsbescheinigung 115
Entschuldigungsschreiben 129
Erfüllungsgeschäft 33, **34,** 35
Erfüllungsort **46**
– gesetzlicher 46
– vertraglicher 46
Erfüllungsortklausel 46
Ergänzungsartikel 323
Ergebniskonto 203
Ergebnisrechnung 197, 209
Erhaltungswerbung 343
Erinnerungswerbung 287
Erlebnisdrang 284, **285**
Erlösschmälerungen 216
Eröffnungsformel 293
Ersatzlieferung 111
Ersatzverkauf 324
Erscheinungsbild 255
Ertrag 199, 203

370

Erträge 208
- außerordentliche 207
- betriebsfremde 231
Euroscheck 49
Existenzbedürfnis 12
Exklusivität 345
extravertiert 270, 272

Face-to-face-Kontakt 342
Fachausdrücke 262, 272
Fachbezeichnungen 262
Fachgeschäft 297
Fachsortiment 320
Fachwissen 258
Fachwörter 262
Falten 87
Faltmarke 87
Familienbetrieb 61
Feiertage 310
Fensterbriefumschlag 87
Fernsehwerbung 338, 342
Feuerversicherung 75
Finanzamt 131
Finanzanlage 208
Finanzierung 58
Firma 56, 57, 61
Firmenausschließlichkeit 57
Firmenbeständigkeit 57
Firmenimage 307
Firmenklarheit 57
Firmenwahrheit 57
Firmenwerbung 337, 344, 355, 359
Firmenwert 57, 222
Firmenzeichen 345, 361f.
Flächenberechnung 179ff.
Flächendiagramm 247f.
Flächenmaße 136
Fleurop-Interflora 330
Flora-Cheque 332
Floristmeisterprüfung 57
Formfreiheit 32
Formkaufmann 56
Frachtbrief 125
- Bahn 125f.
- Spediteur 126ff.
Frachtführer 127
Frachtvertrag 127
Freibetrag 70
Fremdartikel 323
Fremdkapital 52, 198
Fremdwörter 262
Fristverlängerung **131**, 132
Fuhrparkkosten 237
Führungszeugnis 87
Funkwerbung 338

Gattungswaren 36
Gebrauchswert 283
Gebühren 64

Gedächtnis 259
Gehalt 217
Gehaltsbuch 228
Geldbeschaffungskosten 168, 169
Geltungsbedürfnis 277, 284, 287f.
Gemeindesteuern 64f.
Gemeinkosten 236
Gemeinschaftsveranstaltung 366
Gemeinschaftswerbung 355, 364
Gerichtsstand 46
Gesamtkalkulation 234
- gegliederte 235
Gesamtkapitalrentabilität 242
Gesamtkosten 235
Geschäftsfähigkeit 28, 57, 267
- beschränkte 28
- unbeschränkte 28f.
Geschäftskombination 321
Geschäftskosten, allgemeine 237
Geschäftspolitik 307
Geschäftstagebuch 229
Geschmack 294
Gesellschaft Bürgerlichen Rechts (Ges. BGB) 60
Gesellschaft mit beschränkter Haftung (GmbH) 62
Gesellschafterversammlung 62
Gesellschaftsunternehmen 59
Gesellschaftsvertrag 60ff.
Gesetzeswert 90
Gesetz gegen den unlauteren Wettbewerb (UWG) 306
Gesichtsgebärden 264
Gesprächsnotiz 95
Gestaltungsidee 350
Gesten 256, 264
Gestik 256, 265
Gewährleistung 36
Gewährleistungsanspruch 111
Gewerbeaufsicht 55
Gewerbeaufsichtsamt 56
Gewerbebehörde 58
Gewerbeertrag 68
Gewerbefreiheit 20, 55, 56
Gewerbekapital 68
Gewerbeordnung (GO) 56, 58
Gewerbeschein 58
Gewerbesteuer 68
Gewerbesteuerbescheid 68
Gewerbesteuererklärung 68
Gewinnaufschlag, kalkulatorischer 235
Gewinnmaximierung 15
Gewinn- und Verlustrechnung (GuV) 199
Gewohnheiten 268
Glasversicherung 76
Gläubigerverzug 36

Grundbuch 226f.
Grundeinstellung 268
Grundhaltung 268, 269
Grundschuld 54
Grundsteuer 68
Grundwert 155, 156, **157**
Großformel **86,** 87
Güter 14
Gütertrennung 60

Habitualisierung 268
Haftung 61, 62, 127
Handelsfirma 56
Handelsgesetzbuch (HGB) 27f.
Handelskauf 34, 37
- einseitiger 32f.
- zweiseitiger 33, 36, 111
Handelsregister 56, 58, 131
Handelsspanne 236
Handlungsgemeinkosten 235, 237
Handlungsgemeinkostenaufschlag 237
Handlungsvollmacht 60
Handzettelwerbung 338, 356, **359**, 360
Hardware 80, 81
Hauptbuch 226f.
Hauptmotiv 289
Hauptspeicher 80
Hauptumsatzzeit 309
Hauptversammlung 62
Hausfarbe 361
Haushaltsgeld 277
Hausverbot 317
Hauszustellung 281, 311
Hebesatz 68
Herstellungskosten 222
Hochsprache 261
Höflichkeit 258
Holschulden 34, 44
Hotline 331
Hypotenuse 176
Hypothek 54

Ich-Form 88
Image 280
Imageanzeige 354f.
Imparitätsgrundsatz 222
Impulskauf 281, 292
Individualbedürfnis 13
Individualtrieb 284
Individualversicherung 73
Individuum 263
Industrie- und Handelskammer (IHK) 58, 131
Information 78
Informationsaustausch 78
Informationskosten 237
Innenplakat 363
Intelligenztraining 259
Interaktion 291

371

Internetwerbung 339
introvertiert 270, 272
Inventar 195f.
Inventarbuch 226f.
Inventur 195
Investitionskredit 53
irreführende Angaben 21

Ja-aber-Methode 303
Journal 227
Jubiläumsverkauf 23
Jugendliche 267, 268

Kalkulation 233, 306
Kalkulationsaufschlag 235, 237, 238
Kalkulationsfaktor 235, 239
Kannkaufmann 56
Kapital 164, 198
Kapitalbedarf 58
Kapitalbedarfsrechnung 58
Kapitalgesellschaft 62
Kapitalkosten 237
Kapitalumschlag 243
Kapitalumschlagsdauer 243
Kapitalumschlagshäufigkeit 243
Kassenbericht 228
Kassenbon 300
Kassenzettel 300
Kassierregeln 48
Kathete 176
Kaufabsicht 343
Kaufbereitschaft 342
Kaufentschluß 247, 342f.
– Herbeiführung 296
Kaufgründe 278
Kaufhemmung 297
Kaufinteresse 294, 310, 342
Kaufkraftschwankungen 310
Kauflust 342
Kaufmännisches Schriftgut 89
Kaufmotive **275**, 289, 292
– gefühlsmäßige 278, 280, 284
– primäre 277
– sekundäre 277
– verstandesmäßige 278ff.
Kaufstimmung 274
Kaufverhalten 275
Kaufvertrag 30, 31ff., 106f., 111
Kaufwunsch 292
– bestimmter 292
– latenter 292
– unbestimmter 292
Kaufzwang 306
Kegel 186, 189
Kegelstumpf 187, 189
Kennziffern, betriebswirtschaftliche 241ff.
Kernsortiment 319, 320
Kinder 267

Kirchensteuer 218
Klageerhebung 37
Kleidung 255
Kodierung 79
kognitive Dissonanz 342
Kollektivbedürfnisse 13
Kombinationsangebot 323
Kommanditgesellschaft 61
Kommanditist 61
Kommunikation 78, 260
– nonverbale 257
Kommunikationsmittel 260, 340
Kommunikationsprozeß 79, 340f.
Kommunikator 340f.
Komplementär 61
Komplimente 270
Konjunkturpolitik 64
Konkurrenzpreise 306
Konsumgüter 14
Konsumkredit 53
Konsumwahl 17
Kontakt 291
Kontakterhaltung 278, 296
Kontaktfähigkeit 258f., 291
Kontaktwilligkeit 258f., 291
Kontenart 206
Kontengruppe 206
Kontenklasse 206
Kontenplan 206
Kontenrahmen 206, **207**
Konto 197
Kontokorrentbuch 51, 227
Kontokorrentkredit 54
Kontrollmitteilung 66
Körperberechnung 185ff.
Körpergebärden 256, 264
Körperhaltung 256, 265
Körperpflege 256
Kosten 230, **232**
– direkte 237
– indirekte 237
– kalkulatorische 231
Kostenrechnung 230
Kostenstatistik 247
Kostenträgerblatt 236
Kostenträgergruppe 235
Kostenüberwachung 230f.
Kostenvergleich 230f.
Krankenversicherung, gesetzliche 58, 217
Kreativitätstraining 259
Kredit 52
– kurzfristiger 52
– langfristiger 53
– mittelfristiger 52
– öffentlicher 54
– Sicherung 53, 54
Kreditarten 53

Kreditgeber 52, 54
Kreditkarte 49f., 300
Kreditlinie 52
Kreditnehmer 52
Kreditversicherung 76
Kreditvertrag 52
Kreis 181
Kreisausschnitt 181
Kreisdiagramm 248
Kreisring 181
Kulanz 314
Kunden, Alter 266, 267
– Geschlecht 266
Kundenarten 266
Kundenbuch 51
Kundendienst 325, 329
Kundeneinwände 296, 301ff.
– echte 302
– Gegenstände 304ff.
– unechte 302
– Widerlegung 302ff.
Kundenkartei 358
Kundenpflege 274
Kundensignale 264
Kundentypen 270
Kundenzeitschrift 336, 337
Kündigung 90, **103ff.**
– Arten 103
– außerordentliche 103
– Form 103
– Fristen 103, 104
– Gründe 103, 104
– ordentliche 103f.
– Schutz 103
Kündigungsschreiben 104f.
Kurvendiagramm 247, 248
Kuvertieren 87

Ladendieb 315f.
Ladendiebstahl 316
Ladeneinrichtung 347
Ladenfront 347
Ladenschlußgesetz 25f., 328
Lagerbestand, durchschnittlicher 243
Lagerbuch 227
Lagerdauer, durchschnittliche 244
Lagerkartei 227
Lagerumschlag 243
Ländersteuer 64f.
Längenmaße 136
Laufkunden 274
Laufzeit (Wechsel) 169, 174
Lebenslauf 87, **99**, 101
– handschriftlicher 101
– tabellarischer 99, 101
Leistungsort 34
Leistungsrechnung 230

Leitungswasserversicherung 75
Lichtbild 87, 99, 101
Lieferantenkredit 52, 54
Lieferanzeige 114
Lieferschein 114 ff.
Liefertermin 107
Lieferung 111
Lieferungsbedingungen 45, 52
Lieferungsverzug 36
Lieferzeit 45, 331
Liniendiagramm 247
Listenpreis 234
Lockvogelangebot 279
Lohn 217
Lohnbuch 228
Lohnkosten 238
Lohnsteuer 71, 218
Lohnsteuerjahresausgleich 71
Luxusbedürfnis 12

magisches Viereck 19
Mahnbescheid 37, 39, 120
Mahnbrief 38, **120,** 121
– Form 120
– Inhalt 120
Mahnschreiben 38
Mahnung 37, 90, 120
Mahnverfahren 120 ff.
– außergerichtliches 37, 120
– gerichtliches 120
Mängelarten 111, **112**
Mängelrüge 36, 46
Mantelberechnung 188 ff.
– Säule 188
– spitze Körper 189
– stumpfe Körper 189
Marktpreis 234
Marktwirtschaft 16, 55
Masse 136
Maßstab 136
Maßverhältnisse 136
Maximalprinzip 15
Mehrwertsteuer 69, 212
  (siehe auch Umsatzsteuer)
Mengeninformation 78
Mengenrabatt 24, 44, 160
Meßeinheiten 136
Mienen 264
Mienenspiel 256
Miete, kalkulatorische 231
Mimik 256, 264
Minderung 36, 111
Mindestbuchführung 229
Mindestdiskont 174
Mindestpreis 331
Minimalprinzip 15
Mischkalkulation 238

Mischungsrechnen 151 ff.
– von drei Sorten 152
– von zwei Sorten 151
Mißtrauen 271
Modeworte 262
Motiv 276
Motivation 277
Mundart 261
Musterbrief 84, **85**
Musterrechnung 116

Nachahmungstrieb 284, **289**
Nachbesserung 111, 313
Nachfaßbrief 359
Nachfrist 37
Nachnahmepaketkarte **123,** 124
Nebenbücher 226, 227
Nebenmotiv 289
Negativanzeige 355
Nennwert 175
Nervosität 271, 272
Nettoarbeitszeit 238
Nettogehalt 218
Nettogewicht 44, 160
Nettosteuer 212
Nettoverkaufspreis 234
Nichtigkeit 29
Nutzen 14, 283

Oberflächenberechnung 188 ff.
– Kugel 189
– Säule 188
– spitze Körper 189
– stumpfe Körper 189
Offene Handelsgesellschaft (OHG) 61
Öffentliches Recht 27, **28**
Ökonomisches Prinzip 15
online **50,** 109, 331
Ordnungsinformation 78
Ordnungsliebe 258
Ordnungsmittel 90 ff.
Ordnungssystem 90
Ortskrankenkasse 131
Out-Door-Angebot 282

Päckchen 123
Paket 123
Paketaufkleber 123
Paketkarte 122, **123**
Papierformate 83
Parallelogramm 180
Passiva 198
PC (siehe Personalcomputer)
PC-Rechnung 118
Person, natürliche 28
– juristische 28
Personalcomputer (PC) 80, 84, 246
Personalkennziffern 244

Personalkosten 217, 244
Personalkredit 54
Personengesellschaft 60
Personenversicherung 75
Pfandkredit 54
Pflanzenverband 177 f.
– Dreiecksverband 178
– Quadratverband 177
Pflegeanweisung 295
Plakat 363
Plakatständer 322
Plakatwerbung 338
Post (Schriftverkehr) 122
Postanweisung 49
Postnachnahme 49, 120
Postnachnahmekarte **124,** 125
Postwurfsendung 365
Preis 297
– kalkulierter 234
Preisangabengesetz 22, 24
Preisangabenverordnung **24**
Preisbildung 17, 18
Preisgewissen 306
Preismechanismus 17
Preisnachlaß 160, 215
Preisschild 350
Preisvergleich 308
Preisvorteil 273
Preiswürdigkeit 277
Pressekonferenz 366
Prestigeblumen 288
Privatkredit 54
Problemartikel 301
Produktionsfaktoren 14 f.
Produktionsfreiheit 17
Produktivgüter 14
Produktivität 310
Produktwerbung 346
Programm 80
Programmiersprache 80
Prokura 60
Promillerechnen 155 ff.
Propaganda 334
Prospekt 364
Prospektwerbung 339
Prozentrechnen 155 ff.
– vom vermehrten Grundwert 157
– vom verminderten Grundwert 158
Prozentsatz 155, **156**
Prozentwert 155, **156**
Prüfwert 90
PR-Werbung 308
Psyche 278
psychische Entfernung 282
Psychologie 263, 277
Public Relations (PR) 308, 334, 336, 366

Pyramide 186, 189
Pyramidenstumpf 187, 189
Pythagoras, Satz des 176f.

Quader 185
Quadrat 179
quadratische Säule 185, 188
Quadratmeter 179
Quadratverband 177
Quittung **118,** 123
– Angaben 118
– Arten 118

Rabatt 24, 44, 160, **215**
Randsortiment 319f.
Ratenkauf 170f.
Ratenzahlungsbedingungen 170
Rauminhalt 185
Raumkostenanteil 244
Raumleistung 244
Räumungsverkauf 23
Raute 180
Rechenwerk 80
Rechnung 115ff.
Rechnungsabgrenzung, aktive 208
– passive 208
Rechnungsabgrenzungsposten 199
Rechnungsformular 115f.
Rechnungskontrolle 50
Rechnungspreis 234
Rechnungsstellung 115ff.
Rechteck 180
Rechtecksäule 185
Rechtsfähigkeit 28
Rechtsform 59
Rechtsgeschäft 29f.
Rechtsmittel 66
Rechtsordnung 27
Registratur 90ff.
Registrierkasse 246
Reingewinn 203
Reinverlust 203
Reinvermögen 195, 198
Reinvestition 224
Reklamation 111ff., 127
– mündlich 112
– schriftlich 112
– Telefax 112
– telefonisch 112
Reklamationsschreiben 112f.
Reklame 334
Rentabilitätskennziffern 242
Rentenversicherung 217
Rentenversicherungsträger 58
Restlaufzeit 174
Rhomboid 180
Risiko 73
Rohgewinn 235
Rückstellung 208

Rückwärtskalkulation 241
Rügefrist 111

Sachen 28
– bewegliche 28
– unbewegliche 28
Sachgebiete 90
Sachgüter 14
Sachkonten 227
Sachkosten 237
Sachversicherung 75
Sachwerbung 337
Saisonangebot 335
Saldo 198
Sammeltrieb 286
Sammelwerbung 355
Satzbau 262
Satz des Pythagoras 176f.
Säulen 185, 188
Säulendiagramm 247f.
Schadensersatz 36, 111, 314
Schaufenster 347, 348
Schaufensterbeleuchtung 348
Schaufenstergestaltung 348, 349
Schaufensterplakat 363, 365
Schaufensterskizze 353
Schauwerbung 338
Scheck 49
Scheckkarte 49
Scheineinwand 302, 308
Schenktrieb 287
Schickschulden 34
Schlagworte 262
Schlagzeile 355
Schönheitsverlangen 277, 285
Schriftdeutsch 261
Schriftgutablage 89ff.
Schuldanerkenntnis 39
Schulden, kurzfristige 195
– langfristige 195
Schuldnerverzug 36
schwimmende Anzeige 355
Sechseck 182
Seitennumerierung 87
Selbstbeherrschung 258, 303
Selbsterhaltungstrieb 284, **285**
Selbsthilfeverkauf 39
Selbstkostenpreis 234, 237
Selbstvertrauen 258
Sicherungsübereignung 54
SI – Einheiten 136, 179, 185
Sinneswirkung 294
Skonto 24, 45, 160, 161, 215
Software 80, 81
Sonderangebot **23,** 280, 297
Sonderausgaben 70
Sonderrabatt 44
Sonderveranstaltung 22, 325ff.

Sonderverkäufe 325
Sorten 147
Sortenkurs 147
Sortiment 319, 337
Sortimentsausweitung 320
Sortimentserweiterung 320
Sortimentsgestaltung 319ff.
Sortimentspolitik **319ff.,** 321
soziale Marktwirtschaft 16, **17ff.**
Sozialprestige 287
Sozialtrieb 284
Sozialversicherung 73
Sparsamkeit 279
Speicher 80
Splittingtabelle 71
Sprache 260
Sprachfluß 260, 261
Sprachschulung 260
Sprechweise 265
Staatsquote 64
Stabilitätsgesetz 20
Stammkunden 274, 277
Standard-Briefumschläge 88
Statistik 246
Stellenangebot 98, 101, 254
Stellenanzeigen 98, 99, 101
Stelleninhaber 99
Steuerarten 68, 221
Steueraufkommen 65
Steuerbescheid 66, 71, 121, 133
Steuererklärung 66f.
Steuermeßbescheid 68
Steuermeßbetrag 68
Steuermeßzahl 68
Steuern **64,** 220
– direkte 64
– ertragsabhängige 65
– ertragsunabhängige 65
– indirekte 64
Steuerrecht 64
Steuerstundung **66,** 131
Steuerüberwälzung 65, **69**
Steuervoranmeldung 67
Steuerwerk 80
Stille Gesellschaft 60
Stimme 260
Stimmführung 260, 261
Stimmung 260
Stoßgeschäft 309
Straßennamen 88
Straßenverkauf 283
Streumedien 341
Streuung 346
– von Werbemitteln 360
Streuverlust 353, 355, 359
Stundungsgesuch 131
Sturmversicherung 76
Suggestivfrage 271

Sympathie 260
Synonyme 263

Tabelle 247
Tageswert 90
Tara 44, 160
Taschenrechner 136
– Rechnen mit 137 ff.
– Tastensymbole 137 f.
Teilbarkeit von Zahlen 141
Teiler, bequeme 156
Teilhafter 61, 62
Teilzahlungsgeschäft 170 f.
Teilzeitkräfte 310
Telebanking 50
Telefax 109
Teleflor-Weltblumendienst 330, 333
Telefonanschluß 124
Telefonblock 95
Telefongespräch 95, 328
Telefonnotiz 93, **95 f.**
Telefonnotizvordruck 95
Telegramm **124,** 126
Temperament 266, 268
Tilgung 169
Tonfall 261
Tourenplan 328
Touristen 274
Trapez 180
Trauerkunden 273
Treuerabatt 44, 161
Treu und Glauben 34

Überheblichkeit 270
Überversicherung 74
Überzeugungskraft 267
Überziehungskredit 54
Umfang (Fläche) 179 ff.
Umgangsform 256
Umlaufvermögen **198 f.,** 208
Umrechnen 147 f.
– ausländische Währung in DM 147
– DM in ausländische Währung 147
Umsatzerlöse 210
Umsatzglättung 311
Umsatzhäufung 321
Umsatzrentabilität 242
Umsatzschwankung 310, 312
Umsatzstatistik 41 f.
Umsatzsteigerung 325
Umsatzsteuer 69, 117, 160, 161, 212
– Dienstleistung 161
– Handelsware 161
– landwirtschaftliche Produkte 161
– Zusatzartikel 161
Umsatzsteuererklärung 69
Umsatzsteuervoranmeldung 69
Umschlagshäufigkeit 243
Umtausch 36, **313 f.**

Umtauschpflicht 313
Umtauschrecht 313
Unfallanzeige 129
Unfallverhütungsvorschriften 57
Unfallversicherung, gesetzliche 217
Unternehmen 56
Unternehmensergebnis 231
Unternehmensertrag 231
Unternehmensform 62
Unternehmerlohn, kalkulatorischer 231
Unterversicherung 75
Unterschrift **86,** 87, 115
Urteil 37
UWG (Gesetz gegen den unlauteren Wettbewerb) 21 ff.

Verabschiedung 300
Verbraucher 263
Verbraucherforschung 276
Verbraucherkreditgesetz 169
Verbrauchsgüter 14
Verbrauchsteuern 64 f.
Verhalten, situatives 270
Verhaltensweisen 255
Verjährung 37 f.
Verjährungsfrist 39
– Unterbrechung 39
Verkäuferberuf 252
Verkäuferrolle 252
Verkäuferverhalten 255
Verkaufsablösung 307
Verkaufsabschluß 308
Verkaufsargument 271, 277, 303
Verkaufserfolg 253
Verkaufsförderungsmaßnahme 345
Verkaufsgegenstand 252
Verkaufsgespräch **290 ff.,** 342
– Abschluß 298 f.
– Aufbau 290 ff.
– Bestimmungsgründe 291
– Eröffnung 292
– Inhalt 290 ff.
– Phasen 291
Verkaufsgewächshaus 280
Verkaufshilfen 323
Verkaufsmaßnahmen 318
Verkaufspsychologie 276
Verkaufsraum 347
Verkaufsstrategie 279
Verkaufstechnik 282
Verkehrssteuern 65
Verkehrswerbung 338
Verkehrswert 69
Vermehrter Grundwert 157
Verminderter Grundwert 158
Vermögensversicherung 76

Verpackung 298
Verpflichtungsgeschäft **33 f.,** 35
Versendungsart 84
Versicherer 74
Versicherung 73
Versicherungsarten 74
Versicherungsnehmer 74
Versicherungspolice 74
Versicherungsprinzip 73
Versicherungsschutz 74
Versicherungsvertrag 74
Versicherungsvertragsgesetz 75
Verteilungsrechnen 153 f.
Vertragsaufhebung 103
Vertragsfreiheit 34, 37
Vertrauensschadenversicherung 76
Vertretung 59
Verwaltungskosten 237
Verzinsung von Darlehen 168
Verzug 36
Verzugsschaden 37
Verzugszinsen 37
Vieleck, regelmäßiges 182
Vielsatz 142
Vollhafter 61, 62
Vollmacht 59
Vollversicherung 74
Volumen 136, **185 ff.**
Vordrucke **83,** 93, 95, 114, 122
Vorratsvermögen 222
Vorstand 63
Vorsteuer 69, 212
Vorzins 173

Währung 147
Währungsrechnen 147 ff.
Wandelung 36, 111, 314
Warenanzeige 354
Warenbeschaffung 41 ff.
Warenbestand 210
Warenbezugskosten 215
Warenbuch 227
Wareneingang 46
Wareneingangsbuch 229
Wareneinsatz 210, 234
Warengutschein 314
Warenkenntnis 253
Warenmangel 313
Warenprüfung 46
Warenrücksendung 215 f.
Warenvorlage 293, 311
Warenwerbung 356
Warenzustellung 328
Wechsel 52, **172 ff.**
Wechselbetrag 174, 175
Wechselbuch 228
Wechselfallenschwindler 317

375

Wechselkredit 54, 173
Wechselvordruck 174
Wechselzins 173
Weiterbildungskosten 237
Werbeaufkleber 332
Werbeaussage 340
Werbebotschaft 280, **340f.**
Werbebrief 356ff.
Werbeelastizität 346
Werbegegenstand 344
Werbegeschenke 366
Werbehilfen 339, 361
Werbeinformation 359
Werbekonstante 361
Werbekosten 237
Werbemaßnahmen 338
Werbeobjekt 344f.
Werbeplakat 365
Werbeslogan 344
Werbestreuung 346
Werbesubjekt 344, **346**
Werbeträger **340f.**, 359
Werbeziel 346
Werbung **334ff.**, 276
– am Kaufort (point of purchase) 342
– irreführende 21
– Stufen 343
– vergleichende 21
– Zielgruppen 346
Werbungskosten 70
Werklieferungsvertrag 32
Wettbewerb 21

– ruinöser 21
– unlauterer 21
– unvollkommener 322
Wettbewerbsbeschränkung 20
Wettbewerbsordnung 20ff.
Widerspruch 37
Wiederholungsanzeige 339
Willenserklärung 28ff.
Wir-Form 88
Wirtschaft 14
Wirtschaften 14
Wirtschaftsgut 14, 222
– geringwertiges 223
Wirtschaftsordnung **16ff.**, 55
Wortschatz 260, 262
Würfel 185

Zahlenbild 247
Zahllast 69, 212f.
Zahlplatte 300
Zahlschein 49
Zahlung 49
– bargeldlose 49
– halbbare 49
Zahlungsausgang 50
Zahlungsbedingungen 45, 52, 161
Zahlungsbeleg 118
Zahlungserinnerung 120
Zahlungsfrist 50
Zahlungsort 34
Zahlungsverkehr 48
Zahlungsverzug 37
Zeichen, alphabetisch 78

– alphanumerisch 78
– numerisch 78
Zeit (Zins) 164
Zeitmaß, 261
Zeitungsanzeige 326, **353ff.**
Zentraleinheit 80
Zeugniskopie 87, 99
Zielverkaufspreis 234
Zins 163, 164
– effektiver 168ff.
– kalkulatorischer 231
Zinsaufschlag 170
Zinsfaktor 164
Zinsrechnen 163ff.
– berechnen der Zeit 164, 166
– berechnen der Zinsen 164
– berechnen des Kapitals 164, 165
– berechnen des Zinssatzes 164, 166
Zinsformel 164
Zinssatz 164
Zinstag 164
Zivilrecht 27
Zölle 65
Zugabe 365
Zugabeverordnung 21, **24**, 339, 365
Zugänglichkeitswahrnehmung 281
Zusatzangebot 298
Zusatzverkauf 298, 311, **323f.**
Zustellgebühr 328
Zwangsvollstreckung 37
Zweckmäßigkeit 277, 283
Zylinder 185, 188

Abbildungsnachweis

Abb. 83, 105, 143 und 144 M. Bernarth, Geislingen; Abb. 139 I. Henle, München; Abb. 96, 97, 119, 124, 139 und 142 E. Birk, Göppingen.
Alle anderen Abbildungen, wenn nicht besonders vermerkt, aus „Blumen-Einzelhandel", Verlag Eugen Ulmer, Stuttgart und von CMA, Bad Godesberg.
Die Zeichnungen fertigten Helmuth Flubacher, Waiblingen und Renate Lindenbauer, Stuttgart, nach Vorlagen der Verfasser.